Schriftenreihe der August Maria Berges Stiftung für Arbitrales Recht

Herausgegeben von Dr. Hubertus W. Labes

Band 18

PETER LANG
Frankfurt am Main · Berlin · Bern · Bruxelles · New York · Oxford · Wien

Claudia Krapfl

Die Dokumentenvorlage im internationalen Schiedsverfahren

Ein deutsch-US-amerikanischer Vergleich

PETER LANG
Europäischer Verlag der Wissenschaften

Bibliografische Information der Deutschen Nationalbibliothek
Die Deutsche Nationalbibliothek verzeichnet diese Publikation in der Deutschen Nationalbibliografie; detaillierte bibliografische Daten sind im Internet über <http://www.d-nb.de> abrufbar.

Zugl.: Köln, Univ., Diss., 2006

D 38
ISSN 1435-4748
ISBN-10: 3-631-55839-2
ISBN-13: 978-3-631-55839-3

www.peterlang.de

Vorwort

Die Arbeit wurde im Wintersemester 2004/2005 von der Rechtswissenschaftlichen Fakultät der Universität Köln als Dissertation angenommen. Tag der Disputation war der 15. März 2006. Das Manuskript habe ich im November 2004 abgeschlossen. In der Zwischenzeit veröffentlichte Literatur und Rechtsprechung ist nur punktuell berücksichtigt.

Besonderer Dank gilt meinem Doktorvater, Herrn Professor Dr. Heinz-Peter Mansel, der mich bereits bei der Themenwahl im weiten Feld der Schiedsgerichtsbarkeit tatkräftig unterstützte und mich stets mit Rat und Tat beim Fortgang der Arbeit motiviert hat. Herrn Professor Dr. Klaus Peter Berger, LL.M. danke ich für die rasche Erstellung des Zweitgutachtens.

Der August Maria Berges Stiftung für Arbitrales Recht danke ich für die Aufnahme meiner Dissertation in ihre Schriftenreihe, sowie für die großzügige Unterstützung bei den Druckkosten.

Viele liebe Menschen haben mich während des Entstehens der Arbeit unterstützt und motiviert. Ihnen allen danke ich herzlich. Der wichtigste Dank gilt meinen Eltern: sie haben mich stets auf jede erdenkliche Weise unterstützt und gefördert.

Stuttgart, im Oktober 2006 Claudia Krapfl

INHALTSVERZEICHNIS

ABKÜRZUNGSVERZEICHNIS

A.2d	Atlantic Reporter, Second Series
a.A.	andere Ansicht
a.E.	am Ende
a.F.	alte Fassung
AAA	American Arbitration Association
abl.	ablehnend
ABl.	Amtsblatt der Europäischen Gemeinschaften
Abs.	Absatz
aff'd	affirmed
AG	Amtsgericht
ALI	American Law Institute
All ER	All England Law Reports
Alt.	Alternative
Anm.	Anmerkung
AnwBl.	Anwaltsblatt
AO	Abgabenordnung
App.	Appellate
Arb.	Arbitration
Art.	Artikel
Aufl.	Auflage
AuR	Zeitschrift für Arbeitsrechtspraxis
BAG	Bundesarbeitsgericht
BayObLG	Bayerisches Oberstes Landesgericht
BB	Der Betriebs-Berater
Bd.	Band
Beil.	Beilage
BFH	Bundesfinanzhof
BGB	Bürgerliches Gesetzbuch
BGBl. I und II	Bundesgesetzblatt, Teil I und II
BGH	Bundesgerichtshof
BGHZ	Entscheidungen des Bundesgerichtshofs in Zivilsachen
BRAK-Mitt.	Mitteilungen der Bundesrechtsanwaltskammer
BRAO	Bundesrechtsanwaltsordnung
BT-Drucks.	Bundestags-Drucksache
BVerfG	Bundesverfassungsgericht
BVerfGE	Entscheidungen des Bundesverfassungsgerichts
BVerwG	Bundesverwaltungsgericht
bzw.	beziehungsweise
C.D.	Central District
Cal.	California
Cal. Civ. Proc. Code	California Civil Procedure Code

cert.	certiorari
Cir.	Circuit
Co.	Company
Colo.	Colorado
Comm.	Commercial
Conn.	Connecticut
Corp.	Corporation
CPLR	Civil Practice Law and Rules (New York)
Ct.	Court
D.	District
D.C.	District Court, District of Columbia
d.h.	das heißt
DAJV	Deutsch-Amerikanische Juristen-Vereinigung
DB	Der Betrieb
Del.	Delaware
Dept.	Department
ders.	derselbe
dies.	diesselbe, diesselben
DIS	Deutsche Institution für Schiedsgerichtsbarkeit
Div.	Division
E.D.	Eastern District
EG	Europäische Gemeinschaft
EGBGB	Einführungsgesetz zum Bürgerlichen Gesetzbuch
EGStGB	Einführungsgesetz zum Strafgesetzbuch
et al.	et altera
EU	Europäische Union
EuBVO	Verordnung über die Zusammenarbeit zwischen den Gerichten der Mitgliedstaaten auf dem Gebiet der Beweisaufnahme in Zivil- oder Handelssachen
EuG	Europäisches Gericht erster Instanz
EuGH	Europäischer Gerichtshof
EUR	Euro
EWG	Europäische Wirtschaftsgemeinschaft
EWHC	High Court, England and Wales
EWiR	Entscheidungen zum Wirtschaftsrecht
F.2d	Federal Reporter, Second Series
F.3d	Federal Reporter, Third Series
F.R.D.	Federal Rules Decision
F.R.Serv.	Federal Rules Service
F.R.Serv.2d	Federal Rules Service, Second Series
F.Supp.	Federal Supplement
F.Supp.2d	Federal Supplement, Second Series
FAA	Federal Arbitration Act
FAZ	Frankfurter Allgemeine Zeitung
Fed. Cir.	Federal Circuit
ff.	folgende

Fla.	Florida
Fn.	Fußnote
FRCP	Federal Rules of Civil Procedure
Ga.	Georgia
GebrMG	Gebrauchsmustergesetz
GeschmMG	Gesetz betreffend das Urheberrecht von Mustern und Modellen
GG	Grundgesetz
GmbH	Gesellschaft mit beschränkter Haftung
GRUR	Gewerblicher Rechtsschutz und Urheberrecht
GVG	Gerichtsverfassungsgesetz
GWB	Gesetz gegen Wettbewerbsbeschränkungen
HBÜ	Haager Übereinkommen über die Beweisaufnahme im Ausland in Zivil- und Handelssachen
HGB	Handelsgesetzbuch
Hrsg.	Herausgeber
HS	Halbsatz
i.S.d.	im Sinne des
i.V.m.	in Verbindung mit
IBA	International Bar Association
ICC	International Chamber of Commerce
ICC Bulletin	ICC International Court of Arbitration Bulletin
ICCA	International Council für Commercial Arbitration
ICSID	International Centre for Settlement of Investment Disputes
IDR	Journal of International Dispute Resolution
IHR	Internationales Handelsrecht
Ill.	Illinois
Inc.	Incorporated
Ind.	Indiana
Ins.	Insurance
Int'l	International
IPRax	Praxis des internationalen Privat- und Verfahrensrechts
JA	Juristische Arbeitsblätter
JR	Juristische Rundschau
Jura	Juristische Ausbildung
JuS	Juristische Schulung
JZ	Juristen-Zeitung
Kap.	Kapitel
KG	Kammergericht, Kommanditgesellschaft
KTS	Zeitschrift für Konkurs-, Treuhand- und Schiedsgerichtswesen
LCIA	London Court of International Arbitration
LG	Landgericht

li. Sp.	linke Spalte
Lloyd's Rep.	Lloyd's Reports
Ltd.	Limited
m. Anm.	mit Anmerkung
M.D.	Middle District
m.w.N.	mit weiteren Nachweisen
MarkenG	Gesetz über den Schutz von Marken und sonstigen Kennzeichen
Mass.	Massachusetts
MDR	Monatsschrift für Deutsches Recht
Mich.	Michigan
Minn.	Minnesota
Miss.	Mississippi
Mitt.	Mitteilungen der deutschen Patentanwälte
Mo.	Montana
MünchKomm	Münchner Kommentar
N.C.	North Carolina
N.C. App.	North Carolina Appellate
N.D.	Northern District
N.E.2d	North Eastern Reporter, Second Series
N.J.	New Jersey
N.Y.	New York
N.Y.S.	New York Supplement
N.Y.S. 2d	New York Supplement, Second Series
NCCUSL	National Conference of Commissioners on Uniform State Laws
NJW	Neue Juristische Wochenschrift
NJW-RR	NJW-Rechtsprechungsreport – Zivilrecht
Nr.	Nummer
NVwZ	Neue Zeitschrift für Verwaltungsrecht
NZA	Neue Zeitschrift für Arbeitsrecht
NZI	Neue Zeitschrift für das Recht der Insolvenz und Sanierung
OHG	Offene Handelsgesellschaft
Okla.	Oklahoma
OLG	Oberlandesgericht
P.O.	Post Office
Pa.	Pennsylvania
PatG	Patentgesetz
Publ.	Publication
Q.B.	Queen's Bench
R.I.	Rhode Island
Rdz.	Randziffer
re. Sp.	rechte Spalte
rev'd	reversed
RGZ	Entscheidungen des Reichsgerichts in Zivilsachen

RIW	Recht der internationalen Wirtschaft
RIW/AWD	RIW/Außenwirtschaftsdienst des Betriebs-Beraters
Rs.	Rechtssache
Rspr.	Rechtsprechung
RUAA	Revised Uniform Arbitration Act
S.	Seite, Satz
S.C.	South Carolina
S.D.	Southern District
S.D.N.Y.	Southern District New York
S.E.2d	South Eastern Reporter, Second Series
SchiedsVZ	Zeitschrift für Schiedsverfahren
SJZ	Schweizerische Juristenzeitung
Slg.	Sammlung der Entscheidungen des Europäischen Gerichtshofs
SLR	Singapore Law Reports
sog.	so genannte(r/s)
StGB	Strafgesetzbuch
StPO	Strafprozessordnung
Sup.	Superior
Sup. Ct.	Superior Court
Tel	Telefon
Tenn.	Tennessee
Tex.	Texas
TRIPS Übereinkommen	Übereinkommen über handelsbezogene Aspekte des geistigen Eigentums
u.	und
u.a.	und andere
U.S.	United States, United States Supreme Court Reports
U.S.C.	United States Code
UAA	Uniform Arbitration Act
UK	United Kingdom
UN	United Nations
UNCITRAL	United Nations Commission on International Trade Law
UNIDROIT	International Institute for the Unification of Private Law
UNÜ	New York Übereinkommen über die Anerkennung und Vollstreckung ausländischer Schiedssprüche
UrhG	Urheberrechtsgesetz
Urt.	Urteil
US	United States
USA	United States of America
USD	United States Dollar
usw.	und so weiter
UWG	Gesetz gegen den unlauteren Wettbewerb

v.	von, vom, versus
Va.	Virginia
VersR	Versicherungsrecht
vgl.	vergleiche
VO	Verordnung
Vorbem.	Vorbemerkung
VwGO	Verwaltungsgerichtsordnung
W.D.	Western District
W.L.R.	Weekly Law Reports
Wash.	Washington
WIPO	World Intellectual Property Organization
Wis.	Wisconsin
WL	Westlaw
WM	Wertpapiermitteilungen
WRP	Wettbewerb in Recht und Praxis
z.B.	zum Beispiel
ZEuP	Zeitschrift für Europäisches Privatrecht
ZIP	Zeitschrift für Wirtschaftsrecht und Insolvenzpraxis
ZPO	Zivilprozessordnung
ZRHO	Rechtshilfeordnung für Zivilsachen
ZRP	Zeitschrift für Rechtspolitik
ZVglRWiss	Zeitschrift für vergleichende Rechtswissenschaft
ZVI	Zeitschrift für Verbraucher- und Privatinsolvenzrecht
ZZP	Zeitschrift für Zivilprozess
ZZP Int.	Zeitschrift für Zivilprozess International

Kapitel 1: Einleitung

Wie soll ein internationales Schiedsgericht vorgehen, wenn eine Schiedspartei die Vorlage von Dokumenten[1] beantragt, die der Schiedsgegner oder ein Dritter im Ausland besitzt? Die Frage stellt sich in über der Hälfte aller internationalen Schiedsverfahren,[2] denn der Urkundenbeweis ist im Schiedsverfahren wie im staatlichen Zivilverfahren das wichtigste Beweismittel.[3] Unabhängig davon, ob Schiedsparteien aus dem angloamerikanischen oder kontinentaleuropäischen Rechtskreis beteiligt sind – die Dokumentenvorlage ist immer häufiger ein Thema.

Ein internationales Schiedsgericht betreut ein Verfahren, in dem Parteien unterschiedlicher Nationalität einen Streit beizulegen versuchen. Die Parteien haben das Schiedsgericht als neutrales Forum, unabhängig von staatlichen Zwängen, gewählt. Das Schiedsgericht selbst ist „international“, d.h. die Schiedsrichter stammen aus unterschiedlichen Staaten. Oft kommen auch die Parteivertreter aus einem anderen Land als Schiedsrichter oder Parteien. Damit können in einem Schiedsverfahren mit zwei Parteien bis zu sieben verschiedene Rechtskulturen aufeinander treffen: drei Schiedsrichter, zwei Parteivertreter, zwei Parteien. Jeder Beteiligte hat seine eigene Vorstellung davon, wie eine Beweiserhebung zu erfolgen hat. Die Vorstellungen werden unterschiedlich sein, unabhängig davon, ob die einzelnen Beteiligten aus Staaten mit ähnlichen Rechtssystemen kommen oder nicht. Auch wenn man grob zwischen kontinentaleuropäischem und angloamerikanischem Rechtskreis unterscheiden kann, hat doch jedes Land innerhalb eines Rechtskreises seine Eigenheiten. Um die Problematik, der sich ein internationales Schiedsgericht ausgesetzt sieht, besonders deutlich zu machen, kann man die unterschiedlichen Vorstellungen aus zwei repräsentativen Rechtsordnungen an gegensätzlichen Enden des Spektrums gegenüberstellen: Die Regelungen zur Beweiserhebung in Deutschland und in den USA könnten kaum deutlicher voneinander abweichen. Während das US-amerikanische Zivilverfahren eine fast lückenlose Aufklärung verlangt, sind in Deutschland Vorlageverlangen nur in engen Grenzen erfolgversprechend. Der Unterschied liegt hauptsächlich in den Instrumentarien, die im staatlichen Verfahren zur Beweiserhebung verfügbar sind. Die Endergebnisse sind in beiden Rechtssystemen ähnlich. Für das internationale Schiedsgericht geht es aber in erster Linie um die Instrumentarien, um das „Wie“ der Beweiserhebung.

---

[1] Die Begriffe „Dokument“, „Urkunde“ und „Unterlagen“ werden austauschbar verwendet.
[2] *Sachs*, Use of Documents and Document Discovery, SchiedsVZ 2003, 193, 197 Fn. 19.
[3] *Redfern/Hunter*, Law and Practice of International Commercial Arbitration, 4. Aufl., 2004, para. 6-69; *Ceccon*, UNCITRAL Notes on Organizing Arbitral Proceedings and the Conduct of Evidence, Journal of Int'l Arb., Bd. 14, Nr. 2, 1997, 67, 72.

Einige Beispiele sollen die Problematik verdeutlichen:[4]
(1) Eine Schiedspartei verlangt von ihrem Gegner alle internen Gesprächsnotizen über die gemeinsamen Besprechungen heraus. Muss der Gegner die Gesprächsnotizen vorlegen?
(2) Jede Schiedspartei verlangt von der anderen die Protokolle ihrer Vorstandssitzungen heraus, um die gegenseitigen Absichten bei den Vertragsverhandlungen belegen zu können. Beide Parteien machen Geheimhaltungsinteressen geltend, weil die Protokolle Geschäftsgeheimnisse enthielten. Kann das Schiedsgericht die Protokolle in-camera einsehen, um zu beurteilen, ob die Geheimhaltungsbelange berechtigt sind, ohne sie dabei dem jeweiligen Gegner zugänglich zu machen? Kann es in einem zweiten Schritt geheimhaltungsbedürftige Dokumente verwerten, ohne dem Gegner Einsicht zu gewähren?
(3) Die Schiedsklägerin A hat eine gebrauchte Maschine von der Schiedsbeklagten B gekauft. Die Maschine ist defekt. A behauptet, sie sei bereits zum Kaufzeitpunkt defekt gewesen und verlangt Schadensersatz von B. C, das Verwalterunternehmen des Industrieparks, aus dem die Maschine stammt, besitzt Untersuchungsberichte zu ihrem Zustand vor Verkauf. C gehört zum gleichen Unternehmenskonzern wie B. Kann das Schiedsgericht die Berichte von C herausverlangen? Wenn C die Vorlage verweigert, kann das Schiedsgericht dies zulasten von B werten?

Während ein kontinentaleuropäischer Jurist bei allen Fragen Bedenken hätte, würde ein angloamerikanischer Jurist sie spontan bejahen. Das führt im internationalen Schiedsverfahren zu unterschiedlichen Erwartungen, die das Schiedsgericht nur ausgleichen kann, wenn sie ihm bewusst und nachvollziehbar sind.

Deshalb sollte man sich zunächst einen Überblick darüber verschaffen, wie die Beweiserhebung bei der Dokumentenvorlage in Deutschland und in den USA im staatlichen Zivilverfahren abläuft (Kapitel 2): (1) Unter welchen Voraussetzungen sind Dokumente vorzulegen? (2) Wann kann sich der Vorlagepflichtige auf Weigerungsrechte berufen – beispielsweise auf das Anwaltsgeheimnis oder auf Betriebs- und Geschäftsgeheimnisse? (3) Welche Schutzmaßnahmen gibt es, um berechtigte Schutzinteressen zu wahren? (4) Auf welche Sanktionen können die Gerichte zurückgreifen, wenn der Vorlagepflichtige einer Anordnung nicht nachkommt?

Einig ist man sich in der Schiedsgerichtsbarkeit, dass ein Schiedsgericht nicht das Prozessrecht an seinem Sitz anzuwenden hat, selbst wenn es sich um ein

[4] Siehe Erläuterungen in Kap. 5, IV.

rein inländisches Schiedsverfahren handelt. Ein Schiedsgericht soll flexibel auf die Bedürfnisse der Schiedsparteien reagieren können. Deshalb ist es relevant (Kapitel 3), wie Schiedsgerichte in Deutschland und den USA die Beweiserhebung betreiben; an welche Regeln sie dabei gebunden sind; wann staatliche Gerichte Schiedssprüche aufgrund eines unzulässigen Verfahrens aufheben und wann sie das Schiedsverfahren mit staatlichen Maßnahmen unterstützen. Die Ausführungen gelten sowohl für inländische als auch für internationale Schiedsverfahren. Allerdings wird es bei inländischen Schiedsverfahren selten zu Problemen bei der Beweiserhebung kommen: alle Beteiligten sind mit dem gleichen Prozessrecht vertraut und werden sich daran orientieren. Bei internationalen Schiedsverfahren dagegen ist das Schiedsgericht gefordert, einen Kompromiss zwischen den unterschiedlichen Vorstellungen der Beteiligten zu finden. Die zitierte Rechtsprechung betrifft häufig inländische Schiedsverfahren. Was dort flexibel gehandhabt wird, gilt erst Recht für das internationale Schiedsverfahren.

Zuletzt ist losgelöst von einem bestimmten Prozessrecht zu untersuchen, wie ein internationales Schiedsgericht bei der Beweiserhebung vorgehen kann (Kapitel 4). Dabei können dem Schiedsgericht zunächst die Schiedsordnungen der verschiedenen Schiedsinstitutionen Unterstützung bieten, die aber regelmäßig sehr allgemein formuliert sind, um die Flexibilität des Schiedsgerichts zu wahren (Teil 1). Zur Dokumentenvorlage hat sich bereits ein von nationalen Prozessrechten und Schiedsordnungen unabhängiger internationaler Standard herausgebildet (Teil 2). Zwingend ist dieses Verfahren allerdings nicht. Das Schiedsgericht soll immer flexibel reagieren können; es kann sich aber an dem internationalen Standard orientieren. Weniger einheitlich sind die Themen Vertraulichkeit und Weigerungsrechte (Teile 3 und 4). Bis in die neunziger Jahre hinein ging man wie selbstverständlich davon aus, dass ein internationales Schiedsverfahren vertraulich sei. Seither hat es aber weltweit Gerichtsentscheidungen gegeben, die den Vertraulichkeitsgrundsatz nicht berücksichtigt haben. Umso wichtiger wird deshalb die Frage, auf welche Weigerungsrechte sich Schiedsparteien und Dritte berufen können, um ihre Geheimhaltungsinteressen im Schiedsverfahren zu schützen. Das ist für die Schiedsgerichtsbarkeit bisher nicht eindeutig beantwortet. Es ist für ein internationales Schiedsgericht schwierig, den Umfang eines Weigerungsrechts zu bestimmen, wenn mehrere Rechtsordnungen berührt sind. Zudem muss es das Spannungsverhältnis zwischen Informationsinteresse und Geheimhaltungsbedürfnis ausgleichen. Verweigert eine Schiedspartei oder ein Dritter ohne berechtigten Grund die Vorlage, fragt sich, was ein Schiedsgericht dagegen unternehmen kann (Teil 5). Hier zeigt sich ein entscheidendes Manko der Schiedsgerichtsbarkeit: Das Schiedsgericht ist regelmäßig auf die freiwillige Kooperation der Schiedsparteien und Dritter angewiesen. Ihm selbst stehen keine Zwangsbefugnisse zu. Will es im internationalen Rechtsverkehr eine

Vorlageanordnung durchsetzen, ist es auf die Unterstützung der staatlichen Gerichte angewiesen, deren Möglichkeiten aber begrenzt sind.

Kapitel 2: Die Dokumentenvorlage im staatlichen Verfahren

Teil 1: Deutschland

I. Einleitung

Das deutsche Zivilverfahren richtet sich in allen Instanzen nach der Zivilprozessordnung (ZPO). Eine Partei kann Klage erheben, indem sie einen Schriftsatz bei Gericht einreicht, der die Parteien und das Gericht bezeichnet und den Streitgegenstand bestimmt, § 253 ZPO. Die Klageschrift muss den streitigen Lebenssachverhalt schildern, aus dem der Kläger für sich einen Anspruch gegen den Beklagten herleitet, und alle anspruchsbegründenden Tatsachen substantiiert darlegen.[5] Bestreitet der Beklagte substantiiert die Behauptungen des Klägers, muss der Kläger seine Darlegungen beweisen. Ebenso muss der Beklagte seine Einwendungen beweisen, wenn der Kläger substantiiert bestreitet. Dabei kann sich jede Partei des Beweises durch Augenschein, §§ 371-372a ZPO, durch Zeugen, §§ 373-401 ZPO, durch Sachverständige, §§ 402-414 ZPO, durch Parteivernehmung, §§ 445-455 ZPO oder durch Urkunden, §§ 415-444 ZPO, bedienen.

Zum Urkundenbeweis hat die Zivilprozessreform[6] zum 1.1.2002 einige Änderungen gebracht. Nach der bis zum 31.12.2001 geltenden ZPO mussten Parteien und Dritte eine Urkunde regelmäßig nur dann vorlegen, wenn sie materiell-rechtlich dazu verpflichtet waren, §§ 422, 429 ZPO a.F. Während eine Partei im laufenden Prozess bei Gericht beantragen konnte, den Gegner zur Urkundenvorlage zu verpflichten, musste sie einen Dritten in einem gesonderten Prozess auf Vorlage in Anspruch nehmen. Von Amts wegen konnte ein Gericht nur tätig werden, wenn es von einer Partei eine ihr günstige Urkunde herausverlangen wollte, oder der Gegner nach § 422 ZPO a.F. zur Vorlage verpflichtet war, § 142 ZPO a.F.

Die neue ZPO erweitert die Vorlagepflichten. Sie berechtigt ein Gericht von Amts wegen, Urkunden oder sonstige Unterlagen, auf die sich eine Partei bezogen hat, von einer Partei oder einem Dritten herauszuverlangen, § 142 ZPO. Das Recht ist von materiell-rechtlichen Ansprüchen und von der Beweislast unabhängig.[7] Nach § 429 ZPO kann eine Partei bei Gericht eine Anordnung

---

[5] Ausführlich *Niehr*, Die zivilprozessuale Dokumentenvorlegung im deutsch-englischen Rechtshilfeverkehr, 2004, 19-21.

[6] Gesetz zur Reform des Zivilprozesses vom 27.7.2001, BGBl. I 2001, S. 1887.

[7] Thomas/Putzo-*Reichold*, ZPO, 27. Aufl., 2005, § 142 Rdz. 1; *Stadler*, Inquisitionsmaxime und Sachverhaltsaufklärung, in: Nakamura/Mpees (Hrsg.) Festschrift für Kostas E. Beys, Bd. II, 2003, 1625, 1638-1640; MünchKomm-*Peters*, ZPO-Reform, 2. Aufl., 2002, § 142 Rdz. 3; *Zimmermann*, ZPO, 6. Aufl., 2002, § 142 Rdz. 1.

nach § 142 ZPO beantragen, wenn sie Urkunden im Besitz eines Dritten zur Beweisführung benötigt. Ansonsten lässt das neue Recht die §§ 415-444 ZPO zum Urkundenbeweis unberührt. Insbesondere fehlt ein Verweis auf § 142 ZPO für Urkunden im Besitz des Gegners. Der Beweisantritt nach § 421 ZPO soll nach bisherigem Muster erfolgen. Die ZPO-Reform führt damit nur teilweise eine prozessuale Aufklärungspflicht ein.

II. Aufklärungspflichten

Deutsche Rechtsprechung und Literatur stehen prozessualen Aufklärungspflichten traditionell skeptisch gegenüber. Eine Partei ist dann prozessual zur Aufklärung verpflichtet, wenn sie losgelöst von materiell-rechtlichen Pflichten und der Beweislastverteilung alle ihr verfügbaren Beweismittel zu einem Sachverhalt vorlegen muss. Die Rechtsprechung hat bisher prozessuale Aufklärungspflichten deutlich abgelehnt. Der Gegner sei nicht verpflichtet, der anderen Partei die Beweise zu liefern, die sie zur Beweisführung brauche.[8] Aufklärungspflichten seien allein dem materiellen Recht zu entnehmen. Das entspricht auch der traditionellen Lehre.[9] Seit langem gibt es aber auch Stimmen in der Literatur, die für die Anerkennung einer prozessualen Aufklärungspflicht der Parteien untereinander plädieren.[10] Sie schließen aus § 138 Abs. 1 und 2 ZPO, aus punktuellen Sonderregelungen und aus Treu und Glauben, § 242 BGB, auf eine echte Aufklärungsgemeinschaft der Parteien unter gerichtlicher Führung, um die zahlreichen materiell-rechtlichen Auskunfts- und Vorlagepflichten sowie die vielfältigen Beweiserleichterungen auf eine einheitliche Rechtsgrundlage zu stellen. Die Lehre hat sich aber nicht durchsetzen können.[11]

---

[8] BGH NJW 2000, 1108, 1109; BGH NJW 1990, 3151 = MDR 1991, 226 = JR 1991, 415 m. Anm. *Schreiber* = ZZP Bd. 104, 1991, 203 m. Anm. *Stürner*; BGH WM 1963, 864, 865 (zur Urkundenvorlage).

[9] Nachweise bei *Katzenmeier*, Aufklärungs-/Mitwirkungspflicht der nicht beweisbelasteten Partei im Zivilprozess, JZ 2002, 533, 534; und *Gottwald*, Zur Wahrung von Geschäftsgeheimnissen im Zivilprozess, BB 1979, 1781, 1782.

[10] *Stürner*, Parteipflichten bei der Sachverhaltsaufklärung im Zivilprozess, ZZP, Bd. 98, 1985, 237; *ders.*, Die Aufklärungspflicht der Parteien des Zivilprozesses, 1976, 56 ff., 92 ff., 134 ff., 378 ff.; *Peters*, Beweisvereitelung und Mitwirkungspflicht des Beweisgegners, ZZP, Bd. 82, 1969, 200, 208-211 m.w.N.; aus jüngerer Zeit *Katzenmeier*, Aufklärungs-/Mitwirkungspflicht der nicht beweisbelasteten Partei im Zivilprozess, JZ 2002, 533; *Wagner*, Europäisches Beweisrecht, ZEuP 2001, 441, 463-468; *Lorenz*, Die Neuregelung der pre-trial-Discovery im US-amerikanischen Zivilprozessrecht, ZZP, Bd. 111, 1998, 35, 43-56; *Schlosser*, Die lange deutsche Reise in die prozessuale Moderne, JZ 1991, 599.

[11] Kritisch in jüngster Zeit *Prütting*, Informationsbeschaffung durch neue Urkundenvorlagepflichten, in: Kiss/Varga (Hrsg.), studia in honorem János Németh, 2003, 701, 704-706.

1. Beibringungsgrundsatz und Ausforschungsverbot

Die traditionelle Lehre begründet ihre zurückhaltende Einstellung zur prozessualen Aufklärungspflicht mit zwei Grundsätzen, die den deutschen Zivilprozess beherrschen: Beibringungsgrundsatz und Ausforschungsverbot.[12] Prägnant formuliert bedeutet der Beibringungsgrundsatz, dass die Parteien selbst bestimmen, welche Tatsachen sie dem Gericht im Rechtsstreit zur Entscheidung unterbreiten und welche Tatsachen beweisbedürftig sind.[13] Der Beibringungsgrundsatz ist Grundlage für die Darlegungs- und Beweislast im Zivilprozess.[14] Er bestimmt insofern die Systematik der ZPO. Warum der Beibringungsgrundsatz gleichzeitig als Argument gegen wechselseitige Aufklärungspflichten dienen soll, ist nicht ohne weiters ersichtlich. Es ist vielmehr eine bewusste gesetzgeberische Entscheidung, Aufklärungspflichten der Parteien mit gesetzlichen Regelungen zu beschränken. Diese Entscheidung unterläuft die deutsche Rechtsprechung schon beim Ausforschungsverbot.

Das Ausforschungsverbot hat zwei Gesichtspunkte. Zum einen verlangt es, dass eine Partei ihren Beweisantrag substantiiert und hinreichend bestimmt formuliert.[15] Es bedarf eines schlüssigen Tatsachenvortrags. Zum anderen geht es darum, ob eine Partei für ihre Behauptungen konkrete Anhaltspunkte hat, oder ob sie über den Beweisantritt erst rechtserhebliche Tatsachen zu erfahren hofft. Die Rechtsprechung grenzt beim zweiten Gesichtspunkt zwischen Ausforschungsbeweis und zulässigem Beweisantritt bei Behauptungen auf Vermutungsbasis ab.[16] Dabei bejaht sie nur äußerst selten eine unzulässige Ausforschung.[17] Es genügt, wenn eine Partei den vorgetragenen Sachverhalt als Vermutung behauptet, selbst aber kein zuverlässiges Wissen darüber besitzt und auch nicht erlangen kann. Ausreichend ist eine logische und widerspruchsfreie Sachverhaltsdarstellung. Auch wenn das Gericht daran zweifelt, ob die Vermutung richtig ist, darf es eine Beweisaufnahme nicht ablehnen. Vermuten kann eine Partei vor allem innere Tatsachen, Kausalabläufe oder

---

[12] *Wilke*, Der Urkundenbeweis in transnationalen deutsch-amerikanischen Prozessen und im Schiedsverfahren, IDR 2004, 88, 90.

[13] Ausführlich *Rosenberg/Schwab/Gottwald*, Zivilprozessrecht, 16. Aufl., 2004, § 77.

[14] BGH NJW 1990, 3151 = MDR 1991, 226 = JR 1991, 415 m. Anm. *Schreiber* = ZZP, Bd. 104, 1991, 203 m. Anm. *Stürner*.

[15] *Stadler*, Inquisitionsmaxime und Sachverhaltsaufklärung, in: Nakamura/Mpees (Hrsg.) Festschrift für Kostas E. Beys, Bd. II, 2003, 1625, 1628; *Kraayvanger/Hilgard*, Urkundenvorlegung im Zivilprozess, Neue Justiz 2003, 572, 573.

[16] Ausführlich zum Ausforschungsbeweis *Niehr*, Die zivilprozessuale Dokumentenvorlegung im deutsch-englischen Rechtshilfeverkehr, 2004, 24-27.

[17] *Rosenberg/Schwab/Gottwald*, Zivilprozessrecht, 16. Aufl., 2004, 794-795; *Kiethe*, Zulässigkeit von Beweisantritten bei Behauptungen auf Grundlage einer zivilrechtlichen Vermutungsbasis, MDR 2003, 1325, 1328-1329.

Verabredungen zwischen anderen Personen.[18] Unzulässig wird die Behauptung auf Vermutungsbasis erst dann, wenn die Partei ohne greifbare Anhaltspunkte willkürlich und rechtsmissbräuchlich Behauptungen „aufs Geratewohl" oder „ins Blaue hinein" aufstellt.[19] Das ist beispielsweise selbst dann nicht der Fall, wenn sich eine Partei nicht mehr erinnern kann, ob eine von ihr unterzeichnete Bürgschaftsurkunde zum Zeitpunkt der Unterschrift bereits ausgefüllt war. Sie kann behaupten, sie habe das Formular blanko unterzeichnet, und zum Beweis die Bankangestellten als Zeugen benennen.[20] Ebenso genügt es, wenn ein klagender Insolvenzverwalter die Vermutung aufstellt, aus Verhandlungsprotokollen im Besitz des beklagten Bauunternehmens ergebe sich eine ihm günstige Vertragsregelung. Er kann Beweis antreten, indem er beantragt, dem Beklagten aufzugeben, die Verhandlungsprotokolle zum streitgegenständlichen Bauvorhaben vorzulegen.[21]

Neben der großzügigen Rechtsprechung zum Ausforschungsbeweis haben die Gerichte vielfältige materiell-rechtliche Vorlagepflichten begründet und Beweiserleichterungen entwickelt, die noch näher zu erläutern sind. All das schwächt den Grundsatz ab, dass keine Partei verpflichtet sei, für den Gegner günstige Beweise zu liefern.[22]

2. Zivilprozessreformgesetz

Eine weitere Abschwächung bewirkt die Zivilprozessreform zum 1.1.2002, die Parteien und Dritten neue Pflichten bei der Urkundenvorlage auferlegt.[23] Der Gesetzgeber hat in § 142 ZPO teilweise eine prozessuale Vorlagepflicht für Parteien und Dritte eingeführt. Das basiert auf Vorschlägen, die schon lange diskutiert werden. Zuletzt griff der 61. Deutsche Juristentag 1996 das Thema auf. *Gottwald* schlug eine generelle Editionspflicht vor,[24] die der Juristentag aber nicht verabschiedete. Nun hat die Zivilprozessreform die Vorschläge zur prozessualen Vorlagepflicht in § 142 ZPO umgesetzt. Die Neure-

---

[18] *Kiethe*, Zulässigkeit von Beweisantritten bei Behauptungen auf Grundlage einer zivilrechtlichen Vermutungsbasis, MDR 2003, 1325, 1326.

[19] BGH ZIP 2003, 1596 = MDR 2003, 1365, 1366 m.w.N.; BGH NJW-RR 2003, 491; BGH NJW-RR 2003, 69, 70; BGH NJW 2001, 2327, 2328; BGH NJW 1995, 2111, 2112; BGH NJW 1989, 2947, 2947-2948; die alle eine unzulässige Behauptung ins Blaue hinein verneinen.

[20] BGH ZIP 2003, 1596 = MDR 2003, 1365, 1365-1366.

[21] BGH WM 2002, 1690 = ZIP 2002, 1408, 1410.

[22] *Kiethe*, Auskunft und sekundäre Behauptungslast – Anspruchsdurchsetzung bei ungeklärten Sachverhalten, MDR 2003, 781, 784; *Stürner*, Anmerkung zu BGH ZZP Bd. 104, 1991, 203, 209.

[23] *Konrad*, Der Schutz der Vertrauenssphäre zwischen Rechtsanwalt und Mandant im Zivilprozess, NJW 2004, 710, 711.

[24] *Gottwald*, Gutachten A zum 61. Deutschen Juristentag, Karlsruhe 1996, 15.

gelung soll die Prozessökonomie fördern, indem sie das Gericht in die Lage versetzt, den Sachverhalt möglichst rasch und umfassend aufzuklären.[25] Der Gesetzgeber hat die verfahrensrechtlichen Informationspflichten der Parteien aus § 138 ZPO nun durch Vorlagepflichten abgesichert.[26] Wie sich die neuen Vorschriften tatsächlich auf den deutschen Zivilprozess auswirken, bleibt abzuwarten. Rechtsprechung und Lehre sind jedenfalls wie bisher bestrebt, prozessuale Ungerechtigkeiten auszugleichen, missbräuchliche Beweisverfahren zu verhindern und berechtigte Geheimhaltungsinteressen der Betroffenen zu wahren. Hier soll nur ein Überblick über die zahlreichen Möglichkeiten, Vorlagepflichten zu begründen, gegeben werden. Der Überblick soll genügen, um das deutsche System für das internationale Schiedsverfahren zu veranschaulichen.

III. Vorlagepflichten

1. Begriff der Urkunde

Eine Urkunde im Sinne der ZPO ist eine schriftlich verkörperte Gedankenäußerung, d.h. eine unmittelbar lesbare Aufzeichnung von Gedanken.[27] Aufgrund der engen Definition fallen die immer wichtigeren elektronischen Dokumente nicht unter den Urkundenbegriff, weil sie erst mit dem Hilfsmittel des Computers lesbar werden.[28] Lässt sich ein Gegenstand nicht unter den Urkundenbegriff subsumieren – wie etwa Fotografien, Filme und Disketten – zählt er zu den Augenscheinsgegenständen. Das schreibt § 371 Abs. 1 S. 2 ZPO für elektronische Dokumente ausdrücklich vor. Die Regelungen zum Augenscheinsbeweis, §§ 144, 371 ZPO, verlaufen seit der Zivilprozessreform parallel zu den Regelungen zum Urkundenbeweis.[29] Die folgenden Ausführungen können deshalb auf das Beweismittel des Augenscheins übertragen werden.

2. Vorlagepflichten einer Prozesspartei

Weil es im deutschen Zivilprozess vor der Zivilprozessreform keine prozessuale Vorlagepflicht gab, hat die Rechtsprechung vielfältige Möglichkeiten entwickelt, Informationsdefizite zwischen den Prozessparteien auszugleichen:

---

[25] BT-Drucks. 14/4722 S. 78 re. Sp. [5].

[26] *Kraayvanger/Hilgard*, Urkundenvorlegung im Zivilprozess, Neue Justiz 2003, 572, 574; Hannich/Meyer-Seitz-*Schwartze*, ZPO-Reform 2002, 2002, § 142 Rdz. 5.

[27] Stein/Jonas-*Leipold*, ZPO, Bd. 4/2, 21. Aufl., 1999, vor § 415, Rdz. 1 m.w.N.

[28] Ausführlich *Niehr*, Die zivilprozessuale Dokumentenvorlegung im deutsch-englischen Rechtshilfeverkehr, 2004, 29-31.

[29] Einführend siehe Zöller-*Geimer*, ZPO, 25. Aufl., 2005, § 144, Rdz. 1-4 und § 371 Rdz. 1-8; *Niehr*, Die zivilprozessuale Dokumentenvorlegung im deutsch-englischen Rechtshilfeverkehr, 2004, 48-50; Hannich/Meyer-Seitz-*Schwartze*, ZPO-Reform 2002, 2002, § 144 Rdz. 1-6.

(1) In vielen Fällen können Parteien in einem vorgelagerten Auskunftsprozess Unterlagen herausverlangen, die im späteren Haftungsprozess als Beweismittel dienen. (2) Sie können aber auch im Hauptprozess Beweis antreten, indem sie beantragen, dem Gegner die Urkundenvorlage aufzugeben, §§ 421-427 ZPO. Dazu haben die Gerichte verschiedene materiell-rechtliche Anspruchsgrundlagen begründet. (3) Oftmals führen schon Beweiserleichterungen dazu, dass eine Behauptung der beweisbelasteten Partei als erwiesen gilt. (4) Nun erleichtert der neue § 142 ZPO vor allem die Beweisaufnahme von Amts wegen.

a) Vorlagepflicht bei Auskunftsanspruch im vorgelagerten Prozess

Häufig wird es für einen Kläger sinnvoll sein, Informationen aus der Sphäre seines potentiellen Prozessgegners in einem vorgelagerten Auskunftsprozess oder in einer Stufenklage zu gewinnen, um einen Schadensersatz- oder Bereicherungsanspruch vorzubereiten.[30] Erfolgversprechend ist das vor allem bei einer nötigen Auskunft zur Schadensberechnung oder zur Beseitigung einer Störung,[31] insbesondere im gewerblichen Rechtsschutz.[32] Zwar ist der Auskunftsanspruch zunächst nur auf eine mündliche Erklärung gerichtet, er kann aber auch die Vorlage von Belegen umfassen. Neben den Auskunftspflichten, die sich aus Vertrag oder Gesetz[33] ergeben, hat die Rechtsprechung einen Auskunftsanspruch aus Treu und Glauben entwickelt, der heute zu Gewohnheitsrecht erstarkt ist.[34] Sie leitet aus den gesetzlichen Rechenschaftspflichten, § 259 BGB, und aus dem Grundsatz von Treu und Glauben, § 242 BGB, die allgemeine Regel ab, dass derjenige rechenschaftspflichtig ist, der fremde Angelegenheiten besorgt.[35]

aa) Voraussetzungen des Auskunftsanspruchs aus § 242 BGB

Nach der gängigen Formel in der Rechtsprechung besteht eine Auskunftspflicht nach § 242 BGB dann, wenn der Berechtigte in entschuldbarer Weise über den Umfang einer Verletzung und damit über das Bestehen und den Um-

---

[30] *Kiethe*, Auskunft und sekundäre Behauptungslast – Anspruchsdurchsetzung bei ungeklärten Sachverhalten, MDR 2003, 781, 782; allgemein zum Auskunftsanspruch: *Lorenz*, Auskunftsansprüche im Bürgerlichen Recht, JuS 1995, 569.

[31] BGH BB 1972, 376, 377.

[32] Ausführlich *Teplitzky*, Wettbewerbsrechtliche Ansprüche und Verfahren, 8. Aufl., 2002, Kap. 38; *Köhler*, Der Schadensersatz-, Bereicherungs- und Auskunftsanspruch im Wettbewerbsrecht, NJW 1992, 1477, 1480-1482; *Gottwald*, Zur Wahrung von Geschäftsgeheimnissen im Zivilprozess, BB 1979, 1780, 1784-1787.

[33] Vor allem im Immaterialgüterrecht: § 19 MarkenG; § 101a UrhG, § 14a Abs. 3 GeschmMG i.V.m. § 101a UrhG, § 140b PatG, § 24b GebrMG, § 9 Abs. 2 HalbleiterschutzG i.V.m. § 24b GebrMG, § 37b SortenschutzG.

[34] *Lorenz*, Auskunftsansprüche im Bürgerlichen Recht, JuS 1995, 569, 573.

[35] Siehe schon RGZ 108, 1, 5-7.

fang seines Ersatzanspruchs im Unklaren ist; er sich die notwendigen Auskünfte, um seinen Ersatzanspruch vorzubereiten und durchzuführen, nicht auf zumutbare Weise selbst beschaffen kann; und der Verletzer unschwer, d.h. ohne unbillig belastet zu sein, Aufklärung geben kann.[36] Es sind vier Voraussetzungen zu erfüllen:

(1) Zwischen den Parteien muss eine Sonderrechtsbeziehung bestehen. Daran stellt die Rechtsprechung keine hohen Anforderungen. Geht es um einen Schadensersatzanspruch innerhalb eines Vertragsverhältnisses, genügt der begründete Verdacht einer Vertragsverletzung.[37] Beim gesetzlichen Anspruch auf eine Leistung, z.B. aus unerlaubter Handlung, muss der Anspruch zumindest dem Grunde nach bestehen.[38] Dabei reicht es aus, wenn der Berechtigte den Hauptanspruch schlüssig darlegt und in substantiierter Weise Tatsachen vorträgt und unter Beweis stellt, die greifbare Anhaltspunkte für einen wahrscheinlichen Anspruch liefern.[39] In Einzelfällen verzichtet die Rechtsprechung ganz auf eine Sonderrechtsbeziehung.[40]

(2) Dem Kläger ist es unmöglich oder unzumutbar, die Informationen selbst zu beschaffen. Er muss grundsätzlich alle eigenen Informationsquellen ausschöpfen. Das gilt nicht, wenn der Aufwand hierfür unverhältnismäßig hoch wäre, die Informationen nur mit gesetz- oder sittenwidrigen Mitteln erlangt

---

[36] Ständige Rspr., BGH NJW 2002, 3771; BGHZ 140, 342 = WM 1999, 694, 700 – Preisbindung durch Franchisegeber; BGHZ 110, 30, 33-34 – Marder; BGH NJW-RR 1987, 1521 = GRUR 1987, 647 – Briefentwürfe; BGHZ 97, 188, 192 = NJW 1986, 1755; BGHZ 95, 285, 288 – GEMA-Vermutung II; BGHZ 95, 274, 278-279 = NJW 1986, 1244 – GEMA-Vermutung I; BGHZ 81, 21, 24 = NJW 1981, 2000; BGH GRUR 1980, 227, 232 – Monumenta Germaniae Historica – m. Anm. *Nordemann*; BGH GRUR 1974, 53, 54 – Nebelscheinwerfer – m. Anm. *Henssler*; BGHZ 61, 180, 184-185 = NJW 1973, 1876; BGH BB 1972, 376, 377; BGH NJW 1972, 907, 908; BGH DB 1971, 1416, 1417 = WM 1971, 565 = MDR 1971, 574; BGHZ 55, 378, 380 = NJW 1971, 842; BGHZ 44, 271, 273; BGH NJW 1962, 731; BGHZ 10, 385, 387.

[37] BGH NJW 2002, 3771; Palandt-*Heinrichs*, BGB, 65. Aufl., 2006, § 261 Rdz. 10.

[38] BGH GRUR 2000, 907, 910 – Filialleiterfehler; BGH MDR 1988, 47 = NJW-RR 1987, 1296; BGHZ 95, 285, 288 – GEMA-Vermutung II; BGHZ 95, 274, 279 = NJW 1986, 1244 – GEMA-Vermutung I; BGH GRUR 1980, 1105, 1111 – Das Medizinsyndikat III – m. Anm. *Wild*.

[39] BGH GRUR 2002, 149, 153; BGHZ 97, 188, 193; BAG DB 1972, 1831, 1832.

[40] BGHZ 61, 180, 184-185 = NJW 1973, 1876 (Der Pflichtteilsberechtigte hat einen Auskunftsanspruch gegen den Schenkungsempfänger nach §§ 2314, 242 BGB.); BGHZ 56, 256, 262 (Der Urheber eines Gemäldes hat einen materiellen Beteiligungsanspruch aus § 26 UrhG gegen den Veräußerer. Schiebt der Veräußerer einen Vermittler vor, kann der Urheber vom Vermittler verlangen, dass er den Namen des Veräußerers mitteilt.); siehe auch *Teplitzky*, Wettbewerbsrechtliche Ansprüche und Verfahren, 8. Aufl., 2002, Kap. 38, Rdz. 7-7a; *Schlosser*, Die lange deutsche Reise in die prozessuale Moderne, JZ 1991, 599, 606.

werden könnten, oder vom Informanten mit Sicherheit keine zutreffende Auskunft zu erwarten wäre.[41]
(3) Der Kläger muss in entschuldbarer Weise über Bestehen und Umfang seines Rechts im Ungewissen sein. Verschulden liegt vor, wenn er früher gegebene Informationsquellen nicht genutzt[42] oder vorhandene Informationen nicht gesichert hat.[43]
(4) Der Beklagte muss die Auskunft unschwer geben können und sie muss ihm zumutbar sein.[44] Sie ist begrenzt auf das, was für die Schadensberechnung unbedingt erforderlich ist.[45] Hier sind die gegenläufigen Interessen abzuwägen.[46]

bb) Folgt aus der Auskunftspflicht eine Vorlagepflicht?

Die Auskunftspflicht verlangt ihrem Wortlaut nach eine reine Wissenserklärung. Der Verpflichtete muss lediglich Tatsachen mitteilen. Bei bestimmten Methoden der Schadensberechung erkennt die Rechtsprechung zwar einen Anspruch auf Rechnungslegung entsprechend §§ 259, 242 BGB an, der auch die Vorlage von Belegen einschließt.[47] Ob die Auskunftspflicht generell die Urkundenvorlage mitumfasst, ist umstritten. Einige Stimmen in der Literatur wollen aus § 259 BGB den allgemeinen Grundsatz ableiten, dass der Verpflichtete Vorgänge dokumentieren, sowie Schriftstücke sammeln und im

---

[41] *Köhler*, Der Schadensersatz-, Bereicherungs- und Auskunftsanspruch im Wettbewerbsrecht, NJW 1992, 1477, 1481.
[42] BGH NJW 1980, 2463, 2464.
[43] *Köhler*, Der Schadensersatz-, Bereicherungs- und Auskunftsanspruch im Wettbewerbsrecht, NJW 1992, 1477, 1481.
[44] BGH GRUR 1992, 61, 64 – Preisvergleichsliste; BGH MDR 1988, 47 = NJW-RR 1987, 1296.
[45] BGH WRP 2001, 168, 169 – Kfz-Vertrieb (Bei Verstoß gegen Alleinvertriebsrecht ist Auskunft über alle mit anderen Vertragshändlern abgeschlossenen Geschäfte erforderlich.); BGH GRUR 1995, 50, 54 – Indorektal/Indohexal (Nur Angaben über Umsätze, nicht genaue Lieferdaten und Abnehmer); BGH GRUR 1991, 153, 155 – Pizza & Pasta; BGH GRUR 1981, 593, 594 – Championne du Monde; BGH GRUR 1977, 491, 494 – ALLSTAR; BGH GRUR 1973, 375, 377-378 – Miss Petite – m. Anm. *v. Falck* (Nur Angaben über Umsätze, nicht auch Rechnungslegung über Stückzahl, Lieferpreise und Abnehmer); BGH GRUR 1956, 276, 278-279; OLG Karlsruhe GRUR 1995, 772, 773 – Selbständiger Auskunftsanspruch.
[46] BGH GRUR 1987, 647, 648 – Briefentwürfe; BGH GRUR 1961, 288, 293 – Zahnbürsten – m. Anm. *Droste*; *Lorenz*, Auskunftsansprüche im Bürgerlichen Recht, JuS 1995, 569, 574.
[47] Siehe etwa BGH GRUR 1982, 723 – Dampffrisierstab; ausführlich *Teplitzky*, Neue Entwicklungen beim wettbewerbs- und markenrechtlichen Auskunftsanspruch in: Keller u.a. (Hrsg.), Festschrift für Winfried Tilmann, 2003, 913, 920-921; *ders.*, Wettbewerbsrechtliche Ansprüche und Verfahren, 8. Aufl., 2002, Kap. 39; jeweils m.w.N.

Prozess vorlegen muss.[48] Die Rechtssprechung ist vorsichtiger. Sie trennt nach gesetzlichen Auskunftspflichten und der aus Treu und Glauben abgeleiteten Auskunftspflicht. Bei gesetzlichen Auskunftspflichten wie § 19 MarkenG verlangt sie regelmäßig, dass der Verpflichtete auch Belege vorlegt.[49] Bei der Auskunftspflicht nach Treu und Glauben dagegen muss der Verpflichtete nur in Ausnahmefällen Belege vorlegen, weil der Vorlageanspruch stärker in seine Rechtsstellung eingreift als der bloße Auskunftsanspruch.[50] Folgt aus der gebotenen Interessenabwägung, dass die Auskunft allein nicht geeignet ist, dem Berechtigten die erforderliche Klarheit zu verschaffen, sind auch Belege erforderlich.[51] Sie sind vorzulegen, wenn die beweisbelastete Partei auf sie angewiesen ist und dem Gegner die zusätzliche Verpflichtung zumutbar ist. Selbst wenn zwischen den Parteien eine Sonderverbindung besteht und der Beweisführer substantiiert darlegen kann, warum er die Urkunde zur Beweisführung benötigt, begründet das beim Auskunftsanspruch aus § 242 BGB also nur ausnahmsweise eine Vorlagepflicht.

b) Beweisantritt einer Partei nach §§ 421-427 ZPO

Der Antritt des Urkundenbeweises gestaltet sich verschieden, je nachdem, ob sich die Urkunden in den Händen des Beweisführers, § 420 ZPO, des Gegners, § 421 ZPO, oder eines Dritten befindet, § 428 ZPO. Hat der Beweisführer die Urkunde selbst in Händen, oder kann er sie ohne weiteres beschaffen, tritt er den Beweis an, indem er die Urkunde vorlegt. Hat sich der Gegner selbst zur Beweisführung auf die Urkunde bezogen, ist er auf Antrag des Beweisführers zur Vorlage verpflichtet, §§ 423, 421 ZPO. Das begründet eine prozessuale Vorlagepflicht, die nur selten eintritt. Für das Handelsrecht ent-

---

[48] *Musielak*, Hilfen bei Beweisschwierigkeiten im Zivilprozess, in: Schmidt (Hrsg.), 50 Jahre Bundesgerichtshof Band III, 2000, 193, 223; *Derleder/Wosnitza*, Auskunftspflichten der Banken beim Teilzahlungskredit, ZIP 1990, 901, 902 m.w.N.; *Stürner*, Anmerkung zu BGH JZ 1976, 318, 320, 321; a.A. *Köhler*, Der Schadensersatz-, Bereicherungs- und Auskunftsanspruch im Wettbewerbsrecht, NJW 1992, 1477, 1481.

[49] BGH NJW-RR 2002, 1119, 1121 m.w.N. = GRUR 2002, 709 – Entfernung der Herstellungsnummer III; *Teplitzky*, Die jüngste Rechtsprechung des BGH zum wettbewerbsrechtlichen Anspruchs- und Verfahrensrecht X, GRUR 2003, 272, 277.

[50] BGH GRUR 1974, 53, 54-55 – Nebelscheinwerfer – m. Anm. *Henssler*; BGH GRUR 1973, 375, 377-378 – Miss Petite – m. Anm. *v. Falck* (Nur Angaben über Umsätze, nicht auch Rechnungslegung über Stückzahl, Lieferpreise und Abnehmer); OLG Karlsruhe GRUR 1995, 772, 773 – Selbständiger Auskunftsanspruch (Kein Anspruch auf Belege, wenn sie nicht zur Schadensberechnung, sondern als Beweismittel gegenüber Dritten dienen sollen.).

[51] BGHZ 148, 26, 37 = GRUR 2001, 841 – Entfernung der Herstellungsnummer II; BGH DB 1971, 1416, 1417 = WM 1971, 565 = MDR 1971, 574; BGHZ 14, 53, 56; OLG Düsseldorf NJW-RR 1996, 1464, 1466; ablehnend OLG Koblenz WM 1997, 870.

halten §§ 102, 258-261 HGB eigene prozessuale Vorlagepflichten der Parteien. Sie ergänzen die ZPO Vorschriften.[52]

Vermutet der Beweisführer dagegen nur, die Urkunde befinde sich beim Gegner, kann er einen Antrag auf Vorlage stellen, § 421 ZPO. Der Antrag muss die Anforderungen des § 424 ZPO erfüllen. Das Gericht ordnet die Vorlage an, wenn: (1) der Beweisführer die Urkunde äußerlich und inhaltlich so genau als möglich beschreibt; (2) die Urkunde beweiserheblich ist; (3) der Gegner Besitzer ist; und (4) der Beweisführer einen materiell-rechtlichen Anspruch auf Vorlage glaubhaft macht.[53]

Der Beweisführer muss seinen Antrag auf Urkundenvorlage so bestimmt als möglich formulieren. Er muss zunächst die äußeren Merkmale der Urkunde nennen, wie Aussteller und Datum, damit Gericht und Gegner genau wissen, welche Urkunde gemeint ist, § 424 Nr. 1 ZPO.[54] Gleiches gilt für den Inhalt der Urkunde, § 424 Nr. 3 ZPO. Es genügt deshalb nicht, Einsicht in alle Geschäftsunterlagen zu verlangen. Der Beweisführer muss vielmehr die relevanten Geschäftsunterlagen beispielsweise genau danach bezeichnen, welche Forderungen sich aus den Unterlagen ergeben sollen.[55] Zudem muss der Beweisführer das Gericht davon überzeugen, dass die Urkunde beweiserheblich ist, § 424 Nr. 2 ZPO, und der Gegner sie besitzt, § 424 Nr. 4 ZPO. Der Gegner muss dazu unmittelbar über sie verfügen, oder aufgrund eines Besitzmittlungsverhältnisses mittelbar auf sie zugreifen können.[56] Zuletzt muss der Beweisführer noch den Vorlagegrund substantiieren und glaubhaft machen, § 424 Nr. 5 ZPO. Das ist die schwierigste Hürde, um eine Vorlagepflicht zu begründen. Zwar gibt es verschiedene materiell-rechtliche Anspruchsgrundlagen, die aber überwiegend an enge Voraussetzungen gebunden sind.

aa) Spezialgesetzliche Vorlagepflichten

Eine Partei ist materiell-rechtlich zur Vorlage verpflichtet, wenn der Beweisführer Auskunft und Rechenschaft, § 259 BGB, oder Herausgabe, § 985 BGB, verlangen kann. Solche Ansprüche sind spezialgesetzlich vielfältig geregelt, z. B. nach § 402 BGB (Pflicht des bisherigen Gläubigers, Urkunden herauszugeben, die eine Forderung beweisen), § 675 BGB (Herausgabepflicht

---

[52] Musielak-*Stadler*, ZPO, 4. Aufl., 2005, § 142 Rdz. 1.

[53] Goebel-*Goebel*, Zivilprozessrecht, 2004, § 10 Rdz. 512-515; Zöller-*Geimer*, ZPO, 25. Aufl., 2005, § 422 Rdz. 1.

[54] BGHZ 60, 275 = WM 1973, 644, 649; Musielak-*Huber*, ZPO, 4. Aufl., 2005, § 424 Rdz. 2.

[55] Siehe etwa BGH NJW-RR 1994, 933, 936 (Allerdings zum selbständigen Anspruch aus §§ 810, 242 BGB).

[56] Stein/Jonas-*Leipold*, ZPO, Bd. 4/2, 21. Aufl., 1999, § 422 Rdz. 3; a.A. Zöller-*Geimer*, ZPO, 25. Aufl., 2005, § 421 Rdz. 1 (ausreichend ist tatsächliche Verfügungsmacht).

bei Geschäftsbesorgung), § 666 BGB (Herausgabepflicht des Beauftragten) § 952 BGB (Pflicht des Eigentümers eines Schuldscheins zur Herausgabe), § 27 Abs. 3 BGB (Herausgabepflicht des Vorstandes eines eingetragenen Vereins) und §§ 667, 681 BGB (Pflicht des Geschäftsführers bei Geschäftsführung ohne Auftrag). Die Liste ließe sich beliebig fortsetzen.[57] Die gesetzlichen Vorlagepflichten sprechen für sich selbst. Sie erfüllen in ihren Spezialgebieten das Informationsbedürfnis der Beteiligten. Interessant ist es, die Rechtsprechung darauf zu untersuchen, wo sie Informations- und Vorlagepflichten erweitert hat, um materielle Gerechtigkeit zwischen den Beteiligten zu erzielen.

bb) Vorlagepflicht nach § 810 BGB

§ 810 BGB beinhaltet die wichtigste materiell-rechtliche Vorlagepflicht.[58] Danach ist eine Urkunde in drei Fällen vorzulegen, wenn der Beweisführer ein rechtliches Interesse an der Einsicht hat: (1) Die Urkunde ist im Interesse des Beweisführers errichtet; (2) in der Urkunde ist ein zwischen dem Beweisführer und einem anderen bestehendes Rechtsverhältnis beurkundet; (3) die Urkunde enthält Verhandlungen, die der Beweisführer und ein anderer über ein Rechtsgeschäft geführt haben. Regelmäßig entscheiden Zweck oder Inhalt der Urkunde über einen Anspruch aus § 810 BGB. Hält die Rechtsprechung Informationsdefizite in einem Prozessrechtsverhältnis für ungerechtfertigt, legt sie § 810 BGB weit aus und begründet so großzügig materiell-rechtliche Ansprüche.[59]

Eine Urkunde ist im Interesse des Beweisführers errichtet, wenn sie dazu bestimmt ist, ihm allein oder mit anderen als Beweismittel zu dienen oder seine rechtlichen Beziehungen zu fördern.[60] Dabei ist nicht auf den Inhalt der Urkunde, sondern ausschließlich auf den Zweck ihrer Errichtung abzustellen.[61]

---

[57] Weitere Beispiele bei Goebel-*Goebel*, Zivilprozessrecht, 2004, § 10 Rdz. 509-510.

[58] Ausführlich *Niehr*, Die zivilprozessuale Dokumentenvorlegung im deutsch-englischen Rechtshilfeverkehr, 2004, 40-44; *Saß*, Die Beschaffung von Informationen und Beweisen, 2002, 107-157.

[59] BGHZ 55, 201 = NJW 1971, 656; BGH WM 1968, 1245; BGH BB 1966, 99 = WM 1966, 255; BGH WM 1963, 990, 991; BGH WM 1963, 989, 990; BGH WM 1961, 1329.

[60] BGH NJW-RR 1996, 1464, 1466; RGZ 69, 401, 405 (Nietzsche Briefe).

[61] BGH DB 1971, 1416 = WM 1971, 565 = MDR 1971, 574 (Protokolle des Gläubigerbeirates als Gedächtnisstütze der Mitglieder gedacht, nicht als Beweismittel für einen Vergleichsgaranten.).

Bei § 810 2. Alt. BGB reicht es aus, wenn der beurkundete Vorgang in unmittelbarer rechtlicher Beziehung zum streitigen Rechtsverhältnis steht.[62] Dabei muss die Urkunde kein Rechtsverhältnis zwischen Beweisführer und Urkundeninhaber enthalten. Es genügt, wenn der Beweisführer daraus Informationen für sein eigenes Rechtsverhältnis ableiten kann. Hierunter fallen alle Urkunden über Rechtsgeschäfte, sowie Schuldscheine, Quittungen, Rechnungen[63] und Handelsbücher der Kaufleute, soweit sie Einträge enthalten, die gegenseitige Rechtsverhältnisse bekunden.[64] Die Bücher als Ganzes sind nicht vorzulegen, sondern nur die für den Beweisführer relevanten Ausschnitte.[65] Notizen als Erinnerungsstütze und Rechnungs- oder Haushaltsbücher, die der Besitzer nur zum eigenen Gebrauch führt, fallen weder unter § 810 2. Alt. noch 3. Alt. BGB.[66] In der dritten Alternative muss die Urkunde die Verhandlungen selbst beinhalten, also etwa zwischen den verhandelnden Parteien gewechselte Briefe und Vertragsentwürfe.[67]

Stets erforderlich ist nach § 810 BGB ein rechtliches Interesse an der Vorlage. Dient der Anspruch aus § 810 BGB der Beweisführung, hofft der Anspruchsteller, mit einer ihm inhaltlich bereits bekannten Urkunde vor Gericht Beweis zu führen. Es genügt deshalb bereits das Beweisinteresse des An-

---

[62] BGHZ 94, 105, 116 (Eine Klägerin, die Papier unter verlängertem Eigentumsvorbehalt geliefert hat, hat einen Anspruch auf Vorlage von Unterlagen über die Weiterveräußerung durch die Beklagte, da diese Urkunden zumindest auch im Interesse der Klägerin errichtet waren, weil sie sich auf Kundenforderungen beziehen, die an die Klägerin abgetreten waren.); BGH BB 1966, 99 = WM 1966, 255 (Die Klägerin war durch Auseinandersetzungsvertrag am gesamten Roheinkommen des Beklagten beteiligt. Um die Höhe ihrer Ansprüche berechnen zu können, hat sie ein Einsichtsrecht in die Steuererklärungen, Steuerbescheide und Betriebsprüferberichte des Beklagten.); BGH WM 1962, 706, 707 = BB 1962, 573 (Der Kläger hat einen Anspruch auf Vorlage der Provisionsabrechnung, die der Makler von seinem Auftraggeber erhalten hat, damit er aus der Abrechnung seine Beteiligung an der Provision berechnen kann.).

[63] Stein/Jonas-*Leipold*, ZPO, Bd. 4/2, 21. Aufl., 1999, § 422 Rdz. 13.

[64] BGHZ 55, 201, 203 = NJW 1971, 656 (Einsichtsrecht, wenn von den in den Geschäftsbüchern verbuchten Geschäftsabschlüssen Provisionsansprüche abhängen.).

[65] BGH GRUR 1961, 466, 469 – Gewinderollkopf – m. abl. Anm. *Moser v. Filsek* (Lizenzgeber einer Stücklizenz, der nur am Umsatz eines Erzeugnisses aus der Gesamtproduktion beteiligt ist, hat keinen Anspruch auf Einsicht in alle Warenkonten des Lizenznehmers.).

[66] BGH NJW 1994, 3094, 3095 (Aktionär hat kein Einsichtsrecht in Wortprotokolle der Hauptversammlung einer Aktiengesellschaft. Aus Mitgliedschaftsverhältnis und Treuepflicht der Gesellschaft gegenüber Aktionär ergibt sich jedoch ein Anspruch auf Protokollabschrift über eigene Beiträge.); BGHZ 60, 275 = BGH WM 1973, 644, 649 (Aktenvermerk einer Gemeinde ist vorzulegen, da nicht nur Gedächtnisstütze.).

[67] Stein/Jonas-*Leipold*, ZPO, Bd. 4/2, 21. Aufl., 1999, § 422 Rdz. 15.

spruchstellers, um das rechtliche Interesse zu bejahen.[68] Ein Beweisinteresse liegt aber nicht vor, wenn der Beweisführer den Urkundeninhaber erst ausforschen will. Die Rechtsprechung verneint deshalb das rechtliche Interesse, wenn die Vorlage dazu dienen soll, Anhaltspunkte für ein pflichtwidriges Verhalten des Gegners erst zu ermitteln.[69] Spezialgesetzliche Regelungen gehen hier manchmal weiter. Für die Auskunft- und Rechenschaftspflicht aus § 666 BGB im Geschäftsbesorgungsrecht genügt es beispielsweise, wenn der Anspruchsteller die Unterlagen einsehen will, um eine Rechtsverfolgung gegen den Verpflichteten oder einen Dritten vorzubereiten.[70] Anders ist es auch, wenn eine Vertragspartei ihre Vertragsurkunde verloren hat – gleich ob verschuldet oder unverschuldet – und deshalb nicht mehr weiß, ob und in welchem Umfang ihr Recht noch besteht. Dann kann sie nach Treu und Glauben verlangen, dass ihr Vertragspartner sie über den Vertragsinhalt informiert und sie die Vertragsunterlagen einsehen lässt.[71] Ein reines Informationsinteresse genügt aber grundsätzlich nicht. Der Beweisführer muss eine Rechtsposition verteidigen, erhalten oder fördern wollen.[72]

cc) Vorlagepflicht nach §§ 810, 242 BGB

Als Beispiel dafür, wie die Rechtsprechung Vorlagepflichten aus § 810 BGB nach Treu und Glauben erweitert, sollen Einsichtsrechte aus dem Gesellschaftsrecht dienen. Spezialgesetzlich geregelt sind Prüfungsbefugnisse der Gesellschafter von Personengesellschaften: für die Gesellschaft des bürgerlichen Rechts, §§ 713, 716 BGB, für die offene Handelsgesellschaft, §§ 118, 157 Abs. 3 HGB, für die Kommanditgesellschaft, § 166 HGB und für die stille Gesellschaft, § 233 HGB. Weil die Gesellschafter persönlich haften, können sie Jahresbilanzen, Gewinn- und Verlustrechnungen, und dazugehörige Prüfungsberichte einsehen. Für den Gesellschafter einer GmbH gibt es dagegen keine gesetzliche Regel. Die aufgezählten Normen sind nicht entsprechend anwendbar, weil die GmbH den Kapitalgesellschaften zuzuordnen ist. § 810 BGB greift nicht, weil die Geschäftsunterlagen weder im Interesse des Gesellschafters errichtet worden sind, noch ein für ihn relevantes Rechtsver-

---

[68] MünchKomm-*Schreiber*, ZPO, Bd. 2, 2. Aufl., 2000, § 422 Rdz. 4; Stein/Jonas-*Leipold*, ZPO, Bd. 4/2, 21. Aufl., 1999, § 422 Rdz. 4.

[69] BGHZ 109, 260, 267; BGH DB 1971, 1416, 1417 = WM 1971, 565 = MDR 1971, 574; enger: OLG Schleswig NJW-RR 1991, 1338 (nicht ohne jeden konkreten Anhaltspunkt).

[70] BGHZ 109, 260, 267-268; Stein/Jonas-*Leipold*, ZPO, Bd. 4/2, 21. Aufl., 1999, § 422 Rdz. 5.

[71] Zum abhanden gekommenen Ratenkreditvertrag: BGH WM 1992, 977 = NJW-RR 1992, 1072, 1073; OLG Hamm WM 1987, 1297, 1298; ähnlich BGH WM 2002, 1690 = ZIP 2002, 1408, 1410 (Insolvenzverwalter kann Verhandlungsprotokolle zwischen Gemeinschuldnerin und beklagtem Bauunternehmen vom Beklagten nach § 810 BGB herausverlangen, wenn sie bei der Gemeinschuldnerin nicht auffindbar sind.).

[72] BGH NJW 1981, 1733 – Stipendiat.

hältnis bekunden. Dennoch gewährt die Rechtsprechung dem Gesellschafter einer GmbH nach §§ 810, 242 BGB Einsicht in die Geschäftsunterlagen, wenn besondere Umstände vorliegen, etwa wenn der Gesellschafter sonst die ihm durch Gesetz oder Gesellschaftsvertrag gewährten Rechte nicht ordnungsgemäß ausüben kann.[73] Gleiches gilt für ausgeschiedene Gesellschafter,[74] die keine gesetzlichen Kontrollrechte mehr haben, oder frühere Angestellte.[75] Sie können nach §§ 810, 242 BGB die Bücher und Papiere aus der Zeit ihrer Zugehörigkeit zur Gesellschaft einsehen, wenn sie daran ein schutzwürdiges rechtliches Interesse haben. Das ist insbesondere dann der Fall, wenn sie die Unterlagen benötigen, um ihr Abfindungsguthaben zu berechnen, oder um festzustellen, ob ihnen noch sonstige Forderungen gegen die Gesellschaft zustehen. Nur wenn nichts darauf hindeutet, dass die von der Gesellschaft vorgelegte Abfindungsabrechnung unrichtig sein könnte, ist das Einsichtsverlangen unzulässige Ausforschung.[76]

dd) Zusammenfassung

Der kurze Überblick über die materiell-rechtlichen Ansprüche, die zu einer Vorlagepflicht des Gegners nach § 422 ZPO führen können, zeigt, wie vielfältig die Möglichkeiten sind, eine Vorlagepflicht zu begründen. Gleichzeitig halten die Pflicht zum substantiierten Vortrag und das Ausforschungsverbot die Ansprüche in engen Grenzen. Deshalb hat die Rechtsprechung im Verhältnis der Prozessparteien untereinander auch bei der Beweiswürdigung verschiedene Beweiserleichterungen entwickelt, die Informationsdefizite ausgleichen.

c) Beweiserleichterungen

Grundsätzlich trägt jede Partei die Beweislast für die ihr günstigen Tatsachen.[77] Den Grundsatz schwächt die Rechtsprechung mit Beweiserleichterungen ab. Die wichtigsten Rechtsfiguren sind Anscheinsbeweis, sekundäre Darlegungs- und Beweislast, und Beweisvereitelung. Beweiserleichterungen führen zwar nicht dazu, dass der Gegner eine für ihn ungünstige Urkunde vorlegen muss. Vielmehr sieht die Rechtsprechung die Behauptung der beweisbe-

---

[73] BGHZ 14, 53, 57.

[74] BGH NJW-RR 1994, 933, 934 (zum Erben eines Kommanditisten); BGH NJW 1989, 3272, 3273 (zum Kommanditisten); BGH WM 1988, 1447, 1448 (zum GmbH-Gesellschafter); BGH WM 1977, 781, 782 (zum GmbH-Gesellschafter); BGH WM 1968, 1245 (zum stillen Gesellschafter); BGH WM 1963, 1329 (zum Gesellschafter einer OHG); BGH WM 1963, 989, 990 (zum Kommanditisten).

[75] BGH WM 1963, 990, 991.

[76] BGH NJW 1989, 3272, 3273 (zum Kommanditisten).

[77] Ausführlich *Niehr*, Die zivilprozessuale Dokumentenvorlegung im deutsch-englischen Rechtshilfeverkehr, 2004, 21-22.

lasteten Partei als erwiesen an oder legt das Verhalten des Gegners negativ aus, wenn die Voraussetzungen für eine Beweiserleichterung gegeben sind. Es liegt dann am Gegner, darzulegen und zu beweisen – auch durch Urkundenbeweis – dass die Behauptung falsch ist. Ob der Gegner eine ungünstige Urkunde vorlegen muss oder ob das Gericht die ihm ungünstige Behauptung als erwiesen ansieht – am Ergebnis ändert das nichts.

aa) Anscheinsbeweis

Der Beweis des ersten Anscheins greift bei typischen Geschehensabläufen ein, wenn ein Tatbestand feststeht, der nach der Lebenserfahrung auf eine bestimmte Ursache als maßgeblich für den Eintritt eines bestimmten Erfolges hinweist.[78] Ist ein typischer Geschehensablauf unstreitig oder hat ihn der Beweisführer bewiesen, liegt es am Anspruchsgegner, Tatsachen darzulegen und zu beweisen, die einen von der Lebenserfahrung abweichenden Ablauf als ernsthaft möglich erscheinen lassen. Gelingt das, muss der Beweisführer versuchen, das Gericht mittels Vollbeweis von seiner eigenen Behauptung zu überzeugen.[79] Der Anscheinsbeweis ist vor allem für den Ursachenzusammenhang bei Verkehrsunfällen oder sonstigen Schadensereignissen relevant. Hier wird es selten vorkommen, dass der Geschädigte einen bestimmten Geschehensablauf mangels Zugriff auf Urkunden nicht beweisen kann.

bb) Sekundäre Darlegungs- und Beweislast

Bei der Rechtsfigur der sekundären Darlegungs- und Beweislast geht es dagegen häufiger um Urkunden im Besitz des Gegners. Steht eine darlegungs- und beweispflichtige Partei außerhalb des von ihr darzulegenden Geschehensablaufs und kann deshalb nicht näher vortragen, wird der Gegner, der näher über die relevanten Tatsachen Bescheid weiß, darlegungspflichtig.[80] Es genügt dann, wenn die primär darlegungs- und beweispflichtige Partei eine plausible Behauptung aufstellt.[81] Der Gegner ist zu substantiiertem Gegenvortrag mit Beweisantrag verpflichtet. Beschränkt er sich auf ein einfaches Bestreiten, kann das Gericht die Behauptung als zugestanden ansehen, § 138 Abs. 3 ZPO,[82] oder das Verhalten des Gegners zu seinen Lasten frei würdigen, § 286

---

[78] BGH NJW 1982, 2447, 2448 m.w.N.

[79] Ausführlich Zöller-*Greger*, ZPO, 25. Aufl., 2005, vor § 284 Rdz. 29-31; *Musielak*, Hilfen bei Beweisschwierigkeiten im Zivilprozess, in: Schmidt (Hrsg.), 50 Jahre Bundesgerichtshof Band III, 2000, 193, 198-208.

[80] BGH GRUR 2004, 268, 269 – Blasenfreie Gummibahn II; BGH NJW 1999, 3485, 3486; BGH NJW 1999, 2887, 2888; BGH NJW 1998, 2277, 2279; RGZ 166, 240, 242; Zöller-*Greger*, ZPO, 25. Aufl., 2005, vor § 284 Rdz. 34-34d.

[81] BGH NJW 2000, 2812, 2813-2814 (Abgrenzung zur unzulässigen Ausforschung).

[82] BGH NJW 1999, 3485, 3486; BGH NJW 1996, 315, 317; BGH GRUR 1961, 85, 90 – Pfiffikus-Dose.

ZPO.[83] Trägt er dagegen substantiiert vor, liegt es wieder an der beweisbelasteten Partei, den Vollbeweis für ihre Behauptung zu führen.[84] Der Gegner ist nach dieser Rechtsfigur zwar nicht verpflichtet, für die andere Partei günstige Urkunden vorzulegen. Kann er aber deren Behauptung nicht mit substantiiertem Vortrag bestreiten, ist sie schlüssig begründet.

Es sind vier Voraussetzungen zu erfüllen, um eine Darlegungs- und Beweispflicht der nicht beweisbelasteten Partei zu begründen.[85] Die Voraussetzungen ähneln denen zum Auskunftsanspruch im vorgelagerten Prozess:[86]
(1) Der Beweisführer muss plausible Vorwürfe erheben.
(2) Der Beweisführer muss außerhalb der Tatumstände stehen, die eine nähere Darlegung gestatten, und daher außerstande sein, den Sachverhalt aufzuklären. Seine Unkenntnis darf nicht vorwerfbar sein. Er muss alles tun, was ihm möglich und zumutbar ist, um den Tatsachenstoff zu klären. Es genügt nicht, wenn ihm die Darlegung lediglich im Einzelfall wesentlich schwerer fällt als dem Gegner.[87]
(3) Der Gegner kann die Aufklärung unschwer geben.
(4) Die Aufklärung ist dem Gegner zumutbar, etwa aus vorangegangenem Tun oder aufgrund eines persönlichen Verhältnisses zum Beweisführer.[88] Hier sind berechtigte Geheimhaltungsinteressen zu berücksichtigen.[89]

Die Rechtsprechung nutzt die Rechtsfigur der sekundären Darlegungs- und Beweislast beispielsweise im Wettbewerbsrecht bei der irreführenden Wer-

---

[83] BGH GRUR 1970, 461, 463 – Euro-Spirituosen – m. Anm. *Hoth*; RGZ 166, 240, 242; *Gottwald*, Zur Wahrung von Geschäftsgeheimnissen im Zivilprozess, BB 1979, 1780, 1782.
[84] *Kiethe*, Auskunft und sekundäre Behauptungslast – Anspruchsdurchsetzung bei ungeklärten Sachverhalten, MDR 2003, 781.
[85] *Gottwald*, Zur Wahrung von Geschäftsgeheimnissen im Zivilprozess, BB 1979, 1780, 1782.
[86] Siehe oben Kap. 2, Teil 1, III., 2.a)aa).
[87] BGH NJW 1997, 128, 129.
[88] BGH NJW 1997, 128, 129.
[89] BGH NJW 1962, 2149, 2150 – Bärenfang; BGH NJW 1961, 826, 828 – Pressedienst; *Musielak*, Hilfen bei Beweisschwierigkeiten im Zivilprozess, in: Schmidt (Hrsg.), 50 Jahre Bundesgerichtshof Band III, 2000, 193, 197; *Baumgärtel*, „Geheimverfahren" im Zivilprozess zur Wahrung von Geschäftsgeheimnissen nach Schweizer Vorbild? in: Lindacher u.a. (Hrsg.) Festschrift für Walther J. Habscheid, 1989, 1, 5.

bung, § 5 UWG (§ 3 UWG a.F.):[90] Bei Unterlassungsklagen gegen Alleinstellungsbehauptungen kann der Kläger oftmals nicht beweisen, dass eine Alleinstellungsbehauptung unrichtig ist. Es fehlen ihm entweder Informationen aus der innerbetrieblichen Sphäre des Beklagten[91] oder aus der vom Beklagten verwendeten Vergleichssphäre.[92]

cc) Beweislastumkehr

Zudem gewährt die Rechtsprechung zahlreiche Beweiserleichterungen die nach einer gängigen Formulierung in der bundesgerichtlichen Rechtsprechung „bis zur Beweislastumkehr" gehen können.[93] Beweiserleichterung und Beweislastumkehr sind aber strikt zu trennen. Während die Beweiserleichterung wie die sekundäre Darlegungs- und Beweispflicht die nicht beweisbelastete Partei verpflichtet, bei der Sachaufklärung von Tatsachen aus ihrem Bereich mitzuwirken, erfolgt bei der Beweislastumkehr eine objektive Risikozuweisung, wenn die Sachverhaltsaufklärung misslingt.[94] Das Risiko geht dann auf die ursprünglich nicht beweisbelastete Partei über. Obliegt ihr dagegen nur eine erweiterte Aufklärungspflicht, kann das Gericht flexibel das Risiko verteilen, wenn es Beweise und Verhalten würdigt.

Bei der Beweislastumkehr ist deshalb Vorsicht geboten. Sie ist nur zulässig, wenn ein Gesetz sie vorsieht oder eine Regel aus der richterrechtlichen Rechtsfortbildung sie sichert. Das gebieten Rechtssicherheit und Gleichheit in

---

[90] BGH GRUR 1971, 164, 167 – Discount-Geschäft – m. Anm. *Krieger* (Ein Elektrohändler, der als „Discounter" für sich wirbt, muss durch Vorlage seiner Preislisten einen Preisabstand gegenüber regulären Einzelhandelsgeschäften darlegen.); BGH NJW 1962, 2149 – Bärenfang (Wer damit wirbt, sein Bärenfang-Honiglikör sei „nach einem alten preußischen Familienrezept hergestellt", muss die Existenz des Rezeptes und seine Herkunft unter Wahrung seines Geschäftsgeheimnisses an dem Inhalt des Rezepts offenbaren.); RGZ 166, 240, 242-243 = GRUR 1941, 233 (Wer als „Vereinigte Fotokopier-Apparate-GmbH" firmiert und wirbt, muss die wesentlichen Unterlagen zur Rechtfertigung dieser Firmenwahl beibringen.).

[91] BGHZ 120, 320, 327-328 – Tariflohnunterschreitung; BGH GRUR 1975, 78, 79 – Preisgegenüberstellung; BGH NJW 1962, 2149, 2150 – Bärenfang; BGH NJW 1961, 826, 828 – Pressedienst.

[92] BGH GRUR 1985, 140, 142 – Größtes Teppichhaus der Welt; BGH GRUR 1978, 249, 250-251 – Kreditvermittlung, m. Anm. *Droste* (Der Beklagte wirbt damit, die größte Kreditvermittlung Südwestdeutschlands zu sein. Er muss darlegen und unter Beweis stellen, wie es sich mit der Größe und Bedeutung seiner Mitbewerber in dem betreffenden Gebiet verhält.).

[93] Ausführlich Stein/Jonas-*Leipold*, ZPO, Bd. 3, 21. Aufl., 1997, § 286 Rdz. 120-131.

[94] *Gottwald*, Zur Wahrung von Geschäftsgeheimnissen im Zivilprozess, BB 1979, 1780, 1784.

der Rechtsanwendung.[95] Eine Beweislastumkehr aus Billigkeitsgründen ist unzulässig.[96]

Eine gesicherte richterrechtliche Rechtsfortbildung besteht beispielsweise bei der Produzentenhaftung: Der Geschädigte muss zunächst beweisen, dass ein objektiver Mangel des Produktes den Schaden verursacht hat. Ist der Nachweis gelungen, muss der Hersteller abweichend von § 823 Abs. 1 BGB beweisen, dass er den Schaden nicht verschuldet hat.[97] Im Arzthaftungsrecht dagegen verschwimmt der Unterschied zwischen Beweiserleichterung und Beweislastumkehr. Um auf das Verhalten eines Arztes flexibel reagieren zu können, bedient sich die Rechtsprechung der ungenauen Formulierung „Beweiserleichterungen bis hin zur Beweislastumkehr". Im Ergebnis berücksichtigt sie aber das Verhalten des Arztes bei der Beweiswürdigung, und kehrt nicht die Beweislast um.[98]

dd) Beweisvereitelung

Das Gesetz regelt die Beweisvereitelung für den Urkunden- und Augenscheinsbeweis ausdrücklich, §§ 427, 444, 441 Abs. 3, 371 Abs. 3 ZPO. Der Umgang mit einer Beweisvereitelung steht danach im richterlichen Ermessen. Das Gericht kann die Behauptungen des Beweisführers als bewiesen ansehen, wenn der Gegner ohne berechtigten Grund eine Urkunde nicht vorlegt; es kann aber auch eine andere Würdigung vornehmen.

Eine Beweisvereitelung kann viele Formen annehmen, die nicht alle gleich sanktionierbar sind. Grob lässt sich unterscheiden: Eine Partei unterdrückt vor

---

[95] *Laumen*, Die „Beweiserleichterung bis zur Beweislastumkehr" – Ein beweisrechtliches Phänomen, NJW 2002, 3739, 3741.

[96] BGH NJW-RR 1997, 892; ausführlich zu den Problemen der Beweislastumkehr *Peters*, Beweisvereitelung und Mitwirkungspflicht des Beweisgegners, ZZP, Bd. 82, 1969, 200, 214-221.

[97] Grundlegend BGHZ 51, 91 – Hühnerpest; siehe auch *Kullmann*, Die Rechtsprechung des BGH zum Produkthaftpflichtrecht in den Jahren 2001-2003, NJW 2003, 1908, 1911.

[98] BVerfGE 52, 131, 154-155 (Beweisregeln vom Bundesverfassungsgericht gebilligt.); BGH NJW 1996, 315, 317; BGH NJW 1978, 1681, 1682; BGHZ 72, 132, 137-139; BGH NJW 1963, 389, 390 (Erschwert oder vereitelt eine Partei dem Gegner arglistig oder fahrlässig die Benutzung eines wesentlichen Beweismittels, kann das Gericht in freier Beweiswürdigung auf die Wahrheit des gegnerischen Vorbringens schließen.); ausführlich: *Laumen*, Die „Beweiserleichterung bis zur Beweislastumkehr" – Ein beweisrechtliches Phänomen, NJW 2002, 3739, 3743-3746; *Musielak*, Hilfen bei Beweisschwierigkeiten im Zivilprozess, in: Schmidt (Hrsg.), 50 Jahre Bundesgerichtshof Band III, 2000, 193, 211-218; Stein/Jonas-*Leipold*, ZPO, Bd. 3, 21. Aufl., 1997, § 286 Rdz. 126-131.

oder nach Prozessbeginn eine Urkunde. Dies kann verschuldet oder unverschuldet geschehen sein.[99]

Hat die beweisbelastete Partei während des Prozesses dargelegt und glaubhaft gemacht, dass der Gegner zur Vorlage einer entscheidungserheblichen Urkunde verpflichtet ist, muss der Gegner begründen, warum er die Vorlage verweigert. Das Gericht beurteilt bei der Beweiswürdigung, ob die angegebenen Gründe die Vorlage unmöglich oder unzumutbar machen. Ist das der Fall, sieht es die Tatsache, die der Beweisführer mit der Urkunde belegen wollte, nicht als erwiesen an. Kann der Gegner seine Weigerungsgründe nicht überzeugend darlegen, ist die Weigerung unbegründet und damit verschuldet. Das Gericht sieht den Beweis dann regelmäßig als erbracht an. Dabei hat es den Erfahrungssatz zu berücksichtigen, dass jede Partei einen Beweis, der ihren eigenen Standpunkt stützt, fördern und nicht verhindern wird.[100]

Hat der Gegner dagegen vor Prozessbeginn eine Urkunde, die der beweisbelasteten Partei günstig wäre, gar nicht hergestellt oder nicht gesichert, kann das Gericht das Verhalten nur negativ würdigen, wenn der Gegner die Beweisvereitelung verschuldet hat.[101] Da eine allgemeine Mitwirkungspflicht an der Stoffsammlung abzulehnen ist, liegt Verschulden nur dann vor, wenn der Gegner die Pflicht hatte, die Urkunde herzustellen oder aufzubewahren.[102] Die Pflicht kann sich aus Vertrag ergeben, etwa aus der Dokumentationspflicht des Arztes, oder aus gesetzlichen Regeln, etwa aus der Rechenschaftspflicht nach § 259 BGB. Das Gericht muss zudem prüfen, ob der Verpflichtete den Prozess und die Bedeutung der Urkunde für den Prozess voraussehen konnte und musste. Wenn ja, kann das Gericht den Erfahrungssatz heranziehen, dass jede Partei die ihr günstigen Urkunden unabhängig von einer Rechtspflicht sorgfältig aufbewahren wird.[103] Auch hier kann der Verpflichtete begründen, warum ihm die Beweissicherung unmöglich oder unzumutbar war. Kommt das Gericht zu dem Schluss, dass der Verpflichtete eine Urkunde bewusst nicht hergestellt oder aufbewahrt hat, kann es das Verhalten negativ würdigen.

---

[99] So schon *Peters*, Beweisvereitelung und Mitwirkungspflicht des Beweisgegners, ZZP, Bd. 82, 1969, 200, 204-205.

[100] *Musielak*, Hilfen bei Beweisschwierigkeiten im Zivilprozess, in: Schmidt (Hrsg.), 50 Jahre Bundesgerichtshof Band III, 2000, 193, 221.

[101] BGH NJW 1983, 2935, 2936 m.w.N.

[102] Stein/Jonas-*Leipold*, ZPO, Bd. 4/2, 21. Aufl., 1999, § 444 Rdz. 7.

[103] *Musielak*, Hilfen bei Beweisschwierigkeiten im Zivilprozess, in: Schmidt (Hrsg.), 50 Jahre Bundesgerichtshof Band III, 2000, 193, 224; a.A. *Peters*, Beweisvereitelung und Mitwirkungspflicht des Beweisgegners, ZZP, Bd. 82, 1969, 200, 218.

Nach den Grundsätzen zur Beweisvereitelung kann das Gericht flexibel auf das Verhalten beider Parteien reagieren und dabei die gesamten Umstände des Einzelfalles berücksichtigen.[104] Das Gericht kann auf die Einmaligkeit eines jeden Falles eingehen. Das erschwert es aber auch, allgemein gültige Regeln zur Beweisvereitelung aufzustellen. Die Abgrenzung nach Beweisvereitelung vor oder nach Prozessbeginn, verschuldet oder unverschuldet, bietet nur Anhaltspunkte. Dennoch überzeugt die Einzelfallwürdigung als nützliches Instrument der Gerichte, die Interessen aller Parteien zu berücksichtigen und auszugleichen.

d) Vorlagepflicht einer Partei nach § 142 ZPO

Nachdem die bisherigen Möglichkeiten einer Partei, ihren Gegner zur Urkundenvorlage zu verpflichten, begrenzt sind, fragt sich, ob der zum 1.1.2002 neu formulierte § 142 ZPO ihre Beweissituation verbessert hat. Die Gesetzesänderung wirft einige Fragen auf: Soll § 142 ZPO die Beweisaufnahme unterstützen oder nur der Informationsgewinnung dienen? Kann eine Partei beantragen, dass das Gericht den Gegner nach § 142 ZPO zur Urkundenvorlage verpflichtet? Wann kann oder muss ein Gericht die Vorlage von Amts wegen anordnen?

aa) Voraussetzungen des § 142 ZPO

§ 142 Abs. 1 ZPO lautet nun: „Das Gericht kann anordnen, dass eine Partei oder ein Dritter die in ihrem oder seinem Besitz befindlichen Urkunden und sonstige Unterlagen, auf die sich eine Partei bezogen hat, vorlegt." Die neue Vorschrift ändert das Gesetz in drei Punkten: zum Urkundenbegriff, zum Besitzbegriff und zum Bezugnahmekriterium.

(1) „Urkunden und sonstige Unterlagen"

Die bisherige gesetzliche Aufzählung von Stammbäumen, Plänen, Rissen und sonstige Zeichnungen ist entfallen. Das Gesetz nennt nun „Urkunden und sonstige Unterlagen" und erweitert damit zeitgemäß den Urkundenbegriff. Unter sonstige Unterlagen fallen z.B. Pläne, Photos, Faxe, Schriftwechsel, Verträge und Krankenunterlagen.[105] Für den Urkundenbeweis nach §§ 421 ff. ZPO ergibt sich der Urkundenbegriff weiterhin ausschließlich aus §§ 415-419 ZPO. Er ist damit enger als in § 142 ZPO.

---

[104] *Laumen*, Die „Beweiserleichterung bis zur Beweislastumkehr" – Ein beweisrechtliches Phänomen, NJW 2002, 3739, 3746.

[105] Musielak-*Stadler*, ZPO, 4. Aufl., 2005, § 142 Rdz. 1; *Zimmermann*, ZPO, 6. Aufl., 2002, § 142 Rdz. 1.

(2) „In ihrem Besitz“

Anstatt „in ihren Händen befindliche Urkunden“ heißt es nun „in ihrem Besitz befindliche Urkunden“. Das Gesetz stellt auf den Besitz ab und präzisiert sprachlich, wann eine Urkunde zugänglich ist.[106] Der Begriff des „in den Händen halten“ war sonst im Gesetzestext nicht gebräuchlich und deshalb schwer zu fassen. Bisher hat das neben dem unmittelbaren Besitz auch die tatsächliche Verfügungsmacht über eine Urkunde erfasst.

Nun kann man sich am Besitz nach §§ 854-872 BGB orientieren, was sowohl den unmittelbaren Besitz als auch den mittelbaren Besitz umfasst.[107] Dabei entscheidet der Besitz zu dem Zeitpunkt, zu dem der Betroffene die Anordnung erhält.[108] Auf das Eigentum an den Unterlagen kommt es nicht an.[109] Es genügt, wenn das Gericht es für wahrscheinlich halten kann, dass der Betroffene die Unterlagen besitzt.[110]

Es reicht nicht wie bisher aus, wenn eine Partei ohne Besitzmittlungsverhältnis rein tatsächlich über die Urkunde verfügen könnte. Das Kriterium der Verfügungsmacht war nach altem Recht vor allem dafür entscheidend, auch Unterlagen herausverlangen zu können, die im Besitz eines Dritten waren. Nachdem der Dritte nun selbst ohne gesonderten Prozess vorlegen muss, entscheidet die Verfügungsmacht nicht mehr darüber, ob das Gericht überhaupt die Vorlage verlangen kann.[111] Verweigert nun ein Dritter als unmittelbarer Besitzer zu Recht die Vorlage nach § 142 Abs. 2 ZPO, kann das Gericht eine Vorlageanordnung gegenüber der Partei als mittelbare Besitzerin erwägen. Das wird meist scheitern, wenn der Dritte seine Weigerungsrechte auch gegenüber der Partei geltend machen kann.[112] Eine Pflicht der Parteien, sich Unterlagen zu beschaffen, die sie nicht in ihrem Besitz haben, begründet die neue Regelung nicht.[113] Hat jedoch eine Partei Urkunden an einen Dritten weitergege-

---

[106] Hannich/Meyer-Seitz-*Schwartze*, ZPO-Reform 2002, 2002, § 142 Rdz. 1.
[107] Musielak-*Stadler*, ZPO, 4. Aufl., 2005, § 142 Rdz. 3; *Gruber/Kießling*, Die Vorlagepflichten der §§ 142 ff. ZPO nach der Reform 2002, ZZP, Bd. 116, 2003, 305, 316-317; a.A. BLAH-*Hartmann*, ZPO, 64. Aufl., 2006, § 142 Rdz. 8 (Nur tatsächliche Sachherrschaft oder Möglichkeit, sich Urkunde zu beschaffen.).
[108] BLAH-*Hartmann*, ZPO, 64. Aufl., 2006, § 142 Rdz. 6.
[109] *Zimmermann*, ZPO, 6. Aufl., 2002, § 142 Rdz. 1.
[110] *Schlosser*, Französische Anregungen zur Urkundenvorlagepflicht nach § 142 ZPO, in: Coester u.a. (Hrsg.), Festschrift für Hans Jürgen Sonnenberger, 2004, 135, 150.
[111] Musielak-*Stadler*, ZPO, 4. Aufl., 2005, § 142 Rdz. 3.
[112] Musielak-*Stadler*, ZPO, 4. Aufl., 2005, § 142 Rdz. 3.
[113] *Vollkommer*, Zivilprozessrecht 2002, Mitt. 2002, 125, 129 Fn. 37.

ben, um sich der Vorlagepflicht zu entziehen, kann das Gericht eine Anordnung gegen die Partei als mittelbare Besitzerin richten.[114]

(3) „Auf die sich eine Partei bezogen hat"

Das Recht des Gerichts ist nicht mehr darauf beschränkt, nur solche Urkunden herauszuverlangen, auf die sich der Urkundenbesitzer selbst bezogen hat. Das Bezugnahmeerfordernis nach altem Recht war umstritten. Überwiegend hat man es für bedeutungslos gehalten, weil der Vorsitzende des Gerichts die Parteien ohne entsprechende Einschränkung auffordern konnte, Unterlagen vorzulegen, § 273 Abs. 2 Nr. 1 ZPO a.F.[115] Die Vorschrift ist durch § 273 Abs. 2 Nr. 5 ZPO ersetzt worden, die auf §§ 142, 144 ZPO verweist, ohne die Rechte des Vorsitzenden inhaltlich zu konkretisieren. Das Bezugnahmekriterium lebt deshalb wieder auf. Nun kann das Gericht Urkunden und sonstige Unterlagen herausverlangen, auf die sich eine Partei bezogen hat, unabhängig davon, wer die Urkunde besitzt. Das erweitert die Rechte des Gerichts dahin, Unterlagen ohne Rücksicht auf die Beweislast herausverlangen zu können.[116] Auf materiell-rechtliche Ansprüche wie bei § 422 ZPO kommt es nicht an.[117]

Verschiedene Verbände der deutschen Wirtschaft[118] haben die Vorschrift des § 142 ZPO im Vorfeld heftig kritisiert. Sie haben zu bedenken gegeben, dass Anwälte, die im angloamerikanischen discovery Verfahren geschult sind,

---

[114] *Schlosser*, Französische Anregungen zur Urkundenvorlagepflicht nach § 142 ZPO, in: Coester u.a. (Hrsg.), Festschrift für Hans Jürgen Sonnenberger, 2004, 135, 138.

[115] Musielak-*Stadler*, ZPO, 4. Aufl., 2005, § 142 Rdz. 4; *Gruber/Kießling*, Die Vorlagepflichten der §§ 142 ff. ZPO nach der Reform 2002, ZZP, Bd. 116, 2003, 305, 307 m.w.N.; *Zekoll/Bolt*, Die Pflicht zur Vorlage von Urkunden im Zivilprozess – Amerikanische Verhältnisse in Deutschland?, NJW 2002, 3129, 3130; Hannich/Meyer-Seitz-*Schwartze*, ZPO-Reform 2002, 2002, § 142 Rdz. 7; MünchKomm-*Peters*, ZPO, Bd. 1, 2. Aufl., 2000, § 142 Rdz. 11; ausführlich *Schöpflin*, Die Beweiserhebung von Amts wegen im Zivilprozess, 1992, 234-239.

[116] *Rosenberg/Schwab/Gottwald*, Zivilprozessrecht, 16. Aufl., 2004, § 118 Rdz. 45; *Konrad*, Der Schutz der Vertrauenssphäre zwischen Rechtsanwalt und Mandant im Zivilprozess, NJW 2004, 710; *Gruber/Kießling*, Die Vorlagepflichten der §§ 142 ff. ZPO nach der Reform 2002, ZZP, Bd. 116, 2003, 305, 309-311.

[117] Musielak-*Stadler*, ZPO, 4. Aufl., 2005, § 142 Rdz. 7; *Rosenberg/Schwab/Gottwald*, Zivilprozessrecht, 16. Aufl., 2004, § 118 Rdz. 45; *Zekoll/Bolt*, Die Pflicht zur Vorlage von Urkunden im Zivilprozess – Amerikanische Verhältnisse in Deutschland?, NJW 2002, 3129, 3130; MünchKomm-*Peters*, ZPO-Reform, 2. Aufl., 2002, § 142 Rdz. 3.

[118] Darunter der International Chamber of Commerce (ICC Deutschland), der Bundesverband der Deutschen Industrie, der Deutsche Industrie- und Handelstag, der Bundesverband Deutscher Banken und der Gesamtverband der Deutschen Versicherungswirtschaft, siehe *Dombek*, ZPO-Novelle, Schreiben an den Vorsitzenden des Rechtsausschusses, BRAK-Mitt. 2001, 122, 124.

deutsche Parteien damit umfassend ausforschen könnten. Der Gesetzgeber hat die Bedenken zurückgewiesen. Mit der Voraussetzung, dass sich eine Partei auf die Urkunde bezogen haben muss, sei der Ausforschung Einhalt geboten. Die Gerichte würden die Vorlage zudem nur anordnen, wenn die Urkunde auch entscheidungserheblich sei.

Tatsächlich stellt die Voraussetzung, dass sich eine Partei auf die Urkunde bezogen haben muss, zumindest den Bezug zu einer konkreten Urkunde her. Die Partei muss den Inhalt des Dokuments hinreichend spezifiziert und substantiiert vorgetragen haben. Das wahrt den Beibringungsgrundsatz und vermeidet eine Ausforschung von Amts wegen.[119] Allerdings erweitert der neue § 142 ZPO die Möglichkeiten, die ein Beweisantritt bei Behauptungen auf Vermutungsbasis bietet.[120] Wie bisher kann eine Partei Behauptungen aufstellen, die nicht völlig aus der Luft gegriffen sind, und dazu auf Urkunden im Besitz des Gegners oder eines Dritten verweisen. Nach altem Recht hatte der Beweisantritt nur dann Aussicht auf Erfolg, wenn die Partei einen materiellrechtlichen Anspruch auf Vorlage der Urkunden hatte. Nun kann aber das Gericht den Gegner nach § 142 ZPO unabhängig von einem Beweisantritt oder einer materiell-rechtlichen Anspruchsgrundlage auffordern, solche Urkunden vorzulegen.[121] Ob die Gerichte von dieser Möglichkeit verstärkt Gebrauch machen werden, bleibt abzuwarten. Nachdem aber bisher die praktischen Auswirkungen des neuen § 142 ZPO gering waren, ist das unwahrscheinlich.

bb) Beweiserhebung oder reine Informationsbeschaffung?

Unklar ist bereits, ob die Norm dem Gericht nur dazu dienen soll, den Sachverhalt besser zu erfassen, oder ob das Gericht die vorgelegten Unterlagen auch als Beweismittel verwerten kann. Aufgrund der Ungereimtheiten zwischen § 142 ZPO und den Vorschriften zur Beweisaufnahme nach §§ 421-427 ZPO will eine Meinung § 142 ZPO darauf beschränken, undeutlichen oder lückenhaften, aber unstreitigen Tatsachenvortrag zu ergänzen.[122] Anders lasse sich nicht erklären, warum der Gesetzgeber der Partei kein Beweisan-

---

[119] *Gruber/Kießling*, Die Vorlagepflichten der §§ 142 ff. ZPO nach der Reform 2002, ZZP, Bd. 116, 2003, 305, 308; *Trittmann/Leitzen*, Haager Beweisübereinkommen und pre-trial discovery, IPRax 2003, 7, 11.

[120] Zum Beweisantritt bei Behauptungen auf Vermutungsbasis siehe oben Kap.2, Teil 1, II.1.

[121] *Kraayvanger/Hilgard*, Urkundenvorlegung im Zivilprozess, Neue Justiz 2003, 572, 574.

[122] *Gruber/Kießling*, Die Vorlagepflichten der §§ 142 ff. ZPO nach der Reform 2002, ZZP, Bd. 116, 2003, 305, 311-316; ähnlich BLAH-*Hartmann*, ZPO, 64. Aufl., 2006, § 142 Rdz. 1; *Triebel/Zons*, Discovery of Documents in internationalen Schiedsverfahren, BB 2002, IDR Beil. Nr. 7, 26, 28 (§§ 421 ff. ZPO gehen beim Urkundenbeweis dem § 142 ZPO als Sonderregelungen vor.).

trittsrecht nach § 142 ZPO gegenüber dem Gegner zugesteht. Außerdem widerspreche eine Vorlageanordnung nach § 142 ZPO der allgemeinen Regel, dass ein Gericht eine Beweisaufnahme nur ausnahmsweise vor der mündlichen Verhandlung anordnen kann, § 358a ZPO.[123]

Diese Auslegung steht aber nicht im Einklang mit der Gesetzesbegründung. Danach soll das Gericht die Nichtvorlage trotz Anordnung gemäß § 142 ZPO beweisrechtlich nach § 427 ZPO würdigen können.[124] Hätte der Gesetzgeber die herausverlangten Unterlagen nicht als Beweismittel zulassen wollen, hätte er an die Nichtvorlage keine beweisrechtlichen Folgen knüpfen dürfen. Im Übrigen ist bekannt, dass der Gesetzgeber um eine rasche Verabschiedung der Reform bemüht war und sich deshalb nicht die Zeit genommen hat, alle Strukturmängel der Reform zu beseitigen.[125] Deshalb ist eher davon auszugehen, dass der Gesetzgeber eine Vorlagepflicht der Parteien zu Beweiszwecken in § 142 ZPO einführen wollte, ohne jedoch die Neuerung mit allen Regelungen der ZPO abzustimmen.

Für Urkunden, die eine Partei nach einer Anordnung gemäß § 142 ZPO vorlegt, gibt es also zwei Möglichkeiten: Wenn beide Parteien einverstanden sind, dass das Gericht die Unterlagen einbezieht, und deren Inhalt unstreitig ist, hat das Gericht die Tatsachen aus den Unterlagen seinem Urteil zugrunde zu legen. Ansonsten hat es die Unterlagen wie einen Urkundenbeweis zu würdigen.[126]

---

[123] *Gruber/Kießling*, Die Vorlagepflichten der §§ 142 ff. ZPO nach der Reform 2002, ZZP, Bd. 116, 2003, 305, 314.

[124] BT-Drucks. 14/4722 S. 78 re. Sp. [6]; Musielak-*Stadler*, ZPO, 4. Aufl., 2005, § 142 Rdz. 7; Das erkennen auch *Gruber/Kießling*, Die Vorlagepflichten der §§ 142 ff. ZPO nach der Reform 2002, ZZP, Bd. 116, 2003, 305, 331.

[125] *Prütting*, Die Strukturen des Zivilprozesses unter Reformdruck und europäische Konvergenz? in: Gottwald/Roth (Hrsg.) Festschrift für Ekkehard Schumann, 2001, 309, 323 Fn. 32.

[126] Zöller-*Greger*, ZPO, 25. Aufl., 2005, § 142 Rdz. 1; Musielak-*Stadler*, ZPO, 4. Aufl., 2005, § 142 Rdz. 1; *Stadler*, Inquisitionsmaxime und Sachverhaltsaufklärung, in: Nakamura/Mpees (Hrsg.) Festschrift für Kostas E. Beys, Bd. II, 2003, 1625, 1640-1641; Hannich/Meyer-Seitz-*Schwartze*, ZPO-Reform 2002, 2002, § 142 Rdz. 6; *Lüpke/Müller*, „Pre-Trial Discovery of Documents" und § 142 ZPO – ein trojanisches Pferd im neuen Zivilprozessrecht?, NZI 2002, 588; so schon zum alten Recht *Schöpflin*, Die Beweiserhebung von Amts wegen im Zivilprozess, 1992, 239-240; das erfordert außerdem die gebotene TRIPS-konforme Auslegung deutschen Rechts, siehe *Rosenberg/Schwab/Gottwald*, Zivilprozessrecht, 16. Aufl., 2004, § 118 Rdz. 48; und ausführlich *Tilmann/Schreibauer*, Beweissicherung vor und im Patentverletzungsprozess, in: Ahrens u.a. (Hrsg.), Festschrift für Willi Erdmann, 2002, 901, 911-923; siehe das Übereinkommen über handelsbezogene Aspekte des geistigen Eigentums, BGBl. II 1994, S. 1730 (TRIPS Übereinkommen).

cc) Beweisanregung einer Partei nach § 142 ZPO

Der Gesetzgeber hat es versäumt, § 142 ZPO mit §§ 422-427 ZPO abzustimmen. Die Voraussetzungen für einen Beweisantritt nach §§ 422-427 ZPO hat er nicht geändert. Es bleibt dabei, dass Parteien die Vorlage grundsätzlich nur verlangen können, wenn sie darauf einen materiell-rechtlichen Anspruch haben. Lediglich §§ 428, 429 ZPO zum Beweisantritt durch Urkunden, die ein Dritter besitzt, verweisen auf § 142 ZPO. Der Beweisantritt durch Urkunden, die der Gegner besitzt, erlaubt keinen Antrag nach § 142 ZPO. Das ist entweder ein Redaktionsversehen, oder es soll die prozessuale Vorlagepflicht des Gegners bewusst abschwächen. Gründe, die es rechtfertigen, die Vorlagepflicht des Gegners gegenüber der Vorlagepflicht des Dritten zulasten des Beweisführers abzuschwächen, hat der Gesetzgeber nicht dargelegt. Sie sind auch nicht ersichtlich. Der Gesetzgeber sollte folglich auch für den Beweisantritt durch Urkunden, die der Gegner besitzt, ein Antragsrecht nach § 142 ZPO einführen.

Nachdem ein Beweisantrag auf Vorlage gemäß § 142 ZPO nach dem Gesetzeswortlaut ausgeschlossen ist, kann die Partei lediglich eine Vorlageanordnung anregen.[127] Die Entscheidung darüber steht im Ermessen des Gerichts. Will die Partei eine Vorlage anregen, muss sie das Gericht davon überzeugen, dass die Unterlagen des Gegners beweis- und entscheidungserheblich sind. Dazu muss sie die Unterlagen zunächst entsprechend § 424 ZPO so genau als möglich beschreiben, also die äußeren Merkmale, wie Aussteller und Datum, so konkret bezeichnen, dass kein Zweifel besteht, welche Unterlagen gemeint sind. Auch den vermuteten Inhalt der Dokumente muss die Partei so genau als möglich angeben. Damit soll für Gericht und Gegner erkennbar werden, was bei unberechtigter Nichtvorlage als bewiesen angenommen werden kann, § 427 ZPO.[128] An die Bestimmtheit sind niedrigere Anforderungen zu stellen, wenn die Partei keine genauen Angaben machen kann, nach allgemeiner Erfahrung aber damit zu rechnen ist, dass solche Unterlagen existieren. Das kann zum Beispiel auf den Inhalt einer Reparaturrechnung oder eines Vertrages zutreffen, auch wenn die Partei Datum oder Aussteller nicht kennt. Die

---

[127] *Stadler*, Inquisitionsmaxime und Sachverhaltsaufklärung, in: Nakamura/Mpees (Hrsg.) Festschrift für Kostas E. Beys, Bd. II, 2003, 1625, 1641; *Zekoll/Bolt*, Die Pflicht zur Vorlage von Urkunden im Zivilprozess – Amerikanische Verhältnisse in Deutschland?, NJW 2002, 3129; *Risse*, Prozessgegner muss Karten offenlegen, FAZ v. 13.2.2002, S. 24; manche Autoren wollen §§ 421 ff. ZPO als Sonderregeln vorgehen lassen, das würde auch eine Anregung ausschließen: BLAH-*Hartmann*, ZPO, 64. Aufl., 2006, § 142 Rdz. 1; *Triebel/Zons*, Discovery of Documents in internationalen Schiedsverfahren, BB 2002, IDR Beil. Nr. 7, 26, 28.

[128] Musielak-*Huber*, ZPO, 4. Aufl., 2005, § 424 Rdz. 1, 2.

Partei muss nicht positiv wissen, ob und wo das Dokument existiert.[129] Je weniger Details sie vorträgt, desto vorsichtiger sollte das Gericht aber sein. Denn hier ist schnell die Grenze zu Behauptungen ins Blaue hinein und damit zur Ausforschung überschritten.[130]

Unzureichend ist es, „Korrespondenz“ oder „Geschäftspapiere“ ohne nähere Bezeichnung herauszuverlangen. Deshalb ist nach deutschem Recht ein Antrag auf Vorlage einer Gruppe von Dokumenten unzulässig.[131] Vermutet ein Antragsteller zahlreiche entscheidungserhebliche Dokumente im Besitz des Gegners, muss er diese einzeln so genau als möglich nach äußeren Merkmalen und Inhalt beschreiben.

Ein Beispiel für eine Anregungsmöglichkeit findet sich bei der Schadensregulierung von Sachschäden, häufig Kfz-Schäden. Der Kläger als Geschädigter rechnet meist fiktiv anhand eines Sachverständigengutachtens ab. Selbst wenn er sein Fahrzeug reparieren lässt, legt er die Rechnung nicht vor. Bisher hatte der Beklagte keine Handhabe, an die Rechnung zu gelangen. Mit § 142 ZPO kann er jetzt bei Gericht anregen, die Vorlage der Rechnung anzuordnen. Da das Gericht um einen gerechten Schadensausgleich bemüht sein muss, wird es sein Ermessen dahin ausüben müssen, die Vorlage anzuordnen. Die Rechnung dient dann als Indiz für die Höhe der erforderlichen Kosten.[132]

dd) Vorlageanordnung von Amts wegen nach § 142 ZPO

Das Gericht kann auch ohne Anregung von Amts wegen nach pflichtgemäßem Ermessen Urkunden von den Parteien herausverlangen.[133] Wie das Gericht sein Ermessen ausüben soll, sagt das Gesetz nicht. Nach dem Bericht des Rechtsausschusses wollte der Gesetzgeber die prozessualen Mitwirkungspflichten von Parteien und Dritten nur behutsam erweitern. Die neue Rege-

---

[129] *Greger*, Zweifelsfragen und erste Entscheidungen zur neuen ZPO, NJW 2002, 3049, 3050.

[130] *Konrad*, Der Schutz der Vertrauenssphäre zwischen Rechtsanwalt und Mandant im Zivilprozess, NJW 2004, 710; *Oberheim*, ZPO-Reform Update 1 – Grundzüge, JA 2002, 408, 412.

[131] A.A. wohl *Schlosser*, Französische Anregungen zur Urkundenvorlagepflicht nach § 142 ZPO, in: Coester u.a. (Hrsg.), Festschrift für Hans Jürgen Sonnenberger, 2004, 135, 146 und 149-150.

[132] *Greger*, Ein Beitrag des Prozessrechts zur Versachlichung der fiktiven Reparaturkostenabrechnung, NJW 2002, 1477-1478; die Nützlichkeit bezweifelt *Wagner*, Das Zweite Schadensersatzrechtsänderungsgesetz, NJW 2002, 2049, 2059.

[133] Zur Beweiserhebung von Amts wegen nach altem Recht siehe ausführlich *Schöpflin*, Die Beweiserhebung von Amts wegen im Zivilprozess, 1992, 234-257, der zu dem Ergebnis kommt, dass Gerichte schon nach altem Recht die Vorlage durch die Parteien angeordnet haben, wenn die Beweisaufnahme erforderlich und zulässig war.

lung soll das Gericht nicht berechtigen, die Beteiligten auszuforschen.[134] Die Literatur ist sich deshalb einig, dass die Norm das Gericht nicht ermächtigt, den Sachverhalt selbst zu erforschen. Es muss sich an die Grenzen des von den Parteien vorgetragenen Sachverhalts halten.[135] Andererseits muss es alle ihm notwendig und zweckmäßig erscheinenden Anordnungen treffen, die der sachgerechten Entscheidung dienen können.[136] Das schränkt den Beibringungsgrundsatz aber nur insoweit ein, als dem Gericht mit dem neuen § 142 ZPO ein größerer Handlungsspielraum eröffnet wird. Die Grenze des unzulässigen Ausforschungsbeweises bleibt bestehen.

Wie soll das Gericht den Handlungsspielraum ausfüllen? Zunächst muss es sich um Unterlagen handeln, zu denen eine Partei schlüssig dargelegt hat, warum es auf sie ankommt.[137] Die Partei ist nicht von ihrer Darlegungs- und Substantiierungslast befreit. Das Gericht muss anhand des Vortrags der Partei überprüfen können, ob die Unterlagen zum Beweis geeignet, beweiserheblich und entscheidungserheblich sind. Der erforderliche substantiierte Vortrag der Partei begrenzt den Tatsachenstoff und verhindert, dass das Gericht von sich aus neues Material in das Verfahren einführt.[138] Ordnet es unabhängig vom Vortrag einer Partei rein zur Informationsgewinnung die Vorlage von Unterlagen an, ist das auch nach neuem Recht eine unzulässige Ausforschung.[139]

Allerdings muss sich die Partei nicht konkret auf die Unterlagen bezogen haben. Es genügt, wenn sie die Unterlagen in einem Schriftsatz oder sonst, etwa in der mündlichen Verhandlung, erwähnt hat. Nach einer Meinung soll das auch stillschweigend geschehen können – es sei der gesamte Parteivortrag zu

---

134 Bericht des Rechtsausschusses des Deutschen Bundestags, BT-Drucks. 14/6036 S. 120 re. Sp. [1].

135 Zöller-*Greger*, ZPO, 25. Aufl., 2005, § 142 Rdz. 1; Musielak-*Stadler*, ZPO, 4. Aufl., 2005, § 142 Rdz. 1; Hannich/Meyer-Seitz-*Schwartze*, ZPO-Reform 2002, 2002, § 142 Rdz. 8; so bereits zu § 142 ZPO a.F.: BGH NJW 2000, 3489, 3490.

136 BLAH-*Hartmann*, ZPO, 64. Aufl., 2006, § 142 Rdz. 5; so bereits zu § 142 ZPO a.F.: OLG Oldenburg NJW-RR 1997, 535 (Das Gericht musste die Parteien auffordern, die Krankenunterlagen vorzulegen, auf die sich beide Parteien bezogen hatten, damit der Sachverständige sie auswerten konnte.).

137 Bericht des Rechtsausschusses des Deutschen Bundestags, BT-Drucks. 14/6036 S. 121 li. Sp. [2]; *Vollkommer*, Zivilprozessrecht 2002, Mitt. 2002, 125, 129.

138 Musielak-*Stadler*, ZPO, 4. Aufl., 2005, § 142 Rdz. 4.

139 Bericht des Rechtsausschusses des Deutschen Bundestags, BT-Drucks. 14/6036 S. 121 li. Sp. [2]; so auch bisherige Rechtsprechung zu § 142 ZPO a.F.: BGH NJW 2000, 3488, 3490 (Beweiserhebung von Amts wegen müsse ihre Grundlage im streitigen Parteivortrag finden und dürfe nicht einen weitergehenden Sachverhalt ausforschen.); zum Ausforschungsbeweis siehe oben Kap. 2, Teil 1, II.1.

berücksichtigen und auszulegen.[140] Das genügt aber nicht dem Bestimmtheitserfordernis.[141] Dem Parteivortrag muss vielmehr zu entnehmen sein, dass eine Partei bestimmte Unterlagen zum Gegenstand des Verfahrens und einer eventuellen Vorlageanordnung machen will.[142] Ausreichend ist es, wenn sich aus sonstigen, von den Parteien bei Gericht eingereichten Unterlagen ergibt, dass weitere relevante Urkunden existieren.[143] Das wird dem Gericht nun häufig das Recht geben, die vorprozessuale Korrespondenz herauszuverlangen.[144] Das Gericht muss sich aber auch daran halten, wenn eine Partei eine an sich ratsame Bezugnahme trotz Hinweis nach §§ 138, 139 ZPO nicht vornimmt.

Unabhängig davon, ob das Gericht von der darlegungs- und beweisbelasteten Partei oder vom Gegner Unterlagen herausverlangen möchte, wird es zu prüfen haben: (1) Liegt ein schlüssiger Vortrag einer Partei vor, der sich auf die Unterlagen bezieht? (2) Lassen sich die Unterlagen hinreichend genau spezifizieren? (3) Ist eine behauptete Tatsache zwischen den Parteien streitig? (4) Sind die Unterlagen zum Beweis der Tatsache geeignet? (5) Ist die zu beweisende Tatsache entscheidungserheblich? (6) Besitzt der Betroffene die Unterlagen? Hat es alle Voraussetzungen bejaht, ist sein Ermessen reduziert.[145] In einem zweiten Schritt prüft es noch, ob berechtigte Interessen des Urkundeninhabers gegen eine Vorlageanordnung sprechen.[146] Scheiden solche Interessen aus, muss das Gericht die Vorlage anordnen. Wer hier Bedenken hat, weil das Gericht unter Umständen Urkunden aufgrund von Behauptungen auf Vermutungsbasis herausverlangen muss,[147] sollte erkennen, dass die Gesetzesänderung im Einklang mit der internationalen Entwicklung zu Urkunden-

---

[140] BLAH-*Hartmann*, ZPO, 64. Aufl., 2006, § 142 Rdz. 9; Zöller-*Greger*, ZPO, 25. Aufl., 2005, § 142 Rdz. 2.

[141] *Schlosser*, Französische Anregungen zur Urkundenvorlagepflicht nach § 142 ZPO, in: Coester u.a. (Hrsg.), Festschrift für Hans Jürgen Sonnenberger, 2004, 135, 146.

[142] *Gruber/Kießling*, Die Vorlagepflichten der §§ 142 ff. ZPO nach der Reform 2002, ZZP, Bd. 116, 2003, 305, 308-309.

[143] *Zekoll/Bolt*, Die Pflicht zur Vorlage von Urkunden im Zivilprozess – Amerikanische Verhältnisse in Deutschland?, NJW 2002, 3129, 3130.

[144] Zöller-*Greger*, ZPO, 25. Aufl., 2005, § 142 Rdz. 2.

[145] *Stadler*, Inquisitionsmaxime und Sachverhaltsaufklärung, in: Nakamura/Mpees (Hrsg.) Festschrift für Kostas E. Beys, Bd. II, 2003, 1625, 1644-1647; *Lüpke/Müller*, „Pre-Trial Discovery of Documents“ und § 142 ZPO – ein trojanisches Pferd im neuen Zivilprozessrecht?, NZI 2002, 588, 589.

[146] *Gruber/Kießling*, Die Vorlagepflichten der §§ 142 ff. ZPO nach der Reform 2002, ZZP, Bd. 116, 2003, 305, 318-319; zu den berechtigten Interessen siehe unten Kap. 2, Teil 1, IV.

[147] Siehe z.B. *Kraayvanger/Hilgard*, Urkundenvorlegung im Zivilprozess, Neue Justiz 2003, 572, 574.

vorlagepflichten steht.[148] Der neue § 142 ZPO ändert nichts daran, dass die Gerichte ihr Ermessen zurückhaltend ausüben sollten.

Inzwischen hat sich beispielsweise das Oberlandesgericht Frankfurt an diesen Kriterien orientiert. Im selbständigen Beweisverfahren hatte ein Sachverständiger von einer der Parteien zusätzliche Unterlagen angefordert, um sein Gutachten erstellen zu können. Obwohl sich die andere Partei daraufhin in einem Schriftsatz auf die Unterlagen bezog, lehnte das Gericht eine Vorlageanordnung ab, weil die Partei nicht schlüssig dargelegt habe, warum die Unterlagen entscheidungserheblich seien.[149] Es genügt also nicht, wenn eine Partei nur vorträgt, sie sei zuversichtlich, dass sich aus den Unterlagen weitere relevante Tatsachen ergeben würden.[150]

ee) Verfahren bei Vorlageanordnung

In der mündlichen Verhandlung entscheidet das Gericht über eine Vorlageanordnung durch Beschluss, außerhalb der mündlichen Verhandlung ordnet der Vorsitzende die Vorlage durch vorbereitende Verfügung nach § 273 Abs. 2 Nr. 5 ZPO an. Das Gericht muss seine Entscheidung kurz begründen. Die Anordnung ist den Parteien nach § 329 ZPO bekannt zu geben. Das Gericht kann entweder anordnen, dass der Verpflichtete die Unterlagen in der mündlichen Verhandlung vorzulegen hat, dann kann er sie wieder mitnehmen, oder dass er sie zu den Akten zu geben hat. Dann werden sie nach Abschluss der Instanz an den Verpflichteten zurückgegeben.[151]

Eine Beschwerde gegen die Anordnung ist nicht möglich.[152] Der Verpflichtete kann die Anordnung aber zusammen mit dem Urteil anfechten, § 512 ZPO. Zulässig ist zudem stets eine Gegenvorstellung der verpflichteten Partei. Dieser Rechtsbehelf ist immer zulässig, um eine ergangene Entscheidung durch dieselbe Instanz überprüfen zu lassen, aber ohne Anspruch auf Bescheidung.[153] Das Gericht hat die Amtspflicht, korrigierbare Fehler zu beheben.

---

148 Siehe nur *Schlosser*, Die lange deutsche Reise in die prozessuale Moderne, JZ 1991, 599.

149 OLG Frankfurt, 12 W 12/03, Beschluss v. 6.2.2003, abrufbar in der Rubrik Datenbanken von www.justiz.hessen.de (zuletzt besucht am 3.7.2004).

150 *Kraayvanger/Hilgard*, Urkundenvorlegung im Zivilprozess, Neue Justiz 2003, 572.

151 Zöller-*Greger*, ZPO, 25. Aufl., 2005, § 142 Rdz. 2, 5; *Zimmermann*, ZPO, 6. Aufl., 2002, § 142 Rdz. 1.

152 Musielak-*Stadler*, ZPO, 4. Aufl., 2005, § 142 Rdz. 13; *Vollkommer*, Zivilprozessrecht 2002, Mitt. 2002, 125, 129 Fn. 36.

153 Zöller-*Gummer*, ZPO, 25. Aufl., 2005, § 567 Rdz. 22-28; *Zekoll/Bolt*, Die Pflicht zur Vorlage von Urkunden im Zivilprozess – Amerikanische Verhältnisse in Deutschland?, NJW 2002, 3129, 3130.

Lehnt das Gericht eine Anordnung trotz Anregung ab, kann die anregende Partei nicht mit der Beschwerde nach § 567 Abs. 1 Nr. 2 ZPO dagegen vorgehen. Da der Partei kein Antragsrecht auf Vorlageanordnung gegen den Gegner zusteht, fehlt es am „Gesuch" einer Partei nach § 567 Abs. 1 Nr. 2 ZPO.[154] Denkbar wäre höchstens eine analoge Anwendung von § 387 ZPO, der dem Dritten das Recht auf einen Zwischenstreit zur Vorlageanordnung gibt.[155]

ff) Fazit

Der Gesetzgeber hat mit der Neuformulierung des § 142 ZPO die Aufklärungspflichten der Parteien nur behutsam erweitert. Der Gesetzeswortlaut lässt nicht den Schluss zu, der Gesetzgeber habe eine allgemeine Aufklärungspflicht der Parteien einführen wollen.[156] Dennoch hat er den Gerichten mit § 142 ZPO die Möglichkeit gegeben, auf prozessualer Ebene Urkunden herauszuverlangen.

3. Vorlagepflichten eines Dritten

Dritter ist jeder, der nicht Prozessgegner des Beweisführers ist.[157] Die Regelungen gelten für natürliche Personen wie für körperschaftlich organisierte Unternehmen.[158] Bisher waren die Parteien eines Rechtsstreits darauf angewiesen, in einem gesonderten Prozess gegen einen Dritten vorzugehen, um die Herausgabe einer relevanten Urkunde zu erlangen. Wenn sich die Rechtsprechung mit Vorlagepflichten Dritter beschäftigt hat, war es immer in einem eigenen Prozess und nicht als prozessuale Vorlagepflicht innerhalb eines anderen Rechtsstreits. Da der separate Prozess ein sehr beschwerlicher Weg ist, ein relevantes Beweismittel vorlegen zu können, sind Berechtigte kaum gegen Dritte vorgegangen.[159] Es gibt nur wenige Entscheidungen, in denen die Rechtsprechung Auskunftsansprüche gegen Dritte bejaht hat. Obwohl auch § 810 BGB als Anspruchsgrundlage geeignet wäre, gibt es dazu keine Ent-

---

[154] Zöller-*Gummer*, ZPO, 25. Aufl., 2005, § 567 Rdz. 31-35; so nun auch OLG Frankfurt, Beschluss v. 17.12.2004, und OLG Karlsruhe, Beschluss v. 4.4.2005, , beide veröffentlicht unter www.juris.de (zuletzt besucht am 3.10.2006); a.A. BLAH-*Hartmann*, ZPO, 64. Aufl., 2006, § 142 Rdz. 28.

[155] *Schlosser*, Französische Anregungen zur Urkundenvorlagepflicht nach § 142 ZPO, in: Coester u.a. (Hrsg.), Festschrift für Hans Jürgen Sonnenberger, 2004, 135, 152-153.

[156] *Prütting*, Informationsbeschaffung durch neue Urkundenvorlagepflichten, in: Kiss/Varga (Hrsg.), studia in honorem János Németh, 2003, 701, 708-709; aus systematischen Gründen will *Prütting* § 142 ZPO deshalb grundsätzlich eng auslegen, S. 712.

[157] Zöller-*Geimer*, ZPO, 25. Aufl., 2005, § 428 Rdz. 2; *Gruber/Kießling*, Die Vorlagepflichten der §§ 142 ff. ZPO nach der Reform 2002, ZZP, Bd. 116, 2003, 305, 321.

[158] *Schlosser*, Französische Anregungen zur Urkundenvorlagepflicht nach § 142 ZPO, in: Coester u.a. (Hrsg.), Festschrift für Hans Jürgen Sonnenberger, 2004, 135, 142-143.

[159] *Schütze/Tschernig/Wais*, Handbuch des Schiedsverfahrens, 2. Aufl., 1990, Rdz. 451.

scheidungen. Lediglich bei der Drittauskunft im Wettbewerbsrecht hat sich eine gefestigte Rechtsprechung entwickelt.

Deshalb ist die neu eingeführte prozessuale Vorlagepflicht, die dem Dritten eine umfassende verfahrensrechtliche Informationspflicht auferlegt,[160] ein gewaltiger Richtungswechsel. *Schlosser* hatte 1981 noch den § 429 ZPO a.F., der die Vorlagepflicht des Dritten an die materielle Herausgabepflicht knüpfte und die Durchsetzung nur im Wege einer zusätzlichen Klage ermöglichte, als tragenden Grundsatz des deutschen Verfahrensrechts bezeichnet.[161] Das hat der Gesetzgeber aufgegeben, ohne näher zu begründen, warum ein Dritter in einen fremden Zivilprozess hineingezogen werden darf. Wie Parteien und Gerichte die neuen Möglichkeiten aufnehmen werden, zeichnet sich noch nicht ab.

a) Beweisantritt durch eine Prozesspartei

Besitzt ein Dritter eine Urkunde, die der Beweisführer vorlegen möchte, gibt es nun zwei Möglichkeiten. Der Beweisführer kann direkt eine Anordnung nach § 142 ZPO beantragen oder Fristsetzung verlangen, um innerhalb der Frist die Urkunde selbst zu beschaffen, § 428 ZPO.[162]

Wählt der Beweisführer die Fristsetzung, kann er den Dritten zunächst bitten, die Urkunde freiwillig herauszugeben. Gelingt das nicht, muss er in einem gesonderten Prozess gegen den Dritten auf Herausgabe der Urkunde klagen, § 429 S. 1 a.E. ZPO. Auch der Dritte ist dann wie der Gegner nur zur Vorlage verpflichtet, wenn der Beweisführer gegen ihn einen materiell-rechtlichen Anspruch hat. Um den Antrag auf Fristsetzung zu begründen, muss der Beweisführer die Urkunde und die zu beweisenden Tatsachen benennen, den Inhalt der Urkunde so genau als möglich beschreiben, und den Grund für die Herausgabepflicht, sowie den Besitz des Dritten glaubhaft machen, § 430 ZPO. Das Gericht gibt dem Antrag auf Fristsetzung nach § 431 Abs. 1 ZPO statt, wenn es die Beweistatsache für entscheidungserheblich hält. Die gesonderte Klage ist nur dann erfolgversprechend, wenn der Beweisführer einen

---

160 Hannich/Meyer-Seitz-*Schwartze*, ZPO-Reform 2002, 2002, § 142 Rdz. 5.

161 *Schlosser*, Internationale Rechtshilfe und rechtsstaatlicher Schutz von Beweispersonen, ZZP, Bd. 94, 1981, 369, 395; siehe auch *Gruber/Kießling*, Die Vorlagepflichten der §§ 142 ff. ZPO nach der Reform 2002, ZZP, Bd. 116, 2003, 305, 320 m.w.N. zur prozessrechtlichen Tradition.

162 A.A. *Niehr*, Die zivilprozessuale Dokumentenvorlegung im deutsch-englischen Rechtshilfeverkehr, 2004, 46 (Es stehe im Ermessen des Gerichts, welche Möglichkeit es wählt. Folgt man dieser Ansicht, dürfte sich aber das Ermessen des Gerichts dahin reduzieren, die weniger aufwendige Möglichkeit zu wählen. Das wird regelmäßig eine Anordnung nach § 142 ZPO sein.).

Anspruch auf Vorlage der Urkunde hat. Ein solcher Anspruch kann sich aus einem Auskunftsanspruch gegen den Dritten, insbesondere aus einem Anspruch auf Drittauskunft, ergeben.

b) Verpflichtung zur Vorlage im gesonderten Prozess

aa) Auskunftsansprüche gegen Dritte

Auskunftsansprüche gegen Dritte sind nur selten erfolgreich. Gegen unbeteiligte Dritte scheitern sie entweder an der fehlenden Sonderverbindung oder daran, dass ein anderer eher in der Lage ist, Auskunft zu geben. Denn normalerweise muss es sich um einen Auskunftsanspruch gegen den potentiellen späteren Prozessgegner handeln, nicht gegen einen Dritten, mit Hilfe dessen der richtige Prozessgegner erst ausfindig gemacht werden soll.[163]

So hat zum Beispiel der Stipendiat keinen Anspruch gegen die stipendiengebende Gesellschaft, wenn er damit nur ein Informationsinteresse verfolgt.[164] Der Insolvenzverwalter hat keinen Anspruch gegen die Ehefrau des Gemeinschuldners, um zu erfahren, ob der Gemeinschuldner Aktien auf die Ehefrau übertragen hat. Er muss sich an den Gemeinschuldner halten, gegen den er gesetzliche Auskunftsansprüche hat.[165] Ein Warenlieferant, der über den Bestand der ihm aufgrund verlängerten Eigentumsvorbehalts abgetretenen Kundenforderungen im Ungewissen ist, hat keinen Anspruch auf Auskunft gegenüber der Bank, die die Kundenforderungen aufgrund einer Globalzession eingezogen hat. Er muss sich vielmehr an den Verkäufer der Ware unter verlängertem Eigentumsvorbehalt halten, gegen den er vertragliche Auskunftsansprüche hat.[166]

Dagegen muss der Kunsthändler oder Versteigerer, der ein konkretes Veräußerungsgeschäft über Kunstwerke vermittelt hat, die dem Folgerecht nach § 26 UrhG unterliegen, Auskunft über Namen und Anschrift des Veräußerers sowie über den Veräußerungserlös geben, obwohl es an einer Sonderverbindung zwischen Anspruchsinhaber nach § 26 UrhG und dem Kunsthändler oder Versteigerer fehlt. Der Bundesgerichtshof leitet die Auskunftspflicht allein daraus ab, dass der Kunsthändler das Geschäft nicht in eigenem Namen abgeschlossen hat – dann würde er selbst nach § 26 UrhG haften. Handelt der

---

[163] BGH GRUR 1976, 367 = JZ 1976, 318 – Ausschreibungsunterlagen – m. Anm. *Stürner*; *Gottwald*, Zur Wahrung von Geschäftsgeheimnissen im Zivilprozess, BB 1979, 1780, 1785-1786.
[164] BGH NJW 1981, 1733 – Stipendiat.
[165] BGH NJW 1978, 1002.
[166] BGH NJW 1980, 2463, 2464.

Kunsthändler für einen anderen, ist es rechtsmissbräuchlich, wenn er den Namen nicht mitteilt.[167]

Die wenigen Beispielsfälle aus der Rechtsprechung zu Ansprüchen gegen Dritte zeigen, wie gering die Rolle des Dritten im deutschen Zivilprozess bisher war. Lediglich der Anspruch auf Drittauskunft hat sich durchsetzen können.

bb) Drittauskunft

Dieser spezialgesetzliche oder aus Treu und Glauben abgeleitete Auskunftsanspruch wird meist vorprozessual geltend gemacht. Dabei ist zu unterscheiden zwischen dem Auskunftsanspruch gegenüber dem potentiellen Prozessgegner[168] und dem Auskunftsanspruch gegenüber einem Dritten, der den richtigen Prozessgegner erst benennen soll.[169] Der Gesetzgeber hat die so genannte Drittauskunft für das Immaterialgüterrecht normiert.[170] Die Rechtsprechung hat den Anspruch nach § 242 BGB im Wettbewerbsrecht erweitert, damit der Verletzte die Namen der Beteiligten erfahren kann, um wettbewerbsverletzende Strukturen aufzubrechen.

Es sind vier Voraussetzungen zu erfüllen: (1) Zwischen den Parteien muss eine rechtliche Sonderverbindung bestehen. Dazu genügt ein gesetzliches Schuldverhältnis, etwa aus unerlaubter Handlung.[171] (2) Der Berechtigte muss in entschuldbarer Weise über Bestehen und Umfang seines Rechtes im Ungewissen sein. (3) Der Verpflichtete muss unschwer Auskunft erteilen können.[172] (4) Der Anspruch ist begrenzt durch den Grundsatz von Treu und Glauben, der eine Interessenabwägung erfordert, und durch das Verbot der Ausforschung. Der Berechtigte kann nur über einen ihm bekannten Verletzungsfall Auskunft verlangen, nicht über alle möglichen anderen Verlet-

---

[167] BGHZ 56, 256, 262-263.
[168] Siehe oben Kap. 2, Teil 1, III.2.a).
[169] BGHZ 148, 26, 30 – Entfernung der Herstellungsnummer II; BGH GRUR 1995, 427, 429 – Schwarze Liste; BGH GRUR 1994, 635, 636-637 – Pulloverbeschriftung; BGHZ 125, 322, 328 – Cartier-Armreif; BGH GRUR 1976, 367 – Ausschreibungsunterlagen = JZ 1976, 318 m. Anm. *Stürner*; BGH GRUR 1968, 272 – Trockenrasierer III; BGH GRUR 1964, 320 – Maggi; siehe auch *Teplitzky*, Wettbewerbsrechtliche Ansprüche und Verfahren, 8. Aufl., 2002, Kap. 38, Rdz. 33-35 b.
[170] § 19 Abs. 2 MarkenG; § 101a Abs. 2 UrhG, § 14a Abs. 3 GeschmMG i.V.m. § 101a UrhG, § 140b Abs. 2 PatG, § 24b Abs. 2 GebrMG, § 9 Abs. 2 HalbleiterschutzG i.V.m. § 24b GebrMG, § 37b Abs. 2 SortenschutzG; siehe allgemein *Eichmann*, Die Durchsetzung des Anspruchs auf Drittauskunft, GRUR 1990, 575.
[171] *Fezer*, Markenrecht, 3. Aufl., 2001, § 19 Rdz. 1.
[172] BGHZ 125, 322, 329 – Cartier-Armreif.

zungshandlungen.[173] Der Anspruch auf Drittauskunft schließt regelmäßig die Vorlage von Urkunden ein.[174] Diese materiell-rechtliche Anspruchsgrundlage hat sich zwar etabliert, ist aber auf bestimmte Fallkonstellationen begrenzt.

c) Vorlageanordnung nach §§ 428, 142 ZPO

Nachdem § 428 ZPO seit der Zivilprozessreform die Möglichkeit eröffnet, den Beweis auch dadurch anzutreten, dass der Beweisführer eine Anordnung nach § 142 ZPO beantragt, wird sich wohl kaum noch eine Partei für die gesonderte Klage entscheiden. Es ist ausdrücklicher Zweck der Vorschrift, der Prozessökonomie zu dienen.[175]

Um die neue Vorschrift ist es in der Rechtsprechung bisher ruhig geblieben. Das lässt vermuten, dass Anwälte und Gerichte an ihrer bisher üblichen restriktiven Praxis festhalten und die neuen Regelungen nicht verstärkt aufgegriffen haben. Das entkräftet auch die Befürchtung, § 142 ZPO öffne Tür und Tor zur Ausforschung von Dritten. Sieht man sich die Voraussetzungen für eine Anordnung gegenüber Dritten nach § 142 ZPO näher an, gebieten sie ausreichend Einhalt vor Ausforschung.

aa) Voraussetzungen für Vorlageanordnung

§§ 142, 428 ZPO sind als Ausnahmevorschriften eng auszulegen. Denn grundsätzlich darf jeder mit seinem Eigentum nach eigenem Belieben verfahren und andere von jeder Einwirkung ausschließen, § 903 BGB. Die prozessuale Mitwirkungspflicht von Dritten ist eine Ausnahme von diesem Grund-

---

173 BGHZ 148, 26, 35 – Entfernung der Herstellungsnummer II.

174 BGH GRUR 2003, 433 = NJW-RR 2003, 910, 910-911 – Cartier-Ring; BGH NJW-RR 2002, 1119, 1121 = GRUR 2002, 709 – Entfernung der Herstellungsnummer III; BGHZ 148, 26, 37 – Entfernung der Herstellungsnummer II; BGHZ 128, 220, 227 – Kleiderbügel; *Teplitzky*, Neue Entwicklungen beim wettbewerbs- und markenrechtlichen Auskunftsanspruch in: Keller u.a. (Hrsg.), Festschrift für Winfried Tilmann, 2003, 913, 916; *ders.*, Wettbewerbsrechtliche Ansprüche und Verfahren, 8. Aufl., 2002, Kap. 38, Rdz. 35b; *Knieper*, Mit Belegen gegen Produktpiraten, WRP 1999, 1116.

175 BT-Drucks. 14/4722 S. 92 li. Sp. zu Nr. 65; *Zekoll/Bolt*, Die Pflicht zur Vorlage von Urkunden im Zivilprozess – Amerikanische Verhältnisse in Deutschland?, NJW 2002, 3129, 3132; *Risse*, Prozessgegner muss Karten offenlegen, FAZ v. 13.2.2002, S. 24.; kritisch zur Begründung der Neuregelung mit der Prozessökonomie: Musielak-*Huber,* ZPO, 4. Aufl., 2005, § 428 Rdz. 5, weil die Prozessökonomie zwar ein Vorgehen gegen die Parteien rechtfertigen könne, nicht aber gegen einen Dritten, der keine Pflicht habe, die Beweislage zu verbessern oder das Verfahren zu fördern.

satz. Deshalb sind bereits die Voraussetzungen für die Mitwirkungspflicht streng zu prüfen und gegen das Beweisführungsinteresse abzuwägen.[176]

Damit das Gericht die Voraussetzungen prüfen kann, muss die Partei, die eine Anordnung nach § 142 ZPO beantragt, entsprechend §§ 430, 424 ZPO vortragen:[177] Sie muss die Urkunden und die Tatsachen, die sie damit beweisen will, bezeichnen, § 424 Nr. 1 und 2 ZPO; den Inhalt der Urkunde so vollständig als möglich beschreiben, § 424 Nr. 3 ZPO; und darlegen, dass der Dritte unmittelbarer oder mittelbarer Besitzer der Urkunde ist, § 430 a.E. ZPO.[178] Der Besitz richtet sich nach §§ 854 ff. BGB.[179]

Auf die materiell-rechtliche Vorlagepflicht, § 424 Nr. 5 ZPO, kommt es nicht mehr an. Zwar wird immer wieder angedeutet, § 142 Abs. 2 ZPO könne dahin zu reduzieren sein, dass der Beweisführer weiterhin einen materiell-rechtlichen Anspruch gegenüber dem Dritten darlegen müsse.[180] Das widerspricht aber der Gesetzesbegründung, die ausdrücklich die Voraussetzung eines materiell-rechtlichen Anspruchs aufgegeben hat.[181]

Das Gericht muss die Vorlage anordnen, wenn es vom Besitz des Dritten überzeugt ist, die Beweistatsache nach dem schlüssigen Vortrag der Partei erheblich ist, der Inhalt der Urkunde zum Beweis der Tatsache geeignet erscheint, und die besonderen Voraussetzungen des § 142 Abs. 2 ZPO – kein Weigerungsrecht und Vorlage zumutbar – gegeben sind.[182] Dann bleibt kein Ermessensspielraum. Die Partei ist auch hier nicht von ihrer Darlegungs- und

---

176 BLAH-*Hartmann*, ZPO, 64. Aufl., 2006, § 428 Rdz. 2; *Schmidt/Schwab/Wildschütz*, Die Auswirkungen der Reform des Zivilprozesses auf das arbeitsgerichtliche Verfahren, NZA 2001, 1161, 1164.

177 Goebel-*Goebel*, Zivilprozessrecht, 2004, § 10 Rdz. 532.

178 Musielak-*Huber*, ZPO, 4. Aufl., 2005, § 428 Rdz. 2, 5; Hannich/Meyer-Seitz-*Schwartze*, ZPO-Reform 2002, 2002, § 142 Rdz. 10; *Zekoll/Bolt*, Die Pflicht zur Vorlage von Urkunden im Zivilprozess – Amerikanische Verhältnisse in Deutschland?, NJW 2002, 3129, 3132.

179 Siehe oben Kap. 2, Teil 1, III.2.d)aa)(2); MünchKomm-*Peters*, ZPO-Reform, 2. Aufl., 2002, § 428 Rdz. 3.

180 Siehe z.B. Goebel-*Goebel*, Zivilprozessrecht, 2004, § 10 Rdz. 533-538; LG Saarbrücken, VersR 2003, 234, 235.

181 BT-Drucks. 14/4722 S. 92 li. Sp. zu Nr. 65.

182 BT-Drucks. 14/4722 S. 92 li. Sp. zu Nr. 65; Musielak-*Huber*, ZPO, 4. Aufl., 2005, § 428 Rdz. 5; *Gruber/Kießling*, Die Vorlagepflichten der §§ 142 ff. ZPO nach der Reform 2002, ZZP, Bd. 116, 2003, 305, 324; MünchKomm-*Peters*, ZPO-Reform, 2. Aufl., 2002, § 428 Rdz. 4.

Substantiierungspflicht befreit. Die Gerichte dürfen nur auf einen schlüssigen Vortrag einer Partei hin eine Vorlageanordnung treffen.[183]

bb) Verfahren

Das Gericht kann einen Dritten in der mündlichen Verhandlung durch Beschluss zur Vorlage auffordern, oder aber im Vorfeld nach § 273 Abs. 2 Nr. 5 ZPO durch Verfügung. Um den Termin vorzubereiten, sollte das Gericht eine Anordnung gegenüber Dritten nur treffen, wenn deutlich ist, dass es zu einer streitigen Verhandlung kommt, § 273 Abs. 3 S. 1 ZPO.[184] Dritte sollen nur in Anspruch genommen werden, wenn unbedingt erforderlich. Die Anordnung ist formlos. Setzt das Gericht dem Dritten eine Frist, ist die Anordnung zuzustellen. Der Dritte ist darin über seine Weigerungsrechte nach § 142 Abs. 2 ZPO und über die Folgen der Nichterfüllung zu belehren.[185] Hat der Dritte bereits als Zeuge zur Sache ausgesagt, ohne sich auf ein Weigerungsrecht zu berufen, kann er dennoch die Urkundenvorlage zum gleichen Beweisthema verweigern. Die Urkundenvorlage könnte den Dritten nämlich zusätzlich belasten. Zudem könnte ein Verlust des Weigerungsrechts dazu führen, dass ein Dritter von vornherein die Aussage verweigert.[186]

Will ein Dritter die Vorlage aus persönlichen Gründen verweigern, muss er sich auf das Weigerungsrecht berufen und es glaubhaft machen, §§ 142 Abs. 2. S. 2, 386 Abs. 1 und 2 ZPO. Eines Vollbeweises bedarf es nicht. Genauso hat er zu verfahren, wenn er die Vorlage als unzumutbar zurückweist.[187] Bei Weigerungsrechten aus sachlichen Gründen gilt § 386 Abs. 1 ZPO nur eingeschränkt.[188] Das Weigerungsrecht würde unterlaufen, wenn der Dritte die konkreten Gründe für seine Weigerung benennen müsste. Er würde sonst beispielsweise sein Betriebs- oder Geschäftsgeheimnis indirekt doch preisgeben müssen. Es genügt deshalb, wenn er die allgemeinen Voraussetzungen des Weigerungsrechts darlegt.[189] Das Gericht entscheidet dann aufgrund der Sachlage.

---

[183] *Schmidt/Schwab/Wildschütz*, Die Auswirkungen der Reform des Zivilprozesses auf das arbeitsgerichtliche Verfahren, NZA 2001, 1161, 1164.

[184] Hannich/Meyer-Seitz-*Schwartze*, ZPO-Reform 2002, 2002, § 142 Rdz. 2; *Schmidt/Schwab/Wildschütz*, Die Auswirkungen der Reform des Zivilprozesses auf das arbeitsgerichtliche Verfahren, NZA 2001, 1161, 1164.

[185] Zöller-*Greger*, ZPO, 25. Aufl., 2005, § 142 Rdz. 3; *Gruber/Kießling*, Die Vorlagepflichten der §§ 142 ff. ZPO nach der Reform 2002, ZZP, Bd. 116, 2003, 305, 329.

[186] *Gruber/Kießling*, Die Vorlagepflichten der §§ 142 ff. ZPO nach der Reform 2002, ZZP, Bd. 116, 2003, 305, 325-326.

[187] MünchKomm-*Peters*, ZPO-Reform, 2. Aufl., 2002, § 142 Rdz. 6.

[188] Zöller-*Greger*, ZPO, 25. Aufl., 2005, § 384 Rdz. 2; MünchKomm-*Damrau*, ZPO, Bd. 2, 2. Aufl., 2000, § 384 Rdz. 5.

[189] *Schneider*, Die Zumutbarkeit der Urkundenvorlage durch Dritte, MDR 2004, 1, 3 und 4.

Ein Dritter ist darauf beschränkt, Zeugnisverweigerungsgründe oder Unzumutbarkeit geltend zu machen. Er kann sich nicht darauf berufen, die Vorlageanordnung hätte nicht ergehen dürfen, weil sonstige Voraussetzungen für die Vorlagepflicht nicht gegeben seien – etwa weil der Vortrag der Partei nicht schlüssig oder die zu beweisende Tatsache nicht streitig sei.[190] Das können nur die Prozessparteien rügen. Ein Dritter hat gegen eine ermessensfehlerhafte Anordnung des Gerichts kein Rechtsmittel.

Kommt das Gericht dem Antrag einer Partei nach § 428 ZPO, eine Anordnung nach § 142 ZPO zu erlassen, nicht nach, kann die Partei die Ablehnung mit der Beschwerde anfechten, § 567 Abs. 1 Nr. 2 ZPO. Denn das Gericht hat ihr „Gesuch" auf Beweisantritt abgelehnt.

d) Vorlageanordnung von Amts wegen nach § 142 ZPO

Auch von einem Dritten kann das Gericht nun Urkunden von Amts wegen herausverlangen, wenn sich eine Partei auf die Unterlagen bezogen hat, § 142 Abs. 1 ZPO.[191] Auch hier dient die Vorlageanordnung dazu, das Gericht umfassend über den Sachverhalt zu informieren, aber auch dazu, Beweismittel zu beschaffen.[192] Das Gericht muss sich nach pflichtgemäßem Ermessen innerhalb der Grenze zum Ausforschungsbeweis bewegen. Es gelten die gleichen Voraussetzungen wie für die Vorlageanordnung gegenüber einem Dritten auf Beweisantrag einer Partei.[193]

Trotz des neuen Handlungsspielraums der Gerichte lässt sich bisher nicht feststellen, dass sie regen Gebrauch davon machen. Nur ein möglicher Anwendungsbereich ist das Arzthaftungsrecht, wo das Gericht gegenüber einem nicht am Verfahren beteiligten Arzt die Vorlage von Krankenunterlagen anordnen kann.[194] So hat das Landgericht Saarbrücken inzwischen die Entscheidung eines Amtsgerichts bestätigt, einem Arzt als Dritten die Vorlage von Krankenunterlagen aufzugeben.[195] Nachdem der Arzt der Anordnung über ein Jahr lang nicht nachgekommen war, hat das Amtsgericht ein Ordnungsgeld in

---

[190] *Schneider*, Die Zumutbarkeit der Urkundenvorlage durch Dritte, MDR 2004, 1; *Vollkommer*, Zivilprozessrecht 2002, Mitt. 2002, 125, 129; *Zekoll/Bolt*, Die Pflicht zur Vorlage von Urkunden im Zivilprozess – Amerikanische Verhältnisse in Deutschland?, NJW 2002, 3129, 3133; a.A. *Schmidt/Schwab/Wildschütz*, Die Auswirkungen der Reform des Zivilprozesses auf das arbeitsgerichtliche Verfahren, NZA 2001, 1161, 1164.

[191] Zum alten Recht siehe ausführlich *Schöpflin*, Die Beweiserhebung von Amts wegen im Zivilprozess, 1992, 245-253.

[192] *Schneider*, Die Zumutbarkeit der Urkundenvorlage durch Dritte, MDR 2004, 1.

[193] Siehe oben Kap. 2, Teil 1, III.3.c)aa).

[194] *Gehrlein*, Erste Erfahrungen mit der reformierten ZPO – Erstinstanzliches Verfahren und Berufung, MDR 2003, 421, 424.

[195] LG Saarbrücken, VersR 2003, 234.

die Rechte des Beweisführers erheblich verletzt, ist ihm auch ein größerer Aufwand zumutbar, um Auskünfte zu erteilen oder Urkunden vorzulegen. Gleiches gilt, wenn er die Beweisführung durch sein eigenes Verhalten erschwert hat.

b) Geschäfts- und Betriebsgeheimnisse

aa) Begriff des Geschäfts- und Betriebsgeheimnisses

Am häufigsten geht es bei der Interessenabwägung um Geschäfts- und Betriebsgeheimnisse. Ein Geheimnis ist jede auf ein Geschäft oder einen Betrieb bezogene Tatsache, die (1) nur ein begrenzter Personenkreis kennt, (2) nicht offenkundig ist, (3) anderen Personen nicht einfach zugänglich ist, und (4) die der Geschäfts- oder Betriebsinhaber erkennbar und berechtigt geheim halten will und daran ein wirtschaftliches Interesse hat.[206] Geschäfts- und Betriebsgeheimnis muss man nicht voneinander abgrenzen, weil beide Geheimnisarten den gleichen Schutz genießen. Dazu gehören Geheimnisse technischen Charakters, wie Konstruktionszeichnungen, Computerprogramme, Rezepturen oder Herstellungsverfahren, und Geheimnisse kaufmännischer Art, wie Kundenlisten, Bezugsquellen, Preiskalkulationen oder sonstige innerbetriebliche Tatsachen.[207]

bb) Abwägungskriterien

Der Grundsatz von Treu und Glauben nach § 242 BGB verlangt, dass jede Vorlageverpflichtung verhältnismäßig, d.h. geeignet, erforderlich und angemessen ist.[208] Der Betroffene muss substantiiert darlegen und gegebenenfalls beweisen, warum ihn die Vorlage unverhältnismäßig belastet.[209] Das Schutzinteresse des Verpflichteten ist gegen das Informationsinteresse des Beweisführers und sein Recht auf effektiven Rechtsschutz abzuwägen.[210]

Für den Beweisführer berücksichtigt die Rechtsprechung beispielsweise wie sehr er auf die Information angewiesen ist; ob er sonst eine Möglichkeit hat,

---

[206] *Hefermehl/Köhler/Bornkamm*, Wettbewerbsrecht, 24. Aufl., 2006, § 17 UWG Rdz. 4-13; *Doepner*, Anmerkungen zum wettbewerbsrechtlichen Geheimnisschutz im Zivilprozess, in: Keller u.a. (Hrsg.), Festschrift für Winfried Tilmann, 2003, 105, 108-109; *Stürner*, Die gewerbliche Geheimsphäre im Zivilprozess, JZ 1985, 453 m.w.N.

[207] Weitere Beispiele bei *Hefermehl/Köhler/Bornkamm*, Wettbewerbsrecht, 24. Aufl., 2006, § 17 UWG Rdz. 12 m.w.N.

[208] BGH WM 1977, 781, 782 (Geschäftsabschluss für den ausgeschiedenen Gesellschafter); BGH DB 1971, 1416, 1417 = WM 1971, 565 = MDR 1971, 574 (Gläubigerbeiratsprotokolle für den Vergleichsgaranten); BGH WM 1962, 706, 707 = BB 1962, 573 (Beteiligung an Maklerprovision); siehe grundsätzlich *Köhler*, Die Begrenzung wettbewerbsrechtlicher Ansprüche durch den Grundsatz der Verhältnismäßigkeit, GRUR 1996, 82.

[209] BGH WM 1963, 990, 991.

[210] BGHZ 107, 161, 167, 170 – Offenend-Spinnmaschine.

eine mündliche Auskunft zu überprüfen; wie schwer die Rechtsverletzung wiegt;[211] oder ob übergeordnete Interessen der Allgemeinheit beeinträchtigt sind.[212]

Ist der Hauptanspruch nur gering oder steht der Wert der Auskunft in keinem Verhältnis zu den Nachteilen des Verpflichteten, kann er die Auskunft verweigern.[213] Selbst wenn der Verpflichtete darlegen und beweisen kann, dass er ein berechtigtes Geschäfts- oder Betriebsgeheimnis schützen möchte, bietet das keinen absoluten Schutz. Der Verpflichtete ist etwa dann nicht schutzbedürftig, wenn seine Verletzungshandlung besonders schwer wiegt oder er sich dreist und hartnäckig verhalten hat.[214]

Sind die Parteien Konkurrenten, kann ein Geheimhaltungsinteresse aus wettbewerblichen Gründen überwiegen.[215] Der Auskunftspflichtige braucht einem Auskunftsverlangen, das Treu und Glauben widerspricht und lediglich der Ausspähung von Geschäfts- und Betriebsgeheimnissen unter Wettbewerbern dienen würde, nicht nachzukommen. Er muss nur insoweit Angaben machen, als sie zur Schätzung des Schadens oder Erreichung des Vertragszwecks unbedingt erforderlich sind.[216]

Die Rechtsprechung berücksichtigt alle diese Kriterien und wägt sie für jeden Einzelfall neu ab. Das erschwert eine Systematisierung. Mal überwiegt das Informationsinteresse des Beweisführers, mal das Geheimhaltungsinteresse des Verpflichteten.

---

[211] GRUR 1994, 635, 637 – Pulloverbeschriftung; BGHZ 95, 285, 293-294 – GEMA-Vermutung II; BGHZ 95, 274, 281 = NJW 1986, 1244 – GEMA-Vermutung I.

[212] BGH NJW-RR 2002, 1119, 1121-1122 (zu § 19 MarkenG: das Geheimhaltungsinteresse muss im Interesse einer wirksamen Bekämpfung von Schutzrechtsverletzungen zurückstehen.); BayObLG ZIP 2003, 569, 571 (Informationsrecht hat regelmäßig Vorrang vor Geheimhaltungspflichten, weil sonst Rechtsdurchsetzung unmöglich.); m. Anm. *Toussaint*, EWiR 2003, 585.

[213] BGH GRUR 1965, 313, 314 – Umsatzauskunft– m. Anm. *Hoepffner*.

[214] *Teplitzky*, Wettbewerbsrechtliche Ansprüche und Verfahren, 8. Aufl., 2002, Kap. 38, Rdz. 21; *Köhler*, Die Begrenzung wettbewerbsrechtlicher Ansprüche durch den Grundsatz der Verhältnismäßigkeit, GRUR 1996, 82, 89.

[215] BGHZ 14, 53, 58-59.

[216] BGH NJW 1966, 1117, 1119; BGH GRUR 1965, 313, 314 – Umsatzauskunft – m. Anm. *Hoepffner*; BGHZ 10, 385, 388 (bei Gewinnbeteiligung an Absätzen Anspruch auf Auskunft über genaue Absatzmengen und erzielte Preise, nicht aber Kundennamen); siehe auch *Teplitzky*, Wettbewerbsrechtliche Ansprüche und Verfahren, 8. Aufl., 2002, Kap. 38, Rdz. 10-20; *Köhler*, Die Begrenzung wettbewerbsrechtlicher Ansprüche durch den Grundsatz der Verhältnismäßigkeit, GRUR 1996, 82, 88.

c) Privatsphäre

Neben Geschäfts- und Betriebsgeheimnissen kann es auch darum gehen, die Privatsphäre des Vorlagepflichtigen zu wahren. Während der Schutz der allgemeinen Privatsphäre keinen Vorrang genießt, kann der Schutz der Intimsphäre vorgehen.[217] Das lässt sich am Verhältnis Anwalt - Mandant oder Arzt - Patient verdeutlichen. Verlangt der Mandant Unterlagen von seinem Anwalt heraus, kann sich der Anwalt zwar nicht auf das Berufsgeheimnis berufen, weil es ausschließlich dem Schutz des Mandanten dient. Er kann aber solche Unterlagen zurückhalten, die seine höchstpersönlichen Wahrnehmungen oder vertrauliche Hintergrundinformationen betreffen, also aus seiner Intimsphäre stammen. Das erfasst Notizen über persönliche Eindrücke, den Briefwechsel und Notizen über Gespräche zwischen Anwalt und Mandant.[218] Auch ein Arzt darf persönliche Eindrücke in seiner Dokumentation zurückhalten, wenn der Patient Herausgabe verlangt.[219]

Die Rechtsprechung lässt sich verallgemeinern: Der Auftraggeber kann grundsätzlich verlangen, dass der Auftragnehmer die Akten herausgibt, die er zur Auftragsausführung angelegt hat. Der Anspruch erstreckt sich aber nicht auf private Aufzeichnungen des Herausgabepflichtigen, die er erstellt hat, um seine Tätigkeit zu erleichtern.[220]

2. Berücksichtigung von Geheimhaltungsinteressen bei der Beweiswürdigung

Möchte ein Gericht eine Beweiserleichterung zugunsten des Beweisführers ansetzen oder eine trotz Beweisantritts verweigerte Vorlage würdigen, muss es zunächst prüfen, ob der Gegner berechtigte Geheimhaltungsinteressen darlegen und beweisen kann, die eine Beweiswürdigung zu seinen Lasten unverhältnismäßig machen würde.[221] Dazu muss es die gegensätzlichen Interessen der Beteiligten wie bei der materiell-rechtlichen Vorlagepflicht sorgfältig abwägen. Das ergibt sich aus dem Ermessen, das §§ 427, 444, 441 Abs. 3, 371 Abs. 3 ZPO dem Gericht einräumen.

---

[217] Ausführlich *Saß*, Die Beschaffung von Informationen und Beweisen, 2002, 60-67.

[218] BGHZ 109, 260, 265, 269; siehe ausführlich auch *Nassall*, Auskunfts- und Akteneinsichtsrechte des Konkursverwalters gegenüber dem Rechtsanwalt des Gemeinschuldners?, KTS 1988, 633, 634-638.

[219] BGHZ 85, 327, 334.

[220] KG NJW 1989, 532.

[221] *Wagner*, Europäisches Beweisrecht, ZEuP 2001, 441, 474; *Mes*, Si tacuisses – Zur Darlegungs- und Beweislast im Prozess des gewerblichen Rechtsschutzes, GRUR 2000, 934, 940; *Peters*, Beweisvereitelung und Mitwirkungspflicht des Beweisgegners, ZZP, Bd. 82, 1969, 200, 221-224.

3. Geheimhaltungsinteressen einer Partei bei prozessualer Vorlagepflicht

a) Keinerlei Weigerungsrechte?

Kann sich eine Partei mit Weigerungsrechten wehren, wenn das Gericht die Vorlage nach § 142 ZPO anordnet? Weigerungsrechte stehen den Parteien nach dem Gesetzeswortlaut nicht zu. Im Gesetzgebungsverfahren hat das zu erheblicher Kritik geführt.[222] Die fehlende gesetzliche Regelung könnte dazu verleiten, den Parteien Weigerungsrechte insgesamt abzusprechen.[223] Diese Lösung ist aber unbefriedigend. Bisher waren Weigerungsrechte der Parteien unerheblich, weil es mangels prozessualen oder materiell-rechtlichen Anspruchs regelmäßig nicht möglich war, auf etwaige Unterlagen im Besitz des Gegners zuzugreifen.[224] Zum neuen Recht weist der Bericht des Rechtsausschusses darauf hin, dass die Gerichte nach pflichtgemäßem Ermessen berechtigte Belange des Geheimnis- und Persönlichkeitsschutzes berücksichtigen müssen.[225] Die Gerichte sollen ihr Ermessen also wie nach bisherigem Recht dahin ausüben, Lösungen zu finden, die den gegenläufigen Interessen Raum geben und so die Geheimnisse der Beteiligten wahren.

b) Weigerungsrechte aus verfassungsrechtlichen Gewährleistungen

Offen bleibt, nach welchen Regeln der Geheimnisschutz erfolgen soll. Die Zeugnisverweigerungsrechte nach §§ 383 ff. ZPO kann man nicht entsprechend heranziehen, weil eine Partei als Prozessbeteiligte in weiterem Umfang mitwirken muss als ein Zeuge.[226] Sie hat nach §§ 138, 139 ZPO eine Erklärungspflicht über Tatsachen, die nach § 142 ZPO zu einer Vorlagepflicht erweitert wurde.[227] Das Gericht soll in einer Interessenabwägung darüber ent-

---

[222] *Dombek*, ZPO-Novelle, Schreiben an den Vorsitzenden des Rechtsausschusses, BRAK-Mitt. 2001, 122, 124.

[223] So anscheinend *Vollkommer*, Zivilprozessrecht 2002, Mitt. 2002, 125, 129; *Winte*, Zivilprozessrechtsreform – Die wichtigsten Änderungen für das erstinstanzliche Verfahren und das Gerichtsverfassungsgesetz, BRAK-Mitt. 2001, 246, 251.

[224] *Wagner*, Europäisches Beweisrecht, ZEuP 2001, 441, 475.

[225] Bericht des Rechtsausschusses des Deutschen Bundestags, BT-Drucks. 14/6036 S. 120 re. Sp. [1]; *Greger*, Zweifelsfragen und erste Entscheidungen zur neuen ZPO, NJW 2002, 3049, 3050.

[226] Musielak-*Huber*, ZPO, 4. Aufl., 2005, § 422 Rdz. 1; *Konrad*, Der Schutz der Vertrauenssphäre zwischen Rechtsanwalt und Mandant im Zivilprozess, NJW 2004, 710, 711; *Zekoll/Bolt*, Die Pflicht zur Vorlage von Urkunden im Zivilprozess – Amerikanische Verhältnisse in Deutschland?, NJW 2002, 3129, 3130; *Wagner*, Europäisches Beweisrecht, ZEuP 2001, 441, 474; *ders.*, Datenschutz im Zivilprozess, ZZP, Bd. 108, 1995, 193, 215-216; a.A., allerdings ohne Begründung: Zöller-*Greger*, ZPO, 25. Aufl., 2005, § 422 Rdz. 4; MünchKomm-*Schreiber*, ZPO, Bd. 2, 2. Aufl., 2000, § 422 Rdz. 5; ausführlicher *Schreiber*, Die Urkunde im Zivilprozess, 1982, 178-181.

[227] *Kraayvanger/Hilgard*, Urkundenvorlegung im Zivilprozess, Neue Justiz 2003, 572, 574.

scheiden können, ob Geheimhaltungsbelange überwiegen. Könnte sich eine Partei auf die absoluten Weigerungsrechte aus §§ 383 ff. ZPO berufen, wäre eine Interessenabwägung ausgeschlossen. Allerdings lässt sich auch die bisher im Vordergrund stehende materiell-rechtliche Interessenabwägung zum Geheimnisschutz nicht ohne weiteres übertragen, weil zusätzlich prozessuale Grundsätze zu beachten sind.

Das Gericht entscheidet über die prozessuale Vorlagepflicht nach pflichtgemäßem Ermessen und hat dabei zu prüfen, ob die Maßnahme verhältnismäßig ist. Eine Vorlageanordnung ist nur dann verhältnismäßig, wenn sie mit dem Grundgesetz vereinbar ist. Sowohl Geheimhaltungsinteressen als auch das Rechtsschutzinteresse sind verfassungsrechtlich geschützt.[228] Zum Rechtsschutzinteresse gehört eine wirksame Rechtspflege und das Streben nach einer materiell richtigen Entscheidung, die wichtige Belange des Gemeinwohls sind, Art. 20 Abs. 3 GG.[229] Das schließt auch den Zugang zu Informationsquellen ein.[230] Kollidieren Grundrechte und/oder grundrechtsähnliche Rechte, hat das Gericht nach dem Grundsatz der praktischen Konkordanz abzuwägen.[231] Das Gericht muss für jeden Einzelfall abwägen, ob Geheimhaltungsinteressen einer Partei bestehen und ob sie schwerer wiegen als der Anspruch des Gegners auf effektiven Rechtsschutz und das Interesse an einer wirksamen Rechtspflege.[232]

Diese Abwägungskriterien gelten aber nur dann, wenn eine an sich nicht beweisbelastete Partei Urkunden vorlegen soll. Die beweisbelastete Partei muss

---

228 *Schlosser*, Anmerkung zu BGH – Faxkarte, JZ 2003, 423, 427, 428; *Kraayvanger/Hilgard*, Urkundenvorlegung im Zivilprozess, Neue Justiz 2003, 572, 574; *Zekoll/Bolt*, Die Pflicht zur Vorlage von Urkunden im Zivilprozess – Amerikanische Verhältnisse in Deutschland?, NJW 2002, 3129, 3131; *Oberheim*, ZPO-Reform Update 1 – Grundzüge, JA 2002, 408, 412; *Mayen*, Geheimnisschutz im Gerichtsverfahren, AnwBl. 2002, 495.

229 BVerfG WM 2002, 2290, 2295 (Zur Verwertung von Zeugenaussagen im Zivilverfahren, die auf dem rechtswidrigen Mithören von Telefongesprächen Dritter beruhen.).

230 Zur Auswertung der verfassungsrechtlichen Rechtsprechung siehe *Schlosser*, Das Bundesverfassungsgericht und der Zugang zu den Informationsquellen im Zivilprozess, NJW 1992, 3275.

231 *Mayen*, Verwertbarkeit von geheim gehaltenen Verwaltungsvorgängen im gerichtlichen Verfahren?, NVwZ 2003, 537, 541; *Wasmann/Roßkopf*, Die Herausgabe von Unterlagen und der Geheimnisschutz im Spruchverfahren, ZIP 2003, 1776, 1780.

232 BVerfG WM 2002, 2290, 2295 (Zur Verwertung von Zeugenaussagen im Zivilverfahren, die auf dem rechtswidrigen Mithören von Telefongesprächen Dritter beruhen.); *Gruber/Kießling*, Die Vorlagepflichten der §§ 142 ff. ZPO nach der Reform 2002, ZZP, Bd. 116, 2003, 305, 319;
ob das die Weigerungsrechte prozessual hinreichend absichern kann, bezweifelt *Schlosser*, Französische Anregungen zur Urkundenvorlagepflicht nach § 142 ZPO, in: Coester u.a. (Hrsg.), Festschrift für Hans Jürgen Sonnenberger, 2004, 135, 141.

sich entscheiden, ob sie die Nachteile, die durch die Nichtvorlage entstehen, in Kauf nimmt, oder ob sie auf ihre Geheimhaltungsinteressen verzichtet.

c) Beispiele zum Geheimnis- und Persönlichkeitsschutz

aa) Schutz der Privatsphäre

Aus der Privatsphäre gibt es vor allem zwei Gruppen von Unterlagen, die eine nicht beweisbelastete Partei nicht wird vorlegen wollen: Tagebücher und Korrespondenz mit dem eigenen Rechtsanwalt zum Rechtsstreit. Das Recht auf informationelle Selbstbestimmung aus Art. 2 Abs. 1, Art. 1 Abs. 1 GG ist zwar nicht schrankenlos gewährleistet, umfasst aber sowohl Daten aus der persönlichen Sphäre, als auch Daten geschäftlich-wirtschaftlichen Inhalts. Es ist ein „Grundrecht auf Datenschutz".[233] Das gilt sowohl für Einzelpersonen, als auch für juristische Personen.[234] Jeder soll grundsätzlich selbst entscheiden können, wann und innerhalb welcher Grenzen er persönliche Lebenssachverhalte offenbart und wem sie zugänglich sein sollen.[235] Nachdem sowohl Tagebücher als auch Korrespondenz mit dem eigenen Anwalt in den geschützten Bereich der Privatsphäre fallen, wird die Abwägung meist zugunsten des Betroffenen ausgehen, wenn nicht mehr als das Informationsinteresse des Beweisführers für eine Vorlage spricht.[236]

Bei der Korrespondenz mit dem Anwalt überwiegt das Schutzinteresse noch aus zwei weiteren Gründen. Der Anwalt selbst kann sich auf sein Zeugnisverweigerungsrecht aus § 383 Abs. 1 Nr. 6 ZPO berufen. Das Weigerungsrecht des Rechtsanwalts dient allein dem Schutz seines Mandanten.[237] Es würde den Schutz des Mandanten schwächen, wenn die Gerichte nun die Unterlagen vom Mandanten direkt herausverlangen könnten. Zudem ist das Recht des Mandanten auf eine effektive Rechtsverteidigung und auf ein faires Verfahren verfassungsrechtlich verankert, Art. 103 Abs. 1 und Art. 2 Abs. 1, Art. 20

---

[233] *Mayen*, Geheimnisschutz im Gerichtsverfahren, AnwBl. 2002, 495; *Wagner*, Datenschutz im Zivilprozess, ZZP, Bd. 108, 1995, 193, 197.
[234] Siehe etwa BGH NJW 1994, 1281.
[235] BVerfGE 65, 1, 42; BGH NJW 2003, 1727, 1728.
[236] *Schlosser*, Französische Anregungen zur Urkundenvorlagepflicht nach § 142 ZPO, in: Coester u.a. (Hrsg.), Festschrift für Hans Jürgen Sonnenberger, 2004, 135, 140; *Zekoll/Bolt*, Die Pflicht zur Vorlage von Urkunden im Zivilprozess – Amerikanische Verhältnisse in Deutschland?, NJW 2002, 3129, 3131; a.A. *Winte*, Zivilprozessrechtsreform – Die wichtigsten Änderungen für das erstinstanzliche Verfahren und das Gerichtsverfassungsgesetz, BRAK-Mitt. 2001, 246, 251, allerdings ohne Grundrechte zu beachten.
[237] BGHZ 109, 260, 268-269; siehe auch *Nassall*, Auskunfts- und Akteneinsichtsrechte des Konkursverwalters gegenüber dem Rechtsanwalt des Gemeinschuldners?, KTS 1988, 633, 642.

GG. Das würde unterlaufen, wenn sich ein Mandant nicht auf die vertrauliche Kommunikation mit einem Rechtsanwalt verlassen könnte.[238]

bb) Schutz von Geschäfts- und Betriebsgeheimnissen

Am häufigsten wird es der nicht beweisbelasteten Partei darum gehen, den geschäftlichen oder gewerblichen Geheimbereich zu schützen. Der Schutz von Geschäfts- und Betriebsgeheimnissen ist über das in Art. 14 GG geschützte Eigentum und die in Art. 12 GG geschützte Berufsfreiheit verfassungsrechtlich verankert.[239] Hier lässt sich die Interessenabwägung der Rechtsprechung auf materieller Ebene zumindest insoweit übertragen, als nur solche Geheimnisse zu schützen sind, die schutzbedürftig und schutzwürdig sind. Schutzbedürftigkeit ist beispielsweise zu verneinen, wenn keine Gefahr eines wettbewerblichen Missbrauchs droht oder kein wirtschaftlicher Schaden zu befürchten ist. Schutzwürdigkeit fehlt, wenn die Partei den Prozess durch eigenen Rechtsbruch herbeigeführt hat und nur noch um die Schadenshöhe gestritten wird oder die verpflichtete Partei die Informationen erst aufgrund einer Rechtsverletzung – etwa einer Patentverletzung – erlangt hat.[240]

4. Geheimhaltungsinteressen eines Dritten bei prozessualer Vorlagepflicht

Während sich Weigerungsrechte einer Prozesspartei aus verfassungsrechtlichen Gewährleistungen ableiten lassen müssen, hat der Gesetzgeber die Weigerungsrechte eines Dritten gesetzlich normiert. Nach § 142 Abs. 2 ZPO kann ein Dritter die Vorlage verweigern, wenn sie ihm unzumutbar ist oder ihm Weigerungsrechte wie einem Zeugen nach §§ 383 ff. ZPO zustehen.

a) Zeugnisverweigerungsrechte

Die Zeugnisverweigerungsrechte aus §§ 383, 384 ZPO sind in Weigerungsrechte aus persönlichen und aus sachlichen Gründen aufgeteilt. Zu den persönlichen Gründen gehört beispielsweise das Berufsgeheimnis des Anwalts, § 383 Abs. 1 Nr. 6 ZPO. Das wichtigste Weigerungsrecht aus sachlichen Gründen ist der in § 384 Nr. 3 ZPO geregelte Schutz des Gewerbegeheimnisses.

---

238 Ausführlich *Konrad*, Der Schutz der Vertrauenssphäre zwischen Rechtsanwalt und Mandant im Zivilprozess, NJW 2004, 710, 711-713; so nun auch LG Karlsruhe, Beschluss v. 24.1.2005, veröffentlicht unter www.juris.de (zuletzt besucht am 3.10.2006).

239 *Mayen*, Verwertbarkeit von geheim gehaltenen Verwaltungsvorgängen im gerichtlichen Verfahren?, NVwZ 2003, 537, 541; *Wasmann/Roßkopf*, Die Herausgabe von Unterlagen und der Geheimnisschutz im Spruchverfahren, ZIP 2003, 1776, 1777.

240 *Zekoll/Bolt*, Die Pflicht zur Vorlage von Urkunden im Zivilprozess – Amerikanische Verhältnisse in Deutschland?, NJW 2002, 3129, 3131; *Wagner*, Datenschutz im Zivilprozess, ZZP, Bd. 108, 1995, 193, 215.

aa) Berufsgeheimnisse

Das Gesetz kennt in § 383 Abs. 1 Nr. 6 ZPO Weigerungsrechte verschiedener Berufsgruppen, die gesetzlich zur Verschwiegenheit verpflichtet sind. Der Rechtsanwalt hat nach § 203 StGB eine gesetzliche Schweigepflicht. Dabei geht es vor allem um den Schutz des Vertrauens, den ein Mandant z.B. in Rechtsanwälte, Patentanwälte oder Wirtschaftsprüfer setzt. Geschützt sind Informationen, welche diese Personen in Ausübung ihrer Beratungstätigkeit gesammelt und ausgewertet haben.[241] Sie müssen dem Berufsträger anvertraut sein. Der Begriff der anvertrauten Tatsache ist weit zu fassen. Informationen sind dem Berufsträger anvertraut, wenn er sie aufgrund seiner Vertrauensstellung oder im Zusammenhang damit erlangt hat, in der ausdrücklichen oder stillschweigenden Erwartung, dass er sie vertraulich behandelt.[242] Dazu gehören neben den Mitteilungen Dritter auch eigene Wahrnehmungen und Handlungen des Berufsträgers.[243] Ob der Rechtsanwalt die anvertrauten Tatsachen geheim zu halten hat, beurteilt sich nach der Verkehrssitte und den berechtigten Interessen der Parteien. Dazu gehören regelmäßig die Tatsache der Beratung und deren Inhalt.[244] Der Mandant kann den Berufsträger von seiner Verschwiegenheitspflicht entbinden, § 385 Abs. 2 ZPO.

Der Bundesfinanzhof hat sich jüngst zum Interessenausgleich zwischen Geheimhaltungspflicht des Steuerberaters und Informationsinteresse des Klägers geäußert, wenn der Steuerberater als Dritter Unterlagen vorlegen soll.[245] Das Weigerungsrecht umfasst sowohl die Identität seiner Mandanten als auch die Tatsache der Beratung. Im Streitfall sollte das Postausgangsbuch des Steuerberaters belegen, dass ein Einspruchsschreiben eingereicht worden war. Der Steuerberater hatte eine geschwärzte Seite vorgelegt, die nur den Eintrag zum streitigen Einspruchsschreiben aufzeigte, um seine sonstigen Mandanten zu schützen. Daraus konnte das Gericht nicht erkennen, ob der Steuerberater seine Bücher vollständig und richtig geführt hatte. Die geschwärzte Seite musste es nicht als Beweismittel akzeptieren. Es musste aber darauf hinwirken, das Beweismittel soweit als möglich auszuschöpfen und gleichzeitig die berechtigten Geheimhaltungsbelange zu berücksichtigen. Im Streitfall hätte der Betroffene nur die Namen der Mandanten schwärzen dürfen und keine weiteren

---

[241] Ausführlich MünchKomm-*Damrau*, ZPO, Bd. 2, 2. Aufl., 2000, § 383 Rdz. 31-38.

[242] BGHZ 91, 392, 397; BGHZ 40, 288, 293 (beide zum ärztlichen Zeugnisverweigerungsrecht); Musielak-*Huber*, ZPO, 4. Aufl., 2005, § 383 Rdz. 4; MünchKomm-*Damrau*, ZPO, Bd. 2, 2. Aufl., 2000, § 383 Rdz. 33.

[243] Stein/Jonas-*Berger*, Bd. 4/2, 21. Aufl., 1999, § 383 Rdz. 90 m.w.N.

[244] Stein/Jonas-*Berger*, Bd. 4/2, 21. Aufl., 1999, § 383 Rdz. 93.

[245] BFH NJW 2002, 2903 (Allerdings zu § 102 AO 1977 und unter Berufung auf § 53 Abs. 1 StPO; die Interessenabwägung gilt aber auch für den Zivilprozess.).

Angaben. Dann hätte auch die geschwärzte Kopie einen Beweiswert erhalten.[246]

bb) Weigerungsrecht des Syndikusanwalts

In der Praxis wird sich zum neuen Recht die Frage stellen, ob der Syndikusanwalt geschützt ist, wenn er als Dritter in einem Rechtsstreit seines Unternehmens zur Urkundenvorlage herangezogen wird. Die Stellung des Syndikusanwalts ist in Deutschland gesetzlich nicht eindeutig geregelt. Die Rechtsprechung ordnet die Tätigkeit des Syndikusanwalts deshalb oftmals widersprüchlich ein.[247] Zum Zeugnisverweigerungsrecht des Syndikusanwalts gibt es keine höchstrichterliche Rechtssprechung. Bisher hat lediglich das Landgericht München im zivilprozessualen Bereich ein Zeugnisverweigerungsrecht des Syndikusanwalts bejaht, wenn der Syndikusanwalt in seiner Eigenschaft als Rechtsanwalt beratend für sein Unternehmen tätig war.[248] Im strafprozessualen Zusammenhang dagegen erkennt die verfassungsrechtliche Rechtsprechung keine Weigerungsrechte an.[249] Die besondere strafprozessuale Situation lässt sich auf den Zivilprozess aber nicht übertragen.[250] Ausführliche Untersuchungen in der Literatur gestehen dem Syndikusanwalt regelmäßig ein Zeugnisverweigerungsrecht zu, wenn er als zugelassener Rechtsanwalt in einem ständigen Beschäftigungsverhältnis anwaltliche Aufgaben erfüllt, die dem Berufsbild des von der BRAO zugrunde gelegten unabhängigen Anwalts entsprechen.[251] Nach Wortlaut und Sinn der einschlägigen Vorschriften ist das Zeugnisverweigerungsrecht mit jeder anwaltlichen Berufsausübung verknüpft. Jede Anwaltstätigkeit braucht eine dem staatlichen Zugriff entzogene Sphäre für vertrauliche Kommunikation, denn in der Regel teilt der Mandant geheimhaltungsbedürftige Tatsachen mit. Soll also der Syndikusanwalt nach § 142 ZPO Unterlagen aus seinem Unternehmen vorlegen, kann er sich auf

---

[246] BFH NJW 2002, 2903, 2904.

[247] Siehe ausführlich *Redeker*, Der Syndikusanwalt als Rechtsanwalt, NJW 2004, 889.

[248] LG München I, AnwBl. 1982, 197, 198.

[249] BVerfG WM 1995, 234; BVerfG WM 1994, 691 (beide zur Beschlagnahme und Auswertung von Bankunterlagen, auch aus der Rechtsabteilung der Bank, §§ 97 Abs. 1 Nr. 1, 53 Abs. 1 Nr. 3 StPO.) Die Literatur hat die Beschlüsse des BVerfG heftig kritisiert, siehe *Leisner*, Ausforschungsbeschlagnahme, BB 1995, 525 m.w.N., der diese neue Dimension der Ausforschung durch Ermittlung prozessual gesehen als unzulässigen Ausforschungsbeweis einstuft, S. 528.

[250] *Wagner*, Europäisches Beweisrecht, ZEuP 2001, 441, 474 Fn. 168.

[251] Grundlegend *Roxin*, Das Zeugnisverweigerungsrecht des Syndikusanwalts, NJW 1992, 1129, 1136.; bejahend auch Zöller-*Greger*, ZPO, 25. Aufl., 2005, § 383 Rdz. 19; *Redeker*, Der Syndikusanwalt als Rechtsanwalt, NJW 2004, 889, 890; MünchKomm-*Damrau*, ZPO, Bd. 2, 2. Aufl., 2000, § 383 Rdz. 37 Fn. 111; verneinend, aber ohne Begründung, etwa *Kaufmann-Kohler/Bärtsch*, Discovery in International Arbitration: How much is too much?, SchiedsVZ 2004, 13, 20.

ein Weigerungsrecht aus § 142 Abs. 2 i.V.m. § 383 Abs. 1 Nr. 6 ZPO berufen, wenn er anwaltliche Aufgaben erfüllt. Ob es zulasten des Unternehmens als Partei geht, wenn es den Syndikusanwalt nicht von seiner Schweigepflicht befreit, ist eine Frage der Beweiswürdigung.[252] Dabei kommt es darauf an, ob die Partei berechtigte Geheimhaltungsinteressen vorweisen kann.

cc) Geschäfts- und Betriebsgeheimnisse

Ein Dritter kann sich auch darauf berufen, mit der Vorlage einer Urkunde müsste er ein Gewerbegeheimnis offenbaren, §§ 142 Abs. 2, 384 Nr. 3 ZPO. Das Zeugnisverweigerungsrecht ist absolut: Der Dritte muss die Urkunde dann nicht vorlegen. Der Begriff des Gewerbegeheimnisses ist weit auszulegen. Darunter fallen sowohl Geschäfts- als auch Betriebsgeheimnisse. Dazu zählen technische und kaufmännische Fertigkeiten, Methoden und Tatsachen, die nicht allgemein bekannt sind und an denen ein Geheimhaltungswille und -interesse besteht.[253] Der Begriff kann alles umfassen, was seiner Natur nach im geschäftlichen Interesse geheim zu halten ist.

Es muss sich um ein Geheimnis des Dritten selbst handeln, oder um ein Geheimnis, zu deren Geheimhaltung er einem anderen gegenüber vertraglich oder gesetzlich verpflichtet ist, etwa als Angestellter oder Geschäftsführer eines Unternehmens.[254] Der Schutz des fremden Geheimnisses relativiert sich aber dann, wenn das Unternehmen, bei dem der Dritte beschäftigt ist, Prozesspartei ist und ein Geheimnis dieses Unternehmens betroffen ist. Die Geheimhaltungspflicht gegenüber einer Partei genügt nicht.[255] Solche Geheimnisse genießen nur den relativen Geheimnisschutz der Parteien.[256] Absolut ge-

---

[252] Zöller-*Greger*, ZPO, 25. Aufl., 2005, § 385 Rdz. 13; Thomas/Putzo-*Reichold*, ZPO, 27. Aufl., 2005, § 385 Rdz. 5.

[253] *Zekoll/Bolt*, Die Pflicht zur Vorlage von Urkunden im Zivilprozess – Amerikanische Verhältnisse in Deutschland?, NJW 2002, 3129, 3132; MünchKomm-*Damrau*, ZPO, Bd.2, 2. Aufl., 2000, § 384 Rdz. 14; Stein/Jonas-*Berger*, Bd. 4/2, 21. Aufl., 1999, § 384 Rdz. 13.

[254] OLG Düsseldorf MDR 1978, 147; Zöller-*Greger*, ZPO, 25. Aufl., 2005, § 384 Rdz. 7; Thomas/Putzo-*Reichold*, ZPO, 27. Aufl., 2005, § 384 Rdz. 5; *Stürner*, Die gewerbliche Geheimsphäre im Zivilprozess, JZ 1985, 453, 454-455; a.A. LG München ZZP, Bd. 95, 1982, 362, 364 (Nur eigene Geheimnisse. Das Gericht behandelt aber die Geheimnisse einer Gesellschaft als eigene Geheimnisse der Vorstandsmitglieder.).

[255] Zöller-*Greger*, ZPO, 25. Aufl., 2005, § 384 Rdz. 7; MünchKomm-*Damrau*, ZPO, Bd. 2, 2. Aufl., 2000, § 384 Rdz. 13; Stein/Jonas-*Berger*, Bd. 4/2, 21. Aufl., 1999, § 384 Rdz. 18-19; *Stürner*, Die gewerbliche Geheimsphäre im Zivilprozess, JZ 1985, 453; kritisch *Schlosser*, Internationale Rechtshilfe und rechtsstaatlicher Schutz von Beweispersonen, ZZP, Bd. 94, 1981, 369, 403.

[256] *Zekoll/Bolt*, Die Pflicht zur Vorlage von Urkunden im Zivilprozess – Amerikanische Verhältnisse in Deutschland?, NJW 2002, 3129, 3132.

schützt sind eigene Geheimnisse des Dritten und solche fremden Geheimnisse, die sich nicht auf eine Prozesspartei beziehen.[257]

b) Unzumutbarkeit

Der Gesetzgeber gesteht dem Dritten auch zu, die Vorlage zu verweigern, wenn sie ihm unzumutbar ist, § 142 Abs. 2 ZPO, ohne den Begriff näher zu definieren. Er verweist nur darauf, dass es sich um berechtigte Interessen des Dritten handeln muss.[258] Es bleibt Rechtsprechung und Literatur überlassen, der Unzumutbarkeit Konturen zu verleihen. Das läuft dem erklärten Ziel zuwider, Gerichtsverfahren durch prozessuale Vorlagepflichten beschleunigen zu wollen.[259] Denn die Grenzen der Zumutbarkeit müssen im zeitraubenden Zwischenstreit nach §§ 142 Abs. 2, 387 ZPO geklärt werden.[260]

Jedenfalls lässt der Gesetzgeber mit dem zusätzlichen Weigerungsgrund der Unzumutbarkeit erkennen, dass er die Vorlagepflicht nicht mit der Zeugnispflicht gleichsetzen will.[261] Während sich der vorlagepflichtige Dritte wie der Zeuge auf die Zeugnisverweigerungsrechte berufen kann, ist er zusätzlich berechtigt, die Vorlage zu verweigern, wenn sie ihm unzumutbar ist. Liegt kein Zeugnisverweigerungsrecht vor, sollten die Gerichte nur zurückhaltend Unzumutbarkeit bejahen, weil sie damit sonst die Grenzen der Zeugnisverweigerungsrechte aufweichen könnten.[262] Sie sollten die Interessen des Dritten und des Antragstellers sorgfältig gegeneinander abwägen und prüfen, ob die Vorlageverpflichtung verhältnismäßig ist.[263] Dabei ist beispielsweise zu berücksichtigen: das Recht der Partei auf effektiven Rechtsschutz, die Bedeutung des Prozesses für die Partei, Belastung und tatsächlicher Aufwand für den Dritten, und ein berechtigtes Vertraulichkeitsinteresse unterhalb der Schwelle

---

[257] *Mössle*, Extraterritoriale Beweisbeschaffung im internationalen Wirtschaftsrecht, 1990, 133-134; *Stürner*, Die gewerbliche Geheimsphäre im Zivilprozess, JZ 1985, 453, 457.

[258] BT-Drucks. 14/4722 S. 79 li. Sp. [1].

[259] BT-Drucks. 14/4722 S. 92 li. Sp. [4].

[260] *Zekoll/Bolt*, Die Pflicht zur Vorlage von Urkunden im Zivilprozess – Amerikanische Verhältnisse in Deutschland?, NJW 2002, 3129, 3133; *Schellhammer*, Zivilprozessreform und erste Instanz, MDR 2001, 1081, 1084; *Ebel*, Die Berufung im Zivilprozessrechtsreformgesetz, ZRP 2001, 309, 314; *Steuer*, Justizreform – von außen betrachtet, WM 2000, 1889.

[261] Musielak-*Stadler*, ZPO, 4. Aufl., 2005, § 142 Rdz. 8; Hannich/Meyer-Seitz-*Schwartze*, ZPO-Reform 2002, 2002, § 142 Rdz. 11.

[262] Musielak-*Stadler*, ZPO, 4. Aufl., 2005, § 142 Rdz. 8; Hannich/Meyer-Seitz-*Schwartze*, ZPO-Reform 2002, 2002, § 142 Rdz. 11; *Zekoll/Bolt*, Die Pflicht zur Vorlage von Urkunden im Zivilprozess – Amerikanische Verhältnisse in Deutschland?, NJW 2002, 3129, 3132.

[263] *Niehr*, Die zivilprozessuale Dokumentenvorlegung im deutsch-englischen Rechtshilfeverkehr, 2004, 34; *Gruber/Kießling*, Die Vorlagepflichten der §§ 142 ff. ZPO nach der Reform 2002, ZZP, Bd. 116, 2003, 305, 326.

des § 384 Nr. 3 ZPO.[264] Geheimhaltungsinteressen sind eigentlich umfassend durch § 384 Nr. 3 ZPO geschützt. Es sind wenige Fälle denkbar, die nicht darunter subsumierbar sind. Unzumutbar könnte es etwa sein, wenn der Dritte höchstpersönliche Schriftstücke oder Unterlagen, die er aufgrund gesetzlicher Bestimmungen, z. B. Datenschutzgesetze, nicht preisgeben darf, vorlegen müsste.[265] Im Übrigen kann die Vorlage dem Dritten unzumutbar sein, wenn er auf die Unterlagen auch nicht für kurze Zeit verzichten kann – wie etwa der Insolvenzverwalter auf Unterlagen, die er zur Verfahrensabwicklung benötigt;[266] bei Verlust ein unverhältnismäßig hoher Schaden drohen würde; die Unterlagen unersetzlich sind – wie etwa ein Testament oder eine Bürgschaftsurkunde; oder er sie nur mit unverhältnismäßig hohem Aufwand beschaffen kann, z.B. wenn er sie umständlich, zeitaufwendig oder kostspielig heraussuchen müsste.[267] Dabei können auch Alter oder Gesundheitszustand des Dritten ins Gewicht fallen.[268] Ausgeschlossen ist Unzumutbarkeit aber dann, wenn eine Partei gegen den Dritten einen materiell-rechtlichen Anspruch auf Vorlage hat. Das folgt aus der Wechselwirkung zwischen Prozessrecht und materiellem Recht.[269]

Soll ein Dritter umfangreiche Akten sammeln und vorlegen, wodurch erhebliche Kopie- und Versandkosten entstehen, kann das schon aus Kostengründen unzumutbar sein. Ein vorlagepflichtiger Dritter hat nämlich keinen gesetzlichen Anspruch auf Kostenersatz.[270] Der Antragsteller könnte den Unzumutbarkeitseinwand entkräften, indem er freiwillig Kostenersatz leistet. Ein weiterer Vorschlag geht dahin, das Gericht zu berechtigen, eine Anordnung mit der Auflage zu erlassen, dass die an der Vorlage interessierte Partei zunächst

---

[264] *Zekoll/Bolt*, Die Pflicht zur Vorlage von Urkunden im Zivilprozess – Amerikanische Verhältnisse in Deutschland?, NJW 2002, 3129, 3132; Hannich/Meyer-Seitz-*Schwartze*, ZPO-Reform 2002, 2002, § 142 Rdz. 11; *Schmidt/Schwab/Wildschütz*, Die Auswirkungen der Reform des Zivilprozesses auf das arbeitsgerichtliche Verfahren, NZA 2001, 1161, 1164.

[265] *Schneider*, Die Zumutbarkeit der Urkundenvorlage durch Dritte, MDR 2004, 1, 2; *Vollkommer*, Zivilprozessrecht 2002, Mitt. 2002, 125, 129; *Gehrlein*, Zivilprozessrecht, 2. Aufl., 2003, § 10 Rdz. 63.

[266] *Uhlenbruck*, Gerichtliche Anordnung der Vorlage von Urkunden gegenüber dem Insolvenzverwalter, NZI 2002, 589, 590.

[267] BLAH-*Hartmann*, ZPO, 64. Aufl., 2006, § 142 Rdz. 4; *Schneider*, Die Zumutbarkeit der Urkundenvorlage durch Dritte, MDR 2004, 1, 2; *Zimmermann*, ZPO, 6. Aufl., 2002, § 142 Rdz. 2; *Zekoll/Bolt*, Die Pflicht zur Vorlage von Urkunden im Zivilprozess – Amerikanische Verhältnisse in Deutschland?, NJW 2002, 3129, 3132.

[268] Thomas/Putzo-*Reichold*, ZPO, 27. Aufl., 2005, § 142 Rdz. 2.

[269] *Gruber/Kießling*, Die Vorlagepflichten der §§ 142 ff. ZPO nach der Reform 2002, ZZP, Bd. 116, 2003, 305, 330.

[270] *Zekoll/Bolt*, Die Pflicht zur Vorlage von Urkunden im Zivilprozess – Amerikanische Verhältnisse in Deutschland?, NJW 2002, 3129, 3133.

einen pauschalierten Geldbetrag an den Dritten zahlt.[271] Ebenfalls wird vertreten, das Zeugenentschädigungsgesetz entsprechend anzuwenden, das einen Anspruch auf Kostenersatz für Zeugen vorsieht, § 401 ZPO.[272]

Es können demnach viele Faktoren für die Unzumutbarkeit eine Rolle spielen. Wann die Gerichte eine Vorlage für unzumutbar halten, bleibt dem Einzelfall überlassen.

V. Schutzmaßnahmen

Greift kein absolutes Weigerungsrecht, sondern liegt es im Ermessen des Gerichts, die unterschiedlichen Interessen auszugleichen, wenden deutsche Gerichte vielfältige Möglichkeiten an, die Interessen aller Beteiligten soweit als möglich zu gewährleisten. Dazu können der Ausschluss der Öffentlichkeit, das Schwärzen von Teilen einer Urkunde, oder der Wirtschaftsprüfervorbehalt dienen. Umstritten ist, ob das Gericht zum Schutz von Geheimhaltungsinteressen einer Prozesspartei die Einsicht in Urkunden verwehren und sie trotzdem verwerten kann. Das wird unter der Überschrift „Geheimverfahren" diskutiert.

1. Prozessualer Schutz gegenüber der Öffentlichkeit

Das Gericht kann die Öffentlichkeit von einer Verhandlung ausschließen, § 172 Nr. 2 GVG, und den Verhandlungsbeteiligten eine strafbewehrte Geheimhaltungspflicht auferlegen, § 174 Abs. 3 GVG, um Betriebs- und Geschäftsgeheimnisse von Parteien, Zeugen oder Drittbeteiligten zu schützen. Es muss sich um ein wichtiges Geheimnis handeln, an dessen Geheimhaltung ein objektiv berechtigtes, überwiegend schutzwürdiges Interesse besteht.[273] Das Gericht wird von Amts wegen tätig und entscheidet nach pflichtgemäßem Ermessen. Der Geheimnisträger hat kein Antrags- oder Beschwerderecht.

Um das Betriebs- oder Geschäftsgeheimnis über die Verhandlung hinaus zu schützen, kann ein gerichtliches Schweigegebot an die in der nichtöffentlichen Verhandlung Anwesenden ergehen, § 174 Abs. 3 GVG. Verstößt ein Betroffener gegen die Schweigepflicht, macht er sich nach § 353 (d) Nr. 2 StGB strafbar. Die Schweigepflicht erfasst alle Tatsachen, die ein Anwesen-

---

[271] *Schlosser*, Französische Anregungen zur Urkundenvorlagepflicht nach § 142 ZPO, in: Coester u.a. (Hrsg.), Festschrift für Hans Jürgen Sonnenberger, 2004, 135, 138.
[272] *Schneider*, Die Zumutbarkeit der Urkundenvorlage durch Dritte, MDR 2004, 1, 4; *Gruber/Kießling*, Die Vorlagepflichten der §§ 142 ff. ZPO nach der Reform 2002, ZZP, Bd. 116, 2003, 305, 328.
[273] *Doepner*, Anmerkungen zum wettbewerbsrechtlichen Geheimnisschutz im Zivilprozess, in: Keller u.a. (Hrsg.), Festschrift für Winfried Tilmann, 2003, 105, 110-111 m.w.N.; MünchKomm-*Wolf*, ZPO, Bd. 3, 2. Aufl., 2001, § 172 GVG Rdz. 6.

der in der Verhandlung oder durch ein die Sache betreffendes amtliches Schriftstück erfahren hat. Das umfasst die Urkunden des Verfahrens. Es genügt, wenn den in der nichtöffentlichen Verhandlung Anwesenden die geheimhaltungspflichtige Tatsache bereits zuvor aus den Verfahrensakten bekannt war. Das amtliche Schriftstück muss aber zu dem Verfahren gehören, aus dem der Schweigebefehl stammt.[274] Es betrifft die ‚Sache', wenn es sich zu den Tatsachen äußert, die den Grund für den Ausschluss der Öffentlichkeit gebildet haben.[275]

Das Gericht muss das Schweigegebot in der Verhandlung beschließen, § 174 Abs. 3 S. 2 GVG. Der Beschluss ist mit der Beschwerde anfechtbar, die keine aufschiebende Wirkung hat, § 174 Abs. 3 S. 3 u. 4 GVG. Der Schutz der Schweigepflicht ist damit wenig verlässlich. Hebt das Prozessgericht oder das Beschwerdegericht den Beschluss auf, können die Beteiligten ihre Kenntnisse aus der Verhandlung weitergeben. Haben sie bereits zuvor gegen die Schweigepflicht verstoßen, greift ein Strafaufhebungsgrund.[276]

Ausschluss der Öffentlichkeit und gerichtliches Schweigegebot bieten begrenzten Geheimnisschutz vor der Allgemeinheit, also vor allem gegenüber am Verfahren nicht beteiligten Konkurrenten. Bei einem Schutzbedürfnis gegenüber Verfahrensbeteiligten helfen sie nicht weiter.

2. Materieller Schutz gegenüber dem Prozessgegner

a) Schwärzen von Teilen der Urkunde

Sollen auch die weiteren Verfahrensbeteiligten die Informationen nicht erhalten, bietet die Rechtsprechung auf materieller Ebene je nach Einzelfall verschiedene Lösungen an. Manchmal kann es bereits genügen, Teile der Urkunden zu schwärzen, bevor der Betroffene sie vorlegt. Das ist dann ausreichend, wenn die berechtigterweise geheim zu haltenden Teile der Urkunde für den Auskunftsanspruch nicht relevant sind,[277] oder wenn Teile der Urkunde private Aufzeichnungen enthalten, etwa im Verhältnis Arzt - Patient. Dem offen zu legenden Teil der Urkunde kommt dann noch der nötige Beweiswert zu. Gleichzeitig sind die Interessen beider Parteien berücksichtigt.

---

[274] Schönke/Schröder-*Lenckner/Perron*, StGB, 27. Aufl., 2006, § 353d Rdz. 32/33.
[275] Schönke/Schröder-*Lenckner/Perron*, StGB, 27. Aufl., 2006, § 353d Rdz. 14.
[276] Schönke/Schröder-*Lenckner/Perron*, StGB, 27. Aufl., 2006, § 353d Rdz. 25.
[277] BGH GRUR 2003, 433 = NJW-RR 2003, 910, 911 – Cartier-Ring; BGH NJW-RR 2002, 1119, 1122 – Entfernung der Herstellungsnummer III = GRUR 2002, 709; BFH NJW 2002, 2903, 2904.

b) Wirtschaftsprüfervorbehalt

Ist die gesamte Urkunde relevant, kann unter bestimmten Voraussetzungen auch ausschließlich ein neutraler Dritter die Unterlagen einsehen. Das ist im Handelsvertreterrecht gesetzlich geregelt, § 87 (c) Abs. 4 HGB. Im Streit um die Provision eines Handelsvertreters hat der Handelsvertreter grundsätzlich einen Anspruch auf Erstellung eines Buchauszugs, § 87 (c) Abs. 2 HGB. Weigert sich der nicht beweisbelastete Unternehmer, den Buchauszug vorzulegen, oder bestehen Zweifel, ob seine Angaben richtig und vollständig sind, kann das Gericht einen zur Verschwiegenheit verpflichteten Dritten die Bücher einsehen lassen.[278]

Den Rechtsgedanken des § 87 (c) Abs. 4 HGB hat die Rechtsprechung für die vorprozessuale Auskunftsklage im Wettbewerbsrecht verallgemeinert. Muss der Beklagte wettbewerbsrechtlich relevante Daten angeben und hat er ein schützenswertes Interesse daran, z. B. den Kundenstamm vor dem Kläger geheim zu halten, nimmt die Rechtsprechung einen so genannten Wirtschaftsprüfervorbehalt in den Urteilstenor auf.[279] Der Kläger benennt dann einen Dritten, meist einen Wirtschaftsprüfer, dem der Verpflichtete alle relevanten Daten mitteilen muss, also z.B. die gesamte Rechnungslegung über Verkäufe und Erlöse, einschließlich Kundennamen. Der Dritte berechnet anhand der vollständigen Unterlagen den Schadensersatzanspruch. Dem Kläger sind nur die Daten über Verkäufe und Erlöse ohne Kundennamen zugänglich zu machen.[280] Er muss aber irgendeine Überprüfungsmöglichkeit haben. Dazu kann er stichprobenartig überprüfen, ob die Angaben des Verpflichteten gegenüber dem Dritten richtig waren, indem er gezielte Fragen über Kunden, die ihm zufällig bekannt sind, an den Dritten richtet.[281] Würde die Nachfrage nach bestimmten Namen den Geheimnisschutz des Verpflichteten aushöhlen, weil er gerade die Namen geheim halten muss, wie beispielsweise bei der anwaltlichen Verschwiegenheitspflicht die Mandantennamen, bietet der Wirtschafts-

---

[278] BGHZ 32, 302, 305; Ebenroth/Baujong/Joost-*Löwisch*, HGB, 2001, § 87 (c) Rdz. 45; Staub-*Brüggemann*, HGB, 4. Aufl., 1995, § 87 (c) Rdz. 23; zu Umfang und Form der nach § 87 (c) HGB geschuldeten Angaben, siehe BGH NJW 2001, 2333.

[279] BGH GRUR 1980, 227, 233 – Monumenta Germaniae Historica – m. Anm. *Nordemann*; BGH GRUR 1978, 52, 53 – Fernschreibverzeichnisse – m. Anm. *Schulze zur Wiesche*; BGH GRUR 1962, 354, 356-357 – Furniergitter – m. Anm. *Friedrich*; BGH GRUR 1958, 346 – Spitzenmuster – m. Anm. *Heydt*; BGH NJW 1957, 591 = GRUR 1957, 336 – Rechnungslegung; BGHZ 10, 385, 388-389.

[280] BGH GRUR 1962, 354, 356-357 – Furniergitter – m. Anm. *Friedrich*; *Teplitzky*, Wettbewerbsrechtliche Ansprüche und Verfahren, 8. Aufl., 2002, Kap. 38, Rdz. 28-31.

[281] *Köhler*, Der Schadensersatz-, Bereicherungs- und Auskunftsanspruch im Wettbewerbsrecht, NJW 1992, 1477, 1481; *Gottwald*, Zur Wahrung von Geschäftsgeheimnissen im Zivilprozess, BB 1979, 1780, 1784-1785.

prüfervorbehalt nicht den nötigen Schutz. Dann lehnt die Rechtsprechung den Auskunfts- und Vorlageanspruch insgesamt ab.[282]

Grundsätzlich ist der Wirtschaftsprüfervorbehalt nicht von einem Antrag des Verpflichteten abhängig. Allerdings kann sich der Verpflichtete nicht darauf verlassen, dass das Gericht ohne weiteres einen Vorbehalt in das Urteil aufnimmt. Er muss die dafür sprechenden Umstände darlegen und erforderlichenfalls beweisen.[283] Hat er nicht spätestens im zweiten Rechtszug seine Geheimhaltungsinteressen geltend gemacht, kann er eine spätere Vollstreckung damit nicht mehr abwehren.[284]

Bevor das Gericht einen Wirtschaftsprüfervorbehalt einräumt, wägt es die beiderseitigen Interessen gegeneinander ab. Für den Auskunftsberechtigten berücksichtigt es, dass der Wirtschaftsprüfervorbehalt seine Prozessführung beeinträchtigt. Die vollständige Grundlage der Schadensersatzberechnung kennt nur der Dritte. Auf dessen Berechnung muss der Auskunftsberechtigte sein weiteres prozessuales Vorgehen stützen. Das muss er nur hinnehmen, wenn seinem Anspruch deutlich höhergewichtige Belange des Auskunftsverpflichteten gegenüberstehen.[285] Um seinen Geheimhaltungsinteressen Vorrang zu verschaffen, muss der Verpflichtete darlegen, dass der Berechtigte die Informationen nicht nur im Prozess, sondern auch im Wettbewerb in unlauterer Weise zu seinen Lasten nutzen würde.[286] Seit der Gesetzgeber Informationsansprüche im Immaterialgüterrecht zum Schutz gegen Produktpiraterie normiert hat, stellt die Rechtsprechung noch strengere Anforderungen an die Geheimhaltungsinteressen und betont den Ausnahmecharakter des Wirtschaftsprüfervorbehalts.[287]

Den Wirtschaftsprüfervorbehalt setzt die Rechtsprechung auch in anderen Bereichen ein: im Gesellschaftsrecht, im Arzthaftungsrecht und bei Ansprüchen aus § 810 BGB.[288] Ist ein Gesellschafter berechtigt, die Geschäftsbücher und Papiere des geschäftsführenden Gesellschafters einzusehen, und sind die Gesellschafter untereinander auch Wettbewerber, so kann ein für beide Beteiligte

---

282 BGH NJW 2002, 2096, 2098 - Vossius.

283 BGH GRUR 1981, 535 – Wirtschaftsprüfervorbehalt.

284 BGH NJW 1998, 3570, 3571; BGH BB 1997, 1433.

285 BGHZ 140, 342 = WM 1999, 694, 702 – Preisbindung durch Franchisegeber; BGH BB 1997, 1433.

286 BGH BB 1997, 1433, 1434.

287 *Teplitzky*, Neue Entwicklungen beim wettbewerbs- und markenrechtlichen Auskunftsanspruch in: Keller u.a. (Hrsg.), Festschrift für Winfried Tilmann, 2003, 913, 921.

288 Zu § 810 BGB siehe *Grimme*, Der Anspruch auf Einsichtnahme in (Vertrags-)Urkunden nach § 810 BGB, JA 1985, 320, 322 m.w.N.

vertrauenswürdiger Buchsachverständiger das Einsichtsrecht ausüben.[289] Der Buchsachverständige ist zur Verschwiegenheit verpflichtet und darf dem Einsichtsberechtigten nichts über die aus den Kundenkarteiblättern ersichtlichen Geschäftsvorgänge mitteilen. Im Arzthaftungsrecht ist der Patient berechtigt, die Dokumentation des Arztes einzusehen. Befürchtet der Patient, der Arzt werde die Unterlagen nicht vollständig vorlegen, kann er eine neutrale Vertrauensperson einschalten, um die Unterlagen zu sichten und die relevanten Informationen an ihn weiterzuleiten.[290]

In Einzelfällen lässt die Rechtsprechung auch eine strafbewehrte Geheimhaltungsverpflichtung des Einsichtsberechtigten ausreichen, um dem Geheimhaltungsinteresse des Verpflichteten gerecht zu werden.[291] Der Berechtigte muss dann eine Geheimhaltungserklärung gegenüber dem Gericht abgeben. Das ist ausreichend, wenn Verpflichteter und Berechtigter nicht im Wettbewerb stehen. Dann genügt es, wenn sich der Berechtigte verpflichtet, die Informationen nicht an Dritte weiterzugeben.

c) Besichtigungsanspruch nach § 809 BGB

Auch wenn § 809 BGB regelmäßig keine Urkunden betrifft, sondern Gegenstände, die am Patentrecht zu messen sind, zeigt die Rechtsprechung zu § 809 BGB anschaulich, in welchem Zwiespalt sie sich zwischen Ausforschung und berechtigtem Informationsinteresse befindet.[292]

Auch beim Besichtigungsanspruch nach § 809 BGB – vor allem im einstweiligen Verfügungsverfahren – kann ein Sachverständiger anstatt des Klägers die Sache besichtigen. Der Bundesgerichtshof hat in der grundlegenden *Druckbalken* Entscheidung zunächst klargestellt, dass der Besichtigungsanspruch nicht dazu dienen dürfe, Kunst- oder Gewerbegeheimnisse des Vorle-

---

[289] BGHZ 55, 201, 205 = NJW 1971, 656; BGH MDR 1970, 307, 308.

[290] BGHZ 85, 327, 339.

[291] BGH GRUR 1998, 684, 688 – Spulkopf; BGHZ 110, 30, 34-35 – Marder.

[292] Ausführlich zu § 809 BGB *Saß*, Die Beschaffung von Informationen und Beweisen, 2002, 18-106; *Leppin*, Besichtigungsanspruch und Betriebsgeheimnis, GRUR 1984, 552 und 695 und 770.

gungspflichtigen auszuspähen.[293] Es sei für jeden Einzelfall zu prüfen, ob Geheimhaltungsbelange des Anspruchsgegners der Besichtigung entgegenstehen. Eine einheitliche Lösung für größere Gruppen von Fällen sei ausgeschlossen.[294] Um Geheimhaltungsinteressen zu wahren, fordert der Bundesgerichtshof zunächst einen erheblichen Wahrscheinlichkeitsgrad für den Verletzungstatbestand.[295] Zusätzlichen Schutz gewährt er, indem er einen Sachverständigen die Sache besichtigen lässt. Der Sachverständige wird allerdings nicht als unabhängiger gerichtlicher Sachverständiger tätig, sondern als Vertreter des Klägers. Ihm kommt eine doppelte Funktion zu: Gegenüber dem Beklagten hat er eine treuhänderähnliche Stellung mit der Pflicht, dessen Geheimnisse zu wahren. Gegenüber dem Kläger ist er Beauftragter, der die Sache besichtigt, um gegebenenfalls im späteren Patentverletzungsverfahren als Zeuge auftreten zu können.[296]

Die Entscheidung beachtet sowohl das Interesse des Patentinhabers, seine Beweisnot bei möglicher Patentverletzung zu überwinden, als auch das Interesse des Betroffenen, seine Betriebs- und Geschäftsgeheimnisse zu schützen. Der praktizierte Interessenausgleich hat über das Patentrecht hinaus Bedeutung für das allgemeine Zivilrecht. Das gilt auch für die Urkundenvorlage,

---

[293] BGHZ 93, 191, 208 – Druckbalken = JZ 1985, 1096 m. Anm. *Stürner/Stadler* = GRUR 1985, 512 m. Anm. *Stauder*; Vorinstanz OLG Düsseldorf GRUR 1983, 741 und 745 (Ein zur Verschwiegenheit verpflichteter Sachverständiger untersucht Druckbalken für Langbandschleifmaschine auf Patentverletzung.); jüngst auch BGH GRUR 2002, 1046, 1048 – Faxkarte = JZ 2003, 423 m. Anm. *Schlosser* (Geheimhaltungsinteresse des Beklagten kann es erforderlich machen, Quellcode von Programmen für das streitige Faxkarten-System nur gegenüber einem zur Verschwiegenheit verpflichteten Dritten offen zu legen.); KG NJW 2001, 233, 235 (Überprüfung von Computern durch unabhängigen Sachverständigen, um festzustellen, ob sich auf diesen nicht lizenzierte Kopien eines urheberrechtlichen Programms befinden.); so bereits LG Braunschweig GRUR 1971, 28, 29 – Abkantpresse (Dort hatte ein Sachverständiger in Gegenwart des Prozessbevollmächtigten des Klägers die Abkantpresse untersucht. Er hatte der Klägerin keine näheren Auskünfte über die Konstruktion erteilt, um keine Konstruktionsgeheimnisse preiszugeben.).

[294] BGHZ 93, 191, 202 – Druckbalken.

[295] BGHZ 93, 191, 206-207 – Druckbalken; dazu ausführlich *Tilmann/Schreibauer*, Beweissicherung vor und im Patentverletzungsprozess, in: Ahrens u.a. (Hrsg.), Festschrift für Willi Erdmann, 2002, 901; *dies.*, Die neueste BGH-Rechtsprechung zum Besichtigungsanspruch, GRUR 2002, 1015; *König*, Die Beweisnot des Klägers und der Besichtigungsanspruch nach § 809 BGB bei Patent- und Gebrauchsmusterverletzungen, Mitt. 2002, 153; jeweils m.w.N.

[296] BGHZ 93, 191, 209 – Druckbalken. Im Ergebnis hat der BGH das Urteil des OLG Düsseldorf aufgehoben, weil es dem Sachverständigen zu viele Rechte bei der Besichtigung einräumt hatte, die wiederum eine Geheimnisverletzung bedeuten könnten. Festzuhalten bleibt aber, dass der BGH Geheimhaltungsinteressen bei der Interessenabwägung berücksichtigt und den Einsatz des Sachverständigen, um die Geheimnisse zu wahren, grundsätzlich gebilligt hat.

wenn der Vorlagepflichtige berechtigte Geheimhaltungsinteressen glaubhaft macht. Bereits das Reichsgericht hat § 809 BGB in einem Fall angewendet, in dem es um die Vorlage von Nietzsche-Briefen ging, um eine mögliche Urheberrechtsverletzung festzustellen. Es hat die Grenze der Vorlegungspflicht nach Treu und Glauben bei einer möglichen missbräuchlichen Verwendung gezogen.[297]

d) Grenzen des materiellen Schutzes

Nachdem die Aufklärungspflichten der Parteien bisher ausschließlich dem materiellen Recht entsprangen, hat die Rechtsprechung auch den ausdifferenzierten Geheimnisschutz im materiellen Recht entwickelt. Ein Betroffener gewinnt die für seine Hauptklage nötigen Informationen entweder in einer gesonderten Klage oder im Wege der Stufenklage durch den materiellrechtlichen Auskunftsanspruch. Auf dieser Ebene hat sich der Geheimnisschutz durchgesetzt: In vielfältigen Konstellationen lässt die Rechtsprechung zu, dass nur ein neutraler, zur Geheimhaltung verpflichteter Dritter geheimnisrelevante Informationen einsieht, und gleicht damit die gegenläufigen Interessen aus. Beim Wirtschaftsprüfervorbehalt ist diese Lösung zufrieden stellend: Die Informationen, die der Dritte an Gericht und Parteien weitergibt, genügen, um den Schadensersatzanspruch zu berechnen.

Beim Besichtigungsanspruch als Vorstufe zum Patentverletzungsverfahren stellt sich aber die Frage, wie mit dem Gutachten des Sachverständigen im Hauptverfahren umzugehen ist. Kann der Kläger das Gutachten als Beweismittel in den Prozess einführen? Um die Geheimhaltungsbelange des Beklagten weiter zu berücksichtigen, müsste das Gutachten zumindest für den Kläger durchgängig unzugänglich bleiben. Stellt das Gutachten eine Patentverletzung fest, kann sich der Beklagte nur wehren, wenn er auf das Gutachten antwortet. Dabei wird er häufig wieder Geheimnisse preisgeben müssen. Auf prozessualer Ebene hat die Rechtsprechung den Interessenkonflikt bisher nicht lösen können. Sie berücksichtigt entweder die Geheimhaltungsbelange oder das Rechtsschutzinteresse. Einen Interessenausgleich gibt es nicht, weil sie dem Recht auf Gehör den absoluten Vorrang einräumt. Sie lehnt das Beweismittel entweder insgesamt ab, oder lässt es zu. Dann ist es allen Beteiligten zugänglich. Nur ein „Geheimverfahren“ würde es erlauben, die Geheimhaltungsinteressen weiter zu berücksichtigen.

3. Prozessualer Schutz gegenüber dem Prozessgegner

Das bereits sprachlich negativ belastete „Geheimverfahren“ lehnt die Rechtsprechung ab. Hinter dem Begriff versteckt sich ein Verfahren, in dem eine

---

[297] RGZ 69, 401, 406.

Partei oder ein Dritter Urkunden nur einem neutralen Dritten, der dem Gericht berichtet, oder nur dem Gericht zugänglich macht und nicht dem Gegner oder den Parteien. Wie gesehen, praktiziert die Rechtsprechung solche Verfahren beim materiellen Auskunfts- und Vorlageanspruch. Geht es aber um Beweismittel im Hauptverfahren, argumentiert sie mit dem Grundsatz des rechtlichen Gehörs und dem Rechtsstaatsprinzip.[298] Nach diesen Grundsätzen könnten die Gerichte den Informationsfluss grundsätzlich nicht begrenzen. Gleichzeitig hält sich die Rechtsprechung mögliche Ausnahmen offen, ohne diese jedoch zu präzisieren.[299]

Dazu hat es in den letzten Jahren einige Entscheidungen gegeben. Zunächst ist zu unterscheiden:[300] Sollen Geheimnisse des Klägers geschützt werden, oder geht es um berechtigte Geheimhaltungsbelange des nicht darlegungs- und beweisbelasteten Beklagten, der zur Sachverhaltsaufklärung beitragen soll. Die erste Konstellation würde das rechtliche Gehör des Gegners beschränken. Ihm würde der Zugang zu allen Informationen fehlen, auf die der Kläger seine Klage stützt. Dem Kläger würde die Entscheidung abgenommen, ob er klagen will und dazu gegebenenfalls geheimnisrelevante Informationen preisgeben muss: Er könnte klagen und gleichzeitig seine Geheimnisse wahren.

In der zweiten Konstellation lässt sich ein Geheimhaltungsbedürfnis eher rechtfertigen. Der Kläger hat den nicht darlegungs- und beweisbelasteten Beklagten in den Rechtsstreit hineingezogen. Soll der Beklagte dann den Sachverhalt zudem mit geheimhaltungsbedürftigen Informationen aufklären, hat er die Situation nicht selbst herbeigeführt. Dem Kläger ist es eher als dem Beklagten zuzumuten, auf bestimmte Informationen zu verzichten, um effektiven Rechtsschutz zu erreichen.

a) Geheimverfahren zugunsten des Klägers

Die Rechtsprechung sieht das teilweise anders. In der ersten Konstellation erlaubt sie dem Kläger, Informationen zurückzuhalten oder nur einem neutralen Dritten zugänglich zu machen. Dazu hat es bisher drei Entscheidungen gegeben. In einem Fall des Oberlandesgerichts Nürnberg hatte der Hersteller eines Computerprogramms auf Unterlassung der Benutzung geklagt.[301] Dazu

---

[298] *Waldner*, Der Anspruch auf rechtliches Gehör, 2. Aufl., 2000, 34-35.
[299] *Lachmann*, Handbuch für die Schiedsgerichtspraxis, 2. Aufl., 2002, Rdz. 688.
[300] *Schlosser*, Wirtschaftsprüfervorbehalt und prozessuales Vertraulichkeitsinteresse, in: Hübner u.a. (Hrsg.), Festschrift für Bernhard Großfeld, 1999, 997, 1010-1011.
[301] OLG Nürnberg BB 1984, 1252; dazu: *Stadler*, Der Schutz von Unternehmensgeheimnissen im Zivilprozess, NJW 1989, 1202, 1206; *Lachmann*, Unternehmensgeheimnisse im Zivilrechtsstreit, dargestellt am Beispiel des EDV-Prozesses, NJW 1987, 2206, 2208.

musste das Computerprogramm untersucht werden. Das Gericht hat erlaubt, dass ein Sachverständiger das Computerprogramm der Klägerin mit Zugang zu allen Informationen untersuchte, dann aber einige ermittelte Tatsachen weder dem Gericht noch dem Beklagten zugänglich machte. Das Gericht hat die urheberrechtlichen Schutzrechte des Klägers vor den Anspruch des Beklagten auf rechtliches Gehör gestellt.

In eine ähnliche Richtung geht eine Entscheidung des Bundesarbeitsgerichts.[302] Die klagende Gewerkschaft wollte nachweisen, dass sie im Betrieb des Beklagten vertreten war. Den Beweis wollte sie führen, ohne den Namen ihres im Betrieb des Beklagten beschäftigten Mitglieds zu nennen. Sie hat eine notarielle Erklärung vorgelegt, worin ein Notar bescheinigte, vor ihm sei eine Person erschienen, die sich durch Reisepass ausgewiesen habe und eine Lohnabrechnung vom betroffenen Betrieb vorgelegt habe. Das Bundesarbeitsgericht hat den mittelbaren Beweis zugelassen. Ob diese Beweisführung ausreiche, sei eine Frage der freien Beweiswürdigung, wobei der geringe Beweiswert des mittelbaren Beweismittels berücksichtigt werden müsse. Allerdings sei auch das Interesse des Mitglieds zu beachten, seinen Namen geheim zu halten, damit sein Arbeitsverhältnis nicht belastet werde.[303] Das Bundesverfassungsgericht hat die Entscheidung bestätigt und dabei betont, dass ein mittelbarer Beweis zulässig sei.[304]

Dagegen hat der Bundesgerichtshof einen Geheimnisschutz des Klägers abgelehnt, allerdings gleichzeitig betont, dass es im Einzelfall Ausnahmen geben könne.[305] Ein klagender Verband hatte sich geweigert, die Namen seiner Mitglieder preiszugeben. Die Mitgliederstruktur war aber entscheidend dafür, ob der Verband prozessführungsbefugt war, § 8 Abs. 3 Nr. 2 UWG (§ 13 Abs. 2 Nr. 2 UWG a.F.). Laut Bundesgerichtshof ist es mit den Grundsätzen des deutschen Zivilverfahrensrechts nicht zu vereinbaren, wenn ein Gericht die von einer Partei geheim gehaltenen Tatsachen zu deren Gunsten verwertet. Das sei nur ausnahmsweise dann zulässig, wenn die darlegungs- und beweisbelastete Partei ein erhebliches rechtliches Interesse an der Geheimhaltung

---

[302] BAG NJW 1993, 612; in der Literatur kontrovers diskutiert, zustimmend: *Grunsky*, Der Nachweis des Vertretenseins einer im Betrieb vertretenen Gewerkschaft, AuR 1990, 105; ablehnend: *Prütting/Weth*, Nochmals: Zur Zulässigkeit beweisrechtlicher Geheimverfahren, AuR 1990, 269; *dies.*, Die Vertretung einer Gewerkschaft im Betrieb – Geheimverfahren zum Nachweis der Voraussetzungen, DB 1989, 2273; differenzierend: *Walker*, Zur Problematik beweisrechtlicher Geheimverfahren an einem Beispiel aus dem Arbeitsgerichtsprozess, in: Festschrift für Egon Schneider, 1997, 147.

[303] BAG NJW 1993, 612, 614.

[304] BVerfG NJW 1994, 2347.

[305] BGH NJW 1996, 391.

bestimmter innerbetrieblicher Informationen habe und dem Prozessgegner aus der Verwertung keine unzumutbaren Nachteile erwüchsen. Im konkreten Fall ging die Abwägung zulasten des klagenden Verbandes aus – er hätte die Mitgliedernamen offen legen müssen.

b) Geheimverfahren zugunsten des nicht beweisbelasteten Beklagten

Geht es um Geheimhaltungsbedürfnisse des nicht beweisbelasteten Beklagten, ist die Rechtsprechung noch restriktiver. In der dazu ergangenen bundesgerichtlichen Entscheidung hatte ein gerichtlicher Sachverständiger Geschäftsunterlagen der Beklagten berücksichtigt, ohne sie dem Gericht und dem Kläger offen zu legen.[306] Der Verleger eines kostenlosen Anzeigenblattes hatte gegen die einzige in der Stadt erscheinende Tageszeitung geklagt und behauptet, sie hätte den städtischen Amtsanzeiger zu einem verlustbringenden Preis in ihre Zeitung aufgenommen, um damit andere Kleinverleger vom Markt zu verdrängen, § 26 Abs. 2 GWB. Die unbillige Behinderung des Wettbewerbs wollte der Kläger mit einem Sachverständigengutachten beweisen. Das Gutachten verwertete Jahresabschlüsse und betriebsinterne Kostenträgerzeitrechnungen der Beklagten, ohne sie offen zu legen. Der Bundesgerichtshof sah darin eine Verletzung des rechtlichen Gehörs des Klägers, Art. 103 Abs. 1 GG. Zudem widerspreche das Verfahren § 286 ZPO, nach der das Gericht verpflichtet sei, Gutachten gerichtlicher Sachverständiger sorgfältig und kritisch zu würdigen.[307] Allerdings führte der Bundesgerichtshof gleichzeitig aus, eine Offenlegung der Informationen sei der Beklagten nicht zumutbar, weil die Parteien in hartem Wettbewerb stünden.[308] Die Entscheidung führt also dazu, dass die Beklagte keine für den Kläger entscheidungserheblichen Informationen preisgeben muss, der Kläger aber sonst den Beweis nicht führen kann. Der Kläger muss den Prozess also verlieren.[309] Ausnahmen zu diesen Grundsätzen sieht der Bundesgerichtshof nicht vor.

c) In-camera Zwischenverfahren im Verwaltungsverfahren

Das Bundesverfassungsgericht hat jüngst ein in-camera-Verfahren bei Vorlageverlangen gegenüber Behörden im Verwaltungsverfahren für zulässig erklärt.[310] Das rechtliche Gehör aus Art. 103 Abs. 1 GG könne eingeschränkt werden, wenn sachliche Gründe, wie etwa ein sonst entstehendes Rechts-

---

[306] BGHZ 116, 47 = NJW 1992, 1817 – Amtsanzeiger; ablehnend auch BVerwG NVwZ 2004, 105, 106; m. Anm. *Kling*, EWiR 2004, 37; OLG Köln NJW-RR 1996, 1277.
[307] BGHZ 116, 47, 58 = NJW 1992, 1817 – Amtsanzeiger.
[308] BGHZ 116, 47, 56 = NJW 1992, 1817 – Amtsanzeiger.
[309] Kritisch auch *Schlosser*, Wirtschaftsprüfervorbehalt und prozessuales Vertraulichkeitsinteresse, in: Hübner u.a. (Hrsg.), Festschrift für Bernhard Großfeld, 1999, 997, 1004-1005.
[310] BVerfGE 101, 106 = NJW 2000, 1175.

schutzdefizit, das hinreichend rechtfertigen.[311] Daraufhin war der Gesetzgeber verpflichtet, § 99 VwGO neu zu fassen.[312] Danach prüft das Gericht nun in einem geheimen Zwischenverfahren, ob eine Behörde zu Recht die Vorlage von Urkunden und Akten verweigert. Kommt das Gericht zu dem Ergebnis, dass die Geheimhaltung nicht gerechtfertigt ist, sind die Urkunden oder Akten herauszugeben. Hat die Behörde die Urkunden oder Akten dagegen berechtigterweise nicht vorgelegt, sind sie im Hauptverfahren nicht verwertbar. Für das Hauptverfahren hält das Bundesverwaltungsgericht trotz der Gesetzesänderung ein in-camera-Verfahren weiterhin für unzulässig. Es sei Sache des Gesetzgebers, das einzuführen.[313] Das Verwaltungsgericht kann also nach § 99 VwGO nur in-camera überprüfen, ob Geheimhaltungsinteressen berührt sind. Es kann aber keine Unterlagen verwerten, die es nicht allen Parteien zugänglich macht.

d) Beweisrechtliches Geheimverfahren in der Literatur

Die Literatur diskutiert das beweisrechtliche Geheimverfahren seit Jahren kontrovers.[314] In jüngerer Zeit mehren sich die Stimmen, die ein Geheimver-

[311] BVerfGE 101, 106 = NJW 2000, 1175, 1178.

[312] Siehe Gesetz zur Bereinigung des Rechtsmittelrechts im Verwaltungsprozess vom 20.12.2001, BGBl. I 2001, S. 3987, mit Wirkung vom 1.1.2002; näher zum neuen Geheimverfahren: *Mayen*, Verwertbarkeit von geheim gehaltenen Verwaltungsvorgängen im gerichtlichen Verfahren?, NVwZ 2003, 537; *ders.*, Geheimnisschutz im Gerichtsverfahren, AnwBl. 2002, 495; *Redeker/Kothe*, Die Neuregelung zur Überprüfung verweigerter Aktenvorlage im Verwaltungsprozess, NVwZ 2002, 313.

[313] BVerwG NVwZ 2004, 105, 106; m. Anm. *Kling*, EWiR 2004, 37.

[314] Dafür: *Rosenberg/Schwab/Gottwald*, Zivilprozessrecht, 16. Aufl., 2004, § 115 Rdz. 45; *Mayen*, Verwertbarkeit von geheim gehaltenen Verwaltungsvorgängen im gerichtlichen Verfahren?, NVwZ 2003, 537, 542-543; *Zekoll/Bolt*, Die Pflicht zur Vorlage von Urkunden im Zivilprozess, NJW 2002, 3129, 3131; *Wagner*, Europäisches Beweisrecht, ZEuP 2001, 441, 476, 483; *Schlosser*, Wirtschaftsprüfervorbehalt und prozessuales Vertraulichkeitsinteresse, in: Hübner u.a. (Hrsg.), Festschrift für Bernhard Großfeld, 1999, 997, 1005; *Wagner*, Datenschutz im Zivilprozess, ZZP, Bd. 108, 1995, 193, 210-217; *Gottwald*, Die prozessuale Aufklärungspflicht im Rechtsvergleich in: Buchegger (Hrsg.) Beiträge zum Zivilprozessrecht Bd. V, 1995, 21, 42; *Stadler*, Der Schutz von Unternehmensgeheimnissen im Zivilprozess, NJW 1989, 1202; *dies.*, Der Schutz des Unternehmensgeheimnisses im deutschen und US-amerikanischen Zivilprozess und im Rechtshilfeverfahren, 1989, 231-260; *Stürner*, Die gewerbliche Geheimsphäre im Zivilprozess, JZ 1985, 452, 459; dagegen: MünchKomm-*Musielak*, ZPO, Bd. 2, 2. Aufl., 2000, § 357 Rdz. 9; *Ullmann* in: Ulrich/Körner (Hrsg.), Der internationale Softwarevertrag, 1995, S. 258, Rdz. 403; *Kürschner*, Parteiöffentlichkeit vor Geheimnisschutz im Zivilprozess, NJW 1992, 1804; *Prütting/Weth*, Nochmals: Zur Zulässigkeit beweisrechtlicher Geheimverfahren, AuR 1990, 269; *dies.*, Die Vertretung einer Gewerkschaft im Betrieb – Geheimverfahren zum Nachweis der Voraussetzungen, DB 1989, 2273; *Baumgärtel*, „Geheimverfahren“ im Zivilprozess zur Wahrung von Geschäftsgeheimnissen nach Schweizer Vorbild? in: Lindacher u.a. (Hrsg.) Festschrift für Walther J. Habscheid, 1989, 1, 7; *Lachmann*, Unterneh-

fahren zum Schutz der nicht beweisbelasteten Partei befürworten. *Stürner*[315] hatte bereits 1976 angeregt, das Verfahren über einen neutralen Vertrauensmann für das zivilprozessuale Beweisrecht zuzulassen. Das lasse sich rechtfertigen, wenn man die beweisbelastete Partei auf das rechtliche Gehör einseitig verzichten lässt. Die betroffene Partei entscheide dann selbst zwischen effektivem Rechtsschutz oder vollem rechtlichen Gehör mit der Folge einer für sie ungünstigen non-liquet-Entscheidung. Die Bedenken dagegen liegen auf der Hand: Das Geheimverfahren hat im deutschen Gesetz keine Stütze. Es verstößt gegen die Parteiöffentlichkeit, § 357 Abs. 1 ZPO, und das Recht zur Stellungnahme zu dem Beweisergebnis, § 285 Abs. 1 ZPO. Beide Rechte sind Ausfluss des rechtlichen Gehörs.[316] Allerdings kann eine Partei nachträglich darauf verzichten, ihr rechtliches Gehör wahrzunehmen, und es gegen ihren Willen verwirken, §§ 295, 296 ZPO. Dann sollte man der rechtssuchenden Partei auch zugestehen, im Voraus auf das rechtliche Gehör zu verzichten, wenn das in ihrem Interesse auf effektiven Rechtsschutz ist.[317] Als überschaubarer Teilaspekt des rechtlichen Gehörs sollte es einer Partei freistehen, auf die Einsicht in geheimnisrelevante Unterlagen des Gegners von vornherein zu verzichten.[318]

Nach dem Bericht des Rechtsausschusses zum neuen Zivilprozessrecht soll die Rechtsprechung zu § 142 ZPO eine „flexible, den gegenläufigen Interessen Raum gebende Lösung“[319] finden. Das setzt voraus, dass sie alle Interessen soweit als möglich ausgleicht: Geheimnisschutz, Rechtsschutz und Recht auf Gehör. Das ist bisher nicht geschehen. Auch wenn sich der Bericht auf bewährte Lösungen in der Vergangenheit bezieht, sollten die Gerichte ihre neuen Rechte dazu nutzen, auch ihre Rechtsprechung zum Interessenausgleich auf prozessualer Ebene zu überdenken. Nichts spricht dafür, dem Recht auf Gehör den absoluten Vorrang zu geben. Alle betroffenen Interessen haben Verfassungsrang, um deren Ausgleich die Gerichte bemüht sein müssen.[320] In Einzelfällen sollten die Gerichte erwägen, ein Geheimverfahren zu nutzen. Welche Ausprägung das Geheimverfahren dabei erhält, bleibt den Gerichten überlassen: ob sie selbst die Unterlagen einsehen und die Geheimnisse nicht

---

mensgeheimnisse im Zivilrechtsstreit, dargestellt am Beispiel des EDV-Prozesses, NJW 1987, 2206, 2210.

[315] *Stürner*, Die Aufklärungspflicht der Parteien des Zivilprozesses, 223 ff.

[316] *Mayen*, Geheimnisschutz im Gerichtsverfahren, AnwBl. 2002, 495, 496.

[317] *Wagner*, Prozessverträge, 1998, 64-71.

[318] *Schlosser*, Anmerkung zu BGH – Faxkarte, JZ 2003, 423, 427, 428; *ders.*, Wirtschaftsprüfervorbehalt und prozessuales Vertraulichkeitsinteresse, in: Hübner u.a. (Hrsg.), Festschrift für Bernhard Großfeld, 1999, 997, 1015.

[319] Bericht des Rechtsausschusses des Deutschen Bundestages, BT-Drucks. 14/6036 S. 120 re. Sp. [1].

[320] So auch BVerfGE 101, 106 = NJW 2000, 1175, 1178.

weitergeben, oder die Einsichtnahme durch einen neutralen Dritten durchführen lassen. Das steht in ihrem Ermessen. Zunächst sollten sie die Partei, die eine Anordnung gegenüber dem Gegner angeregt hat, darauf hinweisen, dass berechtigte Geheimhaltungsinteressen entgegenstehen. Sie sollten ihr dann die Möglichkeit geben, sich dem Gegner gegenüber zu verpflichten, eine Offenbarung nur an das Gericht oder einen Sachverständigen zu akzeptieren. Dabei muss das Gericht den Beweisführer darüber aufklären, dass dieses Verfahren seinen möglichen Vortrag in der Replik oder im Rechtsmittel einschränkt.[321] Ist der Beweisführer dazu bereit, sollte das Gericht eine Anordnung mit entsprechenden Einschränkungen erlassen.[322] Zumindest für die Konstellation, dass der Beweisführer eine Urkunde vom nicht beweisbelasteten Gegner herausverlangt, ist das ein gangbarer Weg. Denn der Beweisführer entscheidet zwischen Verbesserung seiner Beweisführung und Prozessverlust.

Selbst wenn man das beweisrechtliche Geheimverfahren ablehnt, sollte man den Zivilgerichten zumindest die Möglichkeit eröffnen, wie im verwaltungsgerichtlichen in-camera-Verfahren Unterlagen auf ihr Geheimhaltungsbedürfnis zu überprüfen. Dann könnten die Zivilgerichte besser beurteilen, ob tatsächlich Geheimhaltungsbelange gegen eine Vorlage sprechen.

4. Materieller und prozessualer Schutz des Dritten

Auf materieller Ebene genießt ein Dritter den gleichen Schutz wie ein späterer Prozessgegner. Zum Schutz seiner Geheimnisse kommen sowohl Wirtschaftsprüfervorbehalt als auch das Schwärzen von Teilen der Urkunden in Frage. Allerdings bleibt bei der Drittauskunft wenig Raum für einen Wirtschaftsprüfervorbehalt.[323] Dem Kläger geht es gerade um die Namen weiterer Verletzer. Die Rechtsprechung stellt den Auskunfts- und Vorlageanspruch nur im Einzelfall unter Wirtschaftsprüfervorbehalt, wenn ein weitergehender Anspruch unverhältnismäßig wäre.[324] Das ist nur dann der Fall, wenn der Auskunftspflichtige darlegen kann, dass das berechtigte Interesse des Verletzten gering ist, weil weitere Verletzungen nicht zu befürchten und Ersatzansprüche bereits ausgeglichen sind.

---

[321] Deshalb hält *Lachmann*, Unternehmensgeheimnisse im Zivilrechtsstreit, dargestellt am Beispiel des EDV-Prozesses, NJW 1987, 2206, 2210, das Geheimverfahren für unzulässig.

[322] *Schlosser*, Anmerkung zu BGH – Faxkarte, JZ 2003, 423, 427, 428; *Tilmann/Schreibauer*, Beweissicherung vor und im Patentverletzungsprozess, in: Ahrens u.a. (Hrsg.), Festschrift für Willi Erdmann, 2002, 901, 922.

[323] *Teplitzky*, Neue Entwicklungen beim wettbewerbs- und markenrechtlichen Auskunftsanspruch in: Keller u.a. (Hrsg.), Festschrift für Winfried Tilmann, 2003, 913, 916-917.

[324] BGH NJW-RR 2002, 1119, 1122 = GRUR 2002, 709 – Entfernung der Herstellungsnummer III (Zum gesetzlich geregelten Anspruch auf Drittauskunft nach § 19 MarkenG); BGHZ 128, 220, 228 – Kleiderbügel (Zu § 140b PatG).

Auf prozessualer Ebene lehnen die Gerichte auch zum Schutz von Dritten ein Geheimverfahren ab. Bundesgerichtshof und Bundesverfassungsgericht haben sich damit beschäftigt.[325] Sachverständige hatten in Gutachten zu Mietpreisen Vergleichsmieten ermittelt, ohne Mietpreise, Mieter oder Adressen zu nennen. Sie verweigerten die Mitteilung aus datenschutzrechtlichen Gründen zum Schutz ihrer Informationsgeber. Sowohl Bundesgerichtshof als auch Bundesverfassungsgericht lehnten die Verwertbarkeit der Sachverständigengutachten ab. Es müsse den Parteien grundsätzlich möglich sein, zu den Befundtatsachen eines Sachverständigengutachtens Stellung zu nehmen. Allerdings halten sich die Gerichte auch hier Ausnahmen offen. Geht es um Daten aus der engsten Privat- oder Intimsphäre unbeteiligter Dritter, deren Preisgabe niemandem zuzumuten ist, könnten Gerichte den Offenlegungsanspruch einschränken. Auf Mietpreise und Adressen der Vergleichswohnungen treffe das in der Regel nicht zu.[326]

Verpflichtet ein Gericht nun einen Dritten, Urkunden nach § 142 ZPO vorzulegen, ist ein prozessuales Geheimverfahren zum Schutz der Interessen des Dritten nur dann geeignet und überhaupt notwendig, wenn sich der Dritte auf Unzumutbarkeit beruft. Denn hat der Dritte ein Zeugnisverweigerungsrecht, kann er die Vorlage insgesamt verweigern. Das deckt sich auch mit einer engen Auslegung des § 142 ZPO, der den Dritten umfassender als die Partei vor Eingriffen schützen soll. Ist eine Vorlage aufgrund eines Vertraulichkeitsinteresses unzumutbar, könnte das Gericht anregen, dass beide Parteien auf Einsicht in die Unterlagen gegenüber dem Dritten verzichten.[327]

Als milderes Mittel für alle Beteiligten könnte das Gericht nach § 142 ZPO anordnen, dass der Dritte die geheimhaltungsbedürftigen Teile der Urkunde schwärzt.[328] Das gilt auch bei den Zeugnisverweigerungsrechten aus § 384 ZPO. Denn nach bisheriger Rechtsprechung war der Zeuge nur berechtigt, einzelne Fragen nicht zu beantworten.[329] Auf die Urkundenvorlage übertragen bedeutet das, der Dritte ist nur berechtigt, die geheimhaltungsbedürftigen Teile der Urkunde zurückzuhalten. Das kann die gesamte Urkunde erfassen, aber auch nur einen Teil, der dann zu schwärzen ist.

---

325 BVerfG NJW 1997, 1909; BVerfGE 91, 176 = NJW 1995, 40; (Jeweils Verstoß gegen Art. 2 Abs. 1 GG i.V.m. dem aus dem Rechtsstaatsprinzip folgenden Anspruch auf ein rechtsstaatliches Verfahren); BGH NJW 1994, 2899 (Verwertung des Gutachtens verstößt gegen den Grundsatz des rechtlichen Gehörs).

326 BVerfGE 91, 176 = NJW 1995, 40, 41.

327 Siehe ausführlich oben Kap. 2, Teil 1, V.3.d).

328 BLAH-*Hartmann*, ZPO, 64. Aufl., 2006, § 142 Rdz. 4; *Gruber/Kießling*, Die Vorlagepflichten der §§ 142 ff. ZPO nach der Reform 2002, ZZP, Bd. 116, 2003, 305, 328-329.

329 BGH NJW 1994, 197, 197-198.

VI. Sanktionen

Nachdem bereits Vorlagepflichten im deutschen Recht nur schwach ausgeprägt sind, spielen auch Sanktionen für Fehlverhalten eine geringe Rolle. Werden Auskunfts- und Vorlageansprüche in einem gesonderten Prozess geltend gemacht, lässt sich ein daraufhin ergehendes Urteil auch vollstrecken. Geht es aber um prozessuale Vorlagepflichten, gibt es gegen Parteien keine Zwangsmittel, dafür aber Nachteile bei der Beweiswürdigung. Gegen Dritte sieht das Gesetz Zwangsmittel vor.

1. Durchsetzung im gesonderten Prozess

Umstritten ist, wie die materielle Verpflichtung zur Urkundenvorlage im gesonderten Prozess zu vollstrecken ist. Nach einer Meinung ist nach §§ 887, 888 ZPO zu vollstrecken, weil der Anspruch nur auf Vorlage der Urkunde, nicht auf Herausgabe gerichtet sei.[330] Die herrschende Meinung vollstreckt jedoch nach § 883 ZPO und sieht die Herausgabe zur Einsicht als wesensgleiches Minus zur dauerhaften Herausgabe.[331] Das ist auch zweckmäßig, weil das Verfahren nach § 888 ZPO umständlich ist: Zunächst ist der Beklagte mit Zwangsgeld oder Zwangshaft zur Vorlage anzuhalten. Ist das erfolglos, kann sich der Kläger nur mit einer neuen Klage über §§ 259 Abs. 2, 260 BGB Gewissheit darüber verschaffen, ob der Beklagte die Urkunden besitzt. Hat der Beklagte dann darüber Auskunft erteilt, muss der Kläger im nächsten Schritt auf Abgabe der eidesstattlichen Versicherung über den Verbleib der Urkunden klagen.[332] Bei § 883 ZPO dagegen kann der Gerichtsvollzieher die Urkunden abholen. Findet er die vorzulegenden Unterlagen nicht vor, kann der Beklagte ohne neuen Prozess sogleich nach § 883 Abs. 2 ZPO zur Abgabe der eidesstattlichen Versicherung über den Verbleib der Unterlagen herangezogen werden.

Für die Vollstreckung müssen die vorzulegenden Urkunden hinreichend bestimmt sein.[333] Lassen sich die einzelnen Urkunden nicht individualisieren, kann sie der Gerichtsvollzieher nicht abholen. Auch hier zeigt sich, wie wichtig es ist, die Urkunden so genau als möglich zu beschreiben.

---

[330] Nachweise bei *Saß*, Die Beschaffung von Informationen und Beweisen, 2002, 184.

[331] Zöller-*Stöber*, ZPO, 25. Aufl., 2005, § 883 Rdz. 2; *Saß*, Die Beschaffung von Informationen und Beweisen, 2002, 185-188; Staudinger-*Marburger*, BGB, Neubearbeitung 2002, Vorbem. zu §§ 809-811 Rdz. 10; *Schilken*, Ansprüche auf Auskunft und Vorlegung von Sachen im materiellen Recht und im Verfahrensrecht, Jura 1988, 525, 531; *Grimme*, Der Anspruch auf Einsichtnahme in (Vertrags-) Urkunden nach § 810 BGB, JA 1985, 320, 325.

[332] Zum Verfahren nach § 888 ZPO siehe ausführlich *Eichmann*, Die Durchsetzung des Anspruchs auf Drittauskunft, GRUR 1990, 575, 580-585.

[333] BGH NJW-RR 1994, 933, 936; OLG Hamm NJW 1974, 653.

2. Sanktionen gegenüber Parteien

Hat eine Partei dagegen innerhalb eines Prozesses nach §§ 421, 422 ZPO Beweis angetreten, ist eine Vorlageanordnung nicht vollstreckbar. Gesteht der Gegner ein, dass er die Urkunde besitzt und zur Vorlage verpflichtet ist, ordnet das Gericht durch Beweisbeschluss die Vorlage an. Bestreitet der Gegner seine Vorlagepflicht, muss das Gericht darüber in einem Zwischenurteil oder in den Gründen des Endurteils entscheiden.[334] Bestreitet der Gegner den Besitz, vernimmt ihn das Gericht nach § 426 ZPO über den Verbleib der Urkunde. Es gelten die Regeln zur Parteivernehmung, §§ 449 bis 454 ZPO. Kommt das Gericht zu dem Ergebnis, dass der Gegner die Urkunde doch besitzt, ordnet es die Vorlage an. Verweigert der Gegner weiterhin oder aus anderen unberechtigten Gründen die Vorlage, kann das Gericht den vom Beweisführer vorgetragenen Inhalt der Urkunde als bewiesen annehmen oder das Verhalten des Gegners negativ würdigen, § 427 ZPO.[335]

Hat das Gericht eine beweisbelastete Partei nach §§ 273 Abs. 2 Nr. 5, 142 ZPO aufgefordert, Urkunden innerhalb einer bestimmten Frist vorzulegen, gilt § 296 Abs. 1 ZPO, wenn die Partei dem nicht nachkommt. Das Gericht weist die verspätet vorgelegten Urkunden zurück und der Vortrag der beweisbelasteten Partei bleibt unschlüssig. Das trifft aber nur die Partei, die eine ihr günstige Urkunde nicht vorlegt. Das bietet keinen Anreiz, eine der anderen Partei günstige Urkunde vorzulegen.

Verweigert die nicht beweisbelastete Partei die Vorlage aufgrund einer Anordnung des Gerichts nach §§ 273 Abs. 2 Nr. 5, 142 ZPO, kann das Gericht die Weigerung nach § 286 ZPO zugunsten des Beweisführers frei würdigen, z.B. als Beweisvereitelung.[336] Auch §§ 427, 444 ZPO und § 371 Abs. 3 ZPO kann es als Maßstab heranziehen.[337] Das Gericht nimmt dann an, das verweigerte Beweismittel belege die Behauptungen des Beweisführers. Behauptet der Vorlagepflichtige aber unwiderleglich, nicht im Besitz der herausverlangten Urkunde zu sein, kann das Gericht daraus keine nachteiligen Schlüsse bei

[334] Stein/Jonas-*Leipold*, ZPO, Bd. 4/2, 21. Aufl., 1999, § 425 Rdz. 3.
[335] Siehe ausführlich zur Beweisvereitelung oben Kap. 2, Teil 1, III.2.c)dd).
[336] BLAH-*Hartmann*, ZPO, 64. Aufl., 2006, § 142 Rdz. 27; *Zekoll/Bolt*, Die Pflicht zur Vorlage von Urkunden im Zivilprozess – Amerikanische Verhältnisse in Deutschland?, NJW 2002, 3129, 3130.
[337] Musielak-*Stadler*, ZPO, 4. Aufl., 2005, § 142 Rdz. 7; Hannich/Meyer-Seitz-*Schwartze*, ZPO-Reform 2002, 2002, § 142 Rdz. 13; *Risse*, Prozessgegner muss Karten offenlegen, FAZ v. 13.2.2002, S. 24.

der Beweiswürdigung ziehen.[338] Gleiches gilt, wenn das Gericht berechtigte Geheimhaltungsbelange bejaht hat.[339]

3. Sanktionen gegenüber Dritten

Verweigert ein Dritter die Urkundenvorlage trotz Anordnung nach § 142 ZPO, kann der Beweisführer den Zwischenstreit nach §§ 142 Abs. 2 S. 2, 387 ZPO einleiten.[340] Von Amts wegen wird das Gericht nicht tätig. Auf Antrag entscheidet es per Zwischenurteil, ob die Weigerung berechtigt war. Dagegen kann sich die unterlegene Partei oder der Dritte mit der sofortigen Beschwerde wenden, § 387 Abs. 3 ZPO. Erklärt das Gericht die Weigerung für berechtigt, führt es das Verfahren ohne das Beweismittel fort. War die Weigerung unberechtigt, ordnet es erneut die Vorlage an. Der Dritte trägt dann die Kosten für den Zwischenstreit. Kommt der Dritte der Anordnung weiterhin nicht nach, verhängt das Gericht von Amts wegen Ordnungsmittel nach § 390 ZPO und legt dem Dritten die durch die unberechtigte Weigerung verursachten Kosten auf, § 390 Abs. 1 S. 1 ZPO. Das Ordnungsgeld ist auf maximal 1.000 EUR begrenzt, Art. 6 EGStGB. Kann das Ordnungsgeld nicht beigetrieben werden, setzt das Gericht subsidiär Ordnungshaft fest, § 390 Abs. 1 ZPO, die maximal 6 Wochen andauern darf, Art. 6 Abs. 2 EGStGB. Im Falle wiederholter Weigerung ordnet das Gericht auf Antrag des Beweisführers Zwangshaft an, um den Dritten zur Herausgabe der Urkunde zu zwingen, § 390 Abs. 2 ZPO. Der Haftzeitraum ist auf das Ende des Prozesses begrenzt, geht aber maximal 6 Monate, §§ 390 Abs. 2, 913 ZPO. Gegen alle Beschlüsse nach § 390 ZPO kann der Dritte mit der sofortigen Beschwerde vorgehen, § 390 Abs. 3 ZPO.[341]

Haben die Ordnungsmittel keinen Erfolg, kann der Beweisführer eine Frist beantragen, um mit einer eigenständigen Klage die Herausgabe zu erzwingen. Mit einer Klage wird er nur erfolgreich sein, wenn der Dritte materiell-rechtlich zur Vorlage verpflichtet ist, §§ 429, 422 ZPO. Dann kann er das Urteil nach § 883 ZPO vollstrecken. Hat der Beweisführer keinen Vorlageanspruch gegen den Dritten, muss er den Nachteil in der Beweisführung hinnehmen. Das Gericht kann eine Beweiswürdigung zugunsten des Beweisfüh-

---

338 *Greger*, Zweifelsfragen und erste Entscheidungen zur neuen ZPO, NJW 2002, 3049, 3050.

339 BGH NJW 1962, 2149, 2150 – Bärenfang; BGH NJW 1961, 826, 828 – Pressedienst; *Musielak*, Hilfen bei Beweisschwierigkeiten im Zivilprozess, in: Schmidt (Hrsg.), 50 Jahre Bundesgerichtshof Band III, 2000, 193, 197; *Baumgärtel*, „Geheimverfahren" im Zivilprozess zur Wahrung von Geschäftsgeheimnissen nach Schweizer Vorbild? in: Lindacher u.a. (Hrsg.) Festschrift für Walther J. Habscheid, 1989, 1, 5.

340 Siehe zum Zwischenstreit: Zöller-*Greger*, ZPO, 25. Aufl., 2005, § 387 Rdz. 1-7; so auch OLG Köln, Beschluss v. 12.12.2003, OLGR Köln 2004, 337.

341 *Schneider*, Die Zumutbarkeit der Urkundenvorlage durch Dritte, MDR 2004, 1, 4.

rers nur dann vornehmen, wenn der Gegner den Dritten angewiesen hat, das Dokument nicht vorzulegen, oder den Dritten vorwerfbar und missbilligenswert nicht von seiner Verschwiegenheitspflicht nach § 383 Abs. 1 Nr. 6 ZPO entbunden hat.[342] Dann gelten die Grundsätze, die bei der Beweisvereitelung durch den Gegner anwendbar sind.[343]

---

342 BGH NJW-RR 1996, 1534 (Verhalten nicht missbilligenswert, wenn der Zeuge, in dem Fall ein Anwaltsnotar, wegen drohender Schadensersatzpflicht zugunsten des Gegners aussagen könnte.); siehe auch *Konrad*, Der Schutz der Vertrauenssphäre zwischen Rechtsanwalt und Mandant im Zivilprozess, NJW 2004, 710, 711, die daran zweifelt, ob die Rechtsprechung ihre restriktive Haltung aufrechterhalten kann.

343 Zöller-*Greger*, ZPO, 25. Aufl., 2005, § 371 Rdz. 5-6 (Zwar zum Augenscheinsbeweis nach §§ 144 Abs. 2, 371 Abs. 3 ZPO, die aber §§ 142 Abs. 2, 427, 444 ZPO entsprechen.); *Schneider*, Die Zumutbarkeit der Urkundenvorlage durch Dritte, MDR 2004, 1, 3; *Zekoll/Bolt*, Die Pflicht zur Vorlage von Urkunden im Zivilprozess – Amerikanische Verhältnisse in Deutschland?, NJW 2002, 3129, 3132; a.A. *Vollkommer*, Zivilprozessrecht 2002, Mitt. 2002, 125, 129 (Grundsätzlich keine Präklusion oder ungünstige Beweiswürdigung).

Teil 2: USA

I. Einleitung

Die Federal Rules of Civil Procedure (FRCP) sind die in den USA wichtigste Verfahrensordnung. Zwar gelten sie nur vor dem District Court als Eingangs- und Tatsacheninstanz der Bundesgerichte, und dort zum Teil wiederum in abgewandelter Form. Die FRCP dienen aber als Vorbild für sonstige Verfahrensordnungen in den USA und enthalten allgemein gültige Grundgedanken zum discovery Verfahren.[344]

Das Bild der Verfahrensordnungen in den USA ist zersplittert. Die Einzelstaaten der USA haben voneinander unabhängige Verfahrensordnungen. Sie haben jeweils eine eigene mehrzügig aufgebaute Gerichtsbarkeit mit eigener Prozessordnung. In jedem Einzelstaat gibt es zusätzlich zu den einzelstaatlichen Gerichten die Bundesgerichte über drei Instanzen, geographisch in Districts und Circuits aufgeteilt.[345] Eingangsinstanz ist der District Court, von dem es in jedem Einzelstaat mindestens einen gibt. Der Court of Appeals (Circuit Court) ist die Berufungsinstanz, die aber nur über Rechts-, nicht über Tatsachenfragen entscheidet. Es gibt 13 dieser Circuit Courts, die für die verschiedenen Regionen (Circuits) zuständig sind. Darüber steht als Revisionsinstanz der Supreme Court.

Ein potentieller Kläger hat oftmals die Wahl zwischen dem Eingangsgericht des Einzelstaates oder des Bundes. Er ist dabei an verschiedene Zuständigkeitsregeln gebunden.[346] Wählt er als Eingangsgericht einen District Court, ist das keine Gewähr für die uneingeschränkte Geltung der FRCP. Die FRCP sind kein Gesetz im herkömmlichen Sinne, weil die Richter des Supreme Court sie erlassen; sie haben aber die Wirkung eines Gesetzes.[347] FRCP 83 gibt den District Courts das Recht, zusätzlich eigene Prozessvorschriften, so genannte Local Rules, zu erlassen, die von den FRCP abweichen, diesen aber

---

[344] *Teply/Whitten/McLaughlin*, Cases, Text and Problems on Civil Procedure, 2. Aufl., 2002, 793; *Friedenthal/Kane/Miller*, Civil Procedure, 2. Aufl., 1993, 379.

[345] *Hay*, Law of the United States, 2. Aufl., 2005, 52-53.

[346] Siehe dazu ausführlich: *Teply/Whitten*, Civil Procedure, 2. Aufl., 2000, 42-311.

[347] Die Rechtsetzungskompetenz des Supreme Court ergibt sich aus Title 28 United States Code § 2072; siehe dazu *Junker*, Discovery im deutsch-amerikanischen Rechtsverkehr, 1987, 64.

nicht widersprechen dürfen.[348] Die Local Rules können für einzelne Bereiche der discovery detaillierte Regeln aufstellen. Im Übrigen können die Parteien auch selbst vereinbaren, wie sie das discovery Verfahren gestalten wollen, FRCP 29.[349] Um eine einheitliche Darstellung zu gewährleisten, werden hier ausschließlich die FRCP erörtert.

II. Aufklärungspflichten

Der US-amerikanische Zivilprozess ist bekannt für seine umfassenden Aufklärungspflichten. Es gilt zunächst der Grundsatz, dass Parteien und Dritte jedes möglicherweise relevante Dokument herausgeben müssen. Dieser Grundsatz erfährt seine Einschränkungen vereinzelt durch den Begriff der Erheblichkeit (relevance) oder häufiger durch absolute und relative Weigerungsrechte. Das Gericht kann die Aufklärungspflichten nach seinem Ermessen mit Schutzanordnungen (protective orders) einschränken. Um diese Systematik nachzuvollziehen, muss man sich zunächst die Struktur des US-amerikanischen Zivilprozesses vor Augen führen. Es gilt das adversary system, das sich von drei Grundaussagen leiten lässt: (1) pre-trial discovery soll einen unbegrenzten Umfang haben; (2) die Parteivertreter sollen das discovery Verfahren leiten; und (3) das Gericht greift nur auf Antrag ein, wenn Streitigkeiten entstehen.[350]

---

[348] FRCP 83: „*(a) Local Rules (1) Each district court, acting by a majority of its district judges, may, after giving appropriate public notice and an opportunity for comment, make and amend rules governing its practice. A local rule shall be consistent with -- but not duplicative of -- Acts of Congress and rules adopted under 28 U.S.C. §§ 2072 and 2075, and shall conform to any uniform numbering system prescribed by the Judicial Conference of the United States. (...)*“; siehe auch *Junker*, Discovery im deutsch-amerikanischen Rechtsverkehr, 1987, 71-72.

[349] FRCP 29: „*Stipulations Regarding Discovery Procedure: Unless otherwise directed by the court, the parties may by written stipulation (1) provide that depositions may be taken before any person, at any time or place, upon any notice, and in any manner and when so taken may be used like other depositions, and (2) modify other procedures governing or limitations placed upon discovery, except that stipulations extending the time provided in Rules 33, 34, and 36 for responses to discovery may, if they would interfere with any time set for completion of discovery, for hearing of a motion, or for trial, be made only with the approval of the court.*“

[350] *Cloud*, The 2000 Amendments to the Federal Discovery Rules and the Future of Adversarial Pretrial Litigation, Temple Law Review, Bd. 74, 2001, 27, 29-36; *James/Hazard/Leubsdorf*, Civil Procedure, 5. Aufl., 2001, 4-8; *Teply/Whitten*, Civil Procedure, 2. Aufl., 2000, 8-10.

Der Kläger leitet das Verfahren mit einer Klageschrift bei Gericht ein, die nur grob über den Sachverhalt informieren muss, FRCP 8 (a).[351] Beweisangebote sind hier nicht erforderlich. Der Zivilprozess läuft dann in zwei Phasen ab: die Vorbereitung der mündlichen Verhandlung, pre-trial, geregelt in FRCP 3 bis 37, und die mündliche Verhandlung selbst, trial, geregelt in FRCP 38 bis 53. Im so genannten pre-trial discovery[352] Verfahren (discovery Verfahren) tragen die Parteien und ihre Anwälte die notwendigen Tatsachen und Beweismittel, die den Streitstoff eingrenzen, weitgehend ohne Hilfe des Gerichts zusammen.[353] Das discovery Verfahren soll (1) den Streitgegenstand bestimmen, (2) Beweismittel sichern und (3) die Vergleichsbereitschaft der Parteien fördern. Nachdem 80% der Prozesskosten im discovery Verfahren anfallen, sind die Parteien häufig schon um Kosten zu sparen zu einem Vergleich bereit. Sie vergleichen deshalb 90% der Fälle, bevor es zur mündlichen Verhandlung kommen kann.[354]

Die zentrale Regelung zum discovery Verfahren findet sich in FRCP 26. Insgesamt stehen den Parteien fünf verschiedene discovery Instrumente zur Verfügung: mündliche Vernehmungen (depositions upon oral examination [FRCP 30, 27, 28 und 32] oder depositions upon written questions [FRCP 31, 27, 28 und 32]), Fragebögen (written interrogatories [FRCP 33]), Urkundenvorlage und Augenschein (production of documents and things and entry

---

351 FRCP 8 (a): „*A pleading which sets forth a claim for relief, whether an original claim, counterclaim, cross-claim, or third-party claim, shall contain (1) a short and plain statement of the grounds upon which the court's jurisdiction depends, unless the court already has jurisdiction and the claim needs no new grounds of jurisdiction to support it, (2) a short and plain statement of the claim showing that the pleader is entitled to relief, and (3) a demand for judgment for the relief the pleader seeks. Relief in the alternative or of several different types may be demanded.*"

352 Der Begriff discovery lässt sich schwer übersetzen, da es im deutschen Recht kein Pendant dazu gibt. Am nächsten kommen „Beweisermittlung" (so *Lange/Black*, Der Zivilprozess in den Vereinigten Staaten, 1987, Rdz. 57) oder „Erforschungsverfahren" (so *Mentz*, Das Pre-Trial Discovery Verfahren im US-amerikanischen Zivilprozess, RIW/AWD 1981, 73).

353 Literaturauswahl: *Reimann*, Beyond Fishing: Weitreichende Neuerungen im amerikanischen Discovery-Verfahren, IPRax 1994, 152; *Schack*, Einführung in das US-amerikanische Zivilprozessrecht, 3. Aufl., 2003, 44-47; *Lange/Black*, Der Zivilprozess in den Vereinigten Staaten, 1987, Rdz. 56-69; *Junker*, Discovery im deutsch-amerikanischen Rechtsverkehr, 1987.

354 *Nagel/Gottwald*, Internationales Zivilprozessrecht, 5. Aufl., 2002, § 1 Rdz. 79; *Rempp/Lienemeyer*, Auswirkungen der Änderungen der US-amerikanischen „Rules of Civil Procedure" unter Berücksichtigung des deutsch-amerikanischen Rechtsverkehrs, ZVglRWiss, Bd. 94, 1995, 383, 396; für eine genaue Analyse der Abnahme von Fällen, die es bis zur mündlichen Verhandlung schaffen, siehe *Galanter*, The Vanishing Trial, Dispute Resolution Magazine, Summer 2004, 3.

upon land for inspection [FRCP 34]), medizinische Untersuchungen (physical and mental examination [FRCP 35]) und Aufforderung zum Geständnis (request for admission [FRCP 36]).[355]

Das discovery Verfahren lässt sich von der Vorstellung leiten, eine allumfassende Wahrheitsermittlung diene der Gerechtigkeit am besten.[356] Die Nachteile des discovery Verfahrens nimmt man hin: Es ist kosten- und zeitintensiv. Der Kläger kann sich Kenntnis von möglichen Klagegründen erst nach Klageerhebung verschaffen, indem er den Gegner und Dritte ausforscht. Der Weg ist frei für die oft zitierten fishing expeditions: Parteien betreiben Sachverhaltsaufklärung, ohne näher konkretisierte Anhaltspunkte für den tatsächlichen Hergang zu haben.[357] Dieses Vorgehen hat der Supreme Court im Interesse der Wahrheitsfindung ausdrücklich gebilligt.[358]

Neben der Wahrheitsermittlung geht es zudem darum, sich so gut als möglich auf die mündliche Verhandlung vorzubereiten. Die mündliche Verhandlung findet meistens vor einem Geschworenengericht (jury trial) statt. Das Recht auf ein jury trial in Zivilsachen ist verfassungsrechtlich im Seventh Amendment verankert, die Parteien können aber darauf verzichten, indem sie keinen Antrag auf jury trial stellen, FRCP 38.[359] Beim jury trial findet die mündliche Verhandlung an einem Stück statt, weil die jury nur einmal zusammengerufen wird. Während der mündlichen Verhandlung haben die Anwälte der Parteien kaum mehr Gelegenheit, auf neue Entwicklungen des Falles zu reagieren. Sie

---

355 Siehe zu den einzelnen Instrumenten ausführlich *Junker*, Discovery im deutsch-amerikanischen Rechtsverkehr, 1987, 145.

356 *Gerber*, Extraterritorial Discovery and the Conflict of Procedural Systems: Germany and the United States, The American Journal of Comparative Law, Bd. 34, 1986, 745, 767.

357 *Mössle*, Extraterritoriale Beweisbeschaffung im internationalen Wirtschaftsrecht, 1990, 104.

358 *Hickman v. Taylor*, 329 U.S. 495, 507 (1947).

359 FRCP 38: „*Jury Trial of Right: (a) Right Preserved. The right of trial by jury as declared by the Seventh Amendment to the Constitution or as given by a statute of the United States shall be preserved to the parties inviolate. (b) Demand. Any party may demand a trial by jury of any issue triable of right by a jury by (1) serving upon the other parties a demand therefor in writing at any time after the commencement of the action and not later than 10 days after the service of the last pleading directed to the issue, and (2) filing the demand as required by Rule 5(d). Such demand may be indorsed upon a pleading of the party. (...) (d) Waiver. The failure of a party to serve and file a demand as required by this rule constitutes a waiver by the party of trial by jury. A demand for trial by jury made as herein provided may not be withdrawn without the consent of the parties.*“

müssen deshalb im discovery Verfahren alle Eventualitäten abdecken, um in der mündlichen Verhandlung Überraschungen zu vermeiden.[360]

III. Reformen der FRCP

Das discovery Verfahren in seiner heutigen Form besteht erst seit Einführung der FRCP im Jahr 1938. Davor gab es auf Richterrecht basierende beschränkte discovery Maßnahmen.[361] Einige Jahrzehnte lang nach Einführung der FRCP hatten die Parteien im discovery Verfahren immer mehr Ausforschungsrechte hinzugewonnen.[362] Erst seit 1983 versucht der Gesetzgeber behutsam, das discovery Verfahren einzuschränken.[363] Die letzten beiden großen Reformen der FRCP im Jahr 1993 und im Jahr 2000[364] versuchen die Rolle des Richters im discovery Verfahren zu stärken,[365] die Parteien zu mehr Kooperation anzuhalten und überflüssige discovery Maßnahmen zu vermeiden.[366] Ob ein Gericht seine gestärkte Rolle tatsächlich dazu nutzt, das discovery Verfahren aktiv mitzugestalten, hängt überwiegend vom Stil des zuständigen Richters ab.[367] Die einzelstaatlichen Verfahrensordnungen haben die

---

[360] *Maxeiner*, Die Gefahr der Übertragung deutschen Rechtsdenkens auf den US-amerikanischen Zivilprozess, RIW 1990, 440, 444; *Gerber*, Extraterritorial Discovery and the Conflict of Procedural Systems: Germany and the United States, The American Journal of Comparative Law, Bd. 34, 1986, 745, 756; *Langbein*, The German Advantage in Civil Procedure, The University of Chicago Law Review, Bd. 52, 1985, 823, 831.

[361] Ausführlich *James/Hazard/Leubsdorf*, Civil Procedure, 5. Aufl., 2001, 283-286; *Teply/Whitten*, Civil Procedure, 2. Aufl., 2000, 736-740.

[362] *James/Hazard/Leubsdorf*, Civil Procedure, 5. Aufl., 2001, 289; *Gerber*, Extraterritorial Discovery and the Conflict of Procedural Systems: Germany and the United States, The American Journal of Comparative Law, Bd. 34, 1986, 745, 746.

[363] Plakativ zu den Missständen des discovery Verfahrens: *Langbein*, The German Advantage in Civil Procedure, The University of Chicago Law Review, Bd. 52, 1985, 823.

[364] Ausführlich zu beiden Reformen *Teply/Whitten/McLaughlin*, Cases, Text and Problems on Civil Procedure, 2. Aufl., 2002, 808-811; *Cloud*, The 2000 Amendments to the Federal Discovery Rules and the Future of Adversarial Pretrial Litigation, Temple Law Review, Bd. 74, 2001, 27; zur Reform 2000: *Trittmann/Leitzen*, Haager Beweisübereinkommen und pre-trial discovery, IPRax 2003, 7, 10-11; zur Reform 1993: *Rempp/Lienemeyer*, Auswirkungen der Änderungen der US-amerikanischen „Rules of Civil Procedure" unter Berücksichtigung des deutsch-amerikanischen Rechtsverkehrs, ZVglRWiss, Bd. 94, 1995, 383, 396-408.

[365] Siehe dazu *Kengyel*, Zivilprozessrecht um die Jahrtausendwende, ZVglRWiss, Bd. 101, 2002, 260, 274-275.

[366] *Schack*, Einführung in das US-amerikanische Zivilprozessrecht, 3. Aufl., 2003, 58-59; *Trittmann/Leitzen*, Haager Beweisübereinkommen und pre-trial discovery, IPRax 2003, 7, 10; *Kreindler/Nacimiento*, Schiedsverfahren oder staatliche Gerichtsbarkeit in internationalen Verträgen in den USA, RIW 1998, 674, 678-679.

[367] *James/Hazard/Leubsdorf*, Civil Procedure, 5. Aufl., 2001, 6.

Reformen bisher nur zögerlich übernommen. Sie befinden sich überwiegend noch auf dem Stand der FRCP vor der Reform 1993.[368]

Nach den neuen Regeln ist als erster Schritt nach Klageerhebung ein Besprechungstermin der Parteien erforderlich, in dem sie einen Plan für das discovery Verfahren entwerfen und den Rechtsstreit besprechen sollen, FRCP 26 (f).[369] Nach dem Besprechungstermin muss jede Partei unaufgefordert ihre discovery-relevanten Informationen dem Gegner zur Verfügung stellen (initial disclosure), FRCP 26 (a)(1).[370] Für Dokumente ist dabei ausreichend, wenn die Partei zunächst einzelne Gruppen von Dokumenten nach Aufbewahrungsort und Inhalt beschreibt und in einer Liste zusammenfasst, FRCP 26 (a)(1)(B). Dazu gehörten nach der Reform 1993 auch etwaige für die Partei ungünstige Informationen, was zu erheblicher Kritik geführt hat. Die Parteivertreter sahen sich gezwungen, den Fall für den Gegner aufzubereiten.[371] Seit der Reform 2000 bezieht sich die Offenlegungspflicht deshalb nur noch auf solche Dokumente, die dem Vorlegenden selbst nutzen („that the disclosing party may use to support ist claims or defenses").[372]

Die initial disclosure begrenzt aber nicht den Streitgegenstand des Verfahrens. Im Verlauf des discovery Verfahrens kann jede Partei weitere Vorlagebegehren an ihren Gegner richten. So kann sie den Streitgegenstand ausweiten und für den Gegner ungünstige Informationen erlangen. Hinzu kommt, dass die Parteien durch Vereinbarung oder das Gericht durch Anordnung ein von der initial disclosure abweichendes Verfahren propagieren können, FRCP 26 (a), 29.[373] Bisher haben Umfragen ergeben, dass es kaum Streitigkeiten über die

---

[368] *Cloud*, The 2000 Amendments to the Federal Discovery Rules and the Future of Adversarial Pretrial Litigation, Temple Law Review, Bd. 74, 2001, 27, 28; *Teply/Whitten*, Civil Procedure, 2. Aufl., 2000, 743.

[369] Volltext von FRCP 26 im Anhang.

[370] *Baicker-McKee/Janssen/Corr*, A Student's Guide to the Federal Rules of Civil Procedure, 6. Aufl., 2003, 494-497.

[371] *Cloud*, The 2000 Amendments to the Federal Discovery Rules and the Future of Adversarial Pretrial Litigation, Temple Law Review, Bd. 74, 2001, 27, 40.

[372] *Trittmann/Leitzen*, Haager Beweisübereinkommen und pre-trial discovery, IPRax 2003, 7, 10; *Teply/Whitten*, 2002 Supplement to Civil Procedure, 2002, 68-69; *James/Hazard/Leubsdorf*, Civil Procedure, 5. Aufl., 2001, 303-306; *Cloud*, The 2000 Amendments to the Federal Discovery Rules and the Future of Adversarial Pretrial Litigation, Temple Law Review, Bd. 74, 2001, 27, 39-42 (zur 1993 Fassung), 45-47 (zur 2000 Fassung).

[373] *James/Hazard/Leubsdorf*, Civil Procedure, 5. Aufl., 2001, 305; *Cloud*, The 2000 Amendments to the Federal Discovery Rules and the Future of Adversarial Pretrial Litigation, Temple Law Review, Bd. 74, 2001, 27, 45.

initial disclosure gegeben hat, aber das neue Verfahren auch keine Zeit- oder Kosteneinsparung gebracht hat.[374]

IV. Vorlagepflichten

1. Begriff des Dokuments

Die FRCP unterscheiden nicht zwischen Augenscheinsobjekt und Urkunde, sondern fassen beide Erscheinungen unter den Begriff des Dokuments.[375] Deshalb nennt FRCP 34(a) „writings, drawings, graphs, charts, photographs, phonorecords, and other data compilations from which information can be obtained, translated, if necessary, by the respondent through detection devices into reasonably usable form".[376] Mit „data compilations" sollen alle technischen Entwicklungen erfasst sein, also etwa im Computer gespeicherte Daten, die nur mit der Software des Gegners lesbar sind.[377]

2. Im Besitz des Gegners

Nach der initial disclosure kann jede Partei im discovery Verfahren zunächst ohne Mitwirkung des Gerichts Vorlageverlangen an den Gegner richten, FRCP 34 (a). Gegenstand der discovery ist dabei sowohl Existenz und Belegenheitsort des Dokuments, als auch das Dokument selbst.[378] Die Partei bezeichnet dazu entweder ein individuelles Dokument, oder eine Gruppe von Dokumenten, FRCP 34 (b). Nach dem Gesetzeswortlaut soll zwar die Aufforderung, Dokumente vorzulegen, hinreichend substantiiert sein („describe each with reasonable particularity"). Die Gerichte sind hier aber großzügig und lassen je nach Fallkonstellation sehr allgemein formulierte Vorlageverlangen zu, die sich nicht auf konkrete Dokumente beziehen, sondern die gesuchten Informationen nur allgemein nach einer Kategorie beschreiben (blanket re-

---

[374] *James/Hazard/Leubsdorf*, Civil Procedure, 5. Aufl., 2001, 305.

[375] *Hay*, Informationsbeschaffung über schriftliche Unterlagen und Augenscheinsobjekte im Zivilprozess, in: Schlosser (Hrsg.), Die Informationsbeschaffung für den Zivilprozess, 1996, 1, 6.

[376] Volltext von FRCP 34 im Anhang; Beispielsfälle bei *Moore*, Moore's Federal Practice, Bd. 7, 3. Aufl., 2004, § 34.12[2].

[377] Siehe etwa *Daewoo Electronics Co. v. United States,* 650 F.Supp. 1003 (Ct. Int'l Trade 1986); *Emerick v. Fenick Industries, Inc.,* 539 F.2d 1379 (5th Cir. 1976); *Adams v. Dan River Mills, Inc.,* 54 F.R.D. 220, 221 (W.D.Va. 1972); *Moore*, Moore's Federal Practice, Bd. 7, 3. Aufl., 2004, § 34.12[3][a]; *Hay*, Informationsbeschaffung über schriftliche Unterlagen und Augenscheinsobjekte im Zivilprozess, in: Schlosser (Hrsg.), Die Informationsbeschaffung für den Zivilprozess, 1996, 1, 11; jeweils m.w.N.

[378] *Wright/Kane*, Law of Federal Courts, 6. Aufl., 2002, 587.

quests).[379] Kann eine Partei nicht einmal eine Gruppe von Dokumenten benennen, muss sie zunächst über andere discovery Maßnahmen wie Zeugen- oder Parteivernehmungen Anhaltspunkte sammeln.[380] Ein Gesuch richtet sich entweder auf Vorlage oder auf die Berechtigung, die Unterlagen auf dem Gelände des Gegners zu untersuchen (permit entry upon land for inspection). Das erlaubt es der Partei, selbst vor Ort nach relevanten Unterlagen zu suchen.[381]

Der Gegner muss sich zu jedem einzelnen Dokument oder zu jeder Gruppe äußern. Er kann Einsicht gewähren, andere Modalitäten für die Einsicht vorschlagen, oder der Einsicht insgesamt widersprechen.[382] Dazu kann er einwenden, (1) die Dokumente seien unerheblich oder nicht ausreichend beschrieben; (2) er habe sie nicht im Besitz oder unter seiner Kontrolle; (3) die Vorlage stelle eine unangemessene Belastung dar; oder (4) es bestehe ein Weigerungsrecht. Dabei muss er die nicht vorgelegten Dokumente ausreichend beschreiben, damit Partei und Gericht überprüfen können, ob der Widerspruch berechtigt ist, FRCP 34 (b).[383] Er kann auch nur hinsichtlich eines Teils eines Dokuments oder einzelner Dokumente aus einer Gruppe von Dokumenten widersprechen.

Bei Widerspruch des Gegners kann die Partei, die Dokumente herausverlangt, das Gericht einschalten, FRCP 34 (b), 37 (a).[384] Sie kann bei Gericht beantragen, die Vorlage anzuordnen (motion to compel). Das Gericht prüft den Vorlageantrag und die Einwendungen des Gegners. Kommt es zu dem Ergebnis, dass der Gegner dem Verlangen nicht oder nur zu einem Teil entsprechen muss, erlässt es dazu eine Schutzanordnung, FRCP 37 (a)(4)(B) und (C), 26 (c), um die Vorlagemodalitäten zu regeln. Schaltet der Antragsteller das Gericht nicht ein oder erlässt das Gericht nicht von sich aus eine Schutzanord-

---

379 Siehe z.B. *Democratic National Committee v. Mc Cord*, 356 F.Supp. 1394, 1396 (D.C. 1973); *Moore*, Moore's Federal Practice, Bd. 7, 3. Aufl., 2004, § 34.11[3]; *Wright/Kane*, Law of Federal Courts, 6. Aufl., 2002, 633; *Bühring-Uhle*, Arbitration and Mediation in International Business, 1996, 31.

380 *James/Hazard/Leubsdorf*, Civil Procedure, 5. Aufl., 2001, 297-298.

381 *Stürner*, U.S.-amerikanisches und europäisches Verfahrensverständnis, in: Lutter u.a. (Hrsg.), Festschrift für Ernst Stiefel, 1987, 763, 772.

382 *Moore*, Moore's Federal Practice, Bd. 7, 3. Aufl., 2004, § 34.13[2][a], 34-48.2.

383 *Teply/Whitten*, Civil Procedure, 2. Aufl., 2000, 745.

384 Bei Gericht sind heute meist speziell dafür eingestellte „Magistrate Judges" oder „masters" (Hilfsrichter) zuständig, das discovery Verfahren zu begleiten und über Streitigkeiten zu entscheiden. Sie haben selbst einen weiten Ermessenspielraum, siehe *Milgrim*, Trade Secrets, Bd. 4, 2003, § 14.02[5], 14-197; *King/Bosman*, Rethinking Discovery in International Arbitration: Beyond the Common Law/Civil Law Divide, ICC Bulletin, Bd. 12, 2001, 24, 27.

nung, muss der Gegner darauf achten, selbst rechtzeitig einen Antrag auf eine Schutzanordnung zu stellen. Genaue Fristen sieht das Gesetz zwar nicht vor, wartet der Gegner aber zu lange, wertet das Gericht dies zu seinen Lasten und lehnt eine Schutzanordnung ab, weil er das discovery Verfahren verzögert hat.[385] Antwortet der Gegner gar nicht oder verspätet auf ein Vorlageverlangen, muss er damit rechnen, dass das Gericht einen Verzicht auf etwaige Weigerungsrechte fingiert.[386]

Erkennt der Gegner zu einem späteren Zeitpunkt, dass die vorgelegten Unterlagen in einem wesentlichen Aspekt unvollständig oder unrichtig sind, muss er weitere Unterlagen nachreichen oder die bisherigen Informationen korrigieren, FRCP 26 (e). Das gilt auch für neue Informationen, die er erst im Laufe des discovery Verfahrens erhält.[387] Reicht er solche Dokumente nicht nach, kann er sie in der mündlichen Verhandlung nicht als Beweismittel vorlegen. Das soll Überraschungen in der mündlichen Verhandlung verhindern. Das Gericht kann nach seinem Ermessen Sanktionen anordnen, FRCP 37 (c)(1), wenn es sich um Beweismaterial handelt, das der anderen Partei hätte nutzen können.[388]

3. Im Besitz eines Dritten

Die Parteien können Dokumente auch von jedem Dritten verlangen, FRCP 45.[389] Gleichermaßen können sie auch beim Dritten vor Ort nach relevanten Unterlagen suchen, FRCP 45 (a)(1)(C). Das hat sich aus dem Grundsatz entwickelt, dass das Gericht von jedermann Zeugnis verlangen kann, weil jeder Bürger die Pflicht hat, bei der Rechtspflege mitzuwirken.[390] Ein Vorlageverlangen gegenüber einem Dritten muss als förmliche Ladung unter Strafandrohung (subpoena) gestaltet sein, FRCP 34 (c), 45. Das Gericht oder ein Parteivertreter als „officer of the court" können die subpoena ausstellen,

---

[385] Ausführlich *Brittain v. Stroh Brewery Co.*, 136 F.R.D. 408, 412-415 (M.D.N.C. 1991) (Antrag auf Schutzanordnung noch rechtzeitig, wenn er vor dem Tag, an dem die Dokumente vorzulegen sind, gestellt wird); *Nestle Foods Corp. v. Aetna Casualty and Surety Co.*, 129 F.R.D. 483, 487 (D.N.J. 1990) (Antrag zwei Monate nach Vorlegungstermin geht zulasten des Betroffenen.); *United States v. Panhandle Eastern Corp.*, 118 F.R.D. 346, 350-351 (D. Del. 1988) (Antrag zwei Wochen nach Vorlegungstermin geht zulasten des Betroffenen.).

[386] *Moore*, Moore's Federal Practice, Bd. 7, 3. Aufl., 2004, § 34.13[2][a], 34-49 mit Rechtsprechungsnachweisen.

[387] *James/Hazard/Leubsdorf*, Civil Procedure, 5. Aufl., 2001, 296 und 298; siehe auch *Klonoski v. Mahlab*, 156 F.3d 255, 268 (1st Cir. 1998).

[388] *Sinclair*, Sinclair on Federal Civil Practice, 2003, § 9.45.

[389] Volltext von FRCP 45 im Anhang.

[390] *Milgrim*, Trade Secrets, Bd. 4, 2003, § 14.02[4], 14-107.

FRCP 45 (a)(3).[391] Voraussetzung ist, dass (1) die subpoena in den räumlichen Grenzen von FRCP 45 zugestellt werden kann, d.h. innerhalb des Districts oder bis zu 100 Meilen außerhalb des Verhandlungsortes; (2) der allgemeine Gerichtsstand gegeben ist (personal jurisdiction); und (3) keine Einwendungen gegen die subpoena greifen.[392] Personal jurisdiction liegt oft schon dann vor, wenn ein ausländisches Unternehmen irgendein Standbein in den USA hat.[393] Hat das Gericht seine Zuständigkeit bejaht, kann es den Dritten auch auffordern, Dokumente aus dem Ausland beizubringen, und die Anordnung mit Zwangsmitteln durchsetzen. Ob und wann der Dritte verpflichtet ist, Dokumente aus dem Ausland vorzulegen, beurteilt die Rechtsprechung sehr uneinheitlich. Mal berücksichtigt sie ausländische (Souveränitäts-)interessen, mal misst sie ihnen keine Bedeutung zu.[394]

Befindet sich der Dritte nicht in dem District, in dem das Verfahren anhängig ist, oder innerhalb des 100-Meilen Radius, muss sich die Partei an den District Court im District des Dritten wenden. Alle Streitigkeiten zu dem Vorlageverlangen sind dann vor diesem District Court auszutragen.[395]

Die Partei stellt die subpoena selbst zu. Der Dritte ist dann verpflichtet, entweder das Dokument herauszugeben oder Einsicht zu dulden. Die Partei kann das Herausgabeverlangen getrennt zustellen, aber auch mit der Ladung zu einer Vernehmung im discovery Verfahren (deposition) oder in der mündlichen Verhandlung verknüpfen, FRCP 45 (a)(1)(D) und (c)(2)(A). Bis zur Gesetzes-

---

[391] *Moore*, Moore's Federal Practice, Bd. 7, 3. Aufl., 2004, § 34.02[5][b], 34-15; *Teply/Whitten/McLaughlin*, Cases, Text and Problems on Civil Procedure, 2. Aufl., 2002, 806.

[392] *Born*, International Civil Litigation in United States Courts, 3. Aufl., 1996, 861.

[393] Siehe etwa *First American Corp. v. Price Waterhouse LLP,* 154 F.3d 16 (2nd Cir. 1998) (Personal jurisdiction gegeben, wenn subpoena einem englischen Partner des Unternehmens Price Waterhouse UK zugestellt wird, der zu dem Zeitpunkt in USA bei Price Waterhouse US arbeitet.); *Born*, International Civil Litigation in United States Courts, 3. Aufl., 1996, 864-865, Nr. 3-4 m.w.N.

[394] Siehe ausführlich *Born*, International Civil Litigation in United States Courts, 3. Aufl., 1996, 861-893, und *Gerber*, Extraterritorial Discovery and the Conflict of Procedural Systems: Germany and the United States, The American Journal of Comparative Law, Bd. 34, 1986, 745, 771-779; jeweils m.w.N.; siehe auch unten Kap. 4, Teil 5, III.2.

[395] *James/Hazard/Leubsdorf*, Civil Procedure, 5. Aufl., 2001, 299.

reform von 1991 konnte die Partei einen Dritten nur im Zusammenhang mit einer Zeugenvernehmung zur Dokumentenvorlage auffordern.[396]

Dem Dritten stehen die gleichen Abwehrrechte zu wie einer Partei. Will er sich gegen ein Herausgabeverlangen wehren, kann er bei Gericht gemäß FRCP 45 (b) die Aufhebung der subpoena (motion to quash) oder Schutzanordnungen aus FRCP 26 (b) beantragen.[397] Er kann sich mit seinen Einwendungen auch direkt an den Antragsteller wenden, FRCP 45 (c)(2)(B). Das ist der Regelfall, weil es die einfachste Möglichkeit ist.[398] Die Einwendungen müssen hinreichend spezifiziert sein, FRCP 45 (d)(2). Dabei kann sich der Dritte sowohl auf absolute Weigerungsrechte, FRCP 45 (c)(3)(A)(iii), als auch auf Betriebs- und Geschäftsgeheimnisse, FRCP 45 (c)(3)(B)(i), berufen. Bringt er Einwendungen vor, ist der Antragsteller am Zug, bei Gericht die Durchsetzung der subpoena zu beantragen, FRCP 45 (c)(B). Das Gericht hebt die subpoena auf oder ändert sie ab, wenn die Einwendungen durchgreifen, FRCP 45 (c)(3)(A). Ansonsten ordnet das Gericht an, der Dritte müsse der subpoena nachkommen. Eine solche Anordnung ist regelmäßig nicht mit einem Rechtsmittel angreifbar.[399] Will der Dritte die Anordnung nicht befolgen, muss er abwarten, bis Sanktionen gegen ihn verhängt werden. Dagegen kann er mit einem Rechtsmittel vorgehen.[400]

4. Verfügungsmacht über Dokumente

Auf ein Vorlageverlangen gegenüber einem Dritten kommt es dann nicht an, wenn eine Partei die Verfügungsmacht über ein Dokument hat. Nach FRCP 34 (a)(1) ist die Partei als Adressat eines Herausgabeverlangens zur Vorlage verpflichtet, wenn sie die Dokumente selbst in Besitz oder Gewahrsam (possession or custody) hat. Unerheblich ist dabei, wem das Dokument tatsächlich gehört.[401] Der Eigentümer des Dokuments kann durch einseitige Regelungen nicht verhindern, dass der Besitzer sie im discovery Verfahren

[396] *Junker*, US-amerikanische „Discovery“ als Herausforderung des Internationalen Zivilprozessrechts, in: Heldrich/Kono (Hrsg.) Herausforderungen des Internationalen Zivilverfahrensrechts, 1994, 103, 107; zum alten Recht siehe *Junker*, Discovery im deutsch-amerikanischen Rechtsverkehr, 1987, 174-175; in diesem Punkt weichen viele einzelstaatliche Regelungen noch ab und sind restriktiver, vgl. *Friedenthal/Kane/Miller*, Civil Procedure, 2. Aufl., 1993, 407.

[397] *Tief*, Discovery und Informationspflichten der Parteien in der Internationalen Schiedsgerichtsbarkeit, 2000, 32.

[398] *Junker*, Discovery im deutsch-amerikanischen Rechtsverkehr, 1987, 171.

[399] Zu den Ausnahmen siehe unten Kap. 2, Teil 2, VI.1., Fn. 480-481.

[400] *Milgrim*, Trade Secrets, Bd. 4, 2003, § 14.02[3][a], 14-99, Fn. 44, und §14.02[4], 14-109; *Schack*, Einführung in das US-amerikanische Zivilprozessrecht, 3. Aufl., 2003, 71.

[401] *Haydock/Herr*, Discovery: Theory, Practice and Problems, 1983, 236.

herausgeben muss.[402] Das soll dem Antragsteller den einfachen Weg über ein Vorlageverlangen gegenüber dem Gegner eröffnen, und das subpoena Verfahren gegenüber dem Dritten ersparen.

Bei Drittgewahrsam kann die Partei zur Herausgabe verpflichtet sein, wenn sie die rechtliche und/oder tatsächliche Verfügungsmacht hat, die Vorlage durch den Gewahrsamsinhaber zu veranlassen (control). Das greift etwa bei Dokumenten, die der Anwalt der Partei, ihr privater Sachverständiger, ihre Versicherung, ihr Buchhalter oder ihr Vertreter in Gewahrsam hat.[403] Das gilt auch für leitende Angestellte eines Unternehmens (managing agents, directors and officers of corporations), nicht dagegen für die übrigen Mitarbeiter – sie gelten als Dritte.[404] Der Vorlagepflichtige muss weder eine Kopie des Dokuments haben, noch muss sich das Dokument im Zuständigkeitsbereich des Gerichts befinden.[405] Der Betroffene soll sich der Vorlagepflicht nicht entziehen können, indem er die Dokumente wegschafft oder weitergibt.[406] Die faktische Zugriffsmöglichkeit ohne Rechtsanspruch genügt etwa bei verbundenen Unternehmen im Konzernverband.[407]

Die Rechtsprechung zur Verfügungsmacht orientiert sich am Einzelfall und erlaubt kaum Verallgemeinerungen.[408] Sie lässt sich aber im internationalen Kontext verdeutlichen.[409] Befinden sich Beweismittel im Besitz oder Gewahrsam einer ausländischen Tochter- oder Muttergesellschaft einer Partei, ist es mangels Zuständigkeit der Gerichte schwierig, direkt mit einer subpoena an das ausländische Unternehmen auf die Dokumente zuzugreifen. Deshalb bejaht die Rechtsprechung in solchen Fällen großzügig die Verfügungsmacht einer Partei. Die Auslandsbelegenheit des Beweismittels steht dabei der Ver-

---

[402] *In Re Bankers Trust Co.*, 61 F.3d 465, 469 (6th Cir. 1995) m.w.N.

[403] *Moore*, Moore's Federal Practice, Bd. 7, 3. Aufl., 2004, § 34.14[2][b] und [c]; *Baicker-McKee/Janssen/Corr*, A Student's Guide to the Federal Rules of Civil Procedure, 6. Aufl., 2003, 586; jeweils mit Rechtsprechungsnachweisen.

[404] *Born*, International Civil Litigation in United States Courts, 3. Aufl., 1996, 860, Nr. 7 m.w.N.

[405] *Wright/Kane*, Law of Federal Courts, 6. Aufl., 2002, 631-632 mit Rechtsprechungsnachweisen.

[406] *Rippert*, Das Beweisverfahren im amerikanischen Recht, RIW 1993, 626, 629.

[407] *Junker*, Discovery im deutsch-amerikanischen Rechtsverkehr, 1987, 390; *Haydock/Herr*, Discovery: Theory, Practice and Problems, 1983, 236.

[408] *Moore*, Moore's Federal Practice, Bd. 7, 3. Aufl., 2004, § 34.14[2][c], 34-69; *Born*, International Civil Litigation in United States Courts, 3. Aufl., 1996, 860 Nr. 6.

[409] Siehe dazu auch *Schack*, Der prozessuale Durchgriff im internationalen Konzern, in: Jickeli u.a. (Hrsg.), Gedächtnisschrift für Jürgen Sonnenschein, 2003, 705, 710-711; *Schlosser*, Der Justizkonflikt zwischen den USA und Europa, 1985, 30-33.

fügungsmacht nicht entgegen.[410] Nach dem Supreme Court ändern auch strafrechtliche Vorschriften im Ausland, die eine Herausgabe von Unterlagen untersagen, nichts an der Verfügungsmacht des Unternehmens.[411] Befinden sich die Dokumente im Besitz einer ausländischen Tochtergesellschaft, ist die Verfügungsmacht dann zu bejahen, wenn die amerikanische Muttergesellschaft der Zuständigkeit des Gerichts untersteht (personal jurisdiction) und direkt oder indirekt die Wahl einer Mehrzahl der directors der Auslandstochter beeinflussen kann, weil ihr die Tochtergesellschaft teilweise oder ganz gehört.[412] Gleichermaßen genügt die tatsächliche Verfügungsmacht einer amerikanischen Tochtergesellschaft über die im Gewahrsam der ausländischen Muttergesellschaft stehenden Beweismittel (practical and actual managerial control), unabhängig von der formalen Struktur der Unternehmen zueinander.[413] Sind die Unternehmen zwar rechtlich getrennt, treten aber wie ein einheitliches Unternehmen auf und sind nach innen wie ein einheitliches Unternehmen organisiert, greift die faktische Verfügungsmacht.[414] Als weitere Kriterien stellen die Gerichte auch darauf ab, welche Verbindung das dritte Unternehmen zur Streitigkeit hat, und ob es vom Urteilsspruch profitieren könnte.[415] Generell wird sich ein Unternehmen darauf einstellen müssen, auch Dokumente vorlegen zu müssen, die ein irgendwie mit ihm verbundenes Unternehmen besitzt – ob sich die Dokumente im Inland oder Ausland befinden. Die Rechtsprechung geht inzwischen sogar so weit, einer US-amerikanischen Anwaltskanzlei aufzugeben, Dokumente vorzulegen, die sie für einen ausländischen Mandanten verwahrt, der nicht der Zuständigkeit des Gerichts unterliegt.[416]

---

[410] *In re Grand Jury Supoenas Duces Tecum addressed to Canadian International Paper Company et al.*, 72 F.Supp. 1013, 1020 (S.D.N.Y. 1947).

[411] *Société Internationale v. Rogers*, 357 U.S. 197, 204-206 (1958).

[412] *In Re Uranium Antitrust Litigation*, 480 F.Supp. 1138, 1144-1145 (N.D. Ill. 1979); ohne Diskussion bejahend auch *Garpeg, Ltd. v. United States*, 583 F.Supp. 789 (S.D.N.Y. 1984); *United States v. Vetco, Inc.*, 691 F.2d 1281 (9th Cir. 1981); siehe kritisch dazu *Born*, International Civil Litigation in United States Courts, 3. Aufl., 1996, 859, Nr. 4 und 5.

[413] *In Re Uranium Antitrust Litigation*, 480 F.Supp. 1138, 1145 (N.D. Ill. 1979); *In re Grand Jury Supoenas Duces Tecum addressed to Canadian International Paper Company et al.*, 72 F.Supp. 1013, 1020 (S.D.N.Y. 1947); ohne Diskussion bejahend auch *In re Marc Rich & Co. AG*, 707 F.2d 663 (2nd Cir. 1983); *Born*, International Civil Litigation in United States Courts, 3. Aufl., 1996, 859-860, Nr. 6, m.w.N.

[414] *In Re Uranium Antitrust Litigation*, 480 F.Supp. 1138, 1152-1153 (N.D. Ill. 1979).

[415] *Moore*, Moore's Federal Practice, Bd. 7, 3. Aufl., 2004, § 34.14[2][c], 34-74.

[416] *Ratliff v. Davis Polk*, 354 F.3d 165 (2nd Cir. 2003); siehe dazu *Podbielski/Shore/Wilske*, Subpoenas against U.S. Lawyers – New Method of Obtaining Documents from Out-of-Jurisdiction Parties?, DAJV-Newsletter 2004, 21; zur bisherigen Rechtslage für ausländische Unternehmen siehe etwa *In Re Sealed Case*, 832 F.2d 1268, 1272-1274 (D.C.Cir. 1987).

V. Weigerungsrechte

1. Vorlageverlangen zu allgemein formuliert oder unzumutbar belastend

Der Antragsgegner kann zunächst einwenden, ein Vorlageverlangen sei zu allgemein formuliert (overly broad) oder mehrdeutig (unduly vague and/or ambiguous). Damit lässt sich ein Vorlageverlangen zwar regelmäßig nicht vollständig abwenden, kann aber den Umfang des Vorlageverlangens einschränken.[417] Müsste der Antragsgegner umfangreiche Recherchen betreiben oder zeitaufwendig Dokumente zusammenstellen, um dem Vorlageverlangen nachzukommen, kann ihn das unzumutbar belasten, wenn der Aufwand in keinem Verhältnis zum Nutzen für den Antragsteller steht (burdensome and oppressive), FRCP 26(b)(2). Wann die Grenze zur Unzumutbarkeit erreicht ist, liegt im Ermessen des Gerichts.[418] Der Einwand kann nur in Einzelfällen erfolgreich sein.

2. Erheblichkeit des Dokuments

Ein Dokument war bis zur Reform 2000 bereits dann nach FRCP 26(b)(1) erheblich, wenn die herausverlangte Information vernünftigerweise geeignet erschien, zu verwertbarem Beweismaterial zu führen („relevant to the subject matter“). Nach dem Supreme Court war jede Sache erforschbar, „that bears on, or that reasonably could lead to other matters that could bear on, any issue that is or may be in the case“.[419] Seit 2000 heisst es in FRCP 26(b)(1) S. 1: „Parties may obtain discovery regarding any matter, not privileged, that is relevant to the claim or defense of any party (...)“. Das beschränkt den Relevanzbegriff für die Parteien auf Ermittlungen zu geltend gemachten Ansprüchen oder Einwendungen.[420] Das Gericht kann jedoch nach seinem Ermessen weitergehende discovery Maßnahmen anordnen, die wie bisher „relevant to the subject matter“ sind, wenn eine Partei das beantragt und darlegt, warum die Maßnahmen erforderlich sind (good cause), FRCP 26(b)(1) S. 2. Es muss

---

[417] *Baicker-McKee/Janssen/Corr*, A Student's Guide to the Federal Rules of Civil Procedure, 6. Aufl., 2003, 588.

[418] *Baicker-McKee/Janssen/Corr*, A Student's Guide to the Federal Rules of Civil Procedure, 6. Aufl., 2003, 588; *James/Hazard/Leubsdorf*, Civil Procedure, 5. Aufl., 2001, 324.

[419] *Oppenheimer Fund, Inc. v. Sanders*, 437 U.S. 340, 351 (1978); zur Grenze der Erheblichkeit siehe *Food Lion, Inc. v. United Food and Commercial Workers Int'l Union*, 103 F.3d 1007, 1012-14 (D.C.Cir. 1997) (Das Gericht hat ein Herausgabeverlangen von Dokumenten im Besitz eines Dritten betreffend seine Beziehungen zu einem Vierten (*third and fourth party documents*) als irrelevant eingestuft.).

[420] *Baicker-McKee/Janssen/Corr*, A Student's Guide to the Federal Rules of Civil Procedure, 6. Aufl., 2003, 502-503; *Trittmann/Leitzen*, Haager Beweisübereinkommen und pretrial discovery, IPRax 2003, 7, 10-11; *Wright/Kane*, Law of Federal Courts, 6. Aufl., 2002, 584; *Teply/Whitten*, 2002 Supplement to Civil Procedure, 2002, 65-66.

sich weiterhin nicht um in der mündlichen Verhandlung zulässige Beweismittel handeln, FRCP 26(b)(1) S. 3.[421]

Durch die Neuregelung sind zwei discovery Kategorien entstanden, „attorney managed" discovery und „court managed" discovery.[422] Wo die Gerichte die Grenze zwischen den beiden Kategorien ziehen werden und ob die eingeschränkten Ermittlungsmöglichkeiten der Parteien die Vorlagepflichten eindämmen können, bleibt abzuwarten.[423] Jedenfalls sind zeitaufwendige Streitigkeiten über den Umfang der discovery Pflichten, die das Gericht wird klären müssen, vorprogrammiert.

3. Privileges

Verschiedene Weigerungsrechte (privileges), die bestimmte Informationen vor Zugriff schützen, schränken die discovery ein. Die Weigerungsrechte sind regelmäßig die einzige Möglichkeit, um ein Vorlageverlangen abzuwehren.[424] Weigerungsrechte gelten für Parteien und Dritte gleichermaßen. FRCP 26 (b)(1) besagt, die Parteien dürften das discovery Verfahren bezüglich Informationen betreiben, die nicht „privilegiert" sind. Was privilegiert ist, steht dort nicht. Das ist eine Frage des materiellen Rechts und richtet sich nach der Verfassung, den Bundes- und Einzelstaatsgesetzen, nach der allgemeinen Doktrin (common law) und nach Richterrecht, siehe Rule 501 Federal Rules of Evidence.[425] Zwar hatte ein Entwurf der Federal Rules of Evidence 1972

---

[421] Die Beweisregeln der Federal Rules of Evidence bestimmen die in der mündlichen Verhandlung zulässigen Beweismittel und sollen vor allem die Jury vor unsachlicher Beeinflussung schützen, siehe *Schack*, Einführung in das US-amerikanische Zivilprozessrecht, 3. Aufl., 2003, 66-67; *Craig/Park/Paulsson*, International Chamber of Commerce Arbitration, 3. Aufl., 2000, 420, §23.03.

[422] *Teply/Whitten/McLaughlin*, Cases, Text and Problems on Civil Procedure, 2. Aufl., 2002, 795; *Cloud*, The 2000 Amendments to the Federal Discovery Rules and the Future of Adversarial Pretrial Litigation, Temple Law Review, Bd. 74, 2001, 27, 49.

[423] Kaum Änderungen erwarten *Teply/Whitten/McLaughlin*, Cases, Text and Problems on Civil Procedure, 2. Aufl., 2002, 796 und *James/Hazard/Leubsdorf*, Civil Procedure, 5. Aufl., 2001, 306-307; langfristige systematische Änderungen erwartet *Cloud*, The 2000 Amendments to the Federal Discovery Rules and the Future of Adversarial Pretrial Litigation, Temple Law Review, Bd. 74, 2001, 27, 56-57.

[424] *James/Hazard/Leubsdorf*, Civil Procedure, 5. Aufl., 2001, 310-311.

[425] Rule 501 Federal Rules of Evidence: „*Except as otherwise required by the Constitution of the United States or provided by Act of Congress or in rules prescribed by the Supreme Court pursuant to statutory authority, the privilege of a witness, person, government, State, or political subdivision thereof shall be governed by the principles of the common law as they may be interpreted by the courts of the United States in the light of reason and experience. However, in civil actions and proceedings, with respect to an element of a claim or defense as to which State law supplies the rule of decision, the privilege of a witness, per-*

neun Weigerungsrechte aufgelistet,[426] der Gesetzgeber hat sich aber für die allgemeine Regel des Rule 501 entschieden, um es dem Richterrecht zu überlassen, weiterhin die Weigerungsrechte zu entwickeln.[427]

Je nachdem, ob materiell einzelstaatliches oder bundesstaatliches Recht anwendbar ist, sind die im Gesetz des Einzelstaates geregelten Weigerungsrechte oder die bundesrechtlich durch Richterrecht begründeten Weigerungsrechte (federal privileges) anwendbar.[428] Die folgenden Ausführungen beziehen sich auf die federal privileges, die in weiten Bereichen mit den Weigerungsrechten der Einzelstaaten übereinstimmen.[429]

Zu unterscheiden ist zwischen absoluten und relativen Weigerungsrechten. Kann ein Dokumenteninhaber ein absolutes Weigerungsrecht – wie das Anwaltsgeheimnis – geltend machen, muss er die betroffenen Dokumente nicht vorlegen. Steht ihm dagegen ein relatives Weigerungsrecht zur Seite – wie die work product rule oder Betriebs- und Geschäftsgeheimnisse, kann das Gericht nach einer Ermessensabwägung der unterschiedlichen Interessen die Vorlage dennoch anordnen und gegebenenfalls mit einer Schutzanordnung die Vorlage beschränken.

a) Absolute Weigerungsrechte am Beispiel des Anwaltsgeheimnisses

Für alle absoluten Weigerungsrechte gilt: Die Beweisperson muss sich auf das Weigerungsrecht berufen und dabei ausreichend Informationen liefern, damit das Gericht und der Antragsteller beurteilen können, ob tatsächlich ein Weigerungsrecht vorliegt. Dazu genügt normalerweise eine schriftliche Zeugenaussage (affidavit), die anhand von Tatsachen begründet, warum das Weigerungsrecht greift.[430] Das Gericht kann die Unterlagen auch in-camera einse-

---

son, government, State, or political subdivision thereof shall be determined in accordance with State law."
Siehe auch: *U.S. v. Reynolds*, 345 U.S. 1, 6 (1953); *Haydock/Herr*, Discovery: Theory, Practice and Problems, 1983, 21; *Mentz*, Das Pre-Trial Discovery Verfahren im US-amerikanischen Zivilprozessrecht, RIW/AWD 1981, 73, 77.

[426] Deleted Rules 502-510, abgedruckt in 56 F.R.D. 234-258.

[427] *Riechenberg*, The Recognition of Foreign Privileges in United States Discovery Proceedings, Northwestern Journal of Int'l Law and Business, Bd. 9, 1988, 80, 92; siehe auch die Notes of House and Senate Committees zu Rule 501: www.law.cornell.edu/rules/fre/ACRule501.htm (zuletzt besucht am 3.7.2004).

[428] Rule 501 Federal Rules of Evidence; *Baicker-McKee/Janssen/Corr*, A Student's Guide to the Federal Rules of Civil Procedure, 6. Aufl., 2003, 504-505; *Hay*, Informationsbeschaffung über schriftliche Unterlagen und Augenscheinsobjekte im Zivilprozess, in: Schlosser (Hrsg.), Die Informationsbeschaffung für den Zivilprozess, 1996, 1, 29.

[429] *James/Hazard/Leubsdorf*, Civil Procedure, 5. Aufl., 2001, 309; *Mössle*, Extraterritoriale Beweisbeschaffung im internationalen Wirtschaftsrecht, 1990, 123.

[430] *Renfield Corp. v. E. Remy Martin & Co., S.A.*, 98 F.R.D. 442, 445 (D.Del. 1982).

hen, um zu überprüfen, ob das Weigerungsrecht berechtigt ist.[431] Darauf hat der Antragsteller aber nur dann einen Anspruch, wenn er Tatsachen vortragen kann, die Zweifel an der schriftlichen Zeugenaussage der Beweisperson aufkommen lassen.[432] Widerspricht der Antragsteller dem geltend gemachten absoluten Weigerungsrecht nicht, akzeptiert er die Weigerung des Gegners oder Dritten und kann sich später nicht mehr dagegen wehren.[433]

Die Beweisperson kann ausdrücklich oder konkludent auf das Weigerungsrecht verzichten (waiver).[434] Bezieht sie sich nicht ausdrücklich auf ihr Weigerungsrecht oder verweigert grundlos die Vorlage, können die Gerichte einen Verzicht auf das privilege fingieren, sowie Sanktionen nach FRCP 37 (b)(2) erlassen.[435] Die Fiktion kann sehr weit gehen. Beantwortet die Beweisperson in einer Zeugenvernehmung Fragen zu einem Themenbereich, der in vertraulichen Dokumenten enthalten ist, kann sie sich später nicht mehr weigern, die Gruppe der Dokumente zu diesem Themenbereich herauszugeben.[436] Hat sich die Beweisperson im discovery Verfahren auf ein Weigerungsrecht berufen, ist sie in der mündlichen Verhandlung daran gebunden. Das soll den Zweck der discovery, Überraschungen in der mündlichen Verhandlung zu verhindern, gewährleisten.[437]

aa) Inhalt des Anwaltsgeheimnisses

Das Anwaltsgeheimnis (attorney-client privilege) ist das älteste auf den Schutz vertraulicher Kommunikation abzielende Weigerungsrecht des common law.[438] Es soll die vertrauliche Beziehung zwischen Anwalt und Mandant

---

[431] *Haydock/Herr*, Discovery: Theory, Practice and Problems, 1983, 24; siehe etwa *Duplan Corp. v. Deering Milliken, Inc.*, 397 F.Supp. 1146, 1157 (D.S.C. 1975) (Das Gericht hatte selbst 4,500 Dokumente in-camera gesichtet und dazu Notizen diktiert; diese Notizen mit dem Antragsgegner besprochen; daraufhin Richtlinien vorgeschlagen, welche Dokumente vorzulegen sind; mit den Parteien ausführlich über die Richtlinien mündlich verhandelt und erst danach eine Anordnung erlassen.); *Burlington Industries v. Exxon Corp.*, 65 F.R.D. 26, 32 (D.Maryland 1974) (Das Gericht hat einen „master" [Hilfsrichter] bestellt, der die Unterlagen einsehen und dem Gericht einen Lösungsvorschlag vorlegen sollte.).

[432] *Renfield Corp. v. E. Remy Martin & Co., S.A.*, 98 F.R.D. 442, 445 (D.Del. 1982).

[433] *Helfand v. Gerson*, 105 F.3d 530, 536 (9th Cir. 1997).

[434] *James/Hazard/Leubsdorf*, Civil Procedure, 5. Aufl., 2001, 310; *Teply/Whitten*, Civil Procedure, 2. Aufl., 2000, 745.

[435] *W. R. Grace & Co. v. Pullman Inc.*, 74 F.R.D. 80, 85 (W.D. Okla. 1977); *Rosenfeld v. Ungar*, 25 F.R.D. 340, 342 (S.D. Iowa 1960); *Baicker-McKee/Janssen/Corr*, A Student's Guide to the Federal Rules of Civil Procedure, 6. Aufl., 2003, 514.

[436] *Munzer v. Swedish Am. Line*, 35 F.Supp. 493, 497-498 (S.D.N.Y. 1940).

[437] *Junker*, Discovery im deutsch-amerikanischen Rechtsverkehr, 1987, 128.

[438] *United States v. Zolin*, 491 U.S. 554, 562 (1989); *Upjohn Co. v. U.S.*, 449 U.S. 383, 389 (1981).

gewährleisten und so den freien Gedankenaustausch fördern. Damit dient es auch dem öffentlichen Interesse an einem effektiven Justizwesen.

Inhaber des Weigerungsrechts ist der Mandant. Der Mandant kann eine Einzelperson oder ein Unternehmen sein.[439] Es kann sich sowohl der Mandant als auch der Anwalt für den Mandanten auf das privilege berufen.[440] Der Anwalt muss sich auf dieses Weigerungsrecht beziehen, es sei denn, der Mandant befreit ihn von seiner Schweigepflicht. Die Betroffenen müssen keinen Schriftwechsel vorlegen, den sie zur Rechtsberatung geführt haben. Das gilt für Kommunikation von Anwalt zu Mandant wie von Mandant zu Anwalt.[441] Dabei ist nicht der Inhalt der Kommunikation geschützt, sondern nur die Beziehung zwischen Anwalt und Mandant. Beide müssen ausgetauschte Unterlagen vorlegen, soweit sie Tatsachen betreffen.[442]

Obwohl das Weigerungsrecht normalerweise nur im Verhältnis Anwalt - Mandant gilt, ist es durch das joint defense privilege auf Situationen ausgedehnt worden, in denen verschiedene Mandanten denselben Gegner haben. Die Betroffenen und ihre Anwälte können dann vertrauliche Informationen austauschen, die darauf gerichtet sind, eine gemeinsame Verteidigungsstrategie zu entwickeln, ohne ihr Weigerungsrecht durch Verzicht zu verlieren.[443]

bb) Voraussetzungen für die Geltendmachung des Anwaltsgeheimnisses

Es sind vier Voraussetzungen erforderlich, um sich auf das attorney-client privilege berufen zu können: (1) Die Kommunikation ist zur Rechtsberatung erfolgt; (2) zwischen Anwalt und Mandant ohne Beteiligung eines Dritten; (3) die Beteiligten haben die Kommunikation vertraulich behandelt; und (4) der Mandant hat nicht auf das Weigerungsrecht verzichtet.[444]

Ein Schriftwechsel ist in Ausübung rechtsberatender Tätigkeit entstanden (legal services), solange der Anwalt nicht nur zu technischen oder betrieblichen Fragen berät. Für die Arbeit von Wirtschaftsprüfern oder allgemeinen Unter-

---

[439] *James/Hazard/Leubsdorf*, Civil Procedure, 5. Aufl., 2001, 311.

[440] *Haydock/Herr*, Discovery: Theory, Practice and Problems, 1983, 22; *Mentz*, Das Pre-Trial Discovery Verfahren im US-amerikanischen Zivilprozessrecht, RIW/AWD 1981, 73, 77; siehe etwa *Republic Gear Co. v. Borg-Warner Corp.*, 381 F.2d 551, 556 (2nd Cir. 1967).

[441] *Hearn v. Rhay*, 68 F.R.D. 574, 579 (E.D.Wash. 1975) m.w.N.

[442] *Haydock/Herr*, Discovery: Theory, Practice and Problems, 1983, 30.

[443] *Haines v. Liggett Group, Inc.*, 975 F.2d 81, 94 (3rd Cir. 1992) m.w.N.

[444] *Block/Barton*, Internal Corporate Investigations: Maintaining the Confidentiality of a Corporate Client's Communications with Investigative Counsel, Business Lawyer, Bd. 35, 1979, 5, 9; siehe z.B. *Bowne of New York City, Inc. v. AmBase Corp.*, 150 F.R.D. 465 (S.D.N.Y. 1993).

nehmensberatern gilt das Weigerungsrecht grundsätzlich nicht.[445] Gleichgültig ist aber, ob der Rechtsberater selbständiger Anwalt oder Syndikusanwalt (in-house counsel) in der Rechtsabteilung eines Unternehmens ist, solange er ein anwaltlich zugelassenes Mitglied einer Kammer ist und rechtsberatend tätig geworden ist.[446] Das Weigerungsrecht gilt auch für die Kommunikation zwischen in-house counsel und selbständigem Anwalt.

Es muss sich zudem um Dokumente handeln, die Anwalt und Mandant ohne Beteiligung eines Dritten ausgetauscht haben. Das bereitet vor allem bezüglich Unternehmen Auslegungsschwierigkeiten. Das Unternehmen als Rechtsgebilde kann nur über einen Vertreter mit dem Anwalt Kontakt haben.[447] Die Rechtsprechung ist uneinheitlich.[448] Manche Gerichte schützen nur die Kommunikation zwischen Entscheidungsträgern im Unternehmen und dem Anwalt (sog. control group test).[449] Andere Teile der Rechtsprechung haben den Schutzbereich auch auf die anwaltlichen Kontakte mit sonstigen Unternehmensangehörigen erstreckt, sofern die Unternehmensleitung die Mitarbeiter zur Auskunftserteilung angewiesen hat und die Kommunikation zur Rechtsberatung erfolgt ist (sog. subject matter test).[450] Der Supreme Court hat einen Mittelweg gewählt und befürwortet eine einzelfall- und zweckbezogene Lösung, um den Umfang des attorney-client privilege in solchen Fällen festzulegen. Es müsse gewährleistet sein, dass der Anwalt relevante Informationen mit den zuständigen Mitarbeitern vertraulich austauschen könne, unabhängig

---

[445] *Riechenberg*, The Recognition of Foreign Privileges in United States Discovery Proceedings, Northwestern Journal of Int'l Law and Business, Bd. 9, 1988, 80, 93 mit Rechtsprechungsnachweisen; siehe auch *Block/Barton*, Internal Corporate Investigations: Maintaining the Confidentiality of a Corporate Client's Communications with Investigative Counsel, Business Lawyer, Bd. 35, 1979, 5, 9-13.

[446] *Baicker-McKee/Janssen/Corr*, A Student's Guide to the Federal Rules of Civil Procedure, 6. Aufl., 2003, 506; *Renfield Corp. v. E. Remy Martin & Co., S.A.*, 98 F.R.D. 442, 444 (D.Del. 1982) (Auch französischer in-house counsel hat das Weigerungsrecht, solange er rechtsberatend tätig ist.); *Duplan Corp. v. Deering Milliken, Inc.*, 397 F.Supp. 1146, 1167 (D.S.C. 1975); *Burlington Industries v. Exxon Corp.*, 65 F.R.D. 26, 36 (D.Maryland 1974); *U.S. v. United Shoe Machinery Corp.*, 89 F.Supp. 357, 358-359 (D.Mass. 1950).

[447] *Junker*, Discovery im deutsch-amerikanischen Rechtsverkehr, 1987, 129.

[448] Siehe ausführlich *Haydock/Herr*, Discovery: Theory, Practice and Problems, 1983, 31-32; *Block/Barton*, Internal Corporate Investigations: Maintaining the Confidentiality of a Corporate Client's Communications with Investigative Counsel, Business Lawyer, Bd. 35, 1979, 5, 13-17; jeweils m.w.N.

[449] Siehe etwa *Burlington Industries v. Exxon Corp.*, 65 F.R.D. 26, 35-36 (D.Maryland 1974) m.w.N.

[450] Siehe etwa *Duplan Corp. v. Deering Milliken, Inc.*, 397 F.Supp. 1146, 1163-1165 (D.S.C. 1975).

von der Position der Mitarbeiter. Oftmals würden Mitarbeiter außerhalb von der Geschäftsleitung relevante Informationen besitzen oder benötigen.[451]

cc) Verzicht auf das Weigerungsrecht

Die Beteiligten müssen die fraglichen Dokumente vertraulich behandeln. Das kann schon auszuschließen sein, wenn die Unterlagen für andere zugänglich abgelegt sind.[452] Eng mit der Vertraulichkeit verbunden ist der Verzicht auf das Weigerungsrecht. Hat man Dokumente bereits einem Dritten gegenüber offen gelegt, hat man konkludent auf das Weigerungsrecht verzichtet.[453]

Fraglich ist, ob das auch gilt, wenn eine Partei an sich privilegierte Dokumente im discovery Verfahren vorlegt.[454] Eine Meinung behandelt jede Vorlage privilegierter Dokumente als einen Verzicht auf das Weigerungsrecht bezüglich aller Dokumente zum gleichen Thema.[455] Eine schwierige Auslegungsfrage ist dann, was alles zum gleichen Thema gehört (same subject-matter). Die andere Meinung unterscheidet danach, ob die Vorlage freiwillig oder unbeabsichtigt geschehen ist. Die Darlegungs- und Beweislast für eine unbeabsichtigte Vorlage liegt dabei bei demjenigen, der sich auf das Weigerungsrecht beruft. Kann er belegen, dass die Vorlage unbeabsichtigt war, sehen manche Gerichte darin einen objektiven Verzicht allein auf das vorgelegte Dokument.[456] Andere Gerichte dagegen berücksichtigen die besondere Situation des discovery Verfahrens, in dem regelmäßig Dokumente in großen Mengen vorzulegen sind. Sie prüfen anhand subjektiver Kriterien: (1) welche Vorkehrungen der Parteivertreter getroffen hat, um eine unbeabsichtigte Vorlage zu verhindern; (2) wie lange der Parteivertreter nach Kenntnis von der Vorlage gewartet hat, um den Fehler zu beheben; und (3) den Umfang der discovery verglichen mit der Anzahl der unbeabsichtigt vorgelegten Dokumente.[457] Sprechen die Umstände für ein unverschuldetes Versehen, halten diese Gerichte das Weigerungsrecht aufrecht. Die versehentlich vorgelegten Unterlagen sind zurückzugeben und dürfen nicht berücksichtigt werden.

---

[451] *Upjohn Co. v. U.S.*, 449 U.S. 383, 390-398 (1981).
[452] *Hearn v. Rhay*, 68 F.R.D. 574, 579-580 (E.D.Wash. 1975) m.w.N.
[453] Siehe etwa *Ratliff v. Davis Polk*, 354 F.3d 165 (2nd Cir. 2003); ähnlich *United States v. Workman*, 138 F.3d 1261 (8th Cir. 1998).
[454] Ausführlich *Moore*, Moore's Federal Practice, Bd. 7, 3. Aufl., 2004, § 34.13[2][d].
[455] *In Re Sealed Case*, 877 F.2d 976, 980 (D.C.Cir. 1989) m.w.N.
[456] *Golden Valley Microwave Foods, Inc. v. Weaver Popcorn Co., Inc.*, 132 F.R.D. 204, 207-209 (N.D.Ind. 1990) m.w.N.
[457] *Aramony v. United Way of America*, 969 F.Supp. 226, 235-238 (S.D.N.Y. 1997) m.w.N. (Die Anwälte hatten trotz sorgfältiger Kontrolle von 630,000 Seiten von Dokumenten 99 privilegierte Seiten vorgelegt und innerhalb von 24 Stunden nach Kenntnis die Unterlagen zurückverlangt. Das Weigerungsrecht galt nicht als verloren.).

Ein Verzicht kann auch konkludent geschehen – etwa dann wenn der Inhaber des Weigerungsrechts vor Gericht einen Anspruch oder eine Einwendung vorträgt, für die das privilegierte Material relevant ist, und dem Gegner ohne das Material eine Verteidigung unmöglich wäre.[458] Dann muss der Pflichtige die Unterlagen vorlegen. Ordnet ein Gericht ausdrücklich die Vorlage von Dokumenten an, die an sich durch das Anwaltsgeheimnis geschützt sind, verliert der Pflichtige sein Weigerungsrecht für andere Verfahren trotz Vorlage nicht.[459]

dd) Crime-fraud Exception

Das Weigerungsrecht gilt uneingeschränkt. In Extremfällen gibt es allerdings die crime-fraud exception: Kann der Antragsteller den prima facie Beweis erbringen, dass (1) der Mandant die privilegierte Kommunikation mit der Absicht empfangen hat, dadurch eine Straftat oder einen Betrug zu begehen und (2) der Mandant die Straftat oder den Betrug dann begangen hat oder demnächst begehen wird, sind die an sich privilegierten Dokumente vorzulegen.[460] Kann der Antragsteller zunächst nur Beweise vorlegen, die nach Treu und Glauben den Schluss auf die crime-fraud exception zulassen, kann das Gericht die betroffenen Dokumente in-camera sichten, um zu beurteilen, ob die Ausnahme vom Weigerungsrecht greift.[461]

b) Relative Weigerungsrechte

aa) Work Product Rule

Die work product rule ist kein privilege im Sinne des FRCP 26 (b)(1). Die Rechtsprechung hat das relative Weigerungsrecht entwickelt, um Bereiche abzudecken, die vom Anwaltsgeheimnis nicht erfasst sind. Nach der dazu ergangenen Leitentscheidung des Supreme Court[462] hat man das Weigerungsrecht in FRCP 26 (b)(3) verankert.

In der Entscheidung des Supreme Court hatte der Kläger im discovery Verfahren angefragt, ob Aufzeichnungen oder Memoranda zum fraglichen Unfallhergang existierten. Solche Unterlagen hatte der Anwalt des Beklagten bei

---

[458] Grundlegend *Hearn v. Rhay*, 68 F.R.D. 574, 581 (E.D.Wash. 1975); siehe auch *Paramount Communications v. Donaghy*, 858 F. Supp. 391, 395-397 (S.D.N.Y. 1994); *Bowne of New York City, Inc. v. AmBase Corp.*, 150 F.R.D. 465 (S.D.N.Y. 1993).

[459] *Government Guarantee Fund of the Republic of Finland v. Hyatt Corp.*, 182 F.R.D. 182, 187 (D.Virgin Islands 1998); *In Re Vagras*, 723 F.2d 1461, 1466 (10th Cir. 1983).

[460] *United States v. Zolin*, 491 U.S. 554, 562-563 (1989); *In re Sealed Case*, 107 F.3d 46, 48-49 (D.C.Cir. 1997); *Haines v. Liggett Group, Inc.*, 975 F.2d 81, 95 (3rd Cir. 1992).

[461] *United States v. Zolin*, 491 U.S. 554, 570-573 (1989); *Haines v. Liggett Group, Inc.*, 975 F.2d 81, 96 (3rd Cir. 1992).

[462] *Hickman v. Taylor*, 329 U.S. 495 (1947).

seinen Nachforschungen angefertigt. Er verweigerte die Herausgabe mit dem Hinweis, es handele sich um „privileged matter obtained in preparation for litigation.“[463] Der Supreme Court hat zunächst klargestellt, dass solche Dokumente nicht unter das attorney-client privilege fallen. Denn dieses Weigerungsrecht schütze nicht Aufzeichnungen, die ein Anwalt während der Bearbeitung eines Falles erstellt. Das Gericht hat die Lücke im Vertraulichkeitsschutz geschlossen, indem es die work product rule anerkannt hat.

Nach der work product rule sind solche Dokumente von der discovery befreit, die eine Partei, deren Anwalt oder sonstiger Beauftragter im Hinblick auf einen möglichen Rechtsstreit oder eine mündliche Verhandlung vorbereitend angefertigt hat, und die geistige Eindrücke, Schlussfolgerungen, Stellungnahmen oder rechtliche Theorien des Verfassers enthalten, FRCP 26 (b)(3).[464] Es ist oft schwierig zu bestimmen, was zum work product gehört.[465] Ausreichend ist, wenn die Unterlagen im Hinblick auf irgendeinen Rechtsstreit entstanden sind, es muss sich nicht um den anhängigen Rechtsstreit handeln.[466] Erfasst sind nicht nur Unterlagen des Anwalts, sondern jedes Vertreters einer Partei.[467] Auch auf diesen Schutz kann die Partei konkludent verzichten, allerdings nur, wenn sie die Unterlagen einer gegnerischen Partei zugänglich macht.[468] Der Schutz gilt im Gegensatz zum Anwaltsgeheimnis nicht uneingeschränkt,[469] sondern kann aus triftigen Gründen durchbrochen werden, wenn die Informationen für die Vorbereitung des Antragstellers wesentlich (substantial) sind und er sonst keine Möglichkeit hat, sie zu erlangen (good cause).[470] Die Gerichte wägen dazu die konkurrierenden Interessen der Parteien ab und legen die Ausnahmen des FRCP 26 (b)(3) eng aus.[471]

---

[463] *Hickman v. Taylor*, 329 U.S. 495, 499 (1947).

[464] Siehe dazu genauer: *Block/Barton*, Internal Corporate Investigations: Maintaining the Confidentiality of a Corporate Client's Communications with Investigative Counsel, Business Lawyer, Bd. 35, 1979, 5, 20-28.

[465] Ausführlich *Wright/Kane*, Law of Federal Courts, 6. Aufl., 2002, 592-601; *James/Hazard/Leubsdorf*, Civil Procedure, 5. Aufl., 2001, 313-321; *Hay*, Informationsbeschaffung über schriftliche Unterlagen und Augenscheinsobjekte im Zivilprozess, in: Schlosser (Hrsg.), Die Informationsbeschaffung für den Zivilprozess, 1996, 1, 36-37 mit zahlreichen Rechtsprechungsnachweisen.

[466] *In re Ford Motor Co.*, 110 F.3d 954 (3rd Cir. 1997); *Baicker-McKee/Janssen/Corr*, A Student's Guide to the Federal Rules of Civil Procedure, 6. Aufl., 2003, 509-510.

[467] *Wright/Kane*, Law of Federal Courts, 6. Aufl., 2002, 596.

[468] Bei den anderen Weigerungsrechten genügt jeder Dritte: *Baicker-McKee/Janssen/Corr*, A Student's Guide to the Federal Rules of Civil Procedure, 6. Aufl., 2003, 512.

[469] *In re Sealed Case*, 107 F.3d 46, 51 (D.C.Cir. 1997).

[470] *Xerox Corp. v. International Business Machines Corp.*, 64 F.R.D. 367, 376-382 (S.D.N.Y. 1974); siehe auch *James/Hazard/Leubsdorf*, Civil Procedure, 5. Aufl., 2001, 320-321 m.w.N.

[471] *Upjohn Co. v. U.S.*, 449 U.S. 383, 401-402 (1981).

bb) Geschäfts- und Betriebsgeheimnisse

Auch Geschäfts- und Betriebsgeheimnisse sind nicht als absolute Weigerungsrechte verfassungsrechtlich oder nach common law geschützt.[472] Zum Schutz solcher vertraulicher Informationen kann eine Partei oder ein Dritter eine Schutzanordnung (protective order) bei Gericht beantragen, was nur einen relativen Schutz bietet. Der Erlass einer Schutzanordnung steht im Ermessen des Gerichts. Dabei kann das Gericht nach FRCP 26(c) zwischen zahlreichen Schutzmechanismen auswählen. Der Betroffene muss ein hinlängliches Schutzinteresse (good cause) darlegen.

Weil Betriebs- und Geschäftsgeheimnisse nicht absolut geschützt sind, wägen die Gerichte die unterschiedlichen Interessen für jeden Einzelfall neu ab, wenn eine Partei eine Schutzanordnung beantragt. Das führt zu einer uneinheitlichen Rechtsprechung,[473] die beim Betrachter den Eindruck entstehen lässt, in den USA gäbe es keinen effektiven Schutz von Betriebs- und Geschäftsgeheimnissen. Um zu beurteilen, ob sich dieser Eindruck bewahrheitet, ist die Rechtsprechung zu Schutzanordnungen genauer zu untersuchen.

VI. Schutzanordnungen

Die Schutzanordnung (protective order) rückt deshalb in den Mittelpunkt des Interesses, weil sie neben den absoluten Weigerungsrechten die einzige effektive Grenze des discovery Verfahrens darstellt.[474] Parteien und jeder betroffene Dritte können eine protective order zu ihrem Schutz beantragen. Sie müssen belegen können, dass sie zunächst versucht haben, eine außergerichtliche Einigung mit dem Antragsteller zu erreichen, FRCP 26 (c). Das Gericht kann auch ohne konkreten Antrag eine Schutzanordnung als Reaktion auf eine motion to compel discovery erlassen, FRCP 37 (a)(4)(B) und (C). Ausnahmswei-

---

[472] *Federal Open Market Committee v. Merrill*, 443 U.S. 340, 356, 362 (1979); *Empire of Carolina, Inc. v. Mackle*, 108 F.R.D. 323, 326 (S.D.Fla. 1985); *Gottwald*, Die prozessuale Aufklärungspflicht im Rechtsvergleich in: Buchegger (Hrsg.) Beiträge zum Zivilprozessrecht Bd. V, 1995, 21, 27; *Riechenberg*, The Recognition of Foreign Privileges in United States Discovery Proceedings, Northwestern Journal of Int'l Law and Business, Bd. 9, 1988, 80, 91.

[473] *Hay*, Informationsbeschaffung über schriftliche Unterlagen und Augenscheinsobjekte im Zivilprozess, in: Schlosser (Hrsg.), Die Informationsbeschaffung für den Zivilprozess, 1996, 1, 4.

[474] *Hay*, Informationsbeschaffung über schriftliche Unterlagen und Augenscheinsobjekte im Zivilprozess, in: Schlosser (Hrsg.), Die Informationsbeschaffung für den Zivilprozess, 1996, 1, 15; *Marcus*, Myth and Reality in Protective Order Litigation, Cornell Law Review, Bd. 69, 1983, 1, 7; ausführlich zu Schutzanordnungen nach US-amerikanischem Recht: *Stadler*, Der Schutz des Unternehmensgeheimnisses im deutschen und US-amerikanischen Zivilprozess und im Rechtshilfeverfahren, 1989.

se kann es nach FRCP 26 (b)(2) a.E. ganz ohne Antrag tätig werden,[475] um die discovery zu begrenzen, wenn sich (1) die discovery Maßnahmen unverhältnismäßig häufen, (2) zu teuer für das erhoffte Ziel werden, oder (3) die Partei bereits ausreichend Gelegenheit hatte, anderweitig in den Besitz des Materials zu kommen.[476] Die Grundsätze der Rechtsprechung zu Schutzanordnungen gelten sowohl für die Dokumentenvorlage als auch für den Augenschein (inspection).[477]

1. Abwägungskriterien für eine Schutzanordnung

Ob ein erstinstanzliches Gericht eine Schutzanordnung erlässt, entscheidet sich nach einer Abwägung der Interessen des Antragstellers und des Antragsgegners. Jeder trägt die Darlegungs- und Beweislast für seine Interessen – der Antragsgegner für sein Schutzinteresse, der Antragsteller für sein Informationsinteresse. Beide müssen ihre Interessen so konkret als möglich darlegen. Pauschale Behauptungen weisen die Gerichte regelmäßig zurück. Nach der Abwägung bestimmt das erstinstanzliche Gericht nach eigenem Ermessen welche Schutzmaßnahmen angemessen und erforderlich sind. Ein Rechtsmittel hat nur selten Erfolg, weil die Berufungsgerichte die erstinstanzlichen Entscheidungen nur auf Ermessenfehler überprüfen.[478] Zudem lassen Berufungsgerichte gegen discovery Anordnungen nur selten ein Rechtsmittel zu, weil die Entscheidungen nur vorläufig und mit dem Endurteil überprüfbar sind.[479] Das Berufungsgericht greift dann ein, wenn die Anordnung sonst nicht mehr überprüfbar wäre[480] oder das erstinstanzliche Gericht einen groben Rechtsfehler begangen hat.[481]

---

[475] Siehe z.B. *Quinter v. Volkswagen of America*, 676 F.2d 969, 971 (3rd Cir. 1982) (Gericht hat vorformulierte protective order einer Partei abgelehnt und eigene order erlassen.).

[476] *Wright/Kane*, Law of Federal Courts, 6. Aufl., 2002, 607.

[477] *Hay*, Informationsbeschaffung über schriftliche Unterlagen und Augenscheinsobjekte im Zivilprozess, in: Schlosser (Hrsg.), Die Informationsbeschaffung für den Zivilprozess, 1996, 1, 40-41; *Paul v. Sinnott*, 217 F.Supp. 84 (W.D.Pa. 1963) (zum Augenschein).

[478] *James/Hazard/Leubsdorf*, Civil Procedure, 5. Aufl., 2001, 327-328; *Hay*, Informationsbeschaffung über schriftliche Unterlagen und Augenscheinsobjekte im Zivilprozess, in: Schlosser (Hrsg.), Die Informationsbeschaffung für den Zivilprozess, 1996, 1, 38; siehe etwa *Centurion Industries, Inc. v. Warren Steurer and Associates*, 665 F.2d 323, 326 (10th Cir. 1981) m.w.N.

[479] *Sinclair*, Sinclair on Federal Civil Practice, 2003, § 9.52; *Schack*, Einführung in das US-amerikanische Zivilprozessrecht, 3. Aufl., 2003, 72; siehe auch *Heat and Control, Inc. v. Hester Industries, Inc.*, 785 F.2d 1017, 1020 (Fed. Cir. 1986); *Cipollone v. Liggett Group, Inc.*, 785 F.2d 1108, 1116 (3rd Cir. 1986) m.w.N.

[480] *Truswal Systems Corp. v. Hydro-Air Engineering, Inc.*, 813 F.2d 1207, 1209 (Fed. Cir. 1987) m.w.N.; ausführlich *Heat and Control, Inc. v. Hester Industries, Inc.*, 785 F.2d 1017, 1020-1021 (Fed. Cir. 1986).

[481] Siehe z.B. *Cipollone v. Liggett Group, Inc.*, 785 F.2d 1108, 1116-1118 (3rd Cir. 1986).

a) Interessen des Antragsgegners

Die meiste Rechtsprechung zu Schutzanordnungen ergeht im Zusammenhang mit Geschäfts- oder Betriebsgeheimnissen. Eine Schutzanordnung kann aber bereits dann gerechtfertigt sein, wenn es den Antragsgegner unzumutbar belästigen, beschämen oder belasten würde, die Unterlagen vorzulegen, FRCP 26 (c) (to protect a party or person from annoyance, embarrassment, oppression, or undue burden or expense). Der Antragsgegner muss dazu die Unzumutbarkeit und den drohenden bedeutsamen Schaden (significant harm) konkret belegen.[482] Das hat nur selten Erfolg. Sobald der Antragsteller belegen kann, dass er auf die Information angewiesen ist und sie nicht auf anderem Weg erlangen kann, reicht es nicht aus, wenn der Betroffene das Herausgabeverlangen als zeit- und kostenaufwendig bezeichnet.[483] Er muss sich vielmehr konkret auf ein bestimmtes Schutzinteresse berufen können.

Meistens geht es jedoch darum, Betriebs- oder Geschäftsgeheimnisse zu schützen. Der Antragsgegner muss dann darlegen und beweisen können, dass er (1) ein schutzwürdiges Geheimnis innehat, (2) dessen Offenlegung zu einem nicht unerheblichen Schaden führen würde, und (3) welcher konkrete Schaden ohne Schutzanordnung entstehen würde (good cause).[484]

Während es nach einigen Gerichten ausreicht, wenn die Offenlegung sehr schädlich (substantial or significant harm) wäre,[485] verlangen andere Gerichte eine klar definierte und sehr ernste Verletzung (clearly defined and very serious injury).[486] Das scheint aber nur eine begriffliche, keine inhaltliche Unterscheidung zu sein. Denn alle Gerichte verlangen, dass der Antragsteller einen konkreten bedeutenden Schaden darlegt. Es spielt beispielsweise eine Rolle, ob die Information einem Wettbewerber zugänglich gemacht wird, was als

---

[482] *Cipollone v. Liggett Group, Inc.*, 785 F.2d 1108, 1121 (3rd Cir. 1986).

[483] *In re Grand Jury subpoena duces tecum issued to Southern Motor Carriers Rate Conference, Inc.*, 405 F.Supp. 1192, 1198 (N.D.Ga. 1975); *Alexander v. Rizzo*, 50 F.R.D. 374, 376 (E.D.Pa. 1970).

[484] *R & D Business Systems v. Xerox Corp.*, 152 F.R.D. 195, 197 (D.Colo. 1993); *Upjohn Co. v. Hygieia Biological Laboratories*, 151 F.R.D. 355, 358 (E.D.Cal. 1993); *Coca-Cola Bottling Co. v. Coca-Cola Co.*, 107 F.R.D. 288, 292 (D. Del. 1985); *Centurion Industries, Inc. v. Warren Steurer and Associates*, 665 F.2d 323, 325-326 (10th Cir. 1981); *Zenith Radio Corp. v. Matsushita Electric Industrial Co.*, 529 F.Supp. 866, 890-891 (E.D.Pa. 1981).

[485] *R & D Business Systems v. Xerox Corp.*, 152 F.R.D. 195, 197 (D.Colo. 1993); *Smith v. Bic Corp.*, 869 F.2d 194, 199 (3rd Cir. 1989); *American Standard Inc. v. Pfizer, Inc.*, 828 F.2d 734, 740 (Fed. Cir. 1987).

[486] *Glenmede Trust Co. v. Thompson*, 56 F.3d 476 (3rd Cir. 1995); *Turick by Turick v. Yamaha Motor Corp., USA*, 121 F.R.D. 32, 35 (S.D.N.Y. 1988); *United States v. IBM*, 67 F.R.D. 40, 46 (S.D.N.Y. 1975).

besonders schädlich eingestuft wird.[487] Ausreichend ist jedenfalls, wenn ein Unternehmen Kunden verlieren würde, wenn es die Informationen preisgäbe.[488]

Ein schutzwürdiges Geheimnis kann entweder eine Betriebsgeheimnis (trade secret) oder ein Geschäftsgeheimnis (other confidential commercial information) sein. Trade secrets sind in den USA als Eigentumsrechte geschützt.[489] Das Restatement of Torts bietet eine gebräuchliche Definition, die die Gerichte anerkannt haben:[490]

> „A trade secret may consist of any formula, pattern, device or compilation of information which is used in one's business, and which gives an opportunity to obtain an advantage over competitors who do not know or use it. It may be a formula for a chemical compound, a process of manufacturing, treating or preserving materials, a pattern for a machine or other device, or a list of customers."[491]

Was unter das Geschäftsgeheimnis fällt, wird jeweils für den Einzelfall definiert. Dazu gehören etwa Kunden- oder Zuliefererlisten, Finanzunterlagen,[492]

---

[487] *R & D Business Systems v. Xerox Corp.*, 152 F.R.D. 195, 197 (D.Colo. 1993); *Puritan-Bennett Corp. v. Pruitt*, 142 F.R.D. 306, 310 (S.D.Iowa 1992); *American Standard Inc. v. Pfizer, Inc.*, 828 F.2d 734, 740 (Fed. Cir. 1987); *Coca-Cola Bottling Co. v. Coca-Cola Co.*, 107 F.R.D. 288, 293, 299 (D. Del. 1985).

[488] *R & D Business Systems v. Xerox Corp.*, 152 F.R.D. 195, 197 (D.Colo. 1993).

[489] *Ruckelshaus v. Monsanto Co.*, 467 U.S. 986, 1001-1004 (1984); siehe ausführlich Note, Trade Secrets in Discovery: From First Amendment Disclosure to Fifth Amendment Protection, Harvard Law Review, Bd. 104, 1991, 1330, 1337-1341.

[490] *Smith v. Bic Corp.*, 869 F.2d 194, 199-200 (3rd Cir. 1989); *United States v. IBM*, 67 F.R.D. 40, 46 Fn. 9 (S.D.N.Y. 1975); siehe auch Note, Trade Secrets in Discovery: From First Amendment Disclosure to Fifth Amendment Protection, Harvard Law Review, Bd. 104, 1991, 1330 Fn. 1 m.w.N.

[491] Restatement of Torts, § 757, Comment (b) (1939); Das American Law Institute veröffentlicht Restatements of Law zu den verschiedensten rechtlichen Bereichen. Sie sind nicht verbindlich, aber Gerichte ziehen sie regelmäßig zur Auslegung heran.

[492] *Litton Industries, Inc. v. Chesapeake & Ohio Railway Co.*, 129 F.R.D. 528, 530 (E.D.Wis. 1990); *Empire of Carolina, Inc. v. Mackle*, 108 F.R.D. 323, 326-327 (S.D.Fla. 1985); *Tavoulareas v. Washington Post Co.*, 724 F.2d 1010, 1012-1013 (D.C.Cir. 1984).

Vertragsbedingungen,[493] aber auch der Ruf eines Unternehmens.[494] Auch solche „confidential business information“ ist als Eigentumsrecht geschützt.[495]

Für alle Kategorien von FRCP 26(c)(7) gelten die gleichen Voraussetzungen.[496] Deshalb ist die Unterscheidung zwischen Geschäfts- und Betriebsgeheimnis nicht entscheidend. Die Gerichte orientieren sich regelmäßig an einer nicht abschließenden Liste von Faktoren, um zu beurteilen, ob eine Information schutzwürdig ist: (1) inwieweit die Informationen außerhalb des Unternehmens bereits bekannt sind; (2) wie viele Unternehmensangehörige die Information kennen; (3) welche Maßnahmen der Geheimnisinhaber zum Schutz ergriffen hat; (4) welchen wirtschaftlichen Wert die Information für das Unternehmen und seine Konkurrenten hat; (5) wie viel Geld und Einsatz der Inhaber aufgewendet hat, um die Information zu entwickeln; und (6) wie leicht es für Dritte wäre, die Information legal zu erhalten oder zu kopieren.[497] Entscheidend ist also, ob die Information von Anfang an geheim war und sich der Geheimnisinhaber weiter um die Geheimhaltung bemüht.

Gerichte stellen regelmäßig hohe Anforderungen an die Darlegungs- und Beweislast des Antragsgegners.[498] Es genügt nicht, wenn er pauschal Geheimhaltungsinteressen vorträgt, sondern er muss konkret darlegen und beweisen können, warum es sich bei den Informationen um Geschäfts- oder Betriebsgeheimnisse handelt und worin der drohende Schaden liegt.[499] Handelt es sich

---

[493] *Zenith Radio Corp. v. Matsushita Electric Industrial Co.,* 529 F.Supp. 866, 890 Fn. 42, 892 (E.D.Pa. 1981) m.w.N.; siehe auch Restatement of Torts, § 759, Comment (b) (1939) mit Beispielen.

[494] *Miller*, Confidentiality, Protective Orders and Public Access to the Courts, Harvard Law Review, Bd. 105, 1991, 427, 470 Fn. 218.

[495] *Carpenter v. United States*, 484 U.S. 19, 26 (1987); anders noch *Littlejohn v. Bic Corp.*, 851 F.2d 673, 685 (3rd Cir. 1988); siehe aber *In Re Remington Arms Co., Inc.*, 952 F.2d 1029, 1032 (8th Cir. 1991), *on remand,* 143 F.R.D. 673 (W.D.Mo. 1992).

[496] *Nestle Foods Corp. v. Aetna Casualty and Surety Co.*, 129 F.R.D. 483, 484 (D.N.J. 1990).

[497] *Smith v. Bic Corp.,* 869 F.2d 194, 200 (3rd Cir. 1989); *Reliance Insurance Co. v. Barron's*, 428 F.Supp. 200, 203-205 (S.D.N.Y. 1977); *United States v. IBM*, 67 F.R.D. 40, 47 (S.D.N.Y. 1975); Restatement of Torts, § 757, Comment (b)(1939); *Durst/Mann*, Behind Closed Doors: Closing the Courtroom in Trade Secrets Cases, Texas Intellectual Property Law Journal, Bd. 8, 2000, 355, 357.

[498] *United States v. IBM,* 67 F.R.D. 40, 47-49 (S.D.N.Y. 1975) (Geheimnis abgelehnt, weil Daten nicht aktuell waren, sondern Unternehmensinformationen aus früheren Jahren betrafen.); ähnlich *Glenmede Trust Co. v. Thompson*, 56 F.3d 476 (3rd Cir. 1995); *Nestle Foods Corp. v. Aetna Casualty and Surety Co.,* 129 F.R.D. 483, 484-486 (D.N.J. 1990); *Zenith Radio Corp. v. Matsushita Electric Industrial Co.,* 529 F.Supp. 866, 891 (E.D.Pa. 1981).

[499] *Turick by Turick v. Yamaha Motor Corp.,* USA, 121 F.R.D. 32, 35 (S.D.N.Y. 1988).

um einen umfangreichen Dokumentenaustausch, können die Gerichte nicht jedes Dokument einzeln überprüfen. Sie sind deshalb dazu übergegangen, die Dokumente in Gruppen aufzuteilen, und vom Betroffenen zu verlangen, die Schutzwürdigkeit und den drohenden Schaden für jede Gruppe konkret darzulegen.[500] Um ein Geschäfts- oder Betriebsgeheimnis zu belegen, kann der Betroffene die Unterlagen dem Gericht auch zur in-camera-Überprüfung vorlegen.[501]

b) Interessen des Antragstellers

Hat der Antragsgegner darlegen und beweisen können, dass die herausverlangten Informationen Betriebs- oder Geschäftsgeheimnisse darstellen und ihre Offenlegung ihm schaden würde, geht die Darlegungs- und Beweislast auf den Antragsteller über. Er muss das Gericht davon überzeugen, dass die Informationen für ihn relevant und notwendig sind (relevant and necessary).[502] Die Informationen müssen nur relevant für das discovery Verfahren sein, d.h. möglicherweise zu zulässigem Beweismaterial für die mündliche Verhandlung führen.[503] Während die Relevanz bei nicht vertraulichem Material vermutet wird, muss sie der Antragsteller im Verfahren um eine Schutzanordnung konkret darlegen.[504]

Eine Information ist notwendig, wenn der Antragsteller sie benötigt, um seine Behauptungen zu belegen oder die des Gegners zu widerlegen.[505] Ist die Information ausschließlich vom Antragsgegner erhältlich, ist das ein Indiz für die Notwendigkeit der Information. Gibt es dagegen auch andere Quellen für die Information, spricht das gegen eine Notwendigkeit.[506]

---

[500] *Marcus*, Myth and Reality in Protective Order Litigation, Cornell Law Review, Bd. 69, 1983, 1, 23-24 mit Rechtsprechungsnachweisen.

[501] Siehe etwa *Brittain v. Stroh Brewery Co.*, 136 F.R.D. 408, 411 (M.D.N.C. 1991); *In Re Remington Arms Co., Inc.*, 952 F.2d 1029, 1033 (8th Cir. 1991), *on remand,* 143 F.R.D. 673 (W.D.Mo. 1992).

[502] *R & D Business Systems v. Xerox Corp.*, 152 F.R.D. 195, 197 (D.Colo. 1993); *Upjohn Co. v. Hygieia Biological Laboratories*, 151 F.R.D. 355, 358 (E.D.Cal. 1993); *Coca-Cola Bottling Co. v. Coca-Cola Co.*, 107 F.R.D. 288, 292 (D.Del. 1985); *Centurion Industries, Inc. v. Warren Steurer and Associates*, 665 F.2d 323, 325-326 (10th Cir. 1981).

[503] *Heat and Control, Inc. v. Hester Industries, Inc.*, 785 F.2d 1017, 1024 (Fed. Cir. 1986); *Coca-Cola Bottling Co. v. Coca-Cola Co.*, 107 F.R.D. 288, 293 (D.Del. 1985); *Centurion Industries, Inc. v. Warren Steurer and Associates*, 665 F.2d 323, 326 (10th Cir. 1981).

[504] *Miller*, Confidentiality, Protective Orders and Public Access to the Courts, Harvard Law Review, Bd. 105, 1991, 427, 433 Fn. 18; für einen Fall, in dem discovery gegenüber einem Dritten insgesamt abgelehnt wurde mangels Relevanz seiner Verkaufszahlen siehe *Cacique, Inc. v. Robert Reiser & Co., Inc.*, 169 F.3d 619 (9th Cir. 1999).

[505] *Coca-Cola Bottling Co. v. Coca-Cola Co.*, 107 F.R.D. 288, 293 (D.Del. 1985) m.w.N.

[506] *American Standard Inc. v. Pfizer, Inc.*, 828 F.2d 734, 743 (Fed.Cir. 1987).

c) Interessenabwägung wenn Dokumenteninhaber Klagepartei ist

Gelingt es dem Antragsteller nicht, Relevanz und Notwendigkeit darzulegen, lehnt das Gericht die discovery der vertraulichen Unterlagen insgesamt ab. Hat der Antragsgegner ein schutzwürdiges Geheimhaltungsinteresse, der Antragsteller ein Interesse an einer relevanten und notwendigen Information, wägt das Gericht die Interessen der Parteien gegeneinander ab.[507] Da das Geheimhaltungsinteresse durch eine Schutzanordnung geschützt werden kann, neigt sich die Waagschale bereits zugunsten des Antragstellers, sobald er Relevanz und Notwendigkeit dargetan hat.[508] Sind Unterlagen aber nur entfernt relevant – oder werden sie etwa erst relevant, wenn der Haftungsgrund feststeht, und ist der drohende Schaden dagegen sehr groß und unumkehrbar, ist eine Ablehnung der discovery Maßnahme insgesamt möglich.[509]

d) Interessenabwägung, wenn Dokumenteninhaber Dritter ist

Zwar gelten die gleichen Abwägungsgrundsätze unabhängig davon, ob eine Partei oder ein Dritter Dokumenteninhaber ist. Deshalb gehen manche Gerichte gar nicht darauf ein, dass der Vorlagepflichtige ein Dritter ist, oder erwähnen ausdrücklich, dass es keinen Unterschied mache.[510] Andere Gerichte dagegen beziehen es als einen Faktor unter vielen in ihre Abwägung mit ein, wenn ein Dritter betroffen ist.[511] Zumindest dann, wenn der Dritte ein Wettbewerber des Antragstellers ist und Betriebs- und Geschäftsgeheimnisse offen legen müsste, wenden einzelne Gerichte einen strengeren Maßstab an, um zu prüfen, ob die Unterlagen des Dritten für den Antragsteller relevant und notwendig sind (strong showing of need) und lehnen die discovery auch ganz ab.[512] Sie argumentieren unter anderem damit, dass der Dritte nach Vorlage der Unterlagen keinen Einfluss mehr darauf hat, was mit den Unterlagen ge-

---

[507] *Miller*, Confidentiality, Protective Orders and Public Access to the Courts, Harvard Law Review, Bd. 105, 1991, 427, 434-436 m.w.N.

[508] *Coca-Cola Bottling Co. v. Coca-Cola Co.*, 107 F.R.D. 288, 293 (D.Del. 1985).

[509] *Empire of Carolina, Inc. v. Mackle*, 108 F.R.D. 323, 326-327 (S.D.Fla. 1985); *Cleo Wrap Corp. v. Elsner Engineering Works, Inc.*, 59 F.R.D. 386, 388-389 (M.D.Pa. 1972); *De Long Corp. v. Lucas*, 138 F.Supp. 805, 808-810 (S.D.N.Y. 1956).

[510] *R & D Business Systems v. Xerox Corp.*, 152 F.R.D. 195, 197 (D.Colo. 1993); *Puritan-Bennett Corp. v. Pruitt*, 142 F.R.D. 306, 310 (S.D.Iowa 1992); *Centurion Industries, Inc. v. Warren Steurer and Associates*, 665 F.2d 323 (10th Cir. 1981).

[511] *Truswal Systems Corp. v. Hydro-Air Engineering, Inc.*, 813 F.2d 1207, 1210 (Fed.Cir. 1987); *American Standard Inc. v. Pfizer, Inc.*, 828 F.2d 734, 738-739 (Fed.Cir. 1987); siehe allgemein auch *Milgrim*, Trade Secrets, Bd. 4, 2003, § 14.02[4][i], 14-192-193 m.w.N.

[512] *Mannington Mills, Inc. v. Armstrong World Industries, Inc.*, 206 F.R.D. 525, 530-532 (D.Del. 2002); *Micro Motion, Inc v. Kane Steel Co., Inc.*, 894 F.2d 1318, 1326-1327 (Fed.Cir. 1990); *Litton Industries, Inc. v. Chesapeake & Ohio Railway Co.*, 129 F.R.D. 528, 530-531 (E.D.Wis. 1990).

schieht, vor allem, ob sie in der mündlichen Verhandlung verwendet und damit veröffentlicht werden.[513]

2. Inhalt einer Schutzanordnung

Anstatt die discovery Maßnahme vollständig zu versagen, wählen die Gerichte meist eine der vielfältigen Maßnahmen zum Schutz der Informationen. Sie fühlen sich regelmäßig verpflichtet, die gegenläufigen Interessen der Parteien mit Schutzmaßnahmen auszugleichen.[514] FRCP 26 (c) nennt dazu 8 Regelbeispiele. Das Gericht kann zunächst (1) die discovery insgesamt verbieten, (2) bestimmte Regeln und Bedingungen für die discovery aufstellen, vor allem hinsichtlich Zeit und Ort, (3) eine andere discovery Methode bestimmen, oder (4) die discovery auf bestimmte Gegenstände begrenzen oder bestimmte Gegenstände ausschließen.

Regelbeispiele (5) bis (8) spielen vor allem beim Schutz von Betriebs- und Geschäftsgeheimnissen eine große Rolle.[515] Das Gericht kann:
- nach FRCP 26 (c)(5) die Personen bestimmen, die die vertraulichen Informationen einsehen dürfen;
- nach FRCP 26 (c)(6) anordnen, dass ein Aussageprotokoll versiegelt wird und nur auf Gerichtsbeschluss zu öffnen ist (sog. sealed discovery).[516] Auch die versiegelte Vorlage von Dokumenten ist möglich, obwohl FRCP 26 (c)(6) das nicht ausdrücklich regelt. Das Gericht entscheidet dann nach seinem Ermessen, ob es das Siegel öffnet und die Unterlagen in-camera untersucht.[517] Macht es den Parteien die versiegelten Informationen zugänglich, dürfen sie die Unterlagen nicht an Dritte weitergeben;[518]
- nach FRCP 26 (c)(7) festlegen, dass ein Betriebsgeheimnis oder eine andere vertrauliche Information aus dem Bereich Forschung, Entwicklung oder Vertrieb nicht enthüllt oder nur auf eine bestimmte Weise enthüllt werden darf;

---

[513] *Mannington Mills, Inc. v. Armstrong World Industries, Inc.*, 206 F.R.D. 525, 530 (D.Del. 2002); *Micro Motion, Inc v. Kane Steel Co., Inc.*, 894 F.2d 1318, 1325 (Fed.Cir. 1990).

[514] *Federal Open Market Committee v. Merrill*, 443 U.S. 340, 362 Fn. 24 (1979); *American Standard Inc. v. Pfizer, Inc.*, 828 F.2d 734, 742 (Fed.Cir. 1987); *Heat and Control, Inc. v. Hester Industries, Inc.*, 785 F.2d 1017, 1025 (Fed.Cir. 1986); *Coca-Cola Bottling Co. v. Coca-Cola Co.*, 107 F.R.D. 288, 293 (D.Del. 1985); *Wright/Kane*, Law of Federal Courts, 6. Aufl., 2002, 602-603.

[515] *Junker*, Discovery im deutsch-amerikanischen Rechtsverkehr, 1987, 139.

[516] *Stiefel*, Discovery-Probleme und Erfahrungen im Deutsch-Amerikanischen Rechtshilfeverkehr, RIW/AWD 1979, 509, 516.

[517] Siehe etwa *Ronson Corp. v. Liquifin Aktiengesellschaft*, 370 F.Supp. 597 (D.N.J.), *aff'd* 497 F.2d 394 (3rd Cir.), *cert. denied*, 419 U.S. 870 (1974).

[518] *Baicker-McKee/Janssen/Corr*, A Student's Guide to the Federal Rules of Civil Procedure, 6. Aufl., 2003, 518.

- oder nach FRCP 26 (c)(8) anordnen, dass die Parteien gleichzeitig konkret benannte Dokumente oder Informationen in versiegelten Umschlägen abliefern müssen und diese Umschläge nur auf Anweisung des Gerichts geöffnet werden dürfen. Das ist vor allem in Patentverletzungsverfahren nützlich, wenn es um den Zeitpunkt einer Erfindung geht.[519]

An die Regelbeispiele sind die Gerichte aber nicht gebunden. Der Phantasie sind kaum Grenzen gesetzt, wenn Gerichte eine Schutzanordnung ausarbeiten.[520] Das macht eine Systematisierung der Rechtsprechung umso schwieriger. Grundsätzliches lässt sich aber dennoch bestimmen. Die Gerichte sollen sich von folgenden Erwägungen leiten lassen, wenn sie eine Schutzanordnung formulieren: (1) der Antragsteller soll die Informationen nur für den anhängigen Rechtsstreit verwenden dürfen; (2) das Gericht soll die Personen, die Zugang zu den Geheimnissen erhalten, zahlenmäßig beschränken und genau benennen; (3) die Empfänger sollen die Dokumente nicht kopieren oder vervielfältigen dürfen und nur im anhängigen Verfahren nutzen dürfen; und (4) die Empfänger sollen eine strafbewehrte Vertraulichkeitsverpflichtung unterzeichen.[521]

a) Confidentiality Order: Zugang nur für bestimmte Personen

Wollen die Gerichte die Personen, die Zugang zu den Unterlagen haben, zahlenmäßig beschränken, gibt es verschiedene Abstufungen. Die wichtigsten Personen, die im discovery Verfahren Zugang zu Dokumenten haben, sind die Parteien, die Parteivertreter und private Sachverständige, die eine Partei ernannt hat (expert witnesses). Das Gericht legt in einer Vertraulichkeitsanordnung (confidentiality order) fest, wer unter welchen Bedingungen die Unterlagen einsehen darf.

Ordnet ein Gericht ein Geheimnis als schutzwürdig gegenüber der Öffentlichkeit ein, legt es fest, dass nur die Parteien, deren Anwälte und deren private Sachverständige die Unterlagen einsehen dürfen und ausschließlich für das anhängige Verfahren nutzen dürfen.[522]

---

[519] Siehe z.B. *Cleo Wrap Corp. v. Elsner Engineering Works, Inc.*, 59 F.R.D. 386, 389 (M.D.Pa. 1972); *Baicker-McKee/Janssen/Corr*, A Student's Guide to the Federal Rules of Civil Procedure, 6. Aufl., 2003, 519; *Mentz*, Das Pre-Trial Discovery Verfahren im US-amerikanischen Zivilprozessrecht, RIW/AWD 1981, 73, 78.

[520] Siehe Beispiele bei *Miller*, Confidentiality, Protective Orders and Public Access to the Courts, Harvard Law Review, Bd. 105, 1991, 427, 495-496.

[521] *Puritan-Bennett Corp. v. Pruitt*, 142 F.R.D. 306, 309 (S.D.Iowa 1992); *In Re Remington Arms Co., Inc.*, 952 F.2d 1029, 1033 (8th Cir. 1991), *on remand,* 143 F.R.D. 673 (W.D.Mo. 1992).

[522] Eine solche Abwägung nimmt etwa vor *Brittain v. Stroh Brewery Co.*, 136 F.R.D. 408, 416-417 (M.D.N.C. 1991).

Räumt ein Gericht einem Geheimnis auch ein Schutzbedürfnis gegenüber einer Partei ein, beschränkt es den Zugang auf die Anwälte und die privaten Sachverständigen.[523] Mitarbeiter einer Klagepartei sind dann ausgeschlossen.[524] Sobald Parteivertreter und private Sachverständige Kenntnis von der Schutzanordnung erhalten haben, sind sie an die Anordnung gebunden und können wegen Missachtung des Gerichts bestraft werden (contempt Maßnahmen), wenn sie der Schutzanordnung zuwider handeln. Üblich ist aber, dass private Sachverständige zusätzlich eine Vertraulichkeitserklärung unterzeichnen, die Kenntnis von der Schutzanordnung belegt.[525] In einzelnen Fällen fügen Gerichte auch eine Schadensersatzverpflichtung bei Zuwiderhandlung ein.[526] Das erscheint in jedem Fall sinnvoll, weil die verletzte Partei von contempt Maßnahmen nicht direkt profitiert.[527] Jedenfalls dürfen private Sachverständige in der mündlichen Verhandlung dann nicht aussagen, wenn sie ent-

---

[523] *Upjohn Co. v. Hygieia Biological Laboratories*, 151 F.R.D. 355, 361-363 (E.D.Cal. 1993) (Nach der dort abgedruckten confidentiality order hatten nur Parteivertreter und private Sachverständige, die keine Beziehung zu den Parteien haben, Zugang zu als vertraulich gekennzeichneten Unterlagen. Auch die Syndikusanwälte der Parteien waren ausgeschlossen.); *In Re Remington Arms Co., Inc.*, 952 F.2d 1029 (8th Cir. 1991), *on remand*, 143 F.R.D. 673, 690-693 (W.D.Mo. 1992) (Die abgedruckte protective order beschränkte den Zugang auf Parteivertreter und private Sachverständige.); *Quotron Systems, Inc. v. Automatic Data Processing, Inc.*, 141 F.R.D. 37, 40 (S.D.N.Y. 1992) (Schutzanordnungen zugunsten von Betriebsgeheimnissen, die Unterlagen nur den Parteivertretern und privaten Sachverständigen zugänglich machen, sind üblich.); *Cipollone v. Liggett Group, Inc.*, 785 F.2d 1108, 1112 Fn. 4 (3rd Cir. 1986) (Nach der dort abgedruckten confidentiality order hatten nur Parteivertreter und private Sachverständige Zugang zu als vertraulich gekennzeichneten Unterlagen.); *Coca-Cola Bottling Co. v. Coca-Cola Co.*, 107 F.R.D. 288, 300 (D. Del. 1985); *Centurion Industries, Inc. v. Warren Steurer and Associates*, 665 F.2d 323, 326 Fn. 7 (10th Cir. 1981) (Nur die Rechtsanwälte des Antragstellers und von ihm ernannte private Sachverständige durften die Unterlagen des Dritten einsehen.); *Maritime Cinema Service Corp. v. Movies En Route, Inc.*, 60 F.R.D. 587, 590 (S.D.N.Y. 1973); *Covey Oil Co. v. Continental Oil Co.*, 340 F.2d 993, 999 (10th Cir.), *cert. denied*, 380 U.S. 964 (1965) (Nur Parteianwalt und unabhängiger vereidigter Wirtschaftsprüfer hatten Zugang zu den Dokumenten, mit der Auflage, sie nur für den Rechtsstreit, nicht aber zu Wettbewerbszwecken zu nutzen.).

[524] *Milgrim*, Trade Secrets, Bd. 4, 2003, § 14.02[4][e], 14-121 Fn. 88.

[525] *Milgrim*, Trade Secrets, Bd. 4, 2003, § 14.02[4], 14-106 Fn. 50 und 14-189 mit Formulierungsvorschlägen; *St. Jude Medical, Inc. v. Intermedics, Inc.*, 107 F.R.D. 398, 399 Fn. 1 (D.Minn. 1985); *United States v. International Business Machines Corp.*, 82 F.R.D. 183, 184 (S.D.N.Y. 1979); siehe beispielhaft auch die „Protective Order“ mit Zustatzerklärung in: *Upjohn Co. v. Hygieia Biological Laboratories*, 151 F.R.D. 355, 361-363 (E.D.Cal. 1993).

[526] Siehe z.B. *Culinary Foods, Inc. v. Raychem Corp.*, 151 F.R.D. 297, 307 und 311 (N.D.Ill. 1993).

[527] *Milgrim*, Trade Secrets, Bd. 4, 2003, § 14.02[4][g], 14-134-14-135.

gegen einer Schutzanordnung Betriebs- und Geschäftsgeheimnisse erfahren oder veröffentlicht haben.[528]

Ob Gerichte zwischen Syndikusanwälten und unabhängigen Anwälten unterscheiden sollen, wenn sie den Zugang vertraulicher Unterlagen auf die Parteivertreter beschränken, wird unterschiedlich beurteilt. Nach einer Meinung soll es nicht allein entscheidend sein, ob die Rolle des Parteivertreters die eines Syndikusanwalts oder unabhängigen Anwalts ist. Es müssen weitere Umstände hinzukommen, die es rechtfertigen könnten, den Syndikusanwalt auszuschließen.[529] Nach der anderen Meinung soll der Syndikusanwalt die Unterlagen nicht einsehen dürfen, wenn für ihn die besondere Gefahr besteht, die ihm bekannten Betriebs- oder Geschäftsgeheimnisse bei Folgeberatungen seines Mandanten nur schwer verheimlichen oder außer Acht lassen zu können.[530] Vertritt im anhängigen Verfahren nur der Syndikusanwalt seinen Mandanten, hat ein Gericht als Ausweichmöglichkeit beispielsweise angeordnet, die Partei könne einen dritten neutralen Berater bestellen, der die Unterlagen einsieht und über deren Relevanz berichtet. Sollten einzelne Unterlagen relevant sein, könnte die Partei Vorlage an den Syndikusanwalt bei Gericht beantragen.[531]

In Einzelfällen bestellen Gerichte auch unabhängige Sachverständige.[532] Das ist dann sinnvoll, wenn die Unterlagen Betriebs- oder Geschäftsgeheimnisse enthalten, sich aber ohne Preisgabe der Geheimnisse zusammenfassen und als Beweismittel verwerten lassen. Der unabhängige Sachverständige bewertet die Unterlagen und gibt eine Zusammenfassung an die Parteien weiter, die diese dann als Beweismittel in der mündlichen Verhandlung verwenden können.[533]

---

[528] *Cataphote Corp. v. Hudson,* 422 F.2d 1290, 1296 (5th Cir. 1970).
[529] *U.S. Steel Corp. v. United States*, 730 F.2d 1465, 1467-1469 (Fed.Cir. 1984).
[530] *Brown Bag Software v. Symantec Corp.*, 960 F.2d 1465, 1471 (9th Cir. 1992).
[531] *Brown Bag Software v. Symantec Corp.*, 960 F.2d 1465, 1469 (9th Cir. 1992).
[532] *Milgrim*, Trade Secrets, Bd. 4, 2003, § 14.02[4][e], 14-120.
[533] *E.L. Bruce Co. v. Empire Millwork Corp.*, 1 F.R.Serv.2d 34, 41, Case 1 (S.D.N.Y. 1958) (Unabhängiger Sachverständiger hat Zuliefererinformationen einer Partei eingesehen und darüber verschlüsselt berichtet, indem er die Namen der Zulieferer mit Nummern ersetzt hat.); *American Crystal Sugar Co. v. Cuban-American Sugar Co.*, 23 F.R.Serv. 26b.31, Case 3 (S.D.N.Y. 1956) (Unabhängiger Sachverständiger hat Kundenlisten beider Parteien eingesehen und die Anzahl zusammengestellt und verglichen, ob sich Kunden überschneiden.), beide Entscheidungen zitiert nach *Milgrim*, Trade Secrets, Bd. 4, 2003, § 14.02[4][e], 14-124 Fn. 92.

Normalerweise jedoch setzen die Gerichte die Anwälte einer Partei ein, um die Betriebs- und Geschäftsgeheimnisse zu schützen („counsel only“).[534] Die Anwälte haben Zugang zu allen Unterlagen und können, wenn ihnen der nötige Sachverstand fehlt, vom Gericht genehmigte private Sachverständige hinzuziehen, um das Material auszuwerten.[535] Die Schutzanordnung verbietet es den Anwälten, den schutzwürdigen Inhalt an Parteien oder Dritte weiterzugeben. Die Gerichte vertrauen dabei auf die Professionalität der Anwaltschaft, setzen aber bei Fehlverhalten Sanktionen ein.[536] Die tatsächlichen Durchsetzungsmöglichkeiten sind aber gering. Vor allem bei Sachverständigen ist es schwierig zu kontrollieren, ob und wie sie erlangte Informationen weiterverwerten.[537]

b) Umbrella Protective Order: von den Parteien vereinbarte Schutzanordnung

In komplexen Rechtsstreitigkeiten sind so genannte umbrella protective orders üblich.[538] Das sind großzügige Schutzvereinbarungen, wonach die Betroffenen selbst bestimmen, welche Unterlagen schutzbedürftig sind. Umbrella protective orders sind sowohl zwischen Parteien als auch zwischen Parteien und Dritten möglich.[539] Häufig vereinbaren die Betroffenen selbst die notwendigen Schutzmaßnahmen ohne Hilfe des Gerichts. Dabei genügt es, wenn die Parteivertreter die Vereinbarung unterzeichnen. Sie können sie aber auch dem Gericht zur Genehmigung vorlegen.[540] Das Gericht muss dann nicht mehr prüfen, ob die Voraussetzungen für eine Schutzanordnung vorliegen.[541]

---

[534] *St. Jude Medical, Inc. v. Intermedics, Inc.*, 107 F.R.D. 398, 399 Fn. 1, 401 (D.Minn. 1985) (Zu zusätzlichen Maßnahmen, die zum weiteren Schutz ergriffen werden können: Einrichtung eines Dokumentenlagers, wo ausschließlich die Anwälte das Material einsehen können, ohne etwas mit in den Raum hinein oder hinaus nehmen zu dürfen.); *Xerox Corp. v. International Business Machines Corp.*, 64 F.R.D. 367, 370 (S.D.N.Y. 1974).

[535] Siehe etwa *Puritan-Bennett Corp. v. Pruitt*, 142 F.R.D. 306, 310-311 (S.D.Iowa 1992); *Milgrim*, Trade Secrets, Bd. 4, 2003, § 14.02[4][f], 14-127.

[536] *Milgrim*, Trade Secrets, Bd. 4, 2003, § 14.02[4][f], 14-131 m.w.N.

[537] Siehe nur *Litton Industries, Inc. v. Chesapeake & Ohio Railway Co.*, 129 F.R.D. 528, 531 (E.D.Wis. 1990).

[538] Siehe nur *Zenith Radio Corp. v. Matsushita Electric Industrial Co.*, 529 F.Supp. 866, 889 (E.D.Pa. 1981); *Marcus*, Myth and Reality in Protective Order Litigation, Cornell Law Review, Bd. 69, 1983, 1, 9.

[539] Siehe etwa *Tavoulareas v. Washington Post Co.*, 724 F.2d 1010, 1024 (D.C.Cir. 1984).

[540] *Milgrim*, Trade Secrets, Bd. 4, 2003, § 14.02[4][g], 14-132, mit zahlreichen Formulierungsvorschlägen ab 14-135; *Haydock/Herr*, Discovery: Theory, Practice and Problems, 1983, 57.

[541] Note, Trade Secrets in Discovery: From First Amendment Disclosure to Fifth Amendment Protection, Harvard Law Review, Bd. 104, 1991, 1330, 1332.

Die umbrella protective order legt fest, welche Art von Unterlagen schutzbedürftig und schutzwürdig ist. Die danach vertraulichen Unterlagen dürfen nur von den in der Schutzanordnung aufgezählten Personen eingesehen werden und nur für den anhängigen Rechtsstreit verwendet werden. Jede Partei entscheidet selbst, welche ihrer Dokumente in den Schutzbereich fallen. Dabei ist es nicht ratsam, Dokumente zu großzügig als vertraulich zu bezeichnen;[542] denn hält der Gegner ein Dokument nicht für vertraulich, kann er das Dokument bei Gericht überprüfen lassen. Der Dokumenteninhaber muss dann darlegen und beweisen können, warum das Dokument – oder eine Gruppe von Dokumenten – vertraulich ist.[543] Gleiches gilt, wenn sich die Parteien nicht auf eine Schutzanordnung einigen können. Beantragt dann eine Partei bei Gericht den Erlass der Schutzanordnung, übernimmt das Gericht nicht unbesehen die vorformulierte Schutzanordnung. Der Antragsteller muss good cause für die Schutzanordnung darlegen und beweisen.[544]

Die umbrella Schutzanordnung ist dann sinnvoll, wenn im discovery Verfahren von komplexen Rechtsstreitigkeiten ein umfangreicher Dokumentenaustausch stattfindet. Es ist dem Gericht nicht möglich, jedes Dokument einzeln auf seine Schutzbedürftigkeit zu überprüfen. Der Schutzzweck von umbrella protective orders liegt vor allem darin, das discovery Verfahren effizient und zügig zu gestalten, und weniger darin, Betriebs- oder Geschäftsgeheimnisse einer Partei zu wahren. Kommt es zur mündlichen Verhandlung, sind nicht alle im discovery Verfahren vorgelegten Unterlagen als Beweismittel relevant. Sollen vertrauliche Dokumente in die mündliche Verhandlung eingeführt werden, muss der Geheimnisinhaber durch neue Anträge bei Gericht dafür sorgen, dass sie weiterhin geschützt bleiben. Die Unterlagen, die in der mündlichen Verhandlung keine Rolle spielen, sind zurückzugeben und dürfen für keinen anderen Zweck genutzt werden.

---

[542] Siehe etwa *Citizens First National Bank v. Cincinnati Insurance Co.*, 178 F.3d 943, 944-946 (7th Cir. 1999) (Das Gericht hat eine Schutzanordnung aufgehoben, weil sie es ohne jegliche Anleitung den Parteien überlassen hat, das vertrauliche Material zu bestimmen.); siehe auch *Quotron Systems, Inc. v. Automatic Data Processing, Inc.*, 141 F.R.D. 37, 40 (S.D.N.Y. 1992) (Das Gericht hat dem Beklagten aufgegeben, alle Dokumente innerhalb von 10 Tagen neu zu klassifizieren, weil der Beklagte zunächst alle Dokumente als „highly confidential" bezeichnet hatte.).

[543] *Zenith Radio Corp. v. Matsushita Electric Industrial Co.*, 529 F.Supp. 866, 893 (E.D.Pa. 1981).

[544] Siehe etwa *Nestle Foods Corp. v. Aetna Casualty and Surety Co.*, 129 F.R.D. 483, 485 Fn. 4 (D.N.J. 1990).

3. Abänderung einer Schutzanordnung

Die Schutzanordnung bietet keinen dauerhaften Schutz und gilt nur für das discovery Verfahren.[545] Sie soll vor allem die Informationen schützen, die zwar im discovery Verfahren herauszugeben sind, aber für die mündliche Verhandlung nicht als Beweismittel relevant sind.[546] Das Gericht kann die Schutzanordnung – ob im Einvernehmen mit den Parteien (stipulated) oder gegen den Willen einer Partei ergangen (court ordered) – nach pflichtgemäßem Ermessen jederzeit abändern oder aufheben, wenn deren Voraussetzungen nicht mehr vorliegen oder neue Umstände es erfordern. Das geschieht aber nur selten. Antragsteller ist meist eine Partei oder ein interessierter Dritter, der Zugang zu den Informationen erhalten will (non-party intervenor).[547] Der Antragsteller muss darlegen und beweisen, warum sich die Umstände geändert haben.[548]

Die Gerichte wägen bei einem Änderungsantrag wieder Schutzinteresse gegen Informationsinteresse ab, beziehen aber im Vergleich zu einem ursprünglichen Antrag auf eine Schutzanordnung zusätzliche Kriterien in die Abwägung mit ein. Manche Gerichte fordern das Vorliegen von außergewöhnlichen Umständen (extraordinary circumstances) für eine Änderung. Außergewöhnliche Umstände sollen aber schon gegeben sein, wenn eine Partei oder ein Dritter die Unterlagen für einen anderen Rechtsstreit benötigt und so doppelte discovery verhindert wird, oder das öffentliche Interesse die Vorlage verlangt.[549] Es spielt auch eine Rolle, ob sich das Verfahren inzwischen erledigt hat und deshalb das Schutzbedürfnis entfallen ist. Als weiteren Abwägungsfaktor werten die Gerichte, ob sich eine Partei auf die Schutzanordnung verlassen konnte

---

[545] *Gerber*, Extraterritorial Discovery and the Conflict of Procedural Systems: Germany and the United States, The American Journal of Comparative Law, Bd. 34, 1986, 745, 765.

[546] *National Polymer Products, Inc. v. Borg-Warner Corp.*, 641 F.2d 418, 424 (6th Cir. 1981); *Reliance Insurance Co. v. Barron's*, 428 F.Supp. 200, 202 (S.D.N.Y. 1977).

[547] Siehe etwa *Pansy v. Borough of Stroudsburg*, 23 F.3d 772, 777 (3rd Cir. 1994) m.w.N.

[548] *James/Hazard/Leubsdorf*, Civil Procedure, 5. Aufl., 2001, 326.

[549] *Pansy v. Borough of Stroudsburg*, 23 F.3d 772, 783-792 (3rd Cir. 1994) (Protective order darf modifiziert oder aufgehoben werden, wenn sie eine öffentliche Einrichtung schützt und die Informationen, hier ein Vergleich, nach dem Freedom of Information Act ohne die Schutzanordnung zugänglich wären.); *American Tel. & Tel. Co. v. Grady*, 594 F.2d 594, 597 (7th Cir. 1978) (Eine dritte Privatperson hatte erfolgreich Zugang zu Dokumenten beantragt, um sie in einem weiteren Rechtsstreit zu nutzen.); ähnlich *Wilk v. American Medical Association,* 635 F.2d 1295, 1299-1301 (7th Cir. 1980) (mit der Vorgabe, dass auch der Dritte die Unterlagen nur für seinen Rechtsstreit verwenden darf); *Martindell v. International Tel. & Tel. Corp.*, 594 F.2d 291, 295-297 (2nd Cir. 1979) (Keine außergewöhnlichen Umstände, wenn Staat als Dritter Zeugenvernehmungen aus einem privaten Rechtsstreit herausverlangt, um sie in strafrechtlichen Ermittlungen zu nutzen. Schutzanordnung wirkt weiter, weil Staat eigene Untersuchungsrechte hat.); ähnlich *Palmieri v. State of New York*, 779 F.2d 861 (2nd Cir. 1985).

oder musste – das ist bei einer durch die Parteien vereinbarten umbrella protective order eher nicht der Fall.[550] Denn bei dieser Schutzanordnung hat das Gericht die einzelnen Dokumente im discovery Verfahren nicht auf ihren schutzwürdigen Inhalt überprüft.[551] Vielmehr gilt eine Vermutung zugunsten des öffentlichen Zugangs zur Information (presumption in favor of public disclosure), die der Betroffene nur widerlegen kann, wenn er ein Betriebs- oder Geschäftsgeheimnis für jedes einzelne Dokument konkret darlegen und beweisen kann.[552] Gerichte stellen dabei hohe Anforderungen an die Darlegungs- und Beweislast des Betroffenen.[553]

Die Gerichte unterscheiden weiter danach, ob Parteien des Rechtsstreits oder unbeteiligte Dritte Unterlagen im discovery Verfahren vorgelegt haben. Geht es darum, ob Unterlagen eines Dritten freizugeben sind, wiegt das Schutzinteresse des Dritten schwerer als wenn es um Unterlagen einer Partei geht.[554] Ein einheitlicher Prüfungsmaßstab lässt sich jedoch kaum feststellen, denn die Gerichte entscheiden nach freiem Ermessen.[555]

4. Schutzmaßnahmen in der mündlichen Verhandlung

Das discovery Verfahren und die mündliche Verhandlung sind strikt zu trennen.[556] Die pre-trial discovery ist kein öffentliches Verfahren.[557] Material, das im discovery Verfahren zusammengetragen wird, ist nur auf Anordnung bei Gericht einzureichen, oder wenn das Material im Verfahren genutzt werden

---

[550] Ausführlich *Pansy v. Borough of Stroudsburg*, 23 F.3d 772, 789-790 (3rd Cir. 1994); *Public Citizen v. Liggett Group, Inc.*, 858 F.2d 775, 782 (1st Cir. 1988) m.w.N. (Umbrella protective order darf modifiziert werden, wenn sich Klage im pre-trial discovery Verfahren erledigt hat.); *In Re Agent Orange Product Liability Litigation*, 821 F.2d 139, 145-148 (2nd Cir. 1987) (Umbrella protective order darf modifiziert werden, wenn dem Betroffenen bewusst sein musste, dass sie provisorisch war und der Betroffene die Schutzwürdigkeit einzelner Dokumente nach Modifizierung noch nachweisen kann.); siehe auch *Milgrim*, Trade Secrets, Bd. 4, 2003, § 14.02[4], 14-106.1 mit weiteren möglichen Kriterien.

[551] *Procter & Gamble Co. v. Bankers Trust Co.*, 78 F.3d 219 (6th Cir. 1996); *Public Citizen v. Liggett Group, Inc.*, 858 F.2d 775, 790 (1st Cir. 1988); siehe auch *Milgrim*, Trade Secrets, Bd. 4, 2003, §14.02[4], 14-105.

[552] *Milgrim*, Trade Secrets, Bd. 4, 2003, § 14.02[4], 14-107 Fn. 57.

[553] Anschaulich *Baxter International, Inc. v. Abbott Labs.*, 297 F.3d 544 (7th Cir. 2002) m.w.N.

[554] *Tavoulareas v. Washington Post Co.*, 111 F.R.D. 653, 660 (D.D.C. 1986); *Tavoulareas v. Washington Post Co.*, 724 F.2d 1010, 1024 Fn. 27 (D.C.Cir. 1984).

[555] Note, Trade Secrets in Discovery: From First Amendment Disclosure to Fifth Amendment Protection, Harvard Law Review, Bd. 104, 1991, 1330, 1347 -1348.

[556] *Schlosser*, Internationale Rechtshilfe und rechtsstaatlicher Schutz von Beweispersonen, ZZP, Bd. 94, 1981, 369, 401-402.

[557] Siehe ausführlich *Marcus*, Myth and Reality in Protective Order Litigation, Cornell Law Review, Bd. 69, 1983, 1, 11-15.

soll, FRCP 5 (d).[558] Regelmäßig kommt es schon aus Platzgründen nicht zu solchen gerichtlichen Anordnungen. Das Material bleibt dann im Privatbesitz der Klageparteien. Besteht keine Schutzanordnung, können die Parteien die Unterlagen nach eigenem Belieben veröffentlichen. Eine Schutzanordnung ist hier wichtig, weil die Parteien über die Medien eine spätere jury beeinflussen könnten. Wird das Material aber bei Gericht eingereicht, hat jeder das Recht, die Unterlagen dort einzusehen.[559] Ist eine Schutzanordnung ergangen, kann das Material auf Antrag bei Gericht versiegelt werden und bleibt so vor der Öffentlichkeit geschützt.[560]

Geht das Verfahren in die mündliche Verhandlung und sind die vertraulichen Unterlagen auch dort relevant, muss der Betroffene weitere Schutzmaßnahmen beantragen, um die Öffentlichkeit von der Verhandlung auszuschließen und die Akte versiegeln zu lassen.[561] Die mündliche Verhandlung ist normalerweise öffentlich.[562] Die Gerichte können die Öffentlichkeit nach ihrem Ermessen ausschließen, wenn etwa ein Betriebs- oder Geschäftsgeheimnis betroffen ist.[563] Die Voraussetzungen sind ähnlich wie bei der Schutzanordnung: Der Betroffene muss darlegen, dass seine schutzwürdigen Geheimnisse in der mündlichen Verhandlung offenbart würden, was bei ihm zu einem nicht wiedergutzumachenden Schaden führen würde, und keine andere Möglichkeit

---

[558] FRCP 5 (d): „*All papers after the complaint required to be served upon a party, together with a certificate of service, must be filed with the court within a reasonable time after service, but disclosures under Rule 26(a)(1) or (2) and the following discovery requests and responses must not be filed until they are used in the proceeding or the court orders filing: (i) depositions, (ii) interrogatories, (iii) requests for documents or to permit entry upon land, and (iv) requests for admission.*“

[559] *In Re Agent Orange Product Liability Litigation*, 821 F.2d 139, 146 (2nd Cir. 1987); *Tavoulareas v. Washington Post Co.*, 724 F.2d 1010, 1015 (D.C.Cir. 1984); jeweils m.w.N.

[560] *Maritime Cinema Service Corp. v. Movies En Route, Inc.*, 60 F.R.D. 587, 590 (S.D.N.Y. 1973); *Baicker-McKee/Janssen/Corr*, A Student's Guide to the Federal Rules of Civil Procedure, 6. Aufl., 2003, 518.

[561] Siehe ausführlich *Milgrim*, Trade Secrets, Bd. 4, 2003, § 14.02[6], 14-199 bis 202; *Durst/Mann*, Behind Closed Doors: Closing the Courtroom in Trade Secrets Cases, Texas Intellectual Property Law Journal, Bd. 8, 2000, 355.

[562] Note, Trade Secrets in Discovery: From First Amendment Disclosure to Fifth Amendment Protection, Harvard Law Review, Bd. 104, 1991, 1330, 1332.

[563] *Richmond Newspapers, Inc. v. Virginia*, 448 U.S. 555, 600 Fn. 5 (1980) (Stewart, J., concurring).

besteht, sie zu schützen.[564] Zusätzlich muss der Betroffene beantragen, die Akte versiegeln zu lassen. Unterlässt er einen der Anträge, können die Rechte aus der im discovery Verfahren erlassenen Schutzanordnung endgültig verloren gehen.[565] Ist über Informationen, die einer discovery Schutzanordnung unterstehen, widerspruchslos öffentlich verhandelt worden, muss der Betroffene darlegen und beweisen können, dass sein Schutzinteresse an einer Versiegelung der Akte weiterhin gegenüber dem Informationsinteresse des Gegners und der Öffentlichkeit überwiegt. An das Schutzinteresse stellen die Gerichte hohe Anforderungen.[566]

5. Die Öffentlichkeitskampagne

Verschiedene Interessengruppen, wie die Medien, Verbraucherschutzvereine und Anwaltsverbände, versuchen den Schutz von protective orders auszuhebeln.[567] Sie berufen sich darauf, dass Schutzanordnungen dazu beitragen, öffentliche Gefahren und Risiken zu verbergen. Die Öffentlichkeit habe das Recht, Zugang zu Informationen auch aus dem discovery Verfahren zu erhalten. Die Kampagne der Interessengruppen hat zwar zu vereinzelten einzelstaatlichen Gesetzesänderungen geführt, einen durchschlagenden Erfolg hat sie bisher nicht erreichen können. Vor allem die Lehre wendet sich entschie-

---

[564] *In re Crain Communications, Inc. v. Hughes*, 521 N.Y.S.2d 244 (App.Div. 1 Dept. 1987); *Publicker Industries, Inc. v. Cohen,* 733 F.2d 1059, 1070-1071 (3rd Cir. 1984); *In re Iowa Freedom of Information Council,* 724 F.2d 658, 661 (8th Cir. 1983); siehe auch *Durst/Mann*, Behind Closed Doors: Closing the Courtroom in Trade Secrets Cases, Texas Intellectual Property Law Journal, Bd. 8, 2000, 355, 369-372 mit weiteren Rechtsprechungsnachweisen.

[565] *Glaxo, Inc. v. Novopharm, Ltd.*, 110 F.3d 1562, 1571-1572 (Fed.Cir. 1997); *Littlejohn v. Bic Corp.*, 851 F.2d 673, 680 (3rd Cir. 1988).

[566] *Gates Rubber Co. v. Bando Chemical Industries*, 9 F.3d 823, 848-849 (10th Cir. 1993) (Es reicht aus, wenn der Betroffene weiterhin versucht, seine Geheimnisse zu schützen, indem er die Zuhörer im Gerichtssaal beobachtet und nach der Verhandlung die Akte versiegeln lässt.); *National Polymer Products, Inc. v. Borg-Warner Corp.*, 641 F.2d 418, 424-425 (6th Cir. 1981).

[567] Siehe *James/Hazard/Leubsdorf*, Civil Procedure, 5. Aufl., 2001, 325-326; *Hay*, Informationsbeschaffung über schriftliche Unterlagen und Augenscheinsobjekte im Zivilprozess, in: Schlosser (Hrsg.), Die Informationsbeschaffung für den Zivilprozess, 1996, 1, 39; Note, Trade Secrets in Discovery: From First Amendment Disclosure to Fifth Amendment Protection, Harvard Law Review, Bd. 104, 1991, 1330, 1333; siehe zum parallelen Spannungsverhältnis zwischen fairem Juryprozess und Pressefreiheit, *Widmaier*, Jury und Medien – Zu einem elementaren verfassungsrechtlichen Problem in den USA, NJW 2004, 407.

den gegen eine Aushebelung der Schutzanordnungen, ohne die ein effizientes discovery Verfahren unmöglich wird.[568]

Auch die Rechtsprechung beschäftigt sich regelmäßig damit, ob die Öffentlichkeit ein Recht auf Zugang zu den Informationen aus einem Gerichtsverfahren hat. Üblicherweise verlangt ein Dritter – oder auch eine Partei – die Herausgabe von discovery Material, das unter dem Schutz einer protective order steht, um es in einem anderen Gerichtsverfahren zu verwenden oder anderweitig zu veröffentlichen. Der Supreme Court hat dazu 1985 im Fall *Seattle Times*[569] entschieden, dass das First Amendment der US-Verfassung, das die Meinungs-, Presse- und Informationsfreiheit umfasst, nicht die Rechte der Gerichte einschränke, Schutzanordnungen zu erlassen. Da Parteien Informationen im discovery Verfahren nur aufgrund gesetzlicher Regelungen und nicht aufgrund verfassungsrechtlicher Gewährleistungen erhielten, könne die gesetzliche Regelung auch die Nutzung der Information einschränken.[570] Schutzanordnungen dienten vor allem dazu, Missbrauch des discovery Verfahrens einzuschränken und den von Gesetzes wegen vorgesehenen Informationsaustausch ungehindert und reibungslos ablaufen zu lassen.[571] Die Entscheidung des Supreme Court hätte die Öffentlichkeitskampagne endgültig beenden können. Nachdem die Instanzgerichte bereits vor *Seattle Times* die Bedeutung des First Amendment für protective orders unterschiedlich beurteilt haben,[572] folgen sie nun zwar der Grundaussage des Supreme Court, setzen aber weiterhin völlig unterschiedliche Akzente.[573] Der Zugang der Öffent-

---

568 Siehe Note, Trade Secrets in Discovery: From First Amendment Disclosure to Fifth Amendment Protection, Harvard Law Review, Bd. 104, 1991, 1330; *Miller*, Confidentiality, Protective Orders and Public Access to the Courts, Harvard Law Review, Bd. 105, 1991, 427, *Marcus*, Myth and Reality in Protective Order Litigation, Cornell Law Review, Bd. 69, 1983, 1; jeweils m.w.N.

569 *Seattle Times Co. v. Rhinehart*, 467 U.S. 20 (1984).

570 *Seattle Times Co. v. Rhinehart*, 467 U.S. 20, 32 (1984).

571 *Seattle Times Co. v. Rhinehart*, 467 U.S. 20, 34 (1984).

572 *Tavoulareas v. Washington Post Co.*, 724 F.2d 1010, 1025-1028 (D.C.Cir. 1984) (keine First Amendment Prüfung); *In Re Halkin*, 598 F.2d 176, 191-196 (D.C.Cir. 1979) (Schutzanordnung am First Amendment zu messen); *Zenith Radio Corp. v. Matsushita Electric Industrial Co.*, 529 F.Supp. 866 (E.D.Pa. 1981) (balancing test: Abwägung des Interesses am öffentlichen Zugang zu Informationen gegen Geheimhaltungsinteresse und Art der Information).

573 *Public Citizen v. Liggett Group, Inc.*, 858 F.2d 775, 788 (1st Cir. 1988); *Tavoulareas v. Washington Post Co.*, 111 F.R.D. 653 (D.D.C. 1986); *Cipollone v. Liggett Group, Inc.*, 785 F.2d 1108, 118-119 (3rd Cir. 1986); *State of New York v. United States Metals Refining Co.*, 771 F.2d 796, 802-803 (3rd Cir. 1985); *In Re Consumers Power Co. Securities Litigation*, 109 F.R.D. 45, 54-55 (E.D.Mich. 1985); Die vielen Facetten dieser uneinheitlichen Rechtsprechung, etwa dazu ob discovery Material für andere ähnliche Verfahren herauszugeben ist, können hier nur angedeutet werden.

lichkeit zu Informationen aus dem discovery Verfahren bleibt damit weiterhin ein Thema.

6. Schutz gegenüber dem Gegner oder den Parteien

Eine Schutzanordnung mit allen nötigen Folgeanträgen kann verhindern, dass Betriebs- und Geschäftsgeheimnisse an die Öffentlichkeit gelangen. Häufig wird es einem Betroffenen aber genauso wichtig sein, die Geheimnisse auch nicht dem Gegner – oder beiden Parteien, wenn ein Dritter Dokumenteninhaber ist – zu offenbaren. Im discovery Verfahren lässt sich das mit einer Schutzanordnung erreichen, die Unterlagen nur den zur Verschwiegenheit verpflichteten Parteivertretern und privaten Sachverständigen zugänglich macht. Sind die Unterlagen auch als Beweismittel in der mündlichen Verhandlung relevant, können sie zwar versiegelt bei Gericht eingereicht werden und in der Verhandlung unter Ausschluss der Öffentlichkeit verhandelt werden, die Parteien erhalten dann aber doch Kenntnis vom Betriebs- oder Geschäftsgeheimnis. Da die meisten Verfahren in einem Vergleich enden, bevor es zur mündlichen Verhandlung kommt, gibt es dazu kaum Rechtsprechung.[574] Dem Betroffenen bleibt regelmäßig nur die Möglichkeit, Schadensersatzverpflichtungen in die Schutzanordnung aufzunehmen, falls eine Partei Betriebs- und Geschäftsgeheimnisse veröffentlicht oder zu eigenen Zwecken nutzt.

In seltenen Fällen haben es Gerichte aber gebilligt, eine der Parteien von der mündlichen Verhandlung auszuschließen, um die Betriebs- oder Geschäftsgeheimnisse der anderen Partei zu schützen.[575] Das Recht einer Partei, an der mündlichen Verhandlung teilzunehmen, sei nicht absolut, denn die Partei könne sich durch ihren Anwalt vertreten lassen. Nachdem solche Entscheidungen nur vereinzelt auftauchen und bundesgerichtliche Berufungsurteile ganz fehlen, lässt sich der Ausschluss einer Partei aus der mündlichen Verhandlung nicht als allgemein zulässig bezeichnen. Nachdem es selten zur mündlichen Verhandlung kommt, stellt sich auch die Frage nach dem Schutz der Geheimnisse vor dem Gegner in der mündlichen Verhandlung kaum.

---

574 *Stadler*, Der Schutz des Unternehmensgeheimnisses im deutschen und US-amerikanischen Zivilprozess und im Rechtshilfeverfahren, 1989, 226-227.

575 Siehe etwa *Air Prods. & Chemicals, Inc. v. Johnson,* 442 A.2d 1114, 1126-1129 (Pa.Sup. 1982) (Die Entscheidungsgründe trennen aber nicht sauber zwischen pre-trial discovery Verfahren und mündlicher Verhandlung.); *College Watercolor Group, Inc. v. William H. Newbauer, Inc.*, 360 A.2d 200, 204 (Pa. 1976) (Weil die Partei in der mündlichen Verhandlung mit ihrem Ausschluss einverstanden war, konnte sie in der Berufung nicht gegen das Verfahren vorgehen.); siehe auch *Milgrim*, Trade Secrets, Bd. 4, 2003, § 14.02[4][e], 14-126 bis 127 m.w.N.

7. Fazit

Allein eine Schutzanordnung kann verhindern, dass ein Betroffener seine Geheimnisse im Gerichtsverfahren verliert. Da Betriebs- und Geschäftsgeheimnisse oft einen großen wirtschaftlichen Wert haben, verunsichert es sehr, dass in den USA der Schutz von jederzeit abänderbaren Ermessensentscheidungen der erstinstanzlichen Gerichte abhängt, häufig ohne die Option eines Rechtsmittels. Trotzdem zeigt der Überblick über die Rechtsprechung, dass sie den Schutz von Betriebs- und Geschäftsgeheimnissen Ernst nimmt und Schutzanträge sorgfältig überprüft. Pauschalen Schutzbehauptungen steht sie zwar skeptisch gegenüber.[576] Kann ein Betroffener aber konkret darlegen, dass er ein Betriebs- oder Geschäftsgeheimnis offenbaren müsste und ihm dabei ein konkreter Schaden drohen würde, erlassen die Gerichte entsprechende Schutzanordnungen und belegen Verstöße mit Sanktionen.

VII. Sanktionen

1. Missachtung des Gerichts

Reagiert eine Partei, FRCP 37 (d), oder ein Dritter, FRCP 45 (e), vorsätzlich gar nicht auf ein Vorlageverlangen, kann das Gericht sogleich Zwangsmaßnahmen anordnen.[577] Reagiert eine Partei oder ein Dritter fahrlässig nicht, oder weigern sie sich unter Angabe von Gründen, einem Vorlageverlangen nachzukommen (objection), obliegt es dem Antragsteller, bei Gericht die Anordnung der discovery Maßnahme (order to compel) zu beantragen, FRCP 37 (a) für den Gegner und FRCP 45 (c)(2)(B) für den Dritten. Normalerweise wird der Antragsteller zunächst eine Anordnung des Gerichts beantragen müssen, weil die Gerichte nur in besonderen Fällen ein vorsätzliches Untätigbleiben des Gegners oder Dritten bejahen.

Kommt der Betroffene der discovery Anordnung des Gerichts (order compelling discovery) nicht nach, befindet er sich in contempt of court[578] und kann für dieses Verhalten bestraft werden, indem das Gericht Zwangsmittel verhängt. Das gilt für die Partei, FRCP 37 (b)(2)(D), und für den Dritten, FRCP 45 (e). Zunächst legt das Gericht regelmäßig der unterlegenen Partei die Kosten auf, die dem Gericht und den anderen Parteien durch den Zwischenstreit entstanden sind, FRCP 37 (a)(4) und (b)(2) a.E.[579] Weitergehende

---

[576] *Milgrim*, Trade Secrets, Bd. 4, 2003, § 14.02[4], 14-110.

[577] Volltext von FRCP 37 und 45 im Anhang.

[578] „*Conduct that defies the authority or dignity of a court (...).*" aus Black's Law Dictionary, 8. Aufl., 2004, 313.

[579] Normalerweise trägt im Zivilprozess jede Partei ihre eigenen Kosten: *Reitz*, Grundlegende Unterschiede zwischen dem deutschen und dem US-amerikanischen Zivilprozessrecht: Vorzüge, die sich ausschließen?, ZZP, Bd. 104, 1991, 381, 391; siehe auch *Sinclair*, Sinclair on Federal Civil Practice, 3. Aufl., 2003, § 9.43.

Sanktionen haben verschiedene Zwecke: Sie sollen (1) die discovery erzwingen; (2) andere von ähnlichem Verhalten abhalten; und (3) den Betroffenen und/oder seinen Anwalt bestrafen.[580]

Die Strafen für contempt of court in einem Zivilverfahren sind zum einen die zivilprozessualen Beugemittel (civil contempt) der Beugehaft oder des Ordnungsgeldes, mit denen das Gericht die Befolgung der gerichtlichen Anordnung erzwingen will. Kommt der Betroffene der Anordnung daraufhin nach, hebt das Gericht die Sanktion auf.[581] Dagegen kann das Gericht auch das Zwangsmittel des criminal contempt einsetzen, welches eine echte Strafe darstellt und auch dann bestehen bleibt, wenn der Betroffene später die Anordnung befolgt.[582] Beugehaft ist im discovery Verfahren nicht üblich.[583] Auch Ordnungsgeldstrafen kommen selten vor.[584] Bei den Parteien wenden die Gerichte lieber die verfügbaren indirekten Sanktionen an. Entscheidet sich das Gericht für eine Geldstrafe, steht der Betrag in seinem Ermessen und kann drastisch ausfallen.[585]

Sanktionen können aber nicht nur die Parteien des Rechtsstreits oder einen Dritten als Dokumenteninhaber treffen, sondern auch die Anwälte der Parteien. Ein Beispiel: In einer Kartellklage gegen Kodak[586] in den 70iger Jahren hatte ein Partner einer prominenten New Yorker Anwaltskanzlei wahrheits-

---

580 *Wouters v. Martin County, Florida,* 9 F.3d 924, 933 (11th Cir. 1993) m.w.N.

581 Siehe etwa *Government Guarantee Fund of the Republic of Finland v. Hyatt Corp.*, 182 F.R.D. 182, 184-185 (D.Virgin Islands 1998).

582 *Junker*, Discovery im deutsch-amerikanischen Rechtsverkehr, 1987, 194; siehe z.B. *Smith v. Smith*, 145 F.3d 104 (5th Cir. 1998).

583 *Hay*, Informationsbeschaffung über schriftliche Unterlagen und Augenscheinsobjekte im Zivilprozess, in: Schlosser (Hrsg.), Die Informationsbeschaffung für den Zivilprozess, 1996, 1, 42 Fn. 208.

584 *Junker*, Discovery im deutsch-amerikanischen Rechtsverkehr, 1987, 200-202; als Beispiele für eine contempt Sanktion gegenüber Parteien siehe *Selletti v. Carey*, 173 F.3d 104 (2nd Cir. 1999) (Das Gericht legte dem Kläger eine Sanktion in Höhe von 5.000 USD auf, weil er das discovery Verfahren verschleppt hatte, und verlangte eine Sicherheitsleistung in Höhe von 50.000 USD für die Kosten der Beklagten.); *St. Jude Medical, Inc. v. Intermedics, Inc.*, 107 F.R.D. 398, 401-402 (D.Minn. 1985) (3.000 USD Geldstrafe, weil Beklagte gerichtlich angeordnete discovery Maßnahmen erschwert hatte.).

585 *In Re Grand Jury Proceedings Bank of Nova Scotia*, 740 F.2d 817 (11th Cir. 1984) (25.000 USD pro Tag gegen Dritten in grand jury proceedings [strafrechtliches Verfahren], was sich auf eine Gesamtsumme von 1.825.000 USD belief.); *In re Marc Rich & Co. AG*, 707 F.2d 663, 670 (2nd Cir. 1983) (50.000 USD pro Tag gegen Partei in grand jury proceedings); *Born*, International Civil Litigation in United States Courts, 3. Aufl., 1996, 880, Nr. 8, m.w.N.; *Mössle*, Extraterritoriale Beweisbeschaffung im internationalen Wirtschaftsrecht, 1990, 151 m.w.N.

586 *Berkey Photo, Inc. v. Eastman Kodak Co.*, 603 F.2d 263, 305-308 (2nd Cir. 1979).

widrig im discovery Verfahren erklärt, die vom Gegner herausverlangten Unterlagen seien vernichtet worden. Er wurde zu 30 Tagen Gefängnis verurteilt und musste seine Anwaltskanzlei verlassen.[587]

2. Indirekte Sanktionen gegenüber Parteien

Gegenüber einer Partei gibt es neben der Möglichkeit von contempt Sanktionen auch noch die indirekten Sanktionen aus FRCP 37 (b)(2). Ziel der indirekten Sanktionen ist es, der sich fehlerhaft verhaltenden Partei einen Prozessnachteil zuzufügen und auf diese Weise eine abschreckende Wirkung zu entfalten.[588] Die möglichen Sanktionen sind abgestuft und reichen vom Beschluss, dass die behauptete Tatsache als zugestanden gilt, FRCP 37 (b)(2)(A), über den Ausschluss einzelner Beweismittel und die Präklusion bestimmter Ansprüche, Einwendungen oder Schriftsätze, FRCP 37 (b)(2)(B), bis hin zum Versäumnisurteil oder zur Klageabweisung, FRCP 37 (b)(2)(C). Das Gericht kann nach seinem Ermessen eine oder mehrere Sanktionen verhängen. Es kann die Weigerung einer Partei auch zu ihrem Nachteil bei der Beweiswürdigung heranziehen.[589]

Die Anordnung aller Maßnahmen liegt sowohl in Bezug auf das Ob als auch auf das Wie im Ermessen des Gerichts. Die Gerichte können Sanktionen kombinieren und sind nicht an die in FRCP 37 (b)(2) aufgezählten Sanktionen gebunden. Grundsätzlich weichen sie aber nicht von dieser Liste ab.[590] Sanktionen sind auch gegen Unternehmen möglich, wenn deren Vertreter sich einer Anordnung des Gerichts verweigern.[591]

Ein Gericht muss sich bei der Ermessensausübung nur daran orientieren, ob die Verfügung „just", also billig und gerecht, ist, FRCP 37 (b)(2).[592] Der Begriff „just" knüpft an die due process clause der US-Verfassung an. Dieses Gebot soll die faire und unparteiische Behandlung der Parteien durch das Gericht sicherstellen.[593] Der Supreme Court hat dazu in einer Leitentscheidung betont, die Gerichte sollten FRCP 37 (b) restriktiv auslegen und Sanktionen wählen,

---

587 *Heidenberger*, Deutsche Parteien vor amerikanischen Gerichten: Erfahrungen aus der Praxis, 1988, 126.

588 *Junker*, Discovery im deutsch-amerikanischen Rechtsverkehr, 1987, 193.

589 *Société Internationale pour Participations Industrielles et Commerciales, S.A. v. Rogers*, 357 U.S. 197, 213 (1958).

590 *Baicker-McKee/Janssen/Corr*, A Student's Guide to the Federal Rules of Civil Procedure, 6. Aufl., 2003, 620.

591 *Baicker-McKee/Janssen/Corr*, A Student's Guide to the Federal Rules of Civil Procedure, 6. Aufl., 2003, 621.

592 *Junker*, Discovery im deutsch-amerikanischen Rechtsverkehr, 1987, 197.

593 *Insurance Corp. of Ireland, Ltd. v. Compagnie des Bauxites de Guinee*, 456 U.S. 694, 707 (1982).

die im Verhältnis zum Verhalten des Betroffenen angemessen sind.[594] Der Betroffene muss Gelegenheit haben, nachzuweisen, dass es ihm trotz ernsthafter Bemühungen (good faith efforts) nicht möglich war, der discovery Anordnung nachzukommen. Die Sanktion muss zudem einen Bezug zu der unbefolgten discovery Anordnung haben.[595] Allerdings sollen die Sanktionen nicht nur den Betroffenen bestrafen, sondern auch gegenüber anderen abschreckend wirken.[596]

Trotz der verfassungsrechtlichen Vorgaben haben die erstinstanzlichen Gerichte einen weiten Ermessenspielraum, wenn sie Sanktionen auswählen. Zwar bleiben die schärfsten Sanktionen offenkundig böswilligem Verhalten vorbehalten (bad faith).[597] Es ist aber schwierig einzuschätzen, welche Sanktion ein Gericht im Einzelfall wählen wird.[598] Die Entscheidung des Gerichts ist nur auf Ermessensmissbrauch hin überprüfbar und wird selten aufgehoben. Beispielsweise ist ein Versäumnisurteil zulasten des Beklagten die geeignete Sanktion, wenn er fast ein Jahr lang trotz mehrfacher Anordnung durch das Gericht dem discovery Begehren des Klägers nicht vollständig nachgekommen ist.[599] Gleichermaßen ist die Sanktion der Klageabweisung gerechtfertigt, wenn sich der Kläger wiederholt discovery Anordnungen zu Zeugenvernehmungen und Vorlageverlangen widersetzt und damit eine Aufklärung des Falles unmöglich macht.[600] Die Präklusion einzelner Beweismittel oder eines Sachvortrags sehen die Gerichte bereits dann als angemessen an, wenn eine Partei ein Dokument nicht identifiziert oder (verspätet) vorlegt.[601]

Ein aktuelles Beispiel zeigt, wie sorgfältig der Dokumentenaustausch durchzuführen ist. Im Schadensersatzverfahren zwischen dem Aktionär Kerkorian und Daimler-Chrysler zur Frage, ob es sich beim Zusammenschluss von Daimler und Chrysler um eine Übernahme oder eine Fusion gehandelt hat, hatten die Anwälte von Daimler-Chrysler neue Dokumente gegen Ende der

---

594 *Société Internationale pour Participations Industrielles et Commerciales, S.A. v. Rogers*, 357 U.S. 197, 212 (1958).
595 *Insurance Corp. of Ireland, Ltd. v. Compagnie des Bauxites de Guinee*, 456 U.S. 694, 705-707 (1982).
596 *National Hockey League v. Metropolitan Hockey Club, Inc.*, 427 U.S. 639, 643 (1976).
597 *Wouters v. Martin County, Florida*, 9 F.3d 924, 933-934 (11th Cir. 1993) m.w.N.; siehe auch *James/Hazard/Leubsdorf*, Civil Procedure, 5. Aufl., 2001, 332-334; *Born*, International Civil Litigation in United States Courts, 3. Aufl., 1996, 879-881; jeweils m.w.N.
598 *Haydock/Herr*, Discovery: Theory, Practice and Problems, 1983, 299.
599 *Emerick v. Fenick Industries, Inc.*, 539 F.2d 1379, 1381 (5th Cir. 1976).
600 *Guex v. Allmerica Financial Life Ins.*, 146 F.3d 40 (1st Cir. 1998); *Republic of the Philippines v. Marcos*, 888 F.2d 954 (2nd Cir. 1989).
601 *Haydock/Herr*, Discovery: Theory, Practice and Problems, 1983, 301 m.w.N.; siehe auch *Klonoski v. Mahlab*, 156 F.3d 255, 269 (1st Cir. 1998).

mündlichen Verhandlung vorgelegt. Das Gericht hat das Verfahren sofort ausgesetzt, um zunächst zu klären, woher die Dokumente kommen und ob die Anwälte die späte Vorlage verschuldet haben.[602] Zwar hat das Gericht entschieden, dass die späte Vorlage nicht auf einem Verschulden der Partei oder ihrer Anwälte beruhte, sondern ein Versehen war, und hat das Verfahren fortgesetzt.[603] Es kann aber immer noch zu einem späteren Zeitpunkt Sanktionen verhängen.[604] Außerdem wurde das Verfahren verzögert und die mündliche Verhandlung teilweise wiederholt, um die Dokumente verarbeiten zu können.

3. Sanktionen gegen Dritte

Gegenüber Dritten gibt es keine indirekten Sanktionen, sondern Geld- und Haftstrafen wegen contempt of court, FRCP 45(e). Da Dritte am Verfahren nicht beteiligt sind, greifen die Gerichte bei ihnen häufiger zu Ordnungsgeldern als bei den Parteien, weil sie sonst keine wirksamen Druckmittel haben.[605]

4. Sanktionen wegen Verstoß gegen eine Schutzanordnung

Wichtig sind Sanktionen nicht nur dann, wenn der Pflichtige einer Anordnung nicht nachkommt, sondern auch dann, wenn er sich nicht an die Vorgaben einer Schutzanordnung hält. Schutzanordnungen sind durchsetzbar.[606] Verstöße können mit civil contempt Maßnahmen geahndet werden.[607] Hat eine Partei des Rechtsstreits gegen die Schutzanordnung verstoßen, kommen auch die Sanktionen aus FRCP 37(b)(2) in Betracht. Das kann bis zum Prozessverlust führen, wenn beispielsweise der Kläger trotz mehrfacher Ermahnung vertrauliche Informationen des Beklagten im eigenen Betrieb und gegenüber den Wettbewerbern des Beklagten verbreitet hat.[608] Hat eine Partei trotz Schutz-

---

[602] „Kerkorian-Prozess ausgesetzt", FAZ v. 17.12.2003; „Ein vorgezogenes Weihnachtsgeschenk für Kirk Kerkorian", FAZ v. 18.12.2003.

[603] „Neue Beweismittel im Kerkorian-Prozess zugelassen", Financial Times Deutschland v. 23.12.2003, www.ftd.de/ub/in/1071904454396.html (zuletzt besucht am 3.7.2004).

[604] *Webster, Sarah*, „DCX merger trial ends; appeal after ruling likely" v. 12.2.2004, www.freep.com/money/autonews/dcx12_20040212.htm (zuletzt besucht am 3.7.2004).

[605] Siehe etwa *In Re Grand Jury Proceedings Bank of Nova Scotia*, 740 F.2d 817 (11th Cir. 1984) (25.000 USD pro Tag in grand jury proceedings, was sich auf eine Gesamtsumme von 1.825.000 USD belief); *Born*, International Civil Litigation in United States Courts, 3. Aufl., 1996, 880, Nr. 8, m.w.N.; *Haydock/Herr*, Discovery: Theory, Practice and Problems, 1983, 301.

[606] *H.L. Hayden Co. of New York, Inc. v. Siemens Medical Systems, Inc.*, 130 F.R.D. 281 (S.D.N.Y. 1989) (Anordnung, dass Dokumente entsprechend der Schutzanordnung nach Ende des Verfahrens zu vernichten seien oder zurückzugeben seien, weil sich der Betroffene auf die Schutzanordnung müsse verlassen können.)

[607] Siehe etwa *Littlejohn v. Bic Corp.*, 851 F.2d 673, 684 Fn. 26 (3rd Cir. 1988).

[608] *Hi-Tek Bags, Ltd. v. Bobtron International, Inc.*, 144 F.R.D. 379 (C.D.Cal. 1992).

anordnung den Zugang zu Dokumenten mit weiteren Maßnahmen erschwert, kann das Gericht auch dieses Verhalten mit Geldstrafen ahnden.[609]

Meint der Betroffene, eine Person, die nach der Schutzanordnung Zugang zu den vertraulichen Dokumenten hatte, habe die Informationen für andere Zwecke verwendet oder veröffentlicht, kann er bei Gericht einen Antrag auf civil contempt Maßnahmen stellen. Dazu muss er konkret darlegen und beweisen können, dass der Antragsgegner die Schutzanordnung verletzt hat und dass es sich tatsächlich um schutzwürdige Betriebs- oder Geschäftsgeheimnisse handelt (clear and convincing evidence).[610] Ein vorsätzliches oder schuldhaftes Handeln ist nicht erforderlich.[611] Der Antragsgegner muss selbst nicht in der Schutzanordnung genannt sein. Es genügt, wenn er die Schutzanordnung kennt und rechtlich mit einer dort genannten Person identisch ist. Das ist etwa für private Sachverständige zu bejahen, wenn die Partei in der Schutzanordnung genannt ist.[612]

Als Sanktion verhängen die Gerichte meist ein Ordnungsgeld, dessen Höhe den Schaden des Antragstellers nicht übersteigen soll, und legen dem Antragsgegner die Kosten des Verfahrens und die Anwaltskosten auf.[613] Vor allem für unbeteiligte Dritte, die in einem discovery Verfahren vertrauliche Unterlagen vorlegen mussten, sind drohende contempt Maßnahmen bei Verletzung einer Schutzanordnung oft die einzigen Druckmittel gegenüber denen, die vom Inhalt der Unterlagen Kenntnis erlangen. Während es natürlich sicherer ist, die Informationen gar nicht zu offenbaren, sollte das Druckmittel der Sanktionen nicht unterschätzt werden.[614]

---

[609] *St. Jude Medical, Inc. v. Intermedics, Inc.*, 107 F.R.D. 398, 401-402 (D.Minn. 1985).

[610] *Littlejohn v. Bic Corp.*, 851 F.2d 673, 683-684 (3rd Cir. 1988); *Quinter v. Volkswagen of America*, 676 F.2d 969, 974 (3rd Cir. 1982) (Parteibenannter Sachverständiger hatte eine Liste über Crash Tests an einen anderen Anwalt weitergegeben.).

[611] *Marrocco v. General Motors Corp.*, 966 F.2d 220, 224 (7th Cir. 1992); *Quinter v. Volkswagen of America*, 676 F.2d 969, 973 (3rd Cir. 1982) m.w.N.; *Milgrim*, Trade Secrets, Bd. 4, 2003, § 14.02[5], 14-199.

[612] *Quinter v. Volkswagen of America*, 676 F.2d 969, 972-973 (3rd Cir. 1982) m.w.N.

[613] *Jones v. Goodyear Tire and Rubber Co.* 137 F.R.D. 657 (C.D.Ill. 1991), *aff'd* 966 F.2d 220 (7th Cir. 1992) (Ausnahmsweise als Sanktion sogar Urteil zugunsten des Klägers, wenn Beklagte das Hauptbeweismittel, Teile eines Reifens, verloren hat, trotz Schutzanordnung mit Anordnung, sorgsam mit Beweismittel umzugehen.); *Quinter v. Volkswagen of America*, 676 F.2d 969, 975 (3rd Cir. 1982) m.w.N.

[614] *Milgrim*, Trade Secrets, Bd. 4, 2003, § 14.02[4], 14-109.

Teil 3: Vergleich

Ein kurzer Vergleich des deutschen und US-amerikanischen Prozessrechts soll die Unterschiede, aber auch die Gemeinsamkeiten der beiden Systeme verdeutlichen. Das soll genügen, um die Schwierigkeiten hervorzuheben, denen sich ein internationales Schiedsgericht ausgesetzt sieht. Für eine umfassende Prozessrechtsvergleichung ist dabei weder Raum noch Bedarf.[615]

I. Hauptunterschiede

Es gibt bereits zahlreiche Untersuchungen, in denen sowohl deutsche als auch US-amerikanische Autoren die Hauptunterschiede der beiden Verfahrensordnungen herausarbeiten und historisch belegen.[616] Vor allem die Abhandlungen US-amerikanischer Autoren erleichtern dem kontinentaleuropäischen Juristen das Verständnis des US-amerikanischen Systems.[617] Hier sind nur die wichtigsten Unterschiede hervorzuheben: (1) zur Struktur des Prozesses, (2) zur Rollenverteilung der am Prozess Beteiligten, und dann ausführlicher (3) zu den Aufklärungs- und Vorlagepflichten.

Die Struktur des Prozesses ist grundverschieden. In Deutschland gibt es einen fortlaufenden Prozess, der aus mehreren Terminen zur mündlichen Verhandlung und zu Beweisaufnahmen bestehen kann. Während des laufenden Verfahrens sammeln und präsentieren die Parteien ihre Beweise, die das Gericht rechtlich bewertet. In den USA ist das streng in discovery Verfahren und

---

[615] Siehe allgemein zur Prozessrechtsvergleichung *Stürner/Stadler*, Eigenarten der Prozessrechtsvergleichung, in: Gilles (Hrsg.), Transnationales Prozessrecht, 1995, 263; generell zu den Unterschieden zwischen kontinentaleuropäischem und angloamerikanischem Rechtskreis: *Elsing/Townsend*, Bridging the Common Law – Civil Law Divide in Arbitration, Arb. Int'l, Bd. 18, 2002, 59; *Reymond*, Civil Law and Common Law Procedures: Which is the More Inquisitorial? A Civil Lawyer's Response, Arb. Int'l, Bd. 5, 1989, 357.

[616] Siehe nur *Stürner*, U.S.-amerikanisches und europäisches Verfahrensverständnis, in: Lutter u.a. (Hrsg.), Festschrift für Ernst Stiefel, 1987, 763 m.w.N.

[617] Informativ *Gerber*, Comparing Procedural Systems, in: Nafziger/Symeonides (Hrsg.) Essays in Honor of Arthur T. von Mehren, 2002, 665; *ders.*, Extraterritorial Discovery and the Conflict of Procedural Systems: Germany and the United States, The American Journal of Comparative Law, Bd. 34, 1986, 745; *Langbein*, The German Advantage in Civil Procedure, The University of Chicago Law Review, Bd. 52, 1985, 823 (Der sich dafür ausspricht, Teile des deutschen Verfahrens in das US-amerikanische zu übernehmen.); Literaturnachweise zu der darauf folgenden US-amerikanischen Diskussion bei *Jolowicz*, On the Comparison of Procedures, in: Nafziger/Symeonides (Hrsg.) Essays in Honor of Arthur T. von Mehren, 2002, 721, 722 Fn. 7 und 8; in deutscher Sprache: *Maxeiner*, Die Gefahr der Übertragung deutschen Rechtsdenkens auf den US-amerikanischen Zivilprozess, RIW 1990, 440.

mündliche Verhandlung zweigeteilt.[618] Die mündliche Verhandlung findet an einem Stück statt, weil die Geschworenen nur einmal zusammengerufen werden. Zeitlich sind in den USA deshalb alle Beweise zu Beginn der mündlichen Verhandlung vorzulegen, während die Parteien in Deutschland die Beweise erst schrittweise im Laufe des Verfahrens beibringen können.

Die Rollenverteilung hängt eng mit der Struktur des Prozesses zusammen. In beiden Verfahrensordnungen gilt der Beibringungsgrundsatz; er wirkt sich aber völlig unterschiedlich aus.[619] Während in Deutschland die Parteien den Streitgegenstand bestimmen, kontrolliert das Gericht den Fortgang des Verfahrens, indem es bestimmt, welche Streitpunkte entscheidungserheblich sind und welche angebotenen Beweise zu erheben sind. Im Übrigen ist es verpflichtet, die Parteien auf weiteren notwendigen Tatsachenvortrag hinzuweisen. Das Gericht begleitet das Verfahren von Anbeginn und leitet die Beweisaufnahme durch Beweisbeschlüsse. Ganz anders in den USA – dort gestalten die Parteien, oder vielmehr die Parteivertreter, das gesamte Verfahren.[620] Sie steuern das discovery Verfahren und entscheiden selbst, welche Beweise zu erheben sind. Kommt es zu Schwierigkeiten, entscheiden wieder die Parteivertreter, ob das Gericht einzuschalten ist. Zwar zeigt sich eine Tendenz in den USA, das Gericht aktiver am discovery Verfahren zu beteiligen;[621] am ursprünglichen Grundsatz ändert das aber nichts: In den USA sammeln die Parteien ihre Beweise ohne Mitwirkung des Gerichts, es sei denn, im discovery Verfahren treten Meinungsverschiedenheiten auf. Auch die mündliche Verhandlung gestalten allein die Parteivertreter: Sie präsentieren ihren Fall den Geschworenen und dem Gericht. Das discovery Verfahren mit seinen umfassenden Vorlagepflichten resultiert aus der Verfahrensgestaltung in den USA: Die Parteien sollen die Beweise selbst ohne Mitwirkung des Gerichts sammeln, damit sie alle Beweise in der einzigen mündlichen Verhandlung vor

[618] *Stürner*, U.S.-amerikanisches und europäisches Verfahrensverständnis, in: Lutter u.a. (Hrsg.), Festschrift für Ernst Stiefel, 1987, 763, 766; *Langbein*, The German Advantage in Civil Procedure, The University of Chicago Law Review, Bd. 52, 1985, 823, 829.

[619] *Gerber*, Extraterritorial Discovery and the Conflict of Procedural Systems: Germany and the United States, The American Journal of Comparative Law, Bd. 34, 1986, 745, 767-768; *Langbein*, The German Advantage in Civil Procedure, The University of Chicago Law Review, Bd. 52, 1985, 823, 824 und 841-843.

[620] *Gerber*, Extraterritorial Discovery and the Conflict of Procedural Systems: Germany and the United States, The American Journal of Comparative Law, Bd. 34, 1986, 745, 752-753.

[621] Siehe oben Kap.2, Teil 2, III.; *Stürner*, U.S.-amerikanisches und europäisches Verfahrensverständnis, in: Lutter u.a. (Hrsg.), Festschrift für Ernst Stiefel, 1987, 763, 766-770.

den Geschworenen präsentieren können.[622] Dort soll es keine Überraschungen mehr geben. Deshalb sehen angloamerikanische Juristen die discovery auch als wesentliche Voraussetzung für ein faires Verfahren.[623]

Der US-amerikanische Zivilprozess verlangt zum einen mehr Aufklärungsleistungen von den Parteien und von Dritten als der deutsche Zivilprozess. Zum anderen führt die US-amerikanische Rollenverteilung dazu, dass ein US-amerikanisches Gericht den Prozess weniger genau überwacht als ein deutsches Gericht.[624]

II. Aufklärungspflichten

Die grundlegend unterschiedlichen Einstellungen zu den Aufklärungspflichten lassen sich anschaulich gegenüberstellen: In den USA gilt generell: „Desto mehr Informationen jede Partei erhält, desto besser". In Deutschland gilt: „Jede Partei stellt ihre eigenen Beweismittel".[625] Das wirkt sich bereits auf die Voraussetzungen aus, die ein Kläger mit der Klageschrift zu erfüllen hat.[626] Während ein US-amerikanischer Kläger den Sachverhalt nur ganz allgemein schildern kann, muss ein deutscher Kläger seinen Anspruch substantiiert begründen und mit Beweismitteln belegen. Ein deutscher Kläger soll ein Verfahren nur dann einleiten, wenn er meint, mit den ihm verfügbaren Beweismitteln die Klage begründen zu können. Ein US-amerikanischer Kläger betreibt seine Sachverhaltsaufklärung dagegen erst im discovery Verfahren, das auf die Klageerhebung folgt. Das discovery Verfahren soll dazu dienen, Parteien und Parteivertreter den Sachverhalt erforschen zu lassen, nicht dazu, das Gericht zu informieren.[627] Parteien mit ihren Parteivertretern sollen dann den Sachverhalt dem Gericht präsentieren, damit das Gericht seinem Urteil die

---

622 *Hay*, Informationsbeschaffung über schriftliche Unterlagen und Augenscheinsobjekte im Zivilprozess, in: Schlosser (Hrsg.), Die Informationsbeschaffung für den Zivilprozess, 1996, 1, 49.

623 *Craig*, Common Law Principles on the Taking of Evidence, in: Böckstiegel (Hrsg.) Beweiserhebung in internationalen Schiedsverfahren, 2001, 9, 15; *Borris*, Die internationale Handelsschiedsgerichtsbarkeit in den USA, 1986, 83 m.w.N.

624 *Gerber*, Extraterritorial Discovery and the Conflict of Procedural Systems: Germany and the United States, The American Journal of Comparative Law, Bd. 34, 1986, 745, 784.

625 *Gerber*, Comparing Procedural Systems, in: Nafziger/Symeonides (Hrsg.) Essays in Honor of Arthur T. von Mehren, 2002, 665, 669.

626 *Langbein*, The German Advantage in Civil Procedure, The University of Chicago Law Review, Bd. 52, 1985, 823, 827.

627 *Stürner*, Transnational Civil Procedure: Discovery and Sanction Against Non-Compliance, Uniform Law Review/ Revue de Droit Uniforme 2001, 871, 872.

objektive Wahrheit zugrunde legen kann und die Parteien dadurch einen möglichst effektiven Rechtsschutz erhalten.[628]

In Deutschland dagegen gilt ein formaler Wahrheitsbegriff, der von Ausforschungsverbot, Beibringungsgrundsatz und Beweislastverteilung beherrscht wird. Zwar hat sich auch der US-amerikanische Zivilprozess dem Beibringungsgrundsatz oder adversary system verschrieben; die Parteien haben aber mit dem discovery Verfahren ein ganz anderes Mittel in der Hand, sich die nötigen Beweise zu beschaffen, als das in Deutschland der Fall ist. Aus US-amerikanischer Perspektive betreibt man in Deutschland eine extreme Variante des adversary system, weil die Parteien ihre eigenen Beweismittel beibringen müssen, häufig ohne auf den Gegner zugreifen zu können.[629] Der deutsche formale Wahrheitsbegriff führt dazu, dass ein Kläger zumeist auf die Beweismittel angewiesen ist, die er schon vor Klageerhebung beschaffen kann. Der Beibringungsgrundsatz allein ist deshalb kein Argument gegen Aufklärungspflichten der Parteien.[630] Es liegt vielmehr an der Gesamtsystematik des deutschen Zivilprozesses, dass die Parteien nicht zur umfassenden Aufklärung verpflichtet sind. Will der deutsche Kläger während des Verfahrens Beweise hinzugewinnen, muss er sich dazu an das Gericht wenden, das nur innerhalb der Grenzen der §§ 420 ff., 142 ZPO Urkunden und sonstige Unterlagen von Parteien und Dritten herausverlangen kann. Er hat nicht wie der US-amerikanische Kläger die Möglichkeit, sich auch nach Klageerhebung direkt an den Beklagten zu wenden und einen Dokumentenaustausch zu verlangen.

Die unterschiedliche Ausprägung der Aufklärungspflichten lässt sich auch damit erklären, wie Prozessparteien das gerichtliche Verfahren begreifen:[631] Während das Verfahren der ZPO hoheitlich-eingreifend wirkt, prägt geringe richterliche und staatliche Aktivität den US-amerikanischen Zivilprozess. Die Parteien klären dort den Sachverhalt zunächst unter sich auf und verstehen die Klageerhebung als Fortsetzung ihrer Auseinandersetzung nach festen Regeln. Deshalb sind sie auch eher bereit, Aufklärungspflichten zu akzeptieren. Deut-

---

[628] *Wagner*, Europäisches Beweisrecht, ZEuP 2001, 441, 470; *Craig*, Common Law Principles on the Taking of Evidence, in: Böckstiegel (Hrsg.) Beweiserhebung in internationalen Schiedsverfahren, 2001, 9, 16; *Junker*, US-amerikanische „Discovery" als Herausforderung des Internationalen Zivilprozessrechts, in: Heldrich/Kono (Hrsg.) Herausforderungen des Internationalen Zivilverfahrensrechts, 1994, 103-105.

[629] *James/Hazard/Leubsdorf*, Civil Procedure, 5. Aufl., 2001, 5.

[630] *Stadler*, Inquisitionsmaxime und Sachverhaltsaufklärung, in: Nakamura/Mpees (Hrsg.) Festschrift für Kostas E. Beys, Bd. II, 2003, 1625, 1630-1631; *Stürner*, Anm. zu BGH ZZP, Bd. 104, 1991, 203, 215; *ders.*, Parteipflichten bei der Sachverhaltsaufklärung im Zivilprozess, ZZP, Bd. 98, 1985, 237, 254.

[631] *Stürner/Stadler*, Eigenarten der Prozessrechtsvergleichung, in: Gilles (Hrsg.), Transnationales Prozessrecht, 1995, 263, 276-279.

sche Parteien dagegen empfinden den Zivilprozess als einschneidende hoheitliche Maßnahme und wehren sich schon gedanklich gegen den Eingriff.

Entscheidend am US-amerikanischen Zivilprozess ist die Trennung in pretrial discovery (das Erforschungsverfahren) und trial (die mündliche Verhandlung). Für beide Verfahrensabschnitte gelten unterschiedliche Regeln. Es ist deshalb verfehlt, alles aus dem deutschen Zivilprozess direkt mit dem discovery Verfahren zu vergleichen. Vielmehr ist zu betonen, dass das discovery Verfahren Beweise sammelt und nicht die Beweisaufnahme in der mündlichen Verhandlung ersetzt.

III. Vorlagepflichten

1. Begriff des Dokuments

Das deutsche Zivilprozessrecht kennt den engen Begriff der Urkunde, der nur die unmittelbar lesbare Aufzeichnung von Gedanken erfasst. In § 142 ZPO ist deshalb zusätzlich die Rede von „sonstigen Unterlagen", wozu auch Fotografien oder Röntgenbilder gehören können. Zum formellen Urkundenbegriff gehören sie nicht, sondern fallen unter den Augenscheinsbegriff. Das US-amerikanische Zivilprozessrecht dagegen ist großzügig und fasst Augenscheinsobjekte und Urkunden zusammen, FRCP 34(a).[632] Dort sind sowohl Urkunden als auch alle sonstigen Unterlagen und elektronischen Dokumente nach den gleichen Regeln vorzulegen. In Deutschland ist die Urkunde im engen Sinne nach den Regeln zum Urkundenbeweis vorzulegen, alles andere nach den Regeln zum Augenscheinsbeweis. Nachdem die Regelungen zum Urkunden- und Augenscheinsbeweis parallel verlaufen, ergeben sich keine Unterschiede.

2. Vorlagepflicht des Prozessgegners

Bei der Vorlagepflicht des Prozessgegners unterscheiden sich die beiden Verfahrensordnungen deutlich. Das US-amerikanische System ist prozessrechtlich ausgestaltet; das deutsche System betont die materiell-rechtlichen Verpflichtungen.[633] Während der Gegner im US-amerikanischen Zivilprozess grundsätzlich jedes Dokument vorlegen muss und nur ausnahmsweise die Vorlage verweigern oder Schutzanordnungen verlangen kann, ist der Gegner

---

[632] *Hay*, Informationsbeschaffung über schriftliche Unterlagen und Augenscheinsobjekte im Zivilprozess, in: Schlosser (Hrsg.), Die Informationsbeschaffung für den Zivilprozess, 1996, 1, 4 Fn. 7.

[633] *Nagel/Gottwald*, Internationales Zivilprozessrecht, 5. Aufl., 2002, § 9 Rdz. 28; *Hay*, Informationsbeschaffung über schriftliche Unterlagen und Augenscheinsobjekte im Zivilprozess, in: Schlosser (Hrsg.), Die Informationsbeschaffung für den Zivilprozess, 1996, 1, 4.

im deutschen Zivilprozess bereits nur in Einzelfällen zur Vorlage verpflichtet. Als Antragsgegner muss er eine Urkunde nur dann vorlegen, wenn der Antragsteller darauf einen materiell-rechtlichen Anspruch hat, § 422 ZPO, oder das Gericht die Vorlage einer in Bezug genommenen entscheidungserheblichen Urkunde nach § 142 ZPO von Amts wegen anordnet. Ein eigenes Antragsrecht nach § 142 ZPO hat die Partei nicht. Obwohl das Recht des Gerichts, Dokumente nach § 142 ZPO von Amts wegen herauszuverlangen bereits Anfang 2002 eingeführt wurde, haben die Gerichte bisher nur zögerlich davon Gebrauch gemacht.

Der Schwerpunkt der deutschen Rechtsprechung lag bisher darin, Vorlagepflichten des Gegners erst zu begründen – sei es durch die großzügige Bejahung von materiell-rechtlichen Anspruchsgrundlagen, sei es durch Beweiserleichterungen. Dabei hat die deutsche Rechtsprechung immer betont, es dürfe nicht zu einer Ausforschung des Gegners kommen. Sie hat deshalb nur bei ungerechtfertigt wirkenden Informationsdefiziten ausgleichend eingegriffen, wie etwa mit der Rechtsfigur der sekundären Darlegungs- und Beweislast oder mit dem Auskunftsanspruch aus Treu und Glauben. Damit hat sich die US-amerikanische Rechtsprechung überhaupt nicht auseinandersetzen müssen, weil als Ausgangspunkt die umfassende prozessuale Vorlagepflicht gilt.

3. Vorlagepflicht eines Dritten

Beide Verfahrensordnungen erkennen an, dass ein Dritter als am Rechtsstreit Unbeteiligter nur unter besonderen Voraussetzungen zur Vorlage von Dokumenten angehalten werden kann. Sowohl der US-amerikanische Gesetzgeber in FRCP 45 als auch jüngst der deutsche Gesetzgeber in §§ 428, 429, 142 Abs. 2 ZPO haben sich bewusst dafür entschieden, den Dritten zur Mitwirkung zu verpflichten.

In den USA ist der Dritte zwar in gleichem Umfang zur Vorlage von Dokumenten verpflichtet wie eine Partei. Der Unterschied liegt jedoch im Verfahren: Während sich der Antragsteller im discovery Verfahren mit Vorlageverlangen direkt an den Gegner wenden kann, muss er für ein Vorlageverlangen gegenüber einem Dritten zunächst eine subpoena ausstellen lassen, die den Dritten zur Vorlage verpflichtet. Das kann durch das Gericht oder einen Anwalt geschehen. Nachdem das subpoena Verfahren beschwerlicher ist als sich direkt an eine Klagepartei zu wenden, gehen US-amerikanische Gerichte zudem großzügig mit dem Begriff der Verfügungsmacht über Dokumente um. Wäre das subpoena Verfahren gegenüber dem Dritten aussichtslos – etwa weil er sich im Ausland befindet – bejahen US-amerikanische Gerichte häufig die Verfügungsmacht einer mit dem Dritten verbundenen Klagepartei.

Die deutsche Rechtsprechung ist deutlich zurückhaltender. Bisher war ein Dritter selten zur Mitwirkung verpflichtet. Das Gericht konnte ihn nicht auffordern, Urkunden in einem Verfahren vorzulegen. Wollte eine Partei Urkunden im Besitz eines Dritten in einem Rechtsstreit nutzen, musste sie das Gericht um Fristbestimmung bitten, um in einem gesonderten Verfahren auf Vorlage der Urkunden zu klagen. Seit der ZPO-Reform ist das anders. Nun ist der Dritte sowohl auf Anordnung des Gerichts als auch auf Beweisantrag einer Partei verpflichtet, entscheidungserhebliche Urkunden vorzulegen, ohne dass es auf eine materiell-rechtliche Anspruchsgrundlage ankommt. Von der Rechtsfigur der Verfügungsmacht über Dokumente hat die deutsche Rechtsprechung bisher keinen Gebrauch gemacht. Sie würdigt nur in Einzelfällen das Verhalten des Dritten zulasten einer Partei, wenn der Dritte mit der Partei verbunden ist und sie ihn angewiesen hat, seine Mitwirkung zu verweigern.

Sowohl in Deutschland als auch in den USA hat der Dritte damit eine prozessuale Vorlagepflicht. Der Vergleich zeigt, wie kurios es ist, dass Deutschland zwar unbeteiligten Dritten eine prozessuale Vorlagepflicht auferlegt, bei den Parteien aber noch davor zurückschreckt.

IV. Einschränkungen der Vorlagepflicht

1. Substantiierung

Selbst wenn das deutsche Zivilprozessrecht nun erweiterte Vorlagepflichten der Parteien vorsieht und die Pflichten von Dritten erheblich verschärft hat, ist es noch weit entfernt von US-amerikanischen Verhältnissen.[634] In den USA überprüft das Gericht nicht, ob eine Partei schlüssig und substantiiert vorgetragen hat und so eine Vorlagepflicht des Betroffenen begründet hat. In Deutschland dagegen spielt die richterliche Schlüssigkeitskontrolle eine entscheidende Rolle.[635]

Ein US-amerikanischer Antragsteller kann sein Vorlageverlangen sehr allgemein formulieren und auch Gruppen von Dokumenten herausverlangen. Er muss nur darlegen können, dass die Unterlagen irgendwie für Anspruch oder Einwendungen relevant werden können, FRCP 26(b)(1). Der Antragsgegner

---

634 Das betonen auch *Wilke*, Der Urkundenbeweis in transnationalen deutsch-amerikanischen Prozessen und im Schiedsverfahren, IDR 2004, 88, 90; *Lüpke/Müller*, „Pre-Trial Discovery of Documents“ und § 142 ZPO – ein trojanisches Pferd im neuen Zivilprozessrecht?, NZI 2002, 588-589; *Stürner*, Anm. zu BGH ZZP, Bd. 104, 1991, 203, 209; aus US-amerikanischer Sicht siehe *Gerber*, Extraterritorial Discovery and the Conflict of Procedural Systems: Germany and the United States, The American Journal of Comparative Law, Bd. 34, 1986, 745, 761-763.

635 *Prütting*, Informationsbeschaffung durch neue Urkundenvorlagepflichten, in: Kiss/Varga (Hrsg.), studia in honorem János Németh, 2003, 701, 710-711.

muss zunächst alle Dokumente auflisten, die irgendwie in die Gruppe passen, selbst wenn er später die eigentliche Vorlage verweigern will.[636] Er muss dann alle Dokumente vorlegen, für die er kein Weigerungsrecht geltend machen kann.

Ein deutscher Antragsteller dagegen muss eine Urkunde äußerlich und inhaltlich genau beschreiben können und darlegen können, warum sie entscheidungserheblich ist. Er muss das Dokument bereits kennen, oder seine Existenz zumindest erahnen, um es hinreichend genau beschreiben zu können. An die Substantiierung stellt die deutsche Rechtsprechung hohe Anforderungen. Für Antragsgegner und Gericht muss erkennbar sein, welche konkreten Urkunden der Antragsteller herausverlangt. Eine Gruppe von Dokumenten lässt die deutsche Rechtsprechung nicht zu. Damit will sie eine Ausforschung des Gegners verhindern, was im US-amerikanischen Recht ausdrücklich zulässig ist.

2. Beweiserheblichkeit

Als weitere Grenze dient im deutschen Recht die Beweiserheblichkeit des Dokuments. Der Antragsteller muss darlegen können, warum er das Dokument für seine Beweisführung benötigt. Auch das ist im US-amerikanischen Recht ganz anders. Dokumente sind im discovery Verfahren vorzulegen, wobei es noch gar nicht um die Beweisaufnahme in der mündlichen Verhandlung geht. Es sind zunächst alle möglicherweise für Anspruch oder Einwendung relevanten Dokumente vorzulegen, aus denen der Antragsteller die auswählen kann, die er auch in der mündlichen Verhandlung als Beweismittel vorlegen möchte. Zudem können und sollen sich aus allen Dokumenten auch zusätzliche Informationen über Beweismaterial ableiten lassen. Auch wenn der US-amerikanische Gesetzgeber mit der Reform im Jahr 2000 den Umfang des discovery Verfahrens von „relevant to the subject matter“ zu „relevant to claim or defense“ eingeschränkt hat, ist der Begriff der Relevanz im US-amerikanischen Recht immer noch viel weiter gefasst als im deutschen Recht.[637]

---

[636] *Jolowicz*, On the Comparison of Procedures, in: Nafziger/Symeonides (Hrsg.) Essays in Honor of Arthur T. von Mehren, 2002, 721, 735-736.

[637] *Trittmann/Leitzen*, Haager Beweisübereinkommen und pre-trial discovery, IPRax 2003, 7, 11; kritisch zu den Reformen im US-Verfahrensrecht *Prütting*, Informationsbeschaffung durch neue Urkundenvorlagepflichten, in: Kiss/Varga (Hrsg.), studia in honorem János Németh, 2003, 701, 710.

3. Weigerungsrechte

Nachdem die deutsche Rechtsprechung bisher fast ausschließlich Vorlagepflichten mit materiell-rechtlichen Anspruchsgrundlagen begründet hat, hat sie auch Weigerungsrechte auf der materiellen Ebene berücksichtigt und geprüft, ob eine Maßnahme verhältnismäßig ist. Dabei wägt sie Informationsinteresse gegen Geheimhaltungsinteresse ab und lässt je nach Einzelfall ein Interesse überwiegen. Diese Methode bietet nur einen relativen Schutz.

Der deutsche Gesetzgeber hat nun prozessuale Vorlagepflichten für Parteien und Dritte eingeführt. Für Dritte hat er gesetzliche Weigerungsrechte normiert, für Parteien nicht. Für Parteien bleibt es deshalb beim relativen Schutz: Will ein Gericht die Vorlage nach § 142 ZPO anordnen, muss es prüfen, ob die Maßnahme verhältnismäßig ist. Dabei sind Weigerungsrechte zu berücksichtigen. Für den Dritten gibt es sowohl den absoluten Schutz der Zeugnisverweigerungsrechte, als auch einen relativen Schutz durch das Kriterium der Zumutbarkeit, § 142 Abs. 2 ZPO.

Die US-amerikanische Rechtsprechung stellt der prozessualen Vorlagepflicht Weigerungsrechte gegenüber, die für Parteien und Dritte gleichermaßen gelten. Die Weigerungsrechte sind überwiegend nicht gesetzlich normiert, sondern beruhen auf Richterrecht. Die ausführliche Rechtsprechung hat den Weigerungsrechten deutliche Konturen gegeben, die im Vergleich zu Deutschland einen rechtssicheren Umgang mit ihnen ermöglichen. Dabei bieten manche Weigerungsrechte einen absoluten Schutz vor der Vorlage, andere nur einen relativen Schutz in Form von Schutzanordnungen, die den Zugriff auf Dokumente für das discovery Verfahren personenmäßig beschränken. Auch hier beruht der relative Schutz auf einer Interessenabwägung, die je nach Einzelfall in die eine oder andere Richtung ausgehen kann.

Es ist schwierig, die einzelnen Weigerungsrechte zu vergleichen. Während es in den USA reichlich Rechtsprechung zum Anwaltsgeheimnis und zu Betriebs- und Geschäftsgeheimnissen gibt, muss sich diese Rechtsprechung in Deutschland erst noch entwickeln. Die Untersuchung bleibt auf die beiden Weigerungsrechte beschränkt, die in der internationalen Schiedsgerichtsbarkeit am häufigsten eine Rolle spielen.[638]

---

[638] Einen vergleichenden Überblick über weitere Weigerungsrechte bieten: *Mosk/Ginsburg*, Evidentiary Privileges in International Arbitration, The Int'l Comparative Law Quarterly, Bd. 50, 2001, 345.

a) Anwaltsgeheimnis

Zwar erkennen sowohl Deutschland als auch die USA das Anwaltsgeheimnis als absolutes Weigerungsrecht an. Während es in den USA Rechtsprechung gibt, die den Umfang des Weigerungsrechts eng begrenzt und viele Ausnahmen vorsieht, fehlt solche Rechtsprechung in Deutschland bereits mangels Vorlagepflichten. Auch die Rechtfertigungen für ein Anwaltsgeheimnis gehen im Ausgangspunkt auseinander.[639] Das US-amerikanische attorney-client privilege leitet sich aus dem Recht des Einzelnen auf Verteidigung ab und schützt alle Aspekte der Beziehung zwischen Anwalt und Mandant. Sowohl Anwalt als auch Mandant können sich darauf berufen. Es erfasst alle Unterlagen, die Anwalt und Mandant zur rechtlichen Beratung austauschen, unabhängig davon, in wessen Besitz sich die Unterlagen befinden. Der Anwalt hat gegenüber dem Mandanten die Pflicht, die Vertraulichkeit zu wahren. Nur der Mandant kann über das Weigerungsrecht verfügen und ausdrücklich oder konkludent auf den Schutz verzichten.

In Deutschland dagegen herrscht das Konzept des „professional secret" vor, das einen strafrechtlichen und standesrechtlichen Hintergrund hat.[640] Geschützt ist nicht konkret das Anwaltsgeheimnis, sondern allgemein jedes Berufsgeheimnis, das aus einer besonderen Vertrauenssituation herrührt, § 383 Abs. 1 Nr. 6 ZPO. Das Anwaltsgeheimnis basiert auf dem besonderen Status der Rechtsberufe und ist Recht und Pflicht des Anwalts. Es schützt nur Material in seinem Besitz. Gibt der Anwalt Informationen seines Mandanten preis, ist das strafrechtlich relevant, § 203 StGB. Der Mandant kann den Anwalt aber von seiner Schweigepflicht entbinden, § 385 Abs. 2 ZPO. Soll der Mandant Anwaltskorrespondenz in seinem Besitz vorlegen, kann er das nur unter Berufung auf den Schutz seiner Privatsphäre verweigern.

b) Geschäfts- und Betriebsgeheimnisse

In Deutschland und in den USA ist anerkannt, dass Geschäfts- und Betriebsgeheimnisse schutzwürdig sind. Keine der Rechtsordnungen unterscheidet streng zwischen Geschäfts- oder Betriebsgeheimnis. Während in den USA nach FRCP 26(c)(7) „trade secrets or other confidential … commercial information" durch Schutzanordnungen geschützt werden können, ist in Deutschland nach § 384 Nr. 3 ZPO jedes Gewerbegeheimnis Grund, die Vorlage von Dokumenten zu verweigern. Beide Formulierungen werden weit ausgelegt

---

[639] *Rubinstein/Guerrina*, The Attorney-Client Privilege and International Arbitration, Journal of Int'l Arb., Bd. 18, 2001, 587, 591; *Hill*, A Problem of Privilege: In-House Counsel and the Attorney-Client Privilege in the US and the EC, Case Western Reserve Journal of Int'l Law, Bd. 27, 1995, 145, 157-158.

[640] *Mosk/Ginsburg*, Evidentiary Privileges in International Arbitration, The Int'l Comparative Law Quarterly, Bd. 50, 2001, 345, 349-350.

und erfassen alles, was ein Geheimnis aus der betrieblichen, geschäftlichen oder technischen Sphäre ist. Ein Geheimnis ist in beiden Rechtsordnungen jede Tatsache, die nur ein begrenzter Personenkreis kennt, die der Inhaber erkennbar und berechtigt geheim halten will und die anderen Personen nicht einfach zugänglich ist. Das entspricht auch der Definition aus Art. 39 TRIPS Übereinkommen,[641] die einem internationalen Konsens zugrunde liegt.

In den USA kann ein Gericht nach seinem Ermessen Schutzanordnungen zugunsten von Parteien und Dritten erlassen, um Geheimnisse zu schützen. Die US-amerikanischen Gerichte können die Schutzanordnungen so ausgestalten, dass die Unterlagen nur einem beschränkten Personenkreis zugänglich zu machen sind. In Deutschland ist zwischen Dritten und Parteien zu unterscheiden. Während das Weigerungsrecht des Dritten nach §§ 142, 384 Nr. 3 ZPO prozessual absolut ausgestaltet ist, hat die Partei kein ausdrückliches Weigerungsrecht wegen Betriebs- und Geschäftsgeheimnissen. Das Weigerungsrecht ergibt sich aber aus verfassungsrechtlichen Gewährleistungen, Art. 12, 14 GG. Auch bei den materiell-rechtlichen Auskunfts- und Vorlageansprüchen haben die Gerichte bisher nach ihrem Ermessen Betriebs- und Geschäftsgeheimnisse der Parteien berücksichtigt.

Selbst wenn man oftmals liest, der Schutz von Betriebs- und Geschäftsgeheimnissen sei in den USA kaum gewährleistet, während er in Deutschland absolut gelte,[642] ist das nur bedingt richtig. Sowohl in Deutschland als auch in

---

[641] Übereinkommen über handelsbezogene Aspekte des geistigen Eigentums, BGBl. II 1994, S. 1730; Art. 39.2 TRIPS Übereinkommen: *„Natürliche und juristische Personen haben die Möglichkeit, zu verhindern, dass Informationen, die rechtmäßig unter ihrer Kontrolle stehen, ohne ihre Zustimmung auf eine Weise, die den anständigen Gepflogenheiten in Gewerbe und Handel zuwiderläuft, Dritten offenbart, von diesen erworben oder benutzt werden, solange diese Informationen (a) in dem Sinne geheim sind, dass sie entweder in ihrer Gesamtheit oder in der genauen Anordnung und Zusammenstellung ihrer Bestandteile Personen in den Kreisen, die üblicherweise mit den fraglichen Informationen zu tun haben, nicht allgemein bekannt oder leicht zugänglich sind, (b)wirtschaftlichen Wert haben, weil sie geheim sind, und (c) Gegenstand von den Umständen nach angemessenen Geheimhaltungsmaßnahmen seitens der Person waren, unter deren Kontrolle sie rechtmäßig stehen.“*

[642] Siehe etwa *Varga*, Beweiserhebung in transatlantischen Schiedsverfahren, 2006, 118-123; *Junker*, US-amerikanische „Discovery“ als Herausforderung des Internationalen Zivilprozessrechts, in: Heldrich/Kono (Hrsg.) Herausforderungen des Internationalen Zivilverfahrensrechts, 1994, 103, 113; aus US-amerikanischer Sicht: *Gerber*, Extraterritorial Discovery and the Conflict of Procedural Systems: Germany and the United States, The American Journal of Comparative Law, Bd. 34, 1986, 745, 764.

den USA steht der Geheimnisschutz der Parteien im Ermessen der Gerichte.[643] In Deutschland war das bisher meist dann relevant, wenn eine Partei im vorgelagerten Prozess auf Auskunft und Vorlage geklagt hat – dann wägen die Gerichte ab, ob berechtigte Geheimhaltungsinteressen eine Vorlage ausschließen oder einschränken. Das gilt für Dritte wie für potentielle Prozessparteien. Diese Rechtsprechung kann nun auch aktuell werden, wenn ein Gericht innerhalb eines Rechtsstreits eine Partei nach § 142 ZPO zur Vorlage auffordern will. In den USA beherrscht der Geheimnisschutz die Rechtsprechung zu Schutzanordnungen im discovery Verfahren, wobei die Schutzanordnung im Ermessen des Gerichts steht und es hierbei Geheimhaltungsinteressen zu berücksichtigen hat. Die erforderliche Interessenabwägung verläuft in Deutschland und in den USA parallel. Die Gerichte berücksichtigen ähnliche Abwägungskriterien. So spielt es etwa in beiden Rechtsordnungen eine Rolle, ob Geheimnisse gegenüber einem Wettbewerber betroffen sind. Solche Situationen sind regelmäßig schutzbedürftig.

Ein Unterschied zwischen Deutschland und USA besteht hingegen nun bezüglich Dritten. Während Dritte in den USA wie die Parteien nur durch Schutzanordnungen ihre Betriebs- und Geschäftsgeheimnisse schützen können, genießen sie in Deutschland seit der Neufassung des § 142 ZPO absoluten Schutz. Sind Betriebs- oder Geschäftsgeheimnisse betroffen, können Dritte die Vorlage verweigern, § 384 Nr. 3 ZPO.

V. Schutzmaßnahmen

1. Prozessualer Schutz gegenüber der Öffentlichkeit

Kommen schutzwürdige Geheimnisse in der mündlichen Verhandlung zur Sprache, erlauben beide Verfahrensordnungen den Gerichten zum Schutz die Öffentlichkeit auszuschließen. Dabei prüfen die Gerichte beider Staaten sorgfältig, ob die Geheimnisse tatsächlich schutzwürdig und schutzbedürftig sind. Vor allem in den USA gibt es Bestrebungen, dem Informationsinteresse der Öffentlichkeit einen höheren Stellenwert einzuräumen als dem Geheimnisschutz.

2. Prozessualer Schutz gegenüber dem Gegner

Nachdem das US-amerikanische Prozessrecht großzügig Vorlagepflichten bejaht, liegt der Schwerpunkt der Rechtsprechung naturgemäß bei den Weigerungsrechten und Schutzanordnungen. Kaum ein discovery Verfahren verläuft

---

[643] *Stadler*, Inquisitionsmaxime und Sachverhaltsaufklärung, in: Nakamura/Mpees (Hrsg.) Festschrift für Kostas E. Beys, Bd. II, 2003, 1625, 1627; *Stürner*, U.S.-amerikanisches und europäisches Verfahrensverständnis, in: Lutter u.a. (Hrsg.), Festschrift für Ernst Stiefel, 1987, 763, 774.

ohne den Erlass von Schutzanordnungen. US-amerikanische Gerichte schränken die umfassende discovery durch eine Interessenabwägung für jeden Einzelfall mit Schutzanordnungen ein.[644] Oft formulieren die Parteien selbst die Schutzanordnung, um sie dann vom Gericht genehmigen zu lassen. Manchmal verfasst auch das Gericht die Schutzanordnung. Die Schutzanordnung legt in der Regel fest, dass (1) jede Partei ihre Unterlagen danach kennzeichnet, ob sie vertraulich sind; (2) alle Beteiligten die erlangten Informationen nur für das anhängige Verfahren nutzen dürfen; (3) nur bestimmte Personen die discovery Unterlagen einsehen dürfen – entweder nur die Anwälte der Parteien oder auch private Sachverständige; und (4) jeder, der die Unterlagen einsieht, eine strafbewehrte Vertraulichkeitsverpflichtung unterzeichnet. Die Schutzanordnung gilt aber nur für das discovery Verfahren, das an sich nicht öffentlich ist. Deshalb ist es im discovery Verfahren keine Frage des rechtlichen Gehörs, wenn dem Gegner bestimmte Unterlagen nicht zugänglich gemacht werden. Wollen die Parteivertreter oder die privaten Sachverständigen, die alle Unterlagen gesichtet haben, manche Unterlagen als Beweismittel in der mündlichen Verhandlung nutzen, muss der ursprüngliche Inhaber der Unterlagen bei Gericht weitere Schutzmaßnahmen beantragen. Urkunden werden in die mündliche Verhandlung eingeführt, indem ein Zeuge sie erläutert und ihre Echtheit bekundet.[645] Dabei ist kaum ein Gericht bereit, eine Partei auch aus der mündlichen Verhandlung auszuschließen, damit sie keine Kenntnis von den Geheimnissen des Gegners erhält. Tatsächlich gibt es dazu kaum Rechtsprechung. Das ist auch nicht verwunderlich, nachdem 90% der US-amerikanischen Rechtsstreitigkeiten im discovery Verfahren verglichen werden.[646] Möglicherweise rührt die Vergleichsbereitschaft unter anderem daher, dass sich eine Partei oft vor der Wahl sieht, in der mündlichen Verhandlung ihre Betriebs- und Geschäftsgeheimnisse an den Gegner zu verlieren oder sich auf einen Vergleich vor der mündlichen Verhandlung zu einigen.

Aufgrund der Trennung von discovery Verfahren und mündlicher Verhandlung ist es nicht zielführend, die US-amerikanische Rechtsprechung zu Schutzanordnungen auf den deutschen Zivilprozess übertragen zu wollen. Dennoch taucht immer wieder der Vergleich zwischen US-amerikanischer

---

[644] *Hay*, Informationsbeschaffung über schriftliche Unterlagen und Augenscheinsobjekte im Zivilprozess, in: Schlosser (Hrsg.), Die Informationsbeschaffung für den Zivilprozess, 1996, 1, 4.

[645] *Craig/Park/Paulsson*, International Chamber of Commerce Arbitration, 3. Aufl., 2000, 419, §23.03.

[646] *Nagel/Gottwald*, Internationales Zivilprozessrecht, 5. Aufl., 2002, § 1 Rdz. 79; *Rempp/Lienemeyer*, Auswirkungen der Änderungen der US-amerikanischen „Rules of Civil Procedure“ unter Berücksichtigung des deutsch-amerikanischen Rechtsverkehrs, ZVglRWiss, Bd. 94, 1995, 383, 396.

Schutzanordnung und einem etwaigen deutschen Geheimverfahren auf.[647] In Deutschland geht es bei der prozessualen Vorlagepflicht immer schon um Beweismittel in der mündlichen Verhandlung, weshalb die Frage nach der Wahrung des rechtlichen Gehörs laut wird. Mit der US-amerikanischen Schutzanordnung vergleichbar ist lediglich die Praxis deutscher Gerichte, bei gesonderter Auskunftsklage einen Wirtschaftsprüfervorbehalt in das Urteil mit aufzunehmen. Auch hier sieht nur ein Dritter geheimnisrelevante Unterlagen ein. Allerdings ist das Gutachten des Dritten, das die geheimnisrelevanten Unterlagen auswertet, ohne die Geheimnisse preiszugeben, als Beweismittel im späteren Verletzungsprozess verwertbar.

Die US-amerikanische Schutzanordnung lässt sich deshalb nicht als Argument für das in Deutschland unter dem Begriff Geheimverfahren diskutierte Verfahren, Beweismittel im Prozess nur einem Dritten oder nur dem Gericht zugänglich zu machen, verwerten.[648] Vielmehr ist ein solches Geheimverfahren auch in den USA unüblich. Vergleichbar mit dem in Deutschland erwogenen Geheimverfahren ist vielmehr das relative Geheimverfahren in der Schweiz. Art. 38 der Schweizerischen Bundeszivilprozessordnung[649] sowie zahlreiche kantonale Bestimmungen erlauben dem Richter, ein Beweismittel unter Ausschluss des Gegners oder aller Parteien einzusehen, wenn Geschäftsgeheimnisse einer Partei oder eines Dritten das erfordern.[650] Die schweizerischen Gerichte praktizieren das Verfahren nach sorgfältiger Abwägung der gegenläufigen Interessen.[651]

Ebenso irreführend ist es, den Geheimnisschutz in den USA als generell unzureichend zu bezeichnen. Auch wenn die Vorlagepflichten viel weiter gehen als in Deutschland, zeigt die umfangreiche Rechtsprechung zu Schutzanord-

---

[647] Zuletzt *Gruber/Kießling*, Die Vorlagepflichten der §§ 142 ff. ZPO nach der Reform 2002, ZZP, Bd. 116, 2003, 305, 328 Fn. 69.

[648] Unterlagen nur den Parteivertretern zugänglich zu machen, wird in Deutschland überwiegend abgelehnt, siehe nur *Mayen*, Verwertbarkeit von geheim gehaltenen Verwaltungsvorgängen im gerichtlichen Verfahren?, NVwZ 2003, 537, 539 m.w.N.

[649] Art. 38 Schweizer Bundesgesetz über den Bundeszivilprozess: „*Die Parteien sind berechtigt, der Beweiserhebung beizuwohnen und in die vorgelegten Urkunden Einsicht zu nehmen. Wo es zur Wahrung von Geschäftsgeheimnissen einer Partei oder eines Dritten nötig ist, hat der Richter von einem Beweismittel unter Ausschluss der Gegenpartei oder der Parteien Kenntnis zu nehmen.*"

[650] *Mayen*, Verwertbarkeit von geheim gehaltenen Verwaltungsvorgängen im gerichtlichen Verfahren?, NVwZ 2003, 537, 539; *Baumgärtel*, „Geheimverfahren" im Zivilprozess zur Wahrung von Geschäftsgeheimnissen nach Schweizer Vorbild? in: Lindacher u.a. (Hrsg.) Festschrift für Walther J. Habscheid, 1989, 1; *Stadler*, Der Schutz von Unternehmensgeheimnissen im Zivilprozess, NJW 1989, 1202, 1205-1206.

[651] Siehe etwa Züricher Obergericht, SJZ 1985, 269 Nr. 51 (zu § 145 Zürcher ZPO).

nungen, wie intensiv sich die Gerichte mit dem Geheimnisschutz auseinandersetzen und zumindest im discovery Verfahren bereit sind, den Geheimnisschutz soweit als möglich zu wahren. Nachdem es nur selten zur mündlichen Verhandlung kommt, bleiben Betriebs- und Geschäftsgeheimnisse in der Praxis mit einer wirksamen Schutzanordnung geschützt. Jedenfalls zeigt die Öffentlichkeitskampagne in den USA, dass die Schutzanordnungen ihren Zweck erfüllen. Wären die Schutzanordnungen wirkungslos, hätten die Interessengruppen keinen Grund, gegen diese Praxis vorzugehen.

VI. Sanktionen

Nachdem das discovery Verfahren dazu dienen soll, den wahren Sachverhalt zu erforschen, bietet das US-amerikanische Prozessrecht auch effektive Sanktionen, um die discovery Anordnungen durchzusetzen. Die US-amerikanischen Vorlagepflichten haben vor allem deshalb einen so negativen Ruf, weil es den Gerichten möglich ist, die Parteien zur Erfüllung zu zwingen.[652] FRCP 37 (b)(2) enthält einen Katalog von indirekten Sanktionen gegenüber den Parteien, der von negativer Würdigung bis zur Klageabweisung reicht. Gleichzeitig kann das Gericht gegenüber den Parteien, FRCP 37 (b)(2)(D), und gegenüber Dritten, FRCP 45 (e), Zwangsmittel für contempt of court verhängen – das reicht vom Ordnungsgeld, dessen Höhe im Ermessen des Gerichts steht, bis hin zur Beugehaft.

Zwangsmittel setzt das deutsche Recht weit seltener ein als das US-amerikanische Recht. Gegenüber den Parteien hat ein deutsches Gericht keine Zwangsbefugnisse. Das ist nach dem kontinentaleuropäischen Konzept auch folgerichtig:[653] Die Parteien sollen mit innerprozessualen Mitteln dazu gebracht werden, mitzuwirken. Das Gericht kann das Verhalten der Parteien lediglich negativ würdigen, was höchstens so weit gehen kann, dass es die behauptete Tatsache auch ohne die Urkunde als bewiesen ansieht, § 427 ZPO. Verweigert eine Partei unberechtigt die Mitwirkung, kann das zum Prozessverlust führen. Dieses Risiko müssen die Parteien abwägen. Während deutsche Gerichte das Fehlverhalten einer Partei mit Beweisnachteilen würdigen, kann das US-amerikanische Gericht indirekte und direkte Zwangsmittel gegen eine Partei einsetzen. Solche Zwangsmittel sind im deutschen Recht gegenüber den Parteien unbekannt, weil sie nicht an die Beweislast anknüpfen, sondern unabhängig davon jeder Partei drohen.[654]

---

[652] *Wagner*, Europäisches Beweisrecht, ZEuP 2001, 441, 500.
[653] Siehe ausführlich *Wagner*, Europäisches Beweisrecht, ZEuP 2001, 441,499-501.
[654] *Junker*, Discovery im deutsch-amerikanischen Rechtsverkehr, 1987, 193 und 326.

Erst die ZPO-Reform hat den deutschen Gerichten Zwangsmittel gegen Dritte eröffnet, wenn Dritte einer Vorlageanordnung nicht nachkommen, §§ 142 Abs. 2, 390 ZPO. Auch hier stehen Ordnungsgeld und Ordnungshaft zur Verfügung. Zwar steht der Betrag im Ermessen des Gerichts, ist aber der Höhe nach auf maximal 1.000 EUR beschränkt, Art. 6 EGStGB. Das ist nicht mit den möglichen Zwangsmitteln US-amerikanischer Gerichte vergleichbar.

VII. Zusammenfassung

Ein Vergleich der beiden Prozessrechte betont ihre Unterschiede, zeigt aber gleichzeitig Ähnlichkeiten auf. Auf unterschiedlichen Wegen und mit unterschiedlichen Instrumenten sind die Gerichte in Deutschland und in den USA bemüht, bei der Dokumentenvorlage einen Interessenausgleich herzustellen, der sowohl die Rechtsschutzinteressen der einen Partei als auch die Geheimhaltungsinteressen der anderen Partei wahrt. Systembedingt konzentriert sich die US-amerikanische Rechtsprechung auf Schutzmaßnahmen im discovery Verfahren, während die deutsche Rechtsprechung erst Vorlagepflichten schaffen muss. Nachdem diese Hürde in Deutschland bereits hoch ist, kommt es seltener zu Fällen, in denen Weigerungsrechte oder Sanktionsmöglichkeiten relevant werden. Die jüngeren Entwicklungen in beiden Staaten, mit gesetzlichen Reformen von ihren Extrempositionen abzurücken, zeigen erst langsam Auswirkungen im Rechtsalltag. Wie sich die Unterschiede in den Verfahrensordnungen auf das Schiedsverfahren auswirken, ist im Folgenden zu untersuchen.

Kapitel 3: Die Dokumentenvorlage im Schiedsverfahren

Teil 1: Deutschland

Das deutsche Schiedsverfahrensrecht ist wie das deutsche Zivilverfahrensrecht jüngst überarbeitet worden. Mit dem Gesetz zur Neuregelung des Schiedsverfahrensrechts vom 22.12.1997[655] hat der Gesetzgeber das Zehnte Buch der ZPO neu gestaltet. Er hat sich an dem UNCITRAL Modellgesetz über internationale Handelsschiedsgerichtsbarkeit vom 21.6.1985 (UNCITRAL Modellgesetz)[656] orientiert und es mit geringen Änderungen übernommen.

I. Inländische und internationale Schiedsverfahren

Das neue Zehnte Buch der ZPO behandelt inländische und internationale Schiedsverfahren gleich, § 1025 Abs. 1 ZPO. Es gilt immer dann, wenn der Sitz des Schiedsgerichts in Deutschland ist. Schiedsverfahren zwischen zwei deutschen Parteien sind dennoch von Schiedsverfahren zwischen ausländischen Parteien oder zwischen einer ausländischen und einer deutschen Partei zu unterscheiden, da die Interessenlagen verschieden sind.[657]

Deutsche Parteien können sich für ein Schiedsverfahren entscheiden, um Experten im betroffenen Rechtsgebiet als Schiedsrichter zu benennen oder um das Verfahren im Gegensatz zum staatlichen Gerichtsverfahren mitgestalten zu können. Vertragsparteien mit unterschiedlichen Nationalitäten wählen aus einem anderen Grund die Schiedsgerichtsbarkeit. Wollen sie bei Vertragsschluss einen Gerichtsstand aushandeln, stößt die staatliche Gerichtsbarkeit eines ihrer Heimatländer auf gegenseitiges Misstrauen. Die Parteien zweifeln daran, ob sich der staatliche Richter gegenüber der ausländischen Partei neutral verhalten wird oder ob er sich an nationalen Interessen orientieren wird.[658] Ob die Zweifel berechtigt sind, ist unerheblich. Wählen die Parteien eine dritte staatliche Gerichtsbarkeit, bedarf es eines gewissen Inlandsbezugs.[659] Bei mangelndem Inlandsbezug besteht die Gefahr, dass andere Staaten die Entscheidung nicht anerkennen. Auf die Ungewissheit wollen sich die Parteien

---

[655] BGBl. I 1997, S. 3224.

[656] Siehe dazu unten Kap. 4, Teil 1, I.2.

[657] *Schäfer*, Einführung in die internationale Schiedsgerichtsbarkeit, Jura 2004, 153, 155.

[658] *Lachmann*, Handbuch für die Schiedsgerichtspraxis, 2. Aufl., 2002, Rdz. 140; *Lionnet*, Rechtspolitische Bedeutung der Schiedsgerichtsbarkeit in: Berger u.a. (Hrsg.), Festschrift für Otto Sandrock, 2000, 603, 605; *Lörcher/Lörcher/Lörcher*, Das Schiedsverfahren – national/international – nach deutschem Recht, 2. Aufl., 2001, Rdz. 18; *Blessing*, Introduction to Arbitration, 1999, Rdz. 357; *Borris*, The Reconciliation of Conflicts Between Common Law and Civil Law Principles in the Arbitration Process, in: Frommel/Rider (Hrsg.), Conflicting Legal Cultures in Commercial Arbitration, 1999, 1, 2.

[659] *Rosenberg/Schwab/Gottwald*, Zivilprozessrecht, 16. Aufl., 2004, 180 m.w.N.

nicht einlassen. Wollen sie ein neutrales Forum, bleibt die Schiedsgerichtsbarkeit.[660] Das motiviert die Parteien, eine Schiedsvereinbarung mit Sitz des Schiedsgerichts in einem neutralen Drittland zu vereinbaren. Ist der Sitz des Schiedsgerichts Deutschland, sollten die Schiedsrichter die besondere Interessenlage der ausländischen Parteien berücksichtigen, wenn sie das Verfahren gestalten. Das kann sich auch auf die Regeln zur Dokumentenvorlage auswirken.

Bisher war Deutschland als Sitz von internationalen Schiedsverfahren relativ unbedeutend. Teilweise haben ausländische Parteien Deutschland als Schiedsort bewusst gemieden.[661] Das ändert sich nun langsam seit Deutschland das UNCITRAL Modellgesetz übernommen hat.[662]

II. Rangfolge der Verfahrensregeln

Das deutsche Schiedsverfahrensrecht regelt das Verfahren nur rudimentär. Es überlässt es überwiegend den Parteien, das Verfahren selbst zu vereinbaren. Ansonsten steht vieles im Ermessen des Schiedsgerichts. Dabei gilt folgende Rangfolge: (1) zwingende Vorschriften des Zehnten Buchs, § 1042 Abs. 3 ZPO; (2) Vereinbarungen der Parteien, § 1042 Abs. 3 ZPO; (3) dispositive Regeln des Zehnten Buchs, § 1042 Abs. 4 ZPO; also solche, bei denen das Gesetz darauf verweist, dass die Parteien etwas anderes vereinbaren können;[663] (4) Ermessen des Schiedsgerichts, § 1042 Abs. 4 ZPO.[664]

Grundsätzlich können die Parteien das Verfahren frei und individuell gestalten. Die Verfahrensvereinbarung ist formfrei. Sie können punktuelle Regelungen treffen, auf ein nationales – auch ausländisches – Verfahrensrecht oder die Schiedsordnung einer Institution verweisen.[665] Auch Mischformen sind denkbar, wie zum Beispiel ein Verfahren, das sich am deutschen Recht orientiert, aber ausdrücklich einen Dokumentenaustausch zu Beginn des Verfahrens nach US-amerikanischem Muster vorsieht. Es ist allerdings stets darauf

---

[660] Ob die Schiedsgerichtsbarkeit tatsächlich immer ein neutrales Forum gewährleisten kann bezweifeln *Brower/Brower/Sharpe*, The Coming Crisis in the Global Adjudication System, Arb. Int'l, Bd. 19, 2003, 415, die ausführlich die Probleme bei der Durchsetzung von Schiedssprüchen erörtern.

[661] *Kreindler/Mahlich*, Das neue deutsche Schiedsverfahrensrecht aus ausländischer Sicht, NJW 1998, 563-565.

[662] *Hunter*, Arbitration in Germany – A Common Law Perspective, SchiedsVZ 2003, 155.

[663] MünchKomm-*Münch*, ZPO, Bd. 3, 2. Aufl., 2001, § 1042 Rdz. 4.

[664] BT-Drucks. 13/5274 S. 46 re. Sp. unten, 47 li. Sp. oben; *Schäfer*, Einführung in die internationale Schiedsgerichtsbarkeit, Jura 2004, 153, 157; MünchKomm-*Münch*, ZPO, Bd. 3, 2. Aufl., 2001, § 1042 Rdz. 3.

[665] BT-Drucks. 13/5274 S. 47 li. Sp. [2].

zu achten, dass die Regelungen nicht gegen zwingende Normen verstoßen und praktikabel bleiben. Sonst geht das zwingende Recht vor.[666]

In der Regel fehlt eine ausdrückliche Parteivereinbarung zum Urkundenbeweis.[667] Das Schiedsgericht kann dann die Verfahrensregeln nach freiem Ermessen bestimmen, § 1042 Abs. 4 ZPO. Obwohl die ZPO Vorschriften außerhalb des 10. Buches grundsätzlich unanwendbar sind, kann es sich an den §§ 142, 420 ff. ZPO orientieren.[668] Das kann das Bedürfnis deutscher Beteiligter erfüllen, einem vertrauten Ablauf zu folgen. Stammen einige Beteiligte aus anderen Rechtskulturen, kann es dagegen unangemessen sein, wenn sich das Schiedsgericht nach der ZPO richtet. Es sollte dann innerhalb der zwingenden und dispositiven Vorschriften des Zehnten Buchs das Verfahren flexibel gestalten. Dabei hat es die Herkunft und Gewohnheiten der Parteien, ihrer Parteivertreter und der Schiedsrichter zu berücksichtigen. Für jede besondere Konstellation sollte es ein maßgearbeitetes Verfahren liefern.[669]

Regt das Schiedsgericht die Parteien an, selbst eine Verfahrensvereinbarung zu treffen, ist es an eine solche Vereinbarung gebunden. Die Parteien können sie später nur einvernehmlich ändern oder aufheben. Erlässt es dagegen eine mit den Parteien abgestimmte Verfahrensanordnung, bleibt es flexibel. Es kann dann seine Anordnungen für die Zukunft ändern, ohne das mit den Parteien abstimmen zu müssen.[670] Das Schiedsgericht kann sich zwar auch stillschweigend auf ein Verfahren verständigen. Eine Mitteilung an die Parteien wird regelmäßig sinnvoll sein, damit sie ihr prozessuales Verhalten anpassen können. Das Schiedsgericht sollte vermeiden, die Parteien mit dem gewählten Verfahren zu überraschen, sondern sollte es frühzeitig mit ihnen besprechen und klären.[671]

---

[666] MünchKomm-*Münch*, ZPO, Bd. 3, 2. Aufl., 2001, § 1042 Rdz. 46.

[667] *Schütze*, Beweisaufnahme nach Civil Law, in: Böckstiegel (Hrsg.), Beweiserhebung in internationalen Schiedsverfahren, 2001, 31.

[668] Stein/Jonas-*Schlosser*, ZPO, Bd. 9, 22. Aufl., 2002, § 1042 Rdz. 1; *Lachmann*, Handbuch für die Schiedsgerichtspraxis, 2. Aufl., 2002, Rdz. 660; *Lörcher/Lörcher/Lörcher*, Das Schiedsverfahren – national/international – nach deutschem Recht, 2. Aufl., 2001, Rdz. 14.

[669] *Karrer*, Verfahren vor Schiedsgerichten und staatlichen Gerichten, in: Berger u.a. (Hrsg.) Festschrift für Otto Sandrock, 2000, 465, 468-469.

[670] Stein/Jonas-*Schlosser*, ZPO, Bd. 9, 22. Aufl., 2002, § 1042 Rdz. 1; *Lachmann*, Handbuch für die Schiedsgerichtspraxis, 2. Aufl., 2002, Rdz. 740; *Schwab/Walter*, Schiedsgerichtsbarkeit, 7. Aufl., 2005, Kap. 15, Rdz. 35.

[671] *Böckstiegel*, Optionen und Kriterien der Beweiserhebung in internationalen Schiedsverfahren, in: Böckstiegel (Hrsg.), Beweiserhebung in internationalen Schiedsverfahren, 2001, 1, 4.

III. Welche Regelungen beschäftigen sich mit Dokumentenvorlage?

Ob und wann ein Schiedsgericht von Parteien oder Dritten die Vorlage von Dokumenten verlangen kann, regelt das deutsche Schiedsverfahrensrecht nicht ausdrücklich. Es normiert aber Teile des Beweisverfahrens, die für die Rechte und Pflichten des Schiedsgerichts bei der Dokumentenvorlage aufschlussreich sind. Der Urkundenbeweis ist zersplittert geregelt. § 1047 Abs. 3, 2. HS ZPO erwähnt „schriftliche Beweismittel", §§ 1047 Abs. 3, 1. HS, 1048 Abs. 3, 1049 Abs. 1 ZPO nennen „Schriftstücke". Die Normen setzen stillschweigend voraus, dass das Schiedsgericht berechtigt ist, Dokumente von den Parteien herauszuverlangen. Das belegen zum einen § 1049 Abs. 1 ZPO, zum anderen § 1048 Abs. 3 und 2 ZPO.

§ 1049 Abs. 1 S. 2 ZPO berechtigt das Schiedsgericht, einer Partei aufzugeben, alle relevanten Informationen, inklusive Schriftstücke, an einen vom Schiedsgericht bestellten Sachverständigen herauszugeben. Die Norm bestätigt das Recht des Schiedsgerichts, Dokumente von den Parteien herauszuverlangen, und verpflichtet die Parteien mitzuwirken.[672]

Versäumt es eine Partei, innerhalb einer festgelegten Frist ein Schriftstück zum Beweis vorzulegen, kann das Schiedsgericht nach § 1048 Abs. 3 ZPO das Verfahren fortsetzen und den Schiedsspruch nach den vorliegenden Erkenntnissen erlassen. Die Norm ist nur sinnvoll, wenn das Schiedsgericht die Parteien auffordern kann, Dokumente vorzulegen. Denn legt eine Partei nach eigenem Belieben Dokumente vor, ist eine Säumnissituation kaum vorstellbar. Nur wenn Schiedsgericht oder Gegner die Dokumentenvorlage initiieren, ist eine Säumnis des Verpflichteten denkbar. Legt der Verpflichtete das Dokument nicht vor, kann das Schiedsgericht ohne es entscheiden. In der ungeschriebenen Alternative kann es aber auch einen neuen Termin zur Beweiserhebung festsetzen und der Partei erneut aufgeben, das Dokument vorzulegen.[673] Auch § 1048 Abs. 2 ZPO spricht für ein Recht des Schiedsgerichts, Dokumente herauszuverlangen. Danach gilt die Zugeständnisfiktion des § 331 Abs. 1 S. 1 ZPO nicht, wenn der Beklagte säumig ist. Laut Gesetzesbegründung liegt es im Ermessen des Schiedsgerichts, über den Vortrag des Klägers zu verhandeln und Beweis zu erheben.[674] Dazu gehört auch die Vorlage von Dokumenten.

---

672 MünchKomm-*Münch*, ZPO, Bd. 3, 2. Aufl., 2001, § 1042 Rdz. 56; § 1049 Rdz. 8.
673 *Hilger*, Zur Geltung des beschränkten Untersuchungsgrundsatzes im neuen Schiedsverfahrensrecht, BB 2000, Beil. 8, 2, 5.
674 BT-Drucks. 13/5274, S. 50, li. Sp. oben.

IV. Gilt der beschränkte Untersuchungsgrundsatz?

Die genannten Normen sagen nicht, wie das Schiedsgericht sein Recht, von den Parteien Dokumente herauszuverlangen, ausgestalten kann oder soll. Betrifft es nur Dokumente, auf die sich eine Partei bereits bezogen hat? Oder kann das Schiedsgericht von Amts wegen alle Dokumente herausverlangen, die es für relevant hält?

Zunächst ist zu klären, ob im deutschen Schiedsverfahren der Beibringungsgrundsatz wie im staatlichen Zivilverfahren gilt, oder ob das Schiedsgericht weitergehende Ermittlungsbefugnisse hat. Zum alten Schiedsverfahrensrecht ging die herrschende Meinung vom beschränkten Untersuchungsgrundsatz aus.[675] § 1034 Abs. 1 S. 1 ZPO a.F. besagte: „Bevor der Schiedsspruch erlassen wird, haben die Schiedsrichter die Parteien zu hören und das dem Streite zugrunde liegende Sachverhältnis zu ermitteln, soweit sie die Ermittlung für erforderlich halten." Daraus folgerte man, das Schiedsgericht sei über das Parteivorbringen hinaus zu eigenen Ermittlungen befugt. Die Ermittlungspflicht ging über die Pflichten des staatlichen Zivilrichters nach § 139 ZPO hinaus, ohne jedoch eine Amtsermittlung, wie sie etwa dem Strafrichter obliegt, zu erreichen. Anstatt sich am Prinzip der formellen Wahrheit zu orientieren, sollte das Schiedsgericht bestrebt sein, die materielle Wahrheit aufzudecken.[676] Es konnte danach Parteien oder Dritte auffordern, Dokumente vorzulegen, die ihm irgendwie relevant erschienen. Das galt unabhängig davon, ob sich eine Partei auf das Dokument bezogen hatte oder einen Beweisantrag gestellt hatte. Es lag nicht im freien Ermessen des Schiedsgerichts, ob es ermittelt. Es musste nach pflichtgemäßem Ermessen prüfen, ob Ermittlungen erforderlich waren und solche durchführen.[677]

Keine Norm des neuen Schiedsverfahrensrechts entspricht § 1034 Abs. 1 S. 1 ZPO a.F. Dennoch geht die herrschende Meinung weiterhin davon aus, dass das Schiedsgericht von Amts wegen ermitteln kann und nicht an den Beibringungsgrundsatz gebunden ist.[678] Es gibt keinen Hinweis darauf, dass der Ge-

---

[675] *Hilger*, Zur Geltung des beschränkten Untersuchungsgrundsatzes im neuen Schiedsverfahrensrecht, BB 2000, Beil. 8, 2 m.w.N.; a.A. *Lionnet*, Parteiherrschaft im Schiedsgerichtsprozess bei der Beweisaufnahme in: Plantey u.a. (Hrsg.), Festschrift für Ottoarndt Glossner, 1994, 209.

[676] MünchKomm-*Münch*, ZPO, Bd. 3, 2. Aufl., 2001, § 1042 Rdz. 58.

[677] *Schütze/Tscherning/Wais*, Handbuch des Schiedsverfahrens, 2. Aufl., 1990, Rdz. 332; *Schlosser*, Das Recht der internationalen privaten Schiedsgerichtsbarkeit, 2. Aufl., 1989, Rdz. 637-641.

[678] Musielak-*Voit*, ZPO, 4. Aufl., 2005, § 1042 Rdz. 13; *Knoblach*, Sachverhaltsermittlung in der internationalen Wirtschaftsschiedsgerichtsbarkeit, 2003, 85-88; Stein/Jonas-*Schlosser*, ZPO, Bd. 9, 22. Aufl., 2002, § 1042 Rdz. 9; MünchKomm-*Münch*, ZPO, Bd. 3, 2. Aufl., 2001, § 1042 Rdz. 57, 61.

setzgeber die Ermittlungsrechte des Schiedsgerichts beschränken wollte. Die Gesetzesbegründung zu § 1042 ZPO, der § 1034 ZPO a.F. ersetzt, schweigt dazu. Hätte der Gesetzgeber den Beibringungsgrundsatz auf das Schiedsverfahren übertragen wollen, hätte er das im Gesetz und in der Gesetzesbegründung deutlich verankern müssen.

Hilger erläutert ausführlich die praktischen und systematischen Erwägungen, die für den beschränkten Untersuchungsgrundsatz sprechen.[679] Schwer wiegt insbesondere ein Argument: Gilt uneingeschränkt der Beibringungsgrundsatz, wird das Schiedsverfahren weniger flexibel. Das würde die Wettbewerbsfähigkeit des deutschen Standortes in der internationalen Schiedsgerichtsbarkeit behindern. Auf den ersten Blick scheinen sich Ermittlungsbefähigung des Schiedsgerichts und Parteiautonomie zu widersprechen. Sollen aber Parteien aus unterschiedlichen Rechtskreisen ihre Streitigkeiten vor einem Schiedsgericht mit Sitz in Deutschland austragen, muss das Schiedsgericht fähig sein, Komponenten aus den anderen Rechtskreisen in sein Verfahren zu inkorporieren. Nur mit Ermittlungsrechten ausgestattet kann das Schiedsgericht ein auf die Parteien zugeschnittenes Verfahren durchführen. Das zeigt sich beispielsweise am discovery Verfahren. Wäre das Schiedsgericht an die Beweismittel gebunden, auf die sich zumindest eine Partei bezogen hat, könnte es den Parteien nicht aufgeben, zu Beginn des Verfahrens alle Dokumente auszutauschen, die für das Verfahren relevant sein könnten. Hat es dagegen begrenzte Ermittlungsrechte, mit denen es die Sachaufklärung nach seinem Ermessen gestalten kann, kann es auch einen Dokumentenaustausch anordnen. Dabei ist keine Ausforschung wie in den USA üblich zu befürchten, weil nicht die Parteien allein den Dokumentenaustausch betreiben, sondern das Schiedsgericht ihn anordnet und überwacht.[680]

Ein weiteres Argument für den beschränkten Untersuchungsgrundsatz bietet die Zivilprozessreform. Ein deutsches Gericht kann seit der Reform von Parteien und Dritten Dokumente auch ohne Beweisantrag herausverlangen, wenn sich eine Partei auf die Urkunde bezogen hat, § 142 ZPO.[681] Der Gesetzgeber hat damit die Ermittlungsrechte im staatlichen Zivilverfahren tendenziell gestärkt. Es wäre widersprüchlich, hätte er sie zuvor im Schiedsverfahrensrecht abgeschwächt.

---

679 *Hilger*, Zur Geltung des beschränkten Untersuchungsgrundsatzes im neuen Schiedsverfahrensrecht, BB 2000, Beil. 8, 2, 3-6.
680 *Hilger*, Zur Geltung des beschränkten Untersuchungsgrundsatzes im neuen Schiedsverfahrensrecht, BB 2000, Beil. 8, 2, 4.
681 Siehe oben Kap. 2, Teil 1, III.2.d) und 3.c) und d).

Im Übrigen sollte man den Unterschied zwischen beschränktem Untersuchungsgrundsatz und Beibringungsgrundsatz nicht überbewerten. Hatte ein Gericht bisher im staatlichen Zivilprozess den Eindruck, es fehlten entscheidungserhebliche Beweismittel, wirkte es durch Hinweise an die Parteien auf eine Vorlage hin.[682] Das führt zum gleichen Ergebnis, auch wenn das Schiedsgericht direkt die Vorlage verlangen kann.

V. Beweiserhebung durch das Schiedsgericht

Im Zuge seiner Ermittlungen kann das Schiedsgericht Dokumente sowohl von Parteien als auch von Dritten herausverlangen, wenn sie ihm relevant erscheinen. Das Recht gegenüber den Parteien folgt bereits aus dem Wortlaut der Normen. Das gleiche Recht gegenüber Dritten folgt aus dem beschränkten Untersuchungsgrundsatz. Das Schiedsgericht ist verpflichtet, den Sachverhalt soweit als möglich aufzuklären. Sind dazu Dokumente im Besitz eines Dritten erforderlich, steht es dem Schiedsgericht zu, den Dritten aufzufordern, sie vorzulegen. Kann das Schiedsgericht von sich aus die Vorlage verlangen, steht das Recht auch den Parteien als Herren des Verfahrens zu. Sie können beantragen, dass der Gegner oder ein Dritter ein Dokument vorlegen soll. Wann aber sollte das Schiedsgericht nach pflichtgemäßem Ermessen eine Vorlage anordnen?

1. Nach Beweisantrag

Regelmäßig werden in einem Schiedsverfahren in Deutschland die Parteien den Sachverhalt vortragen und Beweismittel benennen.[683] Das Schiedsgericht sollte einem Beweisantrag stattgeben, wenn es die zu beweisende Tatsache für erheblich hält.[684] Der Antragsteller muss weder einen materiell-rechtlichen Anspruch auf Vorlage haben, noch kommt es auf die Beweislastverteilung an.[685] Ob ausforschende Beweisanträge zulässig sind, ist umstritten.[686] Jedenfalls dann, wenn der Antragsteller ein Dokument oder eine Gruppe von Dokumenten hinreichend genau beschreibt und darlegt, warum sie entscheidungserheblich und im Besitz des Gegners oder eines Dritten sind, sollte das Schiedsgericht dem Antrag stattgeben. Haben die Parteien keine ausdrückliche Vereinbarung getroffen, sollte ein Schiedsgericht mit Sitz in Deutschland

---

682 *Lachmann*, Handbuch für die Schiedsgerichtspraxis, 2. Aufl., 2002, Rdz. 668.

683 *Hilger*, Zur Geltung des beschränkten Untersuchungsgrundsatzes im neuen Schiedsverfahrensrecht, BB 2000, Beil. 8, 2, 6.

684 *Schlosser*, Das Recht der internationalen privaten Schiedsgerichtsbarkeit, 2. Aufl., 1989, Rdz. 642 und 835.

685 *Hilger*, Zur Geltung des beschränkten Untersuchungsgrundsatzes im neuen Schiedsverfahrensrecht, BB 2000, Beil. 8, 2, 5.

686 Dagegen: Musielak-*Voit*, ZPO, 4. Aufl., 2005, § 1042 Rdz. 21; dafür: Stein/Jonas-*Schlosser*, ZPO, Bd. 9, 22. Aufl., 2002, § 1042 Rdz. 9.

einen gemäßigten Kurs einschlagen.[687] Es sollte sich weder an die strengen Regeln der ZPO halten, noch allzu großzügig Vorlageanträgen stattgeben. Dabei kann sich das Schiedsgericht an den Rules on the Taking of Evidence der International Bar Association orientieren.[688]

2. Ohne Beweisantrag

Will ein Schiedsgericht ohne Beweisantrag die Vorlage von Dokumenten anordnen, sollte es sein Ermessen stets vorsichtig ausüben. Gegen den übereinstimmenden Willen der Parteien darf es keine Beweise erheben.[689] Das folgt aus der Parteiautonomie. Es soll aber das Verfahren aktiv steuern und es nicht passiv den Parteien überlassen, den Tatsachenstoff zusammenzutragen (case management).[690] Nur wenn der Vortrag der Parteien unvollständig bleibt, sollte das Schiedsgericht eingreifen. Es ist dann gehalten, den Sachverhalt soweit als möglich aufzuklären, bevor es nach der Beweislast entscheidet. Ohne Beweisantrag hat das Schiedsgericht, angelehnt an § 86 Abs. 1 VwGO,[691] die Parteien zur Sachverhaltsaufklärung heranzuziehen. Es sollte die Parteien zunächst auffordern, sich zu den streitigen Punkten zu erklären und geeignete Beweismittel zu benennen. Weigern sich die Parteien, mitzuwirken, muss das Schiedsgericht versuchen, den Sachverhalt selbst weiter aufzuklären. Könnten relevante Dokumente im Besitz einer Partei oder eines Dritten existieren, kann es diese herausverlangen.[692] Dabei ist es nicht an die Beweislastverteilung gebunden. Es kann den Beklagten auffordern, Beweismittel vorzulegen, die anspruchsbegründende Tatsachen betreffen. Ebenso kann es den Kläger verpflichten, Beweismittel zu präsentieren, die Einwendungen und Einreden stützen.[693] Wann das Schiedsgericht die Grenze zur unzulässigen Ausforschung überschreitet, ist schwer zu bestimmen. *Schlosser* meint, ein Verbot der Ausforschung könne es im Schiedsverfahren nicht geben, weil der rechts-

---

[687] *Wagner*, Country Report Germany, in: Weigand (Hrsg.) Practitioner's Handbook on International Arbitration, 2002, 750 Rdz. 212; *Fischer-Zernin/Junker*, Between Scylla and Charybdis: Fact Gathering in Germany Arbitration, Journal of Int'l Arbitration, Bd. 4, Nr. 2, 1987, 9.

[688] Siehe unten Kap. 4, Teil 2, II.

[689] Musielak-*Voit*, ZPO, 4. Aufl., 2005, § 1042 Rdz. 21.

[690] *Varga*, Beweiserhebung in transatlantischen Schiedsverfahren, 2006, 91; *Wagner*, Country Report Germany, in: Weigand (Hrsg.) Practitioner's Handbook on International Arbitration, 2002, 748 Rdz. 209.

[691] § 86 Abs. 1 VwGO: „*Das Gericht erforscht den Sachverhalt von Amts wegen; die Beteiligten sind dabei heranzuziehen. Es ist an das Vorbringen und an die Beweisanträge der Beteiligten nicht gebunden.*"

[692] *Schlosser*, Das Recht der internationalen privaten Schiedsgerichtsbarkeit, 2. Aufl., 1989, Rdz. 641.

[693] MünchKomm-*Münch*, ZPO, Bd. 3, 2. Aufl., 2001, § 1042 Rdz. 59; enger § 1048 Rdz. 17.

staatliche Standard zum Ausforschungsbeweis weltweit überwiegend großzügiger sei als in Deutschland. Es stehe im Ermessen des Schiedsgerichts, welche Aufklärungsbeiträge es den Parteien zumutet. Nur der Ermessensmissbrauch mache das Verfahren unzulässig.[694] Das ist eine schwierige Gratwanderung. Jedes Schiedsgericht muss im Einzelfall sorgfältig vorgehen.

3. Discovery Verfahren

Geht das Recht des Schiedsgerichts so weit, ein dem US-amerikanischen discovery Verfahren ähnliches Verfahren anzuordnen? Dann könnte es den Parteien aufgeben, zu Beginn des Verfahrens alle möglicherweise relevanten Dokumente auszutauschen. Das deutsche Schiedsverfahrensrecht verhält sich zu dieser Frage neutral. Nach § 1042 Abs. 4 S. 2 ZPO ist das Schiedsgericht berechtigt, über die Zulässigkeit einer Beweiserhebung zu entscheiden, diese durchzuführen und das Ergebnis frei zu würdigen. Das ist nach deutschem Recht selbstverständlich. Das UNCITRAL Modellgesetz stellt es heraus, um zur angloamerikanischen Praxis abzugrenzen, nach der das Gericht keine Schlüssigkeitsprüfung zu Beweisthemen vornimmt.[695] Der Gesetzgeber hat die Kompromissformel des UNCITRAL Modellgesetzes übernommen. Damit wird das Verfahren aus dem angloamerikanischen Rechtskreis weder angeordnet noch verboten.[696]

Nachdem ein Schiedsgericht nicht an die Beweismethoden der ZPO gebunden ist, könnte es ein discovery Verfahren nach pflichtgemäßem Ermessen anordnen. Es könnte auch ein Mischverfahren wählen, das Elemente eines deutschen und eines angloamerikanischen Zivilverfahrens verbindet.[697] Eine Grenze bildet immer § 1042 Abs. 1 ZPO: Die Grundsätze der Gleichbehandlung und des rechtlichen Gehörs sind zwingend zu beachten.[698] Das Schiedsgericht darf keine für die Parteien oder den Streitgegenstand atypische Ausgestaltung des Verfahrens anstreben. Außerdem muss es darauf achten, die Parteien mit Verfahrensentscheidungen nicht unzumutbar zu überraschen. Das macht ein discovery Verfahren in Deutschland eher unwahrscheinlich, jeden-

---

[694] Stein/Jonas-*Schlosser*, ZPO, Bd. 9, 22. Aufl., 2002, § 1042 Rdz. 9.

[695] BT-Drucks. 13/5274 S. 46 re. Sp. [4].

[696] MünchKomm-*Münch*, ZPO, Bd. 3, 2. Aufl., 2001, § 1042 Rdz. 60.

[697] *Sachs*, Use of Documents and Document Discovery, SchiedsVZ 2003, 193, 195; *Wagner*, Country Report Germany, in: Weigand (Hrsg.) Practitioner's Handbook on International Arbitration, 2002, 731 Rdz. 152; *Schwab/Walter*, Schiedsgerichtsbarkeit, 7. Aufl., 2005, Kap. 15, Rdz. 8, Fn. 33; *Schlosser*, Das Recht der internationalen privaten Schiedsgerichtsbarkeit, 2. Aufl., 1989, Rdz. 642; a.A. *Schütze*, Beweisaufnahme nach Civil Law, in: Böckstiegel (Hrsg.), Beweiserhebung in internationalen Schiedsverfahren, 2001, 31, 38.

[698] BT-Drucks. 13/5274 S. 46 li. Sp. [4]; ausführlich *Schäffler*, Zulässigkeit und Zweckmäßigkeit der Anwendung angloamerikanischer Beweismethoden in deutschen und internationalen Schiedsverfahren, 2003, 68-90.

falls dann wenn zwei kontinentaleuropäische Schiedsparteien beteiligt sind.[699] *Schlosser* dagegen meint, ein Schiedsgericht könne den Parteien regelmäßig aufgeben, am Anfang des Verfahrens Listen mit relevanten Dokumenten, die sich in ihrem Besitz befinden, auszutauschen, wie es im discovery Verfahren üblich ist. Befolgen die Parteien die Anordnung nicht, solle das Schiedsgericht nur vorsichtig Beweiswürdigungsnachteile daran knüpfen.[700] Überzeugender ist es, wenn das Schiedsgericht sich vorher mit den Parteien abstimmt. Jedenfalls wenn die Parteien ein discovery Verfahren vereinbaren, ist es auch in Deutschland zulässig.[701]

VI. Rechtsprechung zur Dokumentenvorlage im Schiedsverfahren

Bisher hat sich die Rechtsprechung nur selten mit der Vorlage von Urkunden im Schiedsverfahren beschäftigt. In einem Fall hatte ein Zeuge einen Vertragsentwurf mit handschriftlichem Vermerk in der mündlichen Schiedsverhandlung vorgelegt. Das Schiedsgericht hatte das Schriftstück zu den Akten genommen und dem Kläger nur zur Einsicht in der mündlichen Verhandlung gegeben. Der Bundesgerichtshof sah das rechtliche Gehör gewahrt. Er hat festgestellt, das Schiedsgericht könne nach seinem Ermessen festlegen, dass Schriftstücke nicht an die Parteien auszuhändigen und zu überlassen seien. Es müsse den Parteien aber mindestens gestatten, eine Urkunde in der mündlichen Verhandlung einzusehen, um das rechtliche Gehör zu wahren.[702]

In einem weiteren Fall hat sich der Bundesgerichtshof gefragt, ob ein Schiedsverfahren unzulässig war (§ 1041 Abs. 1 Nr. 1 ZPO a.F.), weil das Schiedsgericht es abgelehnt hatte, die Vorlage einer Urkunde anzuordnen und dabei einen Anspruch aus § 810 BGB verkannt hatte. Laut Bundesgerichtshof sei das eine Frage des materiellen Rechts, die nicht zur Überprüfung durch die staatlichen Gerichte stünde, und keine Frage des Verfahrens.[703] Die Entscheidung berührt die Problematik, ob die Pflicht, Dokumente vorzulegen, dem

---

[699] *Jarvin*, Die Praxis der Beweiserhebung in internationalen Schiedsverfahren – Ein einführender Beitrag zum Thema Disclosure of Documents, in: Böckstiegel (Hrsg.), Beweiserhebung in internationalen Schiedsverfahren, 2001, 86, 88; *Weigand*, Discovery in der internationalen Schiedsgerichtsbarkeit, RIW 1992, 361, 364-365.

[700] Stein/Jonas-*Schlosser*, ZPO, Bd. 9, 22. Aufl., 2002, § 1042 Rdz. 9.

[701] Musielak-*Voit*, ZPO, 4. Aufl., 2005, § 1042 Rdz. 25; *Rosenberg/Schwab/Gottwald*, Zivilprozessrecht, 16. Aufl., 2004, 1283; MünchKomm-*Münch*, ZPO, Bd. 3, 2. Aufl., 2001, § 1042 Rdz. 51; *Kronke*, Internationale Schiedsverfahren nach der Reform, RIW 1998, 257, 260-261; *Weigand*, Discovery in der internationalen Schiedsgerichtsbarkeit, RIW 1992, 361, 365 (auch ohne Parteivereinbarung zulässig, wenn beide Parteien aus dem angloamerikanischen Rechtskreis kommen).

[702] BGH ZZP, Bd. 71, 1958, 427, 431-432.

[703] BGH NJW-RR 1993, 444, 445.

materiellen oder prozessualen Bereich zuzuordnen ist.[704] Nach der Zivilprozessreform, die mit § 142 ZPO neue prozessuale Vorlagepflichten begründet, ist die deutsche Rechtslage noch undurchsichtiger geworden. Nach international überwiegender Meinung gehört die Anordnung der Dokumentenvorlage zum Prozessrecht.[705] Dann hätte der Bundesgerichtshof fragen müssen, ob das Schiedsgericht unzulässigerweise einen entscheidungserheblichen Antrag auf Dokumentenvorlage übergangen hat. Das hat er folgerichtig offen gelassen.

VII. Vorlageanordnung

1. Gegenüber einer Partei

Zusammenfassend lässt sich zum Urkundenbeweis im deutschen Schiedsverfahren festhalten: Das Schiedsgericht kann eine Partei nach pflichtgemäßem Ermessen auffordern, ein Dokument vorzulegen, das es für entscheidungserheblich hält.[706] Das gilt unabhängig davon, ob eine Partei sich auf das Dokument bezogen hat oder einen Beweisantrag gestellt hat, und ob das Dokument die Position der verpflichteten Partei stützt oder schwächt. Das Recht des Schiedsgerichts ergibt sich aus der Gesetzessystematik. Die Ausübung liegt im Ermessen des Schiedsgerichts. Es muss seine Anordnungen individuell am einzelnen Verfahren ausrichten.

2. Gegenüber einem Dritten

Dritter ist auch im Schiedsverfahren jeder, der nicht Partei ist. Das Schiedsgericht kann von Dritten Dokumente herausverlangen, unabhängig von einem Beweisantrag oder einem materiell-rechtlichen Anspruch der Parteien, wenn ein Dritter über eine relevante Urkunde als unmittelbarer oder mittelbarer Be-

---

[704] Siehe zu den Schwierigkeiten, die daraus für die Ermittlung des anwendbaren Rechts folgen: *Smit*, Roles of the Arbitral Tribunal in Civil Law and Common Law Systems with Respect to Presentation of Evidence, ICCA Series Nr. 7, 1996, 161, 168.

[705] *Mosk/Ginsburg*, Evidentiary Privileges in International Arbitration, The International Comparative Law Quarterly, Bd. 50, 2001 345, 368-369 m.w.N.

[706] So bereits: *Fischer-Zernin/Junker*, Between Scylla and Charybdis: Fact Gathering in Germany Arbitration, Journal of Int'l Arbitration, Bd. 4, Nr. 2, 1987, 9 mit folgendem Beispielsfall: Die Klägerin, eine Reederei, verlangte Ersatz für Leerfracht, weil die Beklagte eine Ladung Kartoffeln nicht rechtzeitig geliefert hatte. Die Beklagte machte geltend, die Klägerin habe eine Ersatzfracht von Haselnüssen transportiert und ihr sei deshalb kein Schaden entstanden. Die geführte Fracht ergab sich unmittelbar aus der Schiffsladeliste im Besitz der Klägerin. Das Schiedsgericht verlangte die Herausgabe der Liste, weil es wusste, dass die Klägerin tatsächlich Haselnüsse transportiert hatte und es aus der Liste erkennen konnte, ob das Schiff ausgelastet gewesen war.

sitzer verfügt.[707] Das folgt bereits aus dem beschränkten Untersuchungsgrundsatz. Nachdem der neue § 142 ZPO das Anordnungsrecht auch den staatlichen Gerichten zugesteht, lässt sich daraus das gleiche Recht für deutsche Schiedsgerichte ableiten.

Nach anderer Auffassung hat das Schiedsgericht gegenüber einem am Schiedsverfahren unbeteiligten Dritten keinerlei Anordnungsbefugnis.[708] Nur das staatliche Gericht soll nach § 1050 ZPO die Vorlage anordnen und durchsetzen können. Das ist nicht mit dem Wortlaut von § 1050 ZPO vereinbar. Das Schiedsgericht muss alle eigenen Möglichkeiten ausschöpfen, bevor es das staatliche Gericht anruft. Dazu gehört auch, den Dritten aufzufordern, ein Dokument freiwillig herauszugeben. Kommt der Dritte der Aufforderung nach, erübrigt sich eine Beweisaufnahme durch das staatliche Gericht. Nur dieses Vorgehen wird dem Sinn und Zweck des § 1050 ZPO gerecht, nach dem die staatlichen Gerichte nur unterstützend tätig werden sollen.[709] Das greift auch nicht über Gebühr in die Rechte eines unbeteiligten Dritten ein. Es dient vielmehr dazu, den Dritten rechtzeitig zu informieren. Fordert das Schiedsgericht den Dritten schriftlich auf, freiwillig bestimmte Dokumente vorzulegen, sollte es ihm gleichzeitig mitteilen, dass es bei einer Weigerung das staatliche Gericht anrufen kann. Es sollte auch auf die Durchsetzungsmöglichkeiten des staatlichen Gerichts hinweisen. Der Dritte kann sich dann auf die staatlichen Maßnahmen einstellen. Ein deutsches Gericht kann nun nach § 1050 i.V.m. § 142 ZPO den Dritten auffordern, ein Dokument herauszugeben und die Anordnung mit Zwangsmitteln aus § 390 ZPO durchsetzen. Das Schiedsgericht muss die Parteien nicht mehr auf den Klageweg verweisen, wenn sie von Dritten Dokumente herausverlangen wollen. Der Klageweg steht jedoch weiterhin offen, § 429 ZPO.[710]

VIII. Weigerungsrechte

Im deutschen inländischen Schiedsverfahren gelten die gleichen Weigerungsrechte wie im staatlichen Verfahren.[711] Ein Dritter kann sich also auf Unzumutbarkeit oder Weigerungsrechte berufen, § 142 Abs. 2 ZPO. Das gilt auch

---

[707] Das setzen als selbstverständlich voraus: Musielak-*Voit*, ZPO, 4. Aufl., 2005, § 1042 Rdz. 25, 27; *Schwab/Walter*, Schiedsgerichtsbarkeit, 7. Aufl., 2005, Kap. 15, Rdz. 22; Stein/Jonas-*Schlosser*, ZPO, Bd. 9, 22. Aufl., 2002, § 1042 Rdz. 12; *Schiffer*, Wirtschaftsschiedsgerichtsbarkeit, 1999, 119; *Schütze*, Schiedsgericht und Schiedsverfahren, 3. Aufl., 1999, Rdz. 164.

[708] *Lachmann*, Handbuch für die Schiedsgerichtspraxis, 2. Aufl., 2002, Rdz. 872.

[709] MünchKomm-*Münch*, ZPO, Bd. 3, 2. Aufl., 2001, § 1050 Rdz. 1.

[710] Stein/Jonas-*Schlosser*, ZPO, Bd. 9, 22. Aufl., 2002, § 1042 Rdz. 12.

[711] Siehe oben Kap. 2, Teil 1, IV.; *Lachmann*, Handbuch für die Schiedsgerichtspraxis, 2. Aufl., 2002, Rdz. 887; *Schlosser*, Das Recht der internationalen Schiedsgerichtsbarkeit, 2. Aufl., 1989, Rdz. 647.

im Verfahren nach § 1050 ZPO. Nachdem das Gesetz keine Weigerungsrechte für Parteien normiert, sind Parteien auch im Schiedsverfahren darauf angewiesen, dass das Schiedsgericht berechtigte Geheimhaltungsinteressen nach pflichtgemäßem Ermessen berücksichtigt.

Im internationalen Schiedsverfahren muss ein Schiedsgericht möglicherweise auch Weigerungsrechte aus anderen Rechtssystemen berücksichtigen.[712] Dabei kann es sich an internationalen Regelwerken orientieren, beispielsweise an Art. 9 der Rules on the Taking of Evidence der International Bar Association.[713] Es soll dabei die Interessen aller Betroffenen soweit als möglich wahren.[714] Stehen sich Informationsinteresse und Geheimhaltungsinteresse gegenüber, sollte das Schiedsgericht um einen Ausgleich bemüht sein.

IX. Rechtliches Gehör

Wie das Schiedsgericht die Beweiserhebung gestaltet und dabei die gegenläufigen Interessen auszugleichen versucht, ist am Grundsatz des rechtlichen Gehörs zu messen. Ist das rechtliche Gehör verletzt, ist ein daraufhin ergangener Schiedsspruch aufzuheben.

Nach höchstrichterlicher Rechtsprechung ist das rechtliche Gehör der Grundpfeiler des Schiedsverfahrens. Das Schiedsgericht hat rechtliches Gehör in wesentlich gleichem Umfang wie staatliche Gerichte zu gewähren, § 1042 Abs. 1 ZPO, Art. 103 Abs. 1 GG.[715] Das gilt für inländische wie internationale Schiedssprüche. Der Verweis auf Art. 103 Abs. 1 GG ist missverständlich. Schiedsgerichte sind nicht an die Ausprägungen des verfassungsrechtlichen Grundsatzes aus Art. 103 GG in der ZPO gebunden, wie etwa §§ 139, 278 ZPO. Vielmehr deckt sich die Regel des § 1042 Abs. 1 S. 2 ZPO mit der verfassungsrechtlichen Gewährleistung aus Art. 103 Abs. 1 GG und garantiert einen prozessualen Mindeststandard.[716] Die private Schiedsgerichtsbarkeit kann verfassungsrechtlich nur bei rechtsstaatlichem Verfahren zulässig sein.

---

[712] Siehe unten Kap. 4, Teil 4.

[713] Siehe unten Kap. 4, Teil 2, II.2.b).

[714] *Wagner*, Country Report Germany, in: Weigand (Hrsg.) Practitioner's Handbook on International Arbitration, 2002, 764-765 Rdz. 259.

[715] BT-Drucks. 13/5274, S. 46 li. Sp. [4]: „eine dem Verfahren vor den staatlichen Gerichten gleichwertige Rechtsschutzmöglichkeit"; für inländische Schiedsverfahren: BGHZ 96, 40, 47; BGHZ 85, 288, 291; BGHZ 3, 215, 218; vorsichtiger: BGHZ 31, 43, 45: „keine wesentlich geringeren Anforderungen"; für internationale Schiedsverfahren: BGH NJW 1992, 2299; BGH NJW 1990, 2199, 2200.

[716] *Lachmann*, Handbuch für die Schiedsgerichtspraxis, 2. Aufl., 2002, Rdz. 679; *Lörcher/Lörcher/Lörcher*, Das Schiedsverfahren – national/international – nach deutschem Recht, 2. Aufl., 2001, Rdz. 20 Fn. 20.

Zumindest insoweit ist die Pflicht des Schiedsgerichts, rechtliches Gehör zu gewähren, durch Art. 103 Abs. 1 GG abgesichert.[717]

1. Aufhebungsgründe

Verletzt ein Schiedsverfahren das rechtliche Gehör, können verschiedene Aufhebungsgründe eingreifen: § 1059 Abs. 2 Nr. 1 (b) [eine Partei konnte Angriffs- oder Verteidigungsmittel nicht geltend machen] und Nr. 1 (d) [unzulässiges Verfahren] sowie Nr. 2 (b) ZPO [öffentliche Ordnung].[718] Während § 1059 Abs. 2 Nr. 1 (d) ZPO Kausalität zwischen unzulässigem Verfahren und Schiedsspruch verlangt, fehlt das Erfordernis in Nr. 1 (b). Manche Autoren wollen das Kausalitätserfordernis auch bei Nr. 1 (b) anwenden,[719] während andere Nr. 1 (b) als lex specialis begreifen.[720] Überschneidungen sind unausweichlich. Deshalb ist eine einheitliche Handhabung geboten. Es ist sinnlos, einen Schiedsspruch aufzuheben, wenn sich die Verletzung des rechtlichen Gehörs nicht auf die Entscheidung ausgewirkt hat. Es müsste ein neuer Schiedsspruch gleichen Inhalts ergehen. Deshalb ist stets zu prüfen, ob der Inhalt des Schiedsspruchs auf der Verletzung des Verfahrens beruhen kann. Es genügt eine schwache Wahrscheinlichkeit.[721] Ist das rechtliche Gehör verletzt, verstößt das gleichzeitig gegen die öffentliche Ordnung nach Nr. 2 (b).[722] Die drei Aufhebungsgründe können also gleich behandelt werden.

---

[717] Stein/Jonas-*Schlosser*, ZPO, Bd. 9, 22. Aufl., 2002, § 1042 Rdz. 7; *Sandrock*, „Gewöhnliche" Fehler in Schiedssprüchen: Wann können sie zur Aufhebung des Schiedsspruchs führen?, BB 2001, 2173, 2174; *Engelhardt*, Die Rechtsprechung des BGH zur Schiedsgerichtsbarkeit, in: Böckstiegel (Hrsg.), Schiedsgerichtsbarkeit im Umfeld von Politik, Wirtschaft und Gerichtsbarkeit, 1992, 31, 38 mit Hinweis auf Nichtannahmebeschluss des BGH vom 23.5.1991 – III ZR 90/90, der die „verfassungsrechtliche Mindestaustattung" als selbstverständlich voraussetzt; a.A. *Geimer*, Schiedsgerichtsbarkeit und Verfassung (aus deutscher Sicht), in: Schlosser (Hrsg.), Integritätsprobleme im Umfeld der Justiz, 1994, 113, 127-128 (Art. 103 GG nicht anwendbar, sondern nur einfachgesetzliche Grundlage in § 1034 Abs. 1 S. 1 ZPO a.F. [§ 1042 Abs. 1 ZPO]).

[718] BT-Drucks. 13/5274, S. 46 li. Sp. [4]; Musielak-*Voit*, ZPO, 4. Aufl., 2005, § 1042 Rdz. 6, 21.

[719] Musielak-*Voit*, ZPO, 4. Aufl., 2005, § 1059 Rdz. 13, 27; Stein/Jonas-*Schlosser*, ZPO, Bd. 9, 22. Aufl., 2002, Anhang § 1061 Rdz. 81-82.

[720] MünchKomm-*Münch*, ZPO, Bd. 3, 2. Aufl., 2001, § 1059 Rdz. 12; anders Zöller-*Geimer*, ZPO, 25. Aufl., 2005, § 1059 Rdz. 40: Abs. 2 Nr. 1 b) beziehe sich nicht auf einzelne Angriffs- und Verteidigungsmittel.

[721] BGH NJW 1990, 2199, 2200; BGHZ 31, 43, 48; BGHZ 3, 215, 219; *Lachmann*, Handbuch für die Schiedsgerichtspraxis, 2. Aufl., 2002, Rdz. 730; Stein/Jonas-*Schlosser*, ZPO, Bd. 9, 22. Aufl., 2002, Anhang § 1061 Rdz. 82; zum internationalen Vergleich: *Schlosser*, Rechtsvergleichende Schlaglichter auf die BGH-Rechtsprechung zu Zentralfragen der rechtsstaatlichen Integrität der Schiedsgerichtsbarkeit, in: Schmidt (Hrsg.), 50 Jahre Bundesgerichtshof, Band III, 2000, 399, 416-420.

[722] *Kröll*, Schiedsrechtliche Rechtsprechung 2003, SchiedsVZ 2004, 113, 118.

2. Übergehen eines Beweisantrags

Verletzt es das rechtliche Gehör, wenn eine Partei einen Beweisantrag auf Vorlage von Urkunden stellt und das Schiedsgericht dem nicht nachkommt? Die Rechtsprechung ist sehr zurückhaltend. Der Schiedsspruch ist nur aufzuheben, wenn das Schiedsgericht das Vorbringen einer Partei willkürlich oder versehentlich gar nicht berücksichtigt hat. Es reicht nicht aus, wenn das Schiedsgericht das Vorbringen lediglich nicht für erheblich und beweisbedürftig gehalten hat. Im Einzelfall ist es schwierig, die beiden Fälle voneinander abzugrenzen. Die Rechtsprechung nimmt in der Regel an, das Schiedsgericht habe das Vorbringen berücksichtigt, es aber für unerheblich gehalten.[723] Nur beim Beweis des Gegenteils ist der Schiedsspruch aufzuheben.[724]

Der Rechtsprechung ist zuzustimmen,[725] denn sonst könnten Parteien den Schiedsspruch häufig aufhebbar machen, indem sie zahlreiche Beweisanträge stellen.[726] Die betroffene Partei muss darlegen und gegebenenfalls beweisen, dass das Schiedsgericht ein Vorbringen völlig übergangen hat und das beantragte Beweismittel die Entscheidung möglicherweise beeinflusst hätte. Es genügt, wenn sie begründete Zweifel darlegt. Sie muss aber zuvor im Schiedsverfahren alle Möglichkeiten ausgeschöpft haben, um den Fehler zu beheben, § 1027 ZPO.[727] Das bedeutet vor allem, das Verhalten des Schiedsgerichts im Schiedsverfahren schriftlich zu rügen.

3. Fehlende Gelegenheit, an Beweiserhebung teilzunehmen

Das rechtliche Gehör kann auch verletzt sein, wenn eine Partei keine Gelegenheit bekommt, an einer Beweiserhebung teilzunehmen und sich dazu zu äußern. Das gilt zumindest dann, wenn eine Partei nicht rechtzeitig über eine

---

[723] BGH NJW 1992, 2299; BGH NJW 1966, 549; BayObLG BB 2000, Beil. 12, 16, 18 = EWiR § 1059 1/2000, 199, 200 m. Anm. *Berger*; siehe auch *Kröll*, Schiedsrechtliche Rechtsprechung 2003, SchiedsVZ 2004, 113, 118.

[724] Das hat der Bundesgerichtshof bisher nur einmal in einer veröffentlichten Entscheidung bejaht, *Schlosser*, Rechtsvergleichende Schlaglichter auf die BGH-Rechtsprechung zu Zentralfragen der rechtsstaatlichen Integrität der Schiedsgerichtsbarkeit, in: Schmidt (Hrsg.), 50 Jahre Bundesgerichtshof, Band III, 2000, 399, 401-402; siehe BGHZ 96, 40, 48-49 (Das Schiedsgericht hatte einen Vortrag der Beklagten als unbestritten behandelt, obwohl die Klägerinnen den Vortrag im Schiedsverfahren bestritten hatten.).

[725] Kritisch aber: *Schlosser*, Rechtsvergleichende Schlaglichter auf die BGH-Rechtsprechung zu Zentralfragen der rechtsstaatlichen Integrität der Schiedsgerichtsbarkeit, in: Schmidt (Hrsg.), 50 Jahre Bundesgerichtshof, Band III, 2000, 399, 412; *Schwab/Walter*, Schiedsgerichtsbarkeit, 7. Aufl., 2005, Kap. 15, Rdz. 9 m.w.N.

[726] Musielak-*Voit*, ZPO, 4. Aufl., 2005, § 1042 Rdz. 21.

[727] BT-Drucks. 13/5274 S. 59 re. Sp. [1]; Zöller-*Geimer*, ZPO, 25. Aufl., 2005, § 1059 Rdz. 47.

Zeugenvernehmung informiert wird und deshalb nicht anwesend ist,[728] oder dann, wenn ein Schiedsgericht Dokumente verwertet, die es sich selbst beschafft hat, ohne sie den Parteien zugänglich zu machen.[729]

Ob die Ermessensfreiheit dem Schiedsgericht erlaubt, zum Geheimnisschutz Dokumente nur eingeschränkt zugänglich zu machen, hat die höchstrichterliche Rechtsprechung noch nicht entschieden. Der Gesetzeswortlaut spricht dagegen. Während § 1042 Abs. 1 S. 2 ZPO die Grundregel des rechtlichen Gehörs beschreibt, gestaltet § 1047 ZPO als weitere zwingende Norm das Recht näher.[730] Der Gesetzgeber hat § 1047 ZPO aus dem UNCITRAL Modellgesetz übernommen, „um Fehlschlüsse zu vermeiden, die aus einer Nichtübernahme gezogen werden könnten", obwohl die Norm die Aussage aus § 1042 Abs. 1 ZPO nur wiederhole.[731] § 1047 Abs. 3 ZPO regelt: „Alle Schriftsätze, Schriftstücke und sonstigen Mitteilungen, die dem Schiedsgericht von einer Partei vorgelegt werden, sind der anderen Partei, Gutachten und andere schriftliche Beweismittel, auf die sich das Schiedsgericht bei seiner Entscheidung stützen kann, sind beiden Parteien zur Kenntnis zu bringen." Das verlangt Zugang zu den Beweismitteln selbst. Eine zusammenfassende Mitteilung genügt nicht.[732] Das Schiedsgericht muss aber nur solche Schriftstücke zugänglich machen, die nach seiner Ansicht überhaupt für die Entscheidung erheblich sein können.[733] Allerdings hat bereits die Arbeitsgruppe zum UNCITRAL Modellgesetz darauf hingewiesen, dass trotz der Formulierung des Art. 24 Abs. 3 UNCITRAL Modellgesetzes = § 1047 Abs. 3 ZPO Geheimnisschutz möglich sein muss.[734]

---

[728] BGHZ 3, 215, 217-218 (Das Schiedsgericht hatte einen Zeugen geladen, ohne den Beklagten zu benachrichtigen. Der Beklagte war bei der Vernehmung nicht anwesend. Das Schiedsgericht entschied gegen den Beklagten und berücksichtigte dabei die Vernehmung des Zeugen.).

[729] OLG Hamburg RIW/AWD 1975, 432 m. Anm. *Gündisch* RIW/AWD 1975, 577.

[730] Stein/Jonas-*Schlosser*, ZPO, Bd. 9, 22. Aufl., 2002, § 1047 Rdz. 3; MünchKomm-*Münch*, ZPO, Bd. 3, 2. Aufl., 2001, § 1047 Rdz. 1, 7.

[731] BT-Drucks. 13/5274 S. 49 re. Sp. [4].

[732] Stein/Jonas-*Schlosser*, ZPO, Bd. 9, 22. Aufl., 2002, § 1047 Rdz. 3.

[733] OLG Hamburg MDR 1951, 241.

[734] *Holtzmann* in Holtzmann/Neuhaus (Hrsg.), A Guide to the UNICTRAL Model Law on International Commercial Arbitration, Legislative History and Commentary, 1989, 693 (A/CN.9/SR.324 Nr. 13) („It was up to the party concerned and the arbitral tribunal to find some means of permitting professional secrecy to be respected."); widersprüchlich MünchKomm-*Münch*, ZPO, Bd. 3, 2. Aufl., 2001, § 1047 Rdz. 7 (keine Rücksichtnahme auf Geschäftsgeheimnisse) und § 1049 Rdz. 37 (Partei kann auf subjektive Kenntnisnahme verzichten oder Schiedsgericht schaltet neutralen Dritten ein).

4. Geheimverfahren

Häufig wird es Dokumente geben, die eine Partei oder ein Dritter aus berechtigten Geheimhaltungsinteressen nicht vorlegen will. Verletzt das Schiedsgericht das rechtliche Gehör, wenn es geheimhaltungsbedürftige Dokumente sichtet und verwertet, ohne sie der Gegenpartei oder beiden Parteien zugänglich zu machen? Im staatlichen Zivilprozess wird das mehrheitlich für unzulässig gehalten. Die höchstrichterliche Rechtsprechung hält sich mögliche Ausnahmen offen, bejaht sie aber äußerst selten.[735] Einem Schiedsgericht gesteht die Literatur überwiegend mehr Flexibilität zu. In besonderen Einzelfällen soll es geboten sein, nicht offen gelegte Dokumente in einem Geheimverfahren zu sichten, wenn etwa der drohende Schaden bei Offenlegung sehr groß wäre und eine gerechte Entscheidung zentral davon abhängt, dass das Schiedsgericht die Information verwerten kann.[736]

Wie im verwaltungsgerichtlichen Zwischenverfahren[737] sollte das Schiedsgericht zumindest die Vorlage geheimhaltungsbedürftiger Dokumente verlangen können, um zu entscheiden, ob die Geheimhaltung gerechtfertigt ist oder nicht. Für die betroffene Partei bietet sich dabei die Chance, das Schiedsgericht von der Geheimhaltungsbedürftigkeit zu überzeugen. Sie muss dann nicht mit negativen Konsequenzen bei der Beweiswürdigung rechnen, wenn das Schiedsgericht anerkennt, dass die Unterlagen geheimhaltungsbedürftig sind. Allerdings geht die Partei das Risiko ein, dass das Schiedsgericht die Geheimhaltungsbedürftigkeit ablehnt und die Partei auffordert, das Dokument an den Gegner zu übermitteln. Das Schiedsgericht darf das Dokument nicht eigenmächtig weiterleiten. Weigert sich die Partei weiterhin, das Dokument offen zu legen, kann das Schiedsgericht das Verhalten lediglich negativ würdigen, ohne den ihm bekannten Inhalt verwerten zu dürfen.

Will das Schiedsgericht weiter gehen und Dokumente verwerten, die es nicht offen legt, sind verschiedene Konstellationen zu trennen:

(1) Eine Partei meint, ein Dokument in ihrem Besitz würde ihre Position stützen. Es enthält aber Geheimnisse, die dem Gegner nicht zugänglich sein sollen. Die Partei will das Dokument nur dem Schiedsgericht zugänglich ma-

---

[735] Siehe oben Kap. 2, Teil 1, V.3.

[736] *Lachmann*, Handbuch für die Schiedsgerichtspraxis, 2. Aufl., 2002, Rdz. 692; Stein/Jonas-*Schlosser*, ZPO, Bd. 9, 22. Aufl., 2002, Anhang § 1061 Rdz. 90; MünchKomm-*Münch*, ZPO, Bd. 3, 2. Aufl., 2001, § 1042 Rdz. 14.

[737] Siehe oben Kap. 2, Teil 1, V.3.c).

chen. Das betrifft zwar nicht Weigerungsrechte im Sinne eines Schutzmechanismus, kommt aber in der Praxis häufig vor.[738]

Die Partei sollte grundsätzlich selbst zwischen effektivem Rechtsschutzinteresse und Geheimhaltungsinteresse abwägen. Je nach dem, was für sie überwiegt, legt sie das Dokument vor oder nicht. Das Schiedsgericht kann der Partei entgegenkommen, indem es eine Schutzanordnung erlässt, die allen Beteiligten verbietet, den Inhalt der Dokumente außerhalb des Schiedsverfahrens preiszugeben oder zu verwenden. Eine Schutzanordnung ist aber in Deutschland nicht durchsetzbar und deshalb nur begrenzt nützlich. Sie ist kein Schiedsspruch, der einen Teil des Rechtsstreites endgültig bescheidet, und kann deshalb nicht für vollstreckbar erklärt werden.[739] Auch eine Schadensersatzklage gegen einen Beteiligten, der die Vertraulichkeitsverpflichtung verletzt hat, ist wegen Beweisschwierigkeiten kaum erfolgversprechend.[740] Deshalb sollte das Schiedsgericht in den Fällen, in denen die Informationen unbedingt erforderlich sind, der Partei die Offenlegung aber absolut nicht zugemutet werden kann, ein Geheimverfahren erwägen.

(2) Eine Partei meint, der Gegner besitzt ein Dokument, das ihren Vortrag bestätigen könnte. Der Gegner ist nur bereit, das Dokument dem Schiedsgericht vorzulegen, wenn es der anderen Partei vorenthalten bleibt.

Das Schiedsgericht kann in einem in-camera-Verfahren den Inhalt der Dokumente prüfen. Sind schutzbedürftige Geheimnisse betroffen, teilt es dem Antragsteller mit, wie es die Dokumente verwerten könnte, ohne die Geheimnisse preiszugeben. Der Antragsteller kann dann entscheiden, ob er darauf verzichtet, die Dokumente einzusehen und einer Verwertung zustimmt, oder ob er auf Offenlegung besteht und das Schiedsgericht die Dokumente nicht verwerten darf.

(3) Eine Partei meint, ein Dritter könne ein Dokument vorlegen, das ihre Position unterstützt. Der Dritte will einer Vorlageanordnung des Schiedsgerichts nur nachkommen, wenn ausschließlich das Schiedsgericht das Dokument einsieht.

---

738 *Wagner*, Country Report Germany, in: Weigand (Hrsg.) Practitioner's Handbook on International Arbitration, 2002, 764 Rdz. 257.

739 Siehe unten Kap. 4, Teil 5, II., im Zusammenhang mit der Vollstreckbarerklärung einer Vorlageanordnung nach dem UNÜ.

740 *Wagner*, Country Report Germany, in: Weigand (Hrsg.) Practitioner's Handbook on International Arbitration, 2002, 764 Rdz. 259.

Das Schiedsgericht kann wie bei Dokumenten des Gegners vorgehen, mit der Ergänzung, dass beide Parteien auf das rechtliche Gehör verzichten müssen.

Anstatt des in-camera-Verfahrens kann das Schiedsgericht auch einen neutralen, zur Vertraulichkeit verpflichteten Dritten, etwa einen Sachverständigen, bestellen, der die Dokumente einsieht und das Auswertungsergebnis dem Schiedsgericht mitteilt, ohne das Geheimnis zu offenbaren.[741] Im Übrigen kann das Schiedsgericht auch erwägen, den Anwalt einer Partei oder einen extra dafür bestellten Anwalt zur Vertraulichkeit zu verpflichten und nur ihm die Dokumente zugänglich zu machen.[742]

5. Verzicht auf das rechtliche Gehör

Wie sind solche Schutzmaßnahmen damit zu vereinbaren, dass eine Partei grundsätzlich nicht auf ihr Recht auf Gehör verzichten kann? Ein umfassender Verzicht auf das rechtliche Gehör im Voraus ist nicht möglich. Es ist nur zulässig, auf einzelne Aufhebungsgründe zu verzichten, die allein dem Schutz der Partei und nicht staatlichen Interessen dienen.[743] Dagegen kann eine Partei nach erfolgter Gehörsverletzung umfassend verzichten.[744] Grundsätzlich ist der Wille des Betroffenen genau zu erforschen und im Zweifel eng auszulegen. Macht eine Partei jedoch von ihrem eingeräumten Gehörsrecht keinen Gebrauch, kann sie sich später nicht darauf berufen, ihr sei das rechtliche Gehör versagt worden.[745]

Verwertet das Schiedsgericht Dokumente im Geheimverfahren, folgt aus den Regeln zum Gehörsverzicht, dass es sich das Vorgehen von den Parteien schriftlich bestätigen lassen sollte. Versucht eine Partei später, den Schiedsspruch wegen Verletzung des rechtlichen Gehörs aufheben zu lassen, sollte das Gericht die schriftliche Bestätigung als Verzicht auf den Aufhebungs-

---

[741] Stein/Jonas-*Schlosser*, ZPO, Bd. 9, 22. Aufl., 2002, Anhang § 1061 Rdz. 90; MünchKomm-*Münch*, ZPO, Bd. 3, 2. Aufl., 2001, § 1049 Rdz. 37; *Schlosser*, Das Recht der internationalen Schiedsgerichtsbarkeit, 2. Aufl., 1989, Rdz. 641; siehe auch unten Kap. 4, Teil 2, II.3 und Kap. 4, Teil 4, IV.

[742] *Wagner*, Country Report Germany, in: Weigand (Hrsg.) Practitioner's Handbook on International Arbitration, 2002, 765 Rdz. 259.

[743] Zöller-*Geimer*, ZPO, 25. Aufl., 2005, § 1042 Rdz. 4, § 1059 Rdz. 80 -81; *Wagner*, Prozessverträge, 1998, 95 (für ausländische Schiedssprüche).

[744] So MünchKomm-*Münch*, ZPO, Bd. 3, 2. Aufl., 2001, § 1042 Rdz. 26 unter Berufung auf BGHZ 3, 215, 218-219.

[745] BGH KTS 1962, 240, 241-242 (Der Schiedsrichter hatte die Geschäftsbücher einer Partei in deren Räumen eingesehen. Der Gegner hätte die Bücher selbst einsehen können, hat das aber nicht getan. Er konnte sich deshalb nicht auf eine Verletzung rechtlichen Gehörs berufen, wenn das Schiedsgericht vor seiner Entscheidung nicht die Zahlen aus den Büchern mitgeteilt hat, die es verwerten wollte.); BGH ZZP, Bd. 71, 1958, 427, 433.

grund werten. Der Aufhebungsgrund ist präkludiert; das Gericht weist den Antrag insoweit als unbegründet ab.

Selbst wenn man einen vorherigen Verzicht ablehnt, sind alle Aufhebungsgründe aus § 1059 Abs. 2 Nr. 1 ZPO faktisch verzichtbar, wenn die betroffene Partei sie nicht rechtzeitig geltend macht.[746] Hat sich eine Partei auf ein Geheimverfahren eingelassen, nachdem das Schiedsgericht sie aufgeklärt hat, hat sie faktisch auf etwaige Aufhebungsrechte verzichtet. Das Schiedsgericht muss einen gravierenden Fehler gemacht haben, um eine Aufhebung zu rechtfertigen.[747] Hat das Schiedsgericht das Einverständnis der Parteien zum Geheimverfahren gut dokumentiert, ist eine besonders schwere Verletzung des rechtlichen Gehörs zu verneinen.

Auch § 1059 Abs. 2 Nr. 2 ZPO macht ein Geheimverfahren nicht unzulässig. Zwar kann eine Partei auf den Aufhebungsgrund des Verstoßes gegen die öffentliche Ordnung faktisch nicht verzichten.[748] Allerdings liegt ein Verstoß gegen den ordre public nur vor, wenn das Geheimverfahren den Grundgedanken der deutschen Regelungen und Gerechtigkeitsvorstellungen so stark widerspricht, dass es nach deutscher Vorstellung untragbar erscheint.[749] Nachdem sowohl das Bundesverfassungsgericht als auch der Bundesgerichtshof Geheimverfahren in Extremfällen für zulässig halten,[750] dürfte das zu verneinen sein.

X. Sanktionen

1. Beweiswürdigung

Kann das Schiedsgericht Anordnungen, Dokumente herauszugeben, gegenüber den Parteien und Dritten mit Zwangsmaßnahmen durchsetzen? Die einhellige Antwort lautet nein. Da die Parteien das Schiedsgericht privatautonom gebildet haben, besitzt es keine eigene Zwangsgewalt.[751] Das Schiedsgericht kann das Weigerungsverhalten von Parteien oder Dritten nur bei der Beweiswürdigung negativ berücksichtigen.[752] Das entspricht § 427 ZPO im Zivilver-

---

[746] *Schwab/Walter*, Schiedsgerichtsbarkeit, 7. Aufl., 2005, Kap. 24, Rdz. 53.

[747] *Sandrock*, „Gewöhnliche“ Fehler in Schiedssprüchen: Wann können sie zur Aufhebung des Schiedsspruchs führen?, BB 2001, 2173, 2180.

[748] BT-Drucks. 13/5274 S. 59 re. Sp. [2].

[749] BGHZ 138, 331, 334-335 = NJW 1998, 2358 (zu § 328 ZPO).

[750] Siehe oben Kap. 2, Teil 1, V.3. und 4.

[751] MünchKomm-*Münch*, ZPO, Bd. 3, 2. Aufl., 2001, § 1050 Rdz. 1; *Kühn*, Die Bedeutung der Gerichte bei der Durchführung von Schiedsverfahren, in: Böckstiegel (Hrsg.), Schiedsgerichtsbarkeit im Umfeld vom Politik, Wirtschaft und Gerichtsbarkeit, 1992, 65, 66.

[752] So auch zum UNCITRAL Modellgesetz: Commission Report A/40/17 Nr. 229 in: Holtzmann/Neuhaus (Hrsg.), A Guide to the UNICTRAL Model Law on International Commercial Arbitration, Legislative History and Commentary, 1989, 761.

fahren. Da die Schiedsparteien in stärkerem Maße als Gerichtsparteien verpflichtet sind, das Verfahren zu fördern, kann das Schiedsgericht öfter zu einer negativen Würdigung befugt sein als das staatliche Gericht.[753] Bevor es allerdings das Verhalten der Partei oder eines Dritten negativ würdigt, muss es den Sachverhalt soweit als möglich aufklären und die Betroffenen auf die Risiken der Weigerung hinweisen. Vor allem muss es die Weigerungsgründe erforschen.[754] Ist die Weigerung gerechtfertigt, darf das Schiedsgericht das Verhalten einer Partei nicht negativ würdigen. Vorsicht ist geboten, wenn eine kontinentaleuropäische Partei einer Anordnung, ihr ungünstige Dokumente vorzulegen, nicht nachkommt. Das Schiedsgericht muss sicherstellen, dass die Partei mit einem solchen Verfahren rechnen musste.[755] Nachdem es bemüht sein muss, die gegenläufigen Interessen auszugleichen, muss es die Weigerungsgründe sorgfältig prüfen und gegebenenfalls ein Geheimverfahren erwägen, bevor es die Weigerung negativ würdigt.

Hat sich eine der Parteien geweigert, relevante Dokumente vorzulegen, entscheidet die Beweislast, wie das Schiedsgericht damit umgeht. Die beweisbelastete Partei muss damit rechnen, den Prozess zu verlieren, wenn sie ein ihr günstiges Dokument nicht vorgelegt hat. Die Partei kann sich auch im Schiedsverfahren vor die Wahl gestellt sehen, entweder ein Geheimnis oder den Prozess zu verlieren.[756] Legt die nicht beweisbelastete Partei ein Dokument ohne berechtigte Gründe nicht vor, kann das Schiedsgericht zum Nachteil der säumigen Partei die strittige Tatsache als erwiesen ansehen.[757]

Verweigert ein Dritter die Vorlage einer Urkunde, kann das Schiedsgericht dies nur dann negativ würdigen, wenn das Verhalten des Dritten einer Partei zuzurechnen ist.[758] Der Dritte ist einer Partei zuzurechnen, wenn er in ihrem Einflussbereich steht oder sie ihn bewusst an der Vorlage gehindert hat. Das Schiedsgericht muss zuerst alle anderen Möglichkeiten ausschöpfen, bevor es das Verhalten des Dritten negativ würdigt.[759] Es muss also versuchen, den Sachverhalt anders zu ermitteln oder nach § 1050 ZPO vorzugehen. Erst dann ist die negative Beweiswürdigung zulässig. Hat allerdings das Schiedsgericht einer Partei aufgegeben, den Antrag nach § 1050 ZPO zu stellen und ist die

---

[753] Musielak-*Voit*, ZPO, 4. Aufl., 2005, § 1042 Rdz. 27.
[754] MünchKomm-*Münch*, ZPO, Bd. 3, 2. Aufl., 2001, § 1049 Rdz. 38.
[755] *Weigand*, Discovery in der internationalen Schiedsgerichtsbarkeit, RIW 1992, 361, 365.
[756] Stein/Jonas-*Schlosser*, ZPO, Bd. 9, 22. Aufl., 2002, § 1042 Rdz. 9.
[757] Stein/Jonas-*Schlosser*, ZPO, Bd. 9, 22. Aufl., 2002, § 1042 Rdz. 14; MünchKomm-*Münch*, ZPO, Bd. 3, 2. Aufl., 2001, § 1048 Rdz. 18.
[758] Musielak-*Voit*, ZPO, 4. Aufl., 2005, § 1042 Rdz. 25, 27.
[759] Musielak-*Voit*, ZPO, 4. Aufl., 2005, § 1042 Rdz. 27.

Partei dem nicht nachgekommen, kann es auch daraus negative Schlüsse ziehen, obwohl es selbst den Antrag bei Gericht hätte stellen können.[760]

2. § 1050 ZPO

Das Schiedsgericht oder die beweisbelastete Partei – mit Zustimmung des Schiedsgerichts – können das Verfahren nach § 1050 ZPO betreiben, um die Herausgabe einer Urkunde zu erzwingen. Das hilft vor einem deutschen Gericht selten weiter, weil diesem selbst wenig Zwangsmittel zur Verfügung stehen. Das Gericht konnte bisher für das Schiedsgericht den Gegner zum Verbleib der Urkunde vernehmen, § 426 ZPO, oder eine öffentliche Behörde um Herausgabe ersuchen, § 432 ZPO.[761] Die Lage hat sich mit der Zivilprozessreform verbessert. Gegenüber Parteien hat das staatliche Gericht zwar weiterhin keine Zwangsbefugnisse. Es kann aber bei der Beweiserhebung helfen, indem es Zwangsmaßnahmen gegen Dritte anordnet, die sich geweigert haben, freiwillig dem Schiedsgericht ein Dokument vorzulegen, §§ 142 Abs. 2, 390 ZPO. Es kann außerdem eine erforderliche Beweisaufnahme im Ausland vermitteln. Denn ein Schiedsgericht kann nicht selbst nach dem Haager Übereinkommen über die Beweisaufnahme im Ausland in Zivil- oder Handelssachen vom 18.3.1970[762] (Haager Beweisübereinkommen oder HBÜ) vorgehen.[763] Allerdings machen Schiedsgerichte selten Gebrauch von § 1050 ZPO, weil das staatliche Verfahren das Schiedsverfahren zeitlich verzögert und den Ablauf stört.[764] Soll ein Dritter zur Vorlage eines Dokuments bewegt werden, gibt es aber keine Alternative.

Grundsätzlich können die Parteien § 1050 ZPO abbedingen. Sie können die Befugnisse des Schiedsgerichts, ein staatliches Gericht zur Hilfe anzurufen, eingrenzen oder auch erweitern. Das ergibt sich daraus, dass die Unterstützungsmaßnahmen ausschließlich im Interesse der Parteien erfolgen. Sie können gegenüber dem Schiedsgericht regeln, ob und wie sie davon Gebrauch machen wollen. Ob auch das staatliche Gericht erweiterte Befugnisse berücksichtigt, können die Parteien nicht beeinflussen.[765]

---

[760] Stein/Jonas-*Schlosser*, ZPO, Bd. 9, 22. Aufl., 2002, § 1050 Rdz. 12.

[761] *Schwab/Walter*, Schiedsgerichtsbarkeit, 7. Aufl., 2005, Kap. 15, Rdz. 22.

[762] BGBl. II 1977, S. 1472; für den Volltext siehe auch www.hcch.net/e/conventions/text20e.html (zuletzt besucht am 3.7.2004) und zum aktuellen Stand der Vertragsstaaten siehe www.hcch.net/e/members/members.html (zuletzt besucht am 3.7.2004); siehe auch Fn. 1437.

[763] MünchKomm-*Münch*, ZPO, Bd. 3, 2. Aufl., 2001, § 1050 Rdz. 4; siehe unten Kap. 4, Teil 5, III.3.a).

[764] *Fischer-Zernin/Junker*, Between Scylla and Charybdis: Fact Gathering in Germany Arbitration, Journal of Int'l Arbitration, Bd. 4, Nr. 2, 1987, 9.

[765] MünchKomm-*Münch*, ZPO, Bd. 3, 2. Aufl., 2001, § 1050 Rdz. 7.

a) Internationalität des § 1050 ZPO

Während nach Art. 27, 1 Abs. 2 UNCITRAL Modellgesetz staatliche Gerichte die Beweiserhebung nur dann unterstützen können, wenn das Schiedsgericht seinen Sitz im Inland hat, gehen §§ 1050, 1025 Abs. 2 ZPO weiter: Unabhängig davon, wo das Schiedsgericht seinen Sitz hat oder ob der Schiedsort schon bestimmt ist, leisten deutsche Gerichte Schiedsparteien und Schiedsgericht Unterstützung. Die meisten nationalen Gesetze, die sich am UNCITRAL Modellgesetz orientiert haben, halten sich an die Vorgaben des Modellgesetzes und unterstützen nur inländische Schiedsverfahren. Die deutsche Position zur grenzüberschreitenden gerichtlichen Unterstützung ist noch nicht ins internationale Bewusstsein gerückt.[766] Das mag daran liegen, dass sich das deutsche Schiedsverfahrensgesetz nur theoretisch progressiv zeigt. Denn ein deutsches Gericht muss die Beweiserhebung eines Schiedsgerichts nur dann unterstützen, wenn es selbst eine eigene Beweisaufnahme so erzwingen könnte. Gegenüber Parteien aber hat ein deutsches Gericht keine Zwangsbefugnisse. Während ein deutsches Gericht also theoretisch jedes Schiedsgericht unterstützen kann, sind die möglichen Maßnahmen sehr begrenzt.

b) Vorgehen nach § 1050 ZPO

Ob bei Gericht ein Antrag gestellt wird, hängt zuletzt vom Schiedsgericht ab. Es muss dem Vorgehen einer Partei zustimmen. Das Schiedsgericht soll verhindern können, dass durch Anrufung des Gerichts der Rechtsstreit unnötig verzögert wird.[767] Das rechtliche Gehör ist nicht beeinträchtigt, wenn das Schiedsgericht hierüber entscheidet. Die Parteien finden Gehör beim Schiedsgericht, dem sie darlegen müssen, warum sie es für notwendig halten, das staatliche Gericht anzurufen.[768]

Zuständig ist das Amtsgericht in dem Bezirk, in dem die richterliche Handlung vorzunehmen ist, § 1062 Abs. 4 ZPO. Soll ein Dritter eine Urkunde vorlegen, ist das Amtsgericht an seinem Wohnsitz zuständig. Der Antrag an das Gericht ist nicht an eine besondere Form oder Inhalt gebunden. Er sollte zweckmäßigerweise enthalten: die Schiedsvereinbarung, die Schiedsklage, die Unterlagen zur Konstituierung des Schiedsgerichts, die schriftliche Zustimmung des Schiedsgerichts, die Beweisanordnung, eine Äußerung des

---

[766] Siehe etwa *Webster*, Obtaining Documents from Adverse Parties in International Arbitration, Arb. Int'l, Bd. 17, 2001, 41, 42, der 28 U.S.C. § 1782 als die wahrscheinlich einzige Vorschrift zur grenzüberschreitenden Durchsetzung von Vorlageanordnungen bezeichnet; einen Erfahrungsbericht liefern *Wirth/Hoffmann-Nowotny*, Rechtshilfe deutscher Gerichte zugunsten ausländischer Schiedsgerichte bei der Beweisaufnahme – ein Erfahrungsbericht, SchiedsVZ 2005, 66.

[767] BT-Drucks. 13/5274, S. 51, re. Sp. [3].

[768] MünchKomm-*Münch*, ZPO, Bd. 3, 2. Aufl., 2001, § 1050 Rdz. 9.

Schiedsgerichts, warum es sich zu der Maßnahme nicht für befugt hält, und Unterlagen, aus denen sich die Zuständigkeit des angerufenen Gerichts ergibt.[769] Am wichtigsten ist es, die gewünschte Maßnahme zu beschreiben. Das Schiedsgericht muss das herausverlangte Dokument hinreichend präzise umschreiben. Die gesamte Schiedsakte ist dem Gericht nicht vorzulegen. Das würde seine Arbeit unnötig erschweren.

c) Prüfungskompetenz des staatlichen Gerichts

Das Gericht prüft die allgemeinen Prozessvoraussetzungen. Umstritten ist, ob das Gericht auch prüfen soll, ob eine wirksame Schiedsvereinbarung besteht.[770] Zum neuen Recht jedenfalls passt eine solche Prüfung nicht. Würde das Amtsgericht eine Beweisaufnahme ablehnen, weil es an einer Schiedsvereinbarung fehle, könnte es das Schiedsverfahren lahm legen. Das Schiedsgericht soll in erster Linie selbst über seine Zuständigkeit entscheiden, § 1040 ZPO. Stellt eine Partei dann bei Gericht einen Antrag auf Feststellung der Zulässigkeit oder Unzulässigkeit des Schiedsverfahrens nach § 1032 ZPO, ist das Schiedsverfahren trotzdem fortzuführen, § 1032 Abs. 3 ZPO. Ein Angriff auf die Schiedsvereinbarung soll das Schiedsverfahren gerade nicht behindern. Das spricht gegen eine Prüfungskompetenz des Amtsgerichts. Außerdem passt sie nicht zu den Zuständigkeitsregelungen. Das Oberlandesgericht ist für die Zulässigkeitsprüfung zuständig, § 1062 Abs. 1 Nr. 2 ZPO. Das Amtsgericht würde die Prüfung inzident übernehmen. Es sollte also nur prüfen, ob dem Antrag überhaupt eine Schiedsvereinbarung beiliegt.

Ob die beantragte Maßnahme nützlich, zweckmäßig, notwendig oder erheblich ist, prüft das Gericht nicht. Es beschränkt sich auf drei Prüfungspunkte: (1) Haben die Parteien die begehrte Handlung explizit ausgeschlossen, lehnt das Gericht den Antrag ab. Das wird selten vorkommen. (2) Das Gericht prüft weiter, ob das Schiedsgericht selbst in der Lage wäre, die beantragte Maßnahme durchzuführen. Das ist bereits zu verneinen, wenn das Schiedsgericht aller Wahrscheinlichkeit nach nicht zur Maßnahme befugt ist oder ein Tätigwerden des Schiedsgerichts wahrscheinlich versagen wird.[771] Das Schiedsge-

---

[769] MünchKomm-*Münch*, ZPO, Bd. 3, 2. Aufl., 2001, § 1050 Rdz. 12; ähnlich: *Schwab/Walter*, Schiedsgerichtsbarkeit, 7. Aufl., 2005, Kap. 17, Rdz. 7.

[770] Dafür: *Zimmermann*, ZPO, 6. Aufl., 2002, § 1050 Rdz. 2 (Komplettprüfung); *Schwab/Walter*, Schiedsgerichtsbarkeit, 7. Aufl., 2005, Kap. 17, Rdz. 10 (kursorische Prüfung); Musielak-*Voit*, ZPO, 4. Aufl., 2005, § 1050 Rdz. 5; *Lachmann*, Handbuch für die Schiedsgerichtspraxis, 2. Aufl., 2002, Rdz. 931; Stein/Jonas-*Schlosser*, ZPO, Bd. 9, 22. Aufl., 2002, § 1050 Rdz. 7 (Pauschalprüfung, ob offensichtlich unwirksam oder unzulässig); Dagegen: Zöller-*Geimer*, 25. Aufl., 2005, § 1050 Rdz. 6, Thomas/Putzo-*Reichold*, ZPO, 27. Aufl., 2005, § 1050 Rdz. 2; MünchKomm-*Münch*, ZPO, Bd. 3, 2. Aufl., 2001, § 1050 Rdz. 11.

[771] MünchKomm-*Münch*, ZPO, Bd. 3, 2. Aufl., 2001, § 1050 Rdz. 13.

richt muss etwa angeben, dass es einen Dritten aufgefordert hat, ein Dokument freiwillig vorzulegen, der Dritte dem aber nicht nachgekommen ist. (3) Das Gericht stellt zuletzt selbständig fest, ob die Maßnahme zulässig, d.h. prozessual erlaubt, ist. Das weicht ab von Art. 27 UNCITRAL Modellgesetz und soll das Gericht berechtigen, discovery Maßnahmen abzulehnen.[772]

d) Einfluss des Haager Beweisübereinkommens

Zweifelhaft ist, nach welchem Recht sich die Zulässigkeit der Maßnahme beurteilt – nach deutschem Verfahrensrecht oder nach dem Recht des Schiedsverfahrens. Nach überwiegender Ansicht in der Literatur ist das deutsche Verfahrensrecht entscheidend.[773] Das staatliche Gericht habe kein Ermessen. Stelle das deutsche Verfahrensrecht keine Rechtsgrundlage für die beantragte Maßnahme bereit, sei der Antrag abzulehnen. Man sollte aber differenzieren.[774] Ist eine Beweismethode nach dem Recht des Schiedsverfahrens zulässig, sollte es im Ermessen des staatlichen Gerichts stehen, ob es tätig wird. Nur das berücksichtigt die Internationalität eines Schiedsverfahrens.

Auch die Gesetzesbegründung formuliert, das Gericht solle „einen Urkundenbeweis nach amerikanischem Vorbild (in der Form der discovery of documents) ablehnen können".[775] Sie räumt dem Gericht einen Ermessenspielraum ein. Was konkret mit discovery of documents gemeint ist, bleibt offen. Vermutlich bezieht sich der Gesetzgeber dabei auf das Haager Beweisübereinkommen.[776] Nach Art. 23 HBÜ hat Deutschland den Vorbehalt erklärt, Rechtshilfeersuchen nicht zu erledigen, die ein Verfahren zum Gegenstand haben, das im angloamerikanischen Rechtskreis als pre-trial discovery of documents bekannt ist.[777] Inzwischen ist man sich einig, dass Art. 23 HBÜ auf den falschen Vorstellungen der Teilnehmer an den Vertragsverhandlungen zum Haager Beweisübereinkommen zu dem US-amerikanischen discovery

---

[772] *Kronke*, Internationale Schiedsverfahren nach der Reform, RIW 1998, 257, 261.

[773] Zöller-*Geimer*, 25. Aufl., 2005, § 1050 Rdz. 6; Musielak-*Voit*, ZPO, 4. Aufl., 2005, § 1050 Rdz. 5, 7; MünchKomm-*Münch*, ZPO, Bd. 3, 2. Aufl., 2001, § 1050 Rdz. 13.

[774] So auch: *Lachmann*, Handbuch für die Schiedsgerichtspraxis, 2. Aufl., 2002, Rdz. 931; *Schwab/Walter*, Schiedsgerichtsbarkeit, 7. Aufl., 2005, Kap. 17, Rdz. 8.

[775] BT-Drucks. 13/5274, S. 51, re. Sp. [4].

[776] BGBl. II 1977, S. 1472; für den Volltext siehe auch www.hcch.net/e/conventions/text20e.html (zuletzt besucht am 3.7.2004) und zum aktuellen Stand der Vertragsstaaten siehe www.hcch.net/e/members/members.html (zuletzt besucht am 3.7.2004); siehe auch Fn. 1437.

[777] Siehe § 14 des Gesetzes zur Ausführung des Haager Übereinkommens vom 15. November 1965 über die Zustellung gerichtlicher und außergerichtlicher Schriftstücke im Ausland in Zivil- oder Handelssachen und des Haager Übereinkommens vom 18. März 1970 über die Beweisaufnahme im Ausland in Zivil- oder Handelssachen, BGBl. I 1977, S. 3105 (im folgenden: Ausführungsgesetz); Zum Stand in anderen Rechtsordnungen siehe *Nagel/Gottwald*, Internationales Zivilprozessrecht, 5. Aufl., 2002, § 8 Rdz. 65-67.

Verfahren beruht.[778] Bei ihnen war der Eindruck entstanden, die pre-trial discovery solle vor Anhängigwerden eines Verfahrens Beweismittel zutage fördern, um eine spätere Klage zu begründen.[779] Keiner der Vertragsstaaten hatte zu dem Zeitpunkt ausreichende Erfahrungen zu den Unterschieden zwischen kontinentaleuropäischem und angloamerikanischem Rechtskreis gesammelt, um in einer sinnvollen Vorschrift einen Ausgleich der Unterschiede zu erzielen. Der Vorbehalt nach Art. 23 HBÜ führt für Deutschland zu dem absurden Ergebnis, dass zwar Zeugenvernehmungen zu erledigen sind, nicht dagegen Vorlageverlangen.[780] Dabei gehen die Rechte zur Zeugenvernehmung im pretrial discovery Verfahren genauso weit wie die Rechte zur Dokumentenvorlage. Die Literatur geht deshalb überwiegend davon aus, dass auch Ersuchen

[778] *Stadler*, Grenzüberschreitende Beweisaufnahmen in der Europäischen Union, in: Schütze (Hrsg.), Festschrift für Reinhold Geimer, 2002, 1281, 1283.

[779] *Schlosser*, Jurisdiction and International Judicial and Administrative Cooperation, 2001, 119-120, *Stiefel*, Discovery-Probleme und Erfahrungen im Deutsch-Amerikanischen Rechtshilfeverkehr, RIW/AWD 1979, 509, 513.

[780] In der einzigen veröffentlichten Entscheidung dazu im kontinentaleuropäischen Raum hat das OLG München tatsächlich nur das Ersuchen um Zeugenvernehmung zugelassen und das Ersuchen um Dokumentenvorlage gegenüber einem Dritten abgelehnt: OLG München, IPRax 1982, 150 = RIW 1981, 554 = JZ 1981, 538 = ZZP, Bd. 94, 1981, 462; Ein solches Ergebnis lehnt die Literatur überwiegend ab, siehe nur *Schlosser*, EU-Zivilprozessrecht, 2. Aufl., 2003, Art. 23 HBÜ Rdz. 3; *Nagel/Gottwald*, Internationales Zivilprozessrecht, 5. Aufl., 2002, § 8 Rdz. 69 m.w.N.; *Schlosser*, Jurisdiction and International Judicial and Administrative Cooperation, 2001, 137; Erforderlich ist die nach § 14 Abs. 2 Ausführungsgesetz vorgesehene Dokumentenvorlageverordnung, die ein Vorgehen zur Erledigung solcher Ersuchen festlegen sollte. Taktische Überlegungen verhindern den Erlass der Verordnung, weil ein einseitiges deutsches Nachgeben bei von US-Seite praktiziertem Direktzugriff für unklug gehalten wird, siehe *Trittmann/Leitzen*, Haager Beweisübereinkommen und pre-trial discovery, IPRax 2003, 7, 9; *Stadler*, Grenzüberschreitende Beweisaufnahmen in der Europäischen Union, in: Schütze (Hrsg.), Festschrift für Reinhold Geimer, 2002, 1281, 1283; *Paulus*, Discovery, Deutsches Recht und das Haager Beweisübereinkommen, ZZP, Bd. 104, 1991, 397, 411; *Stadler*, Der Schutz des Unternehmensgeheimnisses im deutschen und US-amerikanischen Zivilprozess und im Rechtshilfeverfahren, 1989, 306 und 341-361.

um Dokumentenvorlage zu erledigen sind, höchstens begrenzt auf hinreichend genau spezifizierte Dokumente.[781]

Nachdem die Parteien eines Schiedsgerichts mit Sitz in Deutschland zulässigerweise einen umfassenden Dokumentenaustausch in ihr Schiedsverfahren inkorporieren können oder die Vorlagepflichten nach anderen Regeln als nach der deutschen ZPO gestalten können, sollte ein Gericht das unterstützen können. Damit können und müssen die Parteien eines internationalen Schiedsverfahrens rechnen. Richten sich Schiedsgericht und Parteien beispielsweise nach den Rules on the Taking of Evidence der International Bar Association, die im Gegensatz zum deutschen Recht auch Vorlageverlangen bezüglich eingrenzbaren Gruppen von Dokumenten erlauben,[782] sollte auch ein deutsches Gericht eine solche Anordnung erlassen können.

Ob ein deutsches Gericht bei Rechtshilfeersuchen eines inländischen oder ausländischen Schiedsgerichts von seinem Ermessen Gebrauch macht, in Einzelfällen Vorlageanordnungen nach einer Gruppe von Dokumenten zu erlassen, bleibt offen. Jedenfalls sollte sich ein deutsches Gericht bei seiner Entscheidung nicht von Art. 23 HBÜ beeinflussen lassen. Zwangsmaßnahmen gegenüber Parteien bleiben jedenfalls ausgeschlossen.

e) Maßnahmen des staatlichen Gerichts

Wie das staatliche Gericht tätig wird, bestimmt sich ausschließlich nach den allgemeinen Regeln der ZPO, § 1050 S. 2 ZPO.[783] Deshalb kann das Gericht gegenüber Parteien nicht mit Zwangsmaßnahmen vorgehen, wenn sie einer Vorlageanordnung nicht nachkommen. Eine erweiterte Anordnungsbefugnis

---

[781] Siehe aus der umfangreichen Literatur: *Schütze*, Zum Stand des deutsch-amerikanischen Justizkonflikts, RIW 2004, 162; *Schlosser*, Jurisdiction and International Judicial and Administrative Cooperation, 2001, 113 ff.; *Reufels*, Pre-trial discovery-Maßnahmen in Deutschland: Neuauflage des deutsch-amerikanischen Justizkonflikts?, RIW 1999, 667; *Hök*, Discovery proceedings als Anerkennungshindernis, 1993; *Paulus*, Discovery, Deutsches Recht und das Haager Beweisübereinkommen, ZZP, Bd. 104, 1991, 397; *Trittmann*, Anwendungsprobleme des Haager Beweisübereinkommens im Rechtshilfeverkehr zwischen der Bundesrepublik und USA, 1989; *Schlosser*, Der Justizkonflikt zwischen den USA und Europa, 1985; *Heidenberger*, Haager Beweisübereinkommen und Urkundenvorlage deutscher Parteien in USA, RIW 1985, 437; *von Hülsen*, Kanadische und Europäische Reaktionen auf die US „pre-trial discovery“, RIW 1982, 537; *Mentz*, Das „Pre-Trial Discovery“ Verfahren im US-amerikanischen Zivilprozessrecht, RIW 1981, 73; *Martens*, Erfahrungen mit Rechtshilfeersuchen aus den USA nach dem Haager Beweisaufnahme-Übereinkommen, RIW 1981, 725; *Schlosser*, Internationale Rechtshilfe und rechtsstaatlicher Schutz von Beweispersonen, ZZP, Bd. 94, 1981, 369; *Stiefel*, Discovery-Probleme und Erfahrungen im Deutsch-Amerikanischen Rechtshilfeverkehr, RIW/AWD 1979, 509.

[782] Siehe unten Kap. 4, Teil 2, II.2.a).

[783] *Schwab/Walter*, Schiedsgerichtsbarkeit, 7. Aufl., 2005, Kap. 17, Rdz. 15.

bringt deshalb gegenüber Parteien keine Vorteile. Gegenüber Dritten dagegen muss das Gericht nach § 390 ZPO vorgehen, da dies nach § 142 Abs. 2 ZPO auch im Gerichtsverfahren möglich ist. Es berücksichtigt aber auch Weigerungsrechte nach §§ 142 Abs. 2, 383 ff. ZPO.

Das Gericht entscheidet durch Beschluss. Gibt es dem Antrag statt, ordnet es im Beschluss die Maßnahme an. Von der beantragten Maßnahme darf es nicht abweichen. Es fordert also den Dritten auf, die Urkunde dem Gericht zu übergeben. Kommt der Dritte dem Verlangen nach, leitet das Gericht die Urkunde an das Schiedsgericht weiter. Weigert sich der Dritte, setzt das Gericht Ordnungsgeld oder Ordnungshaft gegen ihn fest, § 390 ZPO.

Lehnt das Gericht den Antrag ab, ist der Beschluss mit der Beschwerde nach § 567 ZPO anfechtbar.[784] Beschwerdebefugt sind das Schiedsgericht und mit dessen Einverständnis die Parteien. Führt auch die Beschwerde nicht zum Erfolg, muss das Schiedsgericht ohne die beantragte Maßnahme fortfahren, d.h. gegebenenfalls nach der Beweislast entscheiden oder eine negative Würdigung vornehmen.

---

[784] Thomas/Putzo-*Reichold*, ZPO, 27. Aufl., 2005, § 1050, Rdz. 2; *Lachmann*, Handbuch für die Schiedsgerichtspraxis, 2. Aufl., 2002, Rdz. 937; *Schwab/Walter*, Schiedsgerichtsbarkeit, 7. Aufl., 2005, Kap. 17, Rdz. 13; a.A. MünchKomm-*Münch*, ZPO, Bd. 3, 2. Aufl., 2001, § 1050 Rdz. 14: Anfechtung nach § 159 GVG.

Teil 2: USA

I. Anwendbare Normen

Schiedsverfahrensgesetze gibt es in den USA sowohl auf bundesstaatlicher als auch auf einzelstaatlicher Ebene. Das Bundesschiedsrecht, der Federal Arbitration Act (FAA), ist in Titel 9 der United States Code eingebettet. Der FAA setzt sich aus drei Kapiteln zusammen. Kapitel 2 und 3 setzen jeweils das New York Übereinkommen über die Anerkennung und Vollstreckung ausländischer Schiedssprüche vom 10. Juni 1958 (UNÜ)[785] und die Inter-American Convention on International Commercial Arbitration in nationales Recht um. Kapitel 1 enthält Regelungen für inländische Schiedsverfahren mit Beteiligten aus verschiedenen Einzelstaaten (interstate), ist aber nach Section 208 FAA auch auf internationale Schiedsverfahren anwendbar, soweit kein Widerspruch zum UNÜ besteht.[786]

Die einzelstaatlichen Gesetze für inländische Schiedsverfahren orientieren sich überwiegend am Uniform Arbitration Act (UAA) von 1955, den eine Kommission, die National Conference of Commissioners on Uniform State Laws (NCCUSL), für die Übernahme in den Einzelstaaten erarbeitet hat.[787] Seit 2000 liegt ein überarbeiteter UAA (Revised UAA [RUAA]) vor, den wiederum die NCCUSL verfasst hat. Sie empfiehlt allen Einzelstaaten, den RUAA umzusetzen, was sich derzeit langsam vollzieht.[788] Speziell für internationale Schiedsverfahren haben bisher nur zwölf Einzelstaaten eigene Gesetze erlassen, die häufig dem UNCITRAL Modellgesetz entsprechen.[789]

Der FAA ist auf fast alle zwischenstaatlichen Handelsschiedsverfahren in den USA anwendbar, weil der Begriff „den Handel betreffend" (commercial) weit

---

[785] Abgedruckt bei *Schwab/Walter*, Schiedsgerichtsbarkeit, 7. Aufl., 2005, 497.

[786] Section 208 FAA: „*Chapter 1 applies to actions and proceedings brought under this chapter to the extent that chapter is not in conflict with this chapter or the Convention as ratified by the United States.*"

[787] 49 Einzelstaaten haben Schiedsgesetze, davon haben 35 den UAA übernommen und 14 haben ähnliche Regelungen erlassen, siehe National Conference of Commissioners on Uniform State Laws (NCCUSL), Revised Uniform Arbitration Act, 13. Dezember 2000, Prefatory Note, S. 1 (www.law.upenn.edu/bll/ulc/uarba/arbitrat1213.htm, zuletzt besucht am 3.7.2004); Links zu Schiedsgesetzen der Einzelstaaten unter: www.law.cornell.edu/uniform/vol7.html#arbit oder unter www.findlaw.com (zuletzt besucht am 3.7.2004).

[788] Siehe unten Kap. 3, Teil 2, V.

[789] NCCUSL, Revised Uniform Arbitration Act, 13. Dezember 2000, Prefatory Note, S. 6 (www.law.upenn.edu/bll/ulc/uarba/arbitrat1213.htm, zuletzt besucht am 3.7.2004); siehe ausführlich *Purcell*, State International Arbitration Statutes: Why They Matter, Texas Int'l Law Journal, Bd. 32, 1997, 525.

ausgelegt wird.[790] Kapitel 2 des FAA, und damit über Section 208 FAA auch Kapitel 1, ist bei Auslandsbezug auf jedes Schiedsverfahren mit Sitz in den USA anwendbar, soweit nicht nur US-amerikanische Bürger an der Schiedsvereinbarung beteiligt sind oder irgendeine angemessene Beziehung zum Ausland besteht, Section 202 FAA.[791] Der FAA ist materielles Bundesrecht und ist sowohl von Bundesgerichten als auch von einzelstaatlichen Gerichten anzuwenden.[792]

Auf das Verhältnis der einzelnen Schiedsverfahrensgesetze untereinander kommt es an, weil der FAA das Schiedsverfahrensrecht nur lückenhaft regelt. Grundsätzlich gilt folgende Hierarchie: (1) die internationalen und das inländische Kapitel des FAA, (2) Richterrecht auf Bundesebene (federal common law), also die Gerichtsentscheidungen, die das Gerüst des FAA ausfüllen,[793] (3) einzelstaatliche Schiedsgesetze und (4) einzelstaatliches Richterrecht.[794]

Abhängig vom Sitz eines Schiedsgerichts wendet es subsidiär das einzelstaatliche Schiedsgesetz an. Den Schiedsgesetzen der Einzelstaaten bleibt dabei nur ein Restanwendungsbereich, der gerichtlich nicht eindeutig geklärt ist.[795] Das einzelstaatliche Schiedsgesetz kann anwendbar sein, (1) wenn die Partei-

---

[790] *Watkins*, Open Questions Regarding Non-Party Discovery in Commercial Arbitration, Mealey's Int'l Arb. Report, Bd. 18, Nr. 7, 2003, 29.

[791] Grundlegend *Bergesen v. Joseph Müller Corp.*, 710 F.2d 928 (2nd Cir. 1983) = Yearbook Comm. Arb., Bd. IX, 1984, 487; ausführlich dazu *Borris*, Die internationale Handelsschiedsgerichtsbarkeit in den USA, 1986, 18-19; siehe auch *Barnard & Burk Engineers Inc. v. M.A.N. Gutehoffnungshütte GmbH,* 141 F.3d 1434 (11th Cir. 1998) = Yearbook Comm. Arb., Bd. XXIVa, 1999, 819, 822-824 m.w.N.; Section 202 FAA: „*An arbitration agreement or arbitral award arising out of a legal relationship, whether contractual or not, which is considered as commercial, including a transaction, contract, or agreement described in section 2 of this title, falls under the Convention. An agreement or award arising out of such a relationship which is entirely between citizens of the United States shall be deemed not to fall under the Convention unless that relationship involves property located abroad, envisages performance or enforcement abroad, or has some other reasonable relation with one or more foreign states. For the purpose of this section a corporation is a citizen of the United States if it is incorporated or has its principal place of business in the United States.*"

[792] *Purcell*, State International Arbitration Statutes: Why They Matter, Texas Int'l Law Journal, Bd. 32, 1997, 525, 538.

[793] *Purcell*, State International Arbitration Statutes: Why They Matter, Texas Int'l Law Journal, Bd. 32, 1997, 525, 534.

[794] *Purcell*, State International Arbitration Statutes: Why They Matter, Texas Int'l Law Journal, Bd. 32, 1997, 525, 531-532.

[795] Ausführlich *Oehmke*, Commercial Arbitration, Bd. 1, 2003, §3:2-3:3; und *Purcell*, State International Arbitration Statutes: Why They Matter, Texas Int'l Law Journal, Bd. 32, 1997, 525.

en es in ihrer Schiedsvereinbarung speziell als anwendbares Recht vereinbart haben,[796] oder (2) wenn das einzelstaatliche Schiedsgesetz Lücken des FAA schließen kann. In beiden Fällen greift das einzelstaatliche Gesetz nur dann, wenn es im Einklang mit der schiedsfreundlichen Ausrichtung des FAA steht.

Bei der Dokumentenvorlage im schiedsrichterlichen discovery Verfahren können einzelstaatliche Regelungen weiterhelfen. Der FAA regelt die Beweiserhebung nur knapp und schließt deshalb detaillierte einzelstaatliche Regelungen zur discovery nicht aus.[797] Enthält das einzelstaatliche Schiedsgesetz am Sitz des Schiedsgerichts genauere Regelungen zur discovery, können sowohl Schiedsgericht als auch staatliche Gerichte darauf zurückgreifen. Sie können die einzelstaatlichen Regelungen direkt anwenden, oder damit das Gerüst des FAA unterfüttern und sie im Einklang mit dem schiedsfreundlichen FAA auslegen.[798] Bisher gibt es dazu keine veröffentlichte Rechtsprechung. Entscheidungen zur discovery in Schiedsverfahren mit Sitz in den USA gehen regelmäßig von Section 7 FAA aus und schließen daraus anhand von richterrechtlicher federal common law auf das Recht des Schiedsgerichts, das Verfahren nach seinem Ermessen zu gestalten. Deshalb konzentriert sich die folgende Darstellung auf die Rechtsprechung zum FAA. Nur zum Vergleich werden Ausschnitte aus dem Revised UAA 2000 (RUAA) herangezogen.

II. Beweiserhebung im Schiedsverfahren

Die schiedsrichterliche Beweiserhebung weicht insbesondere in zwei Punkten vom US-amerikanischen staatlichen Gerichtsverfahren ab:
(1) Während das staatliche Gerichtsverfahren streng in das (pre-trial) discovery Verfahren – hier sammeln die Parteien ihre Beweise – und das trial – dort werden die entscheidungserheblichen Beweise Gericht und Geschworenen

---

[796] Siehe dazu die beiden Leitentscheidungen des Supreme Court: *Mastrobuono v. Shearson Lehman Hutton, Inc.*, 514 U.S. 52 (1995); *Volt Information Sciences, Inc. v. Board of Trustees of Leland Stanford Junior University*, 489 U.S. 468 (1989); zu den Schwierigkeiten bei der Auslegung einer Parteivereinbarung zum anwendbaren Recht siehe *Haynes*, International Arbitration May Not Be as Confidential as You Think – Or Want, in: Frommel/Rider (Hrsg.), Conflicting Legal Cultures in Commercial Arbitration, 1999, 99, 101-102.

[797] *Oehmke*, Commercial Arbitration, Bd. 1, 2003, §3:3, 3-7; *Mayer*, Comparative Analysis of Power of Arbitrators to Determine Procedures in Civil and Common Law Systems, ICCA Series Nr. 7, 1996, 24, 33-34; NCCUSL, Revised Uniform Arbitration Act, 13. Dezember 2000, Prefatory Note, S. 5 (www.law.upenn.edu/bll/ulc/uarba/arbitrat1213.htm, zuletzt besucht am 3.7.2004);

[798] Siehe dazu allgemein: *Purcell*, State International Arbitration Statutes: Why They Matter, Texas Int'l Law Journal, Bd. 32, 1997, 525, 536-538.

(jury) präsentiert – getrennt ist, gibt es eine solche Trennung für das Schiedsverfahren nicht.
(2) Das staatliche discovery Verfahren läuft weitgehend ohne Mitwirkung des Gerichts ab. Es greift nur auf Antrag bei Schwierigkeiten ein. Dagegen leitet und steuert das Schiedsgericht ab seiner Konstituierung das Schiedsverfahren einschließlich Beweiserhebung.

Nachdem sich Parteien und vor allem US-amerikanische Parteivertreter auch im Schiedsverfahren am gewohnten staatlichen Verfahren orientieren, kommt es immer wieder zu Schwierigkeiten. Die Parteivertreter versuchen, im Schiedsverfahren ein discovery Verfahren durchzuführen und wenden sich bei Streitigkeiten sogleich an das staatliche Gericht, nicht an das Schiedsgericht. Es fällt ihnen schwer, sich damit anzufreunden, dass das Schiedsgericht keinen Austausch aller möglicherweise relevanten Beweismittel anordnet, sondern sich auf entscheidungserhebliche Beweise konzentriert.

1. Discovery Anordnungen der staatlichen Gerichte im Schiedsverfahren

Die staatlichen Gerichte haben sich in verschiedenen Konstellationen damit zu beschäftigen, ob die Parteien trotz Schiedsvereinbarung staatliche discovery betreiben können. Am häufigsten beantragen Parteien beweissichernde Maßnahmen zur Unterstützung des Schiedsverfahrens oder wollen das discovery Verfahren nach Klageerhebung vor Gericht fortführen, obwohl das Gericht die Parteien auf das Schiedsverfahren verwiesen hat.

Die US-amerikanischen Gerichte bemühen sich um schiedsfreundliche Entscheidungen, die den Ruf des Schiedsverfahrens als flexibles, effektives, Zeit und Kosten sparendes Verfahren unterstützen. Weil discovery ein zeitaufwendiges und kostenintensives Verfahren ist, lehnen sie es für das Schiedsverfahren grundsätzlich ab.[799] Wollten die Parteien das discovery Verfahren nutzen, hätten sie kein Schiedsverfahren vereinbaren dürfen. Denn mit der Wahl der Schiedsgerichtsbarkeit haben die Parteien auf die Förmlichkeiten, aber auch auf die prozessualen Hilfestellungen eines staatlichen Verfahrens verzichtet.[800]

---

[799] *Domke/Wilner/Edmondson*, Domke On Arbitration, Bd. 1, 2003, §32:1; *Hoellering,* Scope of Documentary Discovery in U.S. and International Arbitration, World Arb. and Mediation Report, Bd. 3, 1992, 46.

[800] *Gilmer v. Interstate/Johnson Lane Corp.*, 500 U.S. 20, 31 (1991); *Mitsubishi Motors v. Soler Chrysler Plymouth*, 473 U.S. 614, 628 (1985); *Wilkes-Barre Publishing Co. v. Newspaper Guild of Wilkes-Barre*, 559 F.Supp. 875, 881 (M.D. Pa. 1982); *Burton v. Bush*, 614 F.2d 389, 390 (4th Cir. 1980); *Cavanaugh v. McDonnell & Co.*, 258 N.E. 2d 561 (Mass. 1970); *Commercial Solvents Corp. v. Louisiana Liquid Fertilizer Co.*, 20 F.R.D. 359, 361 (S.D.N.Y. 1957); Selbst nach New Yorker Recht, wonach discovery zur Unterstützung

a) Grundsätzlich keine discovery nach den FRCP

Hat eine Partei trotz Schiedsvereinbarung Klage bei Gericht eingereicht, setzt das Gericht das staatliche Gerichtsverfahren auf Antrag des Gegners aus (to stay the proceedings pending arbitration) und verfügt die Durchführung des Schiedsverfahrens (to compel arbitration). Parteien, die trotz Verweisung auf das Schiedsverfahren das discovery Verfahren vor dem staatlichen Gericht fortführen wollen, stützen sich vor allem auf zwei formale Argumente: (1) Über FRCP 81(a)(3)[801] seien die discovery Regeln auch im Schiedsverfahren anwendbar; und (2) die Aussetzung des Verfahrens schließe nur die mündliche Verhandlung an sich (trial) aus, nicht aber das discovery Verfahren.

Das erste Argument lehnt die Rechtsprechung einhellig ab. Nach FRCP 81(a)(3) sind die FRCP bei Verfahren nach dem FAA mit Bezug zur Schiedsgerichtsbarkeit anwendbar (relating to arbitration), soweit in den relevanten Gesetzen keine Regelungen zum Verfahren getroffen sind. Das betrifft nur gerichtliche Verfahren, die mit Schiedsgerichtsbarkeit zu tun haben, wie etwa die Bestellung eines Schiedsrichters oder die Feststellung der Zulässigkeit eines schiedsrichterlichen Verfahrens. Die Vorschrift gilt nicht für das Schiedsverfahren selbst.[802] Deshalb können sich Schiedsparteien weder vor dem Schiedsgericht noch vor dem staatlichen Gericht für discovery zum eigentlichen Streitgegenstand auf FRCP 81(a)(3) berufen.

Aufgrund des zweiten Arguments – die Aussetzung des Verfahrens schließe das discovery Verfahren nicht aus – stellt es die herrschende Meinung der District Courts in das Ermessen des Gerichts, ob die Parteien das discovery

---

eines Schiedsverfahrens zulässig ist, CPLR § 3102 (c), machen die Gerichte davon zurückhaltend Gebrauch: *In re Jamaica Hospital v. Vogel & Strunk*, 394 N.Y.S.2d 43 (App. Div., 2nd Dept. 1977); *De Sapio v. Kohlmeyer*, 362 N.Y.S.2d 843, 847 (Ct. App. 1974); *In re Katz and Burkin*, 160 N.Y.S.2d 159, 160-161 (App. Div., 1st Dept., 1957); *In re Schwartz*, 217 N.Y.S. 233, 235 (N.Y. Sup. Ct. 1925).

[801] FRCP 81: „*Applicability in General (a) Proceedings to which the Rules Apply: (...) (3) In proceedings under Title 9, USC, relating to arbitration, (...) these rules apply only to the extent that matters of procedure are not provided for in those statutes (...)*".

[802] *Deiulemar Compagnia di Navigazione S.p.A. v. MV ‚Allegra'*, 198 F.3d 473 (4th Cir. 1999) = Yearbook Comm. Arb., Bd. XXV, 2000, 520, 524-527; *Great Scott Supermarkets, Inc. v. Local Union No. 337*, 363 F.Supp. 1351, 1354 (E.D.Mich. 1973); *Int'l Union of Electrical Radio & Machine Workers v. Westinghouse Elec. Corp.*, 48 F.R.D. 298, 299-301 (S.D.N.Y. 1969); *Penn Tanker Co. v. C.H.Z. Rolimpez, Warszawa*, 199 F.Supp. 716, 718 (S.D.N.Y. 1961); *Foremost Yarn Mills, Inc. v. Rose Mills, Inc.*, 25 F.R.D. 9, 11 (E.D.Pa. 1960); *Commercial Solvents Corp. v. Louisiana Liquid Fertilizer Co.*, 20 F.R.D. 359, 361 (S.D.N.Y. 1957).

Verfahren mit Unterstützung des Gerichts fortführen dürfen.[803] Dabei lehnen die Gerichte aber regelmäßig discovery Anträge des Klägers[804] als auch des Beklagten[805] nach den FRCP ab. Ihre ablehnende Haltung begründen sie damit, dass auch das Schiedsgericht nach Section 7 FAA discovery Maßnahmen anordnen könne und eine gleichzeitige discovery mit Unterstützung des Gerichts zu einer doppelten discovery führen würde. Das liefe dem erklärten Ziel zuwider, Schiedsverfahren schneller und günstiger durchzuführen als staatliche Gerichtsverfahren.[806] Zwar hatte der Fifth Circuit im Jahr 1970 ohne Begründung bejaht, dass discovery nach den FRCP neben dem Schiedsverfahren weiterlaufen solle.[807] Dem ist die Mehrzahl der District Courts begründeterweise nicht gefolgt. Auch der Fifth Circuit hat inzwischen anerkannt, dass es eine doppelte discovery nicht geben soll, lässt aber discovery unter Anleitung des Gerichts weiterhin zu, bis das Schiedsgericht konstituiert ist und das Verfahren übernehmen kann.[808] Andere Rechtsmittelgerichte des First, Fourth und Eleventh Circuit lehnen dagegen jegliche discovery Maßnahmen nach den FRCP ab wenn die Streitigkeit an ein Schiedsgericht zu verweisen ist.[809] Denn

---

[803] *Corcoran v. Shearson/American Express, Inc.*, 596 F.Supp. 1113, 1118 (N.D.Ga. 1984); *Recognition Equipment, Inc. v. NCR Corp.*, 532 F. Supp. 271, 275 (N.D.Tex. 1981); *Mississippi Power Co. v. Peabody Coal Co.*, 69 F.R.D. 558, 567 (S.D.Miss. 1976); *Vespe Contracting Co. v. Anvan Corp.*, 399 F. Supp. 516, 522 (E.D.Pa. 1975); *Bigge Crane & Rigging Co. v. Docutel Corp.*, 371 F.Supp. 240, 246 (E.D.N.Y. 1973).

[804] *Thompson v. Zavin*, 607 F.Supp. 780, 782-783 (C.D.Cal. 1984); *Coastal States Trading, Inc. v. Zenith Navigation S.A.*, 446 F.Supp. 330, 342 (S.D.N.Y. 1977); *Lutz Engineering Co. v. Sterling Engineering & Construction Co.*, 314 A.2d 8, 10-11 (R.I. 1974).

[805] *Penn Tanker Co. v. C.H.Z. Rolimpez, Warszawa*, 199 F.Supp. 716, 718 (S.D.N.Y. 1961); *Foremost Yarn Mills, Inc. v. Rose Mills, Inc.*, 25 F.R.D. 9, 11 (E.D. Pa. 1960).

[806] Grundlegend *Mississippi Power Co. v. Peabody Coal Co.*, 69 F.R.D. 558, 567 (S.D.Miss. 1976); dem folgend *Harry F. Ortlip Co. v. George Hyman Const. Co.*, 126 F.R.D. 494, 497 (E.D.Pa. 1989); *Corcoran v. Shearson/American Express, Inc.*, 596 F.Supp. 1113, 1118 (N.D.Ga. 1984); *Recognition Equipment, Inc. v. NCR Corp.*, 532 F. Supp. 271, 275 (N.D.Tex. 1981); discovery ablehnend bereits: *Econo-Car Int'l Inc. v. Antilles Car Rentals, Inc.*, 61 F.R.D. 8, 10 (D.Virgin Islands 1973), *rev'd on other grounds*, 449 F.2d 1391 (3rd Cir. 1974); *Dickstein v. duPont*, 320 F.Supp. 150, 154 (D.Mass. 1970), aff'd 443 F.2d 783 (1st Cir. 1971); *Int'l Union of Electrical Radio & Machine Workers v. Westinghouse Elec. Corp.*, 48 F.R.D. 298, 299-301 (S.D.N.Y. 1969); *Pennsylvania Greyhound Lines v. Amalgamated Ass'n*, 98 F.Supp. 789, 791-792 (W.D.Pa. 1951), *rev'd on other grounds* 193 F.2d 327 (3rd Cir. 1952).

[807] *Int'l Association of Heat and Frost Insulators and Asbestos Workers v. Leona Lee Corp.*, 434 F.2d 192, 194 (5th Cir. 1970).

[808] *Yeargin Construction Co. v. Parsons & Whittemore Alabama Machinery and Services Corp.*, 609 F.2d 829, 831 (5th Cir. 1980).

[809] *Suarez-Valdez v. Shearson/American Express, Inc.*, 845 F.2d 950, 951 Fn. 1 (11th Cir. 1988); *H. K. Porter Co. v. Local 37, United Steelworkers of America*, 400 F.2d 691, 695-696 (4th Cir. 1968); *Lummus Co. v. Commonwealth Oil Refining Co.*, 273 F.2d 613-614 (1st Cir. 1959).

mit jeder Ausnahmeregelung drohe eine unerwünschte Ausweitung der gerichtlichen Kontrolle von Schiedsverfahren. Auch der Supreme Court hat die Rechtsprechung der District Courts in einer Fußnote gebilligt: Discovery Maßnahmen, mit denen eine Partei Informationen für ein anderes als das bei Gericht anhängige Verfahren sammeln will, sollen die Gerichte ablehnen.[810]

b) Einzelne discovery Maßnahmen nur unter außergewöhnlichen Umständen

Die erstinstanzlichen District Courts üben also ihr Ermessen grundsätzlich dahin aus, discovery Maßnahmen auszuschließen, nachdem sie die Parteien auf das Schiedsverfahren verwiesen haben. Unter außergewöhnlichen Umständen (exceptional circumstances) ordnen sie jedoch einzelne discovery Maßnahmen an und setzen sie durch.[811] Außergewöhnliche Umstände liegen vor wenn: (1) das Schiedsgericht noch nicht konstituiert ist oder aus anderen Gründen nicht rechtzeitig tätig werden kann;[812] (2) das Beweismaterial unerlässlich ist, um im Schiedsverfahren den Beweis zu führen;[813] und (3) das Beweismaterial nicht mehr zugänglich wäre, wenn das Schiedsgericht handeln könnte. Das ist etwa der Fall, wenn sich umstrittene Werkleistungen beim Weiterbau eines Gebäudes später nicht mehr untersuchen lassen;[814] oder bei Streitigkeiten im Schifftransportrecht, wenn das streitgegenständliche ausländische Schiff mit ausländischer Besatzung den US-amerikanischen Hafen

---

[810] *Oppenheimer Fund, Inc. v. Sanders*, 437 U.S. 340, 352 Fn. 17 (1978).

[811] *Koch Fuel Int'l Inc. v. M/V South Star*, 118 F.R.D. 318 (E.D.N.Y. 1987); *Recognition Equipment, Inc. v. NCR Corp.*, 532 F. Supp. 271, 275 (N.D.Tex. 1981); *Vespe Contracting Co. v. Anvan Corp.*, 399 F. Supp. 516, 522 (E.D.Pa. 1975); *Bergen Shipping Co. v. Japan Marine Serv. Ltd.*, 386 F. Supp. 430 (S.D.N.Y. 1974); *Bigge Crane & Rigging Co. v. Docutel Corp.*, 371 F.Supp. 240, 246 (E.D.N.Y. 1973); *Ferro Union Corp. v. S.S.Ionic Coast*, 43 F.R.D. 11 (S.D.Tex. 1967); *Penn Tanker Co. v. C.H.Z. Rolimpez, Warszawa*, 199 F.Supp. 716, 718 (S.D.N.Y. 1961); siehe ausführlich auch *Willenken*, The Often Overlooked Use of Discovery in Aid of Arbitration and the Spread of the New York Rule to Federal Common Law, Business Lawyer, Bd. 35, 1979, 173.

[812] *Born*, International Commercial Arbitration, 2. Aufl., 2001, 510.

[813] *Oriental Commercial & Shipping Co. v. Rosseel, N.V.*, 125 F.R.D. 398, 399-400 (S.D.N.Y. 1989) (Es genügt nicht, wenn die discovery Maßnahmen Vermögensgegenstände des Gegners ermitteln sollen, um die spätere Durchsetzung eines Schiedsspruchs zu erleichtern. Es muss sich um Beweismaterial für das Schiedsverfahren handeln.).

[814] *Vespe Contracting Co. v. Anvan Corp.*, 399 F. Supp. 516, 522 (E.D.Pa. 1975).

bald verlassen wird.[815] Dem ist jüngst auch der Fourth Circuit gefolgt.[816] Er hat einem Antrag auf beweissichernde Maßnahmen wegen außergewöhnlicher Umstände stattgegeben, weil ein ausländisches Schiff im US-amerikanischen Hafen repariert werden sollte, wobei Beweise für die Behauptung des Charterers, das Schiff sei in mangelhaften Zustand gewesen, verloren gegangen wären.[817] Der Charterer hat am Tag nach der Antragstellung das Schiedsverfahren in London eingeleitet; das Schiedsgericht stand also zum Antragszeitpunkt noch nicht zur Verfügung. Der Circuit Court hat angeordnet, dass ein Sachverständiger das Schiff untersuchen und Dokumente an Bord des Schiffs kopieren dürfe. Die Beweisergebnisse hat das Gericht versiegeln und dem Schiedsrichter übergeben lassen, der über die Zulässigkeit entscheiden und die Beweise würdigen sollte.[818]

Nur ein District Court im Einzelstaat New York hat bisher großzügig discovery nach den FRCP zur Unterstützung eines Schiedsverfahrens erlaubt, wenn das Schiedsverfahren dadurch nicht verzögert wird.[819] Das scheint ein Einzelfall geblieben zu sein. Selbst dieses Gericht hat jedoch anerkannt, dass es dem Schiedsgericht überlassen bleibe, Fehlverhalten der Parteien bei der discovery zu sanktionieren.

Die Gerichte stellen mehrheitlich entscheidend darauf ab, ob Eile geboten ist, weil das Beweismittel später nicht mehr zugänglich wäre. Es soll sich um eine Beweissicherung handeln, nicht um eine Beweisermittlung.[820] Weniger wichtig ist, ob das Schiedsgericht bereits bestellt ist oder nicht. Meistens jedoch wird das Schiedsgericht noch nicht konstituiert sein.[821] Die Gerichte lehnen einen Antrag aber nicht deshalb ab, weil zwischenzeitlich das Schiedsverfah-

---

815 *Koch Fuel Int'l Inc. v. M/V South Star*, 118 F.R.D. 318 (E.D.N.Y. 1987) (Das Gericht ordnete die Vernehmung der Besatzung an, weil das ausländische Schiff demnächst den Hafen verlassen wollte.); *Bergen Shipping Co. v. Japan Marine Serv., Ltd,* 386 F.Supp. 430 (S.D.N.Y. 1974); *Ferro Union Corp. v. S.S.Ionic Coast*, 43 F.R.D. 11 (S.D.Tex. 1967) (Das Schiff sollte nur vier Tage im Hafen sein. Das Gericht ordnete die Untersuchung des Schiffsraums, die Vernehmung der Besatzung und die Vorlage des Schiffstagebuchs an.).

816 *Deiulemar Compagnia di Navigazione S.p.A. v. MV ‚Allegra'* 198 F.3d 473 (4th Cir. 1999) = Yearbook Comm. Arb., Bd. XXV, 2000, 520.

817 *Deiulemar Compagnia di Navigazione S.p.A. v. MV ‚Allegra'* 198 F.3d 473 (4th Cir. 1999) = Yearbook Comm. Arb., Bd. XXV, 2000, 520, 523-524.

818 *Deiulemar Compagnia di Navigazione S.p.A. v. MV ‚Allegra'* 198 F.3d 473 (4th Cir. 1999) = Yearbook Comm. Arb., Bd. XXV, 2000, 520, 527-529; so auch *Koch Fuel Int'l Inc. v. M/V South Star*, 118 F.R.D. 318, 321 (E.D.N.Y. 1987); und *Ferro Union Corp. v. S.S.Ionic Coast*, 43 F.R.D. 11, 14 (S.D.Tex. 1967).

819 *Bigge Crane & Rigging Co. v. Docutel Corp.*, 371 F.Supp. 240, 246 (E.D.N.Y. 1973).

820 *Oehmke*, Commercial Arbitration, Bd. 2, 2003, §89:11, 89-25.

821 *Newman/Burrows*, The Practice of International Litigation, 2. Aufl., 2001, Teil III, Kap. 4, III-40.

ren eingeleitet wurde.[822] Unerheblich ist auch, ob es sich um ein Schiedsverfahren mit Sitz in den USA oder im Ausland handelt.[823] Ein District Court in New York hat sogar ausdrücklich festgehalten, dass es für die Entscheidung keine Rolle spiele, ob die beantragten Zeugenvernehmungen am Sitz des Schiedsgerichts (am Fall: London) unüblich oder unzulässig seien.[824]

2. Vorlageanordnungen durch das Schiedsgericht nach Section 7 FAA

> *Section 7, Title 9 United States Code - Witnesses before arbitrators; fees; compelling attendance:*
> The arbitrators selected either as prescribed in this title or otherwise, or a majority of them, may summon in writing any person to attend before them or any of them as a witness and in a proper case to bring with him or them any book, record, document, or paper which may be deemed material as evidence in the case. The fees for such attendance shall be the same as the fees of witnesses before masters of the United States courts. Said summons shall issue in the name of the arbitrator or arbitrators, or a majority of them, and shall be signed by the arbitrators, or a majority of them, and shall be directed to the said person and shall be served in the same manner as subpoenas to appear and testify before the court; if any person or persons so summoned to testify shall refuse or neglect to obey said summons, upon petition the United States district court for the district in which such arbitrators, or a majority of them, are sitting may compel the attendance of such person or persons before said arbitrator or arbitrators, or punish said person or persons for contempt in the same manner provided by law for securing the attendance of witnesses or their punishment for neglect or refusal to attend in the courts of the United States.

Nachdem die staatlichen Gerichte nicht bereit sind, mit den Schiedsparteien ein discovery Verfahren durchzuführen, müssen sich die Parteien an das Schiedsgericht wenden. Dort können die Parteien nur dann nach den FRCP vorgehen, wenn sie deren Anwendbarkeit vereinbart haben,[825] oder das Schiedsgericht sie in Ausübung seines Ermessens für anwendbar erklärt hat. Für unterstützende Maßnahmen müssen sie sich auch dann zunächst an das Schiedsgericht wenden. Ansonsten regelt Section 7 FAA die Beweiserhebung – allerdings nur knapp.

---

[822] Siehe z.B. *Deiulemar Compagnia di Navigazione S.p.A. v. MV ‚Allegra'* 198 F.3d 473 (4th Cir. 1999) = Yearbook Comm. Arb., Bd. XXV, 2000, 520.

[823] Bei folgenden Entscheidungen handelte es sich um internationale Schiedsverfahren: *Koch Fuel Int'l Inc. v. M/V South Star*, 118 F.R.D. 318 (E.D.N.Y. 1987) (Schiedsort: England, saudi-arabische Beklagte); *Bergen Shipping Co. v. Japan Marine Serv., Ltd,* 386 F.Supp. 430 (S.D.N.Y. 1974) (Schiedsort Tokyo); *Penn Tanker Co. v. C.H.Z. Rolimpez, Warszawa,* 199 F.Supp. 716, 718 (S.D.N.Y. 1961) (polnischer Beklagter); kritisch dazu: *Born*, International Commercial Arbitration, 2. Aufl., 2001, 511, Nr. 13.

[824] *Koch Fuel Int'l Inc. v. M/V South Star*, 118 F.R.D. 318, 320 (E.D.N.Y. 1987).

[825] Beispiele für mögliche Klauseln, die discovery erlauben, bieten: *Oehmke*, Commercial Arbitration, Bd. 2, 2003, §89:1, 89-4, und §91:7; *Bedikian,* Discovery in Arbitration, in: Arbitration & the Law 1993-1994, AAA General Counsel's Annual Report, 23, 30-31.

Nach Section 7 FAA ist das Schiedsgericht berechtigt, jede Person zur mündlichen Verhandlung zu laden und sie aufzufordern, entscheidungserhebliche Dokumente mitzubringen. Das gibt dem Schiedsgericht sowohl gegenüber Parteien als auch gegenüber Dritten ein Anordnungsrecht. Die Ladung des Schiedsgerichts hat die gleichen Wirkungen wie eine gerichtliche subpoena. Kommt der Betroffene der Ladung nicht nach, kann das staatliche Gericht auf Antrag wie im staatlichen Verfahren Maßnahmen zur Durchsetzung der Anordnung erlassen. Beantragt eine Partei eine subpoena, läuft das Verfahren ähnlich wie vor Gericht ab. Geht es zum Beispiel um ein Schiedsverfahren vor der American Arbitration Association (AAA), stellt die Institution Formulare zur Verfügung, welche die Parteien ausfüllen können, wenn sie eine subpoena des Schiedsgerichts beantragen wollen. Im Formular gibt die Partei an, welche Dokumente sie herausverlangen möchte. Die Institution des AAA leitet die Formulare an das Schiedsgericht weiter, das die subpoena unterzeichnet. Die Partei als Antragsteller stellt die subpoena selbst dem Betroffenen zu. Der Betroffene gibt die Dokumente an das Schiedsgericht heraus, das sie dann an die Parteien weiterleitet.[826] Bevor das Schiedsgericht die subpoena unterzeichnet, prüft es, ob die herausverlangten Dokumente entscheidungserheblich sind und ob Weigerungsrechte die Vorlage ausschließen. Dazu kann es die Parteien anhören, ist aber nicht dazu verpflichtet.[827] Schiedsgerichte können auch ohne Antrag einer Partei eine subpoena erlassen, nutzen dieses Recht in der institutionellen Handelsschiedsgerichtsbarkeit jedoch nur selten.[828] Dennoch ist zu den Anordnungsrechten des Schiedsgerichts einiges umstritten – vor allem was den Zeitpunkt angeht, zu dem das Schiedsgericht die Vorlage verlangen kann.

3. Kann das Schiedsgericht pre-hearing discovery anordnen?

a) Pre-hearing discovery der Parteien untereinander

Nach dem Grundsatz der Parteiautonomie können die Parteien in ihrer Schiedsvereinbarung ein discovery Verfahren vereinbaren, oder die Schiedsordnung einer Institution wählen, die eine discovery vorsieht. Der Grundsatz der Parteiautonomie ergibt sich zwar nicht ausdrücklich aus dem FAA, folgt aber aus der Lückenhaftigkeit des FAA und der schiedsfreundlichen Rechtsprechung, die regelmäßig die Freiheit der Parteien betont, das Verfahren zu gestalten.[829] Die Parteien können sich auch dann, wenn sie das Schiedsverfahren bereits eingeleitet haben, auf ein discovery Verfahren einigen. Nur wenn keine Einigung möglich ist, kommt es auf gesetzliche oder richterrechtliche

[826] *Oehmke*, Commercial Arbitration, Bd. 2, 2003, §89:3, 89-5; *Born*, International Commercial Arbitration, 2. Aufl., 2001, 493.
[827] *Oehmke*, Commercial Arbitration, Bd. 2, 2003, §91:7, 91-14.
[828] *Domke/Wilner/Edmondson*, Domke On Arbitration, Bd. 1, 2003, §29:12, 29-22.
[829] *Born*, International Commercial Arbitration, 2. Aufl., 2001, 444 Nr. 4 m.w.N.

Regelungen an.[830] Denn eine Schiedspartei ist nicht berechtigt, ein discovery Verfahren wie im staatlichen Verfahren aus eigener Initiative durchzuführen.[831] Ohne Zustimmung aller Parteien kann sie es nicht erzwingen.[832]

Die staatlichen Gerichte hat immer wieder die Frage beschäftigt, inwieweit es im Schiedsverfahren ein der (pre-trial) discovery ähnliches Verfahren gibt oder geben kann. Der Wortlaut von Section 7 FAA ist sehr allgemein gehalten und spricht nicht von discovery. Das sollte nicht verwundern, denn der FAA trat 1925 in Kraft, während die erste Fassung der FRCP mit discovery Regelungen erst 1938 verabschiedet wurde, siehe Rule 86(a) FRCP.[833] Section 7 FAA regelt auch nicht ausdrücklich, dass das Schiedsgericht das Verfahren nach seinem Ermessen gestalten kann. Dennoch schließt man aus den lückenhaften Regelungen darauf, dass das Gesetz den Verfahrensablauf dem Schiedsgericht überlassen will.[834] Soll das Schiedsgericht dabei auch ein prehearing discovery Verfahren durchführen dürfen, d.h. vor der mündlichen Verhandlung einen Dokumentenaustausch anordnen können, oder ist die Dokumentenvorlage an eine mündliche Verhandlung gebunden?

Aus der Gesetzesbegründung zum FAA lässt sich zum Ablauf des Schiedsverfahrens sehr wenig ableiten. Der Gesetzgeber hat sich nicht damit beschäftigt, wie ein Schiedsgericht das Schiedsverfahren soll gestalten dürfen.[835] Es ging ihm vielmehr grundsätzlich darum, ein schiedsfreundliches Gesetz zu schaffen, um die bis dahin vorherrschende gerichtliche Ablehnung von Schiedsvereinbarungen umzukehren.[836] Aus Wortlaut, aus der Systematik des Gesetzes oder aus der Entstehungsgeschichte lässt sich deshalb nicht ableiten, ob ein

[830] *Carbonneau*, Country Report United States, in: Weigand (Hrsg.), Practitioner's Handbook on International Arbitration, 2002, 1110 Rdz. 81.

[831] *American Federation of Television and Radio Artists v. WJBK-TV*, 164 F.3d 1004 (6th Cir. 1999); *Burton v. Bush*, 614 F.2d 389, 390 (4th Cir. 1980); *Local Lodge 1746, I.A.M. & A.W. v. Pratt & Whitney Div. of United Aircraft Corp.*, 329 F.Supp. 283, 286-287 (D.Conn. 1971).

[832] *Oehmke*, Commercial Arbitration, Bd. 2, 2003, §89:2, 89-2.

[833] *Watkins*, Open Questions Regarding Non-Party Discovery in Commercial Arbitration, Mealey's Int'l Arb. Report, Bd. 18, Nr. 7, 2003, 29, 30 Fn. 9; *Hay*, Informationsbeschaffung über schriftliche Unterlagen und Augenscheinsobjekte im Zivilprozess, in: Schlosser (Hrsg.), Die Informationsbeschaffung für den Zivilprozess, 1996, 1, 15-16.

[834] *Newman/Burrows*, The Practice of International Litigation, 2. Aufl., 2001, Teil III, Kap. 4, III-43; *Mayer*, Comparative Analysis of Power of Arbitrators to Determine Procedures in Civil and Common Law Systems, ICCA Series Nr. 7, 1996, 24, 25; *Morgan*, Discovery in Arbitration, Journal of Int'l Arb., Bd. 3, Nr. 3, 1986, 9, 19.

[835] *Herrmann*, Discovering Policy under the Federal Arbitration Act, Cornell Law Review, Bd. 88, 2003, 779, 800.

[836] *Herrmann*, Discovering Policy under the Federal Arbitration Act, Cornell Law Review, Bd. 88, 2003, 779, 785.

der discovery ähnliches Verfahren zulässig sein soll. Es bleibt der Sinn und Zweck des Gesetzes. Der FAA soll (1) ein prozessual effizientes und wirtschaftliches Schiedsverfahren gewährleisten, (2) und stets zu gerechten Ergebnissen führen.[837] Jede Auslegung des Gesetzes sollte diese beiden Ziele berücksichtigen. Ist das Schiedsgericht berechtigt, die Parteien auch vor der mündlichen Verhandlung zur Dokumentenvorlage aufzufordern, kann es beide Ziele fördern. Das Schiedsverfahren wird effizienter, wenn nicht für jede Dokumentenvorlage eine mündliche Verhandlung erforderlich ist. Sind dem Schiedsgericht Dokumente zugänglich, um den Sachverhalt aufzuklären, kann es gerechte Ergebnisse erzielen. Aus Sinn und Zweck des FAA lässt sich deshalb ableiten, dass das Schiedsgericht berechtigt ist, auf Antrag oder aus eigener Initiative die Parteien aufzufordern, Dokumente auch vor der mündlichen Verhandlung dem Schiedsgericht und dem Gegner vorzulegen.[838]

Schiedsgerichte mit Sitz in den USA ordnen deshalb auch regelmäßig vor der mündlichen Verhandlung einen Dokumentenaustausch an.[839] Dennoch stimmt die Befürchtung nicht, ein Schiedsverfahren in den USA verlaufe automatisch nach den discovery Regeln der FRCP.[840] Vielmehr kommt es auf die Einstellung des Schiedsgerichts an. Schiedsrichter aus der angloamerikanischen Rechtstradition werden natürlich eher geneigt sein, ein discovery Verfahren durchzuführen. Hat ein Schiedsgericht einen Dokumentenaustausch in einem pre-hearing discovery Verfahren angeordnet, sollen die Parteien alle relevanten Dokumente austauschen. Das gleicht an sich dem staatlichen Verfahren. Wenden sich die Parteien bei Schwierigkeiten an das Schiedsgericht, darf es nach Section 7 FAA jedoch nur solche discovery Maßnahmen anordnen, die entscheidungserhebliches Beweismaterial betreffen (deemed material as evidence in the case). Das schränkt ein discovery Verfahren im Schiedsverfahren gegenüber dem Gerichtsverfahren ein, weil dort alles, was zu relevantem Be-

---

[837] Ausführlich *Herrmann*, Discovering Policy under the Federal Arbitration Act, Cornell Law Review, Bd. 88, 2003, 779, 785-788.

[838] *Domke/Wilner/Edmondson*, Domke on Arbitration, Bd. 1, 2003, §29.10, 29-16; *Webster*, Obtaining Documents from Adverse Parties in International Arbitration, Arb. Int'l, Bd. 17, 2001, 41, 49; *Sarles*, U.S. Courts Divided over Enforceability of Arbitral Subpoenas to Nonparties, Mealey's Int'l Arb. Report, Bd. 16, Nr. 1, 2001, 56, 57.

[839] *Griffin*, Recent Trends in the Conduct of International Arbitration, Journal of Int'l Arb., Bd. 17, Nr. 2, 2000, 19, 23; siehe z.B. *In re Arbitration Between Douglas Brazell v. American Color Graphics, Inc.*, 2000 WL 364997, *2 (S.D.N.Y. April 7, 2000); *Stanton v. Paine Webber Jackson & Curtis, Inc.*, 685 F.Supp. 1241, 1242-1243 (S.D.Fla. 1988); *Complaint of Koala Shipping & Trading, Inc.*, 587 F.Supp. 140, 142-143 (S.D.N.Y. 1984).

[840] *Redfern/Hunter*, Law and Practice of International Commercial Arbitration, 4. Aufl., 2004, para. 6-72; *Coe*, International Commercial Arbitration: American Principles and Practice in a Global Context, 1997, 242.

weismaterial führen könnte, zulässig ist.[841] Nach Section 7 FAA soll der Schwerpunkt der discovery im Schiedsverfahren auf der Produktion von Beweismaterial liegen, nicht auf der Suche nach möglicherweise relevanten Informationen.[842] Generell gehen internationale Schiedsgerichte in den USA vorsichtig mit discovery Maßnahmen um.[843] Schon deshalb wird das Schiedsverfahren eher weniger discovery beinhalten als ein US-amerikanisches Gerichtsverfahren.[844]

b) Pre-hearing discovery gegenüber Dritten

Aus der Schiedsvereinbarung selbst kann das Schiedsgericht keine Rechte gegenüber Dritten herleiten. Es bedarf dazu einer gesetzlichen Regelung: Section 7 FAA.[845] Ob das Schiedsgericht nach Section 7 FAA nur anordnen kann, dass ein Zeuge ein Dokument in der mündlichen Verhandlung vorlegt – wie der Wortlaut nahe legt, oder auch zuvor in der pre-hearing discovery, ist in der Rechtsprechung umstritten.[846] Der Third und Fourth Circuit haben sich jüngst auf den Wortlaut in Section 7 FAA bezogen und alle pre-hearing discovery Maßnahmen gegenüber einem Dritten als unzulässig abgelehnt.[847] Die Parteien hätten sich für ein Schiedsverfahren entschieden und würden deshalb gerade nicht in den Genuss der staatlichen discovery kommen.[848] Die Voraussetzung, dass ein Dritter Unterlagen nur zur mündlichen Verhandlung mit-

---

[841] Siehe oben Kap. 2, Teil 2, V.2.

[842] *Oehmke*, Commercial Arbitration, Bd. 2, 2003, §89:3, 89-6; *Born*, International Commercial Arbitration, 2. Aufl., 2001, 508; *Hoellering*, Scope of Documentary Discovery in U.S. and International Arbitration, World Arb. and Mediation Report, Bd. 3, 1992, 46.

[843] Siehe etwa *Complaint of Koala Shipping & Trading, Inc.*, 587 F.Supp. 140, 142 (S.D.N.Y. 1984) (Das Schiedsgericht mit Sitz in New York in einem Schiedsverfahren mit Bezug zu Holland und Deutschland war sich nicht sicher, in welchem Umfang es discovery Maßnahmen anordnen könne, und verwies die Partei an das staatliche Gericht, das dann die Maßnahmen angeordnet hat, und gleichzeitig festgestellt hat, auch das Schiedsgericht hätte so handeln können).

[844] *Cremades*, Overcoming the Clash of Legal Cultures: The Role of Interactive Arbitration, in: Frommel/Rider (Hrsg.), Conflicting Legal Cultures in Commercial Arbitration, 1999, 147, 160 Fn. 16; *Baldwin*, Protecting Confidential and Proprietary Commercial Information in International Arbitration, Texas Int'l Law Journal, Bd. 31, 1996, 451, 480.

[845] Siehe etwa *Integrity Ins. Co. v. American Centennial Ins. Co.,* 885 F.Supp. 69, 71 (S.D.N.Y. 1995); *Oehmke*, Commercial Arbitration, Bd. 2, 2003, §91:5, 91-6.

[846] Siehe ausführlich *Herrmann*, Discovering Policy under the Federal Arbitration Act, Cornell Law Review, Bd. 88, 2003, 779; *Watkins*, Open Questions Regarding Non-Party Discovery in Commercial Arbitration, Mealey's Int'l Arb. Report, Bd. 18, Nr. 7, 2003, 29-31.

[847] *Hay Group, Inc. v. E.B.S. Acquisition Corp.*, 360 F.3d 404 (3rd Cir. 2004); *COMSAT Corp. v. National Science Foundation*, 190 F.3d 269, 275-276 (4th Cir. 1999).

[848] *Sarles*, U.S. Courts Divided over Enforceability of Arbitral Subpoenas to Nonparties, Mealey's Int'l Arb. Report, Bd. 16, Nr. 1, 2001, 56.

bringen müsse, könne dazu dienen, weitreichende subpoenas gegenüber Dritten im Schiedsverfahren sinnvollerweise zu unterbinden.[849] Nach dem Fourth Circuit kann das Schiedsgericht Dokumente von Dritten ausnahmsweise vor der mündlichen Verhandlung herausverlangen, wenn ein besonderer Not- oder Härtefall vorliegt (special need or hardship). Der Circuit Court hat den besonderen Not- oder Härtefall nicht näher definiert, sondern als unterste Grenze festgelegt, der Antragsteller müsse darlegen, dass die Beweismittel sonst keinesfalls mehr zugänglich wären.[850] Der Third Circuit hat sich ausdrücklich dagegen gewendet, irgendwelche Ausnahmen zuzulassen. Vielmehr bedürfe es einer Gesetzesänderung, wie sie der RUAA vorsieht.[851]

Nach der anderen Meinung in der Rechtsprechung, der die wenigen District Court Entscheidungen zum Thema und der Sixth und Eighth Circuit folgen, gehört zu der Befugnis, einen Dritten zur Vorlage von Dokumenten in der mündlichen Verhandlung aufzufordern, auch das Recht, sie vor der mündlichen Verhandlung herauszuverlangen.[852] Weil der Dritte die Unterlagen nur einmal vorlegen müsse, sei es unerheblich, ob das vor oder in der mündlichen Verhandlung geschehe.

Die Befugnisse des Schiedsgerichts auf den Zeitraum vor der mündlichen Verhandlung auszudehnen, ist vernünftig. Um das Schiedsverfahren im Gegensatz zum staatlichen Verfahren zu beschleunigen, sollte das Schiedsgericht zwar grundsätzlich keine discovery im herkömmlichen Sinne zulassen. Allerdings ist der Austausch von entscheidungserheblichen Dokumenten vor der mündlichen Verhandlung vor allem bei komplexen Verfahren mit zahlreichen Dokumenten angebracht, um das Verfahren effizient gestalten zu können.[853]

---

[849] *Hay Group, Inc. v. E.B.S. Acquisition Corp.*, 360 F.3d 404 (3rd Cir. 2004).

[850] *COMSAT Corp. v. National Science Foundation*, 190 F.3d 269, 276 (4th Cir. 1999).

[851] *Hay Group, Inc. v. E.B.S. Acquisition Corp.*, 360 F.3d 404 (3rd Cir. 2004); siehe unten Kap. 3, Teil 2, V.1.b).

[852] *Atmel Corp. v. LM Ericsson Telefon, AB*, 371 F.Supp.2d. 402 (S.D.N.Y. 2005); *In re Arbitration between Security Life Ins. Co. and Duncanson & Holt, Inc.*, 228 F.3d 865 (8th Cir. 2000); *American Federation of Television & Radio Artists v. WJBK-TV*, 164 F.3d 1004, 1009 (6th Cir. 1999); *Amgen Inc. v. Kidney Center of Delaware County, Ltd.*, 879 F.Supp. 878, 880 (N.D.Ill. 1995); *Meadows Indem. Co. v. Nutmeg Ins. Co.*, 157 F.R.D. 42, 45 (M.D.Tenn. 1994); *Stanton v. Paine Webber Jackson & Curtis, Inc.*, 685 F.Supp. 1241 (S.D.Fla. 1988); Etwas anderes soll für Zeugenvernehmungen (depositions) gelten: Weil der Dritte hier oft zweimal aussagen müsse, vor und in der mündlichen Verhandlung, belaste ihn das unangemessen. Das Schiedsgericht soll deshalb keine pre-hearing depositions anordnen können, siehe etwa *Integrity Ins. Co. v. American Centennial Ins. Co.*, 885 F.Supp. 69, 71-73 (S.D.N.Y. 1995).

[853] *Meadows Indem. Co. v. Nutmeg Ins. Co.*, 157 F.R.D. 42, 44-45 (M.D.Tenn. 1994); *Sarles*, U.S. Courts Divided over Enforceability of Arbitral Subpoenas to Nonparties, Mealey's Int'l Arb. Report, Bd. 16, Nr. 1, 2001, 56, 58.

Das entspricht auch bei Anordnungen gegenüber Dritten dem Sinn und Zweck des FAA.[854]

Der Streit um die Rechte des Schiedsgerichts gegenüber Dritten zeigt jedoch, dass die US-amerikanischen Gerichte zwischen Anordnungen gegenüber Parteien und gegenüber Dritten unterscheiden. Sie sind sich bewusst, dass der Dritte unfreiwillig in ein Schiedsverfahren hineingezogen wird, das auf einer privatrechtlichen Vereinbarung beruht. Sie sind deshalb darum bemüht, die Unannehmlichkeiten, die für den Dritten damit verbunden sind, zu reduzieren. An dem gesetzlich verankerten Recht des Schiedsgerichts, auch von einem Dritten Dokumente herauszuverlangen, ändert das aber nichts.

III. Weigerungsrechte

Zu der Frage, wie ein Schiedsgericht mit Sitz in den USA die dort anerkannten Weigerungsrechte anwenden soll, kann oder muss, gibt es wenig Literatur und Rechtsprechung.[855] Im Allgemeinen erkennen sowohl Schiedsgerichte[856] als auch staatliche Gerichte die nach dem anwendbaren Recht bekannten Weigerungsrechte auch dann an, wenn die Parteien eine Schiedsvereinbarung getroffen haben und das Schiedsgericht statt dem staatlichen Gericht discovery angeordnet hat.[857]

Staatliche Gerichte befassen sich entweder dann mit Weigerungsrechten, wenn sie eine schiedsrichterliche discovery Anordnung durchsetzen sollen, oder wenn sie einen Schiedsspruch auf Aufhebungsgründe überprüfen.

Im Aufhebungsverfahren fragen die staatlichen Gerichte nur danach, ob ein Schiedsgericht sein Ermessen nachvollziehbar ausgeübt hat, wenn es Weigerungsgründe zu beurteilen hatte. Sie orientieren sich dabei an den tatsächlichen Feststellungen des Schiedsgerichts und greifen nur in Extremfällen in die Entscheidung des Schiedsgerichts ein.[858] In diesem Zusammenhang hat es ein staatliches Gericht gebilligt, wenn ein Schiedsgericht Dokumente zu-

---

[854] Siehe oben Kap. 3, Teil 2, II.3.a).

[855] *Oehmke*, Commercial Arbitration, Bd. 2, 2003, §91:10; *Born*, International Commercial Arbitration, 2. Aufl., 2001, 490.

[856] Siehe z.B. die confidentiality order in ICC Schiedssache Nr. 7893/1994, Journal du Droit Int'l 1998, 1069 m. Anm. *Hascher*.

[857] *Robbins v. Day*, 954 F.2d 679 (11th Cir. 1992); *Western Employers Ins. Co. v. Merit Insurance Co.*, 492 F.Supp. 53 (N.D.Ill. 1979); *Langemyr v. Campbell*, 279 N.Y.S.2d 41 (1967) (Schiedspartei hat sich im Schiedsverfahren erfolgreich auf ihr Weigerungsrecht wegen möglicher Selbstbelastung berufen.).

[858] *Hunt v. Mobil Oil Corp.*, 654 F.Supp. 1487, 1511-1512 (S.D.N.Y. 1987); *Great Scott Supermarkets, Inc. v. Local Union No. 337*, 363 F.Supp. 1351, 1353 - 1354 (E.D.Mich. 1973).

nächst in-camera einsieht, um zu überprüfen, ob sie berechtigte Geheimhaltungsbelange berühren.[859] Schiedsgerichte sind auch befugt, Dokumente einem neutralen Dritten zu geben, der sie beurteilt und das Ergebnis ohne Preisgabe der Geheimnisse dem Schiedsgericht mitteilt.[860]

Geht es dagegen um die Durchsetzung einer schiedsrichterlichen discovery Anordnung, ist die Rechtsprechung uneinheitlich. Bundesgerichte überlassen es regelmäßig dem Schiedsgericht, über Weigerungsgründe zu urteilen.[861] Macht ein Betroffener im Durchsetzungsverfahren Weigerungsrechte geltend, ordnen die Gerichte eine in-camera-Vorlage an das Schiedsgericht an. Das Schiedsgericht entscheidet dann selbst, ob es die Dokumente zulässt oder nicht.[862] Einzelstaatliche Gerichte gehen häufig anders vor: Sie sichten die Dokumente selbst in-camera und entscheiden, ob sie die Unterlagen an das Schiedsgericht weiterleiten oder den Weigerungsgrund respektieren und keine Vorlage an das Schiedsgericht anordnen.[863]

Im internationalen Schiedsverfahren muss ein Schiedsgericht möglicherweise auch Weigerungsrechte aus anderen Rechtskreisen berücksichtigen.[864] Dabei kann es sich an internationalen Regelwerken orientieren, beispielsweise an

---

[859] *Painewebber Group v. Zinsmeyer Trusts Partnership,* 187 F.3d 988-993 (8th Cir. 1999) (Die unterlegene Partei hatte die Aufhebung des Schiedsspruchs beantragt, aber dabei das vom Schiedsgericht gewählte in-camera-Verfahren nicht angegriffen. Das Gericht hat das in-camera-Verfahren als selbstverständlich zulässig behandelt.); so auch *Oehmke*, Commercial Arbitration, Bd. 2, 2003, §91:7, 91-13.

[860] *Oehmke*, Commercial Arbitration, Bd. 2, 2003, §91:11, 91-21; *Carbonneau*, Country Report United States, in: Weigand (Hrsg.), Practitioner's Handbook on International Arbitration, 2002, 1118 Rdz. 129-130.

[861] *American Federation of Television and Radio Artists v. WJBK-TV*, 164 F.3d 1004 (6th Cir. 1999) (Gericht hat einen Dritten verpflichtet, Dokumente an das Schiedsgericht zur in-camera-Prüfung vorzulegen.); *Local Lodge 1746, I.A.M. & A.W. v. Pratt & Whitney Div. of United Aircraft Corp.*, 329 F.Supp. 283, 286-287 (D.Conn. 1971) (Gericht hat eine Partei verpflichtet, Dokumente an das Schiedsgericht zur in-camera-Prüfung vorzulegen.).

[862] Siehe ausführlich *Oehmke*, Commercial Arbitration, Bd. 2, 2003, §91:11.

[863] *Di Maina v. N.Y. State Dept. of Mental Hygiene*, 386 N.Y.S.2d 590 (Sup. Ct. 1976) (New Yorker Gericht hat Entscheidung des Schiedsgerichts, vertrauliche Dokumente nicht zuzulassen, aufgehoben.); *In re Minerals & Chemicals Philipp Corp. v. Panamerican Commodities, SA*, 224 N.Y.S.2d 763 (Sup. Ct. 1962) (New Yorker Gericht hat einen Sachverständigen ernannt, der anstelle des Schiedsgerichts überprüft hat, ob Dokumente eines Dritten privilegiert waren.); weitere Nachweise bei NCCUSL, Revised Uniform Arbitration Act, 13. Dezember 2000, Comment zu § 18 RUAA, Nr. 1 (www.law.upenn.edu/bll/ulc/uarba/arbitrat1213.htm, zuletzt besucht am 3.7.2004).

[864] Siehe unten Kap. 4, Teil 4.

Art. 9 der Rules on the Taking of Evidence der International Bar Association.[865]

IV. Gerichtliche Durchsetzung einer schiedsrichterlichen subpoena

Verweigert der Adressat einer schiedsrichterlichen subpoena die Vorlage, können Antragsteller oder Schiedsgericht beim zuständigen Gericht die Durchsetzung der subpoena beantragen („upon petition", siehe Section 7 Satz 3 HS 2 FAA).[866] Jeder Adressat, ob Partei oder Dritter, kann aber auch selbst ein Verfahren bei Gericht einleiten, um die subpoena aufheben zu lassen oder eine Schutzanordnung zu beantragen.[867] Ist der Adressat der schiedsrichterlichen subpoena ein Dritter, drohen ihm keine Nachteile, wenn er die subpoena nicht befolgt, solange der Antragsteller nicht vor Gericht geht.[868] Ist der Adressat dagegen Partei, kann das Schiedsgericht sein Verhalten negativ würdigen.[869] Zur gerichtlichen Durchsetzung stellen sich verschiedene Fragen: Welches Gericht ist sachlich zuständig? In welchem räumlichen Bereich kann das zuständige Gericht tätig werden? Setzt es die schiedsrichterliche subpoena blind um oder überprüft es die Entscheidungserheblichkeit des Beweismittels? Welche Sanktionen stehen zur Verfügung?

1. Sachliche Zuständigkeit des District Courts

Es kann bereits schwierig sein, das zuständige Gericht zu ermitteln. Die Frage, ob ein Bundesgericht oder ein einzelstaatlichen Gericht sachlich zuständig ist, ist vielschichtig und oft schwierig zu beantworten.[870] Das Problem kann hier nur umrissen werden. Section 7 FAA benennt zwar den District Court am Sitz des Schiedsgerichts als das zuständige Gericht. Nach dem Supreme Court begründet der FAA aber nur materielles Bundesrecht und keine bundesge-

---

865 Siehe unten Kap. 4, Teil 2, II.2.b).

866 So das Verfahren z.B. in: *COMSAT Corp. v. National Science Foundation*, 190 F.3d 269 (4th Cir. 1999); siehe auch *Oehmke*, Commercial Arbitration, Bd. 2, 2003, §91:12, 91-23.

867 So das Verfahren z.B. in: *Integrity Ins. Co. v. American Centennial Ins. Co.*, 885 F.Supp. 69 (S.D.N.Y. 1995); siehe auch *Oehmke*, Commercial Arbitration, Bd. 2, 2003, §91:7, 91-14.

868 *Oehmke*, Commercial Arbitration, Bd. 2, 2003, §91:5, 91-9.

869 *Oehmke*, Commercial Arbitration, Bd. 2, 2003, §91:12, 91-23.

870 *Sarles*, U.S. Courts Divided over Enforceability of Arbitral Subpoenas to Nonparties, Mealey's Int'l Arb. Report, Bd. 16, Nr. 1, 2001, 56, 59; Das Problem entsteht vor allem dann, wenn ein Gericht zum ersten Mal zur Durchsetzung einer schiedsrichterlichen subpoena angerufen wird. Hat ein Gericht die Parteien nach Klageerhebung auf das Schiedsverfahren verwiesen, bleibt es für die Durchsetzung einer subpoena zuständig, siehe etwa *Western Employers Ins. Co. v. Merit Insurance Co.*, 492 F.Supp. 53, 54 (N.D.Ill. 1979); *Local Lodge 1746, I.A.M. & A.W. v. Pratt & Whitney Div. of United Aircraft Corp.*, 329 F.Supp. 283, 285 (D.Conn. 1971); allgemein zur sachlichen Zuständigkeit siehe *Hay*, Law of the United States, 2. Aufl., 2005, 53-56.

richtliche Zuständigkeit.[871] Es können also sowohl einzelstaatliche als auch bundesstaatliche Gerichte für Schiedsverfahren, die nach dem FAA zu beurteilen sind, zuständig sein. Die Bundesgerichte sind dann die nach Section 7 FAA zuständigen Gerichte, wenn entweder federal question jurisdiction oder diversity jurisdiction besteht. Fehlt es an der bundesgerichtlichen Zuständigkeit, sind die einzelstaatlichen Gerichte zuständig.

Federal question jurisdiction ist gegeben, wenn eine bundesrechtliche Frage zu klären ist. Diversity jurisdiction liegt vor, wenn die Parteien aus unterschiedlichen (Einzel-)Staaten kommen. Die Circuit Courts gehen bereits bei der diversity jurisdiction unterschiedliche Wege. Während der Seventh Circuit darauf abstellt, ob die Parteien des Schiedsverfahrens aus unterschiedlichen (Einzel-) Staaten kommen,[872] entscheidet der Sixth Circuit danach, woher Antragsteller und Antragsgegner, also ein Dritter als Beweisinhaber, kommen.[873] Eine einheitliche Linie der Rechtsprechung ist nicht zu erkennen.[874] Für internationale Schiedsverfahren relativiert sich das Problem. Meistens werden Antragsteller und Antragsgegner aus verschiedenen (Einzel-) Staaten kommen. Generell sollten Parteien versuchen, eine bundesgerichtliche Zuständigkeit zu begründen. Die meiste Rechtsprechung zum FAA ergeht in den Bundesgerichten. Die Bundesgerichte sind im Vergleich zu den einzelstaatlichen Gerichten besser ausgestattet und weniger überlastet.

2. Räumliche Reichweite der gerichtlichen Durchsetzung

Section 7 FAA schreibt vor, dass das Gericht am Sitz des Schiedsgerichts die schiedsrichterlichen subpoenas durchsetzen soll. Während zwar die subpoena Rechte des Schiedsgerichts räumlich unbegrenzt sind, können die District Courts nach FRCP 45(b)(2) nur subpoenas in ihrem District oder bis zu 100 Meilen außerhalb des Verhandlungsortes durchsetzen.[875] Geht es um ein staatliches Verfahren, ist jeder District Court unabhängig vom Ort des Verfahrens

---

[871] *Moses H. Cone Memorial Hospital v. Mercury Construction Corp.*, 460 U.S. 1, 25 Fn. 32 (1983).

[872] *Amgen Inc. v. Kidney Center of Delaware County*, Ltd., 95 F.3d 562 (7th Cir. 1996); so inzwischen auch ein District Court: *In re Arbitration Between Douglas Brazell v. American Color Graphics, Inc.*, 2000 WL 364997, * 1 Fn. 1 (S.D.N.Y. April 7, 2000).

[873] *American Federation of Television and Radio Artists v. WJBK-TV*, 164 F.3d 1004 Fn. 3 (6th Cir. 1999).

[874] *Offenkrantz/Smith*, Where, How, and to What Effect Can a Party to an Arbitration Involving Interstate Commerce Enforce an Arbitrator's Subpoena under 9 U.S.C. Sect. 7 of the Federal Arbitration Act?, Mealey's Int'l Arb. Report Bd. 15, Nr. 1, 2000, 42, 46-47 mit weiteren Beispielen.

[875] Siehe z.B. *Thompson v. Zavin*, 607 F.Supp. 780, 783 Fn. 5 (C.D.Cal. 1984); siehe auch oben Kap. 2, Teil 2, IV.3.

berechtigt, subpoenas zu erlassen und durchzusetzen.[876] Für das schiedsrichterliche subpoena ist nur der District Court am Sitz des Schiedsgerichts dazu ermächtigt. Das schränkt die räumliche Durchsetzungsfähigkeit ein.[877] Die staatlichen Gerichte gehen mit dieser Problematik unterschiedlich um.

Für subpoenas zur Dokumentenvorlage hat der Eighth Circuit das Problem gelöst, indem er die räumliche Grenze des FRCP 45(b)(2) für unbeachtlich erklärt hat.[878] Denn die Vorlage von Dokumenten bereite dem Betroffenen auch außerhalb des räumlichen Radius nicht mehr Umstände als innerhalb der Grenze. Dagegen hat sich jüngst der Second Circuit gestellt, der den insbesondere für internationale Schiedsverfahren wichtigen Einzelstaat New York umfasst.[879] Nach dem Second Circuit muss sich der District Court strikt an die räumlichen Grenzen des FRCP 45(b)(2) halten. Das Gericht nimmt dabei bewusst in Kauf, dass schiedsrichterliche subpoenas teilweise nicht durchsetzbar sind.

Verschiedene District Courts haben sich darum bemüht, ein anderes gangbares Verfahren zu finden.[880] Nach FRCP 45(a)(3)(B) ist ein Anwalt ermächtigt, für das am Ort der Zeugenvernehmung oder Dokumentenvorlage zuständige Gericht eine subpoena auszufertigen und zu unterzeichnen. Hat der District Court am Ort des Schiedsverfahrens eine subpoena für durchsetzbar erklärt, soll der Anwalt eine neue subpoena für den Ort der Zeugenvernehmung oder Dokumentenvorlage ausstellen können, die dann der örtlich zuständige District Court durchsetzt. Ob dieses Verfahren für schiedsrichterliche subpoe-

---

[876] *Watkins*, Open Questions Regarding Non-Party Discovery in Commercial Arbitration, Mealey's Int'l Arb. Report, Bd. 18, Nr. 7, 2003, 29, 32.

[877] Siehe ausführlich *Watkins*, Open Questions Regarding Non-Party Discovery in Commercial Arbitration, Mealey's Int'l Arb. Report, Bd. 18, Nr. 7, 2003, 29, 31-34.

[878] *In re Arbitration between Security Life Ins. Co. and Duncanson & Holt, Inc.*, 228 F.3d 865 (8th Cir. 2000).

[879] *Dynegy Midstream Services, LP v. Trammochem et al.* (2nd Cir., Urt. v. 13.6.2006), Volltext unter www.findlaw.com (zuletzt besucht am 3.10.2006).

[880] *OneBeacon America Insurance Co. v. Factory Mutual Insurance Co.*, Mealey's Int'l Arb. Report, Bd. 18, Nr. 11, 2003, 19, 20 (D.Mass. October 6, 2003) (Ein Dritter außerhalb des 100-Meilen Radius sollte Dokumente vorlegen. Das Gericht hat es abgelehnt, die schiedsrichterliche subpoena nach FRCP 45(b)(2) durchzusetzen, sondern hat den Weg über FRCP 45(a)(3) vorgeschlagen.); District Court in Minnesota, zitiert in *In re Arbitration between Security Life Ins. Co. and Duncanson & Holt, Inc.*, 228 F.3d 865 (8th Cir. 2000).; *Amgen Inc. v. Kidney Center of Delaware County, Ltd.*, 879 F.Supp. 878, 883 (N.D.Ill. 1995), mangels sachlicher Zuständigkeit aufgehoben, 95 F.3d 562 (7th Cir. 1996) (Hier hatten die Schiedsparteien ausdrücklich die Anwendbarkeit der FRCP für ihr Schiedsverfahren vereinbart.); siehe auch *Watkins*, Open Questions Regarding Non-Party Discovery in Commercial Arbitration, Mealey's Int'l Arb. Report, Bd. 18, Nr. 7, 2003, 29, 33.

nas zulässig ist, hat der Eighth Circuit offen gelassen und das Problem als „haarig“ beschrieben. An seinem Fall hatte sich die Frage erledigt, weil der Antragsteller auf der Grundlage der Anordnung des District Courts von Minnesota seine subpoena bereits in Kalifornien durchgesetzt hatte. Er hatte anhand des Verfahrens nach FRCP 45(a)(3)(B) erreicht, dass der District Court von Kalifornien den Zeugen mit einer Geldstrafe belegt hatte. Daraufhin war der Zeuge zur Zeugenvernehmung erschienen.[881]

Ob sich das Verfahren über eine Durchsetzung mit Hilfe des Anwalts des Antragstellers nach FRCP 45(a)(3)(B) bewährt oder ob weitere Gerichte wie der Second Circuit die räumliche Grenze des FRCP 45(b)(2) bei Vorlageverlangen für beachtlich erklären, bleibt abzuwarten. Jedenfalls sollten sich Schiedsparteien eines Schiedsverfahrens mit Sitz in den USA bewusst sein, dass die Durchsetzung einer schiedsrichterlichen subpoena außerhalb des Districts, in dem das Schiedsverfahren stattfindet, nicht ohne weiteres gewährleistet ist.[882] Um das Problem zu umgehen, könnte ein Schiedsgericht mit Sitz in den USA auch versuchen, eine mündliche Verhandlung am Belegenheitsort des Beweismittels durchzuführen. Ob dann der District Court vor Ort nach Section 7 FAA zuständig wird, ist gerichtlich nicht geklärt.[883]

3. Welche Einwendungen berücksichtigen die Gerichte?

Das Schiedsgericht entscheidet nach seinem Ermessen, ob es eine subpoena erlässt. Verweigert das Schiedsgericht den Erlass einer subpoena, kann der Antragsteller dagegen nicht eigenständig vorgehen. Nachdem der Schiedsspruch ergangen ist, kann er lediglich im Aufhebungsverfahren geltend machen, sein Anspruch auf rechtliches Gehör oder auf Gleichbehandlung sei verletzt worden. Das staatliche Gericht überprüft nur in Ausnahmefällen die einzelne Ermessensentscheidung des Schiedsgerichts.[884]

Hat das Schiedsgericht dagegen eine subpoena erlassen, kann der Betroffene zunächst seine Einwendungen vor dem Schiedsgericht vortragen. Kommt es

---

[881] *Offenkrantz/Smith*, Where, How, and to What Effect Can a Party to an Arbitration Involving Interstate Commerce Enforce an Arbitrator's Subpoena under 9 U.S.C. Sect. 7 of the Federal Arbitration Act?, Mealey's Int'l Arb. Report Bd. 15, Nr. 1, 2000, 42, 47.

[882] *Sarles*, U.S. Courts Divided over Enforceability of Arbitral Subpoenas to Nonparties, Mealey's Int'l Arb. Report, Bd. 16, Nr. 1, 2001, 56, 59-60; *Offenkrantz/Smith*, Where, How, and to What Effect Can a Party to an Arbitration Involving Interstate Commerce Enforce an Arbitrator's Subpoena under 9 U.S.C. Sect. 7 of the Federal Arbitration Act?, Mealey's Int'l Arb. Report Bd. 15, Nr. 1, 2000, 42, 48.

[883] Siehe ausführlich unten Kap. 4, Teil 5, III.1.; und den zitierten Beispielsfall bei *Born*, International Commercial Arbitration, 2. Aufl., 2001, 494, Nr. 8.

[884] *Domke/Wilner/Edmondson*, Domke On Arbitration, Bd. 1, 2003, §29:12, 29-22; *Born*, International Commercial Arbitration, 2. Aufl., 2001, 509, Nr. 7 m.w.N.

zum Gerichtsverfahren, kann der Betroffene geltend machen, das Schiedsgericht sei zum Erlass der subpoena nicht berechtigt gewesen, die Vorlage würde ihn unzumutbar belasten (undue burden) oder berühre Geheimhaltungsinteressen.[885] Welche Einwendungen die staatlichen Gerichte tatsächlich für berechtigt halten, beruht auf Einzelfallrechtsprechung und lässt sich schwer systematisieren. Nur einige Beispiele: Einzelne Bundesgerichte verneinen eine unzumutbare Belastung wenn ein vorlagepflichtiger Dritter in irgendeiner Beziehung zu den Parteien steht.[886] Ein einzelstaatliches Gericht hat beispielsweise eine unzumutbare Belastung bejaht, weil der Nutzen der schiedsrichterlichen Vorlageanordnung nicht erkennbar war und der vorlagepflichtige Dritte zudem der wichtigste Wettbewerber einer der Schiedsparteien war.[887]

Normalerweise überprüfen die Gerichte aber nicht, ob das Beweismaterial entscheidungserheblich ist (deemed material as evidence in the case, Section 7 Satz 1 FAA).[888] Wenn das Beweismaterial möglicherweise relevant sein könnte, respektieren sie die Entscheidung des Schiedsgerichts, die subpoena erlassen zu haben.[889] Sie überlassen es dem Schiedsgericht, das herausverlangte Beweismaterial zu würdigen. Aber auch hier gibt es Ausnahmen: Manche Gerichte überprüfen sorgfältig, ob die herausverlangten Unterlagen auch relevant sind oder ob das Schiedsgericht das ihm eingeräumte Ermessen missbraucht hat.[890]

---

885 *Sarles*, U.S. Courts Divided over Enforceability of Arbitral Subpoenas to Nonparties, Mealey's Int'l Arb. Report, Bd. 16, Nr. 1, 2001, 56, 59.

886 *In re Arbitration Between Douglas Brazell v. American Color Graphics, Inc.*, 2000 WL 364997, *4 (S.D.N.Y. April 7, 2000); *Meadows Indem. Co. v. Nutmeg Ins. Co.*, 157 F.R.D. 42, 45 (M.D.Tenn. 1994).

887 *Reuters Ltd. v. Dow Jones Telerate, Inc.*, 662 N.Y.S.2d 450, 455 (App.Div.1 Dept. 1997).

888 *In re Arbitration between Security Life Ins. Co. and Duncanson & Holt, Inc.*, 228 F.3d 865 (8th Cir. 2000); *In re Arbitration Between Douglas Brazell v. American Color Graphics, Inc.*, 2000 WL 364997, *3 (S.D.N.Y. April 7, 2000); *American Federation of Television and Radio Artists v. WJBK-TV*, 164 F.3d 1004 (6th Cir. 1999); *Meadows Indem. Co. v. Nutmeg Ins. Co.*, 157 F.R.D. 42, 44 (M.D.Tenn. 1994); *Wilkes-Barre Publishing Co. v. Newspaper Guild of Wilkes-Barre*, 559 F.Supp. 875, 882 (M.D.Pa. 1982); *Local Lodge 1746, I.A.M. & A.W. v. Pratt & Whitney Div. of United Aircraft Corp.*, 329 F.Supp. 283, 287 (D.Conn. 1971); siehe dazu auch *Herrmann*, Discovering Policy under the Federal Arbitration Act, Cornell Law Review, Bd. 88, 2003, 779, 807-813.

889 *Commercial Metals Co. v. Int'l Union Marine Corp.*, 318 F.Supp. 1334, 1335 (S.D.N.Y. 1970).

890 *Reuters Ltd. v. Dow Jones Telerate, Inc.*, 662 N.Y.S.2d 450, 453-454 (App.Div.1 Dept. 1997); *Oceanic Transport Corp. v. Alcoa Steamship Co.*, 129 F.Supp. 160, 161 (S.D.N.Y. 1954); siehe auch *Oehmke*, Commercial Arbitration, Bd. 2, 2003, §91:8, 91-16; *Coe*, International Commercial Arbitration: American Principles and Practice in a Global Context, 1997, 193-194 und 282 m.w.N.

4. Sanktionen

Will das Schiedsgericht eine subpoena mit Zwangsmitteln durchsetzen, ist es auf die Mitwirkung des staatlichen Gerichts angewiesen. Weigert sich das staatliche Gericht, einer Schiedspartei oder einem Dritten die Vorlage von Dokumenten aufzugeben, kann das Schiedsgericht das Verhalten der Betroffenen lediglich negativ würdigen. Steht der Dritte in keinem Verhältnis zu einer der Parteien, wird das Schiedsgericht aus seinem Verhalten keine negativen Konsequenzen für eine der Parteien ableiten können. Verweigert aber eine Partei die Vorlage von Dokumenten, ist eine negative Würdigung zulässig.[891]

Hat das staatliche Gericht die Anordnung des Schiedsgerichts bestätigt, kann es eine Weigerung des Adressaten mit den gleichen Zwangsmitteln ahnden, wie in einem staatlichen Gerichtsverfahren.[892] Nach dem Wortlaut von Section 7 FAA sind direkte Zwangsmaßnahmen bereits zulässig, wenn eine schiedsrichterliche subpoena nicht befolgt wird.[893] Dazu gibt es kaum veröffentlichte Rechtsprechung, weil es offenbar ausreicht, die Betroffenen zur Mitwirkung zu bewegen, wenn das staatliche Gericht die schiedsrichterliche subpoena bestätigt.

V. Uniform Arbitration Act der Einzelstaaten

Das erste einzelstaatliche Mustergesetz, den Uniform Arbitration Act von 1955 (UAA), haben 49 Einzelstaaten in ihre Gesetzgebung übernommen. Von 1996 bis 2000 hat die National Conference of Commissioners on Uniform State Laws (NCCUSL) den UAA überarbeitet und im August 2000 den Revised Uniform Arbitration Act (RUAA) als neues Mustergesetz verabschiedet. Die Conference empfiehlt den Einzelstaaten, den RUAA in einzelstaatliches Recht umzusetzen. Bisher haben nur wenige Einzelstaaten ein neues Gesetz auf der Basis des RUAA verabschiedet,[894] andere Einzelstaaten haben Gesetzesinitiativen eingebracht.[895] Es ist zu erwarten, dass der RUAA in Zukunft an Bedeutung gewinnt. Jedenfalls versucht er, die rechtlichen Entwicklungen in

---

[891] *Forsythe Int'l S.A. v. Gibbs Oil Co.*, 915 F.2d 1017, 1023 Fn. 8 (5th Cir. 1990); *Bigge Crane & Rigging Co. v. Docutel Corp.*, 371 F.Supp. 240, 246 (E.D.N.Y. 1973); *Commercial Solvents Corp. v. Louisiana Liquid Fertilizer Co.*, 20 F.R.D. 359, 363 (S.D.N.Y. 1957).

[892] *Domke/Wilner/Edmondson*, Domke on Arbitration, Bd. 1, 2003 §29:12, 29-23; siehe ausführlich oben Kap. 2, Teil 2, VII.

[893] *Coe*, International Commercial Arbitration: American Principles and Practice in a Global Context, 1997, 282.

[894] Z.B. Hawaii, Nevada, New Mexico, und Utah; Links zu Schiedsgesetzen der Einzelstaaten unter: www.law.cornell.edu/uniform/vol7.html#arbit (zuletzt besucht am 3.7.2004).

[895] *Lurie*, Recent Revisions to the Uniform Arbitration Act in the United States, Journal of Int'l Arb., Bd. 18, 2001, 223.

der Schiedsgerichtsbarkeit zu verarbeiten.[896] Er soll deshalb vergleichend zum FAA herangezogen werden.

Zu den Rechten des Schiedsgerichts bei der Beweiserhebung stimmen UAA und FAA weitgehend überein. Auch Section 7 UAA regelt nur, dass das Schiedsgericht subpoenas erlassen darf: [897]

> *Section 7 UAA 1956. Witnesses, Subpoenas, Depositions.*
> a) The arbitrators may issue (cause to be issued) subpoenas for the attendance of witnesses and for the production of books, records, documents and other evidence, and shall have the power to administer oaths. Subpoenas so issued shall be served, and upon application to the Court by a party or the arbitrators, enforced, in the manner provided by law for the service and enforcement of subpoenas in a civil action.
> b) On application of a party and for use as evidence, the arbitrators may permit a deposition to be taken, in the manner and upon the terms designated by the arbitrators, of a witness who cannot be subpoenaed or is unable to attend the hearing.
> c) All provisions of law compelling a person under subpoena to testify are applicable.
> d) Fees for attendance as a witness shall be the same as for a witness in the Court.

Da der bisherige UAA keine Regelungen dazu enthält, ob ein Schiedsgericht discovery Maßnahmen anordnen, Schutzanordnungen erlassen oder vorbereitende mündliche Verhandlungen anberaumen darf, befassen sich Sections 15 und 17 RUAA nun ausführlich damit.[898]

> *Section 15. Arbitration Process.*
> (a) An arbitrator may conduct an arbitration in such manner as the arbitrator considers appropriate for a fair and expeditious disposition of the proceeding. The authority conferred upon the arbitrator includes the power to hold conferences with

---

[896] NCCUSL, Revised Uniform Arbitration Act, 13. Dezember 2000, Prefatory Note, S. 1 (www.law.upenn.edu/bll/ulc/uarba/arbitrat1213.htm, zuletzt besucht am 3.7.2004).

[897] Auch individuelle Regelungen in den Einzelstaaten gehen selten weiter, siehe etwa *Born*, International Commercial Arbitration, 2. Aufl., 2001, 491; *Morgan*, Discovery in Arbitration, Journal of Int'l Arb., Bd. 3, Nr. 3, 1986, 9, 16; Beispiele für eigene detaillierte Regelungen bieten etwa die Schiedsgesetze von Kalifornien und New York: Nach Cal. Civ. Proc. Code § 1282.2(a)(2)(C) dürfen die Parteien Dokumente, welche die Gegenpartei in das Verfahren eingeführt hat, untersuchen und kopieren. Nach Cal. Civ. Proc. Code § 1283-05 (b) sind die Schiedsrichter befugt, die discovery wie im staatlichen Zivilverfahren durchzusetzen. In New York bestimmt CPLR § 3102 (c), dass discovery vor Einleitung des Schiedsverfahrens zur Unterstützung (to aid in arbitration) zulässig sei. Der Schiedsrichter oder der Parteianwalt können subpoenas für die Herausgabe von Dokumenten erlassen, CPLR § 7505 (Gesetzestexte unter www.findlaw.com, zuletzt besucht am 3.7.2004).

[898] NCCUSL, Revised Uniform Arbitration Act, 13. Dezember 2000, Prefatory Note, S. 1 (www.law.upenn.edu/bll/ulc/uarba/arbitrat1213.htm, zuletzt besucht am 3.7.2004).

the parties to the arbitration proceeding before the hearing and, among other matters, determine the admissibility, relevance, materiality and weight of any evidence. (...)

Section 17. Witnesses; Subpoenas; Depositions; Discovery.
(a) An arbitrator may issue a subpoena for the attendance of a witness and for the production of records and other evidence at any hearing and may administer oaths. A subpoena must be served in the manner for service of subpoenas in a civil action and, upon [motion] to the court by a party to the arbitration proceeding or the arbitrator, enforced in the manner for enforcement of subpoenas in a civil action.
(b) In order to make the proceedings fair, expeditious, and cost effective, upon request of a party to or a witness in an arbitration proceeding, an arbitrator may permit a deposition of any witness to be taken for use as evidence at the hearing, including a witness who cannot be subpoenaed for or is unable to attend a hearing. The arbitrator shall determine the conditions under which the deposition is taken.
(c) An arbitrator may permit such discovery as the arbitrator decides is appropriate in the circumstances, taking into account the needs of the parties to the arbitration proceeding and other affected persons and the desirability of making the proceeding fair, expeditious, and cost effective.
(d) If an arbitrator permits discovery under subsection (c), the arbitrator may order a party to the arbitration proceeding to comply with the arbitrator's discovery-related orders, issue subpoenas for the attendance of a witness and for the production of records and other evidence at a discovery proceeding, and take action against a non-complying party to the extent a court could if the controversy were the subject of a civil action in this State.
(e) An arbitrator may issue a protective order to prevent the disclosure of privileged information, confidential information, trade secrets, and other information protected from disclosure to the extent a court could if the controversy were the subject of a civil action in this State.
(f) All laws compelling a person under subpoena to testify and all fees for attending a judicial proceeding, a deposition, or a discovery proceeding as a witness apply to an arbitration proceeding as if the controversy were the subject of a civil action in this State.
(g) The court may enforce a subpoena or discovery-related order for the attendance of a witness within this State and for the production of records and other evidence issued by an arbitrator in connection with an arbitration proceeding in another State upon conditions determined by the court so as to make the arbitration proceeding fair, expeditious, and cost effective. A subpoena or discovery-related order issued by an arbitrator in another State must be served in the manner provided by law for service of subpoenas in a civil action in this State and, upon [motion] to the court by a party to the arbitration proceeding or the arbitrator, enforced in the manner provided by law for enforcement of subpoenas in a civil action in this State.

Der Text des RUAA wird dafür kritisiert, zu sehr ins Detail zu gehen und eine einheitliche Linie vermissen zu lassen. Nur wenn man Gesetzestext und Gesetzesbegründung zusammen lese, könne man erkennen, was die Verfasser angestrebt haben.[899] Interessant ist der RUAA für internationale Schiedsverfahren, weil er versucht, viele der Fragen zu klären, die sich zum FAA stellen. Wird der RUAA in den Einzelstaaten verabschiedet, können Schiedsgerichte und staatliche Gerichte den RUAA nutzen, um schiedsfreundliche Entscheidungen zum FAA zu untermauern.

1. Recht des Schiedsgerichts zur pre-hearing discovery

Wie Section 7 UAA erlauben es Section 17(a) und (b) RUAA dem Schiedsgericht, subpoenas zu erlassen. Der RUAA geht aber weiter und folgt damit der bisherigen Rechtsprechung zum UAA und FAA.[900] Zunächst legt Section 15(a) RUAA fest, dass das Schiedsgericht das Verfahren insgesamt nach seinem Ermessen gestalten kann, sowie pre-hearing conferences abhalten kann. Zudem räumen Section 17(c) und (d) RUAA dem Schiedsgericht discovery Rechte ein, es sei denn, die Parteien haben etwas anderes vereinbart. Während die Regelungen des RUAA zur pre-hearing discovery abdingbar sind, Section 4(a) RUAA, ist das Recht des Schiedsgerichts, subpoenas zu erlassen, unantastbar, Section 4(b)(1) RUAA, weil es den ordre public – das Recht auf ein faires Verfahren mit Zugang zu Beweismitteln – betreffe.[901]

a) Gegenüber Parteien

Nach Section 17(c) und (d) RUAA kann das Schiedsgericht nach seinem Ermessen discovery zulassen und einzelne discovery Maßnahmen anordnen. Es kann die Dokumentenvorlage von Parteien und von Dritten ausdrücklich vor der mündlichen Verhandlung verlangen, was nach dem FAA umstritten ist.[902] Aus der Gesetzesbegründung ergibt sich, dass alle discovery Maßnahmen der FRCP möglich sein sollen.[903] Das Schiedsgericht kann entweder zulassen, dass die Parteien selbst Dokumente austauschen wie im discovery Verfahren vor den Gerichten, oder aber gezielt einzelne Dokumente herausverlangen, die dann in einer pre-hearing conference vorzulegen sind („discovery procee-

---

899 Siehe dazu *Carbonneau*, The Uniform Arbitration Act (2000), Journal of American Arb., Bd. 1, 2001, 1; und *Carbonneau*, Cases & Materials on the Law and Practice of Arbitration, 3. Aufl., 2002, Kap. 2 Nr. 5.

900 NCCUSL, Revised Uniform Arbitration Act, 13. Dezember 2000, Comment zu § 17 RUAA, Nr. 3, (www.law.upenn.edu/bll/ulc/uarba/arbitrat1213.htm, zuletzt besucht am 3.7.2004).

901 NCCUSL, Revised Uniform Arbitration Act, 13. Dezember 2000, Comment zu § 17 RUAA, Nr. 1 (www.law.upenn.edu/bll/ulc/uarba/arbitrat1213.htm, zuletzt besucht am 3.7.2004); kritisch zur Unabdingbarkeit der subpoena Rechte gegenüber Parteien bereits *Born*, International Commercial Arbitration, 2. Aufl., 2001, 493, Nr. 6(c).

902 Siehe oben Kap. 3, Teil 2, II.3.b).

903 NCCUSL, Revised Uniform Arbitration Act, 13. Dezember 2000, Comment zu § 17 RUAA, Nr. 3 (www.law.upenn.edu/bll/ulc/uarba/arbitrat1213.htm, zuletzt besucht am 3.7.2004).

ding", Section 17(d) 2. HS RUAA). Allerdings wollen die Verfasser des RUAA damit keine discovery im Schiedsverfahren wie vor US-amerikanischen Gerichten einführen. Das Schiedsgericht soll vielmehr zunächst die Parteien dazu anregen, ein eigenes discovery Verfahren zu vereinbaren, oder discovery ganz oder teilweise auszuschließen. Trifft es selbst Entscheidungen zur discovery, soll es sich am Ziel eines fairen, zügigen und kostengünstigen Schiedsverfahrens orientieren und nur eine begrenzte discovery gestatten.[904]

b) Gegenüber Dritten

Section 17(d) RUAA erlaubt subpoenas, die dem Dritten die Vorlage von Dokumenten in einer „discovery proceeding" auferlegen, also außerhalb der mündlichen Verhandlung. Die Vorschrift wendet sich gegen die Rechtsprechung, die das untersagt.[905]

Section 17(c) RUAA legt dem Schiedsgericht auf, bei etwaigen discovery Maßnahmen auch die Interessen von „affected persons" zu berücksichtigen. Die Begründung verweist darauf, dass Schiedsgerichte und staatliche Gerichte die besondere Schutzbedürftigkeit des unbeteiligten Dritten beachten sollen, wenn sie schiedsrichterliche subpoenas erlassen und durchsetzen. Die Verfasser des RUAA wollen den Schutz des Dritten, aber auch eine ausreichende Sachverhaltsaufklärung gewährleisten. Welches Interesse überwiegt, bleibt der Einzelfallabwägung überlassen, weil eine detaillierte gesetzliche Regelung nicht alle Interessen berücksichtigen könne.[906]

2. Berücksichtigung von Weigerungsrechten

Section 17 (e) RUAA berechtigt das Schiedsgericht ausdrücklich, protective orders zum Schutz von Betriebs- oder Geschäftsgeheimnissen zu erlassen. In erster Linie bleibt es dem Ermessen des Schiedsgerichts überlassen, wie es mit Geheimhaltungsinteressen umgeht. Bisher ging die Tendenz der bundesstaatlichen Gerichte eher dahin, nicht in solche Ermessensentscheidungen der Schiedsgerichte einzugreifen.[907] Einzelstaatliche Gerichte dagegen haben es

---

[904] NCCUSL, Revised Uniform Arbitration Act, 13. Dezember 2000, Comment zu § 17 RUAA, Nr. 3 (www.law.upenn.edu/bll/ulc/uarba/arbitrat1213.htm, zuletzt besucht am 3.7.2004).

[905] NCCUSL, Revised Uniform Arbitration Act, 13. Dezember 2000, Comment zu § 17 RUAA, Nr. 6 (www.law.upenn.edu/bll/ulc/uarba/arbitrat1213.htm, zuletzt besucht am 3.7.2004).

[906] NCCUSL, Revised Uniform Arbitration Act, 13. Dezember 2000, Comment zu § 17 RUAA, Nr. 8 (www.law.upenn.edu/bll/ulc/uarba/arbitrat1213.htm, zuletzt besucht am 3.7.2004).

[907] Siehe oben Kap. 3, Teil 2, IV.3.

mehr als ihre Aufgabe gesehen, die schiedsrichterlichen Entscheidungen zu überprüfen.[908] Die Begründung zum RUAA verstärkt die Tendenz der einzelstaatlichen Gerichte und betont, dass die staatlichen Gerichte geltend gemachte Weigerungsrechte sorgfältig prüfen sollten, wenn sie schiedsrichterliche Anordnungen durchsetzen.

3. Gerichtliche Durchsetzung einer schiedsrichterlichen subpoena

Section 17(g) RUAA bietet ein neues Verfahren, um schiedsrichterliche subpoenas und sonstige Anordnungen, wie z.B. Schutzanordnungen, in jedem Einzelstaat unabhängig vom Sitz des Schiedsgerichts gerichtlich durchsetzen zu können. Schiedsgericht oder Schiedspartei können sich danach direkt an das Gericht am Belegenheitsort des Beweismittels wenden, das die subpoena durchsetzt.[909]

4. Fazit

Insgesamt versuchen die Verfasser des RUAA viele der Fragen zu lösen, die sich zur Beweiserhebung nach dem FAA stellen.[910] In Verfahren nach dem FAA können Schiedsgerichte und staatliche Gerichte bereits jetzt auf die geschaffenen Strukturen des RUAA zurückgreifen, um ihre Entscheidungen zu begründen.

VI. Rechtliches Gehör

Section 10, Title 9 United States Code - Award of arbitrators; vacation; grounds; rehearing:

(a) In any of the following cases the United States court in and for the district wherein the award was made may make an order vacating the award upon the application of any party to the arbitration -

(1) where the award was procured by corruption, fraud, or undue means;

(2) where there was evident partiality or corruption in the arbitrators, or either of them;

(3) where the arbitrators were guilty of misconduct in refusing to postpone the hearing, upon sufficient cause shown, or in refusing to hear evidence pertinent and material to the controversy; or of any other misbehavior by which the rights of any party have been prejudiced; or

---

908 Siehe Nachweise bei NCCUSL, Revised Uniform Arbitration Act, 13. Dezember 2000, Comment zu § 18 RUAA, Nr. 1 (www.law.upenn.edu/bll/ulc/uarba/arbitrat1213.htm, zuletzt besucht am 3.7.2004).

909 NCCUSL, Revised Uniform Arbitration Act, 13. Dezember 2000, Comment zu § 17 RUAA, Nr. 9 (www.law.upenn.edu/bll/ulc/uarba/arbitrat1213.htm, zuletzt besucht am 3.7.2004).

910 *Watkins*, Open Questions Regarding Non-Party Discovery in Commercial Arbitration, Mealey's Int'l Arb. Report, Bd. 18, Nr. 7, 2003, 29, 34-35.

> (4) where the arbitrators exceeded their powers, or so imperfectly executed them that a mutual, final, and definite award upon the subject matter submitted was not made. (...)

Im Einklang mit einer schiedsfreundlichen Einstellung heben US-amerikanische Gerichte Schiedssprüche nur selten auf. Es muss ein gravierender Verstoß gegen die Gleichbehandlung oder das rechtliche Gehör vorliegen (due process). Unübersichtlich ist die Rechtsprechung aber deshalb, weil zwei verschiedene Prüfungsmaßstäbe vorhanden sind: zum einen die Aufhebungsgründe in Section 10 FAA, zum anderen die in Art. V UNÜ.

1. Inländischer oder nicht inländischer Schiedsspruch

Welcher Prüfungsmaßstab gilt, hängt zunächst davon ab, ob ein inländischer oder nicht inländischer Schiedsspruch vorliegt. Ein rein inländischer Schiedsspruch ergeht zwischen US-amerikanischen Parteien ohne Bezug zum Ausland. Solche Schiedssprüche beurteilen sich allein nach Section 10 FAA. Ein nicht inländischer Schiedsspruch liegt immer dann vor, wenn der Schiedsspruch im Ausland ergangen ist. Ein Schiedsspruch gilt aber auch dann als nicht inländisch, wenn er in den USA erlassen wurde, aber eine Schiedspartei aus dem Ausland stammt oder, wenn beide Parteien Amerikaner sind, irgendeine angemessene Beziehung zum Ausland besteht, etwa wenn der Vertrag im Ausland zu erfüllen ist, Art. I Abs. 1 S. 2 UNÜ, Section 202 FAA.[911] Solche Schiedssprüche sind an Art. V UNÜ zu messen, Section 202 und 207 FAA.[912]

Handelt es sich um einen nicht inländischen Schiedsspruch ist zudem zu unterscheiden: Ist der Schiedsspruch im Ausland ergangen und versucht eine Schiedspartei, ihn in den USA anerkennen und vollstrecken zu lassen, kann der Gegner nur die abschließenden Aufhebungsgründe aus Art. V UNÜ[913] einwenden, Section 207 FAA. Der Gegner selbst kann keinen selbständigen

---

911 Grundlegend: *Bergesen v. Joseph Müller Corp.*, 710 F.2d 928 (2nd Cir. 1983) = Yearbook Comm. Arb., Bd. IX, 1984, 487; siehe auch *Lander Company, Inc. v. MMP Investments Inc.*, 107 F.3d 476 (7th Cir. 1997) = Yearbook Comm. Arb., Bd. XXII, 1997, 1049; *Trans Chemical Ltd. v. China National Machinery Import & Export Corp.*, 978 F.Supp. 266 (S.D.Tex. 1997) = Yearbook Comm. Arb., Bd. XXIII, 1998, 995, 1001-1009, *aff'd* 161 F.3d 315 (5th Cir. 1998) = Yearbook Comm. Arb., Bd. XXIVa, 1999, 882.

912 Section 207 FAA: „*Within three years after an arbitral award falling under the Convention is made, any party to the arbitration may apply to any court having jurisdiction under this chapter for an order confirming the award as against any other party to the arbitration. The court shall confirm the award unless it finds one of the grounds for refusal or deferral of recognition or enforcement of the award specified in the said Convention.*"

913 Die Aufzählung in Art. V UNÜ ist abschließend, siehe *van den Berg*, The New York Arbitration Convention of 1958: Towards a Uniform Judicial Interpretation, 1981, 265 m.w.N.

Aufhebungsantrag bei einem US-amerikanischen Gericht stellen, sondern nur an dem Ort, an dem das Schiedsverfahren stattgefunden hat.[914]

Ist der nicht inländische Schiedsspruch dagegen in den USA ergangen, ist umstritten, welche Aufhebungsgründe anwendbar sind: nur die aus Art. V UNÜ oder zusätzlich die aus Section 10 FAA. Einige Gerichte lassen ohne Diskussion nur die Aufhebungsgründe aus dem UNÜ zu.[915] Andere Gerichte haben sich intensiv mit der Problematik auseinandergesetzt und lassen sowohl die Aufhebungsgründe aus Art. V UNÜ als auch aus Section 10 FAA zu.[916] Sie berufen sich darauf, dass das UNÜ nur auf Verfahren zur Anerkennung und Vollstreckung von Schiedssprüchen anwendbar sei, nicht aber auf Aufhebungsverfahren.[917] Nach Art. V Abs. 1(e) UNÜ bleibe es der zuständigen Behörde des Landes, in dem oder nach dessen Recht der Schiedsspruch ergangen ist, vorbehalten, ein Aufhebungsverfahren nach inländischem Recht durchzuführen.[918] Der Gegner kann dann selbst einen Antrag bei Gericht auf Aufhebung des Schiedsspruchs nach Section 10 FAA stellen.[919]

Der Streit über die anwendbaren Aufhebungsgründe wirkt sich jedoch kaum aus, weil die Gerichte alle Einwendungen gegen Schiedssprüche sehr eng auslegen.[920]

---

[914] Siehe etwa *International Standard Electric Corporation v. Bridas S.A.*, 745 F.Supp. 172 (S.D.N.Y. 1990) = Yearbook Comm. Arb., Bd. XVII, 1992, 639 - 645.

[915] *Barnard & Burk Engineers Inc. v. M.A.N. Gutehoffnungshütte GmbH*, 141 F.3d 1434 (11th Cir. 1998) = Yearbook Comm. Arb., Bd. XXIVa, 1999, 819, 829-830; *Lander Company, Inc. v. MMP Investments Inc.*, 107 F.3d 476 (7th Cir. 1997) = Yearbook Comm. Arb., Bd. XXII, 1997, 1049, 1056-1057; *Tesoro Petroleum Corp. v. Asamera Ltd.*, 798 F. Supp. 400 (W.D.Tex. 1992) = Yearbook Comm. Arb., Bd. XVIII, 1993, 579; *Born*, International Commercial Arbitration, 2. Aufl., 2001, 727, Nr. 9(b) m.w.N.

[916] *Yusuf Ahmed Alghanim & Sons, W.L.L. v. Toys "R" Us, Inc.*, 126 F.3d 15 (2nd Cir. 1997) = Yearbook Comm. Arb., Bd. XXIII, 1998, 1058, 1063-1067 m.w.N.; *M & C Corp. v. Erwin Behr GmbH & Co. KG*, 87 F.3d 844 (6th Cir. 1996) = Yearbook Comm. Arb., Bd. XXII, 1997, 993, 995.

[917] *Van den Berg*, The New York Arbitration Convention of 1958: Towards a Uniform Judicial Interpretation, 1981, 20-22.

[918] *Yusuf Ahmed Alghanim & Sons, W.L.L. v. Toys "R" Us, Inc.*, 126 F.3d 15 (2nd Cir. 1997) = Yearbook Comm. Arb., Bd. XXIII, 1998, 1058, 1063; *Born*, International Commercial Arbitration, 2. Aufl., 2001, 707-708, 726-727.

[919] *Spector v. Torenberg*, 852 F.Supp. 202 (S.D.N.Y. 1994) = Yearbook Comm. Arb., Bd. XX, 1995, 962, 964-966; siehe auch *Born*, International Commercial Arbitration, 2. Aufl., 2001, 899-900 m.w.N.

[920] *Born*, International Commercial Arbitration, 2. Aufl., 2001, 726-727, Nr. 8(b).

2. Aufhebungsgründe

Hat ein Schiedsgericht den Antrag einer Partei auf discovery Maßnahmen abgelehnt, kann die Partei vortragen, (1) sie habe ihre Angriffs- oder Verteidigungsmittel nicht geltend machen können, Art. V Abs. 1(b) UNÜ, (2) das schiedsrichterliche Verfahren habe nicht der Parteivereinbarung oder dem FAA entsprochen, Art. V Abs. 1(d) UNÜ, oder (3) die Anerkennung oder Vollstreckung des Schiedsspruchs widerspreche der öffentlichen Ordnung, Art. V Abs. 2(b) UNÜ. Kann die Partei zusätzlich nach Section 10 FAA vorgehen, sind folgende Aufhebungsgründe relevant: (1) Der Schiedsspruch beruht auf Korruption, Täuschung oder unzulässigen Mitteln, Section 10(a)(1) FAA, oder (2) das Schiedsgericht hat sich in missbräuchlicher Weise geweigert, entscheidungserhebliches Beweismaterial zu berücksichtigen, Section 10(a)(3) FAA.[921]

Die staatlichen Gerichte legen sowohl die Aufhebungsgründe aus Section 10 FAA als auch aus Art. V UNÜ eng aus.[922] Sie verweisen bei der Auslegung von Art. V UNÜ auf Fälle zu Section 10 FAA, weil sie die Prüfungsmaßstäbe für ähnlich halten.[923] Gerichte, die den FAA und das UNÜ auf nicht inländische Schiedssprüche anwenden, prüfen zunächst ob der Schiedsspruch nach Section 10 FAA aufzuheben ist. Verneinen sie das, prüfen sie weiter, ob ein Aufhebungsgrund nach Art. V UNÜ greift. Beim zweiten Teil der Prüfung verweisen sie auf ihre Ausführungen zu Section 10 FAA und halten fest, dass ein Schiedsgericht weder das rechtliche Gehör nach Art. V Abs. 1(b) und (d) noch die öffentliche Ordnung nach Art. V Abs. 2(b) UNÜ verletzt haben kann, wenn es bereits an einem Aufhebungsgrund nach Section 10 FAA

---

[921] Die Gerichte haben zusätzlich einen ungeschriebenen Aufhebungsgrund entwickelt: „manifest disregard of the law", d.h. wenn das Schiedsgericht grob gegen materiellrechtliche Grundsätze verstoßen hat; siehe etwa *M & C Corp. v. Erwin Behr GmbH & Co. KG*, 87 F.3d 844 (6th Cir. 1996) = Yearbook Comm. Arb., Bd. XXII, 1997, 993, 999-1000; und *Born*, International Commercial Arbitration, 2. Aufl., 2001, 797-814 m.w.N.; Section 23 RUAA bietet zu Section 10 FAA keine hier relevanten Neuerungen, siehe NCCUSL, Revised Uniform Arbitration Act, 13. Dezember 2000, Comment zu § 23 RUAA, (www.law.upenn.edu/bll/ulc/uarba/arbitrat1213.htm, zuletzt besucht am 3.7.2004).

[922] *Areca, Inc. v. Oppenheimer & Co., Inc.*, 960 F.Supp. 52, 54 m.w.N. (S.D.N.Y. 1997) (zum FAA); *Parsons & Whittemore Overseas Co. v. Société Générale de L'Industrie du Papier*, 508 F.2d 969 (2nd Cir. 1974) (zum UNÜ).

[923] *National Oil Corp. v. Libyan Sun Oil Co.*, 733 F.Supp. 800 (D.Del. 1990) = Yearbook Comm Arb., Bd. XVI, 1991, 651, 654-656 (zum UNÜ); *Parsons & Whittemore Overseas Co. v. Société Générale de L'Industrie du Papier*, 508 F.2d 969, 975-976 (2nd Cir. 1974) (zum UNÜ).

fehlt.[924] Ob Art. V UNÜ verletzt ist, messen sie also am US-amerikanischen Recht.[925] Deshalb sind Entscheidungen zu Section 10 FAA auch auf Art. V UNÜ übertragbar und hier gemeinsam zu behandeln.

3. Fehlverhalten des Gegners

Um ein korruptes, betrügerisches oder unzulässiges Verhalten des Gegners nach Section 10(a)(1) FAA zu begründen, muss der Antragsteller ein vorsätzliches Fehlverhalten des Gegners und Kausalität zwischen Fehlverhalten und Schiedsspruch beweisen können.[926] Daran sind hohe Anforderungen zu stellen. Ein vorsätzliches Fehlverhalten liegt beispielsweise schon nicht vor, wenn eine Partei auf eine discovery Verfügung des Schiedsgerichts hin ein Dokument erst einen Tag vor der mündlichen Verhandlung vorlegt, wenn sich aus der Akte ergibt, dass sie das Dokument zufällig an dem Tag gefunden hat.[927] Ein Schiedsgegner, der sich nicht am Schiedsverfahren beteiligt, kann im Aufhebungsverfahren nicht geltend machen, der Schiedskläger habe sich betrügerisch verhalten, wenn er für sich ungünstiges Beweismaterial im Schiedsverfahren nicht vorgelegt hat. In einem System mit Verhandlungsmaxime (adversary system) genüge es dem Recht auf rechtliches Gehör, wenn der Schiedsgegner die Möglichkeit hatte, sich selbst zu verteidigen und diese Möglichkeit grundlos nicht wahrgenommen habe.[928] Um den Kausalitätsnachweis zu erbringen, muss der Antragsteller darlegen und beweisen können, dass der Schiedsspruch anders ausgefallen wäre, wenn er zusätzliche Dokumente vorgelegt hätte.[929]

---

[924] *Trans Chemical Ltd. v. China National Machinery Import & Export Corp.*, 978 F.Supp. 266 (S.D.Tex. 1997) = Yearbook Comm. Arb., Bd. XXIII, 1998, 995, 1016-1017, *aff'd* 161 F.3d 315 (5th Cir. 1998) = Yearbook Comm. Arb., Bd. XXIVa, 1999, 882 (zum UNÜ und FAA); *Biotronik Mess- u. Therapiegeräte GmbH & Co. v. Medford Medical Instrument Co.*, 415 F.Supp. 133, 140 (D.N.J. 1976) (zum UNÜ und FAA).

[925] *Borris*, Die internationale Handelsschiedsgerichtsbarkeit in den USA, 1986, 121; kritisch zu dieser Praxis: *van den Berg*, The New York Arbitration Convention of 1958: Towards a Uniform Judicial Interpretation, 1981, 268.

[926] *Liberty Securities Corp. v. Fetcho*, 114 F.Supp.2d 1319, 1321-1322 m.w.N. (S.D.Fla. 2000) (zum FAA); *Painewebber Group v. Zinsmeyer Trusts Partnership,* 187 F.3d 988, 991 m.w.N. (8th Cir. 1999) (zum FAA).

[927] *Trans Chemical Ltd. v. China National Machinery Import & Export Corp.*, 978 F.Supp. 266 (S.D.Tex. 1997) = Yearbook Comm. Arb., Bd. XXIII, 1998, 995, 1010-1013, *aff'd* 161 F.3d 315 (5th Cir. 1998) = Yearbook Comm. Arb., Bd. XXIVa, 1999, 882 (zum UNÜ und FAA).

[928] *Biotronik Mess- u. Therapiegeräte GmbH & Co. v. Medford Medical Instrument Co.*, 415 F.Supp. 133, 137-140 (D.N.J. 1976) (zum UNÜ und FAA).

[929] *Painewebber Group v. Zinsmeyer Trusts Partnership,* 187 F.3d 988, 994 m.w.N. (8th Cir. 1999) (zum FAA); *Forsythe Int'l S.A. v. Gibbs Oil Co.*, 915 F.2d 1017, 1022 (5th Cir. 1990) (zum FAA).

4. Fehlverhalten des Schiedsgerichts

Einer der Aufhebungsgründe aus Section 10 FAA oder Art. V UNÜ kann nur dann erfüllt sein, wenn das Schiedsgericht die Parteien ungleich behandelt hat oder ihren Anspruch auf rechtliches Gehör verletzt hat (fundamentally fair hearing).[930] Die Rechte der Parteien sind nicht verletzt, wenn das Schiedsgericht die Parteien vom Schiedsverfahren in Kenntnis gesetzt hat, ihnen die Möglichkeit gegeben hat, sich zu äußern und entscheidungserhebliches Beweismaterial vorzulegen, und das Schiedsgericht nicht befangen ist.[931] Die Ermessensentscheidungen der Schiedsgerichte zur Beweiserhebung berühren regelmäßig nicht die Rechte auf Gleichbehandlung und auf rechtliches Gehör.[932]

Bisher gibt es nur wenige Fälle, in denen US-amerikanische Gerichte Schiedssprüche aufgehoben haben. Ein Aufhebungsgrund ist etwa dann zu bejahen, wenn ein Schiedsgericht überhaupt keine Beweise erhoben hat.[933] In einem besonderen Fall hat der Second Circuit einen Schiedsspruch des Iran-US Claims Tribunal[934] aufgehoben, weil das Schiedsgericht während des Verfahrens die Beweisregeln geändert hatte. Es hatte dem Beklagten zu verstehen gegeben, er müsse nicht alle vorhandenen Rechnungen zum Beweis vorlegen, es genüge eine Zusammenfassung, hat dann aber mangels Vorlage der Rechnungen gegen den Beklagten entschieden.[935] In einem weiteren Beispiel aus

---

[930] Zum FAA: *In re Cragwood Managers, L.L.C. v. Reliance Insurance Co.*, 132 F.Supp.2d 285, 287 (S.D.N.Y. 2001); *Areca, Inc. v. Oppenheimer & Co., Inc.*, 960 F.Supp. 52, 54-55 m.w.N. (S.D.N.Y. 1997); *Warth Line, Ltd. v. Merinda Marine Co.*, 778 F.Supp. 158, 162 (S.D.N.Y. 1991); *Essex Cement Co. v. Italmare S.p.A.*, 763 F.Supp. 55, 58 (S.D.N.Y. 1991); zum UNÜ: *Slaney v. The International Amateur Athletic Federation*, 244 F.3d 580, 592 (7th Cir. 2001); *Barnard & Burk Engineers Inc. v. M.A.N. Gutehoffnungshütte GmbH*, 141 F.3d 1434 (11th Cir. 1998) = Yearbook Comm. Arb., Bd. XXIVa, 1999, 819, 826-827; *Aircraft Industries v. Avco Corp.*, 980 F.2d 141 (2d. Cir. 1992) = Yearbook Comm. Arb., Bd. XVIII, 1993, 596, 601; siehe auch *Domke/Wilner/Edmondson*, Domke On Arbitration, Bd. 1, 2003, §29:1, 29-3 m.w.N.

[931] *Bowles Financial Group, Inc. v. Stifel, Nicolaus & Co., Inc.*, 22 F.3d 1010, 1012-1013 m.w.N. (10th Cir. 1994) (zum FAA); *Robbins v. Day*, 954 F.2d 679, 684-685 (11th Cir. 1992) (zum FAA); *Forsythe Int'l S.A. v. Gibbs Oil Co.*, 915 F.2d 1017, 1023 (5th Cir. 1990) (zum FAA).

[932] *Bell Aerospace Co. v. Local 516, Int'l Union,* 500 F.2d 921, 923 (2nd Cir. 1974) (zum FAA); *Born*, International Commercial Arbitration, 2. Aufl., 2001, 844-845, Nr. 10(d).

[933] *Confinco, Inc. v. Bakrie & Bros., N.V.*, 395 F.Supp. 613 (S.D.N.Y. 1975) (zum FAA); für weitere Beispiele siehe: *Slaney v. The International Amateur Athletic Federation*, 244 F.3d 580, 592-593 (7th Cir. 2001).

[934] Siehe dazu unten Kap. 4, Teil 1, I.1.

[935] *Iran Aircraft Industries v. Avco Corp.*, 980 F.2d 141 (2d. Cir. 1992) = Yearbook Comm. Arb., Bd. XVIII, 1993, 596 (zum UNÜ); siehe ausführlich dazu *Donovan*, Powers of the Arbitrators to Issue Procedural Orders, ICC Bulletin, Bd. 10, 1999, 57, 71.

der Seeschiedsgerichtsbarkeit hatte eine Partei Auszüge aus dem Schiffstagebuch vorgelegt, das Schiedsgericht hatte aber trotz Antrag des Gegners nicht das komplette Schiffstagebuch herausverlangt. Kann der Gegner darlegen, dass die nicht vorgelegten Teile für ihn günstig gewesen wären und er durch die Nichtvorlage benachteiligt worden ist, begründet das die Aufhebung des Schiedsspruchs.[936]

Unter Section 10(a)(3) FAA fällt nur ein „ungeheuerlicher" Fehler (egregious error) des Schiedsgerichts, der das Recht auf Gehör einer Partei beeinträchtigt.[937] Schiedsgerichte haben auch nach dem UNÜ ein weites Ermessen, wie sie ein Beweisverfahren gestalten.[938] Es stellt regelmäßig keinen Aufhebungsgrund dar, wenn das Schiedsgericht nach seinem Ermessen mit nachvollziehbarer Begründung Dokumentenvorlageverlangen abgelehnt oder eingeschränkt hat.[939] Denn im Schiedsverfahren soll es gerade kein discovery Verfahren wie vor staatlichen Gerichten geben.[940] Die Gerichte überprüfen zwar die Ermessensausübung des Schiedsgerichts, sind aber großzügig. Selbst wenn das Schiedsgericht relevantes Beweismaterial übergangen hat, aber noch ein faires Verfahren gewährleistet hat, ist das kein Aufhebungsgrund.[941] Berücksichtigt das Schiedsgericht Beweismaterial, das nach den Beweisregeln

---

[936] *Eddie Steamship Co. v. Czarnikow-Rionda Co.*, 480 F.Supp. 731, 734 (S.D.N.Y. 1979); ähnlich *Chevron Transport Corp. v. Astro Vencedor Compania Naviera, S.A.*, 300 F.Supp. 179, 181 (S.D.N.Y. 1969) (Beide Entscheidungen verneinen im Ergebnis einen Aufhebungsgrund, weil nicht festzustellen war, dass die herausverlangten Schiffstagebücher entscheidungserheblich gewesen wären.).

[937] *Hunt v. Mobil Oil Corp.*, 654 F.Supp. 1487, 1512 (S.D.N.Y. 1987) (zum FAA).

[938] *Barnard & Burk Engineers Inc. v. M.A.N. Gutehoffnungshütte GmbH*, 141 F.3d 1434 (11th Cir. 1998) = Yearbook Comm. Arb., Bd. XXIVa, 1999, 819, 826 (zum UNÜ).

[939] *Nationwide Mutual Ins. Co. v. The Home Ins. Co.*, 278 F.3d 621 (6th Cir. 2002) m.w.N. (zum FAA); *Polin v. Kellwood Co.*, 103 F.Supp.2d 238, 261 (S.D.N.Y. 2000) (zum FAA); *Forsythe Int'l S.A. v. Gibbs Oil Co.*, 915 F.2d 1017, 1023 (5th Cir. 1990) (zum FAA); *Iron Ore Co. of Canada v. Argonaut Shipping, Inc.*, Yearbook Comm. Arb., Bd. XII, 1987, 173, 175-176 (S.D.N.Y. 1985) (zum FAA); *Parsons & Whittemore Overseas Co. v. Société Générale de L'Industrie du Papier*, 508 F.2d 969, 976 (2nd Cir. 1974) (zum UNÜ); auch nach New Yorker Recht ist es kein Aufhebungsgrund, wenn das Schiedsgericht folgerichtig Beweismaterial ablehnt: *In re Asiatic Petroleum Corp. v. New England Petroleum Corp.*, 410 N.Y.S.2d 91, 92 (App. Div., 1st Dept. 1978); *Knickerbocker Textile Corp. v. Kingsley Fashions, Inc.*, 80 N.Y.S.2d 425 (Sup. Ct. 1948); siehe auch *Oehmke*, Commercial Arbitration, Bd. 2, 2003, §89:6; *Craig/Park/Paulsson*, International Chamber of Commerce Arbitration, 3. Aufl., 2000, 436, §25.01 und 453, §26.01 Fn. 13 m.w.N.

[940] *Areca, Inc. v. Oppenheimer & Co., Inc.*, 960 F.Supp. 52, 56 (S.D.N.Y. 1997) (zum FAA); *Hunt v. Mobil Oil Corp.*, 654 F.Supp. 1487, 1512-1513 (S.D.N.Y. 1987) (zum FAA); *Parsons & Whittemore Overseas Co. v. Société Générale de L'Industrie du Papier*, 508 F.2d 969, 975 (2nd Cir. 1974) (zum UNÜ).

[941] *Newark Stereotypers' Union No. 18 v. Newark Morning Ledger Co.*, 397 F.2d 594, 599 (3rd Cir. 1968) (zum FAA).

internationale Handelsschiedsgerichte gilt. Wenn ja, könnten Schiedsparteien eines ausländischen Schiedsverfahrens gegenüber ihrem Gegner oder einem Dritten discovery nach den FRCP betreiben, wenn sich möglicherweise relevantes Beweismaterial in den USA befindet.

1. Gerichte sind mehrheitlich dagegen

Obwohl Section 1782 mit seinem jetzigen Wortlaut schon seit 1964 Gesetz ist, sind die ersten veröffentlichten Gerichtsentscheidungen zu discovery Maßnahmen für internationale Handelsschiedsgerichte erst 1994 ergangen.[950] Zunächst hatte ein District Court in New York ein ausländisches Schiedsgericht unter „foreign or international tribunal" subsumiert, ohne das Ergebnis näher zu begründen.[951] Eine russische Schiedspartei hatte für Schiedsverfahren in Stockholm und Moskau beantragt, die leitenden Angestellten des US-amerikanischen Gegners zu Zeugenvernehmungen und zur Vorlage von Unterlagen zu verpflichten. Das Gericht hat seine grundsätzliche Bereitschaft betont, discovery Anordnungen ausländischer Schiedsgerichte nach Section 1782 durchzusetzen. Allerdings müsse die Schiedspartei die discovery Maßnahmen zunächst beim Schiedsgericht beantragen. Dazu hat das Gericht die russischen und schwedischen Schiedsgesetze untersucht, wonach die Entscheidung über die Beweiserhebung beim Schiedsgericht liege. Das Gericht hat den Antrag abgelehnt, weil sich die russische Schiedspartei nicht zuerst an das Schiedsgericht gewandt hatte.[952]

Dann aber haben ein anderer Richter des District Court in New York und zwei Circuit Courts die Anwendbarkeit von Section 1782 auf internationale Handelsschiedsgerichte abgelehnt. In all diesen Fällen ging es im Gegensatz zur ersten Entscheidung des District Courts in New York um Beweismaterial in den Händen Dritter, nicht des Gegners.

Im Fall des District Courts in New York aus dem Jahr 1997 hatte eine Schiedspartei aus einem englischen Schiedsverfahren mit Zustimmung des Schiedsgerichts beim District Court beantragt, einem Dritten die Vorlage von Dokumenten als Beweismaterial für das Schiedsverfahren aufzugeben.[953] In der Entscheidung des Second Circuit wollte eine US-amerikanische Schieds-

---

[950] *Rivkin/Legum*, Attempts to Use Section 1782 to Obtain US Discovery in Aid of Foreign Arbitrations, Arb. Int'l, Bd. 14, 1998, 213, 218, 219-220 mit weiteren Entscheidungsnachweisen.
[951] *In re Application of Technostroyexport*, 853 F.Supp. 695, 697 (S.D.N.Y. 1994).
[952] *In re Application of Technostroyexport,* 853 F.Supp. 695, 698-699 (S.D.N.Y. 1994); zustimmend *Coe*, International Commercial Arbitration: American Principles and Practice in a Global Context, 1997, 194.
[953] *Application of Medway Power Ltd.*, 985 F.Supp. 402 (S.D.N.Y. 1997).

partei eines mexikanischen Schiedsverfahrens Unterlagen von US-amerikanischen Dritten für das Schiedsverfahren per subpoena herausverlangen.[954] Dem Fifth Circuit lag ein Antrag des Staates Kasachstan vor, einem US-amerikanischen Dritten die Vorlage von Dokumenten für ein privates Schiedsverfahren in Stockholm aufzugeben.[955] In beiden Circuit Court Fällen hatte das Schiedsgericht die discovery Maßnahmen nicht unterstützt oder für notwendig gehalten. In dem Fall vor dem Second Circuit war das Schiedsgericht noch gar nicht bestellt.[956]

Die Gerichte stützen sich im Wesentlichen auf drei Gründe, warum sie discovery Anträge von Schiedsparteien vor einem ausländischen Schiedsgericht ablehnen:
(1) Aus der Gesetzesbegründung zu Section 1782 folge, dass der Gesetzgeber mit dem Begriff „foreign or international tribunal“ kein privates Handelsschiedsgericht verbunden habe, sondern zusätzlich zu den traditionellen Gerichten nur ausländische staatliche Einrichtungen, die quasigerichtliche Funktionen ausüben, erfassen wollte.[957]
(2) Die internationale private Schiedsgerichtsbarkeit solle eine möglichst schnelle und effiziente Konfliktlösung bieten können. Die Gerichte würden dieses Ziel behindern, wenn sie discovery Maßnahmen nach den FRCP für ausländische Schiedsverfahren zulassen würden.[958]
(3) Auch ein Vergleich mit den gesetzlichen Regelungen für Schiedsverfahren mit Sitz in den USA zeige, dass unbeschränkte discovery nach den FRCP im Gesamtgebiet der USA für Parteien eines ausländischen Schiedsverfahrens

---

[954] *National Broadcasting Co., Inc. v. Bear Stearns & Co. Inc.*, 165 F.3d 184 (2nd Cir. 1999) = Yearbook Comm. Arb., Bd. XXIV, 1999, 884.
[955] *Republic of Kazakhstan v. Biedermann Int'l*, 168 F.3d 880 (5th Cir. 1999) = Yearbook Comm. Arb., Bd. XXV, 2000, 918.
[956] *National Broadcasting Co., Inc. v. Bear Stearns & Co. Inc.*, 165 F.3d 184 (2nd Cir. 1999) = Yearbook Comm. Arb., Bd. XXIV, 1999, 884.
[957] *Republic of Kazakhstan v. Biedermann Int'l*, 168 F.3d 880, 881-882 (5th Cir. 1999) = Yearbook Comm. Arb., Bd. XXV, 2000, 918; *National Broadcasting Co., Inc. v. Bear Stearns & Co. Inc.*, 165 F.3d 184 (2nd Cir. 1999) = Yearbook Comm. Arb., Bd. XXIV, 1999, 884, 887-890; *Application of Medway Power Ltd.*, 985 F.Supp. 402, 403-404 (S.D.N.Y. 1997).
[958] *Republic of Kazakhstan v. Biedermann Int'l*, 168 F.3d 880, 883 (5th Cir. 1999) = Yearbook Comm. Arb., Bd. XXV, 2000, 918; *National Broadcasting Co., Inc. v. Bear Stearns & Co. Inc.*, 165 F.3d 184 (2nd Cir. 1999) = Yearbook Comm. Arb., Bd. XXIV, 1999, 884, 890-891.

nicht gewollt sein könne.[959] Tatsächlich schränkt Section 7 FAA die Rechte der Parteien ein: Nur das Schiedsgericht kann discovery Maßnahmen anordnen.[960] Umstritten ist dabei schon, ob das Schiedsgericht die Vorlage von Dokumenten nur für die mündliche Verhandlung oder schon im Vorfeld verlangen kann.[961] Befolgt der Verpflichtete die Anordnung des Schiedsgerichts nicht, kann die Schiedspartei beim District Court am Sitz des Schiedsgerichts die zwangsweise Durchsetzung der Maßnahme verlangen. Sie kann aber nicht selbst bei Gericht discovery nach den FRCP beantragen.

2. Literatur ist mehrheitlich dafür

Viele Stimmen in der Literatur haben sich seit Anfang der 90iger Jahre mit Section 1782 auseinandergesetzt.[962] Mehrheitlich sind die Kommentatoren dafür, die Vorschrift auf internationale Handelsschiedsgerichte anzuwenden.[963] Interessanterweise gehört dazu auch *Hans Smit*, der am Gesetzgebungsverfahren zu Section 1782 im Jahr 1964 federführend beteiligt war.[964] Er wendet sich gegen die Argumente der Gerichte:
(1) Seine gesetzgeberische Absicht sei es gewesen, die gerichtliche Unterstützung aller „tribunals" stark zu liberalisieren. Aus seinen Veröffentlichungen

---

[959] *Republic of Kazakhstan v. Biedermann Int'l*, 168 F.3d 880, 882-883 (5th Cir. 1999) = Yearbook Comm. Arb., Bd. XXV, 2000, 918; *National Broadcasting Co., Inc. v. Bear Stearns & Co. Inc.*, 165 F.3d 184 (2nd Cir. 1999) = Yearbook Comm. Arb., Bd. XXIV, 1999, 884, 885-887; *Application of Medway Power Ltd.*, 985 F.Supp. 402, 404-405 (S.D.N.Y. 1997).

[960] Siehe ausführlich oben Kap. 3, Teil 2, II.1. und 2.

[961] Siehe ausführlich oben Kap. 3, Teil 2, II.3.

[962] Siehe z.B. *Lurie/Howard*, Limitations on the Ability to Obtain Discovery in International Arbitration from Non-Parties Located in the United States, Journal of Int'l Arb., Bd. 17, Nr. 3, 2000, 55, *Cogan/Sifre*, United States Federal Courts: No Longer Available to Compel Discovery in Connection with Non-United States Arbitrations, The Arb. and Dispute Resolution Law Journal, 1999, 290; jeweils mit weiteren Nachweisen; siehe bereits *Schlosser*, Coordinated Transnational Interaction in Civil Litigation and Arbitration, Michigan Journal of Int'l Law, Bd. 12, 1990, 150, 170 Fn. 84.

[963] Befürworter: *Schwartz/Johnson*, Court-Assisted Discovery in Aid of International Commercial Arbitrations, Journal of Int'l Arb., Bd. 15, Nr. 3, 1998, 53, *Newman/Castilla*, Production of Evidence through U.S. Courts for Use in International Arbitration, Journal of Int'l Arb., Bd. 9, Nr. 2, 1992, 61 (Bevor eine Gerichtsentscheidung dazu ergangen war, haben diese Autoren betont, Section 1782 erfasse eindeutig auch internationale Handelsschiedsgerichte, und internationalen Schiedsparteien empfohlen, die Vorschrift zu nutzen.); jeweils mit weiteren Nachweisen; deutlich ablehnend nur: *Rivkin/Legum*, Attempts to Use Section 1782 to Obtain US Discovery in Aid of Foreign Arbitrations, Arb. Int'l, Bd. 14, 1998, 213 (Die Autoren haben die ablehnende Entscheidung in Sachen *Medway* erstritten.).

[964] *Smit*, American Judicial Assistance to International Arbitral Tribunals, American Review of Int'l Arb., Bd. 8, 1997, 153 mit weiteren Nachweisen zu seinen Veröffentlichungen.

kurz nach Erlass der Vorschrift ergebe sich, dass von „tribunals“ auch die vertraglich vereinbarte Handelsschiedsgerichtsbarkeit erfasst sein sollte.[965]
(2) Internationale Schiedsgerichte würden zur Wahrheitsfindung immer häufiger Elemente aus dem discovery Verfahren nutzen, indem sie beispielsweise genau bezeichnete Dokumente herausverlangen. Mit ihrer ablehnenden Haltung schnitten die Gerichte den Schiedsgerichten die Durchsetzungsmöglichkeit ab. Das laufe dem erklärten Ziel US-amerikanischer Gerichte zuwider, die Schiedsgerichtsbarkeit fördern zu wollen. Die Gerichte sollten vielmehr die Möglichkeit nutzen, Section 1782 einschränkend auszulegen. Sie sollten als Voraussetzung fordern, dass das ausländische Schiedsgericht der discovery Maßnahme zugestimmt hat. Dann könnten sie sicher sein, sich im Einklang mit dem vom Schiedsgericht gewollten Verfahren zu bewegen.[966]
(3) Wenn sich Section 1782 und Section 7 widersprechen, sei das kein Grund, Section 1782 überhaupt nicht anzuwenden. Vielmehr sei das ein Anzeichen dafür, dass die ältere Vorschrift Section 7 zu eng formuliert sei.[967]

Würden die Gerichte die Zustimmung des Schiedsgerichts verlangen, bevor sie tätig werden, wäre der Hauptwiderspruch zu Section 7 beseitigt, nämlich dass nur das Schiedsgericht discovery Maßnahmen anordnen kann und sich die Parteien nicht selbsttätig an die Gerichte wenden können. Die Gerichte sollten sich bei einem Antrag nach Section 1782 auf die Maßnahmen beschränken, die das Schiedsgericht billigt. Auch in den anderen Punkten widersprechen sich Section 7 und Section 1782 nicht gravierend. Bei der räumlichen Grenze des Zuständigkeitsbereichs des District Courts gibt es zumindest zur Dokumentenvorlage bei den US-amerikanischen Gerichten teilweise die Meinung, auf den Aufenthaltsort des Verpflichteten komme es nicht an.[968] Gleiches gilt für das Recht des Schiedsgerichts, vor der mündlichen Verhandlung Dokumente herauszuverlangen: die Gerichte lassen das zumindest gegenüber den Parteien mehrheitlich zu.[969]

---

[965] *Smit*, American Judicial Assistance to International Arbitral Tribunals, American Review of Int'l Arb., Bd. 8, 1997, 153, 159.
[966] *Smit*, American Judicial Assistance to International Arbitral Tribunals, American Review of Int'l Arb., Bd. 8, 1997, 153, 160-161; zustimmend *Schwartz/Johnson*, Court-Assisted Discovery in Aid of International Commercial Arbitrations, Journal of Int'l Arb., Bd. 15, Nr. 3, 1998, 53, 63.
[967] *Smit*, American Judicial Assistance to International Arbitral Tribunals, American Review of Int'l Arb., Bd. 8, 1997, 153, 160.
[968] Siehe oben Kap. 3, Teil 2, IV.2.
[969] Siehe oben Kap. 3, Teil 2, II.3.

3. Fazit

Unabhängig davon, ob sich die Argumente der Gerichte entkräften lassen, kommt es natürlich darauf an, wie sich die Meinung unter den US-amerikanischen Gerichten weiterentwickelt. Bisher ist in zwei Circuits ein Antrag nach Section 1782 für Schiedsparteien eines ausländischen Schiedsgerichts ausgeschlossen: Im Fifth Circuit, der die Staaten Texas, Mississippi und Louisiana umfasst, und im Second Circuit, zu dem Vermont, Connecticut und die wichtige Handelsmetropole New York gehören. Der Court of Appeals des Second Circuit ist deshalb besonders einflussreich.[970] Benötigt allerdings ein ausländisches Schiedsgericht Beweismaterial aus einem anderen Circuit und fruchtet die Aufforderung zur freiwilligen Vorlage nicht, kann es einen Versuch wert sein, über die dortigen Gerichte nach Section 1782 vorzugehen.[971] Denn die meisten wissenschaftlichen Veröffentlichungen wollen Section 1782 mit der Einschränkung anwenden, dass das Schiedsgericht die discovery Maßnahme unterstützt. Das könnte die Entscheidung anderer District und Circuit Courts beeinflussen. Auch die Entscheidung des Supreme Court in *Intel Corp v. Advanced Micro Devices, Inc.*[972] könnte die Befürworter stützen. Denn der Supreme Court hat sich in seinen Entscheidungsgründen zustimmend auf die Ausführungen von *Hans Smit* bezogen, die ausdrücklich Schiedsgerichte erwähnen.[973] Der Supreme Court hat sich aber mit der Problematik um Unterstützungsmaßnahmen für Schiedsgerichte nicht konkret beschäftigt. Es bleibt abzuwarten, ob Gerichte den Verweis des Supreme Court als Argument heranziehen werden.

---

[970] *Cogan/Sifre*, United States Federal Courts: No Longer Available to Compel Discovery in Connection with Non-United States Arbitrations, The Arb. and Dispute Resolution Law Journal, 1999, 290.

[971] Zur Möglichkeit, nach einzelstaatlichem Recht vorzugehen, siehe *Cogan/Sifre*, United States Federal Courts: No Longer Available to Compel Discovery in Connection with Non-United States Arbitrations, The Arb. and Dispute Resolution Law Journal, 1999, 290, 293-295.

[972] *Intel Corp v. Advanced Micro Devices, Inc.*,No. 02-572, Urt. des Supreme Court v. 21.6.2004 (für Volltext siehe www.findlaw.com, zuletzt besucht am 3.7.2004).

[973] *Shore*, The U.S. Supreme Court Broadens Evidence-Gathering Assistance To Foreign Tribunals, DAJV-Newsletter 2004, 117, 118; siehe *Intel Corp v. Advanced Micro Devices, Inc.*,No. 02-572, Urt. des Supreme Court v. 21.6.2004 (für Volltext siehe www.findlaw.com, zuletzt besucht am 3.7.2004) unter III.B.

Teil 3: Vergleich

I. Einleitung

Deutsche und US-amerikanische Schiedspraxis lassen sich anhand von gesetzlichen Regelungen, Gerichtsentscheidungen und literarischen Veröffentlichungen beurteilen und vergleichen. Veröffentlichte Schiedssprüche, die sich zu verfahrensrechtlichen Problemen wie der Dokumentenvorlage äußern, gibt es kaum. In den USA gibt es zahlreiche gerichtliche Entscheidungen, die sich vor allem mit der Durchsetzung von schiedsrichterlichen subpoenas und mit der Aufhebung von Schiedssprüchen auseinandersetzen. In Deutschland gibt es dagegen viel weniger Gerichtsentscheidungen, weil die Schiedsgerichtsbarkeit bisher keine so große Rolle gespielt hat wie in den USA.

Zum Schiedsrecht selbst fällt zunächst auf, dass Deutschland ein einziges Schiedsverfahrensrecht für alle Schiedsverfahren, ob inländisch oder international, bereitstellt. In den USA herrscht dagegen Regelungsvielfalt: Auf bundesstaatlicher Ebene gilt der Federal Arbitration Act (FAA), dessen erstes Kapitel für inländische Schiedsverfahren gilt und dessen zweites und drittes Kapitel Spezialregelungen für internationale Schiedsverfahren enthalten. Des Weiteren hat jeder Einzelstaat ein eigenes Schiedsverfahrensgesetz, das entweder auf dem Uniform Arbitration Act von 1955 oder dessen Nachfolger aus dem Jahr 2000 beruht. Manche Einzelstaaten haben zudem ein spezielles Schiedsverfahrensgesetz für internationale Schiedsverfahren. Das Verhältnis zwischen FAA und einzelstaatlichen Schiedsverfahrensgesetzen ist unübersichtlich.

Sowohl die deutsche als auch die US-amerikanische Rechtsprechung zu schiedsrechtlichen Themen ist von einer schiedsfreundlichen Haltung geprägt. Gerichte in beiden Staaten wollen die Schiedsgerichtsbarkeit fördern, ihre Unabhängigkeit vom formalen staatlichen System erhalten und die Schiedsgerichte flexibel agieren lassen. Das zeigt sich deutlich an der Rechtsprechung zur Beweiserhebung und zur Dokumentenvorlage.

II. Beweiserhebung

Sowohl Deutschland als auch die USA betonen zunächst die Parteiautonomie: die Parteien können selbst regeln, wie das Schiedsverfahren, einschließlich Beweiserhebung, ablaufen soll. In Deutschland ist das gesetzlich in § 1042 Abs. 3 ZPO normiert, in den USA ergibt es sich aus der schiedsfreundlichen Rechtsprechung. Regelmäßig fehlen aber detaillierte Parteivereinbarungen zur Beweiserhebung im Schiedsverfahren. Dann liegt die Beweiserhebung in beiden Rechtssystemen allein in den Händen des Schiedsgerichts. In Deutschland regelt das § 1042 Abs. 4 ZPO, in den USA ergibt es sich aus der Lückenhaftigkeit des FAA.

Gibt es Rechtsprechung zur Beweiserhebung, kann es sich nur um die Durchsetzung einzelner Beweisanordnungen oder um die Überprüfung des schiedsrichterlichen Verfahrens im Aufhebungsverfahren handeln. Dabei legen sowohl US-amerikanische als auch deutsche Gerichte viel Wert auf die Flexibilität des Schiedsgerichts – es soll selbst entscheiden können, wie es eine Beweiserhebung durchführt und welche Beweise es dabei erhebt. Dabei betonen Gerichte aus beiden Rechtssystemen, dass das Schiedsgericht nicht an die Regeln des staatlichen Verfahrens gebunden ist. In den USA führt die Rechtsprechung dazu, dass Schiedsgerichte gerade kein discovery Verfahren durchführen müssen oder sollen. Die Schiedsparteien haben ausdrücklich keinen Anspruch auf ein discovery Verfahren, können das aber miteinander vereinbaren. Im Schiedsverfahren in den USA findet deshalb regelmäßig weniger Dokumentenaustausch statt als im staatlichen Verfahren. Gibt es einen Dokumentenaustausch, erfolgt er unter der Leitung des Schiedsgerichts und nicht wie im staatlichen Verfahren allein unter der Leitung der Parteivertreter. Die Dokumente sind nicht nur zwischen den Parteien auszutauschen, sondern auch dem Schiedsgericht vorzulegen. Versuche von Schiedsparteien, auch für das schiedsrichterliche Verfahren ein discovery Verfahren nach den FRCP vor den staatlichen Gerichten durchzuführen, bleiben regelmäßig ohne Erfolg. Die Gerichte lassen lediglich zur Beweissicherung staatliche discovery Maßnahmen zu.[974]

Auch in Deutschland ist das Schiedsgericht ausdrücklich nicht an die für gerichtliche Verfahren geltenden Regelungen zur Beweisaufnahme gebunden. Beim Urkundenbeweis kann es deshalb flexibel eine Beweiserhebung aus rein prozessualen Erwägungen anordnen und auch einen Dokumentenaustausch überwachen.

Die Flexibilität, die ein Schiedsgericht mit Sitz in Deutschland oder den USA innehat, führt jeweils weg vom formalen staatlichen Verfahren. Für ein Schiedsgericht in Deutschland bedeutet das, dass es Parteien häufiger zur Dokumentenvorlage auffordern kann als ein deutsches staatliches Gericht. Ein Schiedsgericht in den USA kann dagegen die discovery eindämmen und nur gezielte Vorlageanordnungen erlassen. Im Gegensatz zu dem im discovery Verfahren passiven staatlichen Gericht spielt das Schiedsgericht von Anfang an eine leitende Rolle und überwacht einen etwaigen Dokumentenaustausch. Während also das Schiedsgericht in Deutschland das deutsche Verfahren auf

---

[974] *Habscheid/Schlosser*, Improvement of Civil Litigation by Lessons Derived from Arbitration, in: Wedekind (Hrsg.), Justice and Efficiency, 1989, 149, 162; ausführlich *Varga*, Beweiserhebung in transatlantischen Schiedsverfahren, 2006, 262-274, der allerdings eine Tendenz in Richtung einer Annäherung an das US-amerikanische staatliche Beweisrecht zu erkennen meint.

eine großzügigere Beweiserhebung ausdehnen kann, kann das Schiedsgericht in den USA die Exzesse des discovery Verfahrens vermeiden.

III. Dokumentenvorlage

Schiedsgerichte sind nach beiden Schiedsverfahrensrechten berechtigt, die Parteien zur Dokumentenvorlage aufzufordern. In den USA ergibt sich das Recht ausdrücklich aus Section 7 FAA. In Deutschland lassen einzelne Vorschriften und die Geltung des beschränkten Untersuchungsgrundsatzes auf das Recht des Schiedsgerichts, von den Parteien Dokumente herauszuverlangen, schließen.

Nach Section 7 FAA ist das Schiedsgericht zudem ausdrücklich berechtigt, Dokumente auch von unbeteiligten Dritten herauszuverlangen. Für Deutschland lässt sich nur aus dem beschränkten Untersuchungsgrundsatz entnehmen, dass ein Schiedsgericht einen Dritten zur freiwilligen Dokumentenvorlage auffordern kann, um den Sachverhalt soweit als möglich aufzuklären. Der Unterschied liegt darin, dass ein deutsches Schiedsgericht den Dritten nur bitten kann, die Unterlagen freiwillig vorzulegen, während das US-amerikanische Schiedsgericht eine Anordnung mit subpoena Wirkung erlassen kann. Zur tatsächlichen Durchsetzung der Anordnung benötigen aber beide Schiedsgerichte die Hilfe der staatlichen Gerichte.

Sowohl in Deutschland als auch in den USA kann das Schiedsgericht nur zur Dokumentenvorlage auffordern, wenn es bestimmte Dokumente für entscheidungserheblich hält. Das wirkt sich auch auf ein etwaiges discovery Verfahren aus: Selbst wenn die Parteien vereinbart haben, discovery nach den FRCP durchzuführen, können sie sich bei Schwierigkeiten nur an das Schiedsgericht wenden. Das Schiedsgericht wiederum kann nur bei Vorlageverlangen eingreifen, die es für entscheidungserheblich hält. Das schränkt ein discovery Verfahren im Schiedsverfahren mit Sitz in den USA als auch in Deutschland ein. Wenn Autoren das discovery Verfahren eines Schiedsgerichts mit Sitz in Deutschland direkt mit dem US-amerikanischen staatlichen discovery Verfahren vergleichen,[975] ist das zumindest für die Dokumentenvorlage irreführend.[976] Denn selbst eine discovery im Schiedsverfahren mit Sitz in den USA ist begrenzter als ein discovery Verfahren vor Gericht, weil die Anordnungsmöglichkeiten des Gerichts und des Schiedsgerichts unterschiedlich sind. Das staatliche Gericht ist bei seinen Entscheidungen nicht daran gebunden, ob die Unterlagen entscheidungserheblich sind, das Schiedsgericht schon. Demnach

---

[975] So z.B. *Wagner*, Country Report Germany, in: Weigand (Hrsg.) Practitioner's Handbook on International Arbitration, 2002, 749-750 Rdz. 212.

[976] *Hunter*, Arbitration in Germany – A Common Law Perspective, SchiedsVZ 2003, 155, 161.

können die Parteien einen Dokumentenaustausch im Schiedsverfahren mit Sitz in den USA nur durchsetzen, wenn sie darlegen können, warum das Dokument für den Rechtsstreit relevant ist. Gleiches gilt für ein Schiedsverfahren mit Sitz in Deutschland. Es gibt deshalb regelmäßig keine zwingende allgemeine discovery, die auf einen Austausch aller möglicherweise relevanten Unterlagen hinausläuft, sondern nur eine discovery bezüglich spezifischer entscheidungserheblicher Dokumente.[977]

IV. Weigerungsrechte

Ob sich Parteien oder Dritte im Schiedsverfahren gegen eine Vorlageanordnung wehren können, indem sie Weigerungsrechte vortragen, ist bisher in beiden Rechtssystemen kaum thematisiert worden. Es besteht wohl Einigkeit darüber, dass Weigerungsrechte grundsätzlich auch im Schiedsverfahren greifen. Für ein inländisches Schiedsverfahren sollen das die national anerkannten Weigerungsrechte sein. Der Umfang der Weigerungsrechte im internationalen Schiedsverfahren, in dem verschiedene Rechtsordnungen berührt sind, ist in der deutschen wie in der US-amerikanischen Rechtsprechung bisher ungeklärt.[978]

V. Gerichtliche Durchsetzung

Bei der gerichtlichen Durchsetzung von schiedsrichterlichen Vorlageanordnungen zeigen sich erstmals deutliche Unterschiede zwischen den beiden Rechtssystemen, die sich auf die unterschiedlichen Durchsetzungsmöglichkeiten im staatlichen Verfahren zurückführen lassen. In den USA hat das Schiedsgericht selbst das Recht, durchsetzbare subpoenas zu erlassen, während ein Schiedsgericht in Deutschland nur die freiwillige Vorlage verlangen kann und zur Durchsetzung ganz auf das staatliche Gericht angewiesen ist.

In den USA gibt es sehr viel Rechtsprechung dazu, wann und wie staatliche Gerichte schiedsrichterliche subpoenas bestätigen und durchsetzen. Nach Section 7 FAA stehen den Gerichten dabei die gleichen Sanktionen zur Verfügung wie im staatlichen Verfahren. Das führt auch zu einer stärkeren gerichtlichen Kontrolle von schiedsrichterlichen Maßnahmen als das in Deutschland der Fall ist.[979] Allerdings mischen sich die US-amerikanischen Gerichte auch bei der Durchsetzung von Vorlageanordnungen kaum in die Vorlageanordnung an sich ein, sondern prüfen nur die Voraussetzungen, die für eine Durchsetzung vorliegen müssen, wie beispielsweise ihre sachliche Zuständig-

---

977 *Habscheid/Schlosser*, Improvement of Civil Litigation by Lessons Derived from Arbitration, in: Wedekind (Hrsg.), Justice and Efficiency, 1989, 149, 163-164.
978 Siehe unten Kap. 4, Teil 4.
979 *Borris*, Die internationale Handelsschiedsgerichtsbarkeit in den USA, 1986, 83.

keit. Der Gang zum staatlichen Gericht ist deshalb für Parteien und Schiedsgericht sinnvoll, um einer schiedsrichterlichen subpoena mehr Gewicht zu verleihen.

In Deutschland ist das anders. Auch hier hat das staatliche Gericht nach § 1050 ZPO alle Durchsetzungsmöglichkeiten, die ihm im staatlichen Verfahren erlaubt sind; diese sind aber zur Dokumentenvorlage viel geringer als für US-amerikanische Gerichte. Gegenüber Parteien kann das deutsche Gericht keine Zwangsmittel einsetzen, nur gegenüber Dritten kann es bei der Durchsetzung helfen. In Deutschland gibt es deshalb kaum Anträge an staatliche Gerichte, eine Vorlageanordnung durchzusetzen.

Zwar hat der deutsche Gesetzgeber mit § 1050 ZPO eine Norm geschaffen, die sowohl inländischen als auch ausländischen Schiedsgerichten Hilfe leistet. Nachdem aber die Durchsetzungsmöglichkeiten so gering sind, ist die Norm nicht in das internationale Bewusstsein gerückt. Dagegen haben bereits viele Schiedsparteien versucht, Section 1782 zur Beweissammlung in den USA für internationale Schiedsverfahren zu nutzen. Die Norm bietet jeder interessierten Person die Möglichkeit, anhand von discovery Maßnahmen Beweise für ausländische Verfahren zu sammeln. Obwohl der Wortlaut nicht eindeutig ist, tendiert die US-amerikanische Rechtsprechung dazu, Section 1782 nicht für internationale Schiedsverfahren greifen zu lassen. Während Section 1782 das Pendant zu § 1050 ZPO bilden würde – allerdings mit weiter reichenden Beweisaufnahme- und Durchsetzungsmöglichkeiten – will die US-amerikanische Rechtsprechung solche Unterstützungsmaßnahmen nicht zulassen.

VI. Rechtliches Gehör

Sowohl in Deutschland als auch in den USA verneinen Gerichte regelmäßig einen Aufhebungsgrund, wenn das Schiedsgericht bei der Beweiserhebung vom vorherrschenden staatlichen Verfahren abweicht.[980] Auch wenn Gerichte beider Staaten unterschiedliche Akzente bei der Begründung ihrer Entscheidungen setzen,[981] verlangen sie einheitlich, dass das Schiedsgericht das rechtliche Gehör gewährleistet. Dazu muss das Schiedsgericht die Parteien anhören und das Verfahren gleich und fair gestalten. Alle weiteren Einzelheiten – ob es Beweise erhebt oder Anträgen der Parteien nachkommt – bleiben dem Schiedsgericht überlassen. Die staatlichen Gerichte greifen nur ein, wenn das

[980] *Kaufmann-Kohler/Bärtsch*, Discovery in International Arbitration: How much is too much?, SchiedsVZ 2004, 13, 17.

[981] Siehe dazu ausführlich *Schlosser*, Rechtsvergleichende Schlaglichter auf die BGH-Rechtsprechung zu Zentralfragen der rechtsstaatlichen Integrität der Schiedsgerichtsbarkeit, in: Schmidt (Hrsg.), 50 Jahre Bundesgerichtshof, Band III, 2000, 399, 401-420.

Schiedsgericht eklatant gegen das rechtliche Gehör verstoßen hat, etwa wenn es überhaupt keine Beweise erhoben hat. Diese schiedsfreundliche Rechtsprechung ist in beiden Rechtssystemen von dem Bestreben getragen, Schiedssprüche soweit als möglich unangetastet zu lassen und so das Vertrauen in die Schiedsgerichtsbarkeit zu erhalten.

Ob ein Schiedsgericht Dokumente einsehen und verwerten kann, ohne sie beiden Parteien zugänglich zu machen, weil Geheimhaltungsbelange überwiegen, ist weder in der deutschen noch in der US-amerikanischen Rechtsprechung geklärt. Verzichten Parteien schriftlich auf ihr rechtliches Gehör, dürfte ein Aufhebungsgrund in beiden Rechtssystemen ausgeschlossen sein.

VII. Zusammenfassung

Der Vergleich zwischen deutschem und US-amerikanischem Schiedsverfahren – ob es sich um ein nationales oder internationales Schiedsgericht handelt – fällt deutlich weniger kontrovers aus als der Vergleich zwischen den beiden staatlichen Verfahren. Beide Rechtssysteme rücken für das Schiedsverfahren von den Formalitäten ihres staatlichen Verfahrens ab und erlauben so eine flexible Handhabung der Beweiserhebung. Vieles steht dabei im Ermessen des Schiedsgerichts, das sich regelmäßig an einer praktischen Lösung orientiert und so die Unterschiede zwischen kontinentaleuropäischem und angloamerikanischem Rechtssystem verwischt.[982] Liegt Rechtsprechung deutscher und US-amerikanischer Gerichte zur Beweiserhebung im Schiedsverfahren vor, verläuft sie weitgehend parallel. Nur bei Hilfemaßnahmen des staatlichen Gerichts hat das US-amerikanische Gericht gesetzlich mehr Möglichkeiten als das deutsche Gericht, unterstützend tätig zu werden. Deshalb gibt es dazu in den USA eine Fülle an Rechtsprechung, während deutsche Gerichtsentscheidungen fehlen. Beide Rechtssysteme sind von dem Ziel geprägt, die Schiedsgerichtsbarkeit zu fördern. Das wirkt sich auch auf die Rechtsprechung zur Beweiserhebung und zur Aufhebung von Schiedssprüchen aus.

Die Rechtsprechung beider Standorte gibt aber wenig Aufschluss darüber, wie ein Schiedsgericht mit Sitz in Deutschland oder in den USA sein Verfahren konkret gestalten soll. Nachdem vieles im Ermessen des Schiedsgerichts steht, entscheidet häufig die Nationalität der Schiedsrichter über die konkrete Verfahrensausgestaltung. Hat das Schiedsgericht internationale Richtlinien, an denen es sich orientieren kann, ist es ihm eher möglich, sich von den Eigenheiten der heimischen Verfahrensordnung zu lösen.[983] Deshalb soll im fol-

---

[982] *Mayer*, Comparative Analysis of Power of Arbitrators to Determine Procedures in Civil and Common Law Systems, ICCA Series Nr. 7, 1996, 24.

[983] *Paulsson*, Overview of Methods of Presenting Evidence in Different Legal Systems, ICCA Series Nr. 7, 1996, 112 114.

genden Kapitel untersucht werden, wie ein internationales Schiedsgericht – losgelöst von einem bestimmten Prozessrecht – sein Verfahren zum Dokumentenaustausch oder zur Dokumentenvorlage gestalten kann. Dabei können institutionelle Schiedsordnungen oder andere Regelwerke wie die Rules on the Taking of Evidence der International Bar Association behilflich sein. Zu berücksichtigen ist auch, ob das Schiedsverfahren vertraulich ist, auf welche Weigerungsrechte sich die Betroffenen berufen können und welche Sanktionsmöglichkeiten dem Schiedsgericht zur Verfügung stehen.

Kapitel 4: Die Dokumentenvorlage in der internationalen Schiedspraxis

Teil 1: Schiedsordnungen

Verschiedene Institutionen prägen die Entwicklung der internationalen Schiedsgerichtsbarkeit.[984] Als bedeutsamste Institution gilt die United Nations Commission on International Trade Law (UNCITRAL), von der als Schiedsordnung die UNCITRAL Arbitration Rules und als Modellgesetz das UNCITRAL Model Law on International Commercial Arbitration stammen, das zahlreiche Staaten als nationales Schiedsverfahrensrecht übernommen haben. Viele weitere internationale und nationale Schiedsgerichtsinstitutionen stellen Schiedsordnungen zur Verfügung, wobei wiederum die UNCITRAL Arbitration Rules eine wichtige Vorbildrolle erfüllt haben. Hierzu gehören die Rules of Arbitration des International Chamber of Commerce, die International Arbitration Rules der American Arbitration Association, die Arbitration Rules des London Court of International Arbitration, die Schiedsordnung der Deutschen Institution für Schiedsgerichtsbarkeit, und die Arbitration Rules der World Intellectual Property Organization. Die Liste ließe sich beliebig fortsetzen. Die ausgewählten Schiedsordnungen zeigen unterschiedliche Wege auf, wie sich ein internationales Schiedsverfahren mit einer Kombination aus kontinentaleuropäischen und angloamerikanischen Verfahrenselementen gestalten lässt.[985]

Schiedsordnungen sind unverbindlich. Sie gelten nur aufgrund einer Parteivereinbarung. Parteien können eine Schiedsordnung in der Schiedsklausel ihres Vertrages benennen oder ihre Anwendung vereinbaren, nachdem eine Streitigkeit entstanden ist. Sie können auch nur einzelne Regelungen einer Schiedsordnung übernehmen oder individuell abändern. Jede Schiedsordnung regelt das Schiedsverfahren nur in groben Zügen. Wollen die Parteien den Verfahrensablauf konkreter bestimmen, können sie entweder eigene detaillierte Regelungen treffen oder ein zusätzliches Regelwerk vereinbaren, das ihre Bedürfnisse abdeckt. Das leisten beispielsweise die UNCITRAL Notes on Organizing Arbitral Proceedings oder die Rules on the Taking of Evidence in International Commercial Arbitration der International Bar Association.

Anstatt eigene detaillierte Regelungen aufzustellen, geben die meisten Schiedsordnungen der Parteiautonomie und subsidiär dem Ermessen des Schiedsgerichts Vorrang. Deshalb ist die Beweiserhebung nur kurz gere-

---

984 *Blessing*, Introduction to Arbitration, 1999, Rdz. 21.

985 *Patocchi/Meakin*, Procedure and the Taking of Evidence in International Commercial Arbitration, Int'l Business Law Journal = Revue de Droit des Affaires Int'l, 1996, 884 Fn. 3.

gelt.[986] Das Schiedsgericht soll frei sein, die auftauchenden prozessualen Probleme flexibel zu lösen. Es soll für jeden Einzelfall einen Ausgleich finden zwischen der Notwendigkeit, möglichst viele Tatsachen zu sammeln, um einen fairen Schiedsspruch fällen zu können, und dem Ziel eines schnellen und kostengünstigen Verfahrens.[987] Die folgende Rangfolge der anwendbaren Normen ist maßgebend: (1) zwingende Vorschriften am Ort des Schiedsverfahrens; (2) Regelungen der Schiedsordnungen, es sei denn (3) die Parteien haben etwas anderes vereinbart oder (4) das Schiedsgericht bestimmt ein anderes Vorgehen.[988]

Keine der gängigen Schiedsordnungen enthält detaillierte Regelungen zur Vorlage von Dokumenten im Besitz des Gegners oder eines Dritten. Es bleibt weitgehend dem Ermessen des Schiedsgerichts überlassen, die Beweiserhebung zu regeln. Ob Parteien oder Dritte bereit sein werden, Dokumente vorzulegen, wird häufig davon abhängen, ob die Vertraulichkeit im Schiedsverfahren gewahrt ist. Dazu haben einige Schiedsordnungen detailliert geregelt, inwiefern das Schiedsverfahren vertraulich ist. Das soll für jedes Regelwerk näher untersucht werden.

I. United Nations Commission on International Trade Law

Die United Nations Commission on International Trade Law (UNCITRAL)[989] ist der ständige Ausschuss der Vereinten Nationen für internationales Handelsrecht mit Sitz in Wien. UNCITRAL beschäftigt sich unter anderem mit der internationalen Handelsschiedsgerichtsbarkeit und hat dazu verschiedene international anerkannte Regelwerke aufgestellt: die UNCITRAL Arbitration Rules (UNCITRAL Rules), das UNCITRAL Model Law on International Commercial Arbitration (UNCITRAL Modellgesetz) und die UNCITRAL Notes on Organizing Arbitral Proceedings (UNCITRAL Notes).[990]

---

986 *Böckstiegel*, Optionen und Kriterien der Beweiserhebung in internationalen Schiedsverfahren, in: Böckstiegel (Hrsg.), Beweiserhebung in internationalen Schiedsverfahren, 2001, 1, 3; *Ceccon*, UNCITRAL Notes on Organizing Arbitral Proceedings and the Conduct of Evidence, Journal of Int'l Arb., Bd. 14, Nr. 2, 1997, 67, 70.

987 *Leahy/Bianchi*, The Changing Face of International Arbitration, Journal of Int'l Arb., Bd. 17, Nr. 4, 2000, 23, 26.

988 Siehe nur *Blessing*, The Conduct of Arbitral Proceedings under the Rules of Arbitration Institutions, WIPO Publ. Nr. 741 (E), 1995, 41, 43-44.

989 UNCITRAL, Vienna International Centre, P.O. Box 500, A-1400 Wien, Österreich, Tel: 0043.1.26060.4061, Fax: 0043.1.26060.5813, e-mail: uncitral@uncitral.org, www.uncitral.org.

990 Gesamttext der UNCITRAL Regelwerke bei www.uncitral.org/en-index.htm (zuletzt besucht am 3.7.2004).

1. UNCITRAL Rules

Die UNCITRAL Rules, in der Fassung vom 15. Dezember 1976, sind entstanden, um den vielen ad hoc Schiedsverfahren in internationalen Wirtschaftsbeziehungen eine Basis zu geben. Die Schiedsordnung hat weltweite Anerkennung gefunden und als Grundlage für viele institutionelle Schiedsordnungen gedient.[991] Sie war der erste erfolgreiche Versuch, ein Verfahren zu entwickeln, das kontinentaleuropäische und angloamerikanische Elemente verbindet.[992]

Die UNCITRAL Rules stellen keine Institution als Geschäftstelle bereit und sind deshalb nur für ad hoc Schiedsverfahren geeignet. Dort bieten sie eine gute Alternative zum ad hoc Schiedsverfahren, das allein durch das anwendbare nationale Schiedsverfahrensrecht geregelt wird. Verschiedene Schiedsinstitutionen – wie etwa die American Arbitration Association und die Deutsche Institution für Schiedsgerichtsbarkeit – bieten an, für Schiedsverfahren nach den UNCITRAL Rules Schiedsrichter zu benennen oder das Schiedsverfahren zu betreuen.[993] Ihre wichtigste Funktion erfüllen die UNCITRAL Rules für das Iran-US Claims Tribunal.[994] Das Tribunal verfährt nach den UNCITRAL Rules und hat die meisten seiner Entscheidungen veröffentlicht. Allerdings lassen sich die Erfahrungen des Tribunals nur schwer verallgemeinern, weil sie von den politischen Spannungen zwischen den USA und dem Iran und von einer Mischung aus völkerrechtlichen und privatrechtlichen Streitigkeiten geprägt sind.[995]

a) Vorlage von Dokumenten

> *Art. 1 Scope of Application*
> 1. (...) disputes shall be settled in accordance with these Rules subject to such modification as the parties may agree in writing. (...)

[991] *Blessing*, Introduction to Arbitration, 1999, Rdz. 278 und 281; *Marriott*, Pros and Cons of More Detailed Arbitration Laws and Rules, ICCA Series Nr. 7, 1996, 65, 69.

[992] A.A. *Morgan*, Discovery in Arbitration, Journal of Int'l Arb., Bd. 3, Nr. 3, 1986, 9, 23: Der englische Jurist meint, die UNCITRAL Rules seien zu sehr auf das kontinentaleuropäische Modell ausgerichtet.

[993] *Blessing*, Introduction to Arbitration, 1999, Rdz. 280.

[994] Das Tribunal ist kein ad hoc Schiedsgericht für eine konkrete Streitigkeit, sondern ein feststehender Schiedsgerichtshof, der Streitigkeiten zwischen den USA und dem Iran entscheidet, die aus der islamischen Revolution und der Geiselnahme der US-amerikanischen Diplomaten 1979 resultierten; siehe ausführlich *Brower/Brueschke,* The Iran-United States Claims Tribunal, 1998, 3-10.

[995] *McCabe*, Arbitral Discovery and the Iran-United States Claims Tribunal Experience, Int'l Lawyer, Bd. 20, 1986, 499, 513.

Art. 15 General Provisions
1. Subject to these Rules, the arbitral tribunal may conduct the arbitration in such manner as it considers appropriate, provided that the parties are treated with equality and that at any stage of the proceedings each party is given a full opportunity of presenting his case. (...)
3. All documents or information supplied to the arbitral tribunal by one party shall at the same time be communicated by that party to the other party.

Art. 24 Evidence
(...) 2. The arbitral tribunal may, if it considers it appropriate, require a party, within such a period of time as the arbitral tribunal shall decide, a summary of the documents and other evidence which that party intends to present in support of the facts in issue set out in his statement of claim or statement of defence.
3. At any time during the arbitral proceedings the arbitral tribunal may require the parties to produce documents, exhibits or other evidence within such a period of time as the tribunal shall determine.

Art. 27 Experts
(...) 2. The parties shall give the expert any relevant information or produce for his inspection any relevant documents or goods that he may require of them. Any dispute between a party and such expert as to the relevance of the required information or production shall be referred to the arbitral tribunal for decision.
3. Upon receipt of the expert's report, the arbitral tribunal shall communicate a copy of the report to the parties who shall be given the opportunity to express, in writing, their opinion to the report. A party shall be entitled to examine any document on which the expert has relied in his report. (...)

Art. 28 Default
(...)
3. If one of the parties, duly invited to produce documentary evidence, fails to do so within the established period of time, without showing sufficient cause for such failure, the arbitral tribunal may make the award on the evidence before it.

Bereits die UNCITRAL Rules haben sich dem Grundsatz verschrieben, das Verfahren nur kurz zu regeln und den Parteien und dem Schiedsgericht einen weiten Ermessensspielraum einzuräumen, Art. 1.1 und 15.1. Das Schiedsgericht ist ausdrücklich berechtigt, von den Parteien Dokumente herauszuverlangen, zur Vorlage an das Schiedsgericht, Art. 24.3, oder an einen Sachverständigen, Art. 27.2. Das Schiedsgericht kann auf Antrag oder aus eigener Initiative handeln. Obwohl sich das Anordnungsrecht bereits aus Art. 15.1 ergibt, soll Art. 24.3 gegenüber Parteien aus allen Rechtskreisen klarstellen, dass das Schiedsgericht auch von einer Partei für sie ungünstige Dokumente herausverlangen kann.[996] Das schließt ein Verfahren ein, das sich am US-amerikanischen Dokumentenaustausch orientiert.[997] Das Schiedsgericht kann die Parteien zudem auffordern, zunächst Zusammenfassungen ihrer Beweismittel auszutauschen, Art. 24.2. Gegenüber Dritten räumen die UNCITRAL Rules dem Schiedsgericht keine Rechte ein.[998]

Weigert sich eine Partei grundlos, einer Vorlageanordnung zu entsprechen, kann das Schiedsgericht das Verhalten negativ würdigen.[999] Zwar erlaubt Art. 28.3 nur, dass das Schiedsgericht ohne die verweigerten Dokumente den Schiedsspruch erlassen kann. Das Recht, negative Rückschlüsse zu ziehen, folgt aber aus dem in Art. 15.1 eingeräumten Ermessensspielraum. Die Schiedsordnung enthält auch Ausprägungen des rechtlichen Gehörs: Nach Art. 15.3 hat jede Partei alle Dokumente, die sie dem Schiedsgericht vorlegt, auch an den Gegner weiterzuleiten. Aus Art. 27.3 ergibt sich das Recht jeder Partei, alle Dokumente die ein Sachverständiger verwertet, einzusehen.

Das Iran-US Claims Tribunal geht mit Vorlageanordnungen sparsam um. Nachdem die US-amerikanischen Parteien regelmäßig fluchtartig den Iran verlassen haben, waren auch schriftliche Beweismittel zurückgeblieben.[1000] Deshalb haben US-amerikanische Parteien häufig ihre iranischen Gegner aufgefordert, Dokumente herauszugeben. Das Tribunal ordnet die Vorlage von Dokumenten nur dann an, wenn der Antragsteller die Dokumente hinreichend spezifiziert, ihre Entscheidungserheblichkeit darlegt und angibt, warum ihm selbst die Dokumente nicht zugänglich sind. Zudem muss er alles unternommen haben, um die Dokumente selbst zu beschaffen.[1001] Bevor das Tribunal die Vorlage anordnet, fordert es den Gegner regelmäßig auf, die Unterlagen

---

[996] *Knof*, Tatsachenfeststellung in Streitigkeiten des internationalen Wirtschaftsverkehrs, 1995, 88-89; *van Hof*, Commentary on the UNCITRAL Arbitration Rules: The Application by the Iran-U.S. Claims Tribunal, 1991, 159.

[997] *Marriott*, Evidence in International Arbitration, Arb. Int'l, Bd. 5, 1989, 280, 284.

[998] *Aden*, Internationale Handelsschiedsgerichtsbarkeit, 2. Aufl., 2003, 628, Rdz. 5.

[999] *Tief*, Discovery und Informationspflichten der Parteien in der Internationalen Schiedsgerichtsbarkeit, 2000, 103; *Baldwin*, Protecting Confidential and Proprietary Commercial Information in International Arbitration, Texas Int'l Law Journal, Bd. 31, 1996, 451, 471; *Poznanski*, The Nature and Extent of an Arbitrator's Powers in International Commercial Arbitration, Journal of Int'l Arb., Bd. 4, Nr. 3, 1987, 71, 102.

[1000] *Brower*, Evidence Before International Tribunals: The Need for Some Standard Rules, Int'l Lawyer, Bd. 28, 1994, 47, 55.

[1001] Siehe z.B. *Islamic Republic of Iran and United States of America*, Case Nr. A15 (I:D and I:H), Verfügung vom 24.5.1994, para. 5, Yearbook Comm. Arb., Bd. XX, 1995, 401-403; *Knof*, Tatsachenfeststellung in Streitigkeiten des internationalen Wirtschaftsverkehrs, 1995, 89-90 mit weiteren Fallbeispielen; *McCabe*, Arbitral Discovery and the Iran-United States Claims Tribunal Experience, Int'l Lawyer, Bd. 20, 1986, 499, 515-517.

freiwillig vorzulegen. Oft kann die iranische Partei geltend machen, die Dokumente seien in der Revolution zerstört worden oder verloren gegangen. Daran scheitern viele Herausgabeanträge.[1002] Aufgrund dieser besonderen Situation würdigt das Tribunal eine Nichtvorlage nur zurückhaltend negativ.[1003] Ist es sich aber sicher, dass die Unterlagen einer Partei zur Verfügung stehen und ohne berechtigten Grund nicht vorgelegt werden, zieht es aus der Nichtvorlage negative Rückschlüsse.[1004]

b) Nichtöffentlichkeit und Vertraulichkeit

Art. 25 Hearings
(...)
4. Hearings shall be held in camera unless the parties agree otherwise. (...)

Art. 32 Form and Effect of the Award
(...)
5. The award may be made public only with the consent of both parties. (...)

Nach Art. 25.4 sind die Verhandlungen nicht öffentlich, es sei denn, die Parteien vereinbaren etwas anderes. Auf die Vertraulichkeit spielen die UNCITRAL Rules nur in Art. 32.5 an, nach dem weder das Schiedsgericht noch die einzelne Partei den Schiedsspruch ohne Zustimmung aller Parteien veröffentlichen dürfen.[1005] Das US-Iran Claims Tribunal hat die Regelung dahin ergänzt, dass seine Schiedssprüche grundsätzlich zu veröffentlichen sind. Eine Partei kann aber beantragen, den Schiedsspruch oder Teile davon ge-

---

1002 *McCabe*, Arbitral Discovery and the Iran-United States Claims Tribunal Experience, Int'l Lawyer, Bd. 20, 1986, 499, 518.

1003 *Brower/Brueschke,* The Iran-United States Claims Tribunal, 1998, 194-197; *Brower*, Evidence Before International Tribunals: The Need for Some Standard Rules, Int'l Lawyer, Bd. 28, 1994, 47, 56-57; *van Hof*, Commentary on the UNCITRAL Arbitration Rules: The Application by the Iran-U.S. Claims Tribunal, 1991, 165.

1004 Siehe z.B. *INA Corp. v. Iran*, Case Nr. 161 (184-161-1), Schiedsspruch vom 13.8.1985, Yearbook Comm. Arb., Bd. XI, 1986, 312, 314-315 (Beide Parteien hatten Wirtschaftsprüferberichte zum Wert eines Unternehmens vorgelegt. Nachdem der Bericht des beklagten Iran sehr vage war, verlangte das Schiedsgericht die dem Bericht zugrunde liegende Dokumentation heraus. Der Iran verweigerte die Herausgabe, weil die Unterlagen zu umfangreich seien. Das Schiedsgericht nahm den Bericht zwar als Beweismittel an, maß ihm aber keine Bedeutung zu, weil es ihn nicht nachvollziehen konnte.); *William J. Levitt v. Islamic Republic of Iran, et al.*, Schiedsspruch Nr. 520-210-3, para. 64-66, abgedruckt bei *von Mehren*, Burden of Proof in International Arbitration, ICCA Series Nr. 7, 1996, 123, 129-130; siehe auch *Craig/Park/Paulsson*, International Chamber of Commerce Arbitration, 3. Aufl., 2000, 451, §26.01 Fn. 8; und *Briner*, The Evaluation of Evidence, in: Vogt u.a. (Hrsg.) Liber Amicorum for Thomas Bär and Robert Karrer, 1997, 41, 48-49; jeweils m.w.N.

1005 *Coe*, International Commercial Arbitration: American Principles and Practice in a Global Context, 1997, 262.

heim zu halten, weil militärische Geheimnisse oder Geschäftsgeheimnisse betroffen seien.[1006] Das Tribunal behandelt solche Anträge der Parteien uneinheitlich und lässt keine Systematik erkennen.[1007]

2. UNCITRAL Modellgesetz

Die UNCITRAL Rules waren Ausgangspunkt für das UNCITRAL Modellgesetz. UNCITRAL wollte keine internationale Konvention verabschieden, sondern ein Modell für die nationale Gesetzgebung entwerfen, das jeder Staat flexibel in die eigenen Gesetze aufnehmen kann. Wie die weitreichende Akzeptanz des Modellgesetzes zeigt, ist das Konzept aufgegangen. Die UN-Vollversammlung hat das UNCITRAL Modellgesetz am 11. Dezember 1985 verabschiedet. Seither haben zahlreiche Staaten[1008] das Modellgesetz nahezu wörtlich als nationales Schiedsverfahrensrecht übernommen, z.B. Deutschland mit dem Schiedsverfahrensneuregelungsgesetz vom 22.12.1997.[1009] Das Modellgesetz hat modernes Schiedsverfahrensrecht selbst dort geprägt, wo es der nationale Gesetzgeber nicht wörtlich übernommen hat; z. B. den englischen Arbitration Act von 1996, der sich mit am Modellgesetz orientiert. Das Modellgesetz ist inzwischen Maßstab für alle modernen Schiedsverfahrensgesetze.[1010]

a) Vorlage von Dokumenten

Art. 18 Equal treatment of parties
The parties shall be treated with equality and each party shall be given a full opportunity of presenting his case.
Art. 19 Determination of rules of procedure
1. Subject to the provisions of this Law, the parties are free to agree on the procedure to be followed by the arbitral tribunal in conducting the proceedings.
2. Failing such agreement, the arbitral tribunal may, subject to the provisions of this Law, conduct the arbitration in such manner as it considers appropriate. The power conferred upon the arbitral tribunal includes the power to determine the admissibility, relevance, materiality and weight of any evidence.

Art. 24 Hearings and written proceedings
(...)
3. All statements, documents or other information supplied to the arbitral tribunal by one party shall be communicated to the other party. Also any expert report or

---

[1006] Nr. 5 der Tribunal Rules zu Art. 32, abgedruckt bei *van Hof*, Commentary on the UNCITRAL Arbitration Rules: The Application by the Iran-U.S. Claims Tribunal, 1991, 217.
[1007] *Van Hof*, Commentary on the UNCITRAL Arbitration Rules: The Application by the Iran-U.S. Claims Tribunal, 1991, 224-225.
[1008] Zum aktuellen Stand siehe www.uncitral.org/en-index.htm (zuletzt besucht am 3.7.2004); ausführlich *Blessing*, Introduction to Arbitration, 1999, Rdz. 291-297.
[1009] BGBl I S. 3224.
[1010] *Blessing*, Introduction to Arbitration, 1999, Rdz. 290.

evidentiary document on which the arbitral tribunal may rely in making its decision shall be communicated to the parties.

Art. 25 Default of a party
Unless otherwise agreed by the parties, if, without showing sufficient cause, (...)
(c) any party fails to appear at a hearing or to produce documentary evidence, the arbitral tribunal may continue the proceedings and make the award on the evidence before it.

Art. 26 Expert appointed by arbitral tribunal
1. Unless otherwise agreed by the parties, the arbitral tribunal (...)
(b) may require a party to give the expert any relevant information or to produce, or to provide access to, any relevant documents, goods or other property for his inspection. (...)

Vorbehaltlich der zwingenden Regelungen des Modellgesetzes bleibt es den Parteien, Art. 19.1, oder subsidiär dem Ermessen des Schiedsgerichts überlassen, das Verfahren zu regeln, Art. 19.2. Zwingend sind die Grundsätze der Gleichbehandlung und des rechtlichen Gehörs, Art. 18, sowie der deklaratorische Art. 24.3, wonach alle Dokumente, auf die sich das Schiedsgericht stützt, beiden Parteien zugänglich zu machen sind.[1011] Im Übrigen kann das Schiedsgericht das Verfahren frei gestalten. Es soll aber nur dann selbständig entscheiden, wenn keine Einigung mit den Parteien gelingt.[1012] Nach den Anmerkungen des UNCITRAL Sekretariats zu Art. 19 soll das Schiedsgericht stets einen Verfahrensablauf wählen, der den Gewohnheiten der Parteien und des Schiedsgerichts am ehesten entspricht. Sind Parteien aus unterschiedlichen Rechtskreisen beteiligt, soll das Schiedsgericht ein Mischverfahren wählen, das nützliche Maßnahmen aus verschiedenen Rechtssystemen einsetzt und sich an internationalen Standards orientiert.[1013]

Art. 19.2 schließt das Recht des Schiedsgerichts ein, Dokumente von den Parteien herauszuverlangen.[1014] Das ergibt sich aus Art. 25(c) und Art. 26.1. Das

---

[1011] *Broches*, Commentary on the UNCITRAL Model Law, 1990, 97, Nr. 5; *Calavros*, Das UNCITRAL Modellgesetz über die internationale Handelsschiedsgerichtsbarkeit, 1988, 104.

[1012] *Herrmann*, Power of Arbitrators to Determine Procedures under the UNCITRAL Model Law, ICCA Series Nr. 7, 1996, 39, 42.

[1013] Nr. 5 und 6 zu Art. 19 des Analytical Commentary on Draft Text of a Model Law on International Commercial Arbitration (A/CN.9/264), abgedruckt in Holtzmann/Neuhaus (Hrsg.), A Guide to the UNICTRAL Model Law on International Commercial Arbitration, Legislative History and Commentary, 1989, 584.

[1014] *Sachs*, Use of Documents and Document Discovery, SchiedsVZ 2003, 193, 194; *Herrmann*, Power of Arbitrators to Determine Procedures under the UNCITRAL Model Law, ICCA Series Nr. 7, 1996, 39, 52.

Schiedsgericht ist ausdrücklich berechtigt, Dokumente herauszuverlangen, die an einen Sachverständigen weiterzugeben sind, Art. 26.1. Die Vorschrift des Art. 25(c) ist nur sinnvoll, wenn das Schiedsgericht die Parteien auffordern kann, innerhalb einer bestimmten Frist Dokumente vorzulegen. Kommen die Parteien der Aufforderung nicht nach, kann das Schiedsgericht den Fall nach den vorliegenden Beweismitteln entscheiden oder aus dem Verhalten negative Rückschlüsse ziehen.[1015]

Nachdem sich das deutsche Schiedsverfahrensrecht weitgehend mit dem UNCITRAL Modellgesetz deckt und die deutschen Vorschriften bereits ausführlich dargestellt worden sind, genügt hier der kurze Überblick.[1016]

b) Nichtöffentlichkeit und Vertraulichkeit

Das UNCITRAL Modellgesetz regelt weder, ob eine Schiedsverhandlung nicht öffentlich, noch ob das Schiedsverfahren vertraulich sein soll. Das mag darin begründet sein, dass man sich erst seit den neunziger Jahren intensiv mit dem Thema beschäftigt, nachdem das Modellgesetz bereits verabschiedet war.

3. UNCITRAL Notes

Die UNCITRAL Notes on Organizing Arbitral Proceedings (UNCITRAL Notes) hat UNCITRAL am 14.6.1996 verabschiedet. Die UNCITRAL Notes enthalten keine bindenden Regelungen, sondern Vorschläge, die Parteien und Schiedsgerichte für die eigene Verfahrensgestaltung nutzen können.[1017] Ob solche Richtlinien überhaupt erforderlich oder wünschenswert sind, oder ob sie die Flexibilität des Schiedsgerichts zu sehr einschränken, war sehr umstritten. Deshalb hat man sie „Notes" genannt, um klarzustellen, dass die unverbindlichen Leitlinien eine Schiedsordnung oder Verfahrensvereinbarung weder ersetzen können noch sollen. Sie stellen lediglich dar, wie ein internationales Schiedsverfahren ablaufen kann. Das soll Parteien aus unterschiedlichen Rechtskreisen ein einheitliches Vorgehen erleichtern und die Schiedsgerichtsbarkeit auch denen zugänglich machen, die bisher wenig Erfahrung damit hatten.[1018] Die UNCITRAL Notes können dem Schiedsgericht in ad hoc oder institutionellen Schiedsverfahren als Leitfaden dazu dienen, die relevanten pro-

---

[1015] *Herrmann*, Power of Arbitrators to Determine Procedures under the UNCITRAL Model Law, ICCA Series Nr. 7, 1996, 39, 47; *Broches*, Commentary on the UNCITRAL Model Law, 1990, 131 Nr. 6.

[1016] Siehe oben Kap. 3, Teil 1.

[1017] *Böckstiegel*, Optionen und Kriterien der Beweiserhebung in internationalen Schiedsverfahren, in: Böckstiegel (Hrsg.), Beweiserhebung in internationalen Schiedsverfahren, 2001, 1, 4.

[1018] *Ceccon*, UNCITRAL Notes on Organizing Arbitral Proceedings and the Conduct of Evidence, Journal of Int'l Arb., Bd. 14, Nr. 2, 1997, 67, 68 und 72.

zessualen Themen zu identifizieren und zu organisieren.[1019] Sie weisen jeweils auf mögliche Probleme hin, bieten aber keine umfassenden Lösungen an.

a) Vorlage von Dokumenten

> *13. Documentary evidence*
> (a) Time-limits for submission of documentary evidence intended to be submitted by the parties; consequences of late submission (…)
> (b) Whether the arbitral tribunal intends to require a party to produce documentary evidence
> 50. Procedures and practices differ widely as to the conditions under which the arbitral tribunal may require a party to produce documents. Therefore, the arbitral tribunal might consider it useful, when the agreed arbitration rules do not provide specific conditions, to clarify to the parties the manner in which it intends to proceed.
> 51. The arbitral tribunal may wish to establish time-limits for the production of documents. The parties might be reminded that, if the requested party duly invited to produce documentary evidence fails to do so within the established period of time, without showing sufficient cause for such failure, the arbitral tribunal is free to draw its conclusions from the failure and may make the award on the evidence before it.
> (c) Should assertions about the origin and receipt of documents and about the correctness of photocopies be assumed as accurate (…)
> (d) Are the parties willing to submit jointly a single set of documentary evidence (…)
> (e) Should voluminous and complicated documentary evidence be presented through summaries, tabulations, charts, extracts or samples (…).

Die UNCITRAL Notes beschäftigen sich hauptsächlich mit dem formalen Ablauf der Dokumentenvorlage. Sie machen Schiedsgericht und Parteien darauf aufmerksam, wie unterschiedlich die Dokumentenvorlage weltweit geregelt ist. Nr. 13 para. 50 legt es dem Schiedsgericht nahe, zu Beginn des Verfahrens mit den Parteien zu vereinbaren, wie bei der Dokumentenvorlage vorzugehen ist, d.h. ob ein (begrenzter) Dokumentenaustausch durchgeführt wird oder nicht.[1020] Ausführlichere Regeln zur Dokumentenvorlage hat man zwar diskutiert, dann aber zugunsten der allgemeinen Formulierung in Nr. 13 para. 50 verworfen.[1021] Nach Nr. 13 para. 51 soll das Schiedsgericht die Parteien darauf hinweisen, dass es ihr Verhalten negativ würdigen kann, wenn sie Dokumente ohne angemessene Begründung nicht innerhalb der vereinbarten Frist vorlegen. Dabei spielen die UNCITRAL Notes auf Weigerungsrechte an, ohne die angemessenen Weigerungsgründe näher zu definieren.

[1019] *Ceccon*, UNCITRAL Notes on Organizing Arbitral Proceedings and the Conduct of Evidence, Journal of Int'l Arb., Bd. 14, Nr. 2, 1997, 67, 71.
[1020] *Blessing*, Introduction to Arbitration, 1999, Rdz. 899.
[1021] Siehe zu Details: *Ceccon*, UNCITRAL Notes on Organizing Arbitral Proceedings and the Conduct of Evidence, Journal of Int'l Arb., Bd. 14, Nr. 2, 1997, 67, 73.

b) Nichtöffentlichkeit und Vertraulichkeit

> *Nr. 6 Confidentiality of information relating to the arbitration; possible agreement thereon*
>
> 31. It is widely viewed that confidentiality is one of the advantageous and helpful features of arbitration. Nevertheless, there is no uniform answer in national laws as to the extent to which the participants in an arbitration are under the duty to observe the confidentiality of information relating to the case. Moreover, parties that have agreed on arbitration rules or other provisions that do not expressly address the issue of confidentiality cannot assume that all jurisdictions would recognize an implied commitment to confidentiality. Furthermore, the participants in an arbitration might not have the same understanding as regards the extent of confidentiality that is expected. Therefore, the arbitral tribunal might wish to discuss that with the parties and, if considered appropriate, record any agreed principles on the duty of confidentiality.
>
> 32. An agreement on confidentiality might cover, for example, one or more of the following matters: the material or information that is to be kept confidential (e.g. pieces of evidence, written and oral arguments, the fact that the arbitration is taking place, identity of the arbitrators, content of the award); measures for maintaining confidentiality of such information and hearings; whether any special procedures should be employed for maintaining the confidentiality of information transmitted by electronic means (...); circumstances in which confidential information may be disclosed in part or in whole (e.g. in the context of disclosures of information in the public domain, or if required by law or a regulatory body).

Die UNCITRAL Notes behandeln auch die Frage, wie Parteien und Schiedsgericht das Schiedsverfahren als vertraulich gestalten können. Nr. 6 para. 31 weist zunächst darauf hin, dass ein Schiedsverfahren nicht selbstverständlich vertraulich ist. Nr. 6 para. 32 bietet dann ein Grundgerüst für eine Vertraulichkeitsvereinbarung, wonach die Beteiligten etwa Beweismittel als vertraulich bezeichnen können, aber auch Ausnahmen vorsehen sollten.

II. International Chamber of Commerce

Die Internationale Handelskammer Paris[1022] (International Chamber of Commerce, ICC) besteht seit 1919, der Internationale Schiedsgerichtshof (International Court of Arbitration) seit 1923.[1023] Die ICC ist die für internationale Schiedsverfahren am häufigsten genutzte Institution[1024] und hat seit ihrer Gründung über 13.000 Schiedsverfahren mit Beteiligten aus über 170

[1022] ICC, 38, cours Albert 1er, 75008 Paris, Frankreich, Tel: 0033.1.49532828, Fax: 0033.1.49532933, e-mail: arb@iccwbo.org, www.iccarbitration.org.

[1023] *Lachmann*, Handbuch für die Schiedsgerichtspraxis, 2. Aufl., 2002, Rdz. 1476.

[1024] *Brower/Brower/Sharpe*, The Coming Crisis in the Global Adjudication System, Arb. Int'l, Bd. 19, 2003, 415, 416.

Ländern betreut.[1025] Jährlich begleitet die ICC über 500 Schiedsverfahren.[1026] Der Schiedsgerichtshof als administratives Organ ernennt und bestätigt Schiedsrichter, verwaltet Gebühren- und Honorarzahlungen, überwacht die Schiedsverfahren und genehmigt den Schiedsspruch.[1027] Er wird dabei von einem Sekretariat unterstützt. Seine Aufgaben sind sowohl in den Statutes of the International Court of Arbitration of the ICC (ICC Statutes) als auch in den ICC Rules of Arbitration (ICC Rules, in der Fassung vom 1. Januar 1998) geregelt. Eine Besonderheit des ICC Schiedsverfahrens sind die Terms of Reference (Schiedsauftrag), die das Schiedsgericht zu Beginn des Verfahrens entwirft, Art. 18. Sie sind ein schriftliches Prozessprogramm, das den Streitgegenstand absteckt und von Schiedsrichtern wie Parteien zu unterzeichnen ist.[1028]

1. Vorlage von Dokumenten

> *Art. 15 Rules Governing the Proceedings*[1029]
> 1. The proceedings before the Arbitral Tribunal shall be governed by these Rules, and where these Rules are silent, by any rules which the parties, or failing them, the Arbitral Tribunal may settle on, whether or not reference is thereby made to the rules of procedure of a national law to be applied to the arbitration.
> 2. In all cases, the Arbitral Tribunal shall act fairly and impartially and ensure that each party has a reasonable opportunity to present its case.
>
> *Art. 20 Establishing the Facts of the Case*
> 1. The Arbitral Tribunal shall proceed within as short a time as possible to establish the facts of the case by all appropriate means. (…)
> 5. At any time during the proceedings, the Arbitral Tribunal may summon any party to provide additional evidence. (…)

Die ICC Rules stellen zur Beweiserhebung nur ein prozessuales Grundgerüst zur Verfügung, das die Befugnisse des Schiedsgerichts allgemein regelt.[1030]

1025 www.iccwbo.org/court/english/intro_court/introduction.asp (zuletzt besucht am 3.7.2004).

1026 *McLaren*, Effective Use of International Commercial Arbitration: A Primer for Inhouse Counsel, Journal of Int'l Arb., Bd. 19, 2002, 473, 479.

1027 Siehe ausführlich: *Blessing*, Introduction to Arbitration, 1999, Rdz. 31-40.

1028 *McLaren*, Effective Use of International Commercial Arbitration: A Primer for Inhouse Counsel, Journal of Int'l Arb., Bd. 19, 2002, 473, 479; *Habscheid*, Die sogenannte Schiedsgerichtsbarkeit der Internationalen Handelskammer, RIW 1998, 421, 423.

1029 Nur der englische und französische Text ist authentisch. Für Gesamttext siehe www.iccwbo.org/court/english/arbitration/rules.asp (zuletzt besucht am 3.7.2004); Eine deutsche Übersetzung ist abgedruckt bei: *Schwab/Walter*, Schiedsgerichtsbarkeit, 7. Aufl., 2005, 531.

1030 *Craig/Park/Paulsson*, International Chamber of Commerce Arbitration, 3. Aufl., 2000, 415, §23.01.

Den Parteien steht es frei, das Verfahren selbst zu bestimmen, Art. 15.1. Allerdings machen Parteien eines ICC Schiedsverfahrens davon nur selten Gebrauch.[1031] Subsidiär kann das Schiedsgericht das Verfahren nach seinem Ermessen gestalten, Art. 15, und sich aller angemessenen Mittel bedienen, um den Sachverhalt festzustellen, Art. 20.1. Das schließt das Recht ein, die Parteien zur Herausgabe von Unterlagen aufzufordern, entweder auf Antrag einer Partei oder aus eigener Initiative.[1032] Das Schiedsgericht soll den Sachverhalt aktiv, flexibel und zügig ermitteln können. Es gilt der Untersuchungsgrundsatz.[1033]

Bei der Überarbeitung der ICC Rules 1998 hat die Arbeitsgruppe die allgemeine Formulierung des Art. 20 belassen, um den präzisen Stil beizubehalten.[1034] Um die Parteien aber vor Überraschungen zu bewahren und den immer häufiger werdenden Vorlageverlangen gerecht zu werden, hat die Arbeitsgruppe Art. 20.5 eingefügt.[1035] Danach kann das Schiedsgericht die Parteien jederzeit auffordern, zusätzliche Beweismittel vorzulegen. Art. 20.5 ermöglicht es dem Schiedsgericht, einen beschränkten Dokumentenaustausch wie im discovery Verfahren durchzuführen.[1036] Dennoch sind die ICC Rules so offen formuliert, dass Parteien und Schiedsgericht ein discovery Verfahren auch ausschließen können.[1037]

1031 *Schwartz*, International Court of Arbitration of the International Chamber of Commerce, ICCA Series Nr. 7, 1996, 206, 207.

1032 *Aden*, Internationale Handelsschiedsgerichtsbarkeit, 2. Aufl., 2003, 291, Rdz. 4; *Born*, International Commercial Arbitration, 2. Aufl., 2001, 476, Nr. 13 b); *Craig/Park/Paulsson*, International Chamber of Commerce Arbitration, 3. Aufl., 2000, 449, §26.01.

1033 *Von Schlabrendorff*, Praxisbezogene Anmerkungen [zur ICC im Porträt], SchiedsVZ 2003, 34, 35; *Lachmann*, Handbuch für die Schiedsgerichtspraxis, 2. Aufl., 2002, Rdz. 1544-1545; *Schwab/Walter*, Schiedsgerichtsbarkeit, 7. Aufl., 2005, Kap. 52, Rdz. 7; *Blessing*, Introduction to Arbitration, 1999, Rdz. 199; enger *Aden*, Internationale Handelsschiedsgerichtsbarkeit, 2. Aufl., 2003, 291, Rdz. 5 (Das Schiedsgericht soll einer Frage nur dann nachgehen dürfen, wenn eine Partei sie berührt hat.).

1034 *Aden*, Internationale Handelsschiedsgerichtsbarkeit, 2. Aufl., 2003, 291, Rdz. 3; *Craig/Park/Paulsson*, Annotated Guide to the 1998 ICC Arbitration Rules, 1998, 123.

1035 *Craig/Park/Paulsson*, International Chamber of Commerce Arbitration, 3. Aufl., 2000, 449-450, §26.01; *Craig/Park/Paulsson*, Annotated Guide to the 1998 ICC Arbitration Rules, 1998, 126.

1036 *Kühner*, Geschäftsgeheimnisse und Schiedsverfahren – neuerdings ein Gegensatz?, IHR 2003, 202, 204; *Lachmann*, Handbuch für die Schiedsgerichtspraxis, 2. Aufl., 2002, Rdz. 1552; *Jarvin*, Aspects of the Arbitral Proceedings, ICC Bulletin: The New 1998 Rules of Arbitration, Special Supplement, November 1997, 38, 40; *Reiner*, ICC Schiedsgerichtsbarkeit: Ein Handbuch für die Praxis, 1989, 214; a.A. *Elsing*, Internationale Schiedsgerichte als Mittler zwischen den prozessualen Rechtskulturen, BB 2002, IDR Beil. 7, 19, 22.

1037 *Griffin*, Recent Trends in the Conduct of International Arbitration, Journal of Int'l Arb., Bd. 17, Nr. 2, 2000, 19, 22.

a) Anordnungen von ICC Schiedsgerichten gegenüber Parteien

Im Gegensatz zu vielen anderen Schiedsinstitutionen veröffentlicht die ICC regelmäßig anonymisierte Entscheidungen zu ICC Schiedsverfahren. Davon beschäftigen sich auch einige mit Vorlageanordnungen. ICC Schiedsgerichte verlangen regelmäßig einen Antrag, der die Dokumente oder eine Gruppe von Dokumenten hinreichend genau beschreibt und begründet, warum sie entscheidungserheblich sind.[1038] Beispielsweise entsprechen sie einem Antrag auf Dokumentenvorlage, wenn ein Lizenzgeber im Schiedsverfahren Gebühren einfordert und den Lizenznehmer auffordert, Dokumente über seine Verkaufserlöse vorzulegen.[1039]

Ist der Antrag zu allgemein formuliert, lehnen ICC Schiedsgerichte ihn ab. So lehnte ein kontinentaleuropäischer Einzelschiedsrichter in einer Prozessverfügung den Antrag des Klägers ab, dem Gegner aufzugeben, seine Korrespondenz (von … bis ...) mit einem Dritten herauszugeben, soweit sie sich auf den Vertragsgegenstand bezog. Der Schiedsrichter führte aus, der Kläger habe weder den Inhalt der Dokumente näher bezeichnet, noch konkret behauptet, was die Dokumente darlegen und beweisen sollten. Das widerspreche dem Verbot der Ausforschung.[1040]

Ähnlich argumentierte ein mit kontinentaleuropäischen Schiedsrichtern besetztes Schiedsgericht mit Sitz in Äthiopien.[1041] Es leitete aus Art. 15 seine grundsätzliche Berechtigung ab, von den Parteien Dokumente herauszuverlangen. Unterstützend berief es sich auf das anwendbare nationale (äthiopische) Recht, das den staatlichen Gerichten gleiche Rechte gebe. Das Schiedsgericht suchte dann nach einem Kompromiss zwischen der angloamerikanischen Tradition, weitgefasste Gruppen von Dokumenten herauszuverlangen und der kontinentaleuropäischen Tradition, gar keine discovery zuzulassen. Es ordnete an, dass der Beklagte bestimmte, möglichst genau nach Datum, Aussteller und Thema bezeichnete Dokumente auf Antrag des Klägers herauszugeben hatte.

Anträge, zahlreiche Unterlagen des Gegners einsehen zu dürfen, um relevante Dokumente herauszusuchen, lehnen ICC Schiedsgerichte regelmäßig ab. Na-

---

[1038] *Derains/Schwartz*, A Guide to the ICC Rules of Arbitration, 2. Aufl., 2005, 281.

[1039] *Craig/Park/Paulsson*, International Chamber of Commerce Arbitration, 3. Aufl., 2000, 450, §26.01; *Weigand*, Discovery in der internationalen Schiedsgerichtsbarkeit, RIW 1992, 361, 362.

[1040] Prozessverfügung zitiert bei *Bühler*, Anmerkung zu Urt. d. Cour d'Appel Paris v. 19.1.1999, BB 1999, Beil. 4, 23, 24.

[1041] ICC Schiedssache Nr. 5542/1987 in: Hascher (Hrsg.) Collection of Procedural Decisions in ICC Arbitration 1993-1996, 1997, 62.

türlich gibt es auch hier Ausnahmen. In einem von *Craig/Park/Paulsson* zitierten ICC Schiedsverfahren ordnete das Schiedsgericht an, dass der Antragsteller 18.000 Seiten einsehen durfte, von denen er dann 5.000 Seiten zu Beweiszwecken kopierte. Das Schiedsgericht berief sich auf sein Ermessen nach den ICC Rules und auf das Recht des Antragstellers, als Joint Venture Partner die Dokumente des Gegners einsehen zu dürfen.[1042]

b) Negative Würdigung durch ICC Schiedsgerichte

Normalerweise befolgen Schiedsparteien freiwillig die Anordnungen eines ICC Schiedsgerichts, um eine Voreingenommenheit des Schiedsgerichts gegen sie zu vermeiden.[1043] Legt eine Partei Dokumente trotz Anordnung nicht vor, würdigen ICC Schiedsgerichte das Verhalten in ständiger Praxis negativ. Wie kann sich die negative Würdigung auswirken? Das Schiedsgericht kann davon ausgehen, das Dokument wäre für die Partei unvorteilhaft gewesen. Es kann aber auch die Behauptung des Antragstellers als gegeben ansehen, wenn es zusätzliche unterstützende Anhaltspunkte hat.[1044] Aus dem zur Verfügung stehenden Material muss sich zumindest ergeben, dass der behauptete Inhalt der nicht vorgelegten Dokumente wahrscheinlich und plausibel ist. Eine negative Würdigung fällt je nach Einzelfall unterschiedlich aus. Einige Beispiele sollen das verdeutlichen: In dem Beispiel des Lizenznehmers, der sich weigert, Dokumente über seine Verkaufserlöse herauszugeben, bräuchte das Schiedsgericht zusätzliche Anhaltspunkte, um der Behauptung des Antragstellers zu den Verkaufszahlen folgen zu können. Der Antragsteller könnte etwa vortragen, die Verkaufszahlen seien gleichmäßig, im Einklang mit der Wachstumsrate der Industrie oder mit anderen Zahlen gestiegen.[1045] Gibt es keinerlei Anhaltspunkte für die Behauptung des Antragstellers, kann das Schiedsgericht nicht allein aus der Weigerung darauf schließen, sie sei richtig.

In einem ICC Schiedsverfahren verlangte der Kläger Zahlung aus verschiedenen Beratungsverträgen. Der Beklagte verweigerte die Zahlung mit der Begründung, die Vereinbarungen seien nichtig, weil sie zu Bestechungshandlungen beauftragt hätten. Das Schiedsgericht forderte den Kläger zur Vorlage

---

1042 *Craig/Park/Paulsson*, International Chamber of Commerce Arbitration, 3. Aufl., 2000, 450, §26.01 Fn. 4.

1043 *Craig/Park/Paulsson*, International Chamber of Commerce Arbitration, 3. Aufl., 2000, 456, §26.01; *Derains/Schwartz*, A Guide to the ICC Rules of Arbitration, 2. Aufl. 2005, 283.

1044 *Aden*, Internationale Handelsschiedsgerichtsbarkeit, 2. Aufl., 2003, 307, Rdz. 44; *Craig/Park/Paulsson*, International Chamber of Commerce Arbitration, 3. Aufl., 2000, 450-451, §26.01.

1045 *Craig/Park/Paulsson*, International Chamber of Commerce Arbitration, 3. Aufl., 2000, 451, §26.01.

von Bankdokumenten auf, die belegen konnten, wohin verschiedene Zahlungen geflossen seien. Der Kläger verweigerte zunächst die Vorlage und lehnte auch die Einsichtnahme durch einen neutralen Dritten ab, der etwaige Geschäftsgeheimnisse des Klägers oder Dritter nicht an das Schiedsgericht und den Beklagten weitergegeben hätte. Zuletzt legte der Kläger doch Bankdokumente vor, die seinen bisherigen Behauptungen widersprachen. Das Schiedsgericht verwertete das Verhalten des Klägers, die vorgelegten Dokumente und die ungewöhnlich hohen Kommissionen. Daraus schloss es, der Kläger habe die Behauptung des Beklagten, es handle sich um Bestechungsaufträge, anerkannt.[1046] In einem anderen ICC Schiedsverfahren folgerte das Schiedsgericht aus der Weigerung einer Partei, Dokumente über ein Experiment herauszugeben, dass sie bei dem Experiment Geheimhaltungspflichten gegenüber dem Gegner verletzt hatte.[1047]

c) ICC Schiedsgerichte gegenüber Dritten

Die ICC Rules räumen dem Schiedsgericht keine Rechte gegenüber Dritten ein.[1048] Will eine Partei beantragen, dass das Schiedsgericht eine Vorlageanordnung gegen einen Dritten erlässt, bedarf es dazu also einer gesetzlichen Regelung des anwendbaren nationalen Rechts.[1049] ICC Schiedsgerichte sind nur unter bestimmten Umständen bereit, ein nationales Gerichte anzurufen, um Dritte zur Herausgabe von Dokumenten zu bewegen. Ein mit kontinentaleuropäischen Schiedsrichtern besetztes Schiedsgericht mit Sitz in Äthiopien lehnte es beispielsweise ganz ab, einen Dritten zur Vorlage von Dokumenten aufzufordern, weil es gegenüber Dritten keine Rechte habe.[1050] Ein anderes Schiedsgericht mit Sitz in der Schweiz hatte zunächst bei einem Dritten angefragt, ob er bereit sei, die herausverlangte Gruppe von Dokumenten freiwillig vorzulegen.[1051] Nachdem der Dritte das verweigert hatte, beantragte der Beweisführer beim Schiedsgericht Unterstützungsmaßnahmen durch das staatliche Gericht. Das Schiedsgericht wies den Antrag ab, ohne ihn an das staatliche Gericht weiterzugeben. In seiner Begründung stellte es ausführlich dar, warum ein Antrag auf Vorlage einer weitgefassten Gruppe von Dokumenten

---

[1046] ICC Schiedssache Nr. 6497/1994, Yearbook Comm. Arb., Bd. XXIVa, 1999, 71, 75-79.

[1047] ICC Schiedssache Nr. 8694/1996, Journal du Droit Int'l 1997, 1056, m. Anm. *Derains.*

[1048] *Derains/Schwartz*, A Guide to the ICC Rules of Arbitration, 2. Aufl., 2005, 281.

[1049] *Craig/Park/Paulsson*, International Chamber of Commerce Arbitration, 3. Aufl., 2000, 456, §26.01.

[1050] ICC Schiedssache Nr. 5542/1987 in: Hascher (Hrsg.) Collection of Procedural Decisions in ICC Arbitration 1993-1996, 1997, 62, 65; so auch *Aden*, Internationale Handelsschiedsgerichtsbarkeit, 2. Aufl., 2003, 292, Rdz. 6.

[1051] ICC Schiedssache Nr. 6401/1991 in: Hascher (Hrsg.) Collection of Procedural Decisions in ICC Arbitration 1993-1996, 1997, 152.

nicht dem anwendbaren schweizerischen Recht entspreche und deshalb ein Antrag beim staatlichen Gericht keinen Erfolg haben werde.

2. Nichtöffentlichkeit und Vertraulichkeit

> *Art. 20 Establishing the Facts of the Case*
> (...)
> 7. The Arbitral Tribunal may take measures for protecting trade secrets and confidential information.
>
> *Art. 21 Hearings*
> (...)
> 3. The Arbitral Tribunal shall be in full charge of the hearings, at which all the parties shall be entitled to be present. Save with the approval of the Arbitral Tribunal and the parties, persons not involved in the proceedings shall not be admitted. (...)
>
> *Art. 6 ICC Statutes: Confidentiality*
> The work of the Court is of a confidential nature which must be respected by everyone who participates in that work in whatever capacity. The Court lays down the rules regarding the persons who can attend the meetings of the Court and its Committees and who are entitled to have access to the materials submitted to the Court and its Secretariat.

Die mündliche Verhandlung vor dem Schiedsgericht ist grundsätzlich nicht öffentlich. Nur wenn sowohl Schiedsgericht als auch Parteien zustimmen, können Dritte zugelassen werden, Art. 21.3. Eine umfassende Regelung zur Vertraulichkeit fehlt. Nach Art. 6 ICC Statutes ist lediglich die interne Tätigkeit des ICC Schiedsgerichtshofs vertraulich. In den ICC Rules, die auf das Schiedsverfahren selbst anwendbar sind, ist zur Vertraulichkeit in Art. 20.7 nur geregelt, dass das Schiedsgericht Maßnahmen ergreifen kann, um Geschäfts- und Betriebsgeheimnisse sowie sonstige vertrauliche Informationen zu schützen.

Art. 20.7 ist entstanden, als die ICC ihre Schiedsordnung zum Jahr 1998 überarbeitet hat. Geprägt von der australischen *Esso v. Plowman* Entscheidung,[1052] die eine weltweit kontroverse Diskussion entfacht hat, hatte die Arbeitsgruppe zunächst erwogen, eine umfangreiche Vertraulichkeitsregelung einzufügen.[1053] Sie hat sich dann bewusst dagegen entschieden. Die ICC Rules sollten keine zwingenden Regeln aufstellen, die nicht allgemein anerkannt sind und der gerichtlichen Praxis im angloamerikanischen Rechtskreis widersprechen, Unterlagen aus Schiedsverfahren im discovery Verfahren herauszu-

---

[1052] *Esso Australia Resources Ltd. et al v. Plowman,* Yearbook Comm. Arb., Bd. XXI, 1996, 137 = Arb. Int'l, Bd. 11, 1995, 235; siehe ausführlich unten Kap. 4, Teil 3, V.1.a).

[1053] Zur Diskussion siehe *Blessing,* Introduction to Arbitration, 1999, Rdz. 201-203; *Craig/Park/Paulsson,* Annotated Guide to the 1998 ICC Arbitration Rules, 1998, 127-128.

verlangen.[1054] Die Arbeitsgruppe hat sich deshalb auf den neuen Art. 20.7 beschränkt, der den Beteiligten keine Vertraulichkeitsverpflichtung auferlegt, sondern das Schiedsgericht flexibel auf geheimhaltungsbedürftige Unterlagen reagieren lässt.[1055] Dabei hat Art. 52 WIPO Rules als Vorlage gedient.[1056] Das Schiedsgericht kann aber auch weiter gehen und von Anfang an eine umfassende Vertraulichkeitsklausel für die Terms of Reference vorschlagen, die sowohl Schiedsgericht als auch Parteien unterzeichnen. Dazu sind die Parteien häufig bereit.[1057]

Welche Schutzmaßnahmen Art. 20.7 erlaubt, ist noch nicht geklärt. Es ist bereits Auslegungssache des Schiedsgerichts, wann ein Betriebs- oder Geschäftsgeheimnis oder sonstige geheimhaltungsbedürftige Informationen vorliegen.[1058] Jedenfalls soll das Schiedsgericht nicht an nationale Rechtsordnungen gebunden sein, sondern eine auf den Einzelfall zugeschnittene Lösung finden. Es sind verschiedene Verfahren zum Geheimnisschutz vorstellbar: Das Schiedsgericht kann Verfügungen erlassen, die nur bestimmten Personen Zugang zu den Unterlagen gewähren. Die berechtigten Personen sollten dann eine Vertraulichkeitsvereinbarung unterzeichnen, die auch Sanktionen bei Nichtbefolgung vorsehen sollte.[1059] Das Schiedsgericht kann den Parteien auch auferlegen, keine Informationen aus dem Schiedsverfahren weiterzugeben. Es sollte auch dann Sanktionen festlegen und Ausnahmen zulassen, falls eine Schiedspartei verpflichtet ist, Informationen aus dem Schiedsverfahren einem Dritten mitzuteilen.[1060] Will das Schiedsgericht Dokumente nur selbst oder durch einen Sachverständigen einsehen und verwerten, muss es sichergehen, dass der Antragsteller mit dem Verfahren einverstanden ist und

---

[1054] *Kühner*, Geschäftsgeheimnisse und Schiedsverfahren – neuerdings ein Gegensatz?, IHR 2003, 202, 204; *Craig/Park/Paulsson*, International Chamber of Commerce Arbitration, 3. Aufl., 2000, 313-314, §16.06; *Craig/Park/Paulsson,* Annotated Guide to the 1998 ICC Arbitration Rules, 1998, 128; *Schwartz*, Commentary, ICC Bulletin: The New 1998 Rules of Arbitration, Special Supplement, November 1997, 70.

[1055] Kritisch zu der Vorschrift: *Fortier*, The Occasionally Unwarranted Assumption of Confidentiality, Arb. Int'l, Bd. 15, 1999, 131, 134 m.w.N.

[1056] *Derains/Schwartz*, A Guide to the ICC Rules of Arbitration, 2. Aufl., 2005, 285; siehe dazu unten Kap. 4, Teil 1, VI.2.a).

[1057] *Bagner*, The Confidentiality Conundrum in International Commercial Arbitration, ICC Bulletin, Bd. 12, 2001, 18, 22; *Reid*, Confidentiality – An Algorithm, Stockholm Arb. Report 2000, 53, 55.

[1058] Siehe dazu unten Kap. 4, Teil 4.

[1059] *Aden*, Internationale Handelsschiedsgerichtsbarkeit, 2. Aufl., 2003, 312, Rdz. 55; *Craig/Park/Paulsson*, International Chamber of Commerce Arbitration, 3. Aufl., 2000, 314, §16.06 Fn. 42; enger *Lachmann*, Handbuch für die Schiedsgerichtspraxis, 2. Aufl., 2002, Rdz. 1554.

[1060] *Jarvin*, Aspects of the Arbitral Proceedings, ICC Bulletin: The New 1998 Rules of Arbitration, Special Supplement, November 1997, 38, 41.

auf sein Recht verzichtet, den daraufhin erlassenen Schiedsspruch wegen Verletzung des rechtlichen Gehörs anzugreifen.[1061]

Die Regelung in Art. 20.7 ist laut ICC nicht so auszulegen, dass ohne konkrete Maßnahmen des Schiedsgerichts keinerlei Vertraulichkeitsschutz gilt. Parteien und Schiedsgericht sollen sich durchweg diskret verhalten.[1062]

III. American Arbitration Association

Die American Arbitration Association (AAA) mit Hauptsitz in New York ist bei weitem die größte Schiedsgerichtsinstitution.[1063] Sie hat im Jahr 2002 230.255 Fälle betreut, hauptsächlich inländische Schiedsverfahren.[1064] Der Anteil an internationalen Schiedsverfahren steigt stetig: von 450 Neueingängen im Jahr 1998,[1065] auf 649 Schiedsverfahren im Jahr 2001.[1066] Sie ist in den USA in allen größeren Städten und in Europa in Dublin durch Niederlassungen vertreten. Es stehen verschiedene Schiedsordnungen für unterschiedliche Branchen zur Verfügung. Für inländische Schiedsverfahren sind die Commercial Arbitration Rules vorgesehen. Für internationale Schiedsverfahren gibt es die International Arbitration Rules (AAA International Rules, in der Fassung vom 1. Juli 2003). Verfahren nach den AAA International Rules verwaltet der International Centre for Dispute Resolution, die 1996 gegründete internationale Zweigstelle der AAA.[1067] Die AAA International Rules basieren auf den UNCITRAL Rules,[1068] behandeln manche Themen aber ausführlicher.

[1061] *Fouchard/Gaillard/Goldman*, On International Commercial Arbitration, 1999, 693, para. 1265; *Derains/Schwartz*, A Guide to the ICC Rules of Arbitration, 2. Aufl., 2005, 286 Fn. 256.

[1062] *Jarvin*, Aspects of the Arbitral Proceedings, ICC Bulletin: The New 1998 Rules of Arbitration, Special Supplement, November 1997, 38, 41; a.A. *Aden*, Internationale Handelsschiedsgerichtsbarkeit, 2. Aufl., 2003, 311, Rdz. 52 (Nur das Schiedsgericht soll zu Vertraulichkeit verpflichtet sein; die Parteien sollen frei berichten können.).

[1063] AAA, 335 Madison Avenue, Floor 10, New York, NY 10017-4605, USA, Tel: 001.212.716.5800, Fax: 001.212.716.5905, e-mail: websitemail@adr.org, www.adr.org.

[1064] www.adr.org/index2.1.jsp?JSPssid=15765 (zuletzt besucht am 3.7.2004).

[1065] *Blessing*, Introduction to Arbitration, 1999, Rdz. 66.

[1066] Pressemitteilung des International Centre for Dispute Resolution vom 16.5.2002, www.adr.org/upload%5CLIVESITE%5CfocusArea%5Cinternational%5CICDRPR_pdf.pdf (zuletzt besucht am 3.7.2004).

[1067] Mit Büros in New York und Dublin; International Centre for Dispute Resolution, 14 Merrion Square, Dublin 2, Irland, Tel: 00353.1.676.1500, Fax: 00353.1.676.1501, e-mail: appelm@adr.org, www.adr.org/icdr.

[1068] *Baldwin*, Protecting Confidential and Proprietary Commercial Information in International Arbitration, Texas Int'l Law Journal, Bd. 31, 1996, 451, 471.

1. Vorlage von Dokumenten

Art. 1 Scope of Application[1069]
1. (...) the arbitration shall take place in accordance with these rules (...) subject to whatever modifications the parties may adopt in writing. (...)

Art. 16 Conduct of the Arbitration
1. Subject to these rules, the tribunal may conduct the arbitration in whatever manner it considers appropriate, provided that the parties are treated with equality and that each party has the right to be heard and is given a fair opportunity to present its case. (...)
4. Documents or information supplied to the tribunal by one party shall at the same time be communicated by that party to the other party or parties.

Art. 19 Evidence
(...)
2. The tribunal may order a party to deliver to the tribunal and to the other parties a summary of the documents and other evidence which that party intends to present in support of its claim, counter claim or defense.
3. At any time during the proceedings, the tribunal may order parties to produce other documents, exhibits or other evidence it deems necessary or appropriate.

Art. 22 Experts
(...)
2. The parties shall provide such an expert with any relevant information or produce for inspection any relevant documents or goods that the expert may require. Any dispute between a party and the expert as to the relevance of the requested information or goods shall be referred to the tribunal for decision.
3. Upon receipt of the expert's report, the tribunal shall send a copy of the report to all parties and shall give the parties an opportunity to express, in writing, their opinion on the report. A party may examine any document on which the expert has relied in such a report.
(...)

Art. 23 Default
(...)
3. If a party, duly invited to produce evidence or take any other steps in the proceedings, fails to do so within the time established by the tribunal without showing sufficient cause for such failure, as determined by the tribunal, the tribunal may make the award on the evidence before it.

Die Regelungen zum Beweisverfahren entsprechen den Vorschriften der UNCITRAL Rules. Die Parteien können schriftlich eigene Regeln vereinbaren, Art. 1.1. Im Übrigen kann das Schiedsgericht das Verfahren nach seinem Ermessen gestalten, Art. 16.1. Es kann die Parteien auffordern, Zusammen-

[1069] Gesamttext unter www.adr.org/index2.1.jsp?JSPssid=15747 (zuletzt besucht am 3.7.2004).

fassungen über ihre Beweismittel auszutauschen, Art. 19.2. Gleichzeitig ist das Schiedsgericht berechtigt, jederzeit die Vorlage weiterer Beweismittel an sich, Art. 19.3, oder an einen Sachverständigen, Art. 22.2, anzuordnen. Das ermöglicht auch ein discovery Verfahren im US-amerikanischen Stil,[1070] setzt es aber nicht als notwendig voraus. Die Verfasser der AAA International Rules wollten bewusst einen Kompromiss schaffen, der das Schiedsgericht flexibel auf die Gegebenheiten reagieren lässt.[1071] Kommt eine Partei einer Anordnung nicht nach, kann das Schiedsgericht das Verhalten negativ würdigen, Art. 23.3. Jede Partei hat das Recht, alle Unterlagen einzusehen, die der Gegner dem Schiedsgericht vorlegt, Art. 16.4, und die ein Sachverständiger verwertet, Art. 22.3. Auch nach den AAA International Rules hat das Schiedsgericht keine Rechte gegenüber Dritten.

2. Nichtöffentlichkeit und Vertraulichkeit

> *Art. 20 Hearings*
> (...)
> 4. Hearings are private unless the parties agree otherwise or the law provides to the contrary. (...)
> 6. (...) The tribunal shall take into account applicable principles of legal privilege, such as those involving the confidentiality of communications between a lawyer and client.
>
> *Art. 27 Form and Effect of the Award*
> (...)
> 4. An award may be made public only with the consent of all parties or as required by law. (...)
> 8. Unless otherwise agreed by the parties, the administrator may publish or otherwise make publicly available selected awards, decisions and ruling that have been edited to conceal the names of the parties and other identifying details or that have been made publicly available in the course of enforcement or otherwise.
>
> *Art. 34 Confidentiality*
> Confidential information disclosed during the proceedings by the parties or by witnesses shall not be divulged by an arbitrator or by the administrator. Except as provided in Article 27, unless otherwise agreed by the parties, or required by applicable law, the members of the tribunal and the administrator shall keep confidential all matters relating to the arbitration or the award.

Die AAA International Rules regeln Nichtöffentlichkeit und Vertraulichkeit detaillierter als die UNCITRAL Rules. Die Verhandlungen sind regelmäßig

---

[1070] *Elsing*, Internationale Schiedsgerichte als Mittler zwischen den prozessualen Rechtskulturen, BB 2002, IDR Beil. 7, 19, 22.
[1071] *Carter*, User's Perspective on the Arbitral Process: What Are the Current Needs?, ADR & the Law, 1998, 327, 328.

nicht öffentlich, es sei denn, die Parteien haben etwas anderes vereinbart oder ein Gesetz sieht etwas anderes vor, Art. 20.4. Die Ausnahme der gesetzlichen Verpflichtung ist in Art. 25.4 UNCITRAL Rules nicht enthalten. Gleiches gilt für Art. 27.4 (vergleiche Art. 32.5 UNCITRAL Rules): Der vollständige Schiedsspruch darf nur veröffentlicht werden, wenn die Parteien zustimmen oder ein Gesetz dies verlangt. Neu hinzugekommen zum 1.7.2003 ist Art. 27.8. Die Geschäftsstelle behält sich das Recht vor, vorbehaltlich anders lautender Vereinbarungen der Parteien, monatlich Schiedssprüche oder andere schiedsrichterliche Verfügungen zu veröffentlichen. Sie entfernt dazu die Namen und sonstige kennzeichnende Details, es sei denn die Schiedssprüche oder Verfügungen waren schon sonst öffentlich verfügbar, Art. 27.8. Das entspricht der Praxis der ICC, Schiedssprüche anonymisiert zu veröffentlichen.

Im Gegensatz zu den UNCITRAL Rules enthalten die AAA International Rules zudem eine Vertraulichkeitsregelung, die allerdings einen einseitigen Schutz bietet. Schiedsgericht und Geschäftsstelle müssen Schiedsverfahren und Schiedsspruch vertraulich behandeln, Art. 34 S. 2, sowie alle im Verfahren offen gelegten vertraulichen Informationen für sich behalten, Art. 34 S. 1. Den Parteien gibt das keine Vertraulichkeitsverpflichtung auf.[1072]

Einzigartig unter den internationalen Schiedsordnungen ist Art. 20.6 S. 2. Danach ist das Schiedsgericht verpflichtet, anwendbare Grundsätze des legal privilege zu berücksichtigen,[1073] wie etwa die vertrauliche Korrespondenz zwischen Anwalt und Mandant zu schützen. Der Verweis auf Weigerungsrechte ist begrüßenswert, weil dieses Thema in den internationalen Schiedsordnungen vernachlässigt wird. Allerdings ist Art. 20.6 Satz 2 sehr knapp formuliert und wirft die Frage auf, wonach sich der Umfang des Anwaltsgeheimnisses bestimmen soll. Außerdem bleibt unklar, ob das legal privilege das einzig anzuerkennende Weigerungsrecht sein soll, oder ob es nur beispielhaft genannt ist. Der Umgang mit Weigerungsrechten ist im internationalen Schiedsverfahren noch weitgehend ungeklärt und soll weiter unten genauer erörtert werden.[1074]

[1072] *Bagner*, Confidentiality – A Fundamental Principle in International Commercial Arbitration?, Journal of Int'l Arb., Bd. 18, 2001, 243, 245; *Coe*, International Commercial Arbitration: American Principles and Practice in a Global Context, 1997, 262-263.

[1073] Siehe oben Kap. 2, Teil 2,V.3.a).

[1074] Siehe unten Kap. 4, Teil 4.

IV. London Court of International Arbitration

Der London Court of International Arbitration (LCIA)[1075] besteht seit 1892 und ist einer der ältesten Schiedsgerichtshöfe.[1076] Jährlich betreut der LCIA etwa 50 Fälle.[1077] Seine Schiedsordnung, die LCIA Rules, in der Fassung vom 1. Januar 1998, ist stark von der englischen Tradition geprägt und setzt sich international nur langsam durch. Die Institution hat einen Gerichtshof und ein Sekretariat, die als Geschäftstelle die Schiedsverfahren betreuen.

1. Vorlage von Dokumenten

> *Art. 14 Conduct of the Proceedings*[1078]
> 1. The parties may agree on the conduct of their arbitral proceedings and they are encouraged to do so, consistent with the Arbitral Tribunal's general duties at all times:
> (i) to act fairly and impartially as between all parties, giving each a reasonable opportunity of putting its case and dealing with that of its opponent; and
> (ii) to adopt procedures suitable to the circumstances of the arbitration, avoiding unnecessary delay or expense, so as to provide a fair and efficient means for the final resolution of the parties' dispute. (...)
> 2. Unless otherwise agreed by the parties under Article 14.1, the Arbitral Tribunal shall have the widest discretion to discharge its duties allowed under such law(s) or rules of law as the Arbitral Tribunal may determine to be applicable; and at all times the parties shall do everything necessary for the fair, efficient and expeditious conduct of the arbitration.(...)

> *Art. 15 Submission of Written Statements and Documents*
> (...)
> 6. All Statements referred to in this Article shall be accompanied by copies (or, if they are especially voluminous, lists) of all essential documents on which the party concerned relies and which have not previously been submitted by any party, and (where appropriate) by any relevant samples and exhibits. (...)
> 8. (...) if at any point any party fails to avail itself of the opportunity to present its case in the manner (...) directed by the Arbitral Tribunal, the Arbitral Tribunal may nevertheless proceed with the arbitration and make an award.

[1075] LCIA, 70 Fleet Street, London, EC4Y 1EU, England, Tel: 0044.2079367007, Fax: 0044.2079367008, e-mail: lcia@lcia-arbitration.com, www.lcia-arbitration.com/lcia.

[1076] *Lachmann*, Handbuch für die Schiedsgerichtspraxis, 2. Aufl., 2002, Rdz. 1589.

[1077] 1995 hatte der LCIA 70 Neueingänge, verglichen mit 452 Neueingängen beim ICC im Jahr 1997, siehe *McLaren*, Effective Use of International Commercial Arbitration: A Primer for In-house Counsel, Journal of Int'l Arb., Bd. 19, 2002, 473, 480; und *Blessing*, Introduction to Arbitration, 1999, Rdz. 40 und 55.

[1078] Gesamttext unter www.lcia-arbitration.com/lcia/arb/uk.htm (zuletzt besucht am 3.7.2004).

Art. 21 Experts to the Arbitral Tribunal
1. Unless otherwise agreed by the parties in writing, the Arbitral Tribunal: (...) (b) may require a party to give any such expert any relevant information or to provide access to any relevant documents, goods, samples, property or site for inspection by the expert. (...)

Art. 22 Additional Powers of the Arbitral Tribunal
1. Unless the parties at any time agree otherwise in writing, the Arbitral Tribunal shall have the power, on the application of any party or of its own motion, but in either case only after giving the parties a reasonable opportunity to state their views: (...)
(c) to conduct such enquiries as may appear to the Arbitral Tribunal to be necessary or expedient, including whether and to what extent the Arbitral Tribunal should itself take the initiative in identifying the issues and ascertaining the relevant facts and the law(s) or rules of law applicable to the arbitration, the merits of the parties' dispute and the Arbitration Agreement;
(d) to order any party to make any property, site or thing under its control and relating to the subject matter of the arbitration available for inspection by the Arbitral Tribunal, any other party, its expert or any expert to the Arbitral Tribunal;
(e) to order any party to produce to the Arbitral Tribunal, and to the other parties for inspection and to supply copies of, any documents or classes of documents in their possession, custody or power which the Arbitral Tribunal determines to be relevant; (...)
2. By agreeing to arbitration under these Rules, the parties shall be treated as having agreed not to apply to any state court or other judicial authority for any order available from the Arbitral Tribunal under Art. 22.1, except with the agreement in writing of all parties.

Auch nach den LCIA Rules können zunächst die Parteien, Art. 14.1, und subsidiär das Schiedsgericht, Art. 14.2, das Verfahren gestalten. Die Regelungen zur Beweiserhebung fallen detaillierter aus als in anderen Schiedsordnungen, lassen aber dennoch ein flexibles Vorgehen zu.[1079] Obwohl die LCIA Rules stark vom englischen disclosure Verfahren, das dem US-amerikanischen discovery Verfahren ähnelt, geprägt sind, haben sie doch Elemente eingebaut, die das Verfahren mäßigen.[1080] Da die Parteien keinen Dokumentenaustausch vor Konstituierung des Schiedsgerichts betreiben, ist das Schiedsgericht automatisch mehr involviert als ein englisches Gericht im disclosure Verfahren. Das Schiedsgericht ist dazu angehalten, das Verfahren aktiv zu steuern, Art 22.1(c). Es hat das ausdrückliche Recht, eine Partei aufzufordern, Doku-

[1079] *Blessing*, Die LCIA Rules – aus der Sicht des Praktikers, SchiedsVZ 2003, 198, 199.
[1080] *Griffin*, Recent Trends in the Conduct of International Arbitration, Journal of Int'l Arb., Bd. 17, Nr. 2, 2000, 19, 22; siehe allgemein: *Aden*, Internationale Handelsschiedsgerichtsbarkeit, 2. Aufl., 2003, 733-741; zu den Unterschieden zwischen amerikanischer discovery und englischer disclosure, und wie sich die Unterschiede auf Schiedsverfahren in den USA und in England auswirken siehe *Dasteel/Jacobs*, American Werewolves in London, Arb. Int'l, Bd. 18, 2002, 165, 176-178.

mente zur Einsichtnahme an das Schiedsgericht und den Gegner, Art. 22.1(e), oder an einen Sachverständigen, Art. 21.1(b) und Art. 22.1(d), herauszugeben. Die Vorschriften benennen noch weitere Details: Es kann sich auch um eine Gruppe von Dokumenten handeln; das Schiedsgericht muss die Dokumente für entscheidungserheblich halten; und die Partei muss über die Dokumente verfügen oder verfügen können. Das Schiedsgericht kann auf Antrag oder aus eigener Initiative tätig werden, Art. 22.1. Gebunden ist es an eine abweichende schriftliche Parteivereinbarung und an die Gewährung rechtlichen Gehörs, Art. 22.1.

Die LCIA Rules formulieren auch die Pflicht der Parteien, mit jedem Schriftsatz die relevanten Dokumente, oder bei umfangreichen Anlagen, eine Liste der relevanten Dokumente vorzulegen, Art. 15.6. Auch das entspricht dem englischen Gerichtsverfahren, wo die Parteien zu Verfahrensbeginn Listen über relevante Dokumente austauschen. Um disclosure Verfahren mit gerichtlicher Durchsetzung im Schiedsverfahren einzudämmen, schreibt Art. 22.2 vor, dass sich die Parteien nicht an ein staatliches Gericht wenden dürfen, wenn auch das Schiedsgericht die Anordnung erlassen kann. Obwohl Art. 22 viele Rechte des Schiedsgerichts auflistet, regelt die Norm nicht, was das Schiedsgericht aus einer Weigerung folgern kann, wenn eine Partei der Anordnung nicht nachkommt. An anderer Stelle ist jedoch geregelt, dass das Schiedsgericht bei Säumnis ohne das Beweismittel entscheiden kann, Art. 15.8. Das schließt auch das Recht ein, die Weigerung negativ zu würdigen.[1081] Rechte gegenüber Dritten räumen die LICA Rules dem Schiedsgericht nicht ein.

2. Nichtöffentlichkeit und Vertraulichkeit

Art. 19 Hearings
(...)
4. All meetings and hearings shall be in private unless the parties agree otherwise in writing or the Arbitral Tribunal directs otherwise. (...)

Art. 30 Confidentiality
1. Unless the parties expressly agree in writing to the contrary, the parties undertake as a general principle to keep confidential all awards in their arbitration, together with all materials in the proceedings created for the purpose of the arbitration and all other documents produced by another party in the proceedings not otherwise in the public domain – save and to the extent that disclosure may be required of a party by legal duty, to protect or pursue a legal right or to enforce or challenge an award in bona fide legal proceedings before a state court or other judicial authority.

[1081] *Tief*, Discovery und Informationspflichten der Parteien in der Internationalen Schiedsgerichtsbarkeit, 2000, 96.

> 2. The deliberations of the Arbitral Tribunal are likewise confidential to its members, save and to the extent that disclosure of an arbitrator's refusal to participate in the arbitration is required of the other members of the Arbitral Tribunal under Articles 10, 12 and 26.
> 3. The LCIA Court does not publish any award or any part of an award without the prior written consent of all parties and the Arbitral Tribunal.

Alle Verhandlungen vor einem LCIA Schiedsgericht sind nicht öffentlich, es sei denn, die Parteien haben schriftlich etwas anderes vereinbart oder das Schiedsgericht schreibt etwas anderes vor, Art. 19.4. Das Schiedsgericht kann nach dem Wortlaut der Vorschrift Dritte auch ohne Zustimmung der Parteien zur Verhandlung zulassen.

Der LCIA hat wie die ICC zum Jahr 1998 seine Schiedsordnung überarbeitet. Im Gegensatz zur ICC hat er mit Art. 30 eine umfassende Vertraulichkeitsregelung mit Ausnahmen eingeführt, um die Vertraulichkeitsverpflichtung in Schiedsverfahren zu stärken.[1082] Nach Art. 30.1 müssen die Parteien Schiedssprüche und Beweismaterial vertraulich behandeln, es sei denn, die Preisgabe ist kraft Gesetzes vorgeschrieben, dient dem Schutz rechtlicher Interessen oder ist zur Durchsetzung eines Schiedsspruchs erforderlich. Die Regelung entspricht insoweit der englischen Rechtssprechung zur Vertraulichkeit.[1083] Obwohl sich Art. 30.1 nur an die Parteien richtet, gilt eine Verschwiegenheitspflicht gleichermaßen für die Mitglieder des Schiedsgerichtshofs und für das Schiedsgericht.[1084] Nach Art. 30.3 dürfen LCIA Schiedssprüche nicht veröffentlicht werden.[1085]

V. Deutsche Institution für Schiedsgerichtsbarkeit e.V.

Die Deutsche Institution für Schiedsgerichtsbarkeit e.V. (DIS)[1086] ist am 1. Januar 1992 aus dem Zusammenschluss des Deutschen Ausschusses für das Schiedsgerichtswesen und des Deutschen Instituts für Schiedsgerichtswesen e.V. entstanden. Die DIS betreut mit ihrer Geschäftsstelle vor allem nationale Schiedsverfahren, immer häufiger aber auch internationale Verfahren.[1087] Im Jahr 2003 begannen 81 neue Verfahren bei der DIS, 20 davon mit ausländi-

---

[1082] *Fortier*, The Occasionally Unwarranted Assumption of Confidentiality, Arb. Int'l, Bd. 15, 1999, 131, 134.

[1083] *Bagner*, Confidentiality – A Fundamental Principle in International Commercial Arbitration?, Journal of Int'l Arb., Bd. 18, 2001, 243, 244; siehe unten Kap. 4, Teil 3, V.2.b).

[1084] *Aden*, Internationale Handelsschiedsgerichtsbarkeit, 2. Aufl., 2003, 770, Rdz. 1.

[1085] *Aden*, Internationale Handelsschiedsgerichtsbarkeit, 2. Aufl., 2003, 770, Rdz. 2 m.w.N.

[1086] DIS, Beethovenstr. 5-13, 50674 Köln, Tel: 0221.285520, Fax: 0221.28552222, e-mail: dis@dis-arb.de, www.dis-arb.de.

[1087] *Lachmann*, Handbuch für die Schiedsgerichtspraxis, 2. Aufl., 2002, Rdz. 1695.

schen Parteien.[1088] Die Schiedsordnung der DIS (DIS SchiedsO, in der Fassung vom 1. Juli 1998) orientiert sich am deutschen Schiedsverfahrensrecht, setzt aber auch eigene Akzente und ist international ausgerichtet.[1089]

1. Vorlage von Dokumenten

§ 24 Verfahren[1090]
1. Auf das schiedsrichterliche Verfahren sind die zwingenden Vorschriften des Schiedsverfahrensrechts des Ortes des schiedsrichterlichen Verfahrens, diese Schiedsgerichtsordnung und gegebenenfalls weiter Parteivereinbarungen anzuwenden. Im Übrigen bestimmt das Schiedsgericht das Verfahren nach freiem Ermessen. (...)

§ 26 Rechtliches Gehör
1. Die Parteien sind gleich zu behandeln. Jede Partei ist in jedem Stand des Verfahrens rechtliches Gehör zu gewähren. (...)
2. Alle Schriftsätze, Schriftstücke oder sonstige Mitteilungen, die dem Schiedsgericht von einer Partei vorgelegt werden, sind der anderen Partei zur Kenntnis zu bringen. Gutachten und andere schriftliche Beweismittel, auf die sich das Schiedsgericht bei seiner Entscheidung stützen kann, sind beiden Parteien zur Kenntnis zu bringen.

§ 27 Sachverhaltsermittlung
1. Das Schiedsgericht hat den zugrunde liegenden Sachverhalt zu ermitteln. Hierzu kann es nach seinem Ermessen Anordnungen treffen, insbesondere Zeugen und Sachverständige vernehmen und die Vorlage von Urkunden anordnen. Es ist an die Beweisanträge der Parteien nicht gebunden.
2. Haben die Parteien nichts anderes vereinbart, so kann das Schiedsgericht einen oder mehrere Sachverständige zur Erstattung eines Gutachtens über bestimmte vom Schiedsgericht festzulegende Fragen bestellen. Es kann ferner eine Partei auffordern, dem Sachverständigen jede sachdienliche Auskunft zu erteilen oder alle für das Verfahren erheblichen Schriftstücke oder Sachen zur Besichtigung vorzulegen oder zugänglich zu machen. (...)

§ 30 Säumnis einer Partei
(...)
2. Versäumt es eine Partei (...) innerhalb einer festgelegten Frist ein Schriftstück zum Beweis vorzulegen, so kann das Schiedsgericht das Verfahren fortsetzen und den Schiedsspruch nach den vorliegenden Erkenntnissen erlassen.
3. Wird die Säumnis nach Überzeugung des Schiedsgerichts genügend entschuldigt, bleibt sie außer Betracht. Im Übrigen können die Parteien über die Folgen der Säumnis etwas anderes vereinbaren.

[1088] Die Entwicklung der DIS-Schiedsgerichtsbarkeit im Jahr 2003, SchiedsVZ 2004, VII.
[1089] *Lachmann*, Handbuch für die Schiedsgerichtspraxis, 2. Aufl., 2002, Rdz. 1698; ausführlich zur DIS SchiedsO *Kuckenburg/Shackleton*, The German Institution of Arbitration Issues New Arbitration Rules, Mealey's Int'l Arb. Report, Bd. 13, Nr. 7, 1998, 37.
[1090] Gesamttext unter www.dis-arb.de.

Das Schiedsgericht kann das Verfahren nach seinem Ermessen gestalten, soweit die Parteien nichts anderes vereinbart haben und keine zwingenden Regeln am Schiedsort etwas anderes vorsehen, § 24.1. Handelt das Schiedsgericht nach seinem Ermessen, muss es ein Verfahren wählen, das die Parteien nicht überrascht und ihrem mutmaßlichen Willen entspricht.[1091] Ein Dokumentenaustausch wie im discovery Verfahren ist deshalb nicht ausgeschlossen, aber nur zulässig, wenn den Parteien ein solches Verfahren geläufig ist oder sie sich damit einverstanden erklären.[1092]

§ 27.2 gleicht § 1049 Abs. 2 ZPO, während § 27.1 keiner Vorschrift der ZPO entspricht. Die Regelung deckt sich aber mit dem auch im deutschen Verfahrensrecht geltenden beschränkten Untersuchungsgrundsatz.[1093] Das Schiedsgericht ist unter anderem ausdrücklich berechtigt, die Vorlage von Urkunden anzuordnen. Die Formulierung ist nicht auf Anordnungen gegenüber den Parteien beschränkt. Auch ein DIS Schiedsgericht kann einen Dritten aber nur auffordern, Dokumente freiwillig vorzulegen. Ansonsten muss es sich an das zuständige staatliche Gericht wenden. Kommen die Parteien einer Anordnung nicht nach, kann das Schiedsgericht ihr Verhalten negativ würdigen, § 30.2 und 3.[1094]

2. Nichtöffentlichkeit und Vertraulichkeit

> *§ 43 Vertraulichkeit*
> 1. Die Parteien, die Schiedsrichter und die in der DIS-Geschäftsstelle mit einem schiedsrichterlichen Verfahren befassten Personen haben über die Durchführung eines schiedsrichterlichen Verfahrens, und insbesondere über die beteiligten Parteien, Zeugen, Sachverständigen und sonstige Beweismittel Verschwiegenheit gegenüber jedermann zu bewahren. Von den Beteiligten im Verfahren hinzugezogene Personen sind zur Verschwiegenheit zu verpflichten.
> 2. Der DIS ist gestattet, Informationen über schiedsrichterliche Verfahren in einer Zusammenstellung statistischer Daten zu veröffentlichen, soweit die Informationen eine Identifizierung der Beteiligten ausschließen.

Im Gegensatz zum deutschen Schiedsverfahrensrecht enthält die DIS SchiedsO eine Vertraulichkeitsregelung. Sie sieht ausdrücklich vor, dass alle am Schiedsverfahren Beteiligten alles, was mit dem Schiedsverfahren zu tun hat – einschließlich vorgelegter Dokumente – vertraulich behandeln müssen, § 43.1. Allerdings geht die Vorschrift zu weit, weil sie keinerlei Ausnahmen

---

[1091] *Schütze*, Praxisbezogene Anmerkungen [zur DIS im Porträt], SchiedsVZ 2003, 178, 179-180.

[1092] A.A. *Elsing*, Internationale Schiedsgerichte als Mittler zwischen den prozessualen Rechtskulturen, BB 2002, IDR Beil. 7, 19, 22 (nur bei Zusatzabrede der Parteien).

[1093] *Schwab/Walter*, Schiedsgerichtsbarkeit, 7. Aufl., 2005, Kap. 52, Rdz. 23.

[1094] *Aden*, Internationale Handelsschiedsgerichtsbarkeit, 2. Aufl., 2003, 477, Rdz. 5.

vorsieht.[1095] Da aber Parteien gesetzlich oder vertraglich verpflichtet sein können, Informationen über oder aus einem Schiedsverfahren weiterzugeben, sind Ausnahmen zwingend erforderlich. Anonymisierte Veröffentlichungen zu DIS Schiedsverfahren sind zulässig, § 43.2.

VI. World Intellectual Property Organization

Die World Intellectual Property Organization (WIPO) wurde durch Staatsvertrag gegründet, dem bisher 171 Staaten beigetreten sind. Ihr Ziel ist es, das geistige Eigentum zu schützen, und die wirtschaftliche, kulturelle und gesellschaftliche Entwicklung weltweit zu fördern. Für den WIPO Arbitration Center[1096] hat eine Expertengruppe eine Schiedsordnung formuliert (WIPO Rules, in der Fassung vom 1. Oktober 1994). Die WIPO Rules sind nicht auf Streitigkeiten zum geistigen Eigentum beschränkt, sondern können für jedes Schiedsverfahren gewählt werden.[1097] Bisher hat der WIPO Arbitration Center 21 Schiedsverfahren bearbeitet.[1098]

1. Vorlage von Dokumenten

Art. 2 Scope of Application of the Rules[1099]
(...) the dispute shall be settled in accordance with these Rules (...) unless the parties have agreed otherwise.

Art. 38 General Powers of the Tribunal
(a) (...) the Tribunal may conduct the arbitration in such manner as it considers appropriate. (...)

Art. 48 Evidence
(...)
(b) At any time during the arbitration, the Tribunal may, at the request of a party or on its own motion, order a party to produce such documents or other evidence as it considers necessary or appropriate and may order a party to make available to the Tribunal or to an expert appointed by it or to the other party any property in its possession or control for inspection or testing.

[1095] *Lachmann*, Handbuch für die Schiedsgerichtspraxis, 2. Aufl., 2002, Rdz. 1722; siehe unten Kap. 4, Teil 3.
[1096] WIPO Arbitration and Mediation Center, 34, chemin des Colombettes, P.O. Box 18, 1211 Genf 20, Schweiz, Tel: 0041.22.338.8247, Fax: 0041.22.740.3700, arbiter.mail@wipo.int, www.wipo.int.
[1097] Ausführlich zu den WIPO Rules: *Schäfer*, Die Schlichtungs- und Schiedsgerichtsordnungen der WIPO, BB 1996, Beil. 5, 10; *Kuner*, Die neuen WIPO-Schiedsregeln, RIW 1995, 965.
[1098] Siehe arbiter.wipo.int/center/caseload.html (zuletzt besucht am 3.7.2004).
[1099] Gesamttext unter arbiter.wipo.int/arbitration/rules/index.html (zuletzt besucht am 3.7.2004); eine deutsche Übersetzung ist abgedruckt bei: *Schwab/Walter*, Schiedsgerichtsbarkeit, 7. Aufl., 2005, 562.

Art. 56 Default
(...)
(d) If a party, without showing good cause, fails to comply with any provision of, or requirement under, these Rules or any direction given by the Tribunal, the Tribunal may draw the inferences therefrom that it considers appropriate.

Die WIPO Rules überlassen die Verfahrensgestaltung den Parteien, Art. 2, und subsidiär dem Schiedsgericht, Art. 38 (a). Das Beweisverfahren beruht auch in den WIPO Rules auf einem Kompromiss zwischen kontinentaleuropäischen und angloamerikanischen Vorstellungen.[1100] Das Schiedsgericht hat ausdrücklich das Recht, auf Antrag oder aus eigener Initiative Dokumente von den Parteien herauszuverlangen, wenn es diese für erheblich hält, Art. 48 (b). Die Vorschrift verbindet Art. 24.2 und 24.3 UNCITRAL Rules.[1101] Die Rechte des Schiedsgerichts sind so weit formuliert, dass es auch ein discovery Verfahren anordnen kann.[1102] Kommt eine Partei einer Anordnung des Schiedsgerichts nicht nach, ist das Schiedsgericht ausdrücklich befugt, das Verhalten der Partei nach seinem Ermessen zu würdigen, Art. 56 (d). Dabei soll es auch Weigerungsrechte der Partei berücksichtigen („without showing good cause").

2. Nichtöffentlichkeit und Vertraulichkeit

Art. 52 Disclosure of Trade Secrets and Other Confidential Information
(a) For the purposes of this Article, confidential information shall mean any information, regardless of the medium in which it is expressed, which is:
(i) in the possession of a party;
(ii) not accessible to the public;
(iii) of commercial, financial or industrial significance; and
(iv) treated as confidential by the party possessing it.
(b) A party invoking the confidentiality of any information it wishes or is required to submit in the arbitration, including to an expert appointed by the Tribunal, shall make an application to have the information classified as confidential by notice to the Tribunal, with a copy to the other party. Without disclosing the substance of the information, the party shall give in the notice the reasons for which it considers the information confidential.
(c) The Tribunal shall determine whether the information is to be classified as confidential and of such a nature that the absence of special measures of protection in

---

[1100] *Körner*, Mitteilung über Vortrag von Christian Wichard, Schieds- und Schlichtungsverfahren im Bereich des geistigen Eigentums – Erfahrungen des WIPO Arbitration and Mediation Centers, GRUR 2003, 689, 690.

[1101] *Paulsson*, The Conduct of Arbitral Proceedings under the Rules of Arbitration Institutions, WIPO Publ. Nr. 741 (E), 1995, 73.

[1102] *Paisley*, Commentary on Art. 48, in: Smit (Hrsg.), WIPO Arbitration Rules Commentary and Analysis, 2000; *Schäfer*, Die Schlichtungs- und Schiedsgerichtsordnungen der WIPO, BB 1996, Beil. 5, 10, 16 Fn. 102; *Kuner*, Die neuen WIPO-Schiedsregeln, RIW 1995, 965, 967.

the proceedings would be likely to cause serious harm to the party invoking its confidentiality. If the Tribunal so determines, it shall decide under which conditions and to whom the confidential information may in part or in whole be disclosed and shall require any person to whom the confidential information is to be disclosed to sign an appropriate confidentiality undertaking.
(d) In exceptional circumstances, in lieu of itself determining whether the information is to be classified as confidential and of such nature that the absence of special measures of protection in the proceedings would be likely to cause serious harm to the party invoking its confidentiality, the Tribunal may, at the request of a party or on its own motion and after consultation with the parties, designate a confidentiality advisor who will determine whether the information is to be so classified, and, if so, decide under which conditions and to whom it may in part or in whole be disclosed. Any such confidentiality advisor shall be required to sign an appropriate confidentiality undertaking.
(e) The Tribunal may also, at the request of a party or on its own motion, appoint the confidentiality advisor as an expert in accordance with Article 55 in order to report to it, on the basis of the confidential information, on specific issues designated by the Tribunal without disclosing the confidential information either to the party from whom the confidential information does not originate or to the Tribunal.

Art. 53 Hearings
(...)
(c) Unless the parties agree otherwise, all hearings shall be in private.

Art. 73 Confidentiality of the Existence of the Arbitration
(a) Except to the extent necessary in connection with a court challenge to the arbitration or an action for enforcement of an award, no information concerning the existence of an arbitration may be unilaterally disclosed by a party to any third party unless it is required to do so by law or by a competent regulatory body, and then only:
(i) by disclosing no more than what is legally required; and
(ii) by furnishing to the Tribunal and to the other party, if the disclosure takes place during the arbitration, or to the other party alone, if the disclosure takes place after the termination of the arbitration, details of the disclosure and an explanation of the reason for it.
(b) Notwithstanding paragraph (a), a party may disclose to a third party the names of the parties to the arbitration and the relief requested for the purpose of satisfying any obligation of good faith or candor owed to that third party.

Art. 74 Confidentiality of Disclosures Made During the Arbitration
(a) In addition to any specific measures that may be available under Article 52, any documentary or other evidence given by a party or a witness in the arbitration shall be treated as confidential and, to the extent that such evidence describes information that is not in the public domain, shall not be used or disclosed to any third party by a party whose access to that information arises exclusively as a result of its participation in the arbitration for any purpose without the consent of the parties or order of a court having jurisdiction.
(b) For the purposes of this Article, a witness called by a party shall not be considered to be a third party. To the extent that a witness is given access to evidence or

other information obtained in the arbitration in order to prepare the witness's testimony, the party calling such witness shall be responsible for the maintenance by the witness of the same degree of confidentiality as that required of the party.

Art. 75 Confidentiality of the Award
The award shall be treated as confidential by the parties and may only be disclosed to a third party if and to the extent that:
(i) the parties consent; or
(ii) it falls into the public domain as a result of an action before a national court or other competent authority; or
(iii) it must be disclosed in order to comply with a legal requirement imposed on a party or in order to establish or protect a party's legal rights against a third party.

Art. 76 Maintenance of Confidentiality by the Center and Arbitrator
(a) Unless the parties agree otherwise, the Center and the arbitrator shall maintain the confidentiality of the arbitration, the award and, to the extent that they describe information that is not in the public domain, any documentary or other evidence disclosed during the arbitration, except to the extent necessary in connection with a court action relating to the award, or as otherwise required by law.
(b) Notwithstanding paragraph (a), the Center may include information concerning the arbitration in any aggregate statistical data that it publishes concerning its activities, provided that such information does not enable the parties or the particular circumstances of the dispute to be identified.

Die WIPO Rules bieten als einzige Schiedsordnung umfassende Regeln zur Vertraulichkeit an, was sich schon an den zahlreichen Vorschriften zeigt. Zunächst bestimmt Art. 53, dass die Verhandlungen nicht öffentlich sind, es sei denn, die Parteien vereinbaren etwas anderes. Art. 73 bis 76 beschäftigen sich mit allen Facetten der Vertraulichkeit:[1103] Parteien, Zeugen, Schiedsrichter und die Geschäftsstelle müssen die Existenz des Schiedsverfahrens, Art. 73, alle Beweismittel – auch Dokumente, Art. 74 (a) – und den Schiedsspruch, Art. 75, vertraulich behandeln. Das gilt nicht, wenn alle Parteien die Informationen ausdrücklich preisgeben wollen, oder ein Gesetz, ein Gericht oder andere kompetente Stelle die Freigabe anordnet. Dann aber ist eine Freigabe nur soweit unbedingt erforderlich zulässig. Während Art. 73-76 Informationen schützen, gerade weil sie im Schiedsverfahren offenbart worden sind, geht es bei Art. 52 um den Schutz von Informationen, die bereits schutzbedürftig sind, bevor sie eine Partei in das Schiedsverfahren einführt.

Die detaillierten Regelungen haben Zuspruch,[1104] aber auch einiges an Kritik erfahren, weil sie das Spannungsverhältnis zwischen rechtlichem Gehör und

[1103] *Blessing*, Introduction to Arbitration, 1999, Rdz. 380.
[1104] *Dessemontet*, Arbitration and Confidentiality, American Review of Int'l Arb., Bd. 7, 1996, 299, 306.

Geheimnisschutz zugunsten des Geheimnisschutzes lösen.[1105] Kritisiert wird auch, dass die Regeln zwar viele Vertraulichkeitspflichten begründen, aber keine Sanktionen vorsehen.[1106] Die Verfasser der Schiedsordnung haben jedoch bewusst keine Sanktionen aufgenommen, weil das Schiedsgericht sie nicht selbst durchsetzen kann.[1107] Von den Vertraulichkeitsregelungen sind hier Art. 52 und Art. 74 zu den im Schiedsverfahren vorzulegenden Dokumenten näher zu untersuchen.

a) Schutz vorzulegender Dokumente, Art. 52

Art. 52 (a) definiert zunächst die vertrauliche Information. Danach ist jede Information vertraulich, die (1) von kommerzieller, finanzieller oder industrieller Bedeutung ist, (2) vom Besitzer vertraulich behandelt wird und (3) der Öffentlichkeit nicht zugänglich ist. Der Geheimnisbegriff ist weit auszulegen und umfasst alle als Geschäfts- und Betriebsgeheimnisse in nationalen Rechtsordnungen geschützte Informationen.[1108]

Möchte eine Partei von sich aus vertrauliche Dokumente in das Schiedsverfahren einführen, oder hat das Schiedsgericht die Vorlage angeordnet, kann die Partei einen Antrag auf vertrauliche Behandlung beim Schiedsgericht stellen, Art. 52 (b) S. 1. Der Antrag muss begründen, warum die Partei das Dokument für vertraulich hält, ohne den Inhalt der Information preiszugeben, Art. 52 (b) S. 2. Das Schiedsgericht entscheidet nach seinem Ermessen, ob die Information vertraulich ist und eine schrankenlose Preisgabe der Partei ernsthaft schaden würde, Art. 52 (c) S. 1. Ein ernsthafter Schaden droht bereits dann, wenn der Antragsteller plausibel darlegen kann, warum er zusätzlichen Schutz benötigt.[1109] Bejaht das Schiedsgericht die Voraussetzungen des Art. 52 (c) S. 1, kann es bestimmen, wer welche Teile des Dokuments einsehen darf. Alle Personen, die das Dokument einsehen, müssen eine Vertraulichkeitsverpflichtung unterzeichnen, Art. 52 (c) S. 2.

[1105] Siehe dazu ausführlich *Smit*, Commentary on Art. 52 and Artt. 73-76, in: Smit (Hrsg.), WIPO Arbitration Rules Commentary and Analysis, 2000; *Schäfer*, Die Schlichtungs- und Schiedsgerichtsordnungen der WIPO, BB 1996, Beil. 5, 10, 17; *Kuner*, Die neuen WIPO-Schiedsregeln, RIW 1995, 965, 970-971.

[1106] Siehe nur *Kuner*, Die neuen WIPO-Schiedsregeln, RIW 1995, 965, 971.

[1107] *Kaboth*, Das Schlichtungs- und Schiedsgerichtsverfahren der Weltorganisation für geistiges Eigentum, 2000, 213.

[1108] *Smit*, Commentary on Art. 52, in: Smit (Hrsg.), WIPO Arbitration Rules Commentary and Analysis, 2000, para. 52.03.

[1109] *Smit*, Commentary on Art. 52, in: Smit (Hrsg.), WIPO Arbitration Rules Commentary and Analysis, 2000, para. 52.05.

Unklar ist, ob das Schiedsgericht allein anhand der Begründung der Partei entscheiden muss, ob die Information vertraulich zu behandeln ist,[1110] oder ob es dazu das Dokument einsehen kann.[1111] In vielen Fällen wird das Schiedsgericht ohne Einsichtnahme in das Dokument nicht entscheiden können, ob der Einwand berechtigt ist. Obwohl der Wortlaut des Art. 52 nicht eindeutig ist, sollte es dem Schiedsgericht möglich sein, das Dokument herauszuverlangen, um es auf seinen Vertraulichkeitsgehalt zu überprüfen. Nur bei dieser Auslegung des Art. 52 lässt sich nachvollziehen, warum das Schiedsgericht unter außergewöhnlichen Umständen einen Dritten als Berater bestellen kann, der das Dokument anstelle des Schiedsgerichts einsieht und den Vertraulichkeitsgehalt bewertet, Art. 52 (d). Das Schiedsgericht kann den Berater auf Antrag oder aus eigener Initiative nach Anhörung der Parteien bestellen. Auch der Berater muss eine Vertraulichkeitsverpflichtung unterzeichnen. Außergewöhnliche Umstände können etwa vorliegen, wenn dem Schiedsgericht das technische Verständnis fehlt oder bereits ein Sicherheitsrisiko besteht, wenn ein parteibenannter Schiedsrichter den Inhalt des Dokuments erfährt.[1112] Der Berater entscheidet anstelle des Schiedsgerichts, ob das Dokument vertraulich ist und ob die Beteiligten es einsehen dürfen.[1113]

Hat das Schiedsgericht einen Berater ernannt, kann es diesen auf Antrag oder aus eigener Initiative zusätzlich als Sachverständigen bestellen, der die Dokumente auswertet und das Ergebnis an das Schiedsgericht weiterleitet, ohne die Geheimnisse dem Schiedsgericht und dem Gegner preiszugeben, Art. 52 (e). Die WIPO Rules sehen also ausdrücklich ein Geheimverfahren vor. Wendet das Schiedsgericht das Verfahren an, kann das zu Problemen führen, wenn der Schiedsspruch in einem Staat vollstreckt werden soll, der ein Geheimverfahren als Verstoß gegen das rechtliche Gehör ablehnt.[1114] Das staatliche Gericht könnte deshalb einen Vollstreckungsantrag ablehnen, weil ein Aufhe-

---

[1110] So *Kaboth*, Das Schlichtungs- und Schiedsgerichtsverfahren der Weltorganisation für geistiges Eigentum, 2000, 139.

[1111] *Paulsson*, The Conduct of Arbitral Proceedings under the Rules of Arbitration Institutions, WIPO Publ. Nr. 741 (E), 1995, 73, 74, setzt das als selbstverständlich voraus.

[1112] *Smit*, Commentary on Art. 52, in: Smit (Hrsg.), WIPO Arbitration Rules Commentary and Analysis, 2000, para. 52.06; *Blessing*, Arbitrability of Intellectual Property Disputes, Arb. Int'l, Bd. 12, 1996, 191, 124; *Paulsson*, The Conduct of Arbitral Proceedings under the Rules of Arbitration Institutions, WIPO Publ. Nr. 741 (E), 1995, 73, 74.

[1113] Kritisch *Kaboth*, Das Schlichtungs- und Schiedsgerichtsverfahren der Weltorganisation für geistiges Eigentum, 2000, 139-140; *Kuner*, Die neuen WIPO-Schiedsregeln, RIW 1995, 965, 970 (weil der Dritte ein zusätzliches Sicherheitsrisiko darstelle).

[1114] *Kaboth*, Das Schlichtungs- und Schiedsgerichtsverfahren der Weltorganisation für geistiges Eigentum, 2000, 140 Fn. 579; *Smit*, Commentary on Art. 52, in: Smit (Hrsg.), WIPO Arbitration Rules Commentary and Analysis, 2000, para. 52.07; kritisch auch *Schneider*, Commentary, WIPO Publ. 741 (E), 1995, 79, 81.

bungsgrund besteht. Gegen einen solchen Aufhebungsgrund spricht aber, dass sich die Parteien mit dem Verfahren einverstanden erklärt haben, als sie die WIPO Rules vereinbart haben. Bisher ist kein solcher Fall entschieden worden.

b) Schutz aller Dokumente im Schiedsverfahren

Art. 74 umfasst alle schriftlichen Beweismittel, die eine Partei oder ein Zeuge in das Schiedsverfahren eingeführt haben, soweit die Informationen nicht allgemein zugänglich sind. Die Partei und ihre Zeugen, die aufgrund des Schiedsverfahrens solche Informationen erfahren haben, dürfen sie nicht für andere Zwecke nutzen, es sei denn, alle Parteien stimmen zu oder ein zuständiges Gericht ordnet die Vorlage an. Ähnliches gilt für Schiedsrichter und Geschäftsstelle nach Art. 76.

c) Schutz Dritter

Art. 52 betrifft nur Dokumente der Parteien. Nachdem die WIPO Rules dem Schiedsgericht nicht ausdrücklich das Recht einräumen, auch von Dritten Dokumente herauszuverlangen, ist das konsequent. Allerdings ist man sich in der internationalen Schiedsgerichtsbarkeit einig, dass das Schiedsgericht einen Dritten zumindest auffordern kann, Dokumente freiwillig vorzulegen. Der Dritte wird einer solchen Aufforderung eher nachkommen, wenn das Schiedsgericht die vorgelegten Informationen umfassend schützen kann. Deshalb sollte man Art. 52 erweiternd auslegen, um auch Dokumente Dritter zu erfassen. Das entspricht dem Ziel der WIPO Rules, einen umfassenden Vertraulichkeitsschutz zu gewährleisten.

Ein Schiedsgericht, das nach den WIPO Rules vorgeht, könnte einem Dritten anbieten, die Unterlagen nur einem zur Verschwiegenheit verpflichteten Sachverständigen vorzulegen, der dann an das Schiedsgericht berichtet. Sieht nur eine Person die Unterlagen ein, ist der Dritte soweit als möglich geschützt. Denn hat der Dritte seine Unterlagen einmal Schiedsgericht und Parteien zur Verfügung gestellt, können die Parteien gemeinsam alle Schutzmechanismen der WIPO Rules durchbrechen. Sind sich die Parteien einig, gilt weder der Vertraulichkeitsschutz für Dokumente nach Art. 74, noch ist der Schiedsspruch nach Art. 75 vertraulich zu behandeln. Dem kann ein Dritter nur vorbeugen, indem er eine gesonderte Vertraulichkeitsvereinbarung mit jedem Beteiligten abschließt,[1115] oder ein Verfahren nach Art. 52 (e) beantragt.

[1115] *Smit*, Commentary on Art. 75, in: Smit (Hrsg.), WIPO Arbitration Rules Commentary and Analysis, 2000, para.75.03.

Teil 2: Vorlagepflichten in der internationalen Schiedspraxis

I. Schiedsordnungen zur Vorlage von Dokumenten im Vergleich

Aus dem Modellgesetz und den verschiedenen Schiedsordnungen lässt sich ein Verfahrensgrundsatz entnehmen:[1116] Die Parteien können den Verfahrensablauf selbst bestimmen und dabei auch von der anwendbaren Schiedsordnung abweichen. Fehlen Parteiabreden und enthält die anwendbare Schiedsordnung keine Regelung, bestimmt das Schiedsgericht das Verfahren nach freiem Ermessen. Das gewährleistet die Parteiautonomie in prozessualen Fragen, stellt aber gleichzeitig sicher, dass das Schiedsgericht das Verfahren auch ohne Parteivereinbarung führen kann.[1117] Die Schiedsordnungen verlangen dabei von dem Schiedsgericht, sich um einen fairen Ausgleich der unterschiedlichen Interessen zu bemühen. Deshalb regeln sie die Beweiserhebung nur allgemein.

Zur Ermessensfreiheit des Schiedsgerichts gehört auch das Recht, Dokumente herauszuverlangen.[1118] Dieses Recht wird sogar als allgemein anerkannter Rechtsgrundsatz bezeichnet.[1119] Alle hier behandelten Schiedsordnungen berechtigen Schiedsgerichte ausdrücklich, auf Antrag oder aus eigener Initiative die Parteien zur Vorlage von Dokumenten aufzufordern.[1120] Jede Schiedsordnung setzt dabei eigene Akzente. Während Art. 24.3 UNCITRAL Rules und § 27.1 DIS SchiedsO keine weiteren Voraussetzungen an das Anordnungsrecht knüpfen, verlangen Art. 19.3 AAA International Rules und Art. 48 (b) WIPO Rules, dass das Schiedsgericht die Vorlage für erforderlich und angemessen hält. Art. 20.5 ICC Rules formuliert prägnant: Das Schiedsgericht kann die Parteien jederzeit auffordern, zusätzliche Beweismittel vorzulegen. Das benennt nicht ausdrücklich den Urkundenbeweis, schließt ihn aber mit ein. Im Gegensatz dazu regelt Art. 22.1 (e) LCIA Rules ausführlich, dass das Schiedsgericht nach Anhörung der Parteien berechtigt ist, jede Partei aufzufordern, Dokumente oder sogar Gruppen von Dokumenten in ihrer Verfü-

---

[1116] Art. 19 UNCITRAL Modellgesetz; Art. 1.1, 15.1 UNCITRAL Rules, Art. 15.1 ICC Rules; Art. 1.1, 16.1 AAA International Rules; Art. 14 LCIA Rules; § 24.1 DIS SchiedsO; Art. 2, 38 (a) WIPO Rules.

[1117] *Blessing*, EG/US Kartellrecht in internationalen Schiedsverfahren: 77 aktuelle Fragen aus der Praxis, 2002, 68.

[1118] *Kaufmann-Kohler/Bärtsch*, Discovery in International Arbitration: How much is too much?, SchiedsVZ 2004, 13, 15.

[1119] *Paisley*, Commentary on Art. 48, in: Smit (Hrsg.), WIPO Arbitration Rules Commentary and Analysis, 2000; *Smit,* Roles of the Arbitral Tribunal in Civil Law and Common Law Systems with Respect to Presentation of Evidence, ICCA Series Nr. 7, 1996, 161, 165-166; zur geschichtlichen Entwicklung siehe *Degan*, Sources of International Law, 1997, 42.

[1120] Art. 24.3 UNCITRAL Rules; Art. 20.5 ICC Rules; Art. 19 AAA International Rules; Art. 22.1 (e) LCIA Rules; § 27.1 DIS SchiedsO; Art. 48 (b) WIPO Rules.

gungsmacht vorzulegen, die das Schiedsgericht für entscheidungserheblich hält.

Unabhängig davon, wie ausführlich die Regelung der anwendbaren Schiedsordnung ausfällt, haben Schiedsrichter regelmäßig ein weites Ermessen bei der Anordnung einer Dokumentenvorlage. Ob etwa Schiedsrichter, die an eine andere Schiedsordnung als die LICA Rules gebunden sind, auch eine Gruppe von Dokumenten herausverlangen, bleibt ihrem Ermessen überlassen. Keine Schiedsordnung schließt eine solche Anordnung aus.

Das Modellgesetz und die Schiedsordnungen haben die internationale Schiedsgerichtsbarkeit geprägt, indem sie die Flexibilität des Schiedsgerichts als einen allgemeinen Grundsatz etabliert haben. Welche Schiedsordnung die Parteien wählen, beeinflusst deshalb auch kaum den tatsächlichen Verfahrensablauf.[1121] Die positiven Wirkungen der flexiblen Handhabung eines internationalen Schiedsverfahrens sind unbestritten. Das geht aber zulasten der Rechtssicherheit. Wollen Parteien und Schiedsgericht das Verfahren von Beginn an genauer bestimmen, sind sie auf andere Regelwerke angewiesen oder müssen eigene Regeln entwickeln.[1122] Das liegt sowohl im Interesse des Schiedsgerichts als auch der Parteien, um spätere Überraschungen bei der Beweiserhebung zu vermeiden. Deshalb gibt es Regelwerke, die dem Schiedsgericht als Richtschnur dienen können, wenn es sein Ermessen ausübt.[1123] Die UNCITRAL Notes machen die Beteiligten auf die Verfahrensfragen aufmerksam, die geklärt werden sollten, geben aber keine verbindlichen Handlungsabläufe vor. Anders die Rules on the Taking of Evidence der International Bar Association: Sie beschreiben eine detaillierte Beweiserhebung und bieten so Rechtssicherheit für Schiedsgericht und Parteien.

II. Rules on the Taking of Evidence der International Bar Association

> *Preamble*[1124]
>
> 1. These IBA Rules on the Taking of Evidence in International Commercial Arbitration (the „IBA Rules of Evidence") are intended to govern in an efficient and economical manner the taking of evidence in international commercial arbitrations, particularly those between Parties from different legal traditions. They are designed

---

[1121] *Lowenfeld*, International Arbitration as Omelette: What Goes into the Mix, in: Frommel/Rider (Hrsg.), Conflicting Legal Cultures in Commercial Arbitration, 1999, 19, 21.

[1122] *Craig*, Common Law Principles on the Taking of Evidence, in: Böckstiegel (Hrsg.) Beweiserhebung in internationalen Schiedsverfahren, 2001, 9, 28-29.

[1123] *Schäfer*, Einführung in die internationale Schiedsgerichtsbarkeit, Jura 2004, 153, 159.

[1124] Abgedruckt in: Böckstiegel (Hrsg.), Beweiserhebung in internationalen Schiedsverfahren, 2001, 137; Gesamttext auch unter http://www.ibanet.org/images/downloads/IBA%20rules%20on%20the%20taking%20of%20Evidence.pdf (zuletzt besucht am 3.7.2004).

to supplement the legal provisions and the institutional or ad hoc rules according to which the Parties are conducting their arbitration.
2. Parties and Arbitral Tribunals may adopt the IBA Rules of Evidence, in whole or in part, to govern arbitration proceedings, or they may vary them or use them as guidelines in developing their own procedures. The Rules are not intended to limit the flexibility that is inherent in, and an advantage of, international arbitration, and Parties and Arbitral Tribunals are free to adapt them to the particular circumstances of each arbitration.
3. Each Arbitral Tribunal is encouraged to identify to the Parties, as soon as it considers it to be appropriate, the issues that it may regard as relevant and material to the outcome of the case, including issues where a preliminary determination may be appropriate.
4. The taking of evidence shall be conducted on the principle that each Party shall be entitled to know, reasonably in advance of any Evidentiary Hearing, the evidence on which the other Parties rely.

Art. 1 Definitions
(...)
„Document" means a writing of any kind, whether recorded on paper, electronic means, audio or visual recordings or any other mechanical or electronic menas of storing or recording information.(...)

Art. 3 Documents
1. Within the time ordered by the Arbitral Tribunal, each Party shall submit to the Arbitral Tribunal and to the other Parties all documents available to it on which it relies, including public documents and those in the public domain, except for any documents that have already been submitted by another Party.
2. Within the time ordered by the Arbitral Tribunal, any Party may submit to the Arbitral Tribunal a Request to Produce.
3. A Request to Produce shall contain:
(a) (i) a description of a requested document sufficient to identify it, or (ii) a description in sufficient detail (including subject matter) of a narrow and specific requested category of documents that are reasonably believed to exist;
(b) a description of how the documents requested are relevant and material to the outcome of the case; and
(c) a statement that the documents requested are not in the possession, custody or control of the requesting Party, and of the reason why that Party assumes the documents requested to be in the possession, custody or control of the other Party.
4. Within the time ordered by the Arbitral Tribunal, the Party to whom the Request to Produce is addressed shall produce to the Arbitral Tribunal and to the other Parties all the documents requested in its possession, custody or control as to which no objection is made.
5. If the Party to whom the Request to Produce is addressed has objections to some or all of the documents requested, it shall state them in writing to the Arbitral Tribunal within the time ordered by the Arbitral Tribunal. The reasons for such objections shall be any of those set forth in Article 9.2.
6. The Arbitral Tribunal shall, in consultation with the Parties and in timely fashion, consider the Request to Produce and the objections. The Arbitral Tribunal may order the Party to whom such Request is addressed to produce to the Arbitral Tribunal

and to the other Parties those requested documents in its possession, custody or control as to which the Arbitral Tribunal determines that
(i) the issues that the requesting Party wishes to prove are relevant and material to the outcome of the case, and (ii) none of the reasons for objection set forth in Article 9.2 apply.
7. In exceptional circumstances, if the propriety of an objection can only be determined by review of the document, the Arbitral Tribunal may determine that it should not review the document. In that event, the Arbitral Tribunal may, after consultation with the Parties, appoint an independent and impartial expert, bound to confidentiality, to review any such document and to report on the objection. To the extent that the objection is upheld by the Arbitral Tribunal, the expert shall not disclose to the Arbitral Tribunal and to the other Parties the contents of the document reviewed.
8. If a Party wishes to obtain the production of documents from a person or organization who is not a Party to the arbitration and from whom the Party cannot obtain the documents on its own, the Party may, within the time ordered by the Arbitral Tribunal, ask it to take whatever steps are legally available to obtain the requested documents. The Party shall identify the documents in sufficient detail and state why such documents are relevant and material to the outcome of the case. The Arbitral Tribunal shall decide on this request and shall take the necessary steps if in its discretion it determines that the documents would be relevant and material.
9. The Arbitral Tribunal, at any time before the arbitration is concluded, may request a Party to produce to the Arbitral Tribunal and to the other Parties any documents that it believes to be relevant and material to the outcome of the case. A Party may object to such a request based on any of the reasons set forth in Article 9.2. If a Party raises such an objection, the Arbitral Tribunal shall decide whether to order the production of such documents based upon the considerations set forth in Article 3.6 and, if the Arbitral Tribunal considers it appropriate, through the use of the procedures set forth in Article 3.7.
(...)
12. All documents produced by a Party pursuant to the IBA Rules of Evidence (or by a non-Party pursuant to Article 3.8) shall be kept confidential by the Arbitral Tribunal and by the other Parties, and they shall be used only in connection with the arbitration. The Arbitral Tribunal may issue orders to set forth the terms of this confidentiality. This requirement is without prejudice to all other obligations of confidentiality in arbitration.

Art. 9 Admissibility and Assessment of Evidence
(...)
2. The Arbitral Tribunal shall, at the request of a Party or on its own motion, exclude from evidence or production any document, statement, oral testimony or inspection for any of the following reasons:
(a) lack of sufficient relevance or materiality;
(b) legal impediment or privilege under the legal or ethical rules determined by the Arbitral Tribunal to be applicable;
(c) unreasonable burden to produce the requested evidence;
(d) loss or destruction of the document that has been reasonably shown to have occurred;

(e) grounds of commercial or technical confidentiality that the Arbitral Tribunal determines to be compelling;
(f) grounds of special political or institutional sensitivity (including evidence that has been classified as secret by a government or a public international institution) that the Arbitral Tribunal determines to be compelling; or
(g) considerations of fairness or equality of the Parties that the Arbitral Tribunal determines to be compelling.
3. The Arbitral Tribunal may, where appropriate, make necessary arrangements to permit evidence to be considered subject to suitable confidentiality protection.
4. If a Party fails without satisfactory explanation to produce any document requested in a Request to Produce to which it has not objected in due time or fails to produce any document ordered to be produced by the Arbitral Tribunal, the Arbitral Tribunal may infer that such document would be adverse to the interests of that Party. (...)

1. Entstehungsgeschichte und Rechtsnatur der IBA Rules

Die International Bar Association (IBA) besteht seit 1947 und ist die größte internationale Organisation, die sich mit internationalem Recht befasst.[1125] Schon 1983 hatte die IBA ein Regelwerk zur Beweiserhebung im internationalen Schiedsverfahren erarbeitet, die Supplementary Rules Governing the Presentation of Evidence in International Commercial Arbitration (IBA Rules 1983), die aber in der Praxis relativ bedeutungslos blieben.[1126] In mehrjähriger Arbeit hat eine Arbeitsgruppe die am 1. Juni 1999 verabschiedeten IBA Rules on the Taking of Evidence in International Commercial Arbitration (IBA Rules) erstellt. Der Arbeitsgruppe haben erfahrene Schiedspraktiker aus dem kontinentaleuropäischen und dem angloamerikanischen Raum angehört. Sie haben ein Regelwerk geschaffen, das einen gelungenen Kompromiss zwi-

[1125] *Tief*, Discovery und Informationspflichten der Parteien in der Internationalen Schiedsgerichtsbarkeit, 2000, 115.

[1126] *Böckstiegel*, Optionen und Kriterien der Beweiserhebung in internationalen Schiedsverfahren, in: Böckstiegel (Hrsg.), Beweiserhebung in internationalen Schiedsverfahren, 2001, 1, 4.

schen Beweisaufnahmemechanismen aus beiden Rechtskreisen bildet.[1127] Die IBA Rules entsprechen der anerkannten internationalen Schiedspraxis.[1128]

Die Präambel der IBA Rules zeigt vier Grundprinzipien auf, die sich durch alle Regelungen ziehen:[1129] (1) Die Beweiserhebung in einem internationalen Schiedsverfahren, vor allem zwischen Parteien aus unterschiedlichen Rechtskreisen, soll effizient und wirtschaftlich sein; (2) die Parteien und das Schiedsgericht sollen die IBA Rules jederzeit an die speziellen Bedürfnisse des Falles anpassen können; (3) das Schiedsgericht soll den Parteien so früh als möglich die entscheidungserheblichen Streitpunkte mitteilen, damit sich Parteien und Schiedsgericht darauf konzentrieren können; (4) jede Partei ist verpflichtet, das Schiedsgericht und den Gegner rechtzeitig und vollständig über den Inhalt ihrer Beweismittel zu informieren.

Nr. 3 der Präambel fördert ein aktives Schiedsgericht, während Nr. 4 die Mitwirkungspflichten der Parteien statuiert. Nr. 2 betont die flexible Handhabung der IBA Rules. Sie sind nicht von sich aus verbindlich. Sie ergänzen das anwendbare Schiedsverfahrensrecht oder die vereinbarte Schiedsordnung, Nr. 1 der Präambel. Die Parteien können die IBA Rules bereits in ihrer Schiedsabrede für anwendbar erklären, wenn sie bei Vertragsabschluss bewusst Regelungen zur Beweiserhebung treffen wollen.[1130] Das wird aber selten vorkommen. Nachdem die Streitigkeit entstanden ist, kann das Schiedsgericht mit den Parteien vereinbaren, dass die IBA Rules Bestandteil der Ver-

---

[1127] *Varga*, Beweiserhebung in transatlantischen Schiedsverfahren, 2006, 145; *Knoblach*, Sachverhaltsermittlung in der internationalen Wirtschaftsschiedsgerichtsbarkeit, 2003, 306; *Elsing*, Internationale Schiedsgerichte als Mittler zwischen den prozessualen Rechtskulturen, BB 2002, IDR Beil. 7, 19, 22; *King/Bosman*, Rethinking Discovery in International Arbitration: Beyond the Common Law/Civil Law Divide, ICC Bulletin, Bd. 12, 2001, 24, 35; *Baum*, Reconciling Anglo-Saxon and Civil Law Procedure: The Path to a Procedural Lex Arbitrationis, in: Briner u.a. (Hrsg.) Liber Amicorum Karl-Heinz Böckstiegel, 2001, 21, 25 Fn. 14; *Lamm*, Presenting Evidence in AAA and ICSID Arbitration, Arb. and ADR 2001, 63; *Griffin*, Recent Trends in the Conduct of International Arbitration, Journal of Int'l Arb., Bd. 17, Nr. 2, 2000, 19, 21.

[1128] *Blessing*, Die LCIA Rules – aus der Sicht des Praktikers, SchiedsVZ 2003, 198, 200; *Sachs*, Use of Documents and Document Discovery, SchiedsVZ 2003, 193, 198; *Hunter*, Arbitration in Germany – A Common Law Perspective, SchiedsVZ 2003, 155, 161; *Veeder*, Evidential Rules in International Commercial Arbitration, The Journal of the Chartered Institute of Arbitrators, Bd. 65, 1999, 291, 296.

[1129] *IBA Working Party*, Commentary on the New IBA Rules of Evidence, Business Law Int'l, 2000, 14 = Böckstiegel (Hrsg.), Beweiserhebung in internationalen Schiedsverfahren, 2001, 147, 148-149.

[1130] *Lew/Mistelis/Kröll*, Comparative International Commercial Arbitration, 2003, para. 22-24; *McLaren*, Effective Use of International Commercial Arbitration: A Primer for Inhouse Counsel, Journal of Int'l Arb., Bd. 19, 2002, 473, 485.

fahrensregeln werden. Das macht langwierige Verhandlungen über die Beweiserhebung überflüssig.[1131] Auch ohne eine Vereinbarung kann das Schiedsgericht bei der Ermessensausübung auf die IBA Rules zurückgreifen, wenn es bei auftauchenden Problemen einen Kompromiss sucht, der auf einer internationalen Abstimmung beruht. Auch die Parteien können mit den IBA Rules argumentieren, wenn sie sich zu Vorlageverlangen äußern.[1132] Inzwischen zeigt sich, dass Schiedsgerichte die IBA Rules gerne als Inspiration für konkrete Problembewältigungen nutzen, sie aber selten als verbindlich vereinbaren.[1133] Damit bleibt das Schiedsgericht flexibel, auch eine andere Lösung zu wählen, die sich besser an die besondere Situation des Einzelfalles anpasst.

2. Dokumentenvorlage

Zunächst bestimmt Art. 1 einen weiten Dokumentenbegriff. Es fallen darunter alle Schriftstücke, aber auch elektronische Dokumente und Ton- oder Bildaufnahmen.

Die Dokumentenvorlage ist ausführlich in Art. 3 geregelt. Zunächst legt jede Partei die Unterlagen vor, die ihre Argumentation stützen, Art. 3.1. Danach sind eingeschränkte und spezifische Vorlageverlangen erlaubt, die an das Schiedsgericht zu richten sind, Art. 3.2 und 3.3. Das unterscheidet sich vom US-amerikanischen discovery Verfahren, in dem die Parteien Vorlageverlangen direkt an den Gegner richten. Der Gegner kann Einwendungen gegen Vorlageverlangen erheben, Art. 3.5 und 9.2. Das Schiedsgericht entscheidet in einer Prozessverfügung über Vorlageverlangen und Einwendungen, Art. 3.6.

Art. 3 unterscheidet nach drei Gruppen von Dokumenten: (1) Dokumente, die einer Partei zur Verfügung stehen, und die sie vorlegen will, Art. 3.1; (2) Dokumente, die eine Partei als Beweismittel einführen will, die aber im Besitz

---

[1131] *Griffin*, Recent Trends in the Conduct of International Arbitration, Journal of Int'l Arb., Bd. 17, Nr. 2, 2000, 19, 21.

[1132] *Darwazeh*, Document Discovery and the IBA Rules on Evidence - A Practitioner's View, Int'l Arb. Law Review 2002, 101, 103.

[1133] *Kaufmann-Kohler/Bärtsch*, Discovery in International Arbitration: How much is too much?, SchiedsVZ 2004, 13, 18; *Sachs*, Use of Documents and Document Discovery, SchiedsVZ 2003, 193, 196; *von Mehren/Salomon*, Submitting Evidence in an International Arbitration: The Common Lawyer's Guide, Journal of Int'l Arb., Bd. 20, 2003, 285; *Blessing*, EG/US Kartellrecht in internationalen Schiedsverfahren: 77 aktuelle Fragen aus der Praxis, 2002, 69; *Berger*, Arbitration Interactive, 2002, 216; *Böckstiegel*, Optionen und Kriterien der Beweiserhebung in internationalen Schiedsverfahren, in: Böckstiegel (Hrsg.), Beweiserhebung in internationalen Schiedsverfahren, 2001, 1, 4; *Born*, International Commercial Arbitration, 2. Aufl., 2001, 484, Nr. 1; *Craig/Park/Paulsson*, International Chamber of Commerce Arbitration, 3. Aufl., 2000, 426, §23.04; *Blessing*, Introduction to Arbitration, 1999, Rdz. 910.

des Gegners oder eines Dritten sind, Art. 3.2 bis 3.8; und (3) Dokumente, die keine Partei einführen möchte, die aber das Schiedsgericht für erforderlich hält, Art. 3.9.

Bei der Erarbeitung des Art. 3 hat sich die Arbeitsgruppe an vier Grundsätzen orientiert:[1134] (1) Das Schiedsgericht soll nicht nur einzelne Dokumente, wie noch nach den IBA Rules 1983, sondern auch eine Gruppe von Dokumenten herausverlangen können. Um aber eine Ausforschung wie im US-amerikanischen discovery Verfahren zu vermeiden, soll auch die Gruppe von Dokumenten hinreichend genau spezifiziert werden. (2) Das Schiedsgericht soll auch interne Dokumente herausverlangen können, also solche, die nur innerhalb eines Unternehmens kursieren. Das war nach den IBA Rules 1983 ausgeschlossen.[1135] (3) Das Schiedsgericht soll für die Entscheidung über ein Vorlageverlangen ausschließlich zuständig sein. (4) Jede Partei soll Einwendungen gegen ein Vorlageverlangen vorbringen können.

Der Vergleich zu den IBA Rules 1983 zeigt den Konsens, der sich inzwischen in der internationalen Schiedsgerichtsbarkeit eingestellt hat. Auch kontinentaleuropäische Schiedsrichter haben erkannt, dass ein discovery Verfahren die zügige und effektive Konfliktlösung fördern kann und sich durch Kontrollmaßnahmen auf relevante Dokumente beschränken lässt.[1136]

a) Antrag auf Vorlage

Die Partei muss ihren Antrag in der Frist, die das Schiedsgericht nach Art. 3.2 festgesetzt hat, beim Schiedsgericht einreichen. Der Antrag muss den inhaltlichen Voraussetzungen aus Art. 3.3 entsprechen. Der Inhalt des Vorlageverlangens ist besonders wichtig, weil er dem Antragsgegner dazu dient, zu entscheiden, ob er dem Verlangen freiwillig nachkommen will oder ob er Einwendungen erheben will. Er ist gleichzeitig Entscheidungsgrundlage des Schiedsgerichts.

[1134] *IBA Working Party*, Commentary on the New IBA Rules of Evidence, Business Law Int'l, 2000, 14 = Böckstiegel (Hrsg.), Beweiserhebung in internationalen Schiedsverfahren, 2001, 147, 152-153.

[1135] Kritisch zu dieser Änderung *Shore*, Three Evidentiary Problems in International Arbitration, SchiedsVZ 2004, 76, 77-78 (Er erwartet eine Ausuferung der Vorlagepflichten, weil mit den IBA Rules eine Vermutung für die Vorlagepflicht eingeführt werde.).

[1136] *Darwazeh*, Document Discovery and the IBA Rules on Evidence - A Practitioner's View, Int'l Arb. Law Review 2002, 101, 105; *Craig/Park/Paulsson*, International Chamber of Commerce Arbitration, 3. Aufl., 2000, 454, §26.01; a.A. *Shore*, Three Evidentiary Problems in International Arbitration, SchiedsVZ 2004, 76, 77-78, der die Kontrollmaßnahmen nicht für ausreichend hält.

Der Antragsteller muss das Dokument individuell bestimmen, Art. 3.3(a)(i). Drei Elemente können ein Dokument beschreiben: (1) der vermutete Urheber und/oder Empfänger des Dokuments; (2) Datum oder Zeitraum, in dem das Dokument vermutlich errichtet worden ist; und (3) der vermutete Inhalt des Dokuments.[1137] Der Antragsteller kann aber nach Art. 3.3(a)(ii) auch die Vorlage einer „narrow and specific category of documents" verlangen. Eine Gruppe von Dokumenten liegt dann vor, wenn sich vermutlich mehrere Dokumente auf das gleiche Thema beziehen. Der Antragsteller muss auch die Gruppe von Dokumenten inhaltlich so genau als möglich bestimmen. Hier ergeben sich Auslegungsprobleme. Genügt es, die Korrespondenz zwischen Firma A und Firma B zu einem bestimmten Thema herauszuverlangen? Oder muss der Antrag lauten: „alle Korrespondenz zwischen einer bestimmten Person bei Firma A und einer bestimmten Person bei Firma B von ... bis ... zu einem bestimmten Thema"? Das bleibt dem Ermessen des Schiedsgerichts überlassen. Allerdings sollte sich das Schiedsgericht nicht daran orientieren, ob der Gegner nach dem Vorlageverlangen besonders viele Dokumente vorlegen muss.[1138] Nach der Arbeitsgruppe genügt es etwa, wenn sich der Antragsteller, der gegen die Kündigung einer Joint Venture Vereinbarung klagt, sicher ist, dass in einer Vorstandssitzung des Gegners über die Kündigung entschieden worden ist. Auch wenn er nicht weiß, wer wann Dokumente erstellt hat, um die Vorstandssitzung vorzubereiten, und von wann das Sitzungsprotokoll stammt, kann er dennoch diese Unterlagen nach Art. 3.3(a)(ii) herausverlangen.[1139]

Des Weiteren muss der Antragsteller die Behauptungen darlegen, die er mit den Dokumenten beweisen möchte, Art. 3.3(b). Das Schiedsgericht soll nachvollziehen können, zu welchem Zweck der Antragsteller die Dokumente benötigt. Es ist ein zentrales Anliegen der IBA Rules, sicherzustellen, dass nur entscheidungserhebliches Material zum Schiedsverfahren zugelassen wird, Art. 3.6(i). Deshalb muss der Antragsteller auch darlegen, inwiefern das Dokument entscheidungserheblich ist (relevant and material).[1140]

[1137] *Raeschke-Kessler*, Die IBA Rules über die Beweisaufnahme in internationalen Schiedsverfahren, in: Böckstiegel (Hrsg.), Beweiserhebung in internationalen Schiedsverfahren, 2001, 41, 51.

[1138] *Darwazeh*, Document Discovery and the IBA Rules on Evidence - A Practitioner's View, Int'l Arb. Law Review 2002, 101, 106.

[1139] *IBA Working Party*, Commentary on the New IBA Rules of Evidence, Business Law Int'l, 2000, 14 = Böckstiegel (Hrsg.), Beweiserhebung in internationalen Schiedsverfahren, 2001, 147, 154; weitere Beispiele bei *Lew/Mistelis/Kröll*, Comparative International Commercial Arbitration, 2003, para. 22-54.

[1140] *Kaufmann-Kohler/Bärtsch*, Discovery in International Arbitration: How much is too much?, SchiedsVZ 2004, 13, 18.

Nach Art. 3.3(c) muss der Antragsteller erklären, dass sich das Dokument nicht in seiner Verfügungsgewalt, sondern in der des Antragsgegners befindet. Hier kann es für das Schiedsgericht Auslegungsprobleme geben, was unter den Begriff „possession, custody or control" fällt. Die Formulierung gleicht dem US-amerikanischen Recht und legt es nahe, darunter alle Mitglieder eines Konzernunternehmens zu fassen.[1141] Ist das Dokument dagegen im Besitz eines Dritten, der in keiner Verbindung zu einer Partei steht, bleibt nur der Weg über Art. 3.8.[1142]

b) Einwendungen gegen Vorlageverlangen

Hat eine Partei ein Vorlageverlangen an das Schiedsgericht gerichtet, Art. 3.2, oder hat das Schiedsgericht aus eigener Initiative ein Dokument herausverlangt, Art. 3.9, setzt es dem Betroffenen eine Frist, um sich zu dem Vorlageverlangen zu äußern. Äußert er sich nicht innerhalb dieser Frist, wird er automatisch vorlagepflichtig und ist mit Einwendungen präkludiert. Das folgt aus der Pflicht, seine prozessualen Rechte aktiv wahrzunehmen. Das Schiedsgericht ordnet dann die Vorlage an.

In formeller Hinsicht kann der Antragsgegner einwenden, das Vorlageverlangen sei verspätet oder der Antragsteller habe die inhaltlichen Voraussetzungen des Antrags nicht erfüllt. Art. 9.2 bietet weitere formelle Einwendungen: (1) Der Einwand aus Art. 9.2(a) ist der des „lack of sufficient relevance or materiality". Das Dokument soll erheblich im Sinne einer deutschen Schlüssigkeitsprüfung sein. Zudem muss es für das Schiedsgericht tatsächlich bedeutsam sein.[1143] (2) Eine Partei kann nach Art. 9.2(c) vortragen, es sei unangemessen, das Dokument herausgeben zu müssen. (3) Art. 9.2(d) betrifft verloren gegangene oder zerstörte Dokumente.

In materieller Hinsicht enthält Art. 9.2 folgende Einwendungen: (1) Nach Art. 9.2(b) greift der für die angloamerikanische Rechtstradition wichtige Einwand des „legal impediment or privilege". Dort ist die Korrespondenz zwischen Anwalt und Mandant oder der interne Vermerk des Syndikusanwalts vor dem Zugriff im discovery Verfahren geschützt.[1144] (2) Art. 9.2(e) schützt wirtschaftlich oder technisch vertrauliche Dokumente. Das erfasst etwa Pläne, Zeichnungen, unveröffentlichte Umsatzzahlen oder Vermarktungs-

---

[1141] Siehe oben Kap. 2, Teil 2, IV.4.
[1142] Siehe zur Verfügungsmacht auch unten Kap. 4, Teil 2, III.2.b).
[1143] *Raeschke-Kessler*, Die IBA Rules über die Beweisaufnahme in internationalen Schiedsverfahren, in: Böckstiegel (Hrsg.), Beweiserhebung in internationalen Schiedsverfahren, 2001, 41, 60.
[1144] Siehe oben Kap. 2, Teil 2, V.3.a).

projekte.[1145] (3) Art. 9.2(f) betrifft hoheitliche Geheimhaltungsbelange. Geschützt sind vor allem Regierungen und internationalen Organisationen, soweit sie Verträge mit Schiedsklauseln abschließen. (4) Als Auffangklausel dient der Einwand fehlender Waffengleichheit aus Art. 9.2(g), der eine faire und gleiche Behandlung durch das Schiedsgericht sichern soll.[1146] Die Reichweite verschiedener Weigerungsrechte ist in einzelnen Rechtsordnungen unterschiedlich ausgeprägt. Hat eine Partei mit einem Weigerungsrecht gerechnet, das dem Gegner unbekannt ist, muss das Weigerungsrecht für beide Parteien gleich weit gehen. Sonst entstünde ein erhebliches Ungleichgewicht zwischen den Parteien.

Das Schiedsgericht prüft die Einwendungen und entscheidet in einer Prozessverfügung über das Vorlageverlangen. Eine Begründung ist nicht erforderlich. Ein Rechtsmittel gegen diese Entscheidung gibt es nicht. Eine Prozessverfügung kann höchstens im Aufhebungs- oder Vollstreckungsverfahren inzident angegriffen werden.[1147]

Weigert sich eine Partei, einer Anordnung des Schiedsgerichts nachzukommen, kann das Schiedsgericht nach Art. 9.4 negative Rückschlüsse ziehen, d.h. es darf davon ausgehen, dass der Inhalt des Dokuments den Interessen der Partei zuwiderläuft.

3. Vertraulichkeit

Art. 3.7, 3.12 und 9.3 beschäftigen sich mit der Vertraulichkeit. Die Regelungen sind bewusst kurz gehalten und überlassen vieles dem Ermessen des Schiedsgerichts.[1148] Nach Art. 3.12 sind Schiedsgericht und Parteien dazu verpflichtet, alle Dokumente, die aufgrund eines Vorlageverlangens oder auf Initiative des Schiedsgerichts im Schiedsverfahren vorgelegt werden mussten, vertraulich zu behandeln und nur für das Schiedsverfahren zu nutzen. Ausnahmen sind nicht vorgesehen.

Hat eine Partei Geheimhaltungsinteressen gegen ein Vorlageverlangen geltend gemacht, ist das Schiedsgericht ausdrücklich ermächtigt, in außerge-

---

[1145] *Jarvin*, Die Praxis der Beweiserhebung in internationalen Schiedsverfahren, in: Böckstiegel (Hrsg.), Beweiserhebung in internationalen Schiedsverfahren, 2001, 86, 92.

[1146] *IBA Working Party*, Commentary on the New IBA Rules of Evidence, Business Law Int'l, 2000, 14 = Böckstiegel (Hrsg.), Beweiserhebung in internationalen Schiedsverfahren, 2001, 147, 169.

[1147] *Berger*, International Economic Arbitration, 1993, 590-594.

[1148] *IBA Working Party*, Commentary on the New IBA Rules of Evidence, Business Law Int'l, 2000, 14 = Böckstiegel (Hrsg.), Beweiserhebung in internationalen Schiedsverfahren, 2001, 147, 156; kritisch *Blessing*, Introduction to Arbitration, 1999, Rdz. 913.

wöhnlichen Fällen das Dokument einem neutralen Dritten vorzulegen. Der Dritte prüft das Dokument und berichtet dem Schiedsgericht, ob er die Einwendung für berechtigt hält, Art. 3.7. Das Schiedsgericht entscheidet dann aufgrund des Berichts, ob es das Dokument herausverlangt oder nicht.[1149] Nach Art. 9.3 ist das Schiedsgericht zudem berechtigt, sonstige Maßnahmen zum Schutz der Vertraulichkeit zu ergreifen. Welche Maßnahmen das Schiedsgericht treffen kann, bleibt seinem Ermessen überlassen. Zumindest bei genügender Aufklärung der Parteien kann das Schiedsgericht im Einzelfall anordnen, dass das Dokument einem vom Schiedsgericht bestellten unabhängigen, zur Verschwiegenheit verpflichteten Sachverständigen auszuhändigen ist, der das Dokument auswertet und unter Wahrung der schutzwürdigen Geheimnisse seine Ergebnisse präsentiert.[1150]

4. Vorlageverlangen gegenüber einem Dritten, Art. 3.8

Die IBA Rules halten sich an den Grundsatz, dass ein Schiedsgericht keine Entscheidungsbefugnis über Dritte hat, die nicht Parteien des Schiedsverfahrens sind. Es kann im Fall eines Vorlageverlangens gegenüber Dritten die rechtlich zulässigen Maßnahmen ergreifen, die es für angemessen hält, Art. 3.8. Zur Anleitung muss es sich im konkreten Fall an das nationale Verfahrensrecht am Sitz des Schiedsgerichts halten. Ein Vorlageverlangen gegenüber Dritten muss den gleichen Voraussetzungen wie ein Vorlageverlangen gegenüber dem Gegner entsprechen. Erst wenn das Schiedsgericht überzeugt ist, dass die begehrten Dokumente entscheidungserheblich sind, darf es nach Art. 3.8 tätig werden. Dann kann es den Dritten zunächst selbst um eine freiwillige Vorlage bitten. Fruchten seine Unternehmungen nicht, kann es ein staatliches Gericht um Unterstützung anrufen. Kommt der Dritte einer Vorlageanordnung dennoch nicht nach, darf es daraus keine negativen Rückschlüsse ziehen, sondern hat nach den allgemeinen Beweislastregeln zu entscheiden.[1151]

[1149] *IBA Working Party*, Commentary on the New IBA Rules of Evidence, Business Law Int'l, 2000, 14 = Böckstiegel (Hrsg.), Beweiserhebung in internationalen Schiedsverfahren, 2001, 147, 155.

[1150] *Raeschke-Kessler*, Die IBA Rules über die Beweisaufnahme in internationalen Schiedsverfahren, in: Böckstiegel (Hrsg.), Beweiserhebung in internationalen Schiedsverfahren, 2001, 41, 62.

[1151] *Raeschke-Kessler*, Die IBA Rules über die Beweisaufnahme in internationalen Schiedsverfahren, in: Böckstiegel (Hrsg.), Beweiserhebung in internationalen Schiedsverfahren, 2001, 41, 59.

III. Internationale Schiedspraxis

In der internationalen Schiedsgerichtsbarkeit hat sich unabhängig von den IBA Rules ein gängiges Verfahren zur Beweiserhebung herausgebildet.[1152] Nachdem nur wenige Schiedssprüche veröffentlicht werden und die Veröffentlichungen oftmals auch keinen Aufschluss über den Verfahrensablauf geben, erfolgt die Rechtsfortbildung auf Tagungen zur Schiedsgerichtsbarkeit und durch Veröffentlichungen von Schiedspraktikern.

Das internationale Schiedsverfahren ist ein Streitbeilegungsmechanismus sui generis, der vom inländischen Schiedsverfahren klar zu trennen ist.[1153] Nur hier kann ein Konflikt zwischen unterschiedlichen prozessualen Rechtsauffassungen entstehen – und bewältigt werden. Das internationale Schiedsverfahren soll sich von lokalen Regeln und Vorstellungen lösen.[1154] Parteien und Schiedsgericht sollen das Verfahren autonom bestimmen können, einschließlich Fragen der Dokumentenvorlage. Es soll ihnen gerade erspart bleiben, ein ihnen wahrscheinlich unbekanntes nationales Zivilprozessrecht zu erarbeiten. Vielmehr soll sich das Schiedsgericht an internationalen Standards orientieren und für die Parteien ein maßgeschneidertes Verfahren liefern.[1155] Dabei soll es die Interessen und Wünsche der Parteien im Auge behalten, solange diese mit den anwendbaren Regeln vereinbar sind. Kann es sich aber mit den Parteien nicht einigen, muss es selbst eine klare und deutliche Entscheidung treffen, weil die dauernde Suche nach einem Kompromiss seine Autorität untergraben würde.[1156]

1. Discovery

Ist bei der Beweiserhebung im internationalen Schiedsverfahren ein discovery Verfahren erlaubt? Die herrschende Meinung in der Literatur bejaht das.[1157]

[1152] *Sachs*, Use of Documents and Document Discovery, SchiedsVZ 2003, 193, 198.

[1153] *Blessing*, Introduction to Arbitration, 1999, Rdz. 362.

[1154] Vor den Gefahren einer vollständigen Loslösung von nationalen Konzepten, die ein Schiedsgericht als Freibrief verstehen könnte, internationale Rechtskonzepte ohne Bezug zu nationalen Grenzen zu entwickeln, warnt *Wilske*, „Internationalisation of Law“ in Arbitration, in: Vogt (Hrsg.), Liber Amicorum Bär & Karrer, 2004, 257.

[1155] *Blessing*, EG/US Kartellrecht in internationalen Schiedsverfahren: 77 aktuelle Fragen aus der Praxis, 2002, 67; *Karrer*, Verfahren vor Schiedsgerichten und staatlichen Gerichten, in: Berger u.a. (Hrsg.) Festschrift für Otto Sandrock, 2000, 465, 468-469; *von Mehren*, An International Arbitrator's Point of View, American Review of Int'l Arb., Bd. 10, 1999, 203, 210; *Borris,* The Reconciliation of Conflicts Between Common Law and Civil Law Principles in the Arbitration Process, in: Frommel/Rider (Hrsg.), Conflicting Legal Cultures in Commercial Arbitration, 1999, 1, 18.

[1156] *Bernstein/Tackaberry/Marriott/Wood*, Handbook of Arbitration Practice, 3. Aufl., 1998, para. 2-310.

[1157] *Blessing*, Introduction to Arbitration, 1999, Rdz. 901 m.w.N.

Damit ist aber nicht das US-amerikanische discovery Verfahren gemeint – denn dort tauschen die Parteien ohne Mitwirkung des Gerichts Unterlagen aus und fordern sich gegenseitig zur Vorlage auf. Im internationalen Schiedsverfahren scheitert das schon daran, dass die Parteien nach Konstituierung des Schiedsgerichts zunächst Schriftsätze austauschen und das Schiedsgericht ein discovery Verfahren erst anordnen müsste. Das tun internationale Schiedsgerichte nur selten.[1158] Gegen den dann folgenden „battle of documents" wenden sich viele erfahrene Schiedsrichter:[1159] Werden sie mit Dokumenten überschwemmt, sei es ihnen wesentlich erschwert, die entscheidungserheblichen Fragen herauszufiltern. Auch wenn es aus Sicht der Parteivertreter verständlich sei, die Interessen ihrer Partei so umfassend als möglich geltend machen zu wollen, müsse sich die Vorlage auf das Wesentliche beschränken. Allerdings lassen Schiedsgerichte regelmäßig alle Dokumente zu, die eine Partei zur Beweisführung präsentieren möchte. Sie wollen vermeiden, dass eine Partei vor dem staatlichen Gericht mit dem Aufhebungsgrund durchdringt, sie habe keine Gelegenheit gehabt, ihren Fall vollständig zu präsentieren.[1160]

2. Verfahren zur Dokumentenvorlage

Inzwischen hat sich zur Beweiserhebung ein internationaler Konsens gebildet, der Elemente aus dem angloamerikanischen und dem kontinentaleuropäischen Rechtskreis nutzt. Auch hier gilt der weite Dokumentenbegriff wie in Art. 1 IBA Rules beschrieben.[1161] Oftmals wird das gängige Beweiserhebungsver-

---

[1158] *Born*, International Commercial Arbitration, 2. Aufl., 2001, 477; *Borris*, The Reconciliation of Conflicts Between Common Law and Civil Law Principles in the Arbitration Process, in: Frommel/Rider (Hrsg.), Conflicting Legal Cultures in Commercial Arbitration, 1999, 1, 11-12; *Baldwin*, Protecting Confidential and Proprietary Commercial Information in International Arbitration, Texas Int'l Law Journal, Bd. 31, 1996, 451, 479; *Rau/Sherman*, Tradition and Innovation in International Arbitration Procedure, Texas Int'l Law Journal, Bd. 30, 1995, 89, 103; *Hunter*, Modern Trends in the Presentation of Evidence in International Commercial Arbitration, American Review of Int'l Arb., Bd. 3, 1992, 204, 206; *Böckstiegel*, Erfahrungen als Schiedsrichter mit der UNCITRAL Schiedsgerichtsordnung, Jahrbuch der Schiedsgerichtsbarkeit 1990, 15, 25; Plädoyers für umfangreiche discovery liefern aus amerikanischer Sicht *Rovine*, Efficient Organization of International Arbitrations, World Arb. and Mediation Report, Bd. 8, 1997, 63; und aus australischer Sicht *Rogers*, Improving Procedures for Discovery and Documentary Evidence, ICCA Series Nr. 7, 1996, 131-135.

[1159] Siehe nur *Böckstiegel*, Zur Vertragsgestaltung und Schiedsgerichtsbarkeit bei Infrastrukturprojekten, in: Berger u.a. (Hrsg.) Festschrift für Otto Sandrock, 2000, 95, 109-110.

[1160] *Lamm*, Presenting Evidence in AAA and ICSID Arbitration, Arb. and ADR 2001, 63, 64.

[1161] *Lew/Mistelis/Kröll*, Comparative International Commercial Arbitration, 2003, para. 22-40-41.

fahren als Mischform oder Hybride bezeichnet.[1162] Hatten sich Juristen in den siebziger Jahren noch entschieden dagegen ausgesprochen, die beiden Systeme zu kombinieren, ist man heute überzeugt, dass die Kombination zu positiven Ergebnissen führt.[1163]

Man bezeichnet die Praxis internationaler Schiedsgerichte auch als „Laboratorium der Prozessrechtsharmonisierung".[1164] Verschiedene Versuche sind bisher unternommen worden, angloamerikanische mit kontinentaleuropäischen Vorstellungen zu einem Kompromiss zu verknüpfen:[1165] der Storme-Entwurf als Modell für eine europäische Zivilprozessordnung,[1166] das ALI/UNIDROIT Projekt,[1167] und die japanische Zivilprozessordnung[1168] sind nur einige Beispiele. Die Projekte sind theoretische Versuche, die in der Praxis noch nicht

---

[1162] *Redfern/Hunter*, Law and Practice of International Commercial Arbitration, 4. Aufl., 2004, para. 6-10; *Kaufmann-Kohler*, Globalization of Arbitral Procedure, Vanderbilt Journal of Transnational Law, Bd. 36, Nr. 4, 2003, 1313, 1325-1328; *Elsing/Townsend*, Bridging the Common Law – Civil Law Divide in Arbitration, Arb. Int'l, Bd. 18, 2002, 59; *Elsing*, Internationale Schiedsgerichte als Mittler zwischen den prozessualen Rechtskulturen, BB 2002, IDR Beil. 7, 19, 22; *Karrer*, Verfahren vor Schiedsgerichten und staatlichen Gerichten, in: Berger u.a. (Hrsg.) Festschrift für Otto Sandrock, 2000, 465, 473; *Craig/Park/Paulsson*, International Chamber of Commerce Arbitration, 3. Aufl., 2000,423, §23.04; *Blessing*, Introduction to Arbitration, 1999, Rdz. 350-351; *Fouchard/Gaillard/Goldman*, On International Commercial Arbitration, 1999, 690, para. 1260; *Mayer*, Comparative Analysis of Power of Arbitrators to Determine Procedures in Civil and Common Law Systems, ICCA Series Nr. 7, 1996, 24, 34; *Smit*, Roles of the Arbitral Tribunal in Civil Law and Common Law Systems with Respect to Presentation of Evidence, ICCA Series Nr. 7, 1996, 161, 162; *Patocchi/Meakin*, Procedure and the Taking of Evidence in International Commercial Arbitration, Int'l Business Law Journal = Revue de Droit des Affaires Int'l 1996, 884; *Hunter*, Modern Trends in the Presentation of Evidence in International Commercial Arbitration, American Review of Int'l Arb., Bd. 3, 1992, 204, 212; *Reiner*, ICC Schiedsgerichtsbarkeit: Ein Handbuch für die Praxis, 1989, 215.

[1163] *Paulsson*, Cross-Enrichment of Public and Private Law Dispute Resolution Mechanisms in the International Arena, Journal of Int'l Arb., Bd. 9, Nr. 1, 1992, 59, 62-63.

[1164] *Wagner*, Europäisches Beweisrecht, ZEuP 2001, 441, 457.

[1165] Einführend mit weiteren Nachweisen: *Jolowicz*, On the Comparison of Procedures, in: Nafziger/Symeonides (Hrsg.) Essays in Honor of Arthur T. von Mehren, 2002, 721.

[1166] Siehe dazu ausführlich *Lang*, Die Aufklärungspflicht der Parteien des Zivilprozesses vor dem Hintergrund der europäischen Rechtsvereinheitlichung, 1999, m.w.N.

[1167] Siehe Nachweise unten in Fn. 1350.

[1168] *Kigawa*, Durch die neue japanische ZPO offengelassene prozesspolitische Fragen, in: Schütze (Hrsg.), Festschrift für Reinhold Geimer, 2002, 427; *Yoshida*, Die Informationsbeschaffung im Zivilprozess: Ein Vergleich zwischen dem deutschen, US-amerikanischen und japanischen Recht, 2001; *Mochizuki*, Baby Step or Giant Leap?: Parties' Expanded Access to Documentary Evidence under the New Japanese Code of Civil Procedure, Harvard International Law Journal, Bd. 40, 1999, 285; jeweils m.w.N.

erprobt sind. Die japanische Zivilprozessordnung ist durch Besonderheiten der eigenen Rechtsordnung geprägt. Nur in der internationalen Schiedsgerichtsbarkeit findet der tägliche praktische Kompromiss statt.

Während sich die schriftliche Phase am kontinentaleuropäischen Ablauf orientiert – jede Partei präsentiert ihre eigenen Argumente und die Beweismittel dazu – richtet sich der mündliche Verfahrensabschnitt nach angloamerikanischen Grundsätzen – etwa mit Kreuzverhör von Zeugen. Auch für die Dokumentenvorlage übernimmt die internationale Schiedsgerichtsbarkeit Aspekte aus beiden Rechtskreisen. Es lassen sich zwei ungeschriebene Regeln aus der Praxis internationaler Schiedsgerichte herausfiltern:[1169] (1) Die Vorlage von allen Unterlagen, die mit dem Fall zu tun haben, nach US-amerikanischen Regeln wird allgemein als zu weitgehend empfunden; (2) Hat der Antragsteller aber dargetan, dass einzelne Dokumente, oder eine Gruppe von Dokumenten, erheblich und erforderlich sind, wird das Schiedsgericht regelmäßig die Vorlage anordnen. Üblich ist also ein beschränktes discovery Verfahren.[1170]

a) Gegenüber Parteien

Das Schiedsgericht muss zunächst prüfen, ob die Parteien eine Regelung zur Dokumentenvorlage getroffen haben, ob die anwendbare Schiedsordnung etwas vorschreibt, oder ob das subsidiäre lokale Schiedsverfahrensgesetz am Sitz des Schiedsgerichts Vorschriften enthält.[1171] Geben die anwendbaren Regeln nichts vor – was regelmäßig der Fall ist – muss das Schiedsgericht das

---

[1169] *Baum*, Reconciling Anglo-Saxon and Civil Law Procedure: The Path to a Procedural Lex Arbitrationis, in: Briner u.a. (Hrsg.) Liber Amicorum Karl-Heinz Böckstiegel, 2001, 21, 23; *Friedland*, Arbitration Clauses for International Contracts, 2004, 18; ähnlich schon *Wetter*, The Conduct of Arbitration, Journal of Int'l Arb., Bd. 2, Nr. 2, 1985, 7, 19.

[1170] *Berger*, Arbitration Interactive, 2002, 221-222; *Paisley*, Commentary on Art. 48, in: Smit (Hrsg.), WIPO Arbitration Rules Commentary and Analysis, 2000; *Blessing*, Introduction to Arbitration, 1999, Rdz. 900; *Smit*, Roles of the Arbitral Tribunal in Civil Law and Common Law Systems with Respect to Presentation of Evidence, ICCA Series Nr. 7, 1996, 161, 166; *von Mehren*, Rules of Arbitral Bodies Considered From a Practical Point of View, Journal of Int'l Arb., Bd. 9, Nr. 3, 1992, 105, 111; siehe auch den Vorschlag für eine zweckmäßige Ausgestaltung des Urkundenbeweises im Schiedsverfahren bei *Schäffler*, Zulässigkeit und Zweckmäßigkeit der Anwendung angloamerikanischer Beweismethoden in deutschen und internationalen Schiedsverfahren, 2003, 121-128.

[1171] Zu der Reihenfolge: *Born*, International Commercial Arbitration, 2. Aufl., 2001, 469.

Verfahren nach seinem Ermessen gestalten. Das folgende Verfahren ist weit verbreitet und ähnelt sehr dem Verfahren nach den IBA Rules:[1172]

(1) Die Parteien legen mit ihren ersten Schriftsätzen die Dokumente vor, die sie selbst zur Verfügung haben und auf die sie sich stützen möchten.

(2) Vor der zweiten Schriftsatzrunde kann eine Partei die andere Partei ersuchen, Dokumente oder Gruppen von Dokumenten vorzulegen.[1173] Zu diesem Zeitpunkt weiß das Schiedsgericht genug über die Streitigkeit, um über Vorlageverlangen entscheiden zu können. Es bleibt aber auch genug Zeit für die Parteien, auf neue Beweismittel reagieren zu können.

(3) Kommt der Gegner dem Ersuchen nicht nach, kann sich der Antragsteller an das Schiedsgericht wenden und eine entsprechende Anordnung beantragen. Im Gegensatz zu den strengen Spezifizierungsanforderungen beispielsweise in Deutschland akzeptieren viele Schiedsgerichte auch einen Antrag auf Vorlage von einer Gruppe von Dokumenten. Dieser Trend zum angloamerikanischen System lässt sich damit erklären, dass ein Schiedsgericht mehr als ein kontinentaleuropäischer Richter darauf bedacht ist, den gesamten Sachverhalt zu ermitteln.[1174] Es fühlt sich dem Parteiauftrag verpflichtet, den Konflikt für beide Parteien nachvollziehbar zu lösen. Das geht nur, wenn ihm der vollständige, wahre Sachverhalt bekannt ist.

(4) Das Schiedsgericht wird verlangen, dass der Antragsteller (a) das Dokument oder die Gruppe von Dokumenten so genau als möglich beschreibt, also etwa Aussteller, Datum, Art und Inhalt bezeichnet, (b) darlegt, warum es entscheidungserheblich ist, (c) Gründe darlegt, warum er glaubt, der Gegner – und nicht ein Dritter – verfüge über die Dokumente, und (d) darlegt, dass er

---

[1172] Ablauf aus *Blessing*, Introduction to Arbitration, 1999, Rdz. 902; ähnlich *Born*, International Commercial Arbitration, 2. Aufl., 2001, 486, Nr. 3(d); *Friedland*, Combining Civil Law and Common Law Elements in the Presentation of Evidence in International Commercial Arbitration, Mealey's Int'l Arb. Report, Bd. 12, Nr. 9, 1997, 25, 27; *ders.*, A Standard Procedure for Presenting Evidence in International Arbitration, Mealey's Int'l Arb. Report, Bd. 11, Nr. 4, 1996, 25, 27; *Hoellering*, Scope of Documentary Discovery in U.S. and International Arbitration, World Arb. and Mediation Report 1992, 46, 50; *Hunter*, Modern Trends in the Presentation of Evidence in International Commercial Arbitration, American Review of Int'l Arb., Bd. 3, 1992, 204, 206; *Marriott*, Evidence in International Arbitration, Arb. Int'l, Bd. 5, 1989, 280, 289.

[1173] *Kaufmann-Kohler/Bärtsch*, Discovery in International Arbitration: How much is too much?, SchiedsVZ 2004, 13, 20-21; *Sachs*, Use of Documents and Document Discovery, SchiedsVZ 2003, 193, 196-197.

[1174] *Wirth*, Ihr Zeuge, Herr Rechtsanwalt!, SchiedsVZ 2003, 9, 10-13.

selbst alles versucht hat, um die Dokumente ausfindig zu machen.[1175] Der Antragsgegner muss dann etwaige Weigerungsgründe vor dem Schiedsgericht darlegen.[1176]

(5) Das Schiedsgericht überprüft, ob die Vorlagevoraussetzungen erfüllt sind und wägt die Interessen der Parteien und das eigene Interesse, die Dokumente für seine Entscheidung nutzen zu können, gegeneinander ab. Das gelingt nur, wenn es die entscheidungserheblichen Streitfragen kennt, die es mit den Parteien möglichst frühzeitig klären sollte.[1177] Dann ordnet es die Vorlage an oder lehnt den Antrag ab. Diese Entscheidung muss ein Dreier-Schiedsgericht gemeinsam treffen, sie kann nicht auf den Vorsitzenden alleine übertragen werden.[1178]

(6) Verweigert der Antragsgegner trotz Anordnung die Vorlage, kann das Schiedsgericht das Verhalten negativ würdigen. Oftmals wird das Schiedsgericht selbst keine Anordnung erlassen, sondern dem Antragsgegner mitteilen, dass es sein Verhalten negativ würdigen wird, wenn er der Anfrage des Antragstellers nicht nachkommt.[1179]

(7) Das Schiedsgericht kann zudem aus eigener Initiative Dokumente herausverlangen. Hier zeigt sich ein großer Unterschied zum US-amerikanischen Verfahren. Der Richter in den USA hat kein Initiativrecht, sondern überlässt den Dokumentenaustausch den Parteien.[1180] Im internationalen Schiedsverfahren lenkt das Schiedsgericht aktiv das Verfahren (case management).

[1175] *Berger*, Arbitration Interactive, 2002, 221-222.

[1176] *Jarvin*, Die Praxis der Beweiserhebung in internationalen Schiedsverfahren, in: Böckstiegel (Hrsg.), Beweiserhebung in internationalen Schiedsverfahren, 2001, 86, 91.

[1177] *Bernstein/Tackaberry/Marriott/Wood*, Handbook of Arbitration Practice, 3. Aufl., 1998, para. 2-452 und 2-472: auch das ist ein Unterschied zum angloamerikanischen Verfahren, wo sich die entscheidungserheblichen Streitfragen erst in der mündlichen Verhandlung herauskristallisieren.

[1178] *Schlosser*, Befugnisse und Pflichten des Schiedsgerichtsobmanns, SchiedsVZ 2003, 1, 5.

[1179] *Paisley*, Commentary on Art. 48, in: Smit (Hrsg.), WIPO Arbitration Rules Commentary and Analysis, 2000; *Cremades*, Overcoming the Clash of Legal Cultures: The Role of Interactive Arbitration, in: Frommel/Rider (Hrsg.), Conflicting Legal Cultures in Commercial Arbitration, 1999, 147, 160 Fn. 17; *Lowenfeld*, International Arbitration as Omelette: What Goes into the Mix, in: Frommel/Rider (Hrsg.), Conflicting Legal Cultures in Commercial Arbitration, 1999, 19, 28; *Hunter*, Modern Trends in the Presentation of Evidence in International Commercial Arbitration, American Review of Int'l Arb., Bd. 3, 1992, 204, 206.

[1180] *Paisley*, Commentary on Art. 48, in: Smit (Hrsg.), WIPO Arbitration Rules Commentary and Analysis, 2000; *Paulsson*, Overview of Methods of Presenting Evidence in Different Legal Systems, ICCA Series Nr. 7, 1996, 113, 121.

(8) Will sich eine Schiedspartei in einem späteren Aufhebungsverfahren vor einem staatlichen Gericht darauf berufen, das vom Schiedsgericht gewählte Verfahren zur Dokumentenvorlage oder einzelne Anordnungen seien unzulässig gewesen, muss sie ihre Einwendungen bereits unverzüglich im Schiedsverfahren vorgetragen haben, sonst sind sie präkludiert.[1181]

b) Verfügungsmacht über Dokumente

Fraglich ist, wie weit ein Schiedsgericht den Begriff der Verfügungsmacht über Dokumente auslegen sollte. Die IBA Rules lehnen sich an das US-amerikanische Recht an, indem sie in Art. 3.3(c) von „possession, custody or control“ sprechen. Die US-amerikanische Rechtsprechung legt die Begriffe sehr weit aus.[1182] Internationale Schiedsgerichte sollten vorsichtiger sein.

Ein Schiedsgericht könnte überlegen, die „group of companies doctrine“ auf die Frage der Verfügungsmacht anzuwenden.[1183] Die „group of companies doctrine“ dient in erster Linie dazu, dritte Unternehmen an eine Schiedsvereinbarung zu binden, wenn ein mit ihnen verbundenes Unternehmen die Schiedsvereinbarung unterzeichnet hat und das dritte Unternehmen an den Vertragsverhandlungen und an der Vertragsausführung aktiv beteiligt war.[1184] Hält das Schiedsgericht ein drittes Unternehmen an die Schiedsvereinbarung für gebunden, könnte ein Antragsteller möglicherweise alle Dokumente herausverlangen, die ein Mitglied des Konzernunternehmens besitzt, dem auch der Antragsgegner angehört. Es könnte ausreichen, dass das Konzernunternehmen und alle seine Mitgliedsunternehmen in den Wirkungsbereich der Schiedsvereinbarung zwischen den Parteien einbezogen sind, auch wenn sie nicht Partei der Schiedsvereinbarung sind. Es ist aber zu berücksichtigen, dass die „group of companies doctrine“ ein sehr umstrittenes transnationales Rechtsprinzip ist, das weder im kontinentaleuropäischen noch im angloameri-

---

[1181] *Webster*, Party Control in International Arbitration, Arb. Int'l, Bd. 19, 2003, 119, 136-137; so auch die Regelungen in den meisten Schiedsordnungen, siehe Art. 30 UNCITRAL Rules, Art. 4 UNCITRAL Modellgesetz, Art. 33 ICC Rules, Art. 25 AAA International Rules, Art. 32.1 LCIA Rules; § 41 DIS SchiedsO, Art. 58 WIPO Rules; siehe auch § 1027 ZPO.

[1182] Siehe oben Kap. 2, Teil 2, IV.4.

[1183] *Raeschke-Kessler*, Die IBA Rules über die Beweisaufnahme in internationalen Schiedsverfahren, in: Böckstiegel (Hrsg.), Beweiserhebung in internationalen Schiedsverfahren, 2001, 41, 53.

[1184] Grundlegend *Dow Chemical France et al. v. ISOVER Saint Gobain*, ICC Schiedssache Nr. 4131/1982,Yearbook Comm. Arb., Bd. IX, 1984, 131, 136-137; siehe ausführlich *Berger*, International Economic Arbitration, 1993, 159-175.

kanischen Rechtskreis allgemein akzeptiert ist.[1185] Regelmäßig wird es deshalb dabei bleiben, dass ein drittes Unternehmen, das entscheidungserhebliche Dokumente besitzt, als unbeteiligter Dritter zu behandeln ist.

Nur wenn der Dokumentenbesitzer offensichtlich im Einflussbereich einer Partei steht, gilt das Dokument als im Besitz der Partei.[1186] Es bleibt Auslegungssache des Schiedsgerichts, wann das zu bejahen ist. Beispielsweise können Angestellte oder Beauftragte einer Partei, die Dokumente von der Partei oder von einem Dritten in ihrer Funktion als Angestellter oder Beauftragter erhalten haben, unter den Parteibegriff subsumiert werden.[1187] Hat das Schiedsgericht die Partei dann aufgefordert, das Dokument im Besitz des Dritten vorzulegen, kann es das Verhalten negativ würdigen, wenn die Partei das Dokument nicht herausgibt.[1188]

c) Gegenüber Dritten

Schiedsgerichte gehen nur selten gegen Dritte vor.[1189] Das liegt vor allem daran, dass sich ihre Rechte aus der Parteivereinbarung herleiten, die sich nicht

---

[1185] Siehe jüngst *Peterson Farms Inc. v. C&M Farming Ltd* [2004] EWHC 121 (Comm) (Ein englisches Gericht hat einen Teil eines ICC Schiedsspruchs aufgehoben, der aufgrund der „group of companies doctrine" verschiedene Konzernteile zur Schadensersatzzahlung verpflichtet hatte, weil die Doktrin keine Grundlage im anwendbaren Recht habe. [Die Entscheidung gibt auch Teile des Schiedsspruchs wieder, der die Doktrin erläutert.]); kritisch auch *Wilske*, „Internationalisation of Law" in Arbitration, in: Vogt (Hrsg.), Liber Amicorum Bär & Karrer, 2004, 257, 262; *Kaufmann-Kohler/Bärtsch*, Discovery in International Arbitration: How much is too much?, SchiedsVZ 2004, 13, 19; *Schack*, Der prozessuale Durchgriff im internationalen Konzern, in: Jickeli u.a. (Hrsg.), Gedächtnisschrift für Jürgen Sonnenschein, 2003, 705, 717; *Berger*, International Economic Arbitration, 1993, 159.

[1186] *Redfern/Hunter*, Law and Practice of International Commercial Arbitration, 4. Aufl., 2004, para. 6-09; *Heller*, Die Unterstützung der Schiedsgerichte durch staatliche Gerichte bei der Beweisaufnahme, in: Böckstiegel (Hrsg.) Beweiserhebung in internationalen Schiedsverfahren, 2001, 104; *Cremades*, Powers of the Arbitrators to Decide on the Admissibility of Evidence and to Organize the Production of Evidence, ICC Bulletin, Bd. 10, 1999, 49, 53.

[1187] *Bernstein/Tackaberry/Marriott/Wood*, Handbook of Arbitration Practice, 3. Aufl., 1998, para. 2-477 und 2-478.

[1188] *Leahy/Bianchi*, The Changing Face of International Arbitration, Journal of Int'l Arb., Bd. 17, Nr. 4, 2000, 23, 26-27.

[1189] *Born*, International Commercial Arbitration, 2. Aufl., 2001, 486, Nr. 3(g).

auf Dritte erstreckt.[1190] Nachdem allerdings die internationale Schiedsgerichtsbarkeit immer mehr an Bedeutung gewinnt, kommt es häufiger vor, dass Dokumente im Besitz eines Dritten für das Schiedsverfahren entscheidungserheblich sind.[1191] Wie soll ein Schiedsgericht mit dieser Situation umgehen? Keine der gängigen Schiedsordnungen bestätigt ein Recht des Schiedsgerichts, auch von Dritten Dokumente herauszuverlangen. Selbst wenn die Parteien das Schiedsgericht in ihrer Vereinbarung berechtigen, gegen Dritte vorzugehen, genügt das nicht.[1192] Die Parteien können keine Vereinbarung zulasten eines Dritten treffen. Nur einige nationale Schiedsverfahrensgesetze geben dem Schiedsgericht eine Handhabe gegen Dritte. Hier handelt die Staatsgewalt, die auch Verpflichtungen für Dritte in einem Schiedsverfahren begründen kann.[1193]

Unklar ist deshalb, ob sich ein Schiedsgericht ohne ausdrückliche Ermächtigung wie in Section 7 FAA überhaupt an einen Dritten wenden darf. Zuweilen wird ohne Differenzierung eine gesetzliche Regelung gefordert.[1194] Es ist aber zu unterscheiden zwischen der Aufforderung zur freiwilligen Vorlage und der schiedsgerichtlichen Anordnung der Vorlage. Nachdem Schiedsgerichte ihr Verfahren nach freiem Ermessen gestalten können und dabei den Sachverhalt effizient, aber auch vollständig, ermitteln sollen, gehört dazu zumindest auch das Recht, einen Dritten zur freiwilligen Vorlage aufzufordern. Das entspricht auch dem Grundsatz, die staatlichen Gerichte erst einzuschalten, wenn das Schiedsgericht die eigenen Möglichkeiten vollständig ausgeschöpft hat. Wendet sich ein Schiedsgericht an einen Dritten, muss es in seinem Schreiben deutlich hervorheben, dass es keine negativen Auswirkungen für den Dritten hat, wenn er der Bitte des Schiedsgerichts nicht nachkommt.

1190 *Elsing*, Internationale Schiedsgerichte als Mittler zwischen den prozessualen Rechtskulturen, BB 2002, IDR Beil. Nr. 7, 19, 22; *Fouchard/Gaillard/Goldman*, On International Commercial Arbitration, 1999, 727, para. 1336 Fn. 82; *Cremades*, Overcoming the Clash of Legal Cultures: The Role of Interactive Arbitration, in: Frommel/Rider (Hrsg.), Conflicting Legal Cultures in Commercial Arbitration, 1999, 147, 161 Fn. 17; *Lowenfeld*, International Arbitration as Omelette: What Goes into the Mix, in: Frommel/Rider (Hrsg.), Conflicting Legal Cultures in Commercial Arbitration, 1999, 19, 28.

1191 *Webster*, Obtaining Documents from Third Parties in International Arbitration, Arb. Int'l, Bd. 17, 2001, 143, 146-147.

1192 *Redfern/Hunter*, Law and Practice of International Commercial Arbitration, 4. Aufl., 2004, para. 6-09.

1193 *Heller*, Die Unterstützung der Schiedsgerichte durch staatliche Gerichte bei der Beweisaufnahme, in: Böckstiegel (Hrsg.) Beweiserhebung in internationalen Schiedsverfahren, 2001, 104; *Mayer*, Comparative Analysis of Power of Arbitrators to Determine Procedures in Civil and Common Law Systems, ICCA Series Nr. 7, 1996, 24, 31.

1194 *Aden*, Internationale Handelsschiedsgerichtsbarkeit, 2. Aufl., 2003, 292, Rdz. 6; *Craig/Park/Paulsson*, International Chamber of Commerce Arbitration, 3. Aufl., 2000, 456, §26.01.

Es muss aber auch darauf hinweisen, wenn es beim staatlichen Gericht eine zwangsweise Durchsetzung erreichen kann.

Benötigt eine Partei Dokumente, die ein Dritter besitzt, wird sie regelmäßig zunächst selbst bei dem Dritten anfragen, ob er die Dokumente freiwillig herausgibt. Fruchtet das nicht, kann sich die Partei an das Schiedsgericht wenden, das aber auch nur die freiwillige Vorlage verlangen kann. Selbst eine freiwillige Vorlage sollte das Schiedsgericht nur dann gegenüber dem Dritten anregen, wenn die Voraussetzungen für ein Vorlageverlangen gegenüber einer Partei erfüllt sind: (1) Der Antragsteller hat das Dokument so genau als möglich beschrieben; (2) er hat dargelegt, dass es entscheidungserheblich ist, (3) sich im Besitz des Dritten befindet, (4) und er selbst ohne Erfolg alles unternommen hat, um das Dokument vorlegen zu können. Kommt der Dritte der Anfrage nicht nach, kann das Schiedsgericht zunächst prüfen, ob der Dritte in den Einflussbereich einer der Parteien fällt. Kann es das eindeutig bejahen, kann es das Verhalten des Dritten der Partei negativ zurechnen. Ansonsten bleibt dem Schiedsgericht nur die Anrufung des zuständigen staatlichen Gerichts, wenn es auf das Dokument zur Streitentscheidung angewiesen ist.[1195]

3. Klärungsbedarf zu Beginn des Schiedsverfahrens

Bevor Schiedsgericht, Parteivertreter und Parteien in das Verfahren einsteigen, sollten sie rechtzeitig vorab die verschiedenen Verfahrensfragen in einer prehearing conference zu klären versuchen und das auch schriftlich festhalten.[1196] Dabei sind folgende Fragen wichtig: (1) In welchem Umfang sollen die Parteien Dokumente herausverlangen können – alle irgendwie relevanten Dokumente, nur hinreichend genau beschriebene einzelne Dokumente oder auch Gruppen von Dokumenten? (2) Wann ist ein Dokument relevant – wenn es zu einer bereits identifizierten Streitfrage etwas aussagt oder wenn es irgendwie mit dem Streitfall zusammenhängt? (3) Soll jede Partei zunächst versuchen, die Dokumente selbst vom Gegner zu erhalten, bevor sie sich an das Schiedsgericht wendet? (4) Wie soll die Vertraulichkeit gewahrt werden?[1197] (5) Welche Weigerungsrechte erkennt das Schiedsgericht an – nimmt es dazu

---

[1195] Siehe unten Kap. 4, Teil 5, III.

[1196] *King/Bosman*, Rethinking Discovery in International Arbitration: Beyond the Common Law/Civil Law Divide, ICC Bulletin, Bd. 12, 2001, 24, 33-36; *Böckstiegel*, Optionen und Kriterien der Beweiserhebung in internationalen Schiedsverfahren, in: Böckstiegel (Hrsg.), Beweiserhebung in internationalen Schiedsverfahren, 2001, 1, 4; *Craig,* Common Law Principles on the Taking of Evidence, in: Böckstiegel (Hrsg.) Beweiserhebung in internationalen Schiedsverfahren, 2001, 9, 27; *Rau/Sherman*, Tradition and Innovation in International Arbitration Procedure, Texas Int'l Law Journal, Bd. 30, 1995, 89, 103.

[1197] Siehe unten Kap. 4, Teil 3.

Bezug auf eine oder mehrere nationale Rechtsordnungen?[1198] (6) Wie stellt das Schiedsgericht fest, ob eine Partei die Vorlage berechtigterweise verweigert? Ist das Dokument dem Schiedsgericht oder einem neutralen Dritten vorzulegen, der dann entscheidet, ob das Dokument in das Verfahren einzuführen ist? (7) Kann das Schiedsgericht Schutzverfügungen erlassen? (8) Was sind die Konsequenzen eines Verstoßes gegen die Vorlagepflicht? Soll das Schiedsgericht die Nichtvorlage negativ würdigen können? Soll es sich an die staatlichen Gerichte wenden können, um eine Vorlage zu erzwingen, wenn die nationalen Normen eine staatliche Unterstützung vorsehen?

Auch wenn sich nicht zu jedem Punkt eine Einigung erzielen lässt, dient eine Besprechung dazu, unterschiedliche Vorstellungen aufzuzeigen. Das Schiedsgericht weiß dann, was jede Partei und ihre Parteivertreter erwarten.

Obwohl die Parteien Regelungen zum Verfahren bereits vorab in der Schiedsvereinbarung treffen können, ist das regelmäßig nicht der Fall.[1199] Die Parteien können dabei drei Wege einschlagen:[1200] (1) Sie verweisen auf ein nationales Verfahrensrecht, wie etwa die US-amerikanischen FRCP oder die deutsche ZPO. Das ist wenig ratsam, weil sich dann das Schiedsgericht an eine nationale Verfahrensordnung gebunden sieht, was ihm die Flexibilität nimmt.[1201] Es wird in der Praxis auch kaum vorkommen, dass sich Parteien unterschiedlicher Nationalität auf die Anwendbarkeit einer nationalen Verfahrensordnung einigen können – das wollen sie mit der Schiedsvereinbarung gerade vermeiden. (2) Sie vereinbaren ein bestehendes Regelwerk, wie etwa die IBA Rules. (3) Sie können aber auch selbst detaillierte Regelungen formulieren.[1202] Das kommt deshalb kaum vor, weil die Parteien schon die Schiedsklausel als notwendiges Übel ansehen, das die Vertragsverhandlungen negativ belastet.[1203] Die Verhandlungen wären noch schwieriger, würde man sich zusätzlich auf

[1198] Siehe unten Kap. 4, Teil 4.
[1199] *Schütze*, Beweisaufnahme nach Civil Law in: Böckstiegel (Hrsg.), Beweisaufnahme in internationalen Schiedsverfahren, 2001, 31.
[1200] *Triebel/Zons*, Discovery of Documents in internationalen Schiedsverfahren, BB 2002, IDR Beil. 7, 26, 29.
[1201] *Craig*, Common Law Principles on the Taking of Evidence, in: Böckstiegel (Hrsg.) Beweiserhebung in internationalen Schiedsverfahren, 2001, 9, 21.
[1202] *Triebel/Zons*, Discovery of Documents in internationalen Schiedsverfahren, BB 2002, IDR Beil. 7, 26, 30; *Born*, International Commercial Arbitration, 2. Aufl., 2001, 470; siehe die beispielhaften Formulierungen bei: *Baldwin*, Protecting Confidential and Proprietary Commercial Information in International Arbitration, Texas Int'l Law Journal, Bd. 31, 1996, 451, 480-481.
[1203] *Webster*, Party Control in International Arbitration, Arb. Int'l, Bd. 19, 2003, 119, 120.

ein detailliertes Verfahren im Falle einer Streitigkeit einigen müssen.[1204] Das ist meistens auch nicht zweckmäßig, weil erst nach Entstehen der Streitigkeit klar wird, welche Verfahrensregeln wichtig und klärungsbedürftig sind.[1205]

Auch die Parteivereinbarung hat Grenzen. So können die Parteien das Recht des Schiedsgerichts zur Beweiserhebung nicht so sehr einschränken, dass eine begründete Entscheidung unmöglich wird. Dann geht das aus der anwendbaren Schiedsordnung oder dem anwendbaren Verfahrensrecht ableitbare Recht des Schiedsgerichts vor, Beweismittel herauszuverlangen.[1206]

4. Faktoren, die den Ablauf des Schiedsverfahrens beeinflussen

Das geschilderte Verfahren entspricht zwar dem Standard der Praxis internationaler Schiedsverfahren; dennoch laufen Schiedsverfahren nie gleich ab. Theoretisch soll sich ein internationales Schiedsgericht zwar von allen nationalen Regeln lösen und das für jeden Einzelfall konkret geeignete Streitbeilegungsverfahren entwickeln. Dazu beeinflussen aber zu viele unterschiedliche Faktoren jedes individuelle Schiedsverfahren:[1207]

(1) Der rechtskulturelle Hintergrund und die Herkunft der Beteiligten, vor allem der Schiedsrichter und der Parteivertreter:[1208] Vorrangiges Merkmal eines internationalen Schiedsverfahrens ist, dass bis zu sieben (drei Schiedsrichter, zwei Parteivertreter, zwei Parteien) verschiedene Rechtskulturen in einem

---

[1204] *Craig/Park/Paulsson*, International Chamber of Commerce Arbitration, 3. Aufl., 2000, 415, §23.01.

[1205] *Webster*, Party Control in International Arbitration, Arb. Int'l, Bd. 19, 2003, 119, 125; *Karrer*, Pros and Cons of Terms of Reference and Specific Procedural Agreements in Arbitration Clauses, ICCA Series Nr. 7, 1996, 73-74.

[1206] *Leahy/Bianchi*, The Changing Face of International Arbitration, Journal of Int'l Arbitration, Bd. 17, Nr. 4, 2000, 23, 26; a.A. *Tief*, Discovery und Informationspflichten der Parteien in der Internationalen Schiedsgerichtsbarkeit, 2000, 90 (Das Schiedsgericht müsse sich dem Parteiwillen beugen und könne nur sein Amt niederlegen, wenn es meint, auf die Beweisaufnahme nicht verzichten zu können.).

[1207] *Darwazeh*, Document Discovery and the IBA Rules on Evidence - A Practitioner's View, Int'l Arb. Law Review 2002, 101, 102; *King/Bosman*, Rethinking Discovery in International Arbitration: Beyond the Common Law/Civil Law Divide, ICC Bulletin, Bd. 12, 2001, 24, 30-31; *Lowenfeld*, International Arbitration as Omelette: What Goes into the Mix, in: Frommel/Rider (Hrsg.), Conflicting Legal Cultures in Commercial Arbitration, 1999, 19, 21.

[1208] *Varga*, Beweiserhebung in transatlantischen Schiedsverfahren, 2006, 23 und 37; *Redfern/Hunter*, Law and Practice of International Commercial Arbitration, 4. Aufl., 2004, para. 6-10; *Lew/Mistelis/Kröll*, Comparative International Commercial Arbitration, 2003, para. 22-5.

Verfahren vertreten sein können.[1209] In der täglichen Praxis ist es für die Beteiligten oft schwierig, sich vollständig vom eigenen rechtskulturellen Hintergrund zu lösen. Entscheidend geprägt wird das Verfahren von den Schiedsrichtern, bei einem Dreierschiedsgericht vor allem von dem Vorsitzenden.[1210] Die Herkunft der Parteien dagegen hat nur eine geringe Bedeutung.[1211]

Der rechtskulturelle Hintergrund der Beteiligten umfasst sowohl ihre juristische Ausbildung, als auch ihre sonstigen Qualifikationen. Daneben spielen auch persönliche Überzeugungen der Schiedsrichter und ihr Verständnis von rechtskulturellen Unterschieden eine wichtige Rolle.[1212] Aber auch individuelle Eigenschaften der Schiedsrichter, wie Alter, Interesse und ihre Bereitschaft, Zeit zu investieren, können das Verfahren beeinflussen.[1213]

Die rechtskulturellen Unterschiede der Parteivertreter dürfen dagegen nicht überbewertet werden. Nachdem das Verfahren in internationalen Schiedsverfahren vielen Beteiligten immer geläufiger wird, entscheiden oftmals taktische Überlegungen darüber, wie sich die Parteivertreter zu einzelnen Beweisfragen stellen – je nachdem, was für ihren Mandanten am günstigsten ist.[1214]

(2) Art der Streitigkeit und Streitwert: Handelt es sich um eine komplexe Streitigkeit mit hohem Streitwert, wird das Schiedsgericht eher einen umfangreichen Dokumentenaustausch anordnen, um eine solide Tatsachenbasis zu schaffen, als bei einer einfacheren Streitigkeit mit geringem Streitwert.[1215]

[1209] *Paulsson*, Cross-Enrichment of Public and Private Law Dispute Resolution Mechanisms in the International Arena, Journal of Int'l Arb., Bd. 9, Nr. 1, 1992, 59, 60.

[1210] *Webster*, Party Control in International Arbitration, Arb. Int'l, Bd. 19, 2003, 119, 133; *Schütze*, Qui elegit arbitrum tertium elegit processum, in: Hübner/Ebke (Hrsg.) Festschrift für Bernhard Großfeld, 1999, 1067, 1070-1071; *Hoellering*, Scope of Documentary Discovery in U.S. and International Arbitration, World Arb. and Mediation Report 1992, 46, 50.

[1211] *Jarvin*, Die Praxis der Beweiserhebung in internationalen Schiedsverfahren, in: Böckstiegel (Hrsg.) Beweisaufnahme in internationalen Schiedsverfahren, 2001, 86, 90.

[1212] *Craig*, Common Law Principles on the Taking of Evidence, in: Böckstiegel (Hrsg.) Beweiserhebung in internationalen Schiedsverfahren, 2001, 9, 22-23.

[1213] *Born*, International Commercial Arbitration, 2. Aufl., 2001, 478.

[1214] *Von Mehren/Salomon*, Submitting Evidence in an International Arbitration: The Common Lawyer's Guide, Journal of Int'l Arb., Bd. 20, 2003, 285, 286; *Lew/Mistelis/Kröll*, Comparative International Commercial Arbitration, 2003, para. 22-11; *Friedland*, Combining Civil Law and Common Law Elements in the Presentation of Evidence in International Commercial Arbitration, Mealey's Int'l Arb. Report, Bd. 12, Nr. 9, 1997, 25, 26; *ders.*, A Standard Procedure for Presenting Evidence in International Arbitration, Mealey's Int'l Arb. Report, Bd. 11, Nr. 4, 1996, 25, 26.

[1215] *Karrer*, „Schiedsverfahrensrecht" Bitte differenzieren, in: Schütze (Hrsg.) Festschrift für Reinhold Geimer, 2002, 383, 392-393.

Geht es lediglich um Rechtsfragen und nicht um Tatsachenfragen, ist ein Dokumentenaustausch dagegen überflüssig.

(3) Vollstreckbarkeit des Schiedsspruchs: Schiedsgerichte sollen sicherstellen, dass die staatlichen Gerichte ihren Schiedsspruch anerkennen und vollstrecken.[1216] Sie sind verpflichtet, einen vollstreckbaren Schiedsspruch zu erlassen.[1217] Deshalb stehen sie Vorlageverlangen grundsätzlich offen gegenüber, um ein faires Verfahren zu gewährleisten und ihr Ergebnis auf möglichst viele Beweismittel stützen zu können.[1218]

(4) Die discovery: Schon das Wort „discovery" erhitzt die Gemüter. Der kontinentaleuropäische Jurist[1219] befürchtet eine umfassende Ausforschung seines Mandanten; der US-amerikanische Jurist[1220] sieht seine Prozessführung ohne discovery mangels Zugang zu relevanten Unterlagen gefährdet; und der englische Jurist[1221] erwartet bei zu großem Einfluss des US-amerikanischen discovery Verfahrens eine Kostenexplosion. Die Unterschiede werden aber für das internationale Schiedsverfahren übertrieben. Denn dort ist man sich einig, dass es eines Dokumentenaustauschs bedarf. Sowohl aus US-amerikanischer[1222], englischer[1223] und deutscher[1224] Sicht zeigt man sich kompromissbereit und lobt das Verfahren zur Dokumentenvorlage, das sich international entwickelt hat. Löst man sich auf allen Seiten vom Begriff der disco-

---

1216 *Marriott*, Evidence in International Arbitration, Arb. Int'l, Bd. 5, 1989, 280; *Wetter*, The Conduct of Arbitration, Journal of Int'l Arb., Bd. 2, Nr. 2, 1985, 7, 38.

1217 *Platte*, An Arbitrator's Duty to Render Enforceable Awards, Journal of Int'l Arb., Bd. 20, 2003, 307.

1218 *Born*, International Commercial Arbitration, 2. Aufl., 2001, 486, Nr. 3(e); *Craig*, Common Law Principles on the Taking of Evidence, in: Böckstiegel (Hrsg.) Beweiserhebung in internationalen Schiedsverfahren, 2001, 9, 24; *Leahy/Bianchi*, The Changing Face of International Arbitration, Journal of Int'l Arb., Bd. 17, Nr. 4, 2000, 23, 30.

1219 *Weigand*, Discovery in der internationalen Schiedsgerichtsbarkeit, RIW 1992, 361, 365.

1220 *Ward*, The Flexibility of Evidentiary Rules in International Trade Dispute Arbitration, Journal of Int'l Arb. Bd. 13, Nr. 3, 1996, 5.

1221 *Marriott*, Less is More: Directing Arbitration Procedures, Arb. Int'l, Bd. 16, 2000, 353, 354.

1222 *McLaren*, Effective Use of International Commercial Arbitration: A Primer for Inhouse Counsel, Journal of Int'l Arb., Bd. 19, 2002, 473, 476; *Craig*, Common Law Principles on the Taking of Evidence, in: Böckstiegel (Hrsg.) Beweiserhebung in internationalen Schiedsverfahren, 2001, 9, 27.

1223 *Bernstein/Tackaberry/Marriott/Wood*, Handbook of Arbitration Practice, 3. Aufl., 1998, para. 2-308, 2-459, 2-471, 2-472 und 10-174 bis 10-176; *Kerr*, Concord and Conflict in International Arbitration, Arb. Int'l, Bd. 13, 1997, 121, 126-127.

1224 *Elsing*, Internationale Schiedsgerichte als Mittler zwischen den prozessualen Rechtskulturen, BB 2002, IDR Beil. 7, 19, 22.

very, können die Beteiligten eines Schiedsverfahrens sachlich an die Frage der Dokumentenvorlage herangehen.[1225]

5. Vereinheitlichung oder Flexibilität?

Der immer wieder zu hörende Appell für zwingende Regeln zur Beweiserhebung im Schiedsverfahren, um Überraschungen für die Parteien zu reduzieren,[1226] hat sich bisher nicht durchsetzen können. Vielmehr sind sich die internationalen Schiedspraktiker einig: Es muss eine Auswahl an prozessualen Möglichkeiten geben, aus denen ein internationales Schiedsgericht flexibel das geeignete Verfahren auswählen kann.[1227] Bei Abschluss einer Schiedsvereinbarung ist den Parteien bekannt, oder hätte ihnen bekannt sein müssen, dass das Schiedsverfahren nicht nach einer nationalen Verfahrensordnung abläuft, sondern die Verfahrensgestaltung den Parteien und dem Schiedsgericht überlassen bleibt. Daran müssen sich die Parteien festhalten lassen und sich darauf einstellen. Für eine kontinentaleuropäische Partei wird das Schiedsgericht mehr Dokumente herausverlangen als nach nationalem Recht üblich; für eine angloamerikanische Partei wird es weniger Dokumentenaustausch geben als gewohnt.[1228] Keine der prozessualen Optionen des Schiedsgerichts beeinträchtigt eine der Parteien, weil sie damit rechnen müssen, dass das Schiedsgericht alle Möglichkeiten zur Sachverhaltsaufklärung ausschöpft. Schlussendlich aber dient das Schiedsgericht den Parteien und muss sich an deren Interessen orientieren und um einen Ausgleich bemüht sein.[1229]

Auch wenn sich zur Dokumentenvorlage ein international gängiges Verfahren herausgebildet hat, bleiben dennoch viele Einzelfragen offen. Diese kreisen in erster Linie um die Geheimhaltungsbedürfnisse der Parteien.

[1225] *King/Bosman*, Rethinking Discovery in International Arbitration: Beyond the Common Law/Civil Law Divide, ICC Bulletin, Bd. 12, 2001, 24, 26.

[1226] *Knoblach*, Sachverhaltsermittlung in der internationalen Wirtschaftsschiedsgerichtsbarkeit, 2003, 35-38; *Craig,* Common Law Principles on the Taking of Evidence, in: Böckstiegel (Hrsg.) Beweiserhebung in internationalen Schiedsverfahren, 2001, 9, 27-29; *Rubino-Sammartano*, Rules of Evidence in International Arbitration: A Need for Discipline and Harmonization, Journal of Int'l Arb., Bd. 3, Nr. 2, 1986, 87, 91.

[1227] *Elsing/Townsend*, Bridging the Common Law – Civil Law Divide in Arbitration, Arb. Int'l, Bd. 18, 2002, 59, 65; *Elsing*, Internationale Schiedsgerichte als Mittler zwischen den prozessualen Rechtskulturen, BB 2002, IDR Beil. 7, 19, 26; *Baum*, Reconciling Anglo-Saxon and Civil Law Procedure: The Path to a Procedural Lex Arbitrationis, in: Briner u.a. (Hrsg.) Liber Amicorum Karl-Heinz Böckstiegel, 2001, 21, 29-30.

[1228] *Triebel/Zons*, Discovery of Documents in internationalen Schiedsverfahren, BB 2002, IDR Beil. 7, 26, 31.

[1229] *Redfern/Hunter*, Law and Practice of International Commercial Arbitration, 4. Aufl., 2004, para. 6-01.

Teil 3: Vertraulichkeit

I. Einleitung

Verlangt ein Schiedsgericht von einer Partei oder einem Dritten Dokumente heraus, wird sich der Vorlegungspflichtige zunächst fragen, ob Schiedsgericht, Parteien und sonstige Beteiligte verpflichtet sind, die Unterlagen vertraulich zu behandeln. Kann er die Frage bejahen, kann es ihm leichter fallen, die Unterlagen vorzulegen. Er muss dann nicht fürchten, dass die Informationen nach außen weitergegeben werden.

Lässt sich die Frage, ob das Schiedsverfahren vertraulich ist, eindeutig bejahen? Auf der Suche nach einer Antwort sind zunächst die bekannten Quellen zu befragen: Vereinbarungen der Parteien, Schiedsordnungen und nationale Schiedsverfahrensgesetze. Relevante Schiedsverfahrensgesetze können sein: das Recht, dem die Schiedsvereinbarung unterliegt, das Recht des Schiedsortes oder des Ortes, an dem die Vertraulichkeitspflicht durchgesetzt werden soll.[1230] Nur selten beschäftigen sich Parteivereinbarungen damit, ob das Schiedsverfahren vertraulich sein soll. Wenige Schiedsordnungen und kaum ein nationales Schiedsverfahrensgesetz regeln, ob Schiedsverfahren vertraulich sind, geschweige denn, ob im Schiedsverfahren bekannt gewordene Informationen oder Unterlagen vertraulich zu behandeln sind. Relevante Gerichtsentscheidungen gibt es weltweit nur vereinzelt. Vor allem die australische Entscheidung 1995 in dem Verfahren *Esso Australia Resources Ltd. et al v. Plowman*[1231] *(Esso v. Plowman),* die eine stillschweigende Vertraulichkeitsverpflichtung der Beteiligten abgelehnt hat, hat die internationale Diskussion entfacht. Zuvor hatte die Literatur nationale wie internationale Schiedsverfahren als nicht öffentlich und vertraulich deklariert, ohne das näher zu begründen.[1232] Nun haben sich zwei Meinungsgruppen gebildet. Beide Gruppen nutzen die bisherige Schweigsamkeit zur Vertraulichkeit, um zu gegensätzlichen Ergebnissen zu kommen. Nach einer Meinung soll das Schweigen belegen, dass es eine Vertraulichkeitspflicht nicht geben könne; nach der anderen Meinung soll es zeigen, dass man stets stillschweigend von einer solchen Pflicht ausgegangen sei, die jetzt gewohnheitsrechtlich anerkannt sei.[1233] Fest steht nur noch: Viele Parteien greifen zur Schiedsgerichtsbarkeit, weil sie anneh-

---

[1230] *Reid*, Confidentiality – An Algorithm, Stockholm Arb. Report 2000, 53.

[1231] *Esso Australia Resources Ltd. et al v. Plowman*, Yearbook Comm. Arb., Bd. XXI, 1996, 137 = Arb. Int'l, Bd. 11, 1995, 235.

[1232] Siehe Nachweise zur deutschen Literatur bei *Prütting*, Vertraulichkeit in der Schiedsgerichtsbarkeit und in der Mediation, in: Briner u.a. (Hrsg.) Liber Amicorum Karl-Heinz Böckstiegel, 2001, 629, 630.

[1233] *Neill*, Confidentiality in Arbitration, Arb. Int'l, Bd. 12, 1996, 287, 288.

men, das Verfahren sei nicht öffentlich und vertraulich.[1234] Erwartung und Wirklichkeit fallen dabei auseinander.

II. Nichtöffentlichkeit und Vertraulichkeit

Wichtig ist, die Nichtöffentlichkeit und die Vertraulichkeit eines Schiedsverfahrens zu unterscheiden. Ein Verfahren ist nicht öffentlich, wenn nur die Parteien, Schiedsrichter, Verwaltungsbeteiligte (wie ein Sekretär des Schiedsgerichts oder Protokollführer) und etwaige Zeugen an den mündlichen Verhandlungen teilnehmen dürfen. Ein Verfahren ist vertraulich, wenn Parteien, Schiedsrichter und alle sonstigen Beteiligten verpflichtet sind, Informationen und Unterlagen aus dem Schiedsverfahren geheim zu halten.[1235]

Die Nichtöffentlichkeit ist weltweit als ein prägender Verfahrensgrundsatz gewohnheitsrechtlich anerkannt.[1236] Die meisten Schiedsordnungen regeln, dass die Schiedsverhandlung nicht öffentlich ist.[1237] Dritte dürfen nur teilnehmen, wenn beide Parteien zustimmen.[1238] Auch die einschlägigen Gerichtsentscheidungen gehen regelmäßig von der Prämisse aus, dass Schiedsverfahren

---

[1234] Eine Umfrage der London Business School 1992 hat ergeben, dass amerikanische und europäische Nutzer der Schiedsgerichtsbarkeit die Nichtöffentlichkeit und die Vertraulichkeit als die wichtigsten Vorteile des Schiedsverfahrens ansehen, aus: *Prütting*, Vertraulichkeit in der Schiedsgerichtsbarkeit und in der Mediation, in: Briner u.a. (Hrsg.) Liber Amicorum Karl-Heinz Böckstiegel, 2001, 629 und *Bagner*, Confidentiality – A Fundamental Principle in International Commercial Arbitration?, Journal of Int'l Arb., Bd. 18, 2001, 243.

[1235] *Lew*, Expert Report in Esso v. Plowman, Arb. Int'l, Bd. 11, 1995, 283, 285.

[1236] *Kühner*, Geschäftsgeheimnisse und Schiedsverfahren – neuerdings ein Gegensatz?, IHR 2003, 202, 203; *Carbonneau*, Cases & Materials on the Law and Practice of Arbitration, 3. Aufl., 2002, Kap. 8 Nr. 6; *Prütting*, Vertraulichkeit in der Schiedsgerichtsbarkeit und in der Mediation, in: Briner u.a. (Hrsg.) Liber Amicorum Karl-Heinz Böckstiegel, 2001, 629, 632.

[1237] Art. 25.4 UNCITRAL Rules, Art. 21.3 ICC Rules, Art. 20.4 AAA International Rules, Art. 19.4 LCIA Rules, Art. 53 (c) WIPO Rules. Nur die DIS SchiedsO und das UNCITRAL Modellgesetz enthalten keine Regelung.

[1238] Anders nur Art. 19.4 LCIA Rules: Das Schiedsgericht kann ohne Zustimmung der Parteien Dritte zulassen.

nicht öffentlich zu führen sind.[1239] Aus der Nichtöffentlichkeit folgt aber nicht automatisch, dass das Schiedsverfahren auch vertraulich ist.

III. Schiedsordnungen im Vergleich

Erst seit den neunziger Jahren beschäftigen sich Schiedsinstitutionen damit, ob sie Vertraulichkeitsregelungen in ihre Schiedsordnungen aufnehmen sollen. Die ICC etwa hat sich bewusst gegen die Aufnahme solcher Regelungen entschieden. In Art. 20.7 ICC Rules hat sie lediglich das Schiedsgericht ermächtigt, notwendige Schutzmaßnahmen zu erlassen. Andere Schiedsinstitutionen, allen voran WIPO, haben sich um umfassende Vertraulichkeitsregelungen bemüht.[1240] Während Art. 34 AAA International Rules als zu eng kritisiert wird, weil er nur dem Schiedsgericht und der Geschäftsstelle eine Vertraulichkeitspflicht auferlegt, wird § 43 DIS SchiedsO als zu weitgehend kritisiert, weil die umfassende Vertraulichkeitsverpflichtung aller Beteiligten keine Ausnahmen vorsieht. Dagegen erfasst Art. 30 LCIA Rules alle Beteiligten und regelt die nach der englischen Rechtsprechung anerkannten Ausnahmen. Artt. 73 bis 76 WIPO Rules haben die Vertraulichkeitspflichten der Beteiligten sehr detailliert und differenziert geregelt, und werden dennoch kritisiert, weil sie immer noch Fragen offen lassen. Sowohl die unterschiedlichen Regelungen der einzelnen Institutionen als auch die andauernde Kritik belegen, dass eine einheitliche Linie in den internationalen Schiedsfachkreisen noch nicht gefunden ist.[1241]

IV. Gesetzliche Regelungen

Im angloamerikanischen Rechtskreis legen einige gesetzliche Regelungen fest, dass Schiedsverfahren und alle damit verbundenen Unterlagen vertraulich zu behandeln sind. Neuseeland hat sein Schiedsverfahrensgesetz 1996 unter dem Eindruck der *Esso v. Plowman* Entscheidung überarbeitet. Nach Section 14 des neuen Gesetzes beinhaltet eine Schiedsvereinbarung die kon-

[1239] *Associated Electric & Gas Services Ltd v. European Reinsurance Co. of Zürich* [2003] 1 W.L.R. 1041 (UK Privy Council, Urt. v. 29.1.2003); *Bulgarian Foreign Trade Bank Ltd. v. A.I. Trade Finance Inc.*, Yearbook Comm. Arb., Bd. XXVI, 2001, 291, 295 (Schwedisches Höchstes Gericht, Urt. v. 27.10.2000); *Esso Australia Resources Ltd. et al v. Plowman*, Yearbook Comm. Arb. Bd. XXI, 1996, 137 = Arb. Int'l, Bd. 11, 1995, 235, 242-243 (High Court of Australia, Urt. v. 7.5.1995); *Hassneh Insurance Co. of Israel v. Mew* [1993] 2 Lloyd's Rep. 243 (Q.B.) = Yearbook Comm. Arb. Bd. XIX, 1994, 223, 225; *Oxford Shipping Co. Ltd. v. Nippon Yusen Kaisha (The "Eastern Saga")* [1984] 2 Lloyd's Rep. 373, 379 (Q.B.); *Hutchings v. United States Industries, Inc.* 428 F.2d 303, 312 (5th Cir. 1970).

[1240] Art. 34 AAA International Rules, Art. 30 LCIA Rules, Artt. 73-76 WIPO Rules, § 43 DIS SchiedsO.

[1241] *Kühner*, Geschäftsgeheimnisse und Schiedsverfahren – neuerdings ein Gegensatz?, IHR 2003, 202, 207.

kludente Vereinbarung der Parteien, dass sie den Schiedsspruch und Informationen zum oder aus dem Schiedsverfahren weder veröffentlichen noch sonstwie preisgeben werden, es sei denn, die Parteien vereinbaren etwas anderes, das Gesetz sieht die Veröffentlichung vor, oder es geht um Mitteilung an den Berater einer der Parteien.[1242] Ein neuseeländisches Gericht hat die Vertraulichkeitsverpflichtung jedoch bereits relativiert.[1243]

In den USA haben zwei Einzelstaaten Vertraulichkeitsregeln in ihre Gesetze zur internationalen Schiedsgerichtsbarkeit aufgenommen. Der Federal Arbitration Act (FAA) schweigt dazu.[1244] Parteien und Schiedsgericht eines internationalen Schiedsverfahrens mit Sitz in North Carolina haben alle Informationen aus dem Schiedsverfahren sowie den Schiedsspruch vertraulich zu behandeln, es sei denn, die Parteien vereinbaren etwas anderes oder das anwendbare Recht sieht etwas anderes vor.[1245] Ob zum „anwendbaren Recht" auch eine richterliche discovery Maßnahme in einem nachfolgenden Verfahren gehört, ist ungeklärt.[1246] Die Regelung in Missouri geht noch weiter: Danach sind Unterlagen aus einem Schiedsverfahren ausdrücklich vor discovery

---

[1242] Section 14 (Arbitration Act 1996): „*(1) Subject to subsection (2), an arbitration agreement, unless otherwise agreed by the parties, is deemed to provide that the parties shall not publish, disclose or communicate any information relating to arbitral proceedings under the agreement or to an award made in those proceedings. (2) Nothing in subsection (1) prevents the publication, disclosure, or communication of information referred to in that subsection – (a) if the publication, disclosure, or communication is contemplated by this Act; or (b) to a professional or other adviser of any of the parties.*"

[1243] *Bagner*, The Confidentiality Conundrum in International Commercial Arbitration, ICC Bulletin, Bd. 12, 2001, 18, 21.

[1244] Zum Verhältnis FAA – einzelstaatliche Gesetze siehe oben Kap. 3, Teil 2, I.

[1245] N.C. General Statutes § 1-567.54 (1995): „*Hearings and written proceedings. (...) (d) Unless otherwise agreed by the parties, all oral hearings and meetings in arbitral proceedings shall be held in camera. Confidential information disclosed during the proceedings by the parties or by witnesses shall not be divulged by the arbitrator or arbitrators. Unless otherwise agreed by the parties, or required by applicable law, the arbitral tribunal and the parties shall keep confidential all matters relating to the arbitration and the award. (...)*".

[1246] *Baldwin*, Protecting Confidential and Proprietary Commercial Information in International Arbitration, Texas Int'l Law Journal, Bd. 31, 1996, 451, 483.

geschützt und als Beweismittel nicht zulässig.[1247] Trotz der einzelstaatlichen Regelungen können Parteien nicht davon ausgehen, dass staatliche Gerichte außerhalb von North Carolina oder Missouri diese Gesetze anwenden, wenn ein Dritter in einem Gerichtsverfahren Dokumente aus einem Schiedsverfahren seines Gegners herausverlangt.[1248] Der Schutz ist deshalb trotz gesetzlicher Regelung sehr begrenzt.

Jüngst ist am 26. März 2004 das neue spanische Schiedsverfahrensgesetz in Kraft getreten, das sich stark am UNCITRAL Modellgesetz orientiert, aber dennoch eine Regelung zur Vertraulichkeit enthält: Schiesgericht, Parteien und Schiedsinstitution müssen alles, was sie im Schiedsverfahren erfahren, vertraulich behandeln.[1249] Wie sich die Vorschrift in der Praxis bewährt, bleibt abzuwarten.

Weitere gesetzliche Regelungen gibt es, soweit ersichtlich, nicht. Viele nationale Gesetzgeber entscheiden sich bewusst gegen eine gesetzliche Regelung, weil die Rechtslage so undurchsichtig ist und die Lösung des Interessenkonflikts stark vom Einzelfall abhängt. Das entzieht die Problematik der Regelung durch eine verallgemeinernde Rechtsnorm.

V. Gerichtsentscheidungen zur Vertraulichkeit

Die wenigen gerichtlichen Entscheidungen zur Vertraulichkeit in der Schiedsgerichtsbarkeit lassen sich danach unterscheiden, ob sie eine stillschweigende Vertraulichkeitsverpflichtung bejahen (England und Frankreich) oder verneinen (Australien, Schweden und USA). Das erfolgt interessanter-

---

[1247] Missouri Revised Statutes § 435.014 (1994): „*1. If all the parties to a dispute agree in writing to submit their dispute to any forum for arbitration, conciliation or mediation, then no person who serves as arbitrator, conciliator or mediator, nor any agent or employee of that person, shall be subpoenaed or otherwise compelled to disclose any matter disclosed in the process of setting up or conducting the arbitration, conciliation or mediation. 2. Arbitration, conciliation and mediation proceedings shall be regarded as settlement negotiations. Any communication relating to the subject matter of such disputes made during the resolution process by any participant, mediator, conciliator, arbitrator or any other person present at the dispute resolution shall be a confidential communication. No admission, representation, statement or other confidential communication made in setting up or conducting such proceedings not otherwise discoverable or obtainable shall be admissible as evidence or subject to discovery.*"

[1248] *Haynes*, International Arbitration May Not Be as Confidential as You Think – Or Want, in: Frommel/Rider (Hrsg.), Conflicting Legal Cultures in Commercial Arbitration, 1999, 99, 107.

[1249] Art. 24.2 Spanisches Schiedsverfahrensgesetz : „*The arbitrators, the parties and the arbitral institutions, if applicable, are obliged to maintain the confidentiality of information coming to their knowledge in the course of the arbitral proceedings.*"; zitiert aus: *Cairns/Lopez Ortiz*, Spain's New Arbitration Act, Int'l Arb. Law Review 2004, 39, 44.

weise nicht entlang der Trennlinie zwischen angloamerikanischem und kontinentaleuropäischem Rechtskreis.[1250] Die beiden Rechtskreise unterscheiden sich lediglich danach, in welchem Zusammenhang sich staatliche Gerichte damit beschäftigen, ob Schiedsverfahren vertraulich sind. Während sich Gerichte aus beiden Rechtskreisen im Aufhebungs- oder Vollstreckungsverfahren mit der Vertraulichkeit befassen, kommt für angloamerikanische Gerichte die Fallkonstellation hinzu, dass Unterlagen aus einem Schiedsverfahren in einem nachfolgenden staatlichen Prozess mit anderen Beteiligten im discovery Verfahren herausverlangt werden. Während es sich im angloamerikanischen Rechtskreis bereits um ein neues, unabhängiges Verfahren handeln kann, sind in Kontinentaleuropa die Folgen des Schiedsverfahrens selbst zu beurteilen. Das scheint das Ergebnis der Gerichte aber nicht zu beeinflussen. Während manche Gerichte bereit sind, die Vertraulichkeit zu wahren, lehnen andere das ausdrücklich ab.

Hier sollen nur die weltweit wichtigsten Entscheidungen zur Vertraulichkeit umrissen werden, um deutlich zu machen, welch ein uneinheitliches Bild sich dabei für die internationale Schiedsgerichtsbarkeit ergibt.[1251]

1. Gerichtsentscheidungen, die eine Vertraulichkeitsverpflichtung verneinen

a) Esso v. Plowman (Australien)

Die Entscheidung des australischen High Court in *Esso v. Plowman* aus dem Jahr 1995 sticht hervor.[1252] Die Erdölfirmen Esso und BHP hatten für zwei australische öffentliche Versorgungsunternehmen den Gaspreis nach der Preisanpassungsklausel im gemeinsamen Gasbelieferungsvertrag erhöht. Nachdem die Versorgungsunternehmen die Preiserhöhung abgelehnt hatten, kam es zum vereinbarten Schiedsverfahren. Die Erdölfirmen waren nur bereit, vertrauliche Unterlagen zu Gewinnspannen, Produktionskosten und Gasreserven offen zu legen, wenn sie nur für das Schiedsverfahren verwendet werden dürften.[1253] Daraufhin hatte der damalige australische Minister für Bodenschätze und Energie *James Plowman* beim staatlichen Gericht die Feststellung beantragt, dass die Versorgungsunternehmen berechtigt seien, alle In-

---

[1250] *Kühner*, Geschäftsgeheimnisse und Schiedsverfahren – neuerdings ein Gegensatz?, IHR 2003, 202, 203.

[1251] Eine umfassende Abhandlung zur Vertraulichkeit im Schiedsverfahren in deutscher Sprache bietet etwa *Geiben*, Die Privatsphäre und Vertraulichkeit im Schiedsverfahren, 2001.

[1252] *Esso Australia Resources Ltd. et al v. Plowman*, Yearbook Comm. Arb. Bd. XXI, 1996, 137 = Arb. Int'l, Bd. 11, 1995, 235.

[1253] *Esso Australia Resources Ltd. et al v. Plowman*, Yearbook Comm. Arb., Bd. XXI, 1996, 137 = Arb. Int'l, Bd. 11, 1995, 235, 240.

formationen aus dem Schiedsverfahren an ihn weiterzugeben. Nach Widerklage und Klageerweiterung hatte der High Court insgesamt darüber zu entscheiden, ob Dritte am Schiedsverfahren teilnehmen dürfen und ob Informationen und Verfahrensunterlagen aus dem Schiedsverfahren vertraulich zu behandeln sind. Nachdem gesetzliche Regelungen fehlten, konnte die Vertraulichkeit nur gewohnheitsrechtlich abzuleiten sein. Dazu lagen dem Gericht die Meinungen verschiedener renommierter Schiedspraktiker vor.[1254] Der High Court hat eine konkludente Vertraulichkeitsverpflichtung im Schiedsverfahren abgelehnt. Zwar sei ein Schiedsverfahren grundsätzlich nicht öffentlich. Das Schiedsgericht könne Dritten aber erlauben, am Schiedsverfahren teilzunehmen. Nur wenn die Parteien ausdrücklich vereinbart hätten, dass Informationen und Unterlagen aus dem Schiedsverfahren Dritten nicht mitgeteilt werden dürfen, begründe das eine Vertraulichkeitspflicht, die aber nicht absolut sein könne. Eine Ausnahme sei gegeben, wenn – wie hier – ein allgemeines öffentliches Interesse an den Informationen bestehe.[1255]

b) Bulbank (Schweden)

Ähnlich wie das australische *Esso v. Plowman* Urteil im angloamerikanischen Rechtskreis hat eine Entscheidung des höchsten schwedischen Gerichts in Sachen *Bulgarian Foreign Trade Bank Ltd. v. A.I. Trade Finance Inc. (Bulbank)*[1256] aus dem Jahr 2000 im kontinentaleuropäischen Rechtskreis auf das Problem der Vertraulichkeit aufmerksam gemacht. Der Fall hat alle schwedischen Instanzen beschäftigt. Die Antragstellerin, eine bulgarische Bank, verlangte die Aufhebung des in Schweden ergangenen Endschiedsspruchs, weil die Antragsgegnerin, eine US-amerikanische Bank, einen Zwischenschiedsspruch in einer US-amerikanischen Fachzeitschrift, *Mealey's International Arbitration Report*, hatte veröffentlichen lassen. Die Antragstellerin sah darin eine wesentliche Vertragsverletzung, die sie berechtige, die Schiedsvereinbarung zu kündigen. Sowohl das erstinstanzliche Gericht als auch das Beru-

---

[1254] Experts Reports abgedruckt in Arb. Int'l, Bd. 11, 1995; bejahend: *Boyd*, S. 265; *Bond*, S. 273; ablehnend: *Lew*, S. 283; *Smit*, S. 297.

[1255] Siehe ausführlich zu dem Urteil: *Geiben*, Die Privatsphäre und Vertraulichkeit im Schiedsverfahren, 2001, 5-16; *Fortier*, The Occasionally Unwarranted Assumption of Confidentiality, Arb. Int'l, Bd. 15, 1999, 131, 135; *Rogers/Miller*, Non-Confidential Arbitration Proceedings, Arb. Int'l, Bd. 12, 1996, 319, 327-332; *Neill*, Confidentiality in Arbitration, Arb. Int'l, Bd. 12, 1996, 287, 297-310.

[1256] *Bulgarian Foreign Trade Bank Ltd. v. A.I. Trade Finance Inc.*, (Schwedisches Höchstes Gericht, Urt. v. 27.10.2000) Yearbook Comm. Arb., Bd. XXVI, 2001, 291-298.

fungsgericht[1257] haben eine stillschweigende Vertraulichkeitspflicht bejaht, die sich aus dem Grundsatz von Treu und Glauben ergebe. Während das erstinstanzliche Gericht eine Kündigung für berechtigt hielt, lehnte das Berufungsgericht ein Kündigungsrecht als zu weitgehend ab. Im Jahr 2000 hat das höchste schwedische Gericht eine konkludente Vertraulichkeitsverpflichtung der Parteien untereinander insgesamt abgelehnt.[1258] Ein Grundsatz stillschweigender Vertraulichkeit ergebe sich weder aus relevanten Schiedsverfahrensgesetzen, noch aus internationalen Gerichtsentscheidungen oder Veröffentlichungen. Die Parteien seien nur dann zur Geheimhaltung verpflichtet, wenn sie sich in einer gesonderten Vereinbarung auf ein vertrauliches Schiedsverfahren geeinigt haben.

c) US-amerikanische Gerichtsentscheidungen

US-amerikanische Gerichte haben sich nur in wenigen Fällen damit beschäftigt, ob Schiedsverfahren vertraulich sind. Sie erkennen im discovery Verfahren kein spezielles Weigerungsrecht für Dokumente aus einem Schiedsverfahren an,[1259] sondern behandeln diese Dokumente wie alle anderen Unterlagen, die der discovery unterliegen, und gewähren nur den Schutz der bekannten Weigerungsrechte oder Schutzanordnungen.[1260] Unterlagen, die für oder von einer Partei im Zusammenhang mit einem Schiedsverfahren angefertigt wurden, sind danach vom attorney-client privilege oder work product rule vor discovery geschützt.[1261] Nicht geschützt sind Dokumente, die eine Partei oder ein Dritter als Beweismittel im Schiedsverfahren vorgelegt hat. Um diese Unterlagen zu schützen, kann der Betroffene in einem folgenden Gerichtsverfahren lediglich eine Schutzanordnung beantragen. Dazu muss er darlegen und gegebenenfalls beweisen, dass die Unterlagen besonders schutzwürdig sind

---

[1257] *Bulgarian Foreign Trade Bank Ltd. v. A.I. Trade Finance Inc.* (Schwedisches Berufungsgericht, Urt. v. 30.3.1999) Yearbook Comm. Arb., Bd. XXIVa, 1999, 321-328; kritisch zur Begründung des Berufungsgerichts *Smit,* Breach of Confidentiality as a Ground for Avoidance of the Arbitration Agreement, American Review of Int'l Arb., Bd. 11, 2000, 567.

[1258] *Bulgarian Foreign Trade Bank Ltd. v. A.I. Trade Finance Inc.*, (Schwedisches Höchstes Gericht, Urt. v. 27.10.2000) Yearbook Comm. Arb., Bd. XXVI, 2001, 291-298; kritisch zu der Entscheidung: *Nacimiento*, Abschied von der Vertraulichkeit im Schiedsverfahren?, BB 2001, Beil. 6, 7; ausführlich: *Bagner*, Confidentiality – A Fundamental Principle in International Commercial Arbitration?, Journal of Int'l Arb., Bd. 18, 2001, 243.

[1259] *Kamyr, Inc. v. Comubiston Engineering, Inc.*, 554 N.Y.S.2d 619 (App.Div. 1 Dept. 1990); *United States v. Panhandle Eastern Corp.*, 118 F.R.D. 346, 349-350 (D. Del. 1988); *Milone v. General Motors Corp.*, 446 N.Y.S.2d 650 (App.Div. 4th Dept. 1981).

[1260] Siehe oben Kap. 2, Teil 2, V. und VI.

[1261] *Samuels v. Mitchell* 155 F.R.D. 195, 200 (N.D.Cal. 1994); *International Ins. Co. v, Peabody Int'l Corp.*, 1988 WL 58611 (N.D.Ill.).

und ihre Offenbarung zu einem konkreten Schaden führen würde (good cause).[1262]

Die US-amerikanischen Entscheidungen betreffen regelmäßig Unterlagen aus nationalen Schiedsverfahren. *United States v. Panhandle Eastern Corp.* aus dem Jahr 1988 ist, soweit ersichtlich, die einzige veröffentlichte Entscheidung, in der es um die Vorlage von Unterlagen aus einem internationalen ICC Schiedsverfahren mit Sitz in Genf ging.[1263] Die US-amerikanische Regierung hatte geklagt, um ihre Rechte als Bürgin zu sichern, und verlangte von dem beklagten Rohrleitungshersteller Dokumente aus dessen Schiedsverfahren mit einem Ölunternehmen heraus. Das Gericht folgte der Argumentation des Beklagten nicht, wonach die Unterlagen nach den ICC Rules und nach einer konkludenten Vereinbarung der Schiedsparteien vertraulich zu behandeln seien. Es fand weder eine solche Regelung in den ICC Rules, noch Anhaltspunkte für eine konkludente Vereinbarung der Schiedsparteien. Selbst wenn eine ausdrückliche Vertraulichkeitsvereinbarung vorliegt, genügt es laut diesem Gericht nicht, wenn die Partei lediglich pauschal geltend macht, ihre Geschäftsbeziehungen mit der anderen Schiedspartei würden schwer beschädigt, wenn sie die Unterlagen aus dem Schiedsverfahren vorlegen müsste.[1264]

Insgesamt gehen US-amerikanische Gerichte oftmals gar nicht darauf ein, ob Unterlagen aus einem Schiedsverfahren einen besonderen Status haben könnten, sondern untersuchen nur, ob ein anerkanntes Weigerungsrecht greift. Die Entscheidungen, die sich konkret damit beschäftigen, ob Unterlagen aus einem Schiedsverfahren vertraulich zu behandeln sind, verneinen das ausdrücklich. Sie untersuchen dazu die anwendbaren Gesetze, Schiedsordnungen und vertraglichen Regelungen, und stellen regelmäßig fest, dass sich daraus keine absolute Vertraulichkeit ableiten lasse.[1265] Allerdings wären US-amerikanische Gerichte wohl bereit, Unterlagen aus einem Schiedsverfahren vertraulich zu behandeln, wenn eine ausdrückliche Vertraulichkeitsvereinba-

---

[1262] *United States v. Panhandle Eastern Corp.*, 118 F.R.D. 346, 349 (D. Del. 1988).

[1263] *Haynes*, International Arbitration May Not Be as Confidential as You Think – Or Want, in: Frommel/Rider (Hrsg.), Conflicting Legal Cultures in Commercial Arbitration, 1999, 99, 109.

[1264] *United States v. Panhandle Eastern Corp.*, 118 F.R.D. 346, 349-350 (D. Del. 1988).

[1265] So argumentierten ein Berufungsgericht in North Carolina, *Industrotech Constructors, Inc. v. Duke University*, 67 N.C. App. 741, 314 S.E.2d 272 (N.C. App. 1984), und Berufungsgerichte in New York, siehe z.B. *Galleon Syndicate Corp. v. Pan Atlantic Group, Inc.* 637 N.Y.S.2d 104 (1st App. Div. 1996); für weitere Beispiele siehe *Haynes*, International Arbitration May Not Be as Confidential as You Think – Or Want, in: Frommel/Rider (Hrsg.), Conflicting Legal Cultures in Commercial Arbitration, 1999, 99, 108 Fn. 37.

rung vorliegt und der Betroffene good cause für eine Schutzanordnung darlegt.[1266]

d) Deutschland

In Deutschland gibt es, soweit ersichtlich, keine Gerichtsentscheidungen zur Vertraulichkeit im Schiedsverfahren. Die Literatur lehnt eine konkludente Vertraulichkeitsverpflichtung aus der Schiedsvereinbarung überwiegend ab. Die meisten Stimmen befürworten es aber, die Verpflichtung ausdrücklich in die Schiedsvereinbarung aufzunehmen, oder es dem Ermessen des Schiedsgerichts zu überlassen, aus der Vereinbarung der Parteien eine Vertraulichkeitspflicht abzuleiten.[1267] Manche meinen auch, die Vertraulichkeitspflicht könne sich nach § 242 BGB aus den Umständen ergeben.[1268]

2. Gerichtsentscheidungen, die eine Vertraulichkeitsverpflichtung bejahen

a) Aïter v. Ojjeh (Frankreich)

Ein Pariser Berufungsgericht verurteilte eine Partei zu Schadensersatz, weil sie völlig grundlos in Paris die Aufhebung eines in London ergangenen Schiedsspruchs beantragt hatte und damit eine öffentliche Diskussion über das Schiedsverfahren und den Schiedsspruch herbeigeführt hatte, obwohl das Schiedsverfahren vertraulich hätte sein sollen.[1269] Der Vertraulichkeitsgrundsatz sei ohne gesetzliche Regelung automatisch anwendbar, soweit die Parteien nichts anderes vereinbaren.[1270] Allerdings begründete das Berufungsgericht nicht, warum es das Schiedsverfahren für vertraulich hält. Es handelte sich um eine Einzelfallentscheidung, in der die klagende Partei dafür bestraft werden sollte, den in Paris lebenden Gegner öffentlich vorgeführt zu haben.[1271]

[1266] *Coe*, International Commercial Arbitration: American Principles and Practice in a Global Context, 1997, 264; *Baldwin*, Protecting Confidential and Proprietary Commercial Information in International Arbitration, Texas Int'l Law Journal, Bd. 31, 1996, 451, 482 u. 486.

[1267] *Geiben*, Die Privatsphäre und Vertraulichkeit im Schiedsverfahren, 2001, 55; *Prütting*, Vertraulichkeit in der Schiedsgerichtsbarkeit und in der Mediation, in: Briner u.a. (Hrsg.) Liber Amicorum Karl-Heinz Böckstiegel, 2001, 629, 634-636; Zweifel an der tatsächlichen Vertraulichkeit von Schiedsverfahren äußerte bereits *Ochmann*, Das schiedsrichterliche Verfahren unter Berücksichtigung der gewerblichen Schutzrechte und seine Vor- und Nachteile gegenüber dem staatlichen Gerichtsverfahren, GRUR 1993, 255, 258-259.

[1268] *Aden*, Internationale Handelsschiedsgerichtsbarkeit, 2. Aufl., 2003, 311, Rdz. 53; MünchKomm-*Münch*, ZPO, Bd. 3, 2. Aufl., 2001, vor §1025 Rdz. 32.

[1269] *Aïter v. Ojjeh*, Cour d'appel, Paris, Urt. v. 18.2.1986, Revue Arbitrage 1986, 583.

[1270] *Bond*, Expert Report in Esso v. Plowman, Arb. Int'l, Bd. 11, 1995, 273, 277.

[1271] *Paulsson/Rawding*, The Trouble with Confidentiality, Arb. Int'l, Bd. 11, 1995, 303, 312-313.

b) Englische Gerichtsentscheidungen

Lediglich englische Gerichte betonen in ständiger Rechtsprechung, dass Schiedsverfahren vertraulich sind.[1272] Daran hält die englische Rechtsprechung auch nach der australischen *Esso v. Plowman* Entscheidung ausdrücklich fest.[1273] In den englischen Entscheidungen zur Vertraulichkeit geht es meist darum, ob Schiedsspruch oder Unterlagen aus einem englischen Schiedsverfahren in einem Gerichtsverfahren zwischen einer der Schiedsparteien und einem Dritten dem englischen disclosure Verfahren unterliegen. Während ein englisches Gericht 1988 solche Unterlagen grundsätzlich nicht für vertraulich befand und deshalb die Vorlage anordnete,[1274] haben spätere Entscheidungen aus einer Schiedsvereinbarung nach englischem Recht kraft Vertrages oder kraft Gesetzes[1275] eine stillschweigende Vertraulichkeitsvereinbarung abgeleitet.[1276] Das gilt für den Schiedsspruch und alle Unterlagen aus dem Schiedsverfahren wie Schriftsätze, schriftliche Zeugenaussagen und Protokolle der mündlichen Verhandlungen.[1277] Erfasst sind auch Dokumente, die eine Partei aufgrund eines Vorlageverlangens im Schiedsverfahren vorle-

---

[1272] *Hassneh Insurance Co. of Israel v. Mew* [1993] 2 Lloyd's Rep. 243 (Q.B.) = Yearbook Comm. Arb., Bd. XIX, 1994, 223; *Dolling-Baker v. Merrett* [1990] 1 W.L.R. 1205; siehe dazu auch *Knoblach*, Sachverhaltsermittlung in der internationalen Wirtschaftsschiedsgerichtsbarkeit, 2003, 117-122.

[1273] *Glidepath BV and Others v. Thompson & Others* [2005] EWHC 818 (Comm); *Ali Shipping Corp. v. Shipyard Trogir* [1998] 2 All ER 136; so auch jüngst der High Court von Singapur im Juni 2003, *Myanma Yaung Chi Oo Co Ltd v. Win Win Nu*, [2003] 2 SLR 547; siehe dazu ausführlich *Smith/Moh*, Confidentiality of Arbitrations – Singapore's Position Following the Recent Case of Myanma Yaung Chi Oo Co Ltd v. Win Win Nu, Vindobona Journal 2004, 37, 48-56; siehe auch die Entscheidung des UK Privy Council vom 29.1.2003, *Associated Electric & Gas Services Ltd v. European Reinsurance Co. of Zürich* [2003] 1 W.L.R. 1041, die die Haltung der englischen Gerichte in Frage stellt, ohne selbst Position zu beziehen; dazu ausführlich *Cashen*, Confidentiality and Arbitration, Vindobona Journal 2004, 57; *Rawding/Seeger*, Aegis v. European Re and the Confidentiality of Arbitration Awards, Arb. Int'l, Bd. 19, 2003, 483; und *Gaffney*, Confidentiality in International Arbitration: A Recent English Decision, Mealey's Int'l Arb. Report, Bd. 18, Nr. 5, 2003, 18.

[1274] *Shearson Lehman Hutton Inc. v. Maclaine Watson & Co. Ltd.* [1988] 1 W.L.R. 946 (Q.B.).

[1275] Siehe zu diesem *Common Law* Rechtsinstitut: *Smith/Moh*, Confidentiality of Arbitrations – Singapore's Position Following the Recent Case of Myanma Yaung Chi Oo Co Ltd v. Win Win Nu, Vindobona Journal 2004, 37, 49-50; *Fortier*, The Occasionally Unwarranted Assumption of Confidentiality, Arb. Int'l, Bd. 15, 1999, 131, 136.

[1276] *Ali Shipping Corp. v. Shipyard Trogir* [1998] 2 All ER 136; *Hassneh Insurance Co. of Israel v. Mew* [1993] 2 Lloyd's Rep. 243 (Q.B.) = Yearbook Comm. Arb., Bd. XIX, 1994, 223; *Dolling-Baker v. Merrett* [1990] 1 W.L.R. 1205.

[1277] Die Protokolle sind im angloamerikanischen Rechtskreis stets Wortprotokolle.

gen musste, nicht aber Unterlagen, die eine Partei freiwillig in ein Schiedsverfahren eingeführt hat.[1278]

Die Vertraulichkeitspflicht führt dazu, dass eine Schiedspartei Unterlagen, die der Gegner ihr im Schiedsverfahren auf Antrag hin zugänglich gemacht hat, grundsätzlich nicht in einem Gerichtsverfahren mit einem Dritten vorlegen darf. Das folgt aus dem gleichen Grundsatz, der im englischen Gerichtsverfahren gilt, wenn eine Partei Unterlagen nicht freiwillig vorlegt, sondern durch Gerichtsbeschluss dazu verpflichtet wird. Solche Unterlagen dürfen die Beteiligten nur für das anhängige Verfahren verwenden.[1279]

Die englischen Gerichte erkennen aber an, dass die Vertraulichkeitspflicht nicht absolut sein kann und erlauben Ausnahmen. Die Unterlagen aus einem Schiedsverfahren sind im Gerichtsverfahren vorzulegen, wenn (1) die gegnerische Schiedspartei dem zustimmt, (2) das Gericht auf Antrag die Vorlage der Dokumente in einem Gerichtsverfahren anordnet, (3) das Gericht die Offenlegung genehmigt, (4) nur so die berechtigten Interessen einer Schiedspartei gewahrt werden können, oder (5) öffentliche Rechtsschutzinteressen es verlangen.[1280] Ein Gericht kann die Vorlage nach seinem Ermessen anordnen, wenn es die Unterlagen im Gerichtsverfahren für entscheidungserheblich hält. Es soll dabei aber die Vertraulichkeitsverpflichtung und andere mögliche Beweismittel berücksichtigen.[1281] Englische Gerichte legen die Ausnahmen eng aus und schützen so verstärkt die Vertraulichkeit des Schiedsverfahrens.[1282]

Die Entscheidungen beschäftigen sich nicht damit, ob die Grundsätze auch für Unterlagen gelten, die ein Dritter in einem Schiedsverfahren vorgelegt hat, sondern sprechen allgemein von „documents disclosed“ und „material genera-

---

[1278] *Hassneh Insurance Co. of Israel v. Mew* [1993] 2 Lloyd's Rep. 243 (Q.B.) = Yearbook Comm. Arb., Bd. XIX, 1994, 223, 226; *Neill*, Confidentiality in Arbitration, Arb. Int'l, Bd. 12, 1996, 287, 290.

[1279] Siehe dazu z.B. *Prudential Assurance Co. v. Fountain Page Ltd.* [1991] 1 W.L.R. 756, 764-765; *Smith/Moh*, Confidentiality of Arbitrations – Singapore's Position Following the Recent Case of Myanma Yaung Chi Oo Co Ltd v. Win Win Nu, Vindobona Journal 2004, 37, 43-44; ausführlich *Collins*, Privacy and Confidentiality in Arbitration, Arb. Int'l, Bd. 11, 1995, 321, 330.

[1280] *Ali Shipping Corp. v. Shipyard Trogir* [1998] 2 All ER 136, 147; *Kühner*, Geschäftsgeheimnisse und Schiedsverfahren – neuerdings ein Gegensatz?, IHR 2003, 202, 203; *Fortier*, The Occasionally Unwarranted Assumption of Confidentiality, Arb. Int'l, Bd. 15, 1999, 131, 137; *Neill*, Confidentiality in Arbitration, Arb. Int'l, Bd. 12, 1996, 287, 290.

[1281] *Hassneh Insurance Co. of Israel v. Mew* [1993] 2 Lloyd's Rep. 243 (Q.B.) = Yearbook Comm. Arb. Bd. XIX, 1994, 223, 233-234.

[1282] *Baldwin*, Protecting Confidential and Proprietary Commercial Information in International Arbitration, Texas Int'l Law Journal, Bd. 31, 1996, 451, 484-485 m.w.N.

ted in the course of the arbitration".[1283] Das schließt auch Unterlagen Dritter ein, was aber in den entschiedenen Fällen nicht relevant war. Die Grundsätze gelten für inländische wie internationale Schiedsverfahren; die Gerichte machen hier keinen Unterschied.[1284]

3. Zusammenfassung

Einen absoluten Vertraulichkeitsschutz gibt es in keiner der behandelten Rechtsordnungen. Während die australische, US-amerikanische und schwedische Rechtsprechung eine ausdrückliche Vertraulichkeitsvereinbarung der Parteien verlangt, um Schutz zu gewähren, geht die englische Rechtsprechung von einer stillschweigenden Vereinbarung aus. Auch in England können die Gerichte dennoch die Vorlage von Dokumenten aus einem Schiedsverfahren verlangen – die Ausnahmen vom Vertraulichkeitsgrundsatz hängen vom gerichtlichen Ermessen ab.[1285] Stünde die australische *Esso v. Plowman* Entscheidung allein, hätte man sie als Ausnahmeerscheinung betrachten können, weil es um öffentlich-rechtliche und nicht um privat-rechtliche Informationspflichten ging.[1286] Nachdem aber auch Gerichte aus anderen Staaten nur einen bedingten Vertraulichkeitsschutz akzeptieren, bleibt als Fazit: Weder Schiedsparteien noch Dritte, die im Schiedsverfahren Dokumente vorlegen, können sich darauf verlassen, dass solche Dokumente durchweg vertraulich bleiben. Beteiligt sich eine der Schiedsparteien später an einem Rechtsstreit, vor allem im angloamerikanischen Raum, können die dortigen Gerichte sie zur Vorlage der Unterlagen verpflichten und das mit Zwangsmitteln durchsetzen. Lediglich mangels discovery Verfahren ist es noch zu keiner kontinentaleuropäischen Entscheidung dazu gekommen, ob Dokumente aus einem Schiedsverfahren im staatlichen Gerichtsverfahren als Beweismittel verwertbar sind.

VI. Internationale Schiedspraxis

Kaum eine veröffentlichte Entscheidung eines internationalen Schiedsgerichts beschäftigt sich damit, ob Schiedsverfahren aus sich heraus vertraulich sind. Eine Ausnahme bildet die 1983 ergangene Entscheidung eines Schiedsgerichts des International Centre for Settlement of Investment Disputes (ICSID): Der indonesische Staat als Schiedspartei hatte beim Schiedsgericht beantragt,

---

[1283] *Ali Shipping Corp. v. Shipyard Trogir* [1998] 2 All ER 136, 149.

[1284] In *Hassneh Insurance Co. of Israel v. Mew* [1993] 2 Lloyd's Rep. 243 (Q.B.) = Yearbook Comm. Arb. Bd. XIX, 1994, 223 war eine israelische Partei beteiligt, alle anderen zitierten Entscheidungen betrafen nationale Schiedsverfahren.

[1285] Kritisch *Rogers/Miller*, Non-Confidential Arbitration Proceedings, Arb. Int'l, Bd. 12, 1996, 319, 326.

[1286] *Nacimiento*, Abschied von der Vertraulichkeit im Schiedsverfahren?, BB 2001, Beil. 6, 7, 10.

dem Gegner, einem Investorunternehmen, zu verbieten, über das Schiedsverfahren und seine Ansichten dazu öffentlich zu berichten.[1287] Das Schiedsgericht lehnte den Antrag ab und stellte fest, dass es den Parteien nach den anwendbaren ICSID Regeln nicht verwehrt sei, Informationen über ihre Streitigkeit zu veröffentlichen.[1288] Auf eine mögliche stillschweigende Vertraulichkeitsvereinbarung ging das Schiedsgericht nicht ein.

Schiedsgerichte beschäftigen sich häufiger damit, Vertraulichkeitsvereinbarungen zu entwerfen. Die Vereinbarungen sollen es den Parteien ermöglichen, die notwendigen Unterlagen vorzulegen, in der Sicherheit, dass die Unterlagen nur im anhängigen Schiedsverfahren verwendet werden. Das kann durch schiedsrichterliche Verfügung geschehen – wie in Beispiel 1 – oder durch Parteivereinbarung, die das Schiedsgericht dann als Verfügung erlässt – wie in Beispiel 2.

In einem ICC Schiedsverfahren mit Sitz in London war der Beklagte nur bereit, bestimmte Unterlagen herauszugeben, wenn der Kläger versicherte, dass er die Unterlagen nicht in einem weiteren Schiedsverfahren mit einem Dritten vorlegen würde. Nachdem das Schiedsgericht die Parteien gehört hatte, erließ es eine Verfügung,[1289] mit der es „anerkannte und erklärte", dass die Schiedsparteien generell verpflichtet seien, Unterlagen, die eine Partei im Schiedsverfahren herausgebe, nicht für andere Zwecke zu nutzen. Sollten die Parteien diese Pflicht nicht akzeptieren, würde das Schiedsgericht die Vorlage nur anordnen, wenn sich der Antragsteller gegenüber der vorlegenden Partei ausdrücklich schriftlich verpflichte, die Unterlagen nur im anhängigen Schiedsverfahren zu nutzen. Etwas anderes gelte nur dann, wenn die vorlagepflichtige Partei einer anderen Nutzung zustimme, oder ein zuständiges staatliches Gericht später die Vorlage erlaube.

In einer Streitigkeit um geistige Eigentumsrechte erarbeitete ein Schiedsgericht mit Sitz in Paris zusammen mit den US-amerikanischen Parteivertretern eine ausführliche Vertraulichkeitsregelung, um den Dokumentenbesitzern auch die Vorlage von Unterlagen, die Know-How oder Betriebsgeheimnisse

---

[1287] *Amco Asia Corp. et al v. Republic of Indonesia*, Entscheidung v. 9.12.1983, International Legal Materials, Bd. 24, 1985, 365.

[1288] *Amco Asia Corp. et al v. Republic of Indonesia*, Entscheidung v. 9.12.1983, International Legal Materials, Bd. 24, 1985, 365, 368; siehe dazu ausführlich: *Paulsson/Rawding*, The Trouble with Confidentiality, Arb. Int'l, Bd. 11, 1995, 303, 307-308.

[1289] Unveröffentlicht, zitiert nach *Paulsson/Rawding*, The Trouble with Confidentiality, Arb. Int'l, Bd. 11, 1995, 303, 312.

enthielten, zu ermöglichen.[1290] Die Klägerin hatte behauptet, die Beklagte nutze unberechtigt ihre Technologie, während die Beklagte sich damit verteidigt hatte, es handele sich um eigens neu entwickelte Produktionsprozesse. Beide Parteien hatten Geheimnisse zu schützen. Nach der Vereinbarung waren die Parteien gehalten, alle Dokumente, die sie für vertraulich hielten, als „geheim" oder „besonders geheim" zu kennzeichnen. Alle Beteiligten – Parteien, mit den Parteien verbundene Unternehmen, Parteivertreter, Schiedsrichter, Verwaltungspersonal, Protokollführer, von den Parteien oder vom Schiedsgericht ernannte Sachverständige und Zeugen – waren verpflichtet, die gekennzeichneten Dokumente vertraulich zu behandeln. Sie mussten eine entsprechende Vertraulichkeitsvereinbarung unterzeichnen. Die Beteiligten durften die Dokumente nur für das Schiedsverfahren verwerten und mussten sie nach Ende des Schiedsverfahrens zurückgeben. Falls ein staatliches Gericht in einem discovery Verfahren die Vorlage betroffener Dokumente verlangen sollte, musste der Betroffene den ursprünglichen Dokumentenbesitzer davon unverzüglich informieren, um ihm Gelegenheit zu geben, der gerichtlichen Anordnung entgegenzutreten. Um die Vertraulichkeitsvereinbarung durchsetzen zu können, haben sich die Parteien der staatlichen Gerichtsbarkeit von New York unterworfen. Sie sollten nur die Erfüllung der Vereinbarung durchsetzen und Unterlassung verlangen können, aber keine Schadensersatzforderungen stellen können.

Selbst wenn Schiedsgericht und Parteien eine ausführliche Vereinbarung formulieren, kann sie keinen umfassenden Schutz bieten, weil sie nur vorbehaltlich anders lautender Gerichtsanordnungen ergehen kann. Zudem kann das Schiedsgericht niemanden zwingen, eine Vertraulichkeitsvereinbarung zu unterzeichnen. Weigert sich ein Beteiligter, die Vereinbarung zu unterzeichnen, bleiben ihm die Unterlagen vorenthalten und können insgesamt nicht verwertet werden, oder er muss als Zeuge oder Sachverständiger ausgeschlossen werden.

Seit der australischen *Esso v. Plowman* Entscheidung hat sich die Literatur zur internationalen Schiedsgerichtsbarkeit in zahlreichen Veröffentlichungen mit der Vertraulichkeit im Schiedsverfahren beschäftigt. Während manche Autoren detaillierte Regelungen in Schiedsordnungen propagieren,[1291] wollen andere die Konfliktlösung zwischen Geheimhaltungs- und Offenbarungsinteresse den Schiedsgerichten und staatlichen Gerichten für jeden Einzelfall

---

[1290] ICC Schiedssache Nr. 7893/1994, Verfügung vom 12.7.1994, Journal du Droit Int'l 1998, 1069 m. Anm. *Hascher*.

[1291] Siehe etwa *Paulsson/Rawding*, The Trouble with Confidentiality, Arb. Int'l, Bd. 11, 1995, 303, 320.

überlassen.[1292] Die Frage ist weder gerichtlich noch dogmatisch geklärt. Ob man die internationale Tendenz der Gerichte, Schiedsverfahren nicht für vertraulich zu halten, begrüßt oder ablehnt: Man kann sich nicht darauf verlassen, dass staatliche Gerichte Vertraulichkeitspflichten ohne ausdrückliche Vereinbarung vor oder im Schiedsverfahren berücksichtigen und durchsetzen werden. Selbst wenn man eine Vertraulichkeitsvereinbarung getroffen hat, bietet das keine Gewähr für eine umfassende Vertraulichkeit. Deshalb ergehen selbst schiedsrichterliche Verfügungen, die den Beteiligten Vertraulichkeitspflichten auferlegen, vorbehaltlich anders lautender Gerichtsentscheidungen.

VII. Vertragliche Vertraulichkeitsklausel

Betroffenen Schiedsparteien ist trotzdem anzuraten, für ihr Schiedsverfahren selbst die Vertraulichkeit zu vereinbaren.[1293] Oftmals wird es schwierig sein, die Parteien bereits bei Vertragsschluss zu einer solch detaillierten Regelung zu bewegen.[1294] Eine schiedsgerichtliche Auseinandersetzung erscheint zu diesem Zeitpunkt unwahrscheinlich. Die Parteien sind deshalb nicht gewillt, ihre Verhandlungen auf Fragen der Vertraulichkeit zu konzentrieren. Es bleibt dann die Möglichkeit, nach Einleitung des Schiedsverfahrens zusammen mit dem Schiedsgericht eine Vertraulichkeitsvereinbarung zu treffen.[1295] Doch sind die Parteien zu diesem Zeitpunkt oft so zerstritten, dass keine Vereinbarung mehr möglich ist.[1296] Deshalb sollten Vertragsparteien bei Vertragsschluss zumindest insoweit vorsorgen, indem sie eine Schiedsordnung vereinbaren, die ausführliche Vertraulichkeitsregeln bietet.[1297]

[1292] Siehe etwa *Smit*, Confidentiality in Arbitration, Arb. Int'l, Bd. 11, 1995, 337, 340.

[1293] *Edwards*, Confidentiality in Arbitration: Fact or Fiction?, Int'l Arb. Law Review 2001, 94, 95; *Fortier*, The Occasionally Unwarranted Assumption of Confidentiality, Arb. Int'l, Bd. 15, 1999, 131, 138-139; *Haynes*, International Arbitration May Not Be as Confidential as You Think - Or Want, in: Frommel/Rider (Hrsg.), Conflicting Legal Cultures in Commercial Arbitration, 1999, 99, 112; *Paulsson/Rawding*, The Trouble with Confidentiality, Arb. Int'l, Bd. 11, 1995, 303, 320.

[1294] *Bagner*, Confidentiality – A Fundamental Principle in International Commercial Arbitration?, Journal of Int'l Arb., Bd. 18, 2001, 243, 248.

[1295] *Kühner*, Geschäftsgeheimnisse und Schiedsverfahren – neuerdings ein Gegensatz?, IHR 2003, 202, 207.

[1296] *Trakman*, Confidentiality in International Commercial Arbitration, Arb. Int'l, Bd. 18, 2002, 1, 3 Fn. 4.

[1297] Wie etwa Art. 34 AAA International Rules, Art. 30 LCIA, Artt. 73-76 WIPO Rules, § 43 DIS SchiedsO; *Reid*, Confidentiality – An Algorithm, Stockholm Arb. Report 2000, 53, 57, weist aber darauf hin, dass sich Parteien selten an den Vertraulichkeitsregeln orientieren, wenn sie sich für eine Schiedsordnung entscheiden.

Unabhängig davon, wann eine Vertraulichkeitsvereinbarung ausgearbeitet wird – bei Vertragsschluss oder nach Beginn des Schiedsverfahrens – es sind die gleichen Fragen zu klären. Diese Fragen sind hier nur kurz zu erörtern, um die Problembereiche anzudeuten und Lösungswege aufzuzeigen.

1. Was ist vertraulich?

Was soll vertraulich behandelt werden? Zu nennen sind die Existenz des Schiedsverfahrens, der Schiedsspruch, sowie alle oder bestimmte Unterlagen, Schriftsätze, Urkunden und Beweismittel aus dem Schiedsverfahren.[1298] Um sicher zu stellen, dass vorgelegte Dokumente vertraulich sind, sollte die Klausel ausdrücklich den Inhalt aller schriftlichen Beweismittel der Parteien und Dritter als vertraulich bezeichnen. Das sollte sowohl freiwillig vorgelegte als auch aufgrund einer Vorlageanordnung herausgegebene Dokumente erfassen. Staatliche Gerichte stufen zwar freiwillig vorgelegte Dokumente nicht allein deshalb als vertraulich ein, weil sie in ein Schiedsverfahren eingeführt worden sind. Es müssen weitere Gründe hinzukommen, um die Dokumente vor einer Offenlegung zu schützen. Trotzdem zeigen die Parteien mit ihrer Vereinbarung, dass sie das gesamte Schiedsverfahren vertraulich behandelt sehen wollen.

2. Wer soll verpflichtet sein?

Wer soll alles zur Vertraulichkeit verpflichtet sein? Viele Personen sind am Schiedsverfahren beteiligt: die Parteien, Parteivertreter, Zeugen, Sachverständige, Schiedsrichter, die Geschäftstelle einer Schiedsinstitution, usw. Die Parteien können sich in einer privatrechtlichen Vereinbarung nur gegenseitig Pflichten auferlegen. Sie können keinen Vertrag zulasten Dritter abschließen. Deshalb können sie den anderen Beteiligten keine Vertraulichkeitspflichten auferlegen. Das kann nur in einer schiedsrichterlichen Verfügung oder in einer gesonderten Vereinbarung mit jedem Beteiligten geschehen.

Die Parteivertreter unterliegen bereits nach ihrer Berufsordnung einer Verschwiegenheitspflicht.[1299] Die Schiedsrichter sind nach Art. 9 IBA Rules of Ethics verpflichtet, ihre Beratungen und den Inhalt des Schiedsspruchs ver-

---

[1298] *Trakman*, Confidentiality in International Commercial Arbitration, Arb. Int'l, Bd. 18, 2002, 1, 11.

[1299] *Hascher*, Anmerkung zu ICC Verfahren Nr. 7893/1994, Journal du Droit Int'l 1998, 1074, 1076.

traulich zu behandeln.[1300] Die Geschäftsstellen der Schiedsinstitutionen müssen nach der Schiedsordnung zur Vertraulichkeit verpflichtet werden.[1301] Mit Zeugen und Sachverständigen können die Parteien nach Beginn des Schiedsverfahrens gesonderte Vertraulichkeitsvereinbarungen abschließen. Solche Vereinbarungen können die Parteien auch mit den Schiedsrichtern treffen, um deren diskretes Verhalten abzusichern. In der gegenseitigen Vertraulichkeitsvereinbarung können die Parteien festlegen, dass sie mit allen sonstigen Beteiligten gesonderte Vereinbarungen abschließen werden.

Die kurze Übersicht zeigt, wie vielschichtig das Problem ist. Es würde hier zu weit führen, ausführlich jeden Beteiligten auf seine Vertraulichkeitspflichten zu überprüfen. Hier interessiert vorrangig der Interessenkonflikt zwischen den Parteien oder zwischen den Parteien und einem Dritten, der Dokumente vorlegt.

3. Welche Ausnahmen gelten?

Welche Ausnahmen soll die Vertraulichkeitsverpflichtung zulassen? Die Vertraulichkeitsklausel kann keinen absoluten Schutz bieten. Das ist auch nicht wünschenswert. Das vertrauliche Schiedsverfahren soll es den Parteien nicht ermöglichen, sich in ein Schiedsverfahren zu flüchten, um vertragliche oder gesetzliche Offenbarungspflichten zu umgehen oder schädliche Dokumente vor erneuter Vorlage in anderen Verfahren zu schützen.[1302] Es wird immer wieder Situationen geben, in denen Informationen aus einem Schiedsverfahren preisgegeben werden müssen: Im gerichtlichen Aufhebungs- oder Vollstreckungsverfahren muss der Antragsteller den Schiedsspruch vorlegen; viele Parteien sind verpflichtet, gegenüber ihren Banken und anderen Gläubigern, gegenüber Versicherungen und Aktionären, oder bei Due Diligence Prüfun-

---

[1300] Art. 9 IBA Rules of Ethics: „*The deliberations of the arbitral tribunal, and the contents of the award itself, remain confidential in perpetuity unless the parties release the arbitrators from this obligation. An arbitrator should not participate in, or give any information for the purpose of assistance in, any proceedings to consider the award unless, exceptionally, he considers it his duty to disclose any material misconduct or fraud on the part of his fellow arbitrators.*"; abgedruckt bei *Craig/Park/Paulsson*, Annotated Guide to the 1998 ICC Arbitration Rules, 1998, 129.

[1301] Siehe z.B. Art. 6 ICC Statutes, Art. 34 AAA International Rules, Art. 76 WIPO Rules, § 34 DIS SchiedsO. Nur in den LCIA Rules fehlt eine solche Regelung.

[1302] *Leahy/Bianchi*, The Changing Face of International Arbitration, Journal of Int'l Arb., Bd. 17, Nr. 4, 2000, 23, 29-30; *Paulsson/Rawding*, The Trouble with Confidentiality, Arb. Int'l, Bd. 11, 1995, 303, 313, 315.

gen (schieds-)gerichtliche Streitigkeiten offen zu legen.[1303] Etwaige gesetzliche oder vertragliche Offenbarungspflichten sollten die Parteien als Ausnahme in die Vertraulichkeitsklausel aufnehmen, um Klarheit zu schaffen. Das wird aber meistens nur die Existenz des Schiedsverfahrens betreffen. Aus solchen Gründen wird es kaum notwendig sein, einzelne Unterlagen offen zu legen, die der Gegner oder ein Dritter im Schiedsverfahren vorgelegt hat.

Beweismittel aus einem Schiedsverfahren können vielmehr in einem späteren Gerichtsverfahren eine Rolle spielen, das eine Schiedspartei mit einem Dritten führt oder führen muss. Hier kann es passieren, dass der Gegner Unterlagen aus dem Schiedsverfahren herausverlangt. Wie die Untersuchung der verschiedenen Rechtsordnungen gezeigt hat, ordnen vor allem Gerichte im angloamerikanischen Rechtskreis unter bestimmten Voraussetzungen die Vorlage an. Das sollte den Schiedsparteien bereits bewusst sein, wenn sie die Vertraulichkeitsvereinbarung abschließen. Deshalb sollten sie als Ausnahme des Vertraulichkeitsgrundsatzes vorsehen, dass ein staatliches Gericht die Vorlage anordnet. Obwohl das die staatlichen Gerichte dazu verleiten könnte, eine Vertraulichkeitsvereinbarung nicht anzuerkennen, überwiegt das Aufklärungsinteresse der Parteien. Ihnen sollte das Verhalten der staatlichen Gerichte bewusst sein. Selbst wenn die Parteien keine Ausnahmen vorsehen, werden die Gerichte die Vorlagepflicht voraussichtlich nicht als absolut betrachten. Sie werden die in der Rechtsprechung entwickelten Ausnahmen anwenden. Als weitere Ausnahme sollten die Parteien eine anderweitige Vereinbarung untereinander vorsehen. Das belässt den Parteien den nötigen Entscheidungsspielraum, falls sich ihre Interessenlage verändert.

4. Welche Sanktionen greifen?

Welche Sanktionen greifen ein, wenn eine Partei gegen ihre Vertraulichkeitspflicht verstößt? Die Parteien können regeln, dass ein Verstoß zu einer Schadensersatzpflicht in Geld führt. Der tatsächlich entstandene Schaden wird sich indessen nur schwer ermitteln lassen.[1304] Deshalb sehen manche Vertraulichkeitsvereinbarungen keinen Schadensersatzanspruch vor, sondern nur das

---

[1303] *Denoix de Saint Marc*, Confidentiality of Arbitration and the Obligation to Disclose Information on Listed Companies or During Due Diligence Investigations, Journal of Int'l Arb., Bd. 20, 2003, 211; *Bagner*, The Confidentiality Conundrum in International Commercial Arbitration, ICC Bulletin, Bd. 12, 2001, 18, 22; *Craig/Park/Paulsson*, International Chamber of Commerce Arbitration, 3. Aufl., 2000, 312; zu weiteren Ausnahmen siehe *Trakman*, Confidentiality in International Commercial Arbitration, Arb. Int'l, Bd. 18, 2002, 1, 16.

[1304] *Fouchard/Gaillard/Goldman*, On International Commercial Arbitration, 1999, 693, para. 1265.

Recht, die Vertraulichkeitspflicht durchzusetzen.[1305] Dazu sollten die Parteien vereinbaren, dass sie einen Antrag beim Schiedsgericht oder nach Abschluss des Schiedsverfahrens beim staatlichen Gericht auf einstweilige Maßnahmen stellen können.[1306] Legen die Parteien in ihrer Vereinbarung solche Sanktionen fest, schließt das gleichzeitig ein Kündigungsrecht der Schiedsvereinbarung bei Verstoß aus.[1307]

5. Vorschläge für eine Vertraulichkeitsvereinbarung

Eine Vertraulichkeitsklausel könnte etwa lauten:

> „The parties undertake and agree that all arbitral proceedings conducted by reference to this clause will be kept strictly confidential, and all information disclosed by the parties *or third parties* in the course of such arbitral proceedings will be used solely for the purpose of those proceedings."[1308]

Oder ausführlicher:

> „1. Any documentary or other evidence given by a party, a witness or *a third party* in the arbitration shall be treated as confidential, and shall not be disclosed, by any party whose access to such evidence arises exclusively as a result of their participation in the arbitration to any third party for any purpose without the consent of all parties or order of a court [or arbitral tribunal] having jurisdiction. (...)
> 2. To the extent that they describe or refer to evidence, written pleadings shall not be disclosed to third parties for any purpose save as stated in 1 above.
> 3. An arbitrator, when issuing an order for the production of documentary or other evidence, may in his discretion make such order conditional upon the other party or parties' specific written undertaking not to disclose any of the evidence (or details of it) to third parties.
> 4. Any person serving as an arbitrator, or expert appointed by the arbitral tribunal, or appearing as the representative of a party in an arbitration, thereby undertakes on his own behalf mutatis mutandis to respect the rules of confidentiality defined in Nos. 1-3."[1309]

[1305] ICC Schiedssache Nr. 7893/1994, Verfügung vom 12.7.1994, Journal du Droit Int'l 1998, 1069 mit Anm. *Hascher*.

[1306] *Derains/Schwartz*, A Guide to the ICC Rules of Arbitration, 2. Aufl., 2005, 286.

[1307] So aber das schwedische erstinstanzliche Gericht in *Bulgarian Foreign Trade Bank Ltd. v. A.I. Trade Finance Inc.*, siehe *Bagner*, Confidentiality – A Fundamental Principle in International Commercial Arbitration?, Journal of Int'l Arb., Bd. 18, 2001, 243, 248.

[1308] *Bagner*, Confidentiality in Arbitration: Don't Take It for Granted!, Arb. and ADR 2001, 24, 25 Fn. 6.

[1309] *Paulsson/Rawding*, The Trouble with Confidentiality, Arb. Int'l, Bd. 11, 1995, 303, 315 und 319.

Auf Deutsch könnte eine Vereinbarung lauten:

> „1. Die Parteien vereinbaren hiermit einverständlich, über das Bestehen, den Ablauf und Inhalt eines Schiedsverfahrens aufgrund dieser Klausel Stillschweigen zu bewahren.
> 2. Sie verpflichten sich, alle Informationen, Dokumente, Unterlagen und Beweise, die sie selbst *oder ein Dritter* in das Verfahren einführen, geheim zu halten, es sei denn, alle Parteien genehmigen schriftlich die Preisgabe, ein Gesetz sieht etwas anderes vor, oder ein Gericht ordnet die Vorlage an.
> 3. Sie verpflichten sich weiter, mit jedem sonstigen Beteiligten – Schiedsrichter, Parteivertreter, Sachverständiger, Zeuge oder Urkundenbesitzer – eine gesonderte Vertraulichkeitsvereinbarung abzuschließen.
> 4. Verstößt eine Partei gegen ihre Vertraulichkeitspflichten, kann die andere Partei beim Schiedsgericht oder nach Abschluss des Schiedsverfahrens bei einem zuständigen staatlichen Gericht Unterlassung beantragen. Schadensersatzansprüche sind ausgeschlossen.“[1310]

Die Vorschläge dienen nur als Orientierungshilfe und sind an die Bedürfnisse des konkreten Einzelfalles anzupassen.

VIII. Vertragliche Absicherung Dritter

Die zitierten Formulierungsvorschläge wenden sich nicht ausdrücklich an die Position des Dritten. Um klarzustellen, dass Unterlagen eines Dritter gleichermaßen geschützt sind, sollte man den Dritten ausdrücklich in der Klausel erwähnen.[1311] Das ist ein zulässiger Vertrag zugunsten Dritter, kann den Dritten selbst aber nicht zur Vertraulichkeit verpflichten.[1312] Zusätzlich sollten die Parteien mit Dritten, die relevante Dokumente vorlegen könnten, während des Schiedsverfahrens eine ad hoc Vertraulichkeitsvereinbarung treffen. Das Angebot, einen solchen Vertrag abzuschließen, kann einen Dritten motivieren, die Unterlagen freiwillig vorzulegen.[1313]

Eine ad hoc Vertraulichkeitsvereinbarung zwischen den Parteien und dem Dritten könnte etwa lauten:

> 1. Die Schiedsparteien verpflichten sich, die Dokumente, die der Dritte in das Schiedsverfahren einführt, nur innerhalb des anhängigen Schiedsverfahrens zu

[1310] Abgeändert aus *Geiben*, Die Privatsphäre und Vertraulichkeit im Schiedsverfahren, 2001, 173-174.
[1311] In den Beispielen kursiv gedruckt.
[1312] *Prütting*, Vertraulichkeit in der Schiedsgerichtsbarkeit und in der Mediation, in: Briner u.a. (Hrsg.) Liber Amicorum Karl-Heinz Böckstiegel, 2001, 629, 636.
[1313] *Smit*, Breach of Confidentiality as a Ground for Avoidance of the Arbitration Agreement, American Review of Int'l Arb., Bd. 11, 2000, 567 zu Fn. 28 und 29.

> verwenden und nach Abschluss des Schiedsverfahrens an den Dritten zurückzugeben.
> 2. Verlangt ein anderes Schiedsgericht oder ein staatliches Gericht die Dokumente von einer Schiedspartei heraus, wird die Schiedspartei alles Erforderliche gegen die Anordnung unternehmen und den Dritten unverzüglich informieren, damit auch er gegen die Anordnung tätig werden kann.
> 3. Verstößt eine der Schiedsparteien gegen diese Vereinbarung, kann der Dritte Unterlassung und/oder Schadensersatz verlangen.

Eine solche mit Sanktionen ausgestattete Vertraulichkeitsverpflichtung wird die Schiedsparteien zumindest davon abhalten, die Informationen für geschäftliche Zwecke oder in anderen Verfahren zu verwenden. Gegen eine Anordnung eines staatlichen Gerichts kann auch diese Vereinbarung nichts ausrichten. Angloamerikanische Gerichte werden kaum bereit sein, Unterlagen vertraulich zu behandeln, nur weil der Dritte sie in einem Schiedsverfahren vorgelegt hat. Es werden weitere Umstände hinzukommen müssen, um die Nichtpreisgabe im staatlichen Verfahren zu rechtfertigen. Zumindest vor deutschen Gerichten besteht diese Gefahr nicht. Kommt es in einem auf das Schiedsverfahren folgenden staatlichen Prozess auf die Unterlagen des Dritten an, kann das Gericht die Partei zwar auffordern, die Unterlagen in ihrem Besitz vorzulegen. Es kann eine Anordnung aber nicht durchsetzen.[1314]

IX. Zusammenfassung

Aus der Untersuchung geht deutlich hervor, dass es an einer weltweit einheitlichen Auffassung zur Vertraulichkeit im Schiedsverfahren fehlt. Haben Schiedsparteien keine Schiedsordnung mit Vertraulichkeitsregelungen vereinbart, können sie sich nicht auf Vertraulichkeitsverpflichtungen verlassen, an die sich die Beteiligten gebunden fühlen. Selbst eine vertragliche Vertraulichkeitsvereinbarung kann keinen absoluten Schutz bieten. Auch bei sorgfältiger Formulierung der Vertraulichkeitsvereinbarung besteht die Gefahr, dass Gerichte trotzdem die Vorlage von Unterlagen aus einem Schiedsverfahren verlangen.[1315] Vor allem im internationalen Schiedsverfahren mit Parteien aus unterschiedlichen Staaten können die Beteiligten nie sicher sein, vor welchem nationalen Gericht ihre Dokumente aus dem Schiedsverfahren relevant werden könnten. Die unsichere Rechtslage ist aber kein Grund, überhaupt keine Vertraulichkeitsregelung in die Schiedsvereinbarung aufzunehmen oder nach Beginn des Schiedsverfahrens zu vereinbaren. Eine sorgfältig formulierte Vertraulichkeitsklausel hat gute Chancen, weltweite gerichtliche Akzeptanz

---

[1314] Siehe oben Kap. 2, Teil 1, VI.2.

[1315] *Trakman*, Confidentiality in International Commercial Arbitration, Arb. Int'l, Bd. 18, 2002, 1, 12; *Haynes*, International Arbitration May Not Be as Confidential as You Think – Or Want, in: Frommel/Rider (Hrsg.), Conflicting Legal Cultures in Commercial Arbitration, 1999, 99, 105.

zu finden. Fehlt dagegen eine Klausel, sind die Gerichte dazu gezwungen, den Willen der Parteien auszulegen.[1316] Die Frage der Vertraulichkeit hat sich damit insgesamt auf die vertragliche Ebene verschoben.[1317] Es geht nunmehr weniger darum, ob eine weltweit anerkannte Vertraulichkeitspflicht greift, sondern darum, ob die Parteien vertraglich ein vertrauliches Schiedsverfahren vereinbart haben. Es braucht Zeit, bis die Erkenntnis in das Bewusstsein der Vertragsparteien vorgedrungen ist, die eine Schiedsvereinbarung formulieren wollen. Da aber absolute Vertraulichkeit im Schiedsverfahren nicht gewährleistet ist, werden Weigerungsrechte im Schiedsverfahren umso wichtiger. Sie sind im nächsten Abschnitt zu behandeln.

[1316] *Reid*, Confidentiality – An Algorithm, Stockholm Arb. Report 2000, 53, 55, der vermutet, dass die Vertraulichkeit bei Vertragsschluss selten ein Thema ist, um die Aufmerksamkeit nicht auf die damit verbundenen Probleme zu lenken.

[1317] *Denoix de Saint Marc*, Confidentiality of Arbitration and the Obligation to Disclose Information on Listed Companies or During Due Diligence Investigations, Journal of Int'l Arb., Bd. 20, 2003, 211, 214.

Teil 4: Weigerungsrechte

I. Einleitung

In nationalen Rechtsordnungen sind Weigerungsrechte durch Gesetz oder Richterrecht anerkannt und erlauben dem Betroffenen, die Aussage oder die Vorlage von Dokumenten zu verweigern oder sie an Bedingungen zu knüpfen. Eine Rechtsordnung sieht dann Weigerungsrechte vor, wenn der Schutz einer bestimmten (Privat-)Sphäre dem überwiegenden öffentlichen Interesse dient. Die Weigerungsrechte beruhen auf der Abwägung, dass es sozialpolitisch wertvoller sein kann, eine Information als Beweismittel auszuschließen, als sie zur Wahrheitsfindung zuzulassen.[1318] Das Rechtsgebiet der Weigerungsrechte ist in die jeweilige nationale Rechtsordnung eingebettet und bildet gemeinsam mit den sonstigen Regelungen ein harmonisches System.[1319] Dabei sind Weigerungsrechte oft von Ausnahmen und Auslegungsschwierigkeiten geprägt. Während Weigerungsrechte in den USA eine große Rolle spielen, weil der Dokumentenaustausch fast schrankenlos zulässig ist, waren Weigerungsrechte in Deutschland bisher selten bedeutsam, weil nur in einzelnen Fällen eine Vorlagepflicht besteht.

Die großen Unterschiede zwischen den einzelnen Rechtsordnungen machen es umso schwieriger für Schiedsgerichte, Weigerungsrechte in der internationalen Schiedsgerichtsbarkeit anzuwenden. Eigene anerkannte Weigerungsrechte für internationale Schiedsverfahren gibt es nicht. In einzelnen internationalen Schiedsverfahren soll es vorgekommen sein, dass ein Schiedsgericht gar keine Weigerungsrechte anerkannt hat; das ist aber nicht die Regel.[1320] Auch im Schiedsverfahren soll sich der Beweisinhaber auf Weigerungsrechte berufen können.[1321] Die Literatur hat das weitläufige Thema nur selten behandelt. Hier soll ein Überblick der verschiedenen Lösungsmöglichkeiten gegeben werden.

[1318] *Mosk/Ginsburg*, Evidentiary Privileges in International Arbitration, The Int'l Comparative Law Quarterly, Bd. 50, 2001, 345, 346.

[1319] *Huleatt-James/Hunter*, The Laws and Rules Applicable to Evidence in International Commercial Arbitrations, and Some Issues Relating to Their Determination and Application, Arb., Bd. 63, 1997, 270, 277-279.

[1320] *Paisley*, Commentary on Art. 48, in: Smit (Hrsg.), WIPO Arbitration Rules Commentary and Analysis, 2000; *Coe*, International Commercial Arbitration: American Principles and Practice in a Global Context, 1997, 245 m.w.N.

[1321] Für inländische und internationale Schiedsverfahren: *Born*, International Commercial Arbitration, 2. Aufl., 2001, 490, Nr. 13(a)-(d); für inländische Schiedsverfahren: *Bernstein/Tackaberry/Marriott/ Wood*, Handbook of Arbitration Practice, 3. Aufl., 1998, para. 2-461.

II. Schiedsordnungen zu Weigerungsrechten im Vergleich

Schiedsordnungen erwähnen nur vereinzelt Weigerungsrechte. Selbst dann handelt es sich nur um einen allgemeinen Hinweis auf Weigerungsrechte. Art. 20.7 ICC Rules etwa erlaubt es dem Schiedsgericht, Maßnahmen zu ergreifen, um Betriebs- und Geschäftsgeheimnisse sowie sonstige vertrauliche Informationen zu schützen, ohne die Begriffe näher zu definieren. Die Norm überlässt es allein dem Ermessen des Schiedsgerichts, den Umfang der anwendbaren Weigerungsrechte zu bestimmen. Art. 20.6 AAA International Rules setzt einen anderen Schwerpunkt: Das Schiedsgericht soll anwendbare Grundsätze des „legal privilege" berücksichtigen, wie zum Beispiel die vertrauliche Korrespondenz zwischen Anwalt und Mandant. Auch das klärt nicht, welche Grundsätze des „legal privilege" im Einzelfall anwendbar sind und welchen Umfang das beispielhaft genannte Anwaltsgeheimnis haben soll. Auch hier ist das Ermessen des Schiedsgerichts gefragt. Dagegen regelt Art. 52 WIPO Rules ausführlich, wann eine Information vertraulich und damit schutzwürdig ist. Die WIPO Rules geben ein detailliertes Verfahren vor, wie das Schiedsgericht mit Dokumenten umgehen soll, um zu entscheiden, ob sie schutzwürdig sind. Sowohl Art. 20.7 ICC Rules und Art. 52 WIPO Rules erlauben dem Schiedsgericht ausdrücklich, Schutzanordnungen zu erlassen, um vertrauliche Informationen zu schützen. Das UNCITRAL Modellgesetz und die weiteren hier behandelten Schiedsordnungen – UNCITRAL Rules, LCIA Rules und DIS SchiedsO – gehen nicht konkret auf Weigerungsrechte ein. Nachdem aber die Schiedsgerichte nach allen Schiedsordnungen ein weites Ermessen haben, das Verfahren zu gestalten, gehört dazu auch die Entscheidung über anwendbare Weigerungsrechte.[1322] Zumindest zeigen die rudimentären Regelungen in einzelnen Schiedsordnungen, dass die Schiedsinstitutionen Weigerungsrechte für relevant halten.[1323]

III. Berücksichtigung von Weigerungsrechten im internationalen Schiedsverfahren

Dokumente werden in der Regel frühzeitig, d.h. vor einer mündlichen Verhandlung, ausgetauscht. Macht eine Partei oder ein Dritter dann Weigerungsrechte geltend, muss sich das Schiedsgericht einen Überblick über die entscheidungserheblichen Streitfragen verschaffen, um beurteilen zu können, ob die Dokumente erforderlich sind und ob Vertraulichkeitserwägungen der Vor-

---

[1322] *Mosk/Ginsburg*, Evidentiary Privileges in International Arbitration, The Int'l Comparative Law Quarterly, Bd. 50, 2001, 345; *Fouchard/Gaillard/Goldman*, On International Commercial Arbitration, 1999, 694, para. 1266; *Smit*, Roles of the Arbitral Tribunal in Civil Law and Common Law Systems with Respect to Presentation of Evidence, ICCA Series Nr. 7, 1996, 161, 169.

[1323] *Rubinstein/Guerrina*, The Attorney-Client Privilege and International Arbitration, Journal of Int'l Arb., Bd. 18, 2001, 587, 593.

lage entgegenstehen. Das Schiedsgericht muss hier den Konflikt lösen, zum einen ein ordnungsgemäßes Verfahren zu gewährleisten - einschließlich Zugang zu den entscheidungserheblichen Dokumenten - und zum anderen die schutzwürdigen Geheimhaltungsinteressen der Parteien soweit als möglich wahren. Nachdem das Schiedsgericht das Verfahren nach seinem Ermessen gestalten kann, kann es die gegenläufigen Interessen abwägen und eine Ermessensentscheidung treffen.[1324] Dabei fällt es besonders schwer, relevante Weigerungsrechte zu bestimmen, weil eine international einheitliche Handhabung fehlt.[1325]

Die anwendbaren Regeln folgen entweder aus einer ausdrücklichen Parteivereinbarung, aus der vereinbarten Schiedsordnung, aus dem Prozessrecht am Sitz des Schiedsgerichts oder aus dem anwendbaren materiellen Recht.[1326] Zunächst ist den Parteien zu raten, anwendbare Weigerungsrechte in der Schiedsvereinbarung zu regeln, bevor eine Streitigkeit entsteht.[1327] Das wird aus den gleichen Gründen unterbleiben, aus denen keine Regelungen zur Vertraulichkeit getroffen werden. Können sich die Parteien nach Beginn des Schiedsverfahrens zusammen mit dem Schiedsgericht auf einen allgemeinen Katalog mit Weigerungsrechten einigen, wie etwa in Art. 9.2 IBA Rules enthalten, erleichtert das spätere Ermessensentscheidungen des Schiedsgerichts. Ist keine Vereinbarung zustande gekommen, bleibt es dem Ermessen des Schiedsgerichts überlassen, welche Weigerungsrechte es anerkennt. Aber auch ein Katalog wie in Art. 9.2 IBA Rules löst nicht das Problem, welchen Umfang das Schiedsgericht dem einzelnen Weigerungsrecht zuerkennen soll. Um den Umfang des Weigerungsrechts zu bestimmen, hat das Schiedsgericht drei Möglichkeiten: Es kann sich (1) am Kollisionsrecht orientieren, (2) die Schnittmenge der relevanten nationalen Weigerungsrechte bilden oder (3) die Gesamtmenge der relevanten nationalen Weigerungsrechte berücksichtigen.

1. Kollisionsrecht

Traditionell ist wie im Gerichtsverfahren mit internationalem Bezug danach zu fragen, ob die Weigerungsrechte zum materiellen oder prozessualen Recht

[1324] *Günther*, Einschränkungen der Erhebung von Dokumentenbeweisen aufgrund von Vertraulichkeit und Geschäftsgeheimnissen, in Berger u.a. (Hrsg.) Festschrift für Otto Sandrock, 2000, 341, 348.

[1325] *Hunter*, Arbitration in Germany – A Common Law Perspective, SchiedsVZ 2003, 155, 162.

[1326] *Huleatt-James/Hunter*, The Laws and Rules Applicable to Evidence in International Commercial Arbitrations, and Some Issues Relating to Their Determination and Application, Arb., Bd. 63, 1997, 270.

[1327] *Rubinstein/Guerrina*, The Attorney-Client Privilege and International Arbitration, Journal of Int'l Arb., Bd. 18, 2001, 587, 597-598.

gehören, um dann nach dem Kollisionsrecht die anwendbaren Weigerungsrechte zu bestimmen.[1328] Das ist wenig befriedigend, weil Weigerungsrechte materielle und prozessuale Komponenten haben und in verschiedenen Rechtsordnungen unterschiedlich eingeordnet werden.[1329] Hier werden Schiedsgerichte je nach Herkunftsland der Schiedsrichter bereits unterschiedliche Wege gehen. Entscheidet sich ein Schiedsgericht für die materiellrechtliche Variante, kann es an das Recht gebunden sein, das die Parteien ihrem Vertrag zugrunde gelegt haben. Zählt das Schiedsgericht die Weigerungsrechte zum prozessualen Recht, ist es nur an die zwingenden Vorschriften am Sitz des Schiedsgerichts gebunden. Dazu werden kaum Weigerungsrechte gehören. Deshalb liegt es dann im Ermessen des Schiedsgerichts, das anwendbare Recht zu bestimmen. Es kann dabei auf verschiedene Rechtsordnungen abstellen: auf das Recht des Schiedsortes; das Recht, dem der Vertrag oder die Schiedsklausel unterliegt; das Recht des Wohnsitzes des Beweisinhabers; das Recht des Ortes, an dem sich das Dokument befindet; oder auf allgemeine Rechtsgrundsätze.[1330] Eine einfache und vorhersehbare Lösung bietet das Kollisionsrecht nicht,[1331] wenn auch der Grundsatz vorherrscht, das Recht anzuwenden, mit dem das Beweismittel die engsten Verbindungen aufweist, siehe nur Art. 28 EGBGB. Diesen Grundsatz kann auch ein Schiedsgericht gewinnbringend einsetzen.[1332]

[1328] *Rubinstein/Guerrina*, The Attorney-Client Privilege and International Arbitration, Journal of Int'l Arb., Bd. 18, 2001, 587, 598; *Coe*, International Commercial Arbitration: American Principles and Practice in a Global Context, 1997, 245; *Smit*, Roles of the Arbitral Tribunal in Civil Law and Common Law Systems with Respect to Presentation of Evidence, ICCA Series Nr. 7, 1996, 161, 168.

[1329] *Kaufmann-Kohler/Bärtsch*, Discovery in International Arbitration: How much is too much?, SchiedsVZ 2004, 13, 19; siehe ausführlich *Mosk/Ginsburg*, Evidentiary Privileges in International Arbitration, The Int'l Comparative Law Quarterly, Bd. 50, 2001, 345, 368 und 376-377; und *Riechenberg*, The Recognition of Foreign Privileges in United States Discovery Proceedings, Northwestern Journal of Int'l Law and Business, Bd. 9, 1988, 80, 94-95.

[1330] *Mosk/Ginsburg*, Evidentiary Privileges in International Arbitration, The Int'l Comparative Law Quarterly, Bd. 50, 2001, 345, 367; *Rubinstein/Guerrina*, The Attorney-Client Privilege and International Arbitration, Journal of Int'l Arb., Bd. 18, 2001, 587, 598.

[1331] Siehe zum parallelen Problem in den USA bei Rechtsstreitigkeiten zwischen Parteien aus verschiedenen Einzelstaaten ausführlich *Mosk/Ginsburg*, Evidentiary Privileges in International Arbitration, The Int'l Comparative Law Quarterly, Bd. 50, 2001, 345, 368-370; und *Hay*, Informationsbeschaffung über schriftliche Unterlagen und Augenscheinsobjekte im Zivilprozess, in: Schlosser (Hrsg.), Die Informationsbeschaffung für den Zivilprozess, 1996, 1, 27 Fn. 125 (Neben dem Recht der engsten Verbindung gibt es auch den Vorschlag, ein Weigerungsrecht bereits dann zu verneinen, wenn entweder das Recht am Gerichtsort oder das Recht der engsten Verbindung kein solches Weigerungsrecht enthalten.).

[1332] *Mosk/Ginsburg*, Evidentiary Privileges in International Arbitration, The Int'l Comparative Law Quarterly, Bd. 50, 2001, 345, 381-382.

Nachdem es schwierig sein kann, das nach Kollisionsrecht anwendbare Recht zu bestimmen, könnte man sich von der Unterscheidung materielles/prozessuales Recht insgesamt lösen und danach fragen, welchen sozialpolitischen Zweck das Weigerungsrecht verfolgt und ob dieser Zweck auch in der internationalen Schiedsgerichtsbarkeit legitim ist.[1333] Ein legitimer Zweck ist zum Beispiel für alle Regelungen abzulehnen, die in der angloamerikanischen mündlichen Verhandlung die Geschworenen vor Beeinflussung schützen sollen. Für Weigerungsrechte wie das Anwaltsgeheimnis ist die Antwort aber nicht eindeutig. Es bleibt bei einer Ermessensentscheidung des Schiedsgerichts. Dabei müsste es sich wieder am Kollisionsrecht orientieren.[1334]

Wendet das Schiedsgericht ausschließlich eine einzige Rechtsordnung an, um anwendbare Weigerungsrechte zu definieren, stößt es auf ein weiteres Problem. Bei Parteien aus unterschiedlichen Staaten kann das zu einer Ungleichbehandlung führen. Sind die Unterlagen einer Partei nach deren eigener Rechtsordnung geschützt, kommt es für sie überraschend, wenn das Schiedsgericht die Unterlagen nach einer anderen Rechtsordnung herausverlangt und eine Weigerung negativ würdigt.[1335]

2. Schnittmenge der national relevanten Weigerungsrechte

Das Schiedsgericht könnte dem Beispiel des Europäischen Gerichtshofs (EuGH) folgen, der danach fragt, welches die beste Lösung unter Berücksichtigung der nationalen Gesetze ist, um den Umfang eines Weigerungsrechts zu bestimmen. Der EuGH hatte sich konkret mit dem Anwaltsgeheimnis zu befassen.[1336] Dazu hat er das Anwaltsgeheimnis in allen Mitgliedstaaten untersucht und den Umfang des Weigerungsrechts auf europäischer Ebene danach definiert, was allen Rechtsordnungen gemeinsam war.

In dem Fall vor dem EuGH ging es um die Untersuchungsbefugnisse der Kommission bei vermuteten Wettbewerbsverletzungen.[1337] Die anwendbare

---

1333 *Smit*, Roles of the Arbitral Tribunal in Civil Law and Common Law Systems with Respect to Presentation of Evidence, ICCA Series Nr. 7, 1996, 161, 168.

1334 *Smit*, Roles of the Arbitral Tribunal in Civil Law and Common Law Systems with Respect to Presentation of Evidence, ICCA Series Nr. 7, 1996, 161, 169.

1335 *Rubinstein/Guerrina*, The Attorney-Client Privilege and International Arbitration, Journal of Int'l Arb., Bd. 18, 2001, 587, 590.

1336 EuGH, Rs. C-155/79, Slg. 1982, 1575 "*AM & S*"; siehe auch *Rubinstein/Guerrina*, The Attorney-Client Privilege and International Arbitration, Journal of Int'l Arb., Bd. 18, 2001, 587, 600 Fn. 43.

1337 Siehe ausführlich *Kerse/Khan*, E.C. Antitrust Procedure, 5. Aufl., 2005, 144-153; *Burrichter/Hauschild* in Immenga/Mestmäcker (Hrsg.), EG-Wettbewerbsrecht, Kommentar Bd. II, 1997, VO 17, Art. 14 Rdz. 21-24.

Verordnung[1338] sieht umfassende Untersuchungsrechte vor, ohne Weigerungsrechte der Betroffenen zu definieren. Obwohl das europäische Recht keine Weigerungsrechte regelt, hat der EuGH das Anwaltsgeheimnis für externe Anwälte als allgemeinen Rechtsgrundsatz der Mitgliedstaaten anerkannt. Der EuGH hat festgestellt, dass Weigerungsrechte anzuerkennen sind, soweit sie im Grundtenor in allen Mitgliedstaaten vorhanden sind. Er hat die mitgliedsstaatlichen Rechtsordnungen verglichen und für das Anwaltsgeheimnis auf europäischer Ebene zwei Voraussetzungen aufgestellt:[1339] (1) Es muss sich um schriftliche Mitteilungen zwischen Anwalt und Mandant handeln, die dazu dienen, die Interessen des Mandanten zu verteidigen und mit dem Verfahrensgegenstand zusammenhängen,[1340] unabhängig davon, ob vor oder nach Beginn des Verfahrens erstellt. (2) Der unabhängige Anwalt muss in einem Mitgliedsstaat zugelassen sein und darf nicht in einem Anstellungsverhältnis zum Mandanten stehen. Das schließt Syndikusanwälte und außereuropäische Anwälte aus.

Das vom EuGH entwickelte Anwaltsgeheimnis entspricht keinem Weigerungsrecht in einem Mitgliedstaat, sondern schafft individuelle Grenzen für das Weigerungsrecht. Während im Gegensatz zum Anwaltsgeheimnis in Deutschland auch Unterlagen im Besitz des Mandanten geschützt sind, gilt das nicht für Unterlagen, die Syndikusanwälte erstellt haben. Das Urteil ist häufig kritisiert worden. Vor allem Syndikusanwälte finden sich in einer schwierigen Situation wieder: Während nach nationalem Recht ihre Berichte geschützt sein können, sind sie das nach europäischem Recht nicht. Die Kommission hat Zugriff auf alle Unterlagen, die Syndikusanwälte in einem Unternehmen erstellt haben. Die Konsequenzen haben sich eindrucksvoll im *John Deere* Verfahren gezeigt. Die Kommission hat Gutachten der Syndikusanwälte, die auf mögliche Wettbewerbsverletzungen hingewiesen hatten, dazu verwendet, ein vorsätzliches Fehlverhalten des Unternehmens zu begründen.[1341] Jüngst hat der Präsident des Gerichts erster Instanz (EuG) in einem Beschluss zum einstweiligen Rechtsschutz anerkannt, dass die Grundsätze

---

[1338] Bisher Verordnung (EWG) Nr. 17/62, seit 1.5.2004 Verordnung (EG) Nr. 1/2003, veröffentlicht in ABl. 2003, L 1, 1.

[1339] EuGH, Rs. C-155/79, Slg. 1982, 1575, 1610, para. 18-28 *"AM & S"*.

[1340] Siehe zu diesem Kriterium ausführlich *Kapp/Roth*, Fällt eine weitere Beschränkung des europarechtlichen Legal Privilege?, RIW 2003, 946.

[1341] Entscheidung der Kommission 85/79, ABl. 1985, L 35, 58-64, Rdz. 21 *"John Deere"*; ausführlich *Hill*, A Problem of Privilege: In-House Counsel and the Attorney-Client Privilege in the US and the EC, Case Western Reserve Journal of Int'l Law, Bd. 27, 1995, 145, 162-163, 188; *Burkard*, Attorney-Client Privilege in the EEC: The Perspective of Multinational Corporate Counsel, Int'l Lawyer, Bd. 20, 1986, 677, 679-681; ein weiteres Beispiel bietet: Entscheidung der Kommission 90/38/EWG, ABl. 1990, L 21, 71-79, Rdz. 22 und 67 *"Bayo-n-ox"*.

zum Anwaltsgeheimnis in der EU neu zu überprüfen seien, weil sich der Standard in den einzelnen Mitgliedstaaten weiterentwickelt habe und nun auch der Schutz von Unternehmensjuristen, die denselben Berufsstandsregeln unterliegen wie externe Anwälte, eine breite Basis gefunden habe.[1342]

Parteien eines internationalen Schiedsverfahrens stießen auf die gleichen Schwierigkeiten wie europäische Syndikusanwälte, wenn jedes Schiedsgericht den Umfang von Weigerungsrechten für jedes Schiedsverfahren frei bestimmte, die Schnittmenge relevanter Weigerungsrechte bildete oder sich an der für eine Partei fremden Rechtsordnung orientierte. Sie könnten sich nicht darauf verlassen, dass Unterlagen, die nach ihrer eigenen Rechtsordnung vertraulich sind, auch im Schiedsverfahren geschützt werden.

3. Gesamtmenge der national relevanten Weigerungsrechte

Internationalen Schiedsgerichten ist deshalb nicht zu empfehlen, so vorzugehen wie der EuGH. Sie dürfen die Parteien nicht ungleich behandeln. Das würde aber geschehen, wenn zwar die Erwartungen einer Partei zu anwendbaren Weigerungsrechten erfüllt, die der anderen Partei aber enttäuscht werden. Wendet das Schiedsgericht dagegen das Prinzip der Meistbegünstigung an, ist die Gleichbehandlung gewährleistet.[1343] Nach dem Prinzip der Meistbegünstigung kann sich der Betroffene auf Weigerungsrechte aus allen relevanten Rechtsordnungen berufen. Das Schiedsgericht überprüft dazu das Weigerungsrecht auf seinen Umfang in den nationalen Rechtsordnungen der Partei-

---

[1342] „Beschluss des EuG-Präsidenten zur Ausgestaltung des Anwaltsprivilegs in Wettbewerbsverfahren", NJW 2003, Heft 49, XIV; Beschluss vom 30.10.2003 in den Rechtssachen *Akzo Nobel Chemicals und Akcros Chemicals/Kommission* (Rs. T-125/03 R und T-253/03 R), abrufbar unter www.curia.eu.int/jurisp/cgi-bin/form.pl?lang=de (zuletzt besucht am 3.7.2004); dazu *Burholt*, Ein Schritt vor, zwei Schritte zurück – Gilt das Anwaltsprivileg im europäischen Kartellrecht auch für Syndikusanwälte?, BRAK-Mitt. 2004, 100; siehe auch die Übersicht zum Weigerungsrecht des Syndikusanwalts in EU-Staaten und weiterführende Informationen auf der Website der Vereinigung Europäischer Unternehmensanwälte: www.ecla.org/privilege.html (zuletzt besucht am 3.7.2004).

[1343] Ein abweichendes Modell schlagen vor: *Kaufmann-Kohler/Bärtsch*, Discovery in International Arbitration: How much is too much?, SchiedsVZ 2004, 13, 19-20 (Das Schiedsgericht soll das Recht am Schiedsort und das Recht, mit dem das Beweismittel die engsten Verbindungen aufweist, anwenden. Bei Konflikten soll das Recht Vorrang haben, das den weiteren Schutz bietet. Das wirft aber Gleichbehandlungsfragen auf, weil die Erwartungen eines Betroffenen enttäuscht werden könnten, wenn seine eigene Rechtsordnung unberücksichtigt bleibt. Das erkennen auch die Autoren.).

en und berücksichtigt alle Facetten aus beiden Rechtsordnungen.[1344] Geht es um Dokumente, die ein Dritter vorlegen soll, ist zusätzlich seine Rechtsordnung mit einzubeziehen. Damit wird verhindert, dass ein Beteiligter überrascht wird, weil ihm gängige Weigerungsrechte nicht anerkannt werden. Jeder Beteiligte kann sicher sein, dass die ihm bekannten Weigerungsrechte greifen. Die Weigerungsrechte im internationalen Schiedsverfahren können damit weiter gehen als in irgendeiner nationalen Rechtsordnung.

Der Grundsatz der Meistbegünstigung wird bereits im Haager Übereinkommen über die Beweisaufnahme im Ausland in Zivil- oder Handelssachen vom 18.3.1970[1345] (HBÜ) praktiziert. Nach Art. 11 HBÜ kann der Betroffene seine Mitwirkung verweigern, wenn ihm nach dem Recht des ersuchten Staates oder nach dem Recht des ersuchenden Staates ein Weigerungsrecht zusteht.[1346] In die gleiche Richtung geht Art. 9.2 (g) IBA Rules, der als Auffangklausel im Hinblick auf Weigerungsrechte eine faire und gleiche Behandlung der Parteien fordert. Das schließt es ein, Weigerungsrechte jedenfalls in dem Umfang anzuerkennen, wie sie in den Rechtsordnungen der Parteien vorhanden sind.

4. Entwicklung eigener Weigerungsrechte für das internationale Schiedsverfahren

Man könnte auch einen eigenen Katalog mit Weigerungsrechten für internationale Schiedsverfahren anstreben.[1347] Einen allgemeinen Katalog enthält bereits Art. 9.2 IBA Rules. Allerdings benennt die Norm nur einzelne Weigerungsrechte, ohne deren Umfang zu definieren. Das bleibt wieder dem Ermes-

---

[1344] *Varga*, Beweiserhebung in transatlantischen Schiedsverfahren, 2006, 167-170; *ders.*, Die Anknüpfung von „legal profession privileges" in internationalen Schiedsverfahren, in: Kosmehl/Pabst (Hrsg.) Liber Amicorum Thomas Rauscher, 2005, 169, 178; *von Schlabrendorff/Sheppard*, Conflict of Legal Privileges in International Arbitration, in: Aksen u.a. (Hrsg.), Liber Amicorum in honour of Robert Briner, 2005, 743, 771-774; *Rubinstein/Guerrina*, The Attorney-Client Privilege and International Arbitration, Journal of Int'l Arb., Bd. 18, 2001, 587, 598-599.

[1345] BGBl. II 1977, S. 1472; für den Volltext siehe auch www.hcch.net/e/conventions/text20e.html (zuletzt besucht am 3.7.2004) und zum aktuellen Stand der Vertragsstaaten siehe www.hcch.net/e/members/members.html (zuletzt besucht am 3.7.2004); siehe auch unten Fn. 1437.

[1346] Obwohl der deutsche Text des HBÜ nur vom „Aussageverweigerungsrecht" spricht, ist man sich einig, dass Art. 11 HBÜ auch für andere Beweisaufnahmeformen gilt. Diese Auslegung entspricht auch dem englischen Text („privileges"). Anders dagegen Art. 14 Abs. 1 EuBVO, der sowohl im deutschen als auch im englischen Text nur von Aussageverweigerung spricht; siehe ausführlich *Stadler*, Grenzüberschreitende Beweisaufnahmen in der Europäischen Union, in: Schütze (Hrsg.), Festschrift für Reinhold Geimer, 2002, 1281, 1295-1296 m.w.N.

[1347] *Rubinstein/Guerrina*, The Attorney-Client Privilege and International Arbitration, Journal of Int'l Arb., Bd. 18, 2001, 587, 599.

sen des Schiedsgerichts überlassen. Ein Katalog kann zudem keine verbindlichen Regeln für alle internationalen Schiedsverfahren aufstellen. Vielmehr könnte er wie die IBA Rules nur greifen, wenn die Parteien ihn vereinbaren oder das Schiedsgericht seine Anwendung bestimmt. Ein verbindlicher Katalog ginge zudem zulasten eines flexiblen Schiedsverfahrens. Es greifen die Argumente, die auch gegen ein zwingendes Verfahren zur Beweiserhebung sprechen.[1348]

Verschiedene Institutionen haben versucht, länderübergreifende Weigerungsrechte zu entwickeln.[1349] Zum Beispiel hat das American Law Institute (ALI) in Zusammenarbeit mit dem International Institute for the Unification of Private Law (UNIDROIT) Verfahrensregeln für internationale Gerichtsverfahren entworfen (ALI/UNIDROIT Principles and Rules of Transnational Civil Procedure, Entwurf vom 29.9.2003 [ALI/UNIDROIT Rules]).[1350] Der Entwurf beinhaltet auch Regeln zur Beweiserhebung und zu Weigerungsrechten. Zum Anwaltsgeheimnis versucht er kontinentaleuropäische und angloamerikanische Vorstellungen zu erfassen. Das von ALI/UNIDROIT so genannte „legal profession" privilege soll nach Art. 27.1.1 ALI/UNIDROIT Rules[1351] alles erfassen, was in den beiden Rechtskreisen als Anwaltsgeheimnis anerkannt ist. Auch das entspricht dem Prinzip der Meistbegünstigung. Allerdings vermeidet die Regel, den Umfang des Anwaltsgeheimnisses für internationale Gerichtsverfahren ausdrücklich zu definieren, sondern überlässt das dem Ermessen des Gerichts.[1352] Anderen Weigerungsrechten, wie dem Betriebs- und Ge-

---

1348 Siehe oben Kap. 4, Teil 2, III.5.

1349 Für weitere Beispiele siehe *Rubinstein/Guerrina*, The Attorney-Client Privilege and International Arbitration, Journal of Int'l Arb., Bd. 18, 2001, 587, 599-600.

1350 Abrufbar unter www.ali.org (zuletzt besucht am 3.7.2004); Bisher gibt es vor allem Literatur zu früheren Entwürfen. Siehe einführend zum ALI/UNIDROIT Projekt: Uniform Law Review/Revue de Droit Uniforme 2001, 735-1144 mit vielen weiteren Nachweisen; siehe auch *Huber*, ALI/UNIDROIT-Entwurf zur Ausarbeitung von Prinzipien und Regeln für transnationale Zivilverfahren, IPRax 2003, 555; *Kronke*, Der Beweis im UNIDROIT/ALI-Projekt „Transnational Principles of Civil Procedure", in: Böckstiegel (Hrsg.), Beweiserhebung in internationalen Schiedsverfahren, 2001, 77; *Kronke*, Taking of Evidence under the UNIDROIT / American Law Institute Project „Transnational Principles of Civil Procedure", Stockholm Arbitration Report 2000, 63; *Walter/Baumgartner*, Improving the Prospects of the Transnational Rules of Civil Procedure Project, ZZP Int., Bd. 5, 2000, 477; *Born*, Critical Observations on the Draft Transnational Rules of Civil Procedure, Texas Int'l Law Journal, Bd. 33, 1998, 387 und weitere Aufsätze in diesem Band.

1351 Art. 27.1 ALI/UNIDROIT Rules: „*Evidence may not be elicited in violation of: 27.1.1 The right of confidentiality of the legal profession, including the attorney-client privilege; (...)*".

1352 *Rubinstein/Guerrina*, The Attorney-Client Privilege and International Arbitration, Journal of Int'l Arb., Bd. 18, 2001, 587, 600-601; *Kronke*, Taking of Evidence under the UNIDROIT / American Law Institute Project „Transnational Principles of Civil Procedure", Stockholm Arbitration Report 2000, 63, 67-68.

schäftsgeheimnis, haben sich die ALI/UNIDROIT Rules noch nicht angenommen. Der Versuch des ALI/UNIDROIT Projekts zeigt, wie schwierig es wäre, eine eigene Definition des Anwaltsgeheimnisses oder eines anderen Weigerungsrechts für internationale Schiedsverfahren zu finden.

Ein weiterer Vorschlag aus der Literatur geht dahin, bestimmte Weigerungsrechte als allgemeine Rechtsgrundsätze anzuerkennen.[1353] Dann könnte das Schiedsgericht auch Weigerungsrechte anwenden, die in keiner der möglicherweise anwendbaren Rechtsordnungen verankert sind. Zwar ist es nicht erforderlich, dass ein Weigerungsrecht einen weltweit einheitlichen Umfang hat, um einen allgemeinen Rechtsgrundsatz zu bejahen. Werden Weigerungsrechte zu allgemeinen Rechtsgrundsätzen erhoben, löst das jedoch nicht das Problem, dass jedes Schiedsgericht den Umfang des Weigerungsrechts im Einzelfall definieren muss.

5. Bestimmung des Umfangs eines Weigerungsrechts

Keines der vorgestellten Lösungsmodelle kann ein einheitliches Vorgehen aller internationalen Schiedsgerichte gewährleisten. Folgt das Schiedsgericht dem Prinzip der Meistbegünstigung und der Gleichbehandlung wie in Art. 9.2(g) IBA Rules vorgesehen, bleibt es flexibel, enttäuscht die Erwartungen der Parteien nicht und behandelt die Parteien gleich. Trotzdem stellen sich für das Schiedsgericht noch viele Fragen, die es nur für jeden Einzelfall entscheiden kann:[1354] Was ist geschützt? Wie weit geht der Schutz? Wer kann sich auf das Weigerungsrecht berufen? Wann hat eine Partei auf das Weigerungsrecht verzichtet? Schiedsgerichte sollten sich an den unterschiedlichen Erwartungen der Parteien orientieren und versuchen, einen Ausgleich zu finden.

a) Bei Verweigerung durch eine Schiedspartei

Macht eine Partei in einem Schiedsverfahren ein Weigerungsrecht geltend, sollte das Schiedsgericht zunächst mit dem Kollisionsrecht danach fragen, mit welchem Recht das betroffene Beweismittel die engsten Verbindungen aufweist. Das wird häufig das Recht des Landes sein, aus dem die Partei stammt. Es liegt dann an der Partei, die sich auf ein Weigerungsrecht beruft, Umfang,

---

[1353] *Kaufmann-Kohler/Bärtsch*, Discovery in International Arbitration: How much is too much?, SchiedsVZ 2004, 13, 19 (Die Autoren bezeichnen etwa das Anwaltsgeheimnis als allgemeinen Rechtsgrundsatz, ohne aber die Konturen zu bestimmen.); *Mosk/Ginsburg*, Evidentiary Privileges in International Arbitration, The Int'l Comparative Law Quarterly, Bd. 50, 2001, 345, 378-379.

[1354] *Rubinstein/Guerrina*, The Attorney-Client Privilege and International Arbitration, Journal of Int'l Arb., Bd. 18, 2001, 587.

aber auch Ausnahmen des Weigerungsrechts darzulegen und zu beweisen.[1355] Gleichzeitig sollte das Schiedsgericht das Weigerungsrecht in der Rechtsordnung des oder der Gegner genauso umfassend untersuchen und den Gegner zu entsprechendem Vortrag auffordern. Zeigen sich Unterschiede, sollte das Schiedsgericht als Umfang die Gesamtmenge wählen. Nur das gewährleistet die Gleichbehandlung der Parteien. Denn beruft sich der Gegner zu einem späteren Zeitpunkt auf ein Weigerungsrecht aus seiner Rechtsordnung, das einen weiteren Umfang hat als das Weigerungsrecht, das das Schiedsgericht der anderen Partei zugestanden hat, kann das eine der Parteien benachteiligen. Deshalb sollte das Schiedsgericht bereits bei der ersten Berufung auf ein Weigerungsrecht den Gesamtumfang desselben erarbeiten und schriftlich festlegen. Bleibt der Umfang eines Weigerungsrechts trotz Vortrags beider Parteien unklar, geht das zulasten der Partei, die sich auf das Weigerungsrecht beruft. Das Schiedsgericht sollte dann das Weigerungsrecht nicht anerkennen. Verweigert die Partei weiterhin die Vorlage, muss das Schiedsgericht sorgfältig abwägen, ob es das Verhalten der Partei negativ würdigt. Weil es der Partei obliegt, den Umfang des Weigerungsrechts darzulegen und zu beweisen, kann das Schiedsgericht bereits negative Rückschlüsse ziehen, wenn die Partei ihrer Obliegenheit nicht nachkommt. Es steht dem Schiedsgericht auch frei, nach eigenem Ermessen einen oder mehrere Sachverständigen zu bestellen, die über das ausländische Recht berichten können.

In der Praxis lassen sich die Feinheiten der jeweiligen Rechtsordnung regelmäßig in einem für die vortragende Partei günstigem Licht darstellen. Das Schiedsgericht wird dann eigene Ermittlungen anstellen müssen. Schiedsgerichte sollten deshalb bereits in der ersten vorbereitenden Verhandlung darlegen, welchen Umfang sie einem Weigerungsrecht nach ihrem Ermessen zugestehen werden. Die Parteien können sich dann frühzeitig darauf einstellen, welche Dokumente geschützt sind und welche vorzulegen sind.

b) Bei Verweigerung durch einen Dritten

Soll ein Dritter Dokumente vorlegen und verweigert er die freiwillige Vorlage nicht ohne Begründung sondern indem er sich auf Weigerungsrechte beruft, sollte sich das Schiedsgericht auch hier das Recht darlegen lassen, mit dem das Beweismittel die engste Verbindung hat.[1356] Der Dritte kann ein Interesse haben, die freiwillige Vorlage bereits mit einer Begründung zu verweigern, beispielsweise um ein staatliches Unterstützungsverfahren von vorne herein

[1355] *Sindler/Wüstemann*, Privilege Across Borders in Arbitration, ASA Bulletin, Bd. 23, 2005, 610, 626; *Mosk/Ginsburg*, Evidentiary Privileges in International Arbitration, The Int'l Comparative Law Quarterly, Bd. 50, 2001, 345, 384.

[1356] *Mosk/Ginsburg*, Evidentiary Privileges in International Arbitration, The Int'l Comparative Law Quarterly, Bd. 50, 2001, 345, 383.

zu verhindern. Der Vortrag zum Umfang seines Weigerungsrechts sollte der Partei obliegen, die sich vom Beweismittel des Dritten einen Vorteil erhofft. Hat das Schiedsgericht aus eigener Initiative einen Dritten zur Vorlage aufgefordert, muss es einen Sachverständigen zur Ermittlung des Weigerungsrechts bestellen. Denn es kann dem unbeteiligten Dritten nicht zumuten, rechtliche Ausführungen zum Umfang seines Weigerungsrechts vorzulegen. Nachdem er gar nicht dazu verpflichtet ist, am Schiedsverfahren mitzuwirken, können ihm keine Pflichten daraus erwachsen, wenn er sich zu einem Vorlageverlangen äußert.

Zusätzlich muss das Schiedsgericht zu den Rechtsordnungen der Parteien einen Vortrag verlangen. Denn auch hier stellt sich die Frage nach der Gleichbehandlung der Parteien. Ist das Beweismittel vorzulegen, hilft das einer der Parteien, auch wenn die Partei nach ihrer eigenen Rechtsordnung nicht auf das Beweismittel zugreifen könnte, weil dem Dritten danach ein Weigerungsrecht zustünde. Deshalb soll sich auch der Dritte auf die Gesamtmenge des Weigerungsrechts aus allen relevanten Rechtsordnungen berufen können.

6. Zusammenfassung

Das mag als ein äußerst mühsames Verfahren erscheinen, weil das Schiedsgericht die Parteien anhalten muss, die differenziert gestalteten Weigerungsrechte verschiedener Rechtsordnungen zu erarbeiten.[1357] Im Interesse einer fairen Konfliktbeilegung ist das aber geboten. Das Schiedsgericht darf weder die Erwartungen der Parteien enttäuschen, noch die Parteien ungleich behandeln. Geht es um Weigerungsrechte, hat jede Partei eine auf ihrer heimischen Rechtsordnung basierende Vorstellung, welche Dokumente geschützt sind. Nach dieser Vorstellung wird sie Unterlagen erstellt haben, die sie für vertraulich gehalten hat und halten durfte. Da Weigerungsrechte allgemein aus sozialpolitischen Erwägungen heraus entstanden sind, sollte auch ein Schiedsgericht diese Schutzzwecke wahren. Hat etwa eine Partei ihren Rechtsanwalt zur Beratung herangezogen, in der Erwartung, alle ausgetauschten Unterlagen könnten in keinem Verfahren herausverlangt werden, muss das Schiedsgericht dies berücksichtigen. Ansonsten könnte der Zweck des Anwaltsgeheimnisses, eine umfassende Rechtsberatung zu gewährleisten, gefährdet sein. Das Schiedsgericht muss noch weiter gehen, und auch die Erwartungen der anderen Partei oder Parteien mit einbeziehen, um alle Parteien gleich behandeln zu können. Es sollte seine Ergebnisse schriftlich festhalten,

[1357] Siehe auch *von Schlabrendorff/Sheppard*, Conflict of Legal Privileges in International Arbitration, in: Aksen u.a. (Hrsg.), Liber Amicorum in honour of Robert Briner, 2005, 743, 773; *Sindler/Wüstemann*, Privilege Across Borders in Arbitration, ASA Bulletin, Bd. 23, 2005, 610, 629; *Gallagher*, Legal Privilege in International Arbitration, Int'l Arb. Law Review 2003, 45, 46-47, 49 mit Beispielen aus der Praxis.

um den erarbeiteten Umfang des Weigerungsrechts den Parteien mitzuteilen und einheitlich anwenden zu können. Den Parteien ist zu raten, so umfassend als möglich zum Umfang der relevanten Weigerungsrechte vorzutragen. Das kann etwa geschehen, indem sie ein Rechtsgutachten eines privaten Sachverständigen vorlegen.

In der Praxis genügt es häufig nicht, lediglich den Umfang eines Weigerungsrechts in allen relevanten Rechtsordnungen zu erarbeiten. Das Schiedsgericht muss dennoch Ermessensentscheidungen treffen. Ein Beispiel: Eine deutsche und eine US-amerikanische Partei streiten in einem Schiedsverfahren darüber, ob die deutsche Partei aus dem gemeinsamen Kaufvertrag heraus schadensersatzpflichtig ist. Die US-amerikanische Partei vermutet, die Unternehmensjuristen der deutschen Partei hätten ein Gutachten angefertigt, das die Schadensersatzfrage bejaht und verlangen sowohl das Gutachten als auch jegliche damit zusammenhängende Korrespondenz entweder von der Partei oder von ihren Unternehmensjuristen heraus. Das Schiedsgericht wird feststellen, dass die anwaltliche Korrespondenz in Händen des Unternehmensjuristen und der Partei nach US-amerikanischen Recht vom attorney-client privilege gedeckt ist. Gleichermaßen ist die Korrespondenz, die dem Gutachten vorangegangen ist, nach der work product rule geschützt.[1358] Nach deutschem Recht ist weder gesetzlich geregelt noch höchstrichterlich geklärt, ob der Unternehmensjurist den Schutz des Anwaltsgeheimnisses genießt, noch ob eine Partei die Herausgabe von anwaltlicher Korrespondenz verweigern kann.[1359] Sollte sich das Schiedsgericht allein am deutschen Recht orientieren, müsste es ausschließlich eine Interessenabwägung vornehmen. Erstreckt es die Grundsätze nach US-amerikanischem Recht auch auf die deutsche Partei, sind weder Gutachten noch dazugehörige Korrespondenz vorzulegen.

Im Ergebnis sind die Weigerungsrechte so stark mit ihrer jeweiligen Rechtsordnung verstrickt, dass sich deren Inhalte nicht ohne weiteres auf ein internationales Schiedsverfahren übertragen lassen. Fragen, die im Schiedsverfahren auftauchen, sind in der nationalen Rechtsordnung vielleicht nicht gelöst, weil sich das Problem dort nicht stellen konnte. Aufgrund des ihm eingeräumten Ermessens kann das Schiedsgericht flexibel auf solche Konstellationen reagieren und dabei immer die Gleichbehandlung der Parteien und ihre berechtigten Erwartungen berücksichtigen. Am Besten spricht es die Probleme bereits in der vorbereitenden Verhandlung an und gibt die Richtung für den Umfang der Weigerungsrechte dort vor.

[1358] Siehe oben Kap. 2, Teil 2, V.3.

[1359] Siehe oben Kap. 2, Teil 1, IV.4.a)bb).

IV. Schutzanordnungen

Macht in einem Schiedsverfahren zwischen einer deutschen und US-amerikanischen Partei ein Betroffener Betriebs- und Geschäftsgeheimnisse geltend, wird das Schiedsgericht regelmäßig nach seinem Ermessen entscheiden müssen. Denn es ist weder Schiedsgericht noch Parteien zumutbar, die differenzierte Handhabung in beiden Rechtsordnungen zu erarbeiten. Die Gerichte in beiden Staaten wägen die betroffenen Interessen ab und entscheiden je nach Einzelfall, ob sie die Vorlage anordnen oder das Schutzinteresse überwiegen lassen. Ob das wie in der deutschen Rechtsprechung bisher üblich auf materieller Ebene geschieht oder in der US-amerikanischen Rechtsprechung bei der Abwägung, ob eine Schutzanordnung geboten ist, ist dabei unerheblich. Das Schiedsgericht kommt seiner Pflicht bereits dann nach, wenn es nach sorgfältiger Abwägung der gegenseitigen Interessen eine Entscheidung trifft, auch ohne sich an konkreter Rechtsprechung zu orientieren. Bei der Prüfung, ob ein schutzwürdiges Betriebs- oder Geschäftsgeheimnis vorliegt, kann sich das Schiedsgericht zumindest an der internationalen Definition für Geheimnisse orientieren, wie sie in Art. 39.2 TRIPS Übereinkommen enthalten ist.[1360]

Es stellt sich die Frage, ob Betriebs- und Geschäftsgeheimnisse im Schiedsverfahren absolut oder durch Schutzanordnungen zu schützen sind. Nachdem das Schiedsverfahren wie das US-amerikanische pre-trial discovery Verfahren kein öffentliches Verfahren ist, sondern privat abläuft, lässt sich eher eine Parallele zu den US-amerikanischen Schutzanordnungen ziehen, als zum deutschen absoluten Weigerungsrecht, das zumindest für Dritte sowohl im vorbereitenden schriftlichen Verfahren als auch in der mündlichen Verhandlung gilt.

Das Schiedsgericht ist verpflichtet, ein faires Verfahren durchzuführen, sowie den Sachverhalt umfassend zu ermitteln.[1361] Nachdem es das Verfahren nach seinem Ermessen gestalten kann, kann es auch Schutzanordnungen erlassen, um vertrauliche Dokumente im Schiedsverfahren zu schützen.[1362] Manche Schiedsordnungen erlauben das ausdrücklich, wie etwa Art. 20.7 ICC Rules

[1360] So der Vorschlag von *Dessemontet*, Arbitration and Confidentiality, American Review of Int'l Arb., Bd. 7, 1996, 299; siehe das Übereinkommen über handelsbezogene Aspekte des geistigen Eigentums, BGBl. II 1994, S. 1730; der Text von Art. 39.2 TRIPS Übereinkommen ist abgedruckt in Fn. 641.

[1361] *Günther*, Einschränkungen der Erhebung von Dokumentenbeweisen aufgrund von Vertraulichkeit und Geschäftsgeheimnissen, in Berger u.a. (Hrsg.) Festschrift für Otto Sandrock, 2000, 341, 344.

[1362] *Mosk/Ginsburg*, Evidentiary Privileges in International Arbitration, The Int'l Comparative Law Quarterly, Bd. 50, 2001, 345, 361.

oder Art. 52 WIPO Rules.[1363] Regelt eine andere Schiedsordnung das Schiedsverfahren, stehen dem Schiedsgericht aufgrund des ihm eingeräumten Ermessens die gleichen Möglichkeiten zu. Das ist zudem sachgerecht, weil sich der konkrete Umfang des Weigerungsrechts schwer ermitteln lässt. Haben beide Parteien Geheimhaltungsinteressen vorgebracht, kann das Schiedsgericht ihren Interessen am ehesten gerecht werden, wenn es gemeinsam mit den Parteien eine Schutzanordnung erarbeitet, die die Interessen beider Parteien soweit als möglich wahrt.

Nachdem die mündliche Schiedsverhandlung grundsätzlich nicht öffentlich sind, muss die Öffentlichkeit nicht ausgeschlossen werden. Vertraulichkeitsvereinbarungen, die auch als Schutzanordnungen formuliert werden können, schützen vertrauliche Informationen über das Schiedsverfahren hinaus gegenüber Dritten.[1364] Hier geht es nur noch um den Schutz vertraulicher Informationen gegenüber der anderen Schiedspartei.

Jede Schutzanordnung muss sich am Grundsatz der Gleichbehandlung und an der Gewähr rechtlichen Gehörs messen lassen. Verstößt sie dagegen, kann der Schiedsspruch aufhebbar sein. Das Schiedsgericht sollte deshalb die Schiedsparteien zur schriftlichen Bestätigung auffordern, dass sie den Schiedsspruch nicht aufgrund des gewählten Verfahrens anfechten werden.[1365] Folgende Verfahren sind möglich:[1366]

(1) Das Schiedsgericht sieht die Unterlagen selbst ein, um zu beurteilen, ob sie schutzwürdige Informationen enthalten (so genanntes in-camera-Verfahren). Ist das nicht der Fall, hat es die Dokumente auch dem Gegner zu übergeben. Hält es die Unterlagen für schutzwürdig, gibt es sie zurück an den Vorlegenden und darf sie selbst nicht verwerten. Die Schwierigkeiten liegen auf der Hand: Ist das Schiedsgericht nicht mit Juristen besetzt, kann es den Schiedsrichtern schwer fallen, das Gelesene nicht zu berücksichtigen. Selbst wenn die Schiedsrichter juristisch ausgebildet sind, kann sich für den Gegner, der die Unterlagen nicht gesehen hat, der Verdacht der Manipulation aufdrängen und zu Unstimmigkeiten führen. Das gilt vor allem bezüglich der partei-

---

[1363] *Mosk/Ginsburg*, Evidentiary Privileges in International Arbitration, The Int'l Comparative Law Quarterly, Bd. 50, 2001, 345, 361 Fn. 116.

[1364] Siehe die Beispiele oben Kap. 4, Teil 3, VII.5.

[1365] *Sachs*, Use of Documents and Document Discovery, SchiedsVZ 2003, 193, 197 im Beispielsfall 3.

[1366] *Kaufmann-Kohler/Bärtsch*, Discovery in International Arbitration: How much is too much?, SchiedsVZ 2004, 13, 20; *Günther*, Einschränkungen der Erhebung von Dokumentenbeweisen aufgrund von Vertraulichkeit und Geschäftsgeheimnissen, in Berger u.a. (Hrsg.) Festschrift für Otto Sandrock, 2000, 341, 351-354.

benannten Schiedsrichter, die geheimnisrelevante Unterlagen an die sie benennende Partei weitergeben könnten. Bereits deshalb ist es sinnvoll, das Verfahren nur mit schriftlicher Zustimmung aller Parteien anzuwenden.[1367]

(2) Das Schiedsgericht bestellt einen zur Verschwiegenheit verpflichteten Sachverständigen, der die Unterlagen einsieht und darüber entscheidet, ob sie schutzwürdig sind oder nicht. Nur wenn er sie nicht für schutzwürdig hält, reicht er sie an das Schiedsgericht und die Parteien weiter. Auch dieses Verfahren darf das Schiedsgericht nur anwenden, wenn alle Parteien schriftlich zustimmen. Denn das Schiedsgericht soll alle Aspekte des Streites selbst entscheiden und darf deshalb nicht von sich aus die Entscheidungsbefugnis darüber, ob eine Partei ein Beweisstück vorlegen muss, auf einen Dritten übertragen. Art. 3.7 IBA Rules und Art. 52 (d) WIPO Rules sehen dieses Verfahren vor. Haben sich die Parteien auf die WIPO Rules und/oder IBA Rules geeinigt, haben sie dem Schiedsgericht die Kompetenz gegeben, seine Entscheidungsbefugnis in diesem Punkt auf einen neutralen Dritten zu übertragen.

(3) Ein zur Verschwiegenheit verpflichteter Sachverständiger wertet die Unterlagen aus und berichtet an das Schiedsgericht und die Parteien, ohne die geheimen Informationen offen zu legen. Auch hier übertragen die Schiedsrichter ihre Entscheidungsbefugnis auf einen Dritten. Das erlauben beispielsweise Art. 52 (e), 55 WIPO Rules. Haben sich die Parteien den WIPO Rules unterworfen, haben sie sich bereits mit diesem Verfahren einverstanden erklärt.[1368]

(4) Nur das Schiedsgericht und die Anwälte der Gegenpartei erhalten Zugang zu den Unterlagen. Die Anwälte müssen eine Vertraulichkeitsvereinbarung unterzeichnen. Auch hier sind Schwierigkeiten vorprogrammiert: Wie sehr fühlen sich die Anwälte an die Vertraulichkeitsvereinbarung gebunden? Die Durchsetzungsmöglichkeiten sind im Vergleich zum US-amerikanischen Recht gering.[1369] Ist die Information einmal in den Händen von Dritten, hat der Geheimnisträger wenig Einfluss darauf, was mit ihr geschieht.

[1367] *Kaufmann-Kohler/Bärtsch*, Discovery in International Arbitration: How much is too much?, SchiedsVZ 2004, 13, 20.

[1368] *Blessing*, EG/US Kartellrecht in internationalen Schiedsverfahren: 77 aktuelle Fragen aus der Praxis, 2002, 75 Fn. 134.

[1369] *Lowenfeld*, International Arbitration as Omelette: What Goes into the Mix, in: Frommel/Rider (Hrsg.), Conflicting Legal Cultures in Commercial Arbitration, 1999, 19, 28.

(5) Nur das Schiedsgericht sieht die Unterlagen ein und verwertet sie im Schiedsspruch, ohne das Geheimnis preiszugeben.[1370]

Alle Verfahren werden in der internationalen Schiedsgerichtsbarkeit kritisch beurteilt. In der Praxis wird deshalb häufiger auf Schutzanordnungen und Vertraulichkeitsvereinbarungen zurückgegriffen. Kritisch an den beschriebenen Verfahren ist, dass die Parteien nicht mehr gleich behandelt werden.[1371] Allerdings sind solche Verfahren in manchen Rechtsordnungen gesetzlich oder aufgrund Richterrechts zulässig. In der Schweiz etwa erlaubt die Zivilprozessordnung dem Richter, Unterlagen unter Ausschluss des Gegners einzusehen und zu verwerten.[1372] In den USA ist es richterrechtlich anerkannt, dass zum Schutz von Geschäfts- und Betriebsgeheimnissen im pre-trial discovery Verfahren und vereinzelt auch in der mündlichen Verhandlung nur Gericht und Anwälte der Parteien die Unterlagen einsehen.[1373] Auch diese Rechtsordnungen sind den Grundsätzen des rechtlichen Gehörs und der Gleichbehandlung verpflichtet und haben dennoch einen Weg gefunden, Geschäfts- und Betriebsgeheimnisse in besonderen Fällen auch gegenüber dem Gegner zu schützen. Die Praxis nationaler Gerichte macht solche Verfahren für das internationale Schiedsverfahren zumindest salonfähig. In jedem Einzelfall ist das Verfahren mit den Parteien schriftlich detailliert abzustimmen. Haben nicht beide Parteien ähnliche Geheimhaltungsinteressen, kann das in der Praxis aber zur unüberwindbaren Hürde werden.[1374]

V. Fazit

Hier konnte nur versucht werden, Handlungsalternativen und Orientierungspunkte für das Schiedsgericht aufzuzeigen, wenn es mit Weigerungsrechten konfrontiert wird. Es bleibt die Erkenntnis, dass im Schiedsverfahren zu den Weigerungsrechten alles vom Ermessen des Schiedsgerichts abhängt. Im Gegensatz zum Verfahren um die Dokumentenvorlage hat sich zu den Weigerungsrechten noch keine übliche Praxis herausgebildet. Vielmehr sind die Parteien und Dritte als Dokumenteninhaber darauf angewiesen, dass die Schiedsgerichte ihr Ermessen mit Blick auf den Gleichbehandlungsgrundsatz und das Recht auf ein faires Verfahren ausüben.

[1370] Beispiel bei *Dessemontet*, Arbitration and Confidentiality, American Review of Int'l Arb., Bd. 7, 1996, 299, 301.

[1371] Siehe etwa *Blessing*, EG/US Kartellrecht in internationalen Schiedsverfahren: 77 aktuelle Fragen aus der Praxis, 2002, 74.

[1372] Art. 38 Schweizer Bundesgesetz über den Bundeszivilprozess, Text siehe oben Fn. 649.

[1373] Siehe oben Kap. 2, Teil 2, VI.

[1374] *Blessing*, EG/US Kartellrecht in internationalen Schiedsverfahren: 77 aktuelle Fragen aus der Praxis, 2002, 75.

Teil 5: Sanktionen in der internationalen Schiedspraxis

I. Eigene Maßnahmen des Schiedsgerichts

Grundsätzlich kann das Schiedsgericht im Unterschied zum nationalen Gericht seine Vorlageanordnung gegenüber einer Partei oder seine Anregung gegenüber einem Dritten nicht mit Zwangsmaßnahmen durchsetzen. Das Schiedsgericht, das ausschließlich durch die Parteivereinbarung legitimiert ist, hat nicht mehr Befugnisse, als ihm die Parteien unmittelbar oder mittelbar durch die Wahl einer institutionellen Schiedsordnung übertragen haben. Nach den Schiedsordnungen sind Schiedsgerichte aber nur berechtigt, (1) nach den vorhandenen Beweismitteln zu entscheiden, wenn eine Partei es versäumt, Beweismittel rechtzeitig vorzulegen; (2) ein weigerndes Verhalten einer Partei negativ zu würdigen; oder (3) das Verhalten bei der Kostenverteilung zu berücksichtigen.

1. Negative Würdigung einer Weigerung

a) Regelungen in Schiedsordnungen

Weigert sich eine Partei, einer Vorlageanordnung des Schiedsgerichts nachzukommen, sehen einige Schiedsordnungen und das UNCITRAL Modellgesetz vor, dass das Schiedsgericht mit den ihm zur Verfügung stehenden Beweismitteln eine Entscheidung treffen kann.[1375] Nur Art. 56 (d) WIPO Rules erlaubt dem Schiedsgericht ausdrücklich, aus der Weigerung die Rückschlüsse zu ziehen, die es für angemessen hält. Dem folgt Art. 9.4 IBA Rules. Auch die UNCITRAL Notes halten das für zulässig, Nr. 13 para. 51. Die ICC Rules äußern sich gar nicht zu Sanktionsmöglichkeiten. Die negative Würdigung ist bei ICC Schiedsgerichten aber ständige Praxis.[1376] Keine der Schiedsordnungen enthält Sanktionen „mit Biss". Eine mögliche Erklärung dafür ist, dass die Schiedsinstitutionen im direkten Wettbewerb zueinander stehen. Sie haben sich deshalb bisher gescheut, effektive Sanktionsmöglichkeiten in ihre Schiedsordnungen aufzunehmen, aus Angst, dadurch potentielle Parteien zu verlieren.[1377]

Erlässt das Schiedsgericht den Schiedsspruch allein nach den liquiden Beweismitteln, entscheidet es nach der allgemeinen Beweislastverteilung. Das kann sich aber zum Vorteil der unkooperativen Partei auswirken, weil das

[1375] Art. 28.3 UNCITRAL Rules, Art. 25 (c) UNCITRAL Modellgesetz, Art. 23.3 AAA International Rules, Art. 15.8 LCIA Rules, § 30.2 DIS SchiedsO.

[1376] Siehe oben Kap. 4, Teil 1, II.1.b).

[1377] *Leahy/Pierce*, Sanctions to Control Party Misbehavior in International Arbitration, Va. Journal of Int'l Law, Bd. 26, 1986, 291, 293 m.w.N.

verweigerte Dokument regelmäßig ungünstig für die Partei sein wird.[1378] Derartige Regelungen in Schiedsordnungen dienen weniger dazu, das Verhalten einer Partei zu sanktionieren, als vielmehr dazu, den Fortgang des Verfahrens zu sichern.

b) Rechtfertigung der negativen Würdigung

Auch wenn eine Schiedsordnung keine Sanktionsmittel vorsieht, ist zumindest die Sanktion der negativen Würdigung gerechtfertigt. Das Recht des Schiedsgerichts, Fehlverhalten der Parteien negativ zu würdigen, folgt zum einen aus der Freiheit des Schiedsgerichts, das Verfahren zu gestalten und Beweise zu würdigen. Zum anderen leitet es sich aus der Pflicht der Parteien ab, im Schiedsverfahren zusammenzuarbeiten und mit dem Schiedsgericht zu kooperieren. Wenn Parteien vertraglich vereinbaren, etwaige Streitigkeiten vor einem Schiedsgericht auszutragen, geben sie dem Schiedsgericht auch das Recht, prozessuale Anordnungen zu erlassen. Aus dem Prinzip von Treu und Glauben folgt, dass sie sich an das halten müssen, was sie vertraglich vereinbart haben. Deshalb müssen sie sich dem Schiedsspruch unterwerfen. Es ist kein Grund ersichtlich, warum für eine prozessleitende Verfügung des Schiedsgerichts etwas anderes gelten sollte. Haben die Parteien dem Schiedsgericht im Vertrag Rechte verliehen, müssen sie die Handlungen des Schiedsgerichts respektieren und befolgen.[1379] Befolgt eine Partei eine prozessleitende Verfügung des Schiedsgerichts nicht, kann das Schiedsgericht das Verhalten der Partei deshalb zu deren Lasten würdigen. Das ist auch ohne ausdrückliche Regelung in Schiedsordnungen oder Schiedsverfahrensgesetzen allgemein anerkannt.[1380]

[1378] Zu den wenigen Ausnahmen siehe *Leahy/Bianchi*, The Changing Face of International Arbitration, Journal of Int'l Arbitration, Bd. 17, Nr. 4, 2000, 23, 43.

[1379] *Webster*, Obtaining Documents from Adverse Parties in International Arbitration, Arb. Int'l, Bd. 17, 2001, 41, 57-58; *Donovan*, Powers of the Arbitrators to Issue Procedural Orders, including Interim Measures of Protection and the Obligation of Parties to Abide by Such Orders, ICC Bulletin, Bd. 10, 1999, 57, 70.

[1380] *Varga*, Beweiserhebung in transatlantischen Schiedsverfahren, 2006, 230-233; *Redfern/Hunter*, Law and Practice of International Commercial Arbitration, 4. Aufl., 2004, para. 6-62; *Webster*, Obtaining Documents from Adverse Parties in International Arbitration, Arb. Int'l, Bd. 17, 2001, 41, 51; *Jarvin*, Die Praxis der Beweiserhebung in internationalen Schiedsverfahren, in: Böckstiegel (Hrsg.), Beweiserhebung in internationalen Schiedsverfahren, 2001, 86, 93; *Leahy/Bianchi*, The Changing Face of International Arbitration, Journal of Int'l Arbitration, Bd. 17, Nr. 4, 2000, 23, 44; *Berger*, International Economic Arbitration, 1993, 434; *von Mehren*, Rules of Arbitral Bodies Considered from a Practical Point of View, Journal of Int'l Arbitration, Bd. 9, Nr. 3, 1992, 105, 111; *Böckstiegel*, Erfahrungen als Schiedsrichter mit der UNCITRAL Schiedsgerichtsordnung, Jahrbuch der Schiedsgerichtsbarkeit 1990, 15, 25; *McCabe*, Arbitral Discovery and the Iran-United States Claims Tribunal Experience, Int'l Lawyer, Bd. 20, 1986, 499, 529.

Auch wenn sich das Recht zur negativen Würdigung aus den Pflichten der Parteien im Schiedsverfahren ableiten lässt, sollte das Schiedsgericht die Parteien jeweils rechtzeitig – spätestens in der vorbereitenden Verhandlung – darauf hinweisen, dass es beabsichtigt, aus einem unkooperativen Verhalten einer Partei negative Rückschlüsse zu ziehen. Sonst könnte die Entscheidung des Schiedsgerichts die Parteien überraschen. Die Parteien müssen sich über die möglichen Konsequenzen ihres Verhaltens im Klaren sein. Nur dann hat das Schiedsgericht den Parteien ausreichend rechtliches Gehör gewährt.[1381]

c) Umfang der negativen Würdigung

Während sich das Recht des Schiedsgerichts, das Verhalten der Parteien negativ zu würdigen, theoretisch gut als Sanktionsmittel eignet, ist es in der Praxis oft schwer zu handhaben. In seltenen Fällen kann das Schiedsgericht den behaupteten Inhalt des nicht vorgelegten Dokuments als erwiesen ansehen.[1382] Allein aufgrund eines Rückschlusses wegen Nichtvorlage die Beweislast umzukehren, entspräche aber keinem internationalen Standard.[1383] Es müssen weitere einschlägige Umstände tatsächlicher Art hinzukommen, um einen solchen Rückschluss zu rechtfertigen.

Allerdings kann das Schiedsgericht regelmäßig davon ausgehen, dass die vorenthaltenen Unterlagen für die Partei ungünstig gewesen wären. Die negative Würdigung kann dabei viele Facetten annehmen. Einige Beispiele sollen genügen:

(1) Ein Verkäufer hat beim Käufer eine technisch komplizierte Maschine installiert.[1384] Die Maschine funktioniert nicht richtig und der Käufer klagt auf Rückabwicklung des Vertrages. Um zu beweisen, dass die Maschine von Anfang an mangelhaft war, verlangt der Käufer alle Prüfungsberichte des Verkäufers heraus. Einen Prüfungsbericht kann er selbst vorlegen. Verweigert der Verkäufer grundlos die Vorlage weiterer Prüfungsberichte, kann das Schiedsgericht daraus schließen, dass die Berichte die Position des Käufers stützen würden, wenn schon der vorgelegte Prüfungsbericht in diese Richtung geht.

[1381] *Webster*, Obtaining Documents from Adverse Parties in International Arbitration, Arb. Int'l, Bd. 17, 2001, 41, 51.

[1382] *Rogers*, Improving Procedures for Discovery and Documentary Evidence, ICCA Series Nr. 7, 1996, 131, 140; *Morgan*, Discovery in Arbitration, Journal of Int'l Arbitration Bd. 3, Nr. 3, 1986, 9, 21-22; a.A. *Blessing*, EG/US Kartellrecht in internationalen Schiedsverfahren: 77 aktuelle Fragen aus der Praxis, 2002, 71 (Die negative Würdigung sei eine Sanktion mit wenig Biss.).

[1383] *Paulsson*, Overview of Methods of Presenting Evidence in Different Legal Systems, ICCA Series Nr. 7, 1996, 113, 118.

[1384] Beispiel frei nach *Sachs*, Use of Documents and Document Discovery, SchiedsVZ 2003, 193, 197.

(2) Ein Kläger macht Rechte aus einem Vertrag geltend. Der Gegner trägt vor, aus einem internen Dokument des Klägers ergebe sich ein Kündigungsrecht des Gegners. Der Kläger weigert sich grundlos, das Dokument vorzulegen. Entspricht es der gängigen Praxis, ein solches Dokument zu erstellen und ist es dem Gegner nur über den Kläger zugänglich, kann das Schiedsgericht annehmen, das Dokument bestätige ein Kündigungsrecht des Gegners. Der Kläger kann dann nur die Rückabwicklung des Vertrages, nicht Erfüllung verlangen.[1385]

(3) In einem Streit über die Folgen der Kündigung eines Joint Venture Projekts, verlangt eine Partei vom Gegner die Protokolle der Vorstandssitzung zur Kündigung heraus. Verweigert der Gegner unentschuldigt die Herausgabe, kann es für das Schiedsgericht schwierig sein, daraus auf den möglichen Inhalt der Protokolle zu schließen. Gleichermaßen wird es problematisch sein, eine spezifische negative Würdigung vorzunehmen. Es würde zu weit führen, wenn das Schiedsgericht aus der Weigerung schließen würde, aus den Protokollen müsse sich ergeben, der Gegner habe seine Schadensersatzpflichten aufgrund der Kündigung gekannt. Ohne weitere Anhaltspunkte für diese Behauptung wird sich das Schiedsgericht auf erbrachte Beweise verlassen müssen.[1386]

Gegenüber Dritten, die in keiner Beziehung zu einer Partei stehen, gibt es keine negative Würdigung. Das würde die Parteien unzumutbar belasten, weil sie keinen Einfluss auf das Verhalten des Dritten haben. Das Schiedsgericht kann höchstens der freiwilligen Aussage des Dritten oder etwaigen Unterlagen, die der Dritte vorgelegt hat, nur einen geringen Beweiswert zumessen, wenn es weitere Unterlagen im Besitz des Dritten vermutet.[1387] Lässt sich aber eine Verbindung zwischen Partei und Drittem herstellen und verweigert der Dritte die Vorlage nur, um die Partei zu schützen, ist eine negative Würdigung zulässig.[1388]

[1385] Beispiel aus *Coe*, International Commercial Arbitration: American Principles and Practice in a Global Context, 1997, 243.

[1386] Beispiel aus *Darwazeh*, Document Discovery and the IBA Rules on Evidence: A Practitioner's View, Int'l Arb. Law Review 2002, 101, 108.

[1387] *Redfern/Hunter*, Law and Practice of International Commercial Arbitration, 4. Aufl., 2004, para. 6-79; *Williamson*, When 'Could' Becomes 'Should', Arb., Bd. 64, 1998, 275, 281.

[1388] *Stürner*, Transnational Civil Procedure: Discovery and Sanction Against Non-Compliance, Uniform Law Review/ Revue de Droit Uniforme 2001, 871, 879.

2. Kostenverteilung im Schiedsspruch

Zahlreiche Schiedsordnungen überlassen es dem Ermessen des Schiedsgerichts, die Kosten des Schiedsverfahrens auf die Parteien zu verteilen. Nur das UNCITRAL Modellgesetz schweigt dazu. Nach Art. 40.1 und 2 UNCITRAL Rules, § 35.1 DIS SchiedsO und Art. 28.4 LCIA Rules soll grundsätzlich die unterlegene Partei die Kosten des Rechtsstreits und des Gegners tragen. Allerdings kann das Schiedsgericht die Kosten je nach den Umständen des Einzelfalles nach seinem Ermessen angemessen verteilen, Art. 40.1 S. 2 UNCITRAL Rules, § 35.2 S. 2 DIS SchiedsO und 28.4 LCIA Rules. Auch nach Art. 31 AAA International Rules und Art. 71 bis 72 WIPO Rules liegt es im Ermessen des Schiedsgerichts, die Kosten zu verteilen. Art. 31 Abs. 3 ICC Rules dagegen regelt nur, dass die Verteilung der Kosten im Schiedsspruch festzulegen ist. Allerdings liegen Entscheidungen über Kosten nach Art. 31 Abs. 2 S. 2 ICC Rules grundsätzlich im Ermessen des Schiedsgerichts. Das schließt auch die Verteilung der Kosten ein. Nach der DIS SchiedsO, den LCIA Rules und den WIPO Rules können die Parteien eine eigene Vereinbarung über die Kosten treffen und die Entscheidung dem Schiedsgericht entziehen.

Liegt es im Ermessen des Schiedsgerichts, die Kosten zu verteilen, kann es ein unkooperatives Verhalten einer Partei bei der Kostenverteilung berücksichtigen.[1389] Hat sich eine Partei grundlos geweigert, Dokumente trotz Anordnung des Schiedsgerichts vorzulegen, kann sich das in der Kostenentscheidung niederschlagen. Macht das Schiedsgericht die sich weigernde Partei während des Schiedsverfahrens auf die spätere negative Kostenfolge aufmerksam, könnte sich das positiv auf das Verhalten der Partei auswirken.

II. Vollstreckbarerklärung einer Vorlageanordnung nach dem UNÜ?

Es wird Fälle geben, in denen das Schiedsgericht auf ein bestimmtes Dokument angewiesen ist, um ein faires Verfahren zu gewährleisten. Dann helfen weder negative Würdigung noch die Auferlegung von Kosten. In solchen Fällen stellt sich die Frage, ob das Schiedsgericht die Anordnung gegenüber einer Partei in einem Teilschiedsspruch niederlegen kann, der dann nach dem New York UN-Übereinkommen über die Ankerkennung und Vollstreckung ausländischer Schiedssprüche vom 10. Juni 1958 (UNÜ)[1390] vollstreckbar ist.

Möchte ein Schiedsgericht diesen Weg einschlagen, genügt es nicht, eine Vorlageanordnung lediglich als Teilschiedsspruch zu bezeichnen und die

---

[1389] Siehe auch § 1057 Abs. 1 S. 2 ZPO; *Raeschke-Kessler/Berger*, Recht und Praxis des Schiedsverfahrens, 3. Aufl., 1999, Rdz. 884 m.w.N.

[1390] Abgedruckt bei *Schwab/Walter*, Schiedsgerichtsbarkeit, 7. Aufl., 2005, 497.

formalen Voraussetzungen für einen vollstreckbaren Schiedsspruch zu schaffen. Es obliegt letztendlich dem staatlichen Gericht, ob es eine schiedsrichterliche Entscheidung als vollstreckbaren Schiedsspruch oder als Prozessverfügung qualifiziert.[1391] Darauf hat das Schiedsgericht nur bedingt Einfluss.

Die Entscheidung ist für ein staatliches Gericht schon deshalb schwierig, weil das UNÜ den Begriff „Schiedsspruch“ nicht definiert. Die herrschende Meinung leitet aus dem UNÜ ab, dass ein Schiedsspruch nur dann vorliegt, wenn eine schiedsrichterliche Entscheidung inhaltlich zumindest einen Streitpunkt zwischen den Parteien endgültig bescheidet, siehe Art. I(1) und Art. V(1)(e) UNÜ.[1392] Das trifft auf eine Vorlageanordnung regelmäßig nicht zu. Denn sie entscheidet nicht über einen abgrenzbaren Teil des Streitgegenstandes oder über eine Rechtsfrage, sondern gestaltet und fördert das Schiedsverfahren. Deshalb ist eine Vorlageanordnung als Prozessverfügung und nicht als vollstreckbarer Teilschiedsspruch zu qualifizieren.[1393] Bisher haben sich, soweit ersichtlich, weltweit nur zwei Gerichtsentscheidungen mit der Vollstreckbarkeit von schiedsrichterlichen Vorlageanordnungen beschäftigt. Während ein Gericht in den USA eine Vorlageanordnung für vollstreckbar erklärt hat, hat ein australisches Gericht die Vollstreckbarerklärung abgelehnt.

Vor dem australischen Gericht hatte eine US-amerikanische Schiedspartei beantragt, die vom Einzelschiedsrichter mit Sitz in den USA erlassene „Zwischenschiedsverfügung und Zwischenschiedsspruch“ gegen die australische Schiedspartei zu vollstrecken.[1394] Die Entscheidung des Schiedsrichters enthielt neben anderen Maßnahmen weitreichende discovery Anordnungen. Das Gericht begründete ausführlich, warum es die schiedsrichterliche Anordnung

---

[1391] *Raeschke-Kessler/Berger*, Recht und Praxis des Schiedsverfahrens, 3. Aufl., 1999, Rdz. 859; *Berger*, International Economic Arbitration, 1993, 593; a.A. *Günther*, Einschränkungen der Erhebung von Dokumentenbeweisen aufgrund von Vertraulichkeit und Geschäftsgeheimnissen, in Berger u.a. (Hrsg.) Festschrift für Otto Sandrock, 2000, 341, 356.

[1392] Siehe ausführlich *Kojovic*, Court Enforcement of Arbitral Decisions on Provisional Relief, Journal of Int'l Arb., Bd. 18, 2001, 511, 520-532; zu weiteren Kriterien siehe *Lörcher*, Enforceability of Agreed Awards in Foreign Jurisdictions, Arb. Int'l, Bd. 17, 2001, 275, 279.

[1393] *Trittmann*, When Should Arbitrators Issue Interim or Partial Awards and or Procedural Orders?, Journal of Int'l Arb., Bd. 20, 2003, 255, 259; *Triebel/Zons*, Discovery of Documents in internationalen Schiedsverfahren – Theorie und Praxis, BB 2002, IDR Beil. Nr. 7, 26, 32.

[1394] *Resort Condominiums v. Bolwell & Another*, Yearbook Comm. Arb., Bd. XX, 1995, 628 (Supreme Court of Queensland, Urt. v. 29.10.1993); zustimmend *Pryles*, Interlocutory Orders and Convention Awards: the Case of Resort Condominiums v. Bolwell, Arb. Int'l, Bd. 10, 1994, 385.

nicht für einen Schiedsspruch im Sinne des UNÜ hielt, und lehnte die Vollstreckbarkeit ab. Es gehe um eine rein prozessuale Entscheidung des Schiedsrichters, die nicht die eigentliche Streitigkeit zwischen den Parteien betreffe und jederzeit vom Schiedsrichter abgeändert werden könne. Es fehle an der Endgültigkeit der Maßnahme. Unabhängig davon widersprächen weitreichende discovery Maßnahmen der australischen öffentlichen Ordnung, Art. V(2)(b) UNÜ.

In einer gegenteiligen Entscheidung erklärte ein US-amerikanischer Circuit Court die Vorlageanordnung eines Schiedsgerichts mit Sitz in England für nach dem UNÜ vollstreckbar.[1395] Die Parteien stritten um Verpflichtungen aus einer Joint Venture Vereinbarung. Das Schiedsgericht hatte der französischen Schiedspartei aufgegeben, Steuerunterlagen herausgeben, die der US-amerikanische Antragsteller zur Vorlage an die Finanzbehörden benötigte. Der Vorsitzende des Schiedsgerichts hatte die Entscheidung im Auftrag des Schiedsgerichts unterzeichnet und mit „Prozessverfügung" überschrieben. Das US-amerikanische Gericht fühlte sich nicht an die Form der Entscheidung gebunden, sondern stellte allein auf deren Inhalt ab. Es betonte, dass es sich nicht um ein Vorlageverlangen zu Beweiszwecken handele, sondern um die Durchsetzung eines vertraglichen Rechts aus der Joint Venture Vereinbarung auf Vorlage der Unterlagen. Nachdem die schiedsrichterliche Verfügung einen der Hauptstreitpunkte des Schiedsverfahrens endgültig bescheide (finality), handele es sich um einen vollstreckbaren Teilschiedsspruch.[1396] Obwohl die Entscheidung kritisch beurteilt worden ist,[1397] lässt sie nicht den Schluss zu, das US-amerikanische Gericht wolle eine schiedsrichterliche Vorlageanordnung grundsätzlich als Schiedsspruch behandeln,[1398] denn das Gericht hat

---

[1395] *Publicis Commun. v. True North Communs. Inc.*, 206 F.3d 725 (7th Cir. 2000) = Yearbook Comm. Arb., Bd. XXV, 2000, 1152; zustimmend *Oehmke*, Commercial Arbitration, Bd. 2, 2003, §89:1, 89-3 und 4; *Webster*, Obtaining Documents from Adverse Parties in International Arbitration, Arb. Intl, Bd. 17, 2001, 41, 43 und 54-55.

[1396] *Publicis Commun. v. True North Communs. Inc.*, 206 F.3d 725 (7th Cir. 2000) = Yearbook Comm. Arb., Bd. XXV, 2000, 1152, 1154-1155; auf die Endgültigkeit der Entscheidung als Kriterium haben schon andere Gerichte abgestellt: *Pacific Reinsurance Management Corp. v. Ohio Reinsurance Corp.*, 935 F.2d 1019, 1022-1023 (9th Cir. 1991) m.w.N. (Anordnung vorläufiger Maßnahmen endgültig und deshalb vollstreckbar.); *Mobil Oil Indonesia Inc. v. Asamera Oil Ltd.*, 372 N.E.2d 21, 22-23 (Court of Appeals N.Y. 1977) (Entscheidung des Schiedsgerichts, welche Fassung der ICC Rules anwendbar ist, nicht anfechtbar, weil nicht endgültig. Deshalb blieb daraufhin ergangene discovery Anordnung bestehen.).

[1397] *Kojovic*, Court Enforcement of Arbitral Decisions on Provisional Relief, Journal of Int'l Arb., Bd. 18, 2001, 511, 528 m.w.N.

[1398] So aber *Trittmann*, When Should Arbitrators Issue Interim or Partial Awards and or Procedural Orders?, Journal of Int'l Arb., Bd. 20, 2003, 255, 263.

ausdrücklich zwischen discovery Anordnungen und materiell-rechtlichen Herausgabeansprüchen unterschieden.[1399]

Die Entscheidungen deuten zumindest an, dass staatliche Gerichte selbst im angloamerikanischen Rechtskreis nicht geneigt sind, reine discovery Anordnungen für vollstreckbar zu erklären. Deutsche Gerichte jedenfalls würden weitreichende discovery Anordnungen bereits wegen Verstoßes gegen die öffentliche Ordnung nicht als Schiedsspruch vollstrecken.[1400]

III. Einschaltung des Gerichts

Will das Schiedsgericht die Vorlage eines Dokuments erzwingen, bleibt ihm regelmäßig nur die Anrufung eines staatlichen Gerichts. Selbst wenn diese Möglichkeit nach dem nationalen Recht theoretisch besteht, machen Schiedsgerichte selten davon Gebrauch.[1401] Das liegt zum einen daran, dass sich ein Schiedsverfahren zeitlich erheblich verzögert, wenn Schiedsgericht oder Parteien ein staatliches Gericht einschalten. Zum anderen ist selbst dann, wenn ein staatliches Gericht beteiligt ist, die zwangsweise Durchsetzung einer Vorlageanordnung über staatliche Grenzen hinweg meist ausgeschlossen.[1402] Weil hier kaum ein durchschlagender Erfolg zu erwarten ist, sollen nur kurz die verschiedenen Möglichkeiten eines Schiedsgerichts mit Sitz in Deutschland oder den USA aufgezeigt werden.

Parteien und Schiedsgericht können in Deutschland die Gerichte um Unterstützung bei der Beweiserhebung anrufen, § 1050 ZPO.[1403] Das ist dann erfolgversprechend, wenn das Schiedsgericht eine Vorlageanordnung gegenüber einem deutschen Dritten durchsetzen möchte. In den USA kann das Schiedsgericht selbst eine subpoena gegen Parteien und Dritte erlassen und die subpoena zwangsweise vom Gericht durchsetzen lassen.[1404]

Nur selten aber wird die Konstellation im internationalen Schiedsverfahren so sein, dass sich alle relevanten Beweismittel am Sitz des Schiedsgerichts be-

---

[1399] *Publicis Commun. v. True North Communs. Inc.*, 206 F.3d 725 (7th Cir. 2000) = Yearbook Comm. Arb., Bd. XXV, 2000, 1152, 1155.

[1400] *Triebel/Zons*, Discovery of Documents in internationalen Schiedsverfahren – Theorie und Praxis, BB 2002, IDR Beil. Nr. 7, 26, 32.

[1401] *Born*, International Commercial Arbitration, 2. Aufl., 2001, 489, Nr. 12; *Baldwin*, Protecting Confidential and Proprietary Commercial Information in International Arbitration, Texas Int'l Law Journal, Bd. 31, 1996, 451, 480; *Berger*, International Economic Arbitration, 1993, 458-459.

[1402] *Kaufmann-Kohler/Bärtsch*, Discovery in International Arbitration: How much is too much?, SchiedsVZ 2004, 13, 18-19.

[1403] Siehe ausführlich oben Kap. 3, Teil 1, X.2.

[1404] Siehe ausführlich oben Kap. 3, Teil 2, II.2. und IV.

finden. Nachdem die Parteien wahrscheinlich ein neutrales Forum als Sitz des Schiedsverfahrens gewählt haben, werden sich die Beweismittel eher an dem Ort befinden, mit dem die Streitigkeit am engsten verknüpft ist.[1405] Deshalb werden die Schiedsgerichte eher auf die Unterstützung durch ein ausländisches staatliches Gericht angewiesen sein. Dabei sind unendlich viele Konstellationen denkbar. Nachdem sich die Untersuchung auf das US-amerikanische und das deutsche Rechtssystem beschränkt, sollen hier nur zwei verschiedene Konstellationen im Verhältnis Deutschland - USA aufgegriffen und erläutert werden:
(1) Ein US-amerikanisches Schiedsgericht will eine Vorlageanordnung gegenüber einer deutschen Partei oder einem deutschen Dritten durchsetzen.
(2) Ein deutsches Schiedsgericht will eine Vorlageanordnung gegenüber einer US-amerikanischen Partei oder einem US-amerikanischen Dritten durchsetzen.

Schiedsgericht und Parteien können verschiedene Stellen um Unterstützung bitten: Sie können versuchen (1) sich direkt an das ausländische staatliche Gericht am Belegenheitsort des Beweismittels zu wenden; (2) beim inländischen staatlichen Gericht direkt die Beweisaufnahme und Durchsetzung im Ausland zu beantragen; oder (3) das inländische staatliche Gericht zu bitten, ein Rechtshilfeersuchen an das zuständige ausländische staatliche Gericht zu richten.

1. Direkte Unterstützung eines ausländischen Gerichts

a) Nationale Regelungen

Nach §§ 1025 Abs. 2, 1050, 1062 Abs. 2 ZPO kann jedes ausländische Schiedsgericht und damit auch ein US-amerikanisches Schiedsgericht ein deutsches staatliches Gericht um Unterstützung bei der Beweiserhebung ersuchen. Beschränkungen ergeben sich nur dadurch, dass das staatliche Gericht nur die nach eigenem Recht zulässigen Hilfsmaßnahmen ergreift.[1406] Diese für ausländische Schiedsgerichte günstige Norm ist nicht die Regel.[1407] Die Mehrzahl der nationalen Schiedsverfahrensgesetze sowie Art. 27 UNCITRAL Modellgesetz knüpfen die Hilfsbereitschaft des nationalen Gerichts an den Sitz des Schiedsgerichts im jeweiligen Land.

Will dagegen ein deutsches Schiedsgericht in den USA vorgehen, gibt es keine vergleichbare gesetzliche Regelung. Section 1782 von Titel 28 der United

---

[1405] *Hunter*, Modern Trends in the Presentation of Evidence in International Commercial Arbitration, American Review of Int'l Commercial Arb. 1992, 204, 207.
[1406] Siehe oben Kap. 3, Teil 1, X.2.d).
[1407] Stein/Jonas-*Schlosser*, ZPO, Bd. 9, 22. Aufl., 2002, § 1050 Rdz. 15.

States Code (Section 1782) wollen die meisten staatlichen Gerichte nicht direkt auf ausländische Schiedsgerichte anwenden.[1408] Section 7 FAA bietet staatliche Hilfe bei der Durchsetzung von Vorlageanordnungen nur dann an, wenn die Schiedsrichter oder die Mehrzahl der Schiedsrichter im jeweiligen District „sitzen" („for the district in which such arbitrators, or a majority of them, are sitting."). Ein Schiedsgericht mit Sitz in Deutschland könnte deshalb erwägen, seinen Sitz vorübergehend an den Ort zu verlegen, an dem sich das Beweismittel befindet. Ansonsten bleibt nur der offizielle Rechtshilfeweg.

b) Vorübergehende Sitzverlegung

Zweifelhaft ist, ob eine vorübergehende Sitzverlegung überhaupt möglich und zulässig ist. Zwar sehen alle hier besprochenen Schiedsordnungen, das UNCITRAL Modellgesetz und die UNCITRAL Notes vor, dass das Schiedsgericht nach seinem Ermessen an jedem ihm geeignet erscheinenden Ort zur mündlichen Verhandlung oder zur Einsichtnahme von Beweismitteln zusammentreten kann.[1409] Nach manchen Regelungen können die Parteien das Recht durch Vereinbarung ausschließen.[1410] Treffen Schiedsgericht und Schiedsparteien an einem anderen Ort als dem vereinbarten Ort des Schiedsverfahrens zusammen (Tagungsort), soll das aber regelmäßig keine Auswirkungen auf den festgelegten Ort des Schiedsverfahrens haben (Schiedsort).[1411] Der Schiedsort entscheidet aber über das anwendbare nationale Schiedsverfahrensrecht und damit auch darüber, inwiefern ein staatliches Gericht Unterstützungsmaßnahmen durchführen kann.[1412] Lässt ein Wechsel des Tagungsortes den Schiedsort unberührt, kann ein Schiedsgericht, das seinen Tagungsort an einen anderen Ort verlegt, wohl nicht nach dortigem Schiedsverfahrensrecht vorgehen. Möglich wäre das nur, wenn das Schiedsgericht und die Parteien

---

[1408] Siehe oben Kap. 3, Teil 2, VII.

[1409] Art. 16.3 UNCITRAL Rules; Art. 20.2 UNCITRAL Modellgesetz; Nr. 3 para. 23 UNCITRAL Notes; Art. 14.2 ICC Rules; Art. 13.2 AAA International Rules; Art. 16.2 LCIA Rules; § 21.2 DIS SchiedsO; Art. 39(b) WIPO Rules; siehe auch § 1043 Abs. 2 ZPO; der FAA enthält keine Regelung, nach Section 15(c) RUAA kann das Schiedsgericht den Ort der Verhandlung bestimmen.

[1410] Art. 20.2 UNCITRAL Modellgesetz; § 21.2 DIS SchiedsO und § 1043 Abs. 2 ZPO.

[1411] Ausdrücklich Art. 16.2 LCIA Rules; Zöller-*Geimer*, ZPO, 25. Aufl., 2005, § 1043 Rdz. 4; Musielak-*Voit*, ZPO, 4. Aufl., 2005, § 1043 Rdz. 4; Stein/Jonas-*Schlosser*, ZPO, Bd. 9, 22. Aufl., 2002, § 1043 Rdz. 4; *Born*, International Commercial Arbitration, 2. Aufl., 2001, 429 m.w.N.; MünchKomm-*Münch*, ZPO, Bd. 3, 2. Aufl., 2001, § 1043 Rdz. 6; so schon *Mann, Francis,* Lex Facit Arbitrum (1967), nachgedruckt in: Arb. Int'l, Bd. 2, 1986, 241, 248.

[1412] Zu den Auswirkungen des Schiedsortes siehe ausführlich *Born*, International Commercial Arbitration, 2. Aufl., 2001, 573-580; a.A. *Webster*, Obtaining Documents from Third Parties in International Arbitration, Arb. Int'l, Bd. 17, 2001, 143, 148, der wie selbstverständlich davon ausgeht, dass das Recht am Tagungsort gilt.

mit dem Wechsel des Tagungsortes gleichzeitig einen Wechsel des Schiedsortes beabsichtigen.

Ob ein nachträglicher und vorübergehender Wechsel des Schiedsortes mit Zustimmung des Schiedsgerichts und aller Parteien zulässig ist, wird unterschiedlich beurteilt.[1413] Dafür spricht die Parteiautonomie, dagegen aber die Rechtssicherheit. Nachdem die Parteien den Schiedsort frei bestimmen können, lässt sich schwer begründen, warum sie nicht einvernehmlich mit Zustimmung des Schiedsgerichts im Laufe des Verfahrens den Schiedsort verlegen können sollen. Allerdings erschwert das vor allem eine spätere Anerkennung und Vollstreckung des Schiedsspruchs. Denn ein Schiedsspruch ist regelmäßig nur am Schiedsort vor den staatlichen Gerichten anfechtbar.[1414] Hat der Schiedsort mehrfach gewechselt, lässt sich der Anfechtungsort schwer bestimmen – man muss dann wohl auf den Schiedsort abstellen, den das Schiedsgericht im Schiedsspruch nennt. Prüft ein staatliches Gericht Aufhebungsgründe, muss es das Schiedsverfahren nach Abschnitten beurteilen, je nachdem, wie das Schiedsgericht an den verschiedenen Schiedsorten verfahren ist. Das erschwert die Überprüfung des Schiedsspruchs vor den staatlichen Gerichten ganz erheblich. Es ist den Parteien und dem Schiedsgericht deshalb nur in ganz besonderen Fällen anzuraten, den Schiedsort vorübergehend zu wechseln.

Für den Wechsel des Schiedsortes ist jedenfalls erforderlich, dass Schiedsgericht und alle Schiedsparteien dem Wechsel zustimmen. Will das Schiedsgericht auf Dokumente einer Partei in den USA zugreifen, wird sich die Partei kaum mit einem Wechsel des Schiedsortes einverstanden erklären, wenn sie schon die freiwillige Vorlage der Dokumente verweigert hat. Denn der Wechsel des Schiedsortes soll gerade den Zugriff auf die Dokumente erleichtern. Ein einvernehmlicher Wechsel des Schiedsortes wird nur dann möglich sein, wenn beide Parteien meinen, Dokumente im Besitz eines US-amerikanischen Dritten könnten ihre Position stützen. Diese Konstellation wird nur selten vorkommen.

c) Vorübergehender Wechsel des Tagungsortes

Da ein vorübergehender Schiedsortwechsel mit Schwierigkeiten behaftet ist, fragt sich, ob ein ausländisches Schiedsgericht zumindest in den USA mit dem Wechsel des Tagungsortes den gleichen Erfolg erzielen kann, wie mit einem Schiedsortwechsel. Denn den Tagungsort kann das Schiedsgericht nach

---

[1413] Zulässig: Musielak-*Voit*, ZPO, 4. Aufl., 2005, § 1043 Rdz. 3; unzulässig: MünchKomm-*Münch*, ZPO, Bd. 3, 2. Aufl., 2001, § 1043 Rdz. 6; *Hirsch*, The Place of Arbitration and the Lex Arbitri, The Arb. Journal, Bd. 34, Nr. 3, 1979, 43, 45.

[1414] Siehe etwa *Born*, International Commercial Arbitration, 2. Aufl., 2001, 706.

seinem Ermessen bestimmen. Zwar soll es nach manchen Schiedsordnungen die Parteien dazu konsultieren;[1415] das erfordert aber kein tatsächliches Einverständnis der Parteien.[1416]

Zumindest nach deutschem Recht bewirkt der Tagungsortwechsel keinen Wechsel des anwendbaren Schiedsverfahrensrechts, § 1043 Abs. 2 ZPO. Eine solche Vorschrift gibt es im US-amerikanischen Recht aber nicht. Nach Section 7 FAA ist der District Court für Unterstützungsmaßnahmen zuständig, wenn die Schiedsrichter in seinem District „sitzen". Genügt dafür der Tagungsort oder muss es sich um den Schiedsort handeln? Für den Tagungsort könnte sprechen, dass es nach Section 7 FAA ausreicht, wenn eine Mehrzahl der Schiedsrichter vor Ort sitzt. Wenn sich nur ein Teil des Schiedsgerichts in dem District einfinden muss, in dem sich das Beweismittel befindet, kann es sich nicht um den abstrakten Schiedsort handeln. Gegen die wörtliche Auslegung spricht aber, dass der FAA aus dem Jahr 1925 stammt.[1417] Der Gesetzestext wurde zu einem Zeitpunkt formuliert, als sich die Bedeutung des Schiedsortes im Gegensatz zum Tagungsort noch nicht herauskristallisiert hatte.

Entscheidend ist deshalb vielmehr die Haltung der US-amerikanischen Gerichte. Zum Wechsel des Schiedsortes oder Tagungsortes gibt es soweit ersichtlich keine Rechtsprechung.[1418] Allerdings kann die Rechtsprechung zu Section 1782 für internationale Schiedsverfahren aufschlussreich sein.[1419] Die Rechtsprechung lehnt eine direkte Anwendbarkeit von Section 1782 für internationale Schiedsverfahren ab, unter anderem deshalb, weil ein Widerspruch zu Section 7 FAA entstünde, der Unterstützungsmaßnahmen nur für Schiedsgerichte mit Sitz im jeweiligen District anbietet.[1420] Da die US-amerikanischen Gerichte dabei die territorialen Grenzen von Section 7 FAA betonen, werden sie wohl einem ausländischen Schiedsgericht nicht behilflich sein wollen, das seinen Tagungsort nur in einen US-amerikanischen District

---

[1415] Art. 14.2 ICC Rules und Art. 39(b) WIPO Rules.

[1416] *Blessing*, Die LCIA Rules – aus der Sicht des Praktikers, SchiedsVZ 2003, 198, 202.

[1417] *Watkins*, Open Questions Regarding Non-Party Discovery in Commercial Arbitration, Mealey's Int'l Arb. Report, Bd. 18, Nr. 7, 2003, 29, 30 Fn. 9.

[1418] Siehe *Born*, International Commercial Arbitration, 2. Aufl., 2001, 580, Nr. 9-10, der nur die Fragen formuliert; *Webster*, Obtaining Documents from Third Parties in International Arbitration, Arb. Int'l, Bd. 17, 2001, 143, 158.

[1419] Siehe oben Kap. 3, Teil 2, VII.

[1420] *Republic of Kazakhstan v. Biedermann Int'l*, 168 F.3d 880, 882-883 (5th Cir. 1999) = Yearbook Comm. Arb., Bd. XXV, 2000, 918; *National Broadcasting Co., Inc. v. Bear Stearns & Co. Inc.*, 165 F.3d 184 (2nd Cir. 1999) = Yearbook Comm. Arb., Bd. XXIV, 1999, 884, 885-887; *Application of Medway Power Ltd.*, 985 F.Supp. 402, 404-405 (S.D.N.Y. 1997).

verlegt, um eine Vorlageanordnung gegenüber einer US-amerikanischen Partei oder Dritten durchsetzen lassen zu können.[1421]

Selbst wenn sich das US-amerikanische Gericht auf den Wechsel des Tagungsortes einlässt, bleibt die Frage, ob ein Schiedsspruch, der Dokumente verwertet, die das Schiedsgericht mit dieser Methode erlangt hat, auch vollstreckbar ist. Ist ein Schiedsgericht mit Sitz in Deutschland so vorgegangen, fragt sich, ob ein Aufhebungsantrag nach § 1059 ZPO erfolgversprechend wäre. § 1059 Abs. 2 Nr. 1(d) ZPO greift nicht, weil ein Tagungsortwechsel nach § 1043 Abs. 2 ZPO ausdrücklich zulässig ist. Auch ein Verstoß gegen die öffentliche Ordnung nach § 1059 Abs. 2 Nr. 2(b) ZPO ist abzulehnen, wenn das Dokument auch über Rechtshilfekanäle hätte beschafft werden können.

Der Wechsel des Tagungsortes in einen US-amerikanischen District wäre für ein Schiedsgericht mit Sitz in Deutschland dann erfolgreich, wenn die US-amerikanischen Gerichte das für zulässig erachten.

d) Wahl eines anderen Rechts als das am Sitz des Schiedsgerichts

Nur kurz zu erwähnen ist die Alternative, dass die Parteien in ihrer Schiedsklausel vereinbaren, den Sitz des Schiedsgerichts auf Deutschland festzulegen, aber als anwendbares Recht für das Schiedsverfahren den FAA zu nennen. Theoretisch könnten das Schiedsgericht mit Sitz in Deutschland und die Schiedsparteien bei einer solchen Schiedsklausel nach Section 7 FAA die staatlichen Gerichte in den USA anrufen. Die ausschließliche Vereinbarung eines anderen Prozessrechts ist nach § 1025 Abs. 1 ZPO aber unzulässig. Für Schiedsverfahren mit Sitz in Deutschland gelten immer die zwingenden Normen des deutschen Schiedsverfahrensrechts.[1422]

Selbst wenn eine solche Vereinbarung in anderen Konstellationen zulässig ist – der FAA etwa verbietet das für Schiedsverfahren mit Sitz in den USA

[1421] A.A. *Varga*, Beweiserhebung in transatlantischen Schiedsverfahren, 2006, 283; *Webster*, Obtaining Documents from Third Parties in International Arbitration, Arb. Int'l, Bd. 17, 2001, 143, 148 und 157; und *Rivkin/Legum*, Attempts to Use Section 1782 to Obtain US Discovery in Aid of Foreign Arbitrations, Arb. Int'l, Bd. 14, 1998, 213, 226, die eine Verlegung des Tagungsortes vorschlagen, ohne zu erläutern, ob das Verfahren zulässig und erfolgversprechend ist; einen Beispielsfall (wohl ein inländisches Schiedsgericht, das den Tagungsort vorübergehend in den District eines Dritten verlegt hat) zitiert *Born*, International Commercial Arbitration, 2. Aufl., 2001, 494, Nr. 8.

[1422] BT-Drucks. 13/5274, S. 47, li. Sp. [2]; *Van den Berg*, The German Arbitration Act 1998 and the New York Convention 1958, in: Briner u.a. (Hrsg.) Liber Amicorum Karl-Heinz Böckstiegel, 2001, 783, 789; *Kreindler/Mahlich*, Das neue deutsche Schiedsverfahrensrecht aus ausländischer Sicht, NJW 1998, 563, 567.

nicht[1423] – führt es für staatliche Gerichte nur zu Schwierigkeiten bei der Auslegung der Schiedsklausel und ist deshalb Schiedsparteien nicht anzuraten.[1424] Soweit ersichtlich hat es bisher nur in England eine Gerichtsentscheidung zu einer solchen Vertragsgestaltung gegeben.[1425] Die Schiedsparteien hatten als Sitz des Schiedsgerichts London vereinbart, im gleichen Absatz aber festgelegt, dass das Schiedsverfahren nach dem indischen Schiedsverfahrensgesetz ablaufen sollte. Das englische Gericht hat die Klausel dahin ausgelegt, dass sich das interne Schiedsverfahren zwar nach den Vorgaben des indischen Gesetzes richten sollte, jeder Kontakt mit den staatlichen Gerichten – also auch Unterstützung bei der Beweiserhebung – aber den englischen Gerichten nach dem englischen Schiedsgesetz vorbehalten bleibe.[1426] Ob ein US-amerikanisches Gericht ähnlich entscheiden würde, bleibt offen. Jedenfalls kann auch diese Vertragskonstruktion nur zu Schwierigkeiten bei der späteren Durchsetzung eines Schiedsspruchs beitragen.

2. Direkte Unterstützung eines inländischen Gerichts

Nachdem ein deutsches Schiedsgericht nur schwerlich direkt auf ein US-amerikanisches Gericht zugreifen kann, könnte es auch versuchen, nach § 1050 ZPO beim deutschen Gericht zu beantragen, die Dokumente aus dem Ausland anzufordern und eine Anordnung durchzusetzen. Das betrifft die schwierige Frage nach der internationalen Beweiszuständigkeit.[1427] Kann das deutsche Gericht auf im Ausland belegene Beweismittel zugreifen, ohne Rechtshilfe zu beanspruchen? In Deutschland herrscht die Meinung vor, dass ein deutsches Gericht eine ausländische Partei oder einen ausländischen Dritten zwar auffordern kann, Dokumente freiwillig vorzulegen, allerdings ohne

---

[1423] *Born*, International Commercial Arbitration, 2. Aufl., 2001, 428, Nr. 5.

[1424] *Brower/Brower/Sharpe*, The Coming Crisis in the Global Adjudication System, Arb. Int'l, Bd. 19, 2003, 415, 419.

[1425] *Union of India v. McDonnell Douglas Corp.* [1993] 3 Lloyd's Rep. 48 = Yearbook Comm. Arb., Bd. XIX, 1994, 235-239.

[1426] Ähnlich *Schlosser*, Das neue deutsche Recht der Schiedsgerichtsbarkeit, in: Gottwald (Hrsg.), Revision des EuGVÜ – Neues Schiedsverfahrensrecht, 2000, 163, 193; *Hirsch*, The Place of Arbitration and the Lex Arbitri, The Arb. Journal, Bd. 34, Nr. 3, 1979, 43, 45.

[1427] *Nagel/Gottwald*, Internationales Zivilprozessrecht, 5. Aufl., 2002, § 8 Rdz. 4 m.w.N.

Zwangsmaßnahmen anordnen zu können.[1428] Das hilft einem Schiedsgericht mit Sitz in Deutschland kaum weiter, denn es kann selbst die Parteien und Dritte auffordern, freiwillig am Schiedsverfahren mitzuwirken.

US-amerikanische Gerichte dagegen handhaben staatliche Verfahren mit Auslandsbezug anders. Sie bejahen großzügig die persönliche und sachliche Zuständigkeit gegenüber ausländischen Parteien und Dritten. Sie ordnen die Vorlage von Dokumenten aus dem Ausland an und setzen ihre Anordnungen mit Zwangsmaßnahmen auch gegen Ausländer durch.[1429] Den Vorrang des Haager Übereinkommens über die Beweisaufnahme im Ausland in Zivil- oder Handelssachen vom 18.3.1970[1430] (Haager Beweisübereinkommen oder HBÜ), das die Gegebenheiten im Ausland berücksichtigt, lehnt der Supreme Court ab.[1431] Diese Rechtsprechung soll hier nicht weiter vertieft werden, denn es gibt keine Anhaltspunkte dafür, dass die Gerichte ihre Grundsätze zu auslandsbelegenen Beweismitteln im staatlichen Verfahren auch auf ein Schiedsverfahren mit Sitz in den USA ausdehnen wollen. Vielmehr sind sie bei

[1428] Das ist streitig, soll aber hier nicht weiter vertieft werden; siehe *Schlosser*, EU-Zivilprozessrecht, 2. Aufl., 2003, Art. 1 HBÜ Rdz. 5-7; *Leipold*, Neue Wege im Recht der internationalen Beweiserhebung, in: Schwenzer/Hager (Hrsg.), Festschrift für Peter Schlechtriem, 2003, 91, 101; *Nagel/Gottwald*, Internationales Zivilprozessrecht, 5. Aufl., 2002, § 8 Rdz. 4-5; *Musielak*, Beweiserhebung bei auslandsbelegenen Beweismitteln, in: Schütze (Hrsg.), Festschrift für Reinhold Geimer, 2002, 761; *Stadler*, Grenzüberschreitende Beweisaufnahmen in der Europäischen Union, in: Schütze (Hrsg.), Festschrift für Reinhold Geimer, 2002, 1281, 1290-1291; *Schulze*, Dialogische Beweisaufnahmen im internationalen Rechtshilfeverkehr, IPRax 2001, 527; *Stadler*, Die Europäisierung des Zivilprozessrechts, in: Schmidt (Hrsg.), 50 Jahre Bundesgerichtshof Band III, 2000, 645, 654-660; *Daoudi*, Extraterritoriale Beweisbeschaffung im deutschen Zivilprozess – Möglichkeiten und Grenzen der Beweisbeschaffung außerhalb des internationalen Rechtshilfeweges, 2000; jeweils m.w.N.

[1429] *First American Corp. v. Price Waterhouse LLP,* 154 F.3d 16 (2nd Cir. 1998) (zwangsweise Durchsetzung einer subpoena gegen einen englischen Dritten); *In re Anschütz & Co. GmbH*, 754 F.2d 602 (5th Cir. 1985) (Discovery von Dokumenten gegen deutsche Beklagte); *Lowrance v. Michael Weinig GmbH & Co. KG*, 107 F.R.D. 386 (W.D.Tenn. 1985) (Discovery von Dokumenten gegen deutsche Beklagte.); *Graco, Inc. v. Kremlin, Inc.*, 101 F.R.D. 503 (N.D.Ill. 1984) (Discovery von Dokumenten gegen einen französischen Beklagten.); siehe auch *Borchers*, The Incredible Shrinking Hague Evidence Convention, Texas Int'l Law Journal, Bd. 88, 2003, 73, 82-85 mit weiteren Rechtsprechungsnachweisen; *Eschenfelder*, Beweiserhebung im Ausland und ihre Verwertung im inländischen Zivilprozess, 2002, 69-74 m.w.N.

[1430] BGBl. II 1977, S. 1472; für den Volltext siehe auch www.hcch.net/e/conventions/text20e.html (zuletzt besucht am 3.7.2004) und zum aktuellen Stand der Vertragsstaaten siehe www.hcch.net/e/members/members.html (zuletzt besucht am 3.7.2004); siehe auch Fn. 1437.

[1431] *Société Nationale Industrielle Aerospatiale v. U.S. District Court for the Southern District of Iowa*, 482 U.S. 522 (1987) = 107 = JZ 1987, 984 (Übersetzung von Stadler).

Schiedsverfahren bestrebt, discovery Maßnahmen insgesamt einzudämmen.[1432] Nur in Einzelfällen sind sie dazu bereit, subpoenas eines Schiedsgerichts in den USA durchzusetzen, und haben bereits Schwierigkeiten, subpoenas über die Grenze ihres District hinaus zu vollstrecken.[1433] Es ist deshalb unwahrscheinlich, dass ein US-amerikanisches Gericht einem Antrag auf Durchsetzung einer schiedsrichterlichen subpoena gegen ausländische Schiedsparteien oder Dritte, die sich nicht in ihrem District befinden, aufgeschlossen gegenüber stehen würde. Fälle, in denen eine Schiedspartei bei Gericht einen solchen Antrag erfolgreich durchgesetzt hätte, sind deshalb auch nicht bekannt.[1434] Es bleibt folglich in der Regel nur der Weg über das Haager Beweisübereinkommen.

3. Rechtshilfeersuchen nach dem Haager Beweisübereinkommen

Auf dem offiziellen Rechtshilfeweg bittet das Schiedsgericht das am Ort seines Sitzes zuständige staatliche Gericht, ein Gesuch um Unterstützung bei der Beweiserhebung an das zuständige ausländische Gericht zu richten. Auch dieses Verfahren nutzen Schiedsgerichte kaum. Bisher gibt es keine veröffentlichten Entscheidungen dazu, ob US-amerikanische oder deutsche Gerichte einem solchen Gesuch nachkommen.[1435]

Das Haager Beweisübereinkommen regelt die internationale Rechtshilfe. Es ist inzwischen das wichtigste internationale Übereinkommen im Bereich der extraterritorialen Beweisaufnahme, vor allem weil es auf einem Kompromiss zwischen kontinentaleuropäischen und angloamerikanischen Vorstellungen beruht.[1436] Zum Haager Beweisübereinkommen gibt es zahlreiche Veröffentli-

---

[1432] Siehe oben Kap. 3, Teil 2, II.1.

[1433] Siehe oben Kap. 3, Teil 2, IV.2.

[1434] Es gibt nur Fälle, in denen US-amerikanische Gerichte discovery Maßnahmen gegen Ausländer zur Beweissicherung zugelassen haben. Die Ausländer und die Beweismittel haben sich aber jeweils im Zuständigkeitsbereich des Gerichts befunden; siehe etwa *Deiulemar Compagnia di Navigazione S.p.A. v. MV ‚Allegra'* 198 F.3d 473 (4th Cir. 1999) = Yearbook Comm. Arb., Bd. XXV, 2000, 520; siehe dazu oben Kap. 3, Teil 2, II.1.b).

[1435] *Craig/Park/Paulsson*, International Chamber of Commerce Arbitration, 3. Aufl., 2000, 493, §27.05; *Lurie/Howard*, Limitations on the Ability to Obtain Discovery in International Arbitration from Non-Parties Located in the United States, Journal of Int'l Arb., Bd. 17, Nr. 3, 2000, 55, 60.

[1436] *Schlosser*, Jurisdiction and International Judicial and Administrative Cooperation, 2001, 119; *Epstein*, Obtaining Evidence in the United States for Use in Foreign Courts, Business Law Int'l, 2001, 260, 264 (Statistische Erhebungen in den USA zeigen, dass die Zahl der Anfragen stetig steigt. Im Jahr 2000 gingen insgesamt 510 Anfragen in den USA ein, davon 126 aus Deutschland. Die Anfragen betreffen auch immer häufiger die Dokumentenvorlage als Zeugenvernehmungen. Verlangt werden vor allem Bankunterlagen und finanzielle Informationen.).

chungen.[1437] Deshalb sollen hier nur kurz die Themen erörtert werden, die auch für ein Schiedsgericht im deutsch-US-amerikanischen Verhältnis eine Rolle spielen können.

Relevant wird das Haager Beweisübereinkommen nur für ein deutsches Schiedsgericht, das auf Beweismittel in den USA zugreifen möchte. Denn ein US-amerikanisches Schiedsgericht kann sich nach §§ 1025 Abs. 2, 1050 ZPO direkt an ein deutsches Gericht wenden.

a) Anwendbarkeit des Haager Beweisübereinkommen auf Schiedsverfahren

Ein Schiedsgericht kann nicht selbst ein Rechtshilfeersuchen an ein ausländisches staatliches Gericht richten.[1438] Denn nach Art. 1 Abs. 1 HBÜ kann nur die gerichtliche Behörde eines Vertragsstaates ein Ersuchen an eine ausländische Behörde richten. Art. 1 Abs. 2 HBÜ verbietet zudem ein Rechtshilfeersuchen, wenn die Beweise nicht zur Verwendung in einem bereits anhängigen oder künftigen gerichtlichen Verfahren bestimmt sind. Das könnte dazu verleiten, Rechtshilfeersuchen für Schiedsverfahren insgesamt auszuschließen,

[1437] Auswahl der jüngeren Literatur: *Nafziger,* Another Look at the Hague Evidence Convention After Aérospatiale, Texas Int'l Law Journal, Bd. 88, 2003, 103; *Borchers*, The Incredible Shrinking Hague Evidence Convention, Texas Int'l Law Journal, Bd. 88, 2003, 73; *Schlosser*, EU-Zivilprozessrecht, 2. Aufl., 2003, Kommentar zum HBÜ, ab S. 555; *Trittmann/Leitzen*, Haager Beweisübereinkommen und pre-trial discovery, IPRax 2003, 7; *Reufels*, Pre-trial discovery-Maßnahmen in Deutschland: Neuauflage des deutsch-amerikanischen Justizkonflikts?, RIW 1999, 667; *Stürner*, Rechtshilfe nach dem Haager Beweisübereinkommen für Common-Law Länder, JZ 1991, 521; jeweils mit weiterführenden Nachweisen. Für die Mitgliedstaaten der Europäischen Union untereinander (außer Dänemark) gilt seit dem 1.1.2004 anstelle des HBÜ die Verordnung über die Zusammenarbeit zwischen den Gerichten der Mitgliedstaaten auf dem Gebiet der Beweisaufnahme in Zivil- oder Handelssachen (EG) Nr. 1206/2001 des Rates vom 28.5.2001, ABl. EG Nr. L 174 v. 27.6.2001, S. 1 (EuBVO); auch abgedruckt bei *Geimer*, Internationales Zivilprozessrecht, 5. Aufl., 2005, 1349; in Deutschland umgesetzt durch das EG-Beweisaufnahmedurchführungsgesetz, siehe Materialien, IPRax 2004, 67; zur einführenden Literatur siehe: *Schlosser*, EU-Zivilprozessrecht, 2. Aufl., 2003, Kommentar zum EuBVO, ab S. 595; *Leipold*, Neue Wege im Recht der internationalen Beweiserhebung, in: Schwenzer/Hager (Hrsg.), Festschrift für Peter Schlechtriem, 2003, 91; *Stadler*, Grenzüberschreitende Beweisaufnahmen in der Europäischen Union, in: Schütze (Hrsg.), Festschrift für Reinhold Geimer, 2002, 1281; *Geimer*, Internationales Zivilprozessrecht, 5. Aufl., 2005, Rdz. 2378a-c; *Berger*, Die EG-Verordnung über die Zusammenarbeit der Gerichte auf dem Gebiet der Beweisaufnahme in Zivil- und Handelssachen, IPRax 2001, 522.

[1438] *Kaufmann-Kohler/Bärtsch*, Discovery in International Arbitration: How much is too much?, SchiedsVZ 2004, 13, 19; Gleiches gilt nach Art. 1 Abs. 1 und 2 EuBVO; siehe *Leipold*, Neue Wege im Recht der internationalen Beweiserhebung, in: Schwenzer/Hager (Hrsg.), Festschrift für Peter Schlechtriem, 2003, 91, 93.

denn die herausverlangten Beweise sind für ein Schiedsverfahren, nicht für ein gerichtliches Verfahren bestimmt. Das ist aber nach den deutschen Erläuterungen zum Haager Beweisübereinkommen ausdrücklich nicht der Zweck der Vorschrift.[1439] Sie soll vielmehr Rechtshilfe für ein Ausforschungsverfahren verhindern, mit dem ein etwaiges Fehlverhalten einer Partei erst ermittelt werden soll. Deshalb kann ein Schiedsgericht zumindest dann auf das Haager Beweisübereinkommen zugreifen, wenn es bei einem deutschen staatlichen Gericht nach § 1050 ZPO beantragt, ein Rechtshilfeersuchen an ein ausländisches Gericht zu richten.[1440] Das staatliche Gericht kann dann nach § 363 ZPO i.V.m. dem HBÜ vorgehen und hat sich dabei an der Rechtshilfeordnung für Zivilsachen (ZRHO)[1441] zu orientieren.[1442] Die ZRHO ist eine Verwaltungsvorschrift, die nähere Modalitäten der Rechtshilfe regelt.[1443]

b) Erweiterung der Zwangsbefugnisse?

Dem um Rechtshilfe ersuchten Gericht stehen nur die Zwangsmaßnahmen nach eigenem Recht zu, um die Beweisaufnahme durchzusetzen, Art. 10 HBÜ. Es hat Zwangsmittel so anzudrohen und anzuwenden, wie es nach eigenem Prozessrecht dazu berechtigt ist.[1444] Für ein Gericht in Deutschland, das ein Rechtshilfeersuchen eines US-amerikanischen Gerichts erledigt, bedeutet das beispielsweise, dass es im Gegensatz zum US-amerikanischen Gericht keine Zwangsmaßnahmen gegen die Parteien des Rechtsstreits anwenden kann, wohl aber gegen Dritte.

Für ein Schiedsgericht in Deutschland stellt sich die Frage, ob ein deutsches Gericht, das ein Rechtshilfeersuchen an ein US-amerikanisches Gericht richtet, dadurch seine Zwangsbefugnisse erweitern kann. Denn dem US-amerikanischen Gericht steht nach eigenem Recht mehr Zwangsgewalt zu als

---

[1439] Denkschrift BT-Drucks. 7/2892, zu Art. 1 HBÜ, S. 53; siehe auch Hague Conference on Private International Law: Special Commission Report on the Operation of the Hague Service Convention and the Hague Evidence Convention, April 1989, International Legal Materials, Bd. 28, 1989, 1556, 1566-1567 (Der Bericht schließt Rechtshilfeersuchen eines staatlichen Gerichts zur Unterstützung von Schiedsverfahren nicht aus.).

[1440] *Schlosser*, EU-Zivilprozessrecht, 2. Aufl., 2003, Art. 1 HBÜ Rdz. 2; *Kronke*, Internationale Schiedsverfahren nach der Reform, RIW 1998, 257, 261.

[1441] Rechtshilfeordnung für Zivilsachen vom 19.10.1956, in der Fassung von Mai 2004, Volltext unter www.datenbanken.justiz.nrw.de/pls/jmi/ir_start (zuletzt besucht am 3.7.2004).

[1442] Ausführlich zu dem Verfahren, wenn ein deutsches Gericht ein Rechtshilfeersuchen an die zuständige Behörde in den USA richtet: *Junker*, Discovery im deutsch-amerikanischen Rechtsverkehr, 1987, 404-422.

[1443] *Junker*, Discovery im deutsch-amerikanischen Rechtsverkehr, 1987, 405-406.

[1444] *Schlosser*, EU-Zivilprozessrecht, 2. Aufl., 2003, Art. 10 HBÜ Rdz. 2; *Nagel/Gottwald*, Internationales Zivilprozessrecht, 5. Aufl., 2002, § 8 Rdz. 45.

dem deutschen Gericht. Die Antwort ist in der deutschen Literatur umstritten. Ein Teil der Literatur scheint die Erweiterung der Zwangsbefugnisse zu billigen.[1445] Nach anderer Meinung soll es dem deutschen Gericht verwehrt sein, ein Rechtshilfeersuchen zu stellen, wenn das ausländische Gericht Zwangsmaßnahmen anwenden könnte, die dem deutschen Gericht nicht zustehen. Denn so die eigenen Zwangsbefugnisse zu erweitern, sei nicht systemkonform.[1446] Ein weiterer Vorschlag will es dem deutschen Gericht zwar nicht verwehren, ein Rechtshilfeersuchen zu stellen, leitet aber aus dem Minus des deutschen Rechts ein umfassendes Weigerungsrecht des Betroffenen i.S.d. Art. 11 HBÜ ab.[1447] Ein Ersuchen nach einer Beweisaufnahme, die in Deutschland nicht mit Zwang durchsetzbar wäre, wäre danach in den USA nur dann zu erledigen, wenn der Betroffene freiwillig mitwirkt.

Aus dem Wortlaut der relevanten Vorschriften, § 363 ZPO und Art. 10 HBÜ, lässt sich nicht ableiten, warum es dem deutschen Gericht verwehrt sein sollte, ein Rechtshilfeersuchen auch für den Fall in die USA zu richten, dass ihm selbst keine Zwangsbefugnisse zustehen. Tatsächlich aber würde es der Systematik der ZPO widersprechen, wenn ein Gericht mit Rechtshilfeersuchen seine Zwangsbefugnisse erweitern könnte. Folgende Lösung bietet sich an: Zunächst ist danach zu unterscheiden, ob das Gericht die Vorlage von Dokumenten im Besitz eines Dritten oder einer Partei begehrt. Für Dokumente, die ein Dritter besitzt, hat sich die Streitfrage erledigt.[1448] Seit dem 1.1.2002 ist auch das deutsche Gericht berechtigt, Zwang gegenüber Dritten anzuwenden, wenn sie einer Vorlageanordnung nicht nachkommen. Das deutsche Gericht kann also ein Ersuchen in die USA richten, mit Hinweis darauf, auf welche Weigerungsrechte sich Dritte nach deutschem Recht berufen können. Zwar

---

1445 MünchKomm-*Münch*, ZPO, Bd. 2, 2. Aufl., 2000, § 363 Anh I Art. 10, Rdz. 1 (Deutsches Gericht soll Zwangsmaßnahmen anwenden können, wenn es die Abstammung nach § 372a ZPO feststellt, auch wenn dem ausländischen Gericht keine Zwangsmittel zustehen. Im Umkehrschluss müsste dann auch ein ausländisches Gericht berechtigt sein, die eigenen Zwangsmittel zu nutzen, selbst wenn das deutsche Gericht dieses Recht nicht hat.); *Junker*, Discovery im deutsch-amerikanischen Rechtsverkehr, 1987, 417-420 (mit ausführlicher Begründung).

1446 Zöller-*Geimer*, ZPO, 25. Aufl., 2005, § 363 Rdz. 21 und § 434 Rdz. 3; *Geimer*, Internationales Zivilprozessrecht, 5. Aufl., 2005, Rdz. 2359; *Eschenfelder*, Beweiserhebung im Ausland und ihre Verwertung im inländischen Zivilprozess, 2002, 268-269 (Ein Ersuchen solle unterbleiben, wenn die Maßnahme reinen Umgehungscharakter habe.); *Geimer, Ewald,* Internationale Beweisaufnahme, 1998, 165-166; neues Überdenken der Frage fordert *Schlosser*, EU-Zivilprozessrecht, 2. Aufl., 2003, Art. 1 HBÜ Rdz. 6.

1447 *Junker*, Discovery im deutsch-amerikanischen Rechtsverkehr, 1987, 419 (der die Lösung im Ergebnis ablehnt).

1448 Zu den schwierigen Rechtsfragen nach der alten Gesetzeslage siehe ausführlich *Junker*, Discovery im deutsch-amerikanischen Rechtsverkehr, 1987, 417-420.

steht dem US-amerikanischen Gericht ein Mehr an Zwangsmaßnahmen zu – es kann höhere Geldstrafen und längere Haftstrafen anordnen als ein deutsches Gericht. Das kann aber ein Rechtshilfeersuchen aus Deutschland nicht unzulässig machen, weil die Beweisperson vor Ort mit solchen Maßnahmen rechnen muss.

Problematisch bleibt die Vorlageanordnung gegenüber einer Partei des Rechtsstreits. Denn dem deutschen Gericht stehen gegenüber den Parteien keine Zwangsmittel zur Verfügung. Nach der Systematik der ZPO sollen die Gerichte auf Parteien nur mit innerprozessualen Mitteln wie der negativen Würdigung ihres Verhaltens einwirken können. Das US-amerikanische Gericht kann aber auch mit Zwangsmitteln auf das Fehlverhalten einer Partei reagieren. Es stellt sich also die Frage, ob das deutsche Gericht die Dokumentenvorlage einer Partei in den USA gar nicht oder nur eingeschränkt über ein Rechtshilfeersuchen verlangen kann. Dafür, dass das deutsche Gericht ein solches Rechtshilfeersuchen gar nicht stellen dürfe, gibt es nur das Argument der Systematik der ZPO. Die Systematik der ZPO lässt sich aber auch über einen anderen Weg wahren: Das deutsche Gericht weist im Ersuchen darauf hin, dass die Partei das Vorlageverlangen nach deutschem Recht verweigern kann, ohne Zwangsmaßnahmen befürchten zu müssen. Es bittet das ersuchte Gericht, die Partei dahin zu belehren, dass sie bei einer Weigerung mit einer negativen Würdigung nach § 427 ZPO rechnen muss. Auch das US-amerikanische Gericht muss dann eine Weigerung akzeptieren, ohne Zwangsmaßnahmen anwenden zu können. So regelt es § 37 Abs. 4 ZRHO für die Parteivernehmung.[1449] Das ist analog auf die Dokumentenvorlage einer Partei zu übertragen.

Zwar verneinen einige Autoren die analoge Anwendbarkeit von § 37 Abs. 4 ZRHO, weil die Parteivernehmung nicht vergleichbar sei mit der Urkundenvorlage, bei der die Belegenheit der Urkunde im Vordergrund stehe.[1450] Das kann nicht überzeugen. Denn ob es um die Urkunde im Ausland oder um die Person selbst im Ausland geht, kann nicht entscheidend sein. Vielmehr erlauben die deutschen parallelen Regelungen zur Parteivernehmung und zur Urkundenvorlage durch eine Partei die analoge Anwendung von § 37 Abs. 4 ZRHO. Die Parteivernehmung kann das Gericht auf Antrag oder von Amts

---

[1449] § 37 Abs. 4 ZRHO: „*Bei Ersuchen um Vernehmung oder Beeidigung einer Partei ist darauf hinzuweisen, dass die Partei berechtigt ist, die Aussage oder den Eid zu verweigern. Zugleich ist die Bitte auszusprechen, die Partei gemäß § 453 Abs. 2, § 446 ZPO zu belehren; der wesentliche Inhalt dieser Bestimmung ist in das Ersuchen aufzunehmen.*“

[1450] So *Eschenfelder*, Beweiserhebung im Ausland und ihre Verwertung im inländischen Zivilprozess, 2002, 268-269; *Junker*, Discovery im deutsch-amerikanischen Rechtsverkehr, 1987, 419.

wegen anordnen, §§ 445, 448 ZPO. Ausdrückliche Weigerungsrechte der Partei sind nicht geregelt. Verweigert die Partei dennoch die Aussage, kann das Gericht das Verhalten negativ würdigen, § 446 ZPO. Genauso verhält es sich nun zur Urkundenvorlage.[1451] Das Gericht kann die Vorlage auf Antrag, § 421 ZPO, oder von Amts wegen, § 142 ZPO, anordnen. Weigerungsrechte der Partei sind nicht vorgesehen. Eine Weigerung kann das Gericht nach § 427 ZPO negativ würdigen. Die analoge Anwendung von § 37 Abs. 4 ZRHO löst das Problem der erweiterten Zwangsbefugnisse. Dennoch hat das deutsche Gericht die Möglichkeit, mit einem Rechtshilfeersuchen weiteren Druck auf die Partei auszuüben.

Für ein Schiedsgericht mit Sitz in Deutschland bedeutet das aber, dass es nicht damit rechnen kann, dass ein US-amerikanisches Gericht Zwangsmaßnahmen anwendet, wenn es auf ein Rechtshilfeersuchen eines deutschen Gerichts reagiert, soweit es die Dokumentenvorlage durch eine Schiedspartei betrifft. Es wird deshalb regelmäßig nicht erfolgversprechend sein, das deutsche Gericht nach § 1050 ZPO anzurufen, wenn sich eine Partei weigert, Unterlagen aus den USA freiwillig beizubringen. Geht es dagegen um Unterlagen, die ein Dritter in den USA aufbewahrt, kann der Gang zum Gericht erfolgreich sein.

IV. Fazit

Eine zwangsweise Durchsetzung von Vorlageanordnungen im Ausland wird regelmäßig erfolglos bleiben oder ist mit großer Mühe und Zeitaufwand verbunden. Zumindest im deutsch-US-amerikanischen Rechtsverkehr ist die zwangsweise Durchsetzung gegenüber Parteien ausgeschlossen; gegenüber Dritten aber möglich. Verweigert eine Partei die Vorlage eines entscheidungserheblichen Dokuments, kann das Schiedsgericht nur mit innerprozessualen Maßnahmen auf sie einwirken.

[1451] Siehe ausführlich oben Kap. 2, Teil 1, III.d).

Kapitel 5: Schlussbemerkung

I. Die Dokumentenvorlage im staatlichen Verfahren

(1) Das deutsche Recht dient als Beispiel für ein Prozessrecht, das mit Vorlagepflichten restriktiv umgeht. Bisher waren Parteien regelmäßig nur bei materiell-rechtlichem Anspruch verpflichtet, Dokumente in einem Zivilprozess als Beweismittel vorzulegen. Die Gerichte haben bei ungerechtfertigten Informationsdefiziten großzügig materiell-rechtliche Vorlagepflichten oder Beweiserleichterungen bejaht. Zwar gibt es nun mit § 142 ZPO eine eingeschränkte prozessuale Vorlagepflicht der Partei. Der Prozessgegner hat aber kein Antragsrecht; es liegt vielmehr im Ermessen des Gerichts, ob es die Vorlage von Amts wegen anordnet. Das Gericht kann die Vorlage anordnen, wenn sich eine Partei auf eine Urkunde bezogen hat, sie hinreichend genau beschrieben hat und dargelegt hat, warum sie entscheidungserheblich ist.

Dritte waren bisher nur dann verpflichtet, Dokumente vorzulegen, wenn sie in einem gesonderten Prozess aufgrund einer materiell-rechtlichen Anspruchsgrundlage zur Herausgabe verurteilt wurden. Das hat sich grundlegend geändert. § 142 ZPO begründet eine prozessuale Vorlagepflicht, mit Antragsrecht der Parteien im laufenden Prozess nach §§ 428, 142 ZPO. Gleichzeitig kann das Gericht die Vorlage von Amts wegen anordnen.

Weigerungsrechte haben aufgrund der restriktiven Vorlagepflichten in Deutschland bisher nur eine geringe Rolle gespielt. Bei den materiell-rechtlichen Anspruchsgrundlagen berücksichtigen die Gerichte Geheimhaltungsinteressen in einer Interessenabwägung für jeden Einzelfall. Die unübersichtliche Rechtsprechung macht es schwierig, allgemein gültige Kriterien aufzustellen. Bei der neuen prozessualen Vorlagepflicht nach § 142 ZPO sieht das Gesetz für Parteien keine ausdrücklichen Weigerungsrechte vor. Es wird deshalb bei einer Einzelfallrechtsprechung bleiben, die Weigerungsrechte aus verfassungsrechtlichen Gewährleistungen in einer Ermessensentscheidung berücksichtigen muss. Für Dritte verweist das Gesetz auf die Zeugnisverweigerungsrechte und fügt das Weigerungsrecht der Unzumutbarkeit hinzu.

Auch Schutzmaßnahmen gegenüber der Öffentlichkeit und gegenüber dem Prozessgegner haben bisher ein Schattendasein geführt. Schutz gegenüber der Öffentlichkeit ist durch deren Ausschluss in der mündlichen Verhandlung zu erreichen, §§ 172-174 GVG. Schutz gegenüber dem Prozessgegner wird beim Wirtschaftsprüfervorbehalt und beim Besichtigungsanspruch nach § 809 BGB praktiziert, allerdings nur im vorgelagerten Auskunftsprozess, nicht im Hauptprozess. Ein „Geheimverfahren" im Hauptprozess, in dem nur das Gericht die geheimnisrelevanten Unterlagen einsieht und verwertet, lehnen Rechtsprechung und Literatur wegen Verstoßes gegen das rechtliche Gehör überwiegend ab.

Verweigert eine Partei unberechtigt die Vorlage, kann das Gericht nur mit innerprozessualen Mitteln auf die Partei einwirken. Es kann das Verhalten

negativ würdigen, was nur so weit gehen kann, dass es den behaupteten Inhalt des Dokuments als erwiesen ansieht, § 427 ZPO. Für den Dritten verweist der neue § 142 ZPO auf die Sanktionen, die gegenüber einem Zeugen möglich sind: Ordnungsgeld mit einer Obergrenze von 1.000 EUR oder Ordnungshaft von bis zu 6 Monaten.
Die neuen prozessualen Vorlagepflichten des § 142 ZPO sind eine Chance für den Zivilprozess in Deutschland, sich der weltweit überwiegenden Praxis anzuschließen, prozessuale Vorlagepflichten großzügig anzuerkennen. Das bedeutet aber keine Ausforschung der Parteien, sondern erlaubt gezielte Vorlageverlangen von spezifizierten, entscheidungserheblichen Urkunden.

(2) Das US-amerikanische Recht dient als Beispiel für ein Prozessrecht, das mit Vorlagepflichten großzügig umgeht. Jede Partei ist zur umfassenden Aufklärung des Sachverhalts verpflichtet, die vor der mündlichen Verhandlung im pre-trial discovery Verfahren stattfindet. Dort müssen die Parteien zunächst alle Dokumente austauschen, die ihre eigene Position stützen. Auf Anfrage des Gegners muss jede Partei alle weiteren Unterlagen vorlegen, unabhängig davon, ob sie ihre Position stärken oder schwächen. Dabei kommt es nicht darauf an, ob die Dokumente entscheidungserheblich sind. Es genügt, wenn sie irgendwie mit dem Streitgegenstand zusammenhängen. Die Pflichten entstehen automatisch mit der Klageerhebung. Das Gericht kann nach seinem Ermessen discovery Maßnahmen anordnen, die weiterführende Streitfragen betreffen.
Auch Dritte sind zur Mitwirkung verpflichtet, allerdings erst, wenn eine Partei gegen einen Dritten eine subpoena erwirkt. Die subpoena ist eine vom Gericht oder von einem Rechtsanwalt ausgestellte Anordnung, Dokumente herauszugeben. Nachdem das subpoena Verfahren mühsamer ist als die automatische Vorlagepflicht, gilt ein großzügiger Begriff der Verfügungsmacht: Sobald eine Partei irgendwie mit einem Dritten verbunden ist, kann sie über die Dokumente in seinem Besitz verfügen und muss sie vorlegen.
Nachdem Parteien und Dritte unbegrenzt zur Vorlage von Dokumenten verpflichtet sind, liegt der Schwerpunkt im discovery Verfahren auf den Weigerungsrechten und Schutzanordnungen. Verweigert eine Partei oder ein Dritter die Vorlage, kann der Antragsteller das Gericht einschalten. Das Gericht kann dann die Vorlage anordnen oder eine Schutzanordnung erlassen, die die Vorlagepflicht ausschließt oder beschränkt. Dazu gibt es eine umfangreiche Rechtsprechungskasuistik. Die Weigerungsrechte sind entweder absolut oder relativ ausgestaltet. Bei einem absoluten Weigerungsrecht wie dem Anwaltsgeheimnis darf der Geheimnisträger die Vorlage insgesamt verweigern. Bei den relativen Weigerungsrechten, wie die work product rule oder Betriebs- und Geschäftsgeheimnisse, schützen Schutzanordnungen die Geheimnisse, indem sie nur bestimmten Personen – etwa den Parteivertretern oder privaten Sachverständigen – Zugriff auf die Dokumente erlauben. Der Inhalt einer

Schutzanordnung steht im Ermessen des Gerichts. Die Schutzanordnung bietet nur einen begrenzten Schutz: Sie ist jederzeit abänderbar und gilt nur für das pre-trial discovery Verfahren. Kommt es zur mündlichen Verhandlung – was nur in 10% der eingereichten Klagen der Fall ist – muss der Geheimnisträger weitere Schutzmaßnahmen beantragen, wie etwa die Öffentlichkeit von der Verhandlung auszuschließen oder die Akte versiegeln zu lassen. Ein „Geheimverfahren", in dem auch eine Partei von der mündlichen Verhandlung ausgeschlossen wird, kommt kaum vor.
Verweigert eine Partei oder ein Dritter ohne berechtigten Grund die Vorlage, kann das Gericht nach seinem Ermessen Sanktionen festlegen. Gegenüber Parteien gibt es innerprozessuale Sanktionen, die bis zum Versäumnisurteil oder zur Klageabweisung gehen können. Sowohl Parteien als auch Dritte können wegen contempt of court mit Sanktionen belegt werden – mit Ordnungsgeld oder Ordnungshaft in unbegrenzter Höhe und Dauer.
Die USA gehen bei den Aufklärungspflichten weiter als jedes andere Land und untermauern die Pflichten mit wirksamen Sanktionen. Der fast unbegrenzte Austausch von Dokumenten macht das pre-trial discovery Verfahren aufwendig und kostenintensiv. Wirtschaftsprozesse werden im discovery Verfahren häufig danach entschieden, welche Partei bereit ist, das meiste Geld in das Verfahren zu investieren. Die bisherigen Versuche, das discovery Verfahren mit gesetzlichen Regelungen einzudämmen, haben nur wenig bewirkt.

(3) Ein Vergleich der beiden Verfahrensordnungen zeigt, dass sie sich hinsichtlich der Vorlagepflichten an zwei Enden des Spektrums befinden. Während in Deutschland Privatsphäre und Geheimhaltungsinteressen bereits durch restriktive Vorlagepflichten geschützt sind, geschieht das in den USA mit Weigerungsrechten und Schutzanordnungen. Im Ergebnis versuchen Gerichte in beiden Rechtssystemen das Spannungsverhältnis zwischen Informationsinteresse und Geheimhaltungsinteresse durch Ermessensentscheidungen zu lösen und kommen dabei zu ähnlichen Ergebnissen.
Die jüngeren Entwicklungen in beiden Staaten, mit gesetzlichen Reformen von ihren Extrempositionen abzurücken, zeigen erst langsam Auswirkungen im Rechtsalltag. In der Schiedsgerichtsbarkeit, die eine flexible Handhabung des Verfahrens erlaubt, sind die Unterschiede bereits weniger gravierend.

II. Die Dokumentenvorlage im Schiedsverfahren

(1) Das deutsche Schiedsverfahrensrecht entspricht in weiten Teilen dem UNCITRAL Modellgesetz. Die Parteien können viele Aspekte des Verfahrens frei regeln, subsidiär kann das Schiedsgericht das Verfahren nach seinem Ermessen gestalten, § 1042 ZPO. Das Gesetz regelt nicht ausdrücklich, ob ein Schiedsgericht mit Sitz in Deutschland Dokumente von Parteien und Dritten herausverlangen kann. Aus einer Gesamtschau der einzelnen Regelungen zur Beweiserhebung ergibt sich jedoch die Geltung des beschränkten Untersu-

chungsgrundsatzes. Daraus folgt, dass das Schiedsgericht sowohl Parteien als auch Dritte zur freiwilligen Dokumentenvorlage auffordern kann, wenn es bestimmte Dokumente für entscheidungserheblich hält. Innerhalb seines Ermessensspielraums kann es auch einen Dokumentenaustausch zwischen den Parteien anordnen, wie er im discovery Verfahren üblich ist. Weigerungsrechte sind anzuerkennen.
Im Aufhebungsverfahren zeigt sich, dass die deutschen Gerichte Schiedsgerichten bei der Verfahrensgestaltung viel Flexibilität zugestehen. Sie greifen kaum in Entscheidungen des Schiedsgerichts zur Beweiserhebung ein. Auch ein „Geheimverfahren", in dem nur das Schiedsgericht Unterlagen einsieht und verwertet, dürfte keinen Aufhebungsgrund begründen.
Verweigert eine Partei unberechtigt die Vorlage von Dokumenten, kann das Schiedsgericht ihr Verhalten negativ würdigen. Zwangsmaßnahmen kann es selbst nicht anwenden. Es muss sich dazu an das staatliche Gericht wenden. Nachdem aber das deutsche Gericht selbst keinen Zwang gegenüber Parteien ausüben kann, bleibt nur die negative Würdigung. Verweigert ein Dritter die freiwillige Vorlage, kann sich das Schiedsgericht oder eine Schiedspartei mit Zustimmung des Schiedsgerichts nach § 1050 ZPO an das staatliche Gericht wenden. In Deutschland kann das Gericht dann die Zwangsmaßnahmen aus § 390 ZPO einsetzen. § 1050 ZPO ist insofern eine besondere Norm als sie Unterstützungsmaßnahmen auch für ausländische Schiedsgerichte anbietet. Nachdem die Zwangsmaßnahmen deutscher Gerichte sehr begrenzt sind, greifen Schiedsgerichte bei der Beweiserhebung kaum auf § 1050 ZPO zurück. Wird ein deutsches Gericht angerufen, eine Vorlageanordnung durchzusetzen, kann es den Antrag ablehnen, wenn es ihn nach eigenem Prozessrecht für unzulässig hält. Dabei sollte das Gericht das ihm eingeräumte Ermessen großzügig anwenden.

(2) Der Federal Arbitration Act regelt nur einzelne Gesichtspunkte eines US-amerikanischen Schiedsverfahrens. Section 7 FAA erlaubt es dem Schiedsgericht ausdrücklich, Parteien und Dritte per subpoena zur Dokumentenvorlage aufzufordern. Discovery Maßnahmen vor den staatlichen Gerichten gibt es nicht. Die Gerichte lehnen solche Anträge rigoros ab, es sei denn, sie sind zur Beweissicherung nötig bevor das Schiedsgericht selbst handeln kann. Das Schiedsgericht kann das Verfahren nach seinem Ermessen gestalten und dabei auch einen Dokumentenaustausch zwischen den Parteien vor einer mündlichen Verhandlung anordnen. Soll es bei Schwierigkeiten eingreifen, kann es nur die Vorlage von entscheidungserheblichen Dokumenten anordnen. Das beschränkt ein discovery Verfahren vor einem US-amerikanischen Schiedsgericht im Vergleich zum staatlichen discovery Verfahren. Dritte kann das Schiedsgericht nach dem Wortlaut von Section 7 FAA nur auffordern, Dokumente zu einer mündlichen Verhandlung mitzubringen. Nur wenige Gerichte haben Section 7 FAA erweiternd ausgelegt, um eine Vorlageanordnung für

die Zeit vor der mündlichen Verhandlung zu erlauben. Ein Dritter soll nur soweit als nötig ein Schiedsverfahren unterstützen müssen. Weigerungsrechte von Parteien und Dritten sind anzuerkennen.
Kommen Parteien oder Dritte einer schiedsrichterlichen subpoena nicht nach, können Schiedsgericht oder Schiedspartei die Durchsetzung bei Gericht beantragen. Zuständig ist der District Court am Sitz des Schiedsgerichts. Das führt zu Schwierigkeiten, wenn sich der Vorlagepflichtige in einem anderen District befindet. Normalerweise kann ein District Court gerichtliche Anordnungen nur innerhalb seines räumlichen Districts vollstrecken. Um das Problem für die Schiedsgerichtsbarkeit zu umgehen, wollen manche Gerichte ihre Anordnungen auch über die räumliche Grenze hinweg vollstrecken, andere beharren auf der räumlichen Grenze, während wieder andere Gerichte den Parteivertreter zum Erlass einer neuen subpoena im District des Vorlagepflichtigen ermächtigen wollen, die dann der dortige District Court durchsetzt. Jedenfalls können die staatlichen Gerichte bei der Durchsetzung von schiedsrichterlichen subpoenas zu den gleichen Zwangsmaßnahmen greifen wie im staatlichen discovery Verfahren. Sie überlassen es dabei dem Schiedsgericht, ob es eine Vorlage für notwendig erachtet, und mischen sich nur selten in die Ermessensentscheidung des Schiedsgerichts ein.
Manche der Streitfragen zum Schiedsverfahren sind im RUAA, der den Einzelstaaten als Mustergesetz dient, gelöst. So erlaubt der RUAA ausdrücklich einen Dokumentenaustausch und Vorlageanordnungen gegenüber Dritten vor der mündlichen Verhandlung. Außerdem können sich Schiedsgericht und Schiedsparteien direkt an das staatliche Gericht am Belegenheitsort des Beweismittels wenden, wenn sie eine subpoena durchsetzen wollen.
Im Aufhebungsverfahren ist es selten erfolgreich, wenn Parteien die Verfahrensgestaltung des Schiedsgerichts angreifen. Nur wenn ein Schiedsgericht überhaupt keine Beweise erhoben hat, kann das einen Aufhebungsgrund begründen. Die Gerichte überprüfen die Entscheidungen zur Beweiserhebung nur auf grobe Ermessensfehler. Sie billigen es ausdrücklich, wenn Schiedsgerichte Unterlagen in-camera auf Geheimhaltungsbelange überprüfen. Auch ein „Geheimverfahren" führt nicht zur Aufhebung des Schiedsspruchs, wenn sich die Parteien damit einverstanden erklärt haben und somit auf ihr rechtliches Gehör verzichtet haben.
Ausländische Schiedsgerichte können nicht auf die Unterstützung von US-amerikanischen Gerichten bei der Beweiserhebung hoffen. Zwar böte Section 1782 eine Ermächtigungsgrundlage. In der US-amerikanischen Rechtsprechung setzt sich aber langsam die Auffassung durch, dass Section 1782 gerade nicht für ausländische Schiedsgerichte gelten soll.

(3) Der Vergleich des Schiedsverfahrensrechts in Deutschland und in den USA zeigt eine Annäherung der Systeme. Im Gegensatz zum deutschen staatlichen Verfahren gibt es im deutschen Schiedsverfahren eine prozessuale Vor-

lagepflicht für Parteien und Dritte. Ein deutsches Schiedsgericht ist bei der Vorlageanordnung freier als ein deutsches staatliches Gericht. In den USA gibt es im Schiedsverfahren nicht das gleiche umfassende discovery Verfahren wie vor staatlichen Gerichten. Die Unterschiede der beiden Verfahrensordnungen reduzieren sich, weil das Schiedsgericht flexibel agieren kann. Auch im Aufhebungsverfahren wahren die staatlichen Gerichte die Flexibilität des Schiedsgerichts. Nur bei der gerichtlichen Durchsetzung von schiedsrichterlichen Anordnungen bleiben die systembedingten Unterschiede bestehen. Jedes Gericht kann nur die Zwangsmaßnahmen aus der eigenen Prozessordnung anwenden.

III. Die Dokumentenvorlage in der internationalen Schiedspraxis

(1) Das UNCITRAL Modellgesetz dient weltweit als Grundlage für nationale Schiedsverfahrensgesetze. Wichtige Schiedsordnungen sind die UNCITRAL Rules, die ICC Rules, die LCIA Rules, die DIS SchiedsO und die WIPO Rules. Alle Schiedsordnungen regeln die Beweiserhebung mehr oder weniger knapp. Das Schiedsgericht hat regelmäßig das Recht, das Verfahren nach seinem Ermessen zu gestalten und dabei die Parteien zur Vorlage von Dokumenten aufzufordern. Rechte gegenüber Dritten können die Schiedsordnungen dem Schiedsgericht nicht geben, da sie auf einer Parteivereinbarung beruhen. Nachdem viele Fragen offen bleiben, bieten die UNCITRAL Notes einen Wegweiser für Schiedsgericht und Parteien, welche Fragen zu Beginn des Verfahrens zu klären sind.
Auch die Regelungen zur Nichtöffentlichkeit und Vertraulichkeit sind regelmäßig kurz gehalten. Während die meisten Schiedsordnungen regeln, dass Schiedsverfahren nicht öffentlich zu führen sind, enthalten nur manche Vorschriften zur Vertraulichkeit.
Die Schiedsordnungen können deshalb nur als Gerüst für den Verlauf eines Schiedsverfahrens dienen. Die Lösung der Detailfragen bleibt dem Schiedsgericht überlassen.

(2) Detailfragen zur Beweiserhebung regeln die IBA Rules. Nach Art. 3 IBA Rules kann das Schiedsgericht die Parteien aus eigener Initiative oder auf Antrag zur Dokumentenvorlage auffordern, wenn es die Unterlagen für entscheidungserheblich hält. Der Antragsteller muss die Dokumente oder eine Gruppe von Dokumenten hinreichend genau beschreiben, und darlegen, warum sie entscheidungserheblich sind und warum er sie im Besitz des Gegners vermutet. Nach Art. 3.8 IBA Rules kann das Schiedsgericht auch einen Dritten zur freiwilligen Vorlage auffordern oder beim staatlichen Gericht die erforderlichen Maßnahmen einleiten. Art. 9 IBA Rules nennt Weigerungsrechte, ohne deren Umfang zu definieren. Macht eine Partei Weigerungsrechte geltend, kann das Schiedsgericht die Unterlagen in-camera sichten oder einen Dritten

bestellen, um die Berechtigung der Weigerung zu beurteilen, Art. 3.7 IBA Rules.
Die IBA Rules sind nur verbindlich, wenn die Parteien sie als anwendbar vereinbaren. Meist nutzen Schiedsgerichte die IBA Rules nur als Inspiration für ihr eigenes Verfahren, ohne deren Anwendbarkeit festzulegen.
Deshalb hat sich unabhängig von den IBA Rules eine gängige Vorgehensweise zur Dokumentenvorlage im internationalen Schiedsverfahren herausgebildet. Sie lehnt sich an das Verfahren aus den IBA Rules an und ist eine Mischung aus kontinentaleuropäischen und angloamerikanischen Konzepten. Bei diesem allgemein anerkannten aber unverbindlichen Verfahren sollte es bleiben, um die Möglichkeit eines flexiblen Vorgehens jedes einzelnen Schiedsgerichts zu gewährleisten.
Dritte kann ein Schiedsgericht ausschließlich zur freiwilligen Vorlage auffordern. Das sollte nur geschehen, wenn es um spezifizierte, entscheidungserhebliche Dokumente geht.

(3) Wollen Parteien sicherstellen, dass Details aus ihrem Schiedsverfahren nicht in der Öffentlichkeit oder einzelnen Dritten bekannt werden, geht es darum, ob ein Schiedsverfahren vertraulich ist. Die mündlichen Verhandlungen jedenfalls sind nicht öffentlich. Ob auch Dokumente, die Parteien oder Dritte im Schiedsverfahren vorlegen, von den Beteiligten vertraulich zu behandeln sind, ist umstritten. Weltweit herrschen unter den Gerichten unterschiedliche Auffassungen vor. Die australische Entscheidung in *Esso v. Plowman* und die schwedische *Bulbank* Entscheidung lehnen eine konkludente Vertraulichkeitsverpflichtung der Parteien ab. US-amerikanische Gerichte erkennen grundsätzlich keine besondere Vertraulichkeit von Dokumenten aus einem Schiedsverfahren an. Nur die englische Rechtsprechung hält an einer Vertraulichkeitsverpflichtung fest, die sich stillschweigend aus der Schiedsvereinbarung ergebe.
Parteien ist deshalb zu raten, zu Beginn des Schiedsverfahrens oder schon mit der Schiedsvereinbarung eine Vertraulichkeitsvereinbarung zu treffen. Sie sollten darin vereinbaren, alle Dokumente aus dem Schiedsverfahren vertraulich zu behandeln. Das sollte sowohl für Dokumente gelten, die sie selbst vorlegen, als auch für Dokumente, die Dritte dem Verfahren beisteuern.

(4) Will eine Partei dagegen Informationen ihrem Gegner vorenthalten, etwa weil sie Betriebs- oder Geschäftsgeheimnisse enthalten, geht es darum, ob auch Weigerungsrechte im internationalen Schiedsverfahren greifen. Dazu gibt es kaum Rechtsprechung oder Literatur. Um die relevanten Weigerungsrechte zu ermitteln, könnte sich das Schiedsgericht an das Kollisionsrecht halten, die Schnittmenge oder Gesamtmenge der national relevanten Weigerungsrechte bilden, oder es müssten eigene Weigerungsrechte für internationale Schiedsverfahren festgelegt werden. Nachdem das Schiedsgericht ver-

pflichtet ist, die Parteien gleich zu behandeln, ist die Gesamtmenge der national relevanten Weigerungsrechte die beste Lösung. Nach dem Prinzip der Meistbegünstigung kann sich der Betroffene dann auf Weigerungsrechte aus allen beteiligten Rechtsordnungen berufen. Das Verfahren kann mühsam sein, weil das Schiedsgericht den Umfang der Weigerungsrechte in den jeweiligen Rechtsordnungen ermitteln muss. Deshalb wird es häufig einfacher sein, die Weigerungsgründe der Parteien anzuerkennen und in einer Schutzanordnung mit den Parteien eine Lösung zu erarbeiten, die den Zugang zu den Dokumenten auf bestimmte Personen begrenzt. Gleiches gilt für Weigerungsgründe eines Dritten.

(5) Verweigert eine Partei unberechtigt die Vorlage von Dokumenten, kann das Schiedsgericht selbst keine Zwangsmaßnahmen einsetzen. Es kann das Verhalten der Partei aber negativ würdigen oder ihr Verhalten bei der Kostenverteilung im Schiedsspruch berücksichtigen. Eine Vorlageanordnung als Zwischenschiedsspruch auszugestalten und so nach dem UNÜ vollstreckbar zu machen, ist nicht erfolgversprechend. Genügen dem Schiedsgericht die innerprozessualen Sanktionen nicht, kann es sich nur an das zuständige staatliche Gericht wenden. In internationalen Konstellationen werden sich die Beweismittel meist nicht am Sitz des Schiedsgerichts befinden, sondern im Ausland. Das erschwert die Durchsetzung. Das Schiedsgericht kann entweder versuchen, sich selbst ins Ausland zu begeben und durch einen vorübergehenden Wechsel des Sitzes oder des Tagungsortes auf die Gerichte am Belegenheitsort des Beweismittels zuzugreifen. Ob das erfolgreich sein könnte, ist für einen Wechsel in die USA noch nicht gerichtlich geklärt. Ein Wechsel nach Deutschland ist nicht erforderlich, weil § 1050 ZPO auch für ausländische Schiedsgerichte gilt. Ansonsten bleibt nur der Weg über das Haager Beweisübereinkommen. Das Schiedsgericht muss beim staatlichen Gericht an seinem Sitz beantragen, Dokumente aus dem Ausland über das Haager Beweisübereinkommen anzufordern. Nachdem ein deutsches Gericht dadurch seine Zwangsbefugnisse nicht erweitern kann, ist das für ein Schiedsgericht mit Sitz in Deutschland nur für Vorlageanordnungen gegenüber Dritten erfolgversprechend, nicht gegenüber den Parteien.

IV. Beispielsfälle

Die Beispielsfälle aus der Einleitung sollen nun kurz aufgelöst werden:
(1) Eine Schiedspartei verlangt von ihrem Gegner alle internen Gesprächsnotizen über die gemeinsamen Besprechungen heraus. Muss der Gegner die Gesprächsnotizen vorlegen?
Ohne Anhaltspunkt dafür, warum die Gesprächsnotizen relevant sein könnten, ist der Antrag nicht erfolgversprechend. Kann aber die Schiedspartei Gesprächsnotizen bestimmter einzelner Sitzungen benennen und den vermuteten

Inhalt sowie die Relevanz der Unterlagen darlegen, kann das Schiedsgericht dem Antrag stattgeben.[1452]

(2) Jede Schiedspartei verlangt von der anderen die Protokolle ihrer Vorstandssitzungen heraus, um die gegenseitigen Absichten bei den Vertragsverhandlungen belegen zu können. Beide Parteien machen Geheimhaltungsinteressen geltend, weil die Protokolle Geschäftsgeheimnisse enthielten. Kann das Schiedsgericht die Protokolle in-camera einsehen, um zu beurteilen, ob die Geheimhaltungsbelange berechtigt sind, ohne sie dabei dem jeweiligen Gegner zugänglich zu machen? Kann es in einem zweiten Schritt geheimhaltungsbedürftige Dokumente verwerten, ohne dem Gegner Einsicht zu gewähren?

Die in-camera Beurteilung, um Geheimhaltungsbelange zu prüfen, ist grundsätzlich zulässig. Das Schiedsgericht darf aber Dokumente, die es nicht beiden Parteien zugänglich macht, nur in Ausnahmefällen verwerten. Es muss in beiden Fällen sicherstellen, dass die Parteien mit dem Verfahren einverstanden sind. Dazu sollte sich das Schiedsgericht von den Parteien schriftlich bestätigen lassen, dass sie weder das Schiedsgericht noch einen daraufhin ergangenen Schiedsspruch aufgrund des gewählten Verfahrens angreifen werden.[1453]

(3) Die Schiedsklägerin A hat eine gebrauchte Maschine von der Schiedsbeklagten B gekauft. Die Maschine ist defekt. A behauptet, sie sei bereits zum Kaufzeitpunkt defekt gewesen und verlangt Schadensersatz von B. C, das Verwalterunternehmen des Industrieparks, aus dem die Maschine stammt, besitzt Untersuchungsberichte zu ihrem Zustand vor Verkauf. C gehört zum gleichen Unternehmenskonzern wie B. Kann das Schiedsgericht die Berichte von C herausverlangen? Wenn C die Vorlage verweigert, kann das Schiedsgericht dies zulasten von B werten?

Das Schiedsgericht kann den Dritten C zur freiwilligen Vorlage der Untersuchungsberichte auffordern. Das sollte es nur tun, wenn A die Untersuchungsberichte hinreichend genau beschrieben hat und dargelegt hat, warum sie entscheidungserheblich sind. Kommt C der Aufforderung nicht nach, kann das Schiedsgericht die staatlichen Gerichte einschalten, was nur selten erfolgversprechend ist.[1454] Eine negative Würdigung zulasten von B ist nur dann zuläs-

---

[1452] Beispiel aus *Wirth*, Ihr Zeuge, Herr Rechtsanwalt!, SchiedsVZ 2003, 9, 12; siehe dazu oben Kap. 4, Teil 2, III.2.a).

[1453] Beispiel aus *Sachs*, Use of Documents and Document Discovery, SchiedsVZ 2003, 193, 197; siehe dazu oben Kap. 4, Teil 4, IV.

[1454] Siehe oben Kap. 4, Teil 5, III.

sig, wenn das Schiedsgericht feststellen kann, dass B den Dritten C direkt beeinflussen konnte, die Untersuchungsberichte nicht vorzulegen.[1455]

V. Ausblick

In der internationalen Schiedsgerichtsbarkeit ist die einzigartige Situation entstanden, dass Beteiligte mit unterschiedlichen Rechtstraditionen zusammenkommen und am praktischen Einzelfall Lösungen erarbeiten.[1456] Das hat in vielen Bereichen zu einem international anerkannten Verfahren geführt, das Schiedsgericht und Schiedsparteien täglich praktizieren. Schiedsrichter und Parteivertreter nutzen ihre dort gemachten praktischen Erfahrungen und beziehen sich weniger auf die Erfahrungen aus ihrer heimischen Rechtsordnung.[1457] Speziell zur Dokumentenvorlage hat sich ein gängiges Verfahren entwickelt. Das spricht dafür, dass dieses Verfahren von allen Seiten akzeptiert werden kann und erfolgreich zu sachgerechten Ergebnissen führt. Dieser Standard ist aber nicht zwingend und lässt weiterhin den notwendigen Raum für flexible, an den Einzelfall angepasste Lösungen.

Die internationale Schiedsgerichtsbarkeit ist jung und entwicklungsfähig. Nachdem Vorlageverlangen an Bedeutung weiterhin zunehmen, kann man gespannt sein, ob sich auch zu den Weigerungsrechten ein praktischer Standard herauskristallisieren wird. Die Literatur kann für die einzelnen Problempunkte verschiedene Lösungswege aufzeigen. Es liegt dann am einzelnen Schiedsgericht, die Lösung zu finden, die am besten zum konkreten Fall passt. Das gelingt einem Schiedsgericht dann, wenn es Verständnis für die unterschiedlichen aufeinandertreffenden Einstellungen hat, sich selbst von den eigenen Rechtsvorstellungen soweit als möglich lösen kann, und die Grundsätze der Gleichbehandlung und des rechtlichen Gehörs berücksichtigt. Für die internationale Schiedsgerichtsbarkeit ist es wichtig, vorhersehbare Vorgehensweisen anzubieten, die aber so flexibel sind, um ein Eingehen auf den Einzelfall sicherzustellen.[1458] Die Herausforderung für die internationale Schiedsgerichtsbarkeit in der Zukunft ist nicht, festgeschriebene Verfahren für jede mögliche Variante im Schiedsverfahren anzubieten, sondern weiterhin flexi-

---

[1455] Siehe oben Kap. 4, Teil 2, III.2.b).

[1456] *Cremades*, Overcoming the Clash of Legal Cultures: The Role of Interactive Arbitration, in: Frommel/Rider (Hrsg.), Conflicting Legal Cultures in Commercial Arbitration, 1999, 147, 148 und 151; *Lowenfeld*, International Arbitration as Omelette: What Goes into the Mix, in: Frommel/Rider (Hrsg.), Conflicting Legal Cultures in Commercial Arbitration, 1999, 19.

[1457] *Lowenfeld*, International Arbitration as Omelette: What Goes into the Mix, in: Frommel/Rider (Hrsg.), Conflicting Legal Cultures in Commercial Arbitration, 1999, 19, 23.

[1458] *Baum*, Reconciling Anglo-Saxon and Civil Law Procedure: The Path to a Procedural Lex Arbitrationis, in: Briner u.a. (Hrsg.) Liber Amicorum Karl-Heinz Böckstiegel, 2001, 21, 29-30.

bel auf die Bedürfnisse der Schiedsparteien zu reagieren und mit diesen Bedürfnissen zu wachsen.

ANHANG

Ausschnitt aus den FRCP[1459]

FRCP 26. General Provisions Governing Discovery; Duty of Disclosure

(a) Required Disclosures; Methods to Discover Additional Matter.
(1) Initial Disclosures.
Except in categories of proceedings specified in Rule 26(a)(1)(E), or to the extent otherwise stipulated or directed by order, a party must, without awaiting a discovery request, provide to other parties:
(A) the name and, if known, the address and telephone number of each individual likely to have discoverable information that the disclosing party may use to support its claims or defenses, unless solely for impeachment, identifying the subjects of the information;
(B) a copy of, or a description by category and location of, all documents, data compilations, and tangible things that are in the possession, custody, or control of the party and that the disclosing party may use to support its claims or defenses, unless solely for impeachment;
(C) a computation of any category of damages claimed by the disclosing party, making available for inspection and copying as under Rule 34 the documents or other evidentiary material, not privileged or protected from disclosure, on which such computation is based, including materials bearing on the nature and extent of injuries suffered; and
(D) for inspection and copying as under Rule 34 any insurance agreement under which any person carrying on an insurance business may be liable to satisfy part or all of a judgment which may be entered in the action or to indemnify or reimburse for payments made to satisfy the judgment.
(E) The following categories of proceedings are exempt from initial disclosure under Rule 26(a)(1):
(i) an action for review on an administrative record;
(ii) a petition for habeas corpus or other proceeding to challenge a criminal conviction or sentence;
(iii) an action brought without counsel by a person in custody of the United States, a state, or a state subdivision;
(iv) an action to enforce or quash an administrative summons or subpoena;
(v) an action by the United States to recover benefit payments;
(vi) an action by the United States to collect on a student loan guaranteed by the United States;
(vii) a proceeding ancillary to proceedings in other courts; and
(viii) an action to enforce an arbitration award.
These disclosures must be made at or within 14 days after the Rule 26(f) conference unless a different time is set by stipulation or court order, or unless a party objects during the conference that initial disclosures are not appropriate in the circumstances of the action and states the objection in the Rule 26(f) discovery plan. In ruling on the objection, the court must determine what disclosures - if any - are to be made, and set the time for disclosure. Any party first served or otherwise joined after the Rule 26(f) conference must make these disclosures within 30 days after being served or joined unless a different time is set by stipulation or court order. A party must make its initial disclosures based on the information then reasonably available to it and is not excused from making its disclosures because it

[1459] Für Volltext der FRCP siehe www.law.cornell.edu/rules/frcp/overview.htm (zuletzt besucht am 3.10.2006).

has not fully completed its investigation of the case or because it challenges the sufficiency of another party's disclosures or because another party has not made its disclosures.
(...)
(3) Pretrial Disclosures.
In addition to the disclosures required by Rule 26(a)(1) and (2), a party must provide to other parties and promptly file with the court the following information regarding the evidence that it may present at trial other than solely for impeachment:
(A) the name and, if not previously provided, the address and telephone number of each witness, separately identifying those whom the party expects to present and those whom the party may call if the need arises;
(B) the designation of those witnesses whose testimony is expected to be presented by means of a deposition and, if not taken stenographically, a transcript of the pertinent portions of the deposition testimony; and
(C) an appropriate identification of each document or other exhibit, including summaries of other evidence, separately identifying those which the party expects to offer and those which the party may offer if the need arises.
Unless otherwise directed by the court, these disclosures must be made at least 30 days before trial. Within 14 days thereafter, unless a different time is specified by the court, a party may serve and promptly file a list disclosing (i) any objections to the use under Rule 32(a) of a deposition designated by another party under Rule 26(a)(3)(B), and (ii) any objection, together with the grounds therefor, that may be made to the admissibility of materials identified under Rule 26(a)(3)(C). Objections not so disclosed, other than objections under Rules 402 and 403 of the Federal Rules of Evidence, are waived unless excused by the court for good cause.
(4) Form of Disclosures; Filing.
Unless the court orders otherwise, all disclosures under Rules 26(a)(1) through (3) must be made in writing, signed, and served.
(5) Methods to Discover Additional Matter.
Parties may obtain discovery by one or more of the following methods: depositions upon oral examination or written questions; written interrogatories; production of documents or things or permission to enter upon land or other property under Rule 34 or 45(a)(1)(C), for inspection and other purposes; physical and mental examinations; and requests for admission.

(b) Discovery Scope and Limits.
Unless otherwise limited by order of the court in accordance with these rules, the scope of discovery is as follows:
(1) In General.
Parties may obtain discovery regarding any matter, not privileged, that is relevant to the claim or defense of any party, including the existence, description, nature, custody, condition, and location of any books, documents, or other tangible things and the identity and location of persons having knowledge of any discoverable matter. For good cause, the court may order discovery of any matter relevant to the subject matter involved in the action. Relevant information need not be admissible at the trial if the discovery appears reasonably calculated to lead to the discovery of admissible evidence. All discovery is subject to the limitations imposed by Rule 26(b)(2)(i), (ii), and (iii).
(2) Limitations.
By order, the court may alter the limits in these rules on the number of depositions and interrogatories or the length of depositions under Rule 30. By order or local rule, the court may also limit the number of requests under Rule 36. The frequency or extent of use of the discovery methods otherwise permitted under these rules and by any local rule shall be limited by the court if it determines that: (i) the discovery sought is unreasonably cumulative or duplicative, or is obtainable from some other source that is more convenient, less

burdensome, or less expensive; (ii) the party seeking discovery has had ample opportunity by discovery in the action to obtain the information sought; or (iii) the burden or expense of the proposed discovery outweighs its likely benefit, taking into account the needs of the case, the amount in controversy, the parties' resources, the importance of the issues at stake in the litigation, and the importance of the proposed discovery in resolving the issues. The court may act upon its own initiative after reasonable notice or pursuant to a motion under Rule 26(c).
(3) Trial Preparation: Materials.
Subject to the provisions of subdivision (b)(4) of this rule, a party may obtain discovery of documents and tangible things otherwise discoverable under subdivision (b)(1) of this rule and prepared in anticipation of litigation or for trial by or for another party or by or for that other party's representative (including the other party's attorney, consultant, surety, indemnitor, insurer, or agent) only upon a showing that the party seeking discovery has substantial need of the materials in the preparation of the party's case and that the party is unable without undue hardship to obtain the substantial equivalent of the materials by other means. In ordering discovery of such materials when the required showing has been made, the court shall protect against disclosure of the mental impressions, conclusions, opinions, or legal theories of an attorney or other representative of a party concerning the litigation.
A party may obtain without the required showing a statement concerning the action or its subject matter previously made by that party. Upon request, a person not a party may obtain without the required showing a statement concerning the action or its subject matter previously made by that person. If the request is refused, the person may move for a court order. The provisions of Rule 37(a)(4) apply to the award of expenses incurred in relation to the motion. For purposes of this paragraph, a statement previously made is (A) a written statement signed or otherwise adopted or approved by the person making it, or (B) a stenographic, mechanical, electrical, or other recording, or a transcription thereof, which is a substantially verbatim recital of an oral statement by the person making it and contemporaneously recorded.
(...)
(5) Claims of Privilege or Protection of Trial Preparation Materials.
When a party withholds information otherwise discoverable under these rules by claiming that it is privileged or subject to protection as trial preparation material, the party shall make the claim expressly and shall describe the nature of the documents, communications, or things not produced or disclosed in a manner that, without revealing information itself privileged or protected, will enable other parties to assess the applicability of the privilege or protection.

(c) Protective Orders.
Upon motion by a party or by the person from whom discovery is sought, accompanied by a certification that the movant has in good faith conferred or attempted to confer with other affected parties in an effort to resolve the dispute without court action, and for good cause shown, the court in which the action is pending or alternatively, on matters relating to a deposition, the court in the district where the deposition is to be taken may make any order which justice requires to protect a party or person from annoyance, embarrassment, oppression, or undue burden or expense, including one or more of the following:
(1) that the disclosure or discovery not be had;
(2) that the disclosure or discovery may be had only on specified terms and conditions, including a designation of the time or place;
(3) that the discovery may be had only by a method of discovery other than that selected by the party seeking discovery;
(4) that certain matters not be inquired into, or that the scope of the disclosure or discovery be limited to certain matters;

(5) that discovery be conducted with no one present except persons designated by the court;
(6) that a deposition, after being sealed, be opened only by order of the court;
(7) that a trade secret or other confidential research, development, or commercial information not be revealed or be revealed only in a designated way; and
(8) that the parties simultaneously file specified documents or information enclosed in sealed envelopes to be opened as directed by the court.
If the motion for a protective order is denied in whole or in part, the court may, on such terms and conditions as are just, order that any party or other person provide or permit discovery. The provisions of Rule 37(a)(4) apply to the award of expenses incurred in relation to the motion.

(d) Timing and Sequence of Discovery.
Except in categories of proceedings exempted from initial disclosure under Rule 26(a)(1)(E), or when authorized under these rules or by order or agreement of the parties, a party may not seek discovery from any source before the parties have conferred as required by Rule 26(f). Unless the court upon motion, for the convenience of parties and witnesses and in the interests of justice, orders otherwise, methods of discovery may be used in any sequence, and the fact that a party is conducting discovery, whether by deposition or otherwise, does not operate to delay any other party's discovery.

(e) Supplementation of Disclosures and Responses.
A party who has made a disclosure under subdivision (a) or responded to a request for discovery with a disclosure or response is under a duty to supplement or correct the disclosure or response to include information thereafter acquired if ordered by the court or in the following circumstances:
(1) A party is under a duty to supplement at appropriate intervals its disclosures under subdivision (a) if the party learns that in some material respect the information disclosed is incomplete or incorrect and if the additional or corrective information has not otherwise been made known to the other parties during the discovery process or in writing. With respect to testimony of an expert from whom a report is required under subdivision (a)(2)(B) the duty extends both to information contained in the report and to information provided through a deposition of the expert, and any additions or other changes to this information shall be disclosed by the time the party's disclosures under Rule 26(a)(3) are due.
(2) A party is under a duty seasonably to amend a prior response to an interrogatory, request for production, or request for admission if the party learns that the response is in some material respect incomplete or incorrect and if the additional or corrective information has not otherwise been made known to the other parties during the discovery process or in writing.

(f) Meeting of Parties; Planning for Discovery.
Except in categories of proceedings exempted from initial disclosure under Rule 26(a)(1)(E) or when otherwise ordered, the parties must, as soon as practicable and in any event at least 21 days before a scheduling conference is held or a scheduling order is due under Rule 16(b), confer to consider the nature and basis of their claims and defenses and the possibilities for a prompt settlement or resolution of the case, to make or arrange for the disclosures required by Rule 26(a)(1), and to develop a proposed discovery plan that indicates the parties' views and proposals concerning:
(1) what changes should be made in the timing, form, or requirement for disclosures under Rule 26(a), including a statement as to when disclosures under Rule 26(a)(1) were made or will be made;

(2) the subjects on which discovery may be needed, when discovery should be completed, and whether discovery should be conducted in phases or be limited to or focused upon particular issues;
(3) what changes should be made in the limitations on discovery imposed under these rules or by local rule, and what other limitations should be imposed; and
(4) any other orders that should be entered by the court under Rule 26(c) or under Rule 16(b) and (c).
The attorneys of record and all unrepresented parties that have appeared in the case are jointly responsible for arranging the conference, for attempting in good faith to agree on the proposed discovery plan, and for submitting to the court within 14 days after the conference a written report outlining the plan. A court may order that the parties or attorneys attend the conference in person. If necessary to comply with its expedited schedule for Rule 16(b) conferences, a court may by local rule (i) require that the conference between the parties occur fewer than 21 days before the scheduling conference is held or a scheduling order is due under Rule 16(b), and (ii) require that the written report outlining the discovery plan be filed fewer than 14 days after the conference between the parties, or excuse the parties from submitting a written report and permit them to report orally on their discovery plan at the Rule 16(b) conference.
(...)

FRCP 34. Production of Documents and Things and Entry Upon Land for Inspection and Other Purposes

(a) Scope.
Any party may serve on any other party a request (1) to produce and permit the party making the request, or someone acting on the requestor's behalf, to inspect and copy, any designated documents (including writings, drawings, graphs, charts, photographs, phonorecords, and other data compilations from which information can be obtained, translated, if necessary, by the respondent through detection devices into reasonably usable form), or to inspect and copy, test, or sample any tangible things which constitute or contain matters within the scope of Rule 26(b) and which are in the possession, custody or control of the party upon whom the request is served; or (2) to permit entry upon designated land or other property in the possession or control of the party upon whom the request is served for the purpose of inspection and measuring, surveying, photographing, testing, or sampling the property or any designated object or operation thereon, within the scope of Rule 26(b).

(b) Procedure.
The request shall set forth, either by individual item or by category, the items to be inspected, and describe each with reasonable particularity. The request shall specify a reasonable time, place, and manner of making the inspection and performing the related acts. Without leave of court or written stipulation, a request may not be served before the time specified in Rule 26(d).
The party upon whom the request is served shall serve a written response within 30 days after the service of the request. A shorter or longer time may be directed by the court or, in the absence of such an order, agreed to in writing by the parties, subject to Rule 29. The response shall state, with respect to each item or category, that inspection and related activities will be permitted as requested, unless the request is objected to, in which event the reasons for the objection shall be stated. If objection is made to part of an item or category, the part shall be specified and inspection permitted of the remaining parts. The party submitting the request may move for an order under Rule 37(a) with respect to any objection to or other failure to respond to the request or any part thereof, or any failure to permit inspection as requested.

A party who produces documents for inspection shall produce them as they are kept in the usual course of business or shall organize and label them to correspond with the categories in the request.

(c) Persons Not Parties.
A person not a party to the action may be compelled to produce documents and things or to submit to an inspection as provided in Rule 45.

FRCP 37. Failure to Make or Cooperate in Discovery; Sanctions

(a) Motion for Order Compelling Disclosure or Discovery.
A party, upon reasonable notice to other parties and all persons affected thereby, may apply for an order compelling disclosure or discovery as follows:
(1) Appropriate Court.
An application for an order to a party shall be made to the court in which the action is pending. An application for an order to a person who is not a party shall be made to the court in the district where the discovery is being, or is to be, taken.
(2) Motion.
(A) If a party fails to make a disclosure required by Rule 26(a), any other party may move to compel disclosure and for appropriate sanctions. The motion must include a certification that the movant has in good faith conferred or attempted to confer with the party not making the disclosure in an effort to secure the disclosure without court action.
(B) If a deponent fails to answer a question propounded or submitted under Rules 30 or 31, or a corporation or other entity fails to make a designation under Rule 30(b)(6) or 31(a), or a party fails to answer an interrogatory submitted under Rule 33, or if a party, in response to a request for inspection submitted under Rule 34, fails to respond that inspection will be permitted as requested or fails to permit inspection as requested, the discovering party may move for an order compelling answer, or a designation, or an order compelling inspection in accordance with the request. The motion must include a certification that the movant has in good faith conferred or attempted to confer with the person or party failing to make the discovery in an effort to secure the information or material without court action. When taking a deposition on oral examination, the proponent of the question may complete or adjourn the examination before applying for an order.
(3) Evasive or Incomplete Disclosure, Answer, or Response.
For purposes of this subdivision an evasive or incomplete disclosure, answer, or response is to be treated as a failure to disclose, answer, or respond.
(4) Expenses and Sanctions.
(A) If the motion is granted or if the disclosure or requested discovery is provided after the motion was filed, the court shall, after affording an opportunity to be heard, require the party or deponent whose conduct necessitated the motion or the party or attorney advising such conduct or both of them to pay to the moving party the reasonable expenses incurred in making the motion, including attorney's fees, unless the court finds that the motion was filed without the movant's first making a good faith effort to obtain the disclosure or discovery without court action, or that the opposing party's nondisclosure, response, or objection was substantially justified, or that other circumstances make an award of expenses unjust.
(B) If the motion is denied, the court may enter any protective order authorized under Rule 26(c) and shall, after affording an opportunity to be heard, require the moving party or the attorney filing the motion or both of them to pay to the party or deponent who opposed the motion the reasonable expenses incurred in opposing the motion, including attorney's fees, unless the court finds that the making of the motion was substantially justified or that other circumstances make an award of expenses unjust.

(C) If the motion is granted in part and denied in part, the court may enter any protective order authorized under Rule 26(c) and may, after affording an opportunity to be heard, apportion the reasonable expenses incurred in relation to the motion among the parties and persons in a just manner.

(b) Failure to comply with order.
(1) Sanctions by Court in District Where Deposition is Taken.
If a deponent fails to be sworn or to answer a question after being directed to do so by the court in the district in which the deposition is being taken, the failure may be considered a contempt of that court.
(2) Sanctions by Court in Which Action Is Pending.
If a party or an officer, director, or managing agent of a party or a person designated under Rule 30(b)(6) or 31(a) to testify on behalf of a party fails to obey an order to provide or permit discovery, including an order made under subdivision (a) of this rule or Rule 35, or if a party fails to obey an order entered under Rule 26(f), the court in which the action is pending may make such orders in regard to the failure as are just, and among others the following:
(A) An order that the matters regarding which the order was made or any other designated facts shall be taken to be established for the purposes of the action in accordance with the claim of the party obtaining the order;
(B) An order refusing to allow the disobedient party to support or oppose designated claims or defenses, or prohibiting that party from introducing designated matters in evidence;
(C) An order striking out pleadings or parts thereof, or staying further proceedings until the order is obeyed, or dismissing the action or proceeding or any part thereof, or rendering a judgment by default against the disobedient party;
(D) In lieu of any of the foregoing orders or in addition thereto, an order treating as a contempt of court the failure to obey any orders except an order to submit to a physical or mental examination;
(E) Where a party has failed to comply with an order under Rule 35(a) requiring that party to produce another for examination, such orders as are listed in paragraphs (A), (B), and (C) of this subdivision, unless the party failing to comply shows that that party is unable to produce such person for examination.
In lieu of any of the foregoing orders or in addition thereto, the court shall require the party failing to obey the order or the attorney advising that party or both to pay the reasonable expenses, including attorney's fees, caused by the failure, unless the court finds that the failure was substantially justified or that other circumstances make an award of expenses unjust.

(c) Failure to Disclose; False or Misleading Disclosure; Refusal to Admit.
(1) A party that without substantial justification fails to disclose information required by Rule 26(a) or 26(e)(1), or to amend a prior response to discovery as required by Rule 26(e)(2), is not, unless such failure is harmless, permitted to use as evidence at a trial, at a hearing, or on a motion any witness or information not so disclosed. In addition to or in lieu of this sanction, the court, on motion and after affording an opportunity to be heard, may impose other appropriate sanctions. In addition to requiring payment of reasonable expenses, including attorney's fees, caused by the failure, these sanctions may include any of the actions authorized under Rule 37(b)(2)(A), (B), and (C) and may include informing the jury of the failure to make the disclosure.
(2) If a party fails to admit the genuineness of any document or the truth of any matter as requested under Rule 36, and if the party requesting the admissions thereafter proves the genuineness of the document or the truth of the matter, the requesting party may apply to the court for an order requiring the other party to pay the reasonable expenses incurred in

making that proof, including reasonable attorney's fees. The court shall make the order unless it finds that (A) the request was held objectionable pursuant to Rule 36(a), or (B) the admission sought was of no substantial importance, or (C) the party failing to admit had reasonable ground to believe that the party might prevail on the matter, or (D) there was other good reason for the failure to admit.

(d) Failure of Party to Attend at Own Deposition or Serve Answers to Interrogatories or Respond to Request for Inspection.
If a party or an officer, director, or managing agent of a party or a person designated under Rule 30(b)(6) or 31(a) to testify on behalf of a party fails (1) to appear before the officer who is to take the deposition, after being served with a proper notice, or (2) to serve answers or objections to interrogatories submitted under Rule 33, after proper service of the interrogatories, or (3) to serve a written response to a request for inspection submitted under Rule 34, after proper service of the request, the court in which the action is pending on motion may make such orders in regard to the failure as are just, and among others it may take any action authorized under subparagraphs (A), (B), and (C) of subdivision (b)(2) of this rule. Any motion specifying a failure under clause (2) or (3) of this subdivision shall include a certification that the movant has in good faith conferred or attempted to confer with the party failing to answer or respond in an effort to obtain such answer or response without court action. In lieu of any order or in addition thereto, the court shall require the party failing to act or the attorney advising that party or both to pay the reasonable expenses, including attorney's fees, caused by the failure unless the court finds that the failure was substantially justified or that other circumstances make an award of expenses unjust.
The failure to act described in this subdivision may not be excused on the ground that the discovery sought is objectionable unless the party failing to act has a pending motion for a protective order as provided by Rule 26(c).

FRCP 45. Subpoena

(a) Form; Issuance.
(1) Every subpoena shall
(A) state the name of the court from which it is issued; and
(B) state the title of the action, the name of the court in which it is pending, and its civil action number; and
(C) command each person to whom it is directed to attend and give testimony or to produce and permit inspection and copying of designated books, documents or tangible things in the possession, custody or control of that person, or to permit inspection of premises, at a time and place therein specified; and
(D) set forth the text of subdivisions (c) and (d) of this rule. A command to produce evidence or to permit inspection may be joined with a command to appear at trial or hearing or at deposition, or may be issued separately.
(2) A subpoena commanding attendance at a trial or hearing shall issue from the court for the district in which the hearing or trial is to be held. A subpoena for attendance at a deposition shall issue from the court for the district designated by the notice of deposition as the district in which the deposition is to be taken. If separate from a subpoena commanding the attendance of a person, a subpoena for production or inspection shall issue from the court for the district in which the production or inspection is to be made.
(3) The clerk shall issue a subpoena, signed but otherwise in blank, to a party requesting it, who shall complete it before service. An attorney as officer of the court may also issue and sign a subpoena on behalf of
(A) a court in which the attorney is authorized to practice; or

(B) a court for a district in which a deposition or production is compelled by the subpoena, if the deposition or production pertains to an action pending in a court in which the attorney is authorized to practice.

(b) Service.

(1) A subpoena may be served by any person who is not a party and is not less than 18 years of age. Service of a subpoena upon a person named therein shall be made by delivering a copy thereof to such person and, if the person's attendance is commanded, by tendering to that person the fees for one day's attendance and the mileage allowed by law. When the subpoena is issued on behalf of the United States or an officer or agency thereof, fees and mileage need not be tendered. Prior notice of any commanded production of documents and things or inspection of premises before trial shall be served on each party in the manner prescribed by Rule 5(b).

(2) Subject to the provisions of clause (ii) of subparagraph (c)(3)(A) of this rule, a subpoena may be served at any place within the district of the court by which it is issued, or at any place without the district that is within 100 miles of the place of the deposition, hearing, trial, production, or inspection specified in the subpoena or at any place within the state where a state statute or rule of court permits service of a subpoena issued by a state court of general jurisdiction sitting in the place of the deposition, hearing, trial, production, or inspection specified in the subpoena. When a statute of the United States provides therefor, the court upon proper application and cause shown may authorize the service of a subpoena at any other place. A subpoena directed to a witness in a foreign country who is a national or resident of the United States shall issue under the circumstances and in the manner and be served as provided in Title 28, U.S.C. § 1783.

(3) Proof of service when necessary shall be made by filing with the clerk of the court by which the subpoena is issued a statement of the date and manner of service and of the names of the persons served, certified by the person who made the service.

(c) Protection of Persons Subject to Subpoenas.

(1) A party or an attorney responsible for the issuance and service of a subpoena shall take reasonable steps to avoid imposing undue burden or expense on a person subject to that subpoena. The court on behalf of which the subpoena was issued shall enforce this duty and impose upon the party or attorney in breach of this duty an appropriate sanction, which may include, but is not limited to, lost earnings and a reasonable attorney's fee.

(2) (A) A person commanded to produce and permit inspection and copying of designated books, papers, documents or tangible things, or inspection of premises need not appear in person at the place of production or inspection unless commanded to appear for deposition, hearing or trial.

(B) Subject to paragraph (d)(2) of this rule, a person commanded to produce and permit inspection and copying may, within 14 days after service of the subpoena or before the time specified for compliance if such time is less than 14 days after service, serve upon the party or attorney designated in the subpoena written objection to inspection or copying of any or all of the designated materials or of the premises. If objection is made, the party serving the subpoena shall not be entitled to inspect and copy the materials or inspect the premises except pursuant to an order of the court by which the subpoena was issued. If objection has been made, the party serving the subpoena may, upon notice to the person commanded to produce, move at any time for an order to compel the production. Such an order to compel production shall protect any person who is not a party or an officer of a party from significant expense resulting from the inspection and copying commanded.

(3) (A) On timely motion, the court by which a subpoena was issued shall quash or modify the subpoena if it

(i) fails to allow reasonable time for compliance;

(ii) requires a person who is not a party or an officer of a party to travel to a place more than 100 miles from the place where that person resides, is employed or regularly transacts business in person, except that, subject to the provisions of clause (c)(3)(B)(iii) of this rule, such a person may in order to attend trial be commanded to travel from any such place within the state in which the trial is held, or
(iii) requires disclosure of privileged or other protected matter and no exception or waiver applies, or
(iv) subjects a person to undue burden.
(B) If a subpoena
(i) requires disclosure of a trade secret or other confidential research, development, or commercial information, or
(ii) requires disclosure of an unretained expert's opinion or information not describing specific events or occurrences in dispute and resulting from the expert's study made not at the request of any party, or
(iii) requires a person who is not a party or an officer of a party to incur substantial expense to travel more than 100 miles to attend trial, the court may, to protect a person subject to or affected by the subpoena, quash or modify the subpoena or, if the party in whose behalf the subpoena is issued shows a substantial need for the testimony or material that cannot be otherwise met without undue hardship and assures that the person to whom the subpoena is addressed will be reasonably compensated, the court may order appearance or production only upon specified conditions.

(d) Duties in Responding to Subpoena.
(1) A person responding to a subpoena to produce documents shall produce them as they are kept in the usual course of business or shall organize and label them to correspond with the categories in the demand.
(2) When information subject to a subpoena is withheld on a claim that it is privileged or subject to protection as trial preparation materials, the claim shall be made expressly and shall be supported by a description of the nature of the documents, communications, or things not produced that is sufficient to enable the demanding party to contest the claim.

(e) Contempt.
Failure by any person without adequate excuse to obey a subpoena served upon that person may be deemed a contempt of the court from which the subpoena issued. An adequate cause for failure to obey exists when a subpoena purports to require a non-party to attend or produce at a place not within the limits provided by clause (ii) of subparagraph (c)(3)(A).

LITERATURVERZEICHNIS

Aden, Menno
Internationale Handelsschiedsgerichtsbarkeit: Kommentar zu den Schiedsverfahrensordnungen ICC, DIS, Wiener Regeln, UNCITRAL, LCIA, C.H. Beck, München, 2. Aufl., 2003

American Law Institute (Hrsg.)
Restatement of Torts, American Law Institute Publishers, St. Paul, Minn., 1939

Bagner, Hans
The Confidentiality Conundrum in International Commercial Arbitration, ICC International Court of Arbitration Bulletin, Bd. 12, 2001, 18

Bagner, Hans
Confidentiality – A Fundamental Principle in International Commercial Arbitration?, Journal of International Arbitration, Bd. 18, 2001, 243

Bagner, Hans
Confidentiality in Arbitration: Don't Take It for Granted!, Arbitration and ADR 2001, 24

Baicker-McKee, Steven / Janssen, William M. / Corr, John B.
A Student's Guide to the Federal Rules of Civil Procedure, Thomson/West, St. Paul, Minn., 6. Aufl., 2003

Baldwin, Charles S.
Protecting Confidential and Proprietary Commercial Information in International Arbitration, Texas International Law Journal, Bd. 31, 1996, 451

Baum, Axel
Reconciling Anglo-Saxon and Civil Law Procedure: The Path to a Procedural Lex Arbitrationis, in: Briner, Robert / Fortier, Yves / Berger, Klaus Peter / Bredow, Jens (Hrsg.), Law of International Business and Dispute Settlement in the 21st Century: Liber Amicorum Karl-Heinz Böckstiegel, Carl Heymanns Verlag, Köln, Berlin, Bonn, München, 2001, S. 21

Baumbach, Adolf / Lauterbach, Wolfgang / Albers, Jan / Hartmann, Peter
Zivilprozessordnung: mit Gerichtsverfassungsgesetz und anderen Nebengesetzen, C.H. Beck, München, 64. Aufl., 2006
(zitiert: BLAH-*Bearbeiter*)

Baumgärtel, Gottfried
„Geheimverfahren" im Zivilprozess zur Wahrung von Geschäftsgeheimnissen nach Schweizer Vorbild?, in: Lindacher, Walter F. / Pfaff, Dieter, / Roth, Günter H. / Schlosser, Peter / Wieser, Eberhard (Hrsg.), Festschrift für Walther J. Habscheid zum 65. Geburtstag, Gieseking Verlag, Bielefeld, 1989, S. 1

Bedikian, Mary A.
Discovery in Arbitration, in: AAA (Hrsg.), Arbitration & The Law 1993-1994: AAA General Counsel's Annual Report, AAA, New York, N.Y., 1994

van den Berg, Albert Jan
The New York Arbitration Convention of 1958: Towards a Uniform Judicial Interpretation, Asser/Kluwer, The Hague/Deventer, 1981

van den Berg, Albert Jan
The German Arbitration Act 1998 and the New York Convention 1958, in: Briner, Robert / Fortier, Yves / Berger, Klaus Peter / Bredow, Jens (Hrsg.), Law of International Business and Dispute Settlement in the 21st Century: Liber Amicorum Karl-Heinz Böckstiegel, Carl Heymanns Verlag, Köln, Berlin, Bonn, München, 2001, S. 783

Berger, Christian
Die EG-Verordnung über die Zusammenarbeit der Gerichte auf dem Gebiet der Beweisaufnahme in Zivil- und Handelssachen (EuBVO), IPRax 2001, 522

Berger, Klaus Peter
International Economic Arbitration, Kluwer Law and Taxation Publishers, Deventer, 1993

Berger, Klaus Peter
Anmerkung zu BayObLG, Beschl. v. 15.12.1999, EWiR 2000, 199

Berger, Klaus Peter
Arbitration Interactive: A Case Study for Students and Practicioners, Peter Lang Verlag, Frankfurt aM [u.a.], 2002

Bernstein, Ronald / Tackaberry, John / Marriott, Arthur / Wood, Derek
Handbook of Arbitration Practice, Sweet & Maxwell, London, 3. Aufl., 1998

Blessing, Marc
The Conduct of Arbitral Proceedings under the Rules of Arbitration Institutions; The WIPO Arbitration Rules in a Comparative Perspective [Articles 37 to 47], in: WIPO (Hrsg.), Conference on Rules for Institutional Arbitration and Mediation, Geneva, January 20, 1995, WIPO Publication Nr. 741 (E), 1995, S. 41

Blessing, Marc
Arbitrability of Intellectual Property Disputes, Arbitration International, Bd. 12, 1996, 191

Blessing, Marc
Introduction to Arbitration – Swiss and International Perspectives, Helbing & Lichtenhahn, Basel, 1999

Blessing, Marc
EG/US Kartellrecht in internationalen Schiedsverfahren: 77 aktuelle Fragen aus der Praxis, Helbing & Lichtenhahn, Basel, 2002

Blessing, Marc
Die LCIA Rules – aus der Sicht des Praktikers, SchiedsVZ 2003, 198

Block, Dennis J. / Barton, Nancy E.
Internal Corporate Investigations: Maintaining the Confidentiality of a Corporate Client's Communications with Investigative Counsel, Business Lawyer, Bd. 35, 1979, 5

Böckstiegel, Karl-Heinz
Optionen und Kriterien der Beweiserhebung in internationalen Schiedsverfahren, in: Böckstiegel, Karl-Heinz (Hrsg.) Beweiserhebung in internationalen Schiedsverfahren, Carl Heymanns Verlag, Köln, Berlin, Bonn, München, 2001, S. 1

Böckstiegel, Karl-Heinz
Erfahrungen als Schiedsrichter mit der UNCITRAL Schiedsgerichtsordnung, Jahrbuch der Schiedsgerichtsbarkeit 1990, 15

Böckstiegel, Karl-Heinz
Zur Vertragsgestaltung und Schiedsgerichtsbarkeit bei Infrastrukturprojekten, in: Berger, Klaus Peter / Ebke, Werner F. / Elsing, Siegfried / Großfeld, Bernhard / Kühne Gunther (Hrsg.), Festschrift für Otto Sandrock zum 70. Geburtstag, Verlag Recht und Wirtschaft, Heidelberg, 2000, S. 95

Bond, Stephen
Expert Report of Stephen Bond Esq (in Esso/BHP v. Plowman), Arbitration International, Bd. 11, 1995, 273

Borchers, Patrick J.
The Incredible Shrinking Hague Evidence Convention, Texas International Law Journal, Bd. 88, 2003, 73

Born, Gary B.
International Civil Litigation in United States Courts: Commentary and Materials, Kluwer Law International, The Hague, London, Boston, 3. Aufl., 1996

Born, Gary B.
Critical Observations on the Draft Transnational Rules of Civil Procedure, Texas International Law Journal, Bd. 33, 1998, 387

Born, Gary B.
International Commercial Arbitration: Commentary and Materials, Transnational Publishers, Ardsley, New York, 2. Aufl., 2001

Borris, Christian
Die internationale Handelsschiedsgerichtsbarkeit in den USA, Carl Heymanns Verlag, Köln, Berlin, Bonn, München, 1986

Borris, Christian
The Reconciliation of Conflicts Between Common Law and Civil Law Principles in the Arbitration Process, in: Frommel, Stefan N. / Rider, Barry A.K. (Hrsg.), Conflicting Legal Cultures in Commercial Arbitration, Kluwer Law International, The Hague, London, Boston, 1999, S. 1

Boyd, Stewart
Expert Report of Stewart Boyd QC (in Esso/BHP v. Plowman), Arbitration International, Bd. 11, 1995, 265

Briner, Robert
The Evaluation of Evidence: Some Observations Based on the Practice of the Iran-United States Claims Tribunal, in: Vogt, Nedim Peter [u.a.] (Hrsg.), The International Practice of Law: Liber Amicorum for Thomas Bär and Robert Karrer, Helbing & Lichtenhahn, Basel, 1997, S. 41

Broches, Aron
Commentary on the UNCITRAL Model Law on International Commercial Arbitration, Kluwer Law and Taxation Publishers, Deventer, 1990

Brower, Charles N.
Evidence Before International Tribunals: The Need for Some Standard Rules, International Lawyer, Bd. 28, 1994, 47

Brower, Charles N. / Brueschke, Jason D.
The Iran - United States Claims Tribunal, Kluwer Law International, The Hague, London, Boston, 1998

Brower, Charles N. / Brower, Charles N. II / Sharpe, Jeremy K.
The Coming Crisis in the Global Adjudication System, Arbitration International, Bd. 19, 2003, 415

Bühler, Michael
Anmerkung zu Urt. d. Cour d'Appel Paris v. 19.1.1999, BB 1999, Beilage 4, 23

Bühring-Uhle, Christian
Arbitration and Mediation in International Business, Kluwer Law International, The Hague, London, Boston, 1996

Burholt, Christian
Ein Schritt vor, zwei Schritte zurück – Gilt das Anwaltsprivileg im europäischen Kartellrecht auch für Syndikusanwälte?, BRAK-Mitt. 2004, 100

Burkard, Peter H.
Attorney-Client Privilege in the EEC: The Perspective of Multinational Corporate Counsel, International Lawyer, Bd. 20, 1986, 677

Cairns, David J.A. / Lopez Ortiz, Alejandro
Spain's New Arbitration Act, International Arbitration Law Review 2004, 39

Calavros, Constantin
Das UNCITRAL-Modellgesetz über die internationale Handelsschiedsgerichtsbarkeit, Gieseking Verlag, Bielefeld, 1988

Carbonneau, Thomas E.
The Uniform Arbitration Act (2000), The Journal of American Arbitration, Bd. 1, 2001, 1

Carbonneau, Thomas E.
Cases and Materials on the Law and Practice of Arbitration, Juris Publishing, Yonkers, NY, 3. Aufl., 2002

Carter, James
User's Perspective on the Arbitral Process: What Are the Current Needs?, ADR & the Law, 1998, 327

Cashen, Emma
Confidentiality and Arbitration, Vindobona Journal 2004, 57

Ceccon, Roberto
UNCITRAL Notes on Organizing Arbitral Proceedings and the Conduct of Evidence, Journal of International Arbitration, Bd. 14, Nr. 2, 1997, 67

Cloud, Morgan
The 2000 Amendments to the Federal Discovery Rules and the Future of Adversarial Pretrial Litigation, Temple Law Review, Bd. 74, 2001, 27

Coe, Jack J. Jr.
International Commercial Arbitration: American Principles and Practice in a Global Context, Transnational Publishers, Irvington-on-Hudson, NY, 1997

Cogan, Brian M. / Sifre, David A.
United States Federal Courts: No Longer Available to Compel Discovery in Connection with Non-United States Arbitrations, The Arbitration and Dispute Resolution Law Journal, 1999, 290

Collins, Michael
Privacy and Confidentiality in Arbitration Proceedings, Arbitration International, Bd. 11, 1995, 321

Craig, William Laurence / Park, William W. / Paulsson, Jan
Annotated Guide to the 1998 ICC Arbitration Rules with Commentary, Oceana Publications, Dobbs Ferry, NY, 1998

Craig, William Laurence / Park, William W. / Paulsson, Jan
International Chamber of Commerce Arbitration, Oceana Publications, Dobbs Ferry, NY, 3. Aufl., 2000

Craig, William Laurence
Common Law Principles on the Taking of Evidence, in: Böckstiegel, Karl-Heinz (Hrsg.) Beweiserhebung in internationalen Schiedsverfahren, Carl Heymanns Verlag, Köln, Berlin, Bonn, München, 2001, S. 9

Cremades, Bernardo M.
Overcoming the Clash of Legal Cultures: The Role of Interactive Arbitration, in: Frommel, Stefan N., Rider, Barry A.K. (Hrsg.) Conflicting Legal Cultures in Commercial Arbitration, Kluwer Law International, The Hague, London, Boston, 1999, S. 147

Cremades, Bernardo M.
Powers of the Arbitrators to Decide on the Admissibility of Evidence and to Organize the Production of Evidence, ICC International Court of Arbitration Bulletin, Bd. 10, 1999, 49

Daoudi, Jamal
Extraterritoriale Beweisbeschaffung im deutschen Zivilprozess – Möglichkeiten und Grenzen der Beweisbeschaffung außerhalb des internationalen Rechtshilfeweges, Duncker & Humblot, Berlin, 2000

Darwazeh, Nadia
Document Discovery and the IBA Rules on Evidence: A Practitioner's View, International Arbitration Law Review 2002, 101

Dasteel, Jeff / Jacobs, Richard
American Werewolves in London, Arbitration International, Bd. 18, 2002, 165

Degan, V.D.
Sources of International Law, Kluwer Law International, The Hague, London, Boston, 1997

Denoix de Saint Marc, Valéry
Confidentiality of Arbitration and the Obligation to Disclose Information on Listed Companies or During Due Diligence Investigations, Journal of International Arbitration, Bd. 20, 2003, 211

Derains, Yves / Schwartz, Eric A.
A Guide to the ICC Rules of Arbitration, Kluwer Law International, The Hague, 2. Aufl., 2005

Derleder, Peter / Wosnitza, Rüdiger
Auskunftspflichten der Banken bei Teilzahlungskredit, ZIP 1990, 901

Dessemontet, Francois
Arbitration and Confidentiality, American Review of International Arbitration, 1996, Bd. 7, 299

Doepner, Ulf
Anmerkungen zum wettbewerbsrechtlichen Geheimnisschutz im Zivilprozess, in: Keller, Erhard / Plassmann, Clemens / von Falck, Andreas (Hrsg.), Festschrift für Winfried Tilmann zum 65. Geburtstag, Carl Heymanns Verlag, Köln, Berlin, Bonn, München, 2003, S. 105

Dombek, Bernhard
ZPO-Novelle, Schreiben an den Vorsitzenden des Rechtsausschusses, BRAK-Mitt., 2001, 122

Domke, Martin / Wilner, Gabriel / Edmondson, Larry E.
Domke on Commercial Arbitration: The Law and Practice of Commercial Arbitration, Bd. 1, Thomson/West, St. Paul, Minn., 3. Aufl., 2003

Donovan, Donald Francis
Powers of the Arbitrators to Issue Procedural Orders, Including Interim Measures of Protection, and the Obligation of Parties to Abide by Such Orders, ICC International Court of Arbitration Bulletin, Bd. 10, 1999, 57

Durst, Timothy S. / Mann, Cheryl L.
Behind Closed Doors: Closing the Courtroom in Trade Secrets Cases, Texas Intellectual Property Law Journal, Bd. 8, 2000, 355

Ebel, Hermann
Die Berufung im Zivilprozessrechtsreformgesetz, ZRP 2001, 309

Ebenroth, Carsten Thomas / Boujong, Karlheinz / Joost, Detlev
Handelsgesetzbuch, Bd. 1, §§ 1-342a, C.H. Beck, München, 2001

Edwards, Amy
Confidentiality in Arbitration: Fact or Fiction?, International Arbitration Law Review 2001, 94

Eichmann, Helmut
Die Durchsetzung des Anspruchs auf Drittauskunft, GRUR 1990, 575

Elsing, Siegfried H. / Townsend, John M.
Bridging the Common Law – Civil Law Divide in Arbitration, Arbitration International, Bd. 18, 2002, 59

Elsing, Siegfried H.
Internationale Schiedsgerichte als Mittler zwischen den prozessualen Rechtskulturen, BB 2002, IDR Beilage Nr. 7, 19

Engelhardt, Hanns
Die Rechtsprechung des BGH zur Schiedsgerichtsbarkeit, in: Böckstiegel, Karl-Heinz (Hrsg.) Schiedsgerichtsbarkeit im gegenwärtigen Umfeld von Politik, Wirtschaft und Gerichtsbarkeit, Carl Heymanns Verlag, Köln, Berlin, Bonn, München, 1992, S. 31

Epstein, David
Obtaining Evidence in the United States for Use in Foreign Courts, Business Law International, 2001, 260

Eschenfelder, Eike Dirk
Beweiserhebung im Ausland und ihre Verwertung im inländischen Zivilprozess: Zur Bedeutung des US-amerikanischen discovery Verfahrens für das deutsche Erkenntnisverfahren, Peter Lang Verlag, Frankfurt aM [u.a.], 2002

Fellas, John
Obtaining Evidence Abroad for Use in International Litigation: Evidence Located in the United States, International Business Lawyer, 2001, 297

Fezer, Karl-Heinz
Markenrecht, C.H. Beck, München, 3. Aufl., 2001

Fischer-Zernin, Vincent / Junker, Abbo
Between Scylla and Charybdis: Fact Gathering in German Arbitration, Journal of International Arbitration, Bd. 4, Nr. 2, 1987, 9

Fortier, Yves
The Occasionally Unwarranted Assumption of Confidentiality, Arbitration International, Bd. 15, 1999, 131

Fouchard, Philippe / Gaillard, Emmanuel / Goldman, Berthold / Savage, John
Fouchard, Gaillard, Goldman On International Commercial Arbitration, Kluwer Law International, The Hague, London, Boston, 1999

Friedenthal, Jack H. / Kane, Mary Kay / Miller, Arthur R.
Civil Procedure, West Publishing, St. Paul, Minn., 2. Aufl., 1993

Friedland, Paul D.
A Standard Procedure for Presenting Evidence in International Arbitration, Mealey's International Arbitration Report, Bd. 11, Nr. 4, 1996, 25

Friedland, Paul D.
Combining Civil Law and Common Law Elements in the Presentation of Evidence in International Commercial Arbitration, Mealey's International Arbitration Report, Bd. 12, Nr. 9, 1997, 25

Friedland, Paul D.
Arbitration Clauses for International Contracts, Juris Publishing, Yonkers, NY, 2004

Gaffney, John P.
Confidentiality in International Arbitration: A Recent English Decision, Mealey's International Arbitration Report, Bd. 18, Nr. 5, 2003, 18

Galanter, Marc
The Vanishing Trial: What the numbers tell us, what they may mean, Dispute Resolution Magazine, Summer 2004, 3

Gallagher, Norah
Legal Privilege in International Arbitration, International Arbitration Law Review 2003, 45

Garner, Bryan A. (Hrsg.)
Black's Law Dictionary, West Group, St. Paul, Minn., 8. Aufl., 2004

Gehrlein, Markus
Erste Erfahrungen mit der reformierten ZPO – Erstinstanzliches Verfahren und Berufung, MDR 2003, 421

Gehrlein, Markus
Zivilprozessrecht,Verlag Vahlen, München, 2. Aufl., 2003

Geiben, Jörg
Die Privatsphäre und Vertraulichkeit im Schiedsverfahren, Carl Heymanns Verlag, Köln, Berlin, Bonn, München, 2001

Geimer, Ewald
Internationale Beweisaufnahme, C.H. Beck, München, 1998

Geimer, Reinhold
Schiedsgerichtsbarkeit und Verfassung (aus deutscher Sicht), in: Schlosser, Peter (Hrsg.) Integritätsprobleme im Umfeld der Justiz, Gieseking Verlag, Bielefeld, 1994, S. 113

Geimer, Reinhold
Internationales Zivilprozessrecht, Dr. Otto Schmidt, Köln, 5. Aufl., 2005

Gerber, David J.
Extraterritorial Discovery and the Conflict of Procedural Systems: Germany and the United States, The American Journal of Comparative Law, Bd. 34, 1986, 745

Gerber, David J.
Comparing Procedural Systems: Toward an Analytical Framework, in: Nafziger, James A. R. / Symeonides, Symeon C. (Hrsg.), Law and Justice in a Multistate World – Essays in Honor of Arthur T. von Mehren, Transnational Publishers, Ardsley, New York, 2002, S. 665

Goebel, Frank-Michael (Hrsg.)
Zivilprozessrecht, Deutscher Anwaltverlag, Bonn, 2004
(zitiert Goebel-*Bearbeiter*)

Gottwald, Peter
Zur Wahrung von Geschäftsgeheimnissen im Zivilprozess, BB 1979, 1780

Gottwald, Peter
Die prozessuale Aufklärungspflicht im Rechtsvergleich, in: Buchegger, Walter (Hrsg.), Beiträge zum Zivilprozessrecht, Bd. V, Springer, Wien, 1995, S. 21

Gottwald, Peter
Gutachten A zum 61. Deutschen Juristentag, Karlsruhe 1996: Empfehlen sich im Interesse eines effektiven Rechtsschutzes Maßnahmen zur Vereinfachung, Vereinheitlichung und Beschränkung der Rechtsmittel und Rechtsbehelfe des Zivilverfahrensrechts?, C. H. Beck, München, 1996

Greger, Reinhard
Ein Beitrag des Prozessrechts zur Versachlichung der fiktiven Reparaturkostenabrechnung, NJW 2002, 1477

Greger, Reinhard
Zweifelsfragen und erste Entscheidungen zur neuen ZPO, NJW 2002, 3049

Griffin, Peter
Recent Trends in the Conduct of International Arbitration: Discovery Procedures and Witness Hearings, Journal of International Arbitration, Bd. 17, Nr. 2, 2000, 19

Grimme, Rainer
Der Anspruch auf Einsichtnahme in (Vertrags-) Urkunden nach § 810 BGB, JA 1985, 320

Gruber, Urs Peter/ Kießling, Erik
Die Vorlagepflichten der §§ 142 ff. ZPO nach der Reform 2002, ZZP, Bd. 116, 2003, 305

Grunsky, Wolfgang
Der Nachweis des Vertretenseins einer im Betrieb vertretenen Gewerkschaft, AuR 1990, 105

Günther, Klaus
Einschränkungen der Erhebung von Dokumentenbeweisen aufgrund von Vertraulichkeit und Geschäftsgeheimnissen, in: Berger, Klaus Peter / Ebke, Werner F. / Elsing, Siegfried / Großfeld, Bernhard / Kühne Gunther (Hrsg.), Festschrift für Otto Sandrock zum 70. Geburtstag, Verlag Recht und Wirtschaft, Heidelberg, 2000, S. 341

Habscheid, Walther J. / Schlosser, Peter
Improvement of Civil Litigation by Lessons Derived from Arbitration, in: Wedekind, W. (Hrsg.), Justice and Efficiency, The Eighth World Conference on Procedural Law, Kluwer Law and Taxation Publishers, Deventer, 1989, S. 149

Habscheid, Walther J.
Die sogenannte Schiedsgerichtsbarkeit der Internationalen Handelskammer, RIW 1998, 421

Hannich, Rolf / Meyer-Seitz, Christian (Hrsg.)
ZPO-Reform 2002, C.H. Beck, München, 2002
(zitiert: Hannich/Meyer-Seitz-*Bearbeiter*)

Hascher, Dominique T.
Collection of Procedural Decisions in ICC Arbitration 1993-1996, ICC Publishing, Paris, New York, and Kluwer Law International, The Hague, London, Boston, 1997

Hascher, Dominique T.
Anmerkung zu ICC Verfahren Nr. 7893/1994, Journal du Droit International 1998, 1074

Hay, Peter
Informationsbeschaffung über schriftliche Unterlagen und Augenscheinsobjekte im Zivilprozess, in: Schlosser, Peter (Hrsg.), Die Informationsbeschaffung für den Zivilprozess – Die verfahrensmäßige Behandlung von Nachlässen, ausländisches Recht und internationales Zivilprozessrecht, 1996, Gieseking Verlag, Bielefeld, S. 1

Hay, Peter
Law of the United States, C.H. Beck, München, 2. Aufl., 2005

Haydock, Roger S. / Herr, David F.
Discovery: Theory, Practice and Problems, Little, Brown and Co., Boston, Toronto, 1983

Haynes, Jean Reed
International Arbitration May Not Be as Confidential as You Think – Or Want, in: Frommel, Stefan N. / Rider, Barry A.K. (Hrsg.), Conflicting Legal Cultures in Commercial Arbitration, Kluwer Law International, The Hague, London, Boston, 1999, S. 99

Hefermehl, Wolfgang / Köhler, Helmut / Bornkamm, Joachim
Wettbewerbsrecht, C.H. Beck, München, 24. Aufl., 2006

Heidenberger, Peter
Haager Beweisübereinkommen und Urkundenvorlage deutscher Parteien in USA, RIW 1985, 437

Heidenberger, Peter
Deutsche Parteien vor amerikanischen Gerichten: Erfahrungen aus der Praxis, Verlag Recht und Wirtschaft, Heidelberg, 1988

Heller, Kurt
Die Unterstützung der Schiedsgerichte durch staatliche Gerichte bei der Beweisaufnahme, in: Böckstiegel, Karl-Heinz (Hrsg.) Beweiserhebung in internationalen Schiedsverfahren, Carl Heymanns Verlag, Köln, Berlin, Bonn, München, 2001, S. 104

Herrmann, Gabriel
Discovering Policy under the Federal Arbitration Act, Cornell Law Review, Bd. 88, 2003, 779

Herrmann, Gerold
Power of Arbitrators to Determine Procedures under the UNCITRAL Model Law, in: van den Berg, Albert Jan (Hrsg.) ICCA Congress Series Nr. 7 (Vienna, 1994): Planning Efficient Arbitration Proceedings; The Law Applicable in International Arbitration, Kluwer Law International, The Hague, London, Boston, 1996, S. 39

Hilger, Norbert
Zur Geltung des beschränkten Untersuchungsgrundsatzes im neuen Schiedsverfahrensrecht, BB 2000, Beilage 8, 2

Hill, Alison M.
A Problem of Privilege: In-House Counsel and the Attorney-Client Privilege in the United States and the European Community, Case Western Reserve Journal of International Law, Bd. 27, 1995, 145

Hirsch, Alain
The Place of Arbitration and the Lex Arbitri, The Arbitration Journal, Bd. 34, Nr. 3, 1979, 43

Hoellering, Michael F.
Scope of Documentary Discovery in U.S. and International Arbitration, World Arbitration and Mediation Report, Bd. 3, 1992, 46

van Hof, Jacomijn J.
Commentary on the UNCITRAL Arbitration Rules: The Application by the Iran-U.S. Claims Tribunal, Asser, The Hague, 1991

Hök, Götz-Sebastian
Discovery Proceedings als Anerkennungshindernis, Luchterhand, Frankfurt aM, 1994

Holtzmann, Howard M. / Neuhaus, Joseph E. (Hrsg.)
A Guide to the UNCITRAL Model Law on International Commercial Arbitration: Legislative History and Commentary, Kluwer Law and Taxation Publishers, Deventer, 1989

Huber, Stefan
ALI/UNIDROIT-Entwurf zur Ausarbeitung von Prinzipien und Regeln für transnationale Zivilverfahren, IPRax 2003, 555

Huleatt-James, Mark / Hunter, Robert
The Laws and Rules Applicable to Evidence in International Commercial Arbitrations, and Some Issues Relating to Their Determination and Application, Arbitration, Bd. 63, 1997, 270

von Hülsen, Hans-Viggo
Kanadische und Europäische Reaktionen auf die US „pre-trial discovery", RIW 1982, 537

Hunter, Martin
Modern Trends in the Presentation of Evidence in International Commercial Arbitration, American Review of International Commercial Arbitration, 1992, 204

Hunter, Robert
Arbitration in Germany – A Common Law Perspective, SchiedsVZ 2003, 155

IBA Working Party
Commentary on the New IBA Rules of Evidence, Business Law International, 2000, 14 und in: Böckstiegel, Karl-Heinz (Hrsg.) Beweiserhebung in internationalen Schiedsverfahren, Carl Heymanns Verlag, Köln, Berlin, Bonn, München, 2001, S. 147

Immenga, Ulrich / Mestmäcker, Ernst-Joachim (Hrsg.)
EG-Wettbewerbsrecht, Kommentar Bd. II, C.H. Beck, München, 1997

James, Fleming / Hazard, Geoffrey C. / Leubsdorf, John
Civil Procedure, Foundation Press, New York, NY, 5. Aufl., 2001

Jarvin, Sigvard
Aspects of the Arbitral Proceedings, ICC International Court of Arbitration Bulletin, Special Supplement: The New 1998 ICC Rules of Arbitration, November 1997, 38

Jarvin, Sigvard
Die Praxis der Beweiserhebung in internationalen Schiedsverfahren – Ein einführender Beitrag zum Thema Disclosure of Documents, in: Böckstiegel, Karl-Heinz (Hrsg.) Beweiserhebung in internationalen Schiedsverfahren, Carl Heymanns Verlag, Köln, Berlin, Bonn, München, 2001, S. 86

Jolowicz, John A.
On the Comparison of Procedures, in: Nafziger, James A. R. / Symeonides, Symeon C. (Hrsg.), Law and Justice in a Multistate World – Essays in Honor of Arthur T. von Mehren, Transnational Publishers, Ardsley, New York, 2002, S. 721

Junker, Abbo
Discovery im deutsch-amerikanischen Rechtsverkehr, Verlag Recht und Wirtschaft, Heidelberg, 1987

Junker, Abbo
US-amerikanische „Discovery“ als Herausforderung des Internationalen Zivilprozessrechts, in: Heldrich, Andreas / Kono, Toshiyuki (Hrsg.), Herausforderungen des Internationalen Zivilverfahrensrechts, Mohr (Paul Siebeck), Tübingen, 1994, S. 103

Kaboth, Daniel
Das Schlichtungs- und Schiedsgerichtsverfahren der Weltorganisation für geistiges Eigentum (WIPO), Peter Lang Verlag, Frankfurt aM [u.a.], 2000

Kapp, Thomas / Roth, Alexander
Fällt eine weitere Beschränkung des europarechtlichen Legal Privilege?, RIW 2003, 946

Karrer, Pierre A.
Pros and Cons of Terms of Reference and Specific Procedural Agreements in Arbitration Clauses: Storm in to Calm the Sea, in: van den Berg, Albert Jan (Hrsg.), ICCA Congress Series Nr. 7 (Vienna, 1994): Planning Efficient Arbitration Proceedings; The Law Applicable in International Arbitration, 1996, Kluwer Law International, The Hague, London, Boston, S. 73

Karrer, Pierre A.
Verfahren vor Schiedsgerichten und staatlichen Gerichten: Von falschen und wahren Freunden, in: Berger, Klaus Peter / Ebke, Werner F. / Elsing, Siegfried / Großfeld, Bernhard / Kühne Gunther (Hrsg.), Festschrift für Otto Sandrock zum 70. Geburtstag, Verlag Recht und Wirtschaft, Heidelberg, 2000, S. 465

Karrer, Pierre A.
„Schiedsverfahrensrecht“ Bitte differenzieren, in: Schütze, Rolf A. (Hrsg.), Festschrift für Reinhold Geimer zum 65. Geburtstag, C.H. Beck, München, 2002, S. 383

Katzenmeier, Christian
Aufklärungs-/Mitwirkungspflicht der nicht beweisbelasteten Partei im Zivilprozess, JZ 2002, 533

Kaufmann-Kohler, Gabrielle
Globalization of Arbitral Procedure, Vanderbilt Journal of Transnational Law, Bd. 36, Nr. 4, 2003, 1313

Kaufmann-Kohler, Gabrielle / Bärtsch, Philippe
Discovery in International Arbitration: How much is too much?, SchiedsVZ 2004, 13

Kengyel, Miklós
Zivilprozessrecht um die Jahrtausendwende, ZVglRWiss, Bd. 101, 2002, 260

Kerr, Michael
Concord and Conflict in International Arbitration, Arbitration International, Bd. 13, 1997, 121

Kerse, Christopher / Khan, Nicholas
E.C. Antitrust Procedure, Sweet & Maxwell, London, 5. Aufl., 2005

Kiethe, Kurt
Auskunft und sekundäre Behauptungslast – Anspruchsdurchsetzung bei ungeklärten Sachverhalten, MDR 2003, 781

Kiethe, Kurt
Zulässigkeit von Beweisantritten bei Behauptungen auf Grundlage einer zivilrechtlichen Vermutungsbasis, MDR 2003, 1325

Kigawa, Toichiro
Durch die neue japanische ZPO offengelassene prozesspolitische Fragen, in: Schütze, Rolf A. (Hrsg.), Festschrift für Reinhold Geimer zum 65. Geburtstag, C.H. Beck, München, 2002, S. 427

King, Brian / Bosman, Lise
Rethinking Discovery in International Arbitration: Beyond the Common Law / Civil Law Divide, ICC International Court of Arbitration Bulletin, Bd. 12, 2001, 24

Knieper, Judith
Mit Belegen gegen Produktpiraten, WRP 1999, 1116

Knoblach, Steffen
Sachverhaltsermittlung in der internationalen Wirtschaftsschiedsgerichtsbarkeit, Duncker & Humblot, Berlin, 2003

Knof, Manfred
Tatsachenfeststellung in Streitigkeiten des internationalen Wirtschaftsverkehrs, Carl Heymanns Verlag, Köln, Berlin, Bonn, München, 1995

Köhler, Helmut
Der Schadensersatz-, Bereicherungs- und Auskunftsanspruch im Wettbewerbsrecht, NJW 1992, 1477

Köhler, Helmut
Die Begrenzung wettbewerbsrechtlicher Ansprüche durch den Grundsatz der Verhältnismäßigkeit, GRUR 1996, 82

Kojovic, Tijana
Court Enforcement of Arbitral Decisions on Provisional Relief, Journal of International Arbitration, Bd. 18, 2001, 511

König, Reimar
Die Beweisnot des Klägers und der Besichtigungsanspruch nach § 809 BGB bei Patent- und Gebrauchsmusterverletzungen, Mitteilungen der deutschen Patentanwälte 2002, 153

Konrad, Sabine
Der Schutz der Vertrauenssphäre zwischen Rechtsanwalt und Mandant im Zivilprozess, NJW 2004, 710

Körner, Eberhard
Mitteilung über Vortrag von Christian Wichard, Schieds- und Schlichtungsverfahren im Bereich des geistigen Eigentums – Erfahrungen des WIPO Arbitration and Mediation Centers, GRUR 2003, 689

Kraayvanger, Jan / Hilgard, Mark C.
Urkundenvorlegung im Zivilprozess – Annäherung an das amerikanische discovery-Verfahren?, Neue Justiz 2003, 572

Kreindler, Richard H. / Nacimiento, Patricia
Schiedsverfahren oder staatliche Gerichtsbarkeit in internationalen Verträgen in den USA, RIW 1998, 674

Kreindler, Richard H. / Mahlich, Thomas C.
Das neue deutsche Schiedsverfahrensrecht aus ausländischer Sicht, NJW 1998, 563

Kröll, Stefan
Schiedsrechtliche Rechtsprechung 2003, SchiedsVZ 2004, 113

Kronke, Herbert
Internationale Schiedsverfahren nach der Reform, RIW 1998, 257

Kronke, Herbert
Taking of Evidence under the UNIDROIT / American Law Institute Project „Transnational Principles of Civil Procedure", Stockholm Arbitration Report 2000, 63

Kronke, Herbert
Der Beweis im UNIDROIT/ALI-Projekt „Transnational Principles of Civil Procedure", in: Böckstiegel, Karl-Heinz (Hrsg.), Beweiserhebung in internationalen Schiedsverfahren, Carl Heymanns Verlag, Köln, Berlin, Bonn, München, 2001, S. 77

Kuckenburg, Joachim A. / Shackleton, Stewart R.
The German Institution of Arbitration Issues New Arbitration Rules, Mealey's International Arbitration Report, Bd. 13, Nr. 7, 1998, 37

Kühn, Wolfgang
Die Bedeutung der Gerichte bei der Durchführung von Schiedsverfahren, in: Böckstiegel, Karl-Heinz (Hrsg.) Schiedsgerichtsbarkeit im gegenwärtigen Umfeld von Politik, Wirtschaft und Gerichtsbarkeit, Carl Heymanns Verlag, Köln, Berlin, Bonn, München, 1992, S. 65

Kühner, Detlev
Geschäftsgeheimnisse und Schiedsverfahren – neuerdings ein Gegensatz?, IHR 2003, 202

Kullmann, Hans Josef
Die Rechtsprechung des BGH zum Produkthaftpflichtrecht in den Jahren 2001-2003, NJW 2003, 1908

Kuner, Christopher
Die neuen WIPO-Schiedsregeln, RIW 1995, 965

Kürschner, Wolfgang
Parteiöffentlichkeit vor Geheimnisschutz im Zivilprozess, NJW 1992, 1804

Lachmann, Jens Peter
Unternehmensgeheimnisse im Zivilrechtsstreit, dargestellt am Beispiel des EDV-Prozesses, NJW 1987, 2206

Lachmann, Jens Peter
Handbuch für die Schiedsgerichtspraxis, Dr. Otto Schmidt, Köln, 2. Aufl., 2002

Lamm, Carolyn B.
Presenting Evidence in AAA and ICSID Arbitration, Arbitration and ADR 2001, 63

Lang, Johannes
Die Aufklärungspflicht der Parteien des Zivilprozesses vor dem Hintergrund der europäischen Rechtsvereinheitlichung, Duncker & Humblot, Berlin, 1999

Langbein, John H.
The German Advantage in Civil Procedure, The University of Chicago Law Review, Bd. 52, 1985, 823

Lange, Dieter G. / Black, Stephen F.
Der Zivilprozess in den Vereinigten Staaten: Ein praktischer Leitfaden für deutsche Unternehmen, Verlag Recht und Wirtschaft, Heidelberg, 1987

Laumen, Hans-W.
Die „Beweiserleichterung bis zur Beweislastumkehr" – Ein beweisrechtliches Phänomen, NJW 2002, 3739

Leahy, Edward R. / Pierce, Kenneth J.
Sanctions to Control Party Misbehavior in International Arbitration, Virginia Journal of International Law, Bd. 26, 1986, 291

Leahy, Edward R. / Bianchi, Carlos J.
The Changing Face of International Arbitration, Journal of International Arbitration, Bd. 17, Nr. 4, 2000, 19

Leipold, Dieter
Neue Wege im Recht der internationalen Beweiserhebung – einige Bemerkungen zur Europäischen Beweisaufnahmeverordnung, in: Schwenzer, Ingeborg / Hager, Günter (Hrsg.), Festschrift für Peter Schlechtriem zum 70. Geburtstag, Mohr (Paul Siebeck), Tübingen, 2003, S. 91

Leisner, Walter
Ausforschungsbeschlagnahme, BB 1995, 525

Leppin, Klaus
Besichtigungsanspruch und Betriebsgeheimnis, GRUR 1984, 552 und 695 und 770

Lew, Julian
Expert Report of Dr. Julian D.M. Lew (in Esso/BHP v. Plowman), Arbitration International, Bd. 11, 1995, 283

Lew, Julian / Mistelis, Loukas / Kröll, Stefan
Comparative International Commercial Arbitration, Kluwer Law International, The Hague, 2003

Lionnet, Klaus
Parteiherrschaft im Schiedsgerichtsprozess bei der Beweisaufnahme, in: Plantey, Alain / Böckstiegel, Karl-Heinz / Bredow, Jens (Hrsg.), Festschrift für Ottoarndt Glossner zum 70. Geburtstag, Verlag Recht und Wirtschaft, Heidelberg, 1994, S. 209

Lionnet, Klaus
Rechtspolitische Bedeutung der Schiedsgerichtsbarkeit, in: Berger, Klaus Peter / Ebke, Werner F. / Elsing, Siegfried / Großfeld, Bernhard / Kühne Gunther (Hrsg.), Festschrift für Otto Sandrock zum 70. Geburtstag, Verlag Recht und Wirtschaft, Heidelberg, 2000, S. 603

Lörcher, Gino
Enforceability of Agreed Awards in Foreign Jurisdictions, Arbitration International, Bd. 17, 2001, 275

Lörcher, Gino / Lörcher, Heike / Lörcher, Torsten
Das Schiedsverfahren - national/international - nach deutschem Recht, C. F. Müller Verlag, Heidelberg, 2. Aufl., 2001

Lorenz, Stephan
Auskunftsansprüche im Bürgerlichen Recht, JuS 1995, 569

Lorenz, Stephan
Die Neuregelung der pre-trial-Discovery im US-amerikanischen Zivilprozessrecht – Inspiration für den deutschen und europäischen Zivilprozess?, ZZP, Bd. 111, 1998, 35

Lowenfeld, Andreas F.
International Arbitration as Omelette: What Goes into the Mix, in: Frommel, Stefan N. / Rider, Barry A.K. (Hrsg.), Conflicting Legal Cultures in Commercial Arbitration, Kluwer Law International, The Hague, London, Boston, 1999, S. 19

Lüke, Gerhard / Wax, Peter (Hrsg.)
Münchner Kommentar zur Zivilprozessordnung, C.H. Beck, München, 2. Aufl., Bd. 1, §§ 1-354, Bd. 2, §§ 355-802, 2000
Bd. 3, §§ 803 - 1066, EGZPO, GVG, EGGVG, internationales Zivilprozessrecht, 2001 (zitiert: MünchKomm-*Bearbeiter*)
Aktualisierungsband, ZPO-Reform 2002 und weitere Reformgesetze, 2002 (zitiert: MünchKomm-*Bearbeiter*, ZPO-Reform)

Lüpke, Tobias / Müller, Robert
„Pre-Trial Discovery of Documents" und § 142 ZPO – ein trojanisches Pferd im neuen Zivilprozessrecht?, NZI 2002, 588

Lurie, Paul M. / Howard, David A.
Limitations on the Ability to Obtain Discovery in International Arbitration from Non-Parties Located in the United States, Journal of International Arbitration, Bd. 17, Nr. 3, 2000, 55

Lurie, Paul M.
Recent Revisions to the Uniform Arbitration Act in the United States, Journal of International Arbitration, Bd. 18, 2001, 223

Mann, Francis
Lex Facit Arbitrum, 1967, nachgedruckt in: Arbitration International, Bd. 2, 1986, 241

Marcus, Richard L.
Myth and Reality in Protective Order Litigation, Cornell Law Review, Bd. 69, 1983, 1

Marriott, Arthur L.
Evidence in International Arbitration, Arbitration International, Bd. 5, 1989, 280

Marriott, Arthur L.
Pros and Cons of More Detailed Arbitration Laws and Rules, in: van den Berg, Albert Jan (Hrsg.), ICCA Congress Series Nr. 7 (Vienna, 1994): Planning Efficient Arbitration Proceedings; The Law Applicable in International Arbitration, Kluwer Law International, The Hague, London, Boston, 1996, S. 65

Marriott, Arthur L.
Less is More: Directing Arbitration Procedures, Arbitration International, Bd. 16, 2000, 353

Martens, Dirk-Reiner
Erfahrungen mit Rechtshilfeersuchen aus den USA nach dem Haager Beweisaufnahme-Übereinkommen, RIW 1981, 725

Maxeiner, James
Die Gefahr der Übertragung deutschen Rechtsdenkens auf den US-amerikanischen Zivilprozess, RIW 1990, 440

Mayen, Thomas
Geheimnisschutz im Gerichtsverfahren, AnwBl. 2002, 495

Mayen, Thomas
Verwertbarkeit von geheim gehaltenen Verwaltungsvorgängen im gerichtlichen Verfahren?, NVwZ 2003, 537

Mayer, Pierre
Comparative Analysis of Power of Arbitrators to Determine Procedures in Civil and Common Law Systems, in: van den Berg, Albert Jan (Hrsg.), ICCA Congress Series Nr. 7 (Vienna, 1994): Planning Efficient Arbitration Proceedings; The Law Applicable in International Arbitration, Kluwer Law International, The Hague, London, Boston, 1996, S. 24

McCabe, Monica Petraglia
Arbitral Discovery and the Iran-United States Claims Tribunal Experience, International Lawyer, Bd. 20, 1986, 499

McLaren, Earl
Effective Use of International Commercial Arbitration: A Primer for In-house Counsel, Journal of International Arbitration, Bd. 19, 2002, 473

von Mehren, Robert B.
Rules of Arbitral Bodies Considered From a Practical Point of View, Journal of International Arbitration, Bd. 9, Nr. 3, 1992, 105

von Mehren, Robert B.
Burden of Proof in International Arbitration, in: van den Berg, Albert Jan (Hrsg.) ICCA Congress Series Nr. 7 (Vienna, 1994): Planning Efficient Arbitration Proceedings; The Law Applicable in International Arbitration, Kluwer Law International, The Hague, London, Boston, 1996, S. 123

von Mehren, Robert B.
An International Arbitrator's Point of View, American Review of International Arbitration, Bd. 10, 1999, 10

von Mehren, George M. / Salomon, Claudia T.
Submitting Evidence in an International Arbitration: The Common Lawyer's Guide, Journal of International Arbitration, Bd. 20, 2003, 285

Mentz, Alexander
Das „Pre-Trial Discovery" Verfahren im US-amerikanischen Zivilprozessrecht, RIW 1981, 73

Mes, Peter
Si tacuisses. – Zur Darlegungs- und Beweislast im Prozess des gewerblichen Rechtsschutzes, GRUR 2000, 934

Milgrim, Roger M.
Milgrim on Trade Secrets, Matthew Bender & Co., Newark, San Francisco, Loseblattsammlung, Stand: August 2003

Miller, Arthur R.
Confidentiality, Protective Orders and Public Access to the Courts, Harvard Law Review, Bd. 105, 1991, 427

Mochizuki, Toshiro M.
Baby Step or Giant Leap?: Parties' Expanded Access to Documentary Evidence under the New Japanese Code of Civil Procedure, Harvard International Law Journal, Bd. 40, 1999, 285

Moore, James William
Moore's Federal Practice, Bd. 7, Matthew Bender & Co., Inc., New York, NY, 3. Aufl., Loseblattsammlung, Stand: 2004

Morgan, W. G. O.
Discovery in Arbitration, Journal of International Arbitration, Bd. 3, Nr. 3, 1986, 9

Mosk, Richard M. / Ginsburg, Tom
Evidentiary Privileges in International Arbitration, The International and Comparative Law Quarterly, Bd. 50, 2001, 345

Mössle, Klaus P.
Extraterritoriale Beweisbeschaffung im internationalen Wirtschaftsrecht, Nomos, Baden-Baden, 1990

Musielak, Hans-Joachim (Hrsg.)
Kommentar zur Zivilprozessordnung: mit Gerichtsverfassungsgesetz, Vahlen, München, 4. Aufl., 2005

Musielak, Hans-Joachim
Beweiserhebung bei auslandsbelegenen Beweismitteln, in: Schütze, Rolf A. (Hrsg.), Festschrift für Reinhold Geimer zum 65. Geburtstag, C.H. Beck, München, 2002, S. 761

Musielak, Hans-Joachim
Hilfen bei Beweisschwierigkeiten im Zivilprozess, in: Schmidt, Karsten (Hrsg.), 50 Jahre Bundesgerichtshof: Festgabe aus der Wissenschaft, Band III, Zivilprozess, Insolvenz, Öffentliches Recht, C.H. Beck, München, 2000, S. 193

Nacimiento, Patricia
Abschied von der Vertraulichkeit im Schiedsverfahren?, BB 2001, Beilage 6, 7

Nafziger, James A.R.
Another Look at the Hague Evidence Convention After Aérospatiale, Texas International Law Journal, Bd. 88, 2003, 103

Nagel, Heinrich / Gottwald, Peter
Internationales Zivilprozessrecht, Dr. Otto Schmidt, Köln, 5. Aufl., 2002

Nassall, Wendt
Auskunfts- und Akteneinsichtsrechte des Konkursverwalters gegenüber dem Rechtsanwalt des Gemeinschuldners?, KTS 1988, 633

Neill, Patrick
Confidentiality in Arbitration, Arbitration International, Bd. 12, 1996, 287

Newman, Lawrence W. / Castilla, Rafael
Production of Evidence through U.S. Courts for Use in International Arbitration, Journal of International Arbitration, Bd. 9, Nr. 2, 1992, 61

Newman, Lawrence N. / Burrows, Michael
The Practice of International Litigation, Juris Publishing, Yonkers, NY, 2. Aufl., Loseblattsammlung, Stand: Juli 2001

Niehr, Patrick
Die zivilprozessuale Dokumentenvorlegung im deutsch-englischen Rechtshilfeverkehr nach der deutschen und der englischen Prozessrechtsreform, Peter Lang Verlag, Frankfurt aM [u.a.], 2004

Note
Trade Secrets in Discovery: From First Amendment Disclosure to Fifth Amendment Protection, Harvard Law Review, Bd. 104, 1991, 1330

Oberheim, Rainer
ZPO-Reform Update 1 - Grundzüge, JA 2002, 408

Ochmann, Richard
Das schiedsrichterliche Verfahren unter Berücksichtigung der gewerblichen Schutzrechte und seine Vor- und Nachteile gegenüber dem staatlichen Gerichtsverfahren, GRUR 1993, 255

Oehmke, Thomas H.
Commercial Arbitration, Bd. 1 und 2, Thomson/West, St. Paul, Minn., 3. Aufl., 2003

Offenkrantz, Ronald J. / Smith, Michael H.
Where, How, and to What Effect Can a Party to an Arbitration Involving Interstate Commerce Enforce an Arbitrator's Subpoena und 9 U.S.C. Sect. 7 of the Federal Arbitration Act?, Mealey's International Arbitration Report, Bd. 15, Nr. 1, 2000, 42

Palandt, Otto
Bürgerliches Gesetzbuch, C. H. Beck, München, 65. Aufl., 2006
(zitiert: Palandt-*Bearbeiter*)

Patocchi, Paolo Michele / Meakin, Ian L.
Procedure and the Taking of Evidence in International Commercial Arbitration: The Interaction of Civil Law and Common Law Procedures, International Business Law Journal = Revue de Droit des Affaires International 1996, 884

Paulsson, Jan
Cross-Enrichment of Public and Private Law Dispute Resolution Mechanisms in the International Arena, Journal of International Arbitration, Bd. 9, Nr. 1, 1992, 59

Paulsson, Jan
Overview of Methods of Presenting Evidence in Different Legal Systems, in: van den Berg, Albert Jan (Hrsg.), ICCA Congress Series Nr. 7 (Vienna, 1994): Planning Efficient Arbitration Proceedings; The Law Applicable in International Arbitration, Kluwer Law International, The Hague, London, Boston, 1996, S. 112

Paulsson, Jan
The Conduct of Arbitral Proceedings under the Rules of Arbitration Institutions; The WIPO Arbitration Rules in a Comparative Perspective [Articles 48 to 58 and 73 to 76], in: WIPO (Hrsg.), Conference on Rules for Institutional Arbitration and Mediation, Geneva, January 20, 1995, WIPO Publ. Nr. 741 (E), 1995, S. 73

Paulsson, Jan / Rawding, Nigel
The Trouble with Confidentiality, Arbitration International, Bd. 11, 1995, 303

Paulus, Christoph
Discovery, Deutsches Recht und das Haager Beweisübereinkommen, ZZP, Bd. 104, 1991, 397

Peters, Egbert
Beweisvereitelung und Mitwirkungspflicht des Beweisgegners, ZZP, Bd. 82, 1969, 200

Platte, Martin
An Arbitrator's Duty to Render Enforceable Awards, Journal of International Arbitration, Bd. 20, 2003, 307

Podbielski, Yvonne/ Shore, Laurence/ Wilske, Stephan
Subpoenas against U.S. Lawyers – New Method of Obtaining Documents from Out-of-Jurisdiction Parties?, DAJV-Newsletter 2004, 21

Poznanski, Bernard G.
The Nature and Extent of an Arbitrator's Powers in International Commercial Arbitration, Journal of International Arbitration, Bd. 4, Nr. 3, 1987, 71

Prütting, Hanns / Weth, Stephan
Die Vertretung einer Gewerkschaft im Betrieb – Geheimverfahren zum Nachweis der Voraussetzungen, DB 1989, 2273

Prütting, Hanns / Weth, Stephan
Nochmals: Zur Zulässigkeit beweisrechtlicher Geheimverfahren, AuR 1990, 269

Prütting, Hanns
Die Strukturen des Zivilprozesses unter Reformdruck und europäische Konvergenz?, in: Gottwald, Peter / Roth, Herbert (Hrsg.) Festschrift für Ekkehard Schumann zum 70. Geburtstag, Mohr (Paul Siebeck), Tübingen, 2001, S. 309

Prütting, Hanns
Vertraulichkeit in der Schiedsgerichtsbarkeit und in der Mediation, in: Briner, Robert / Fortier, Yves / Berger, Klaus Peter / Bredow, Jens (Hrsg.), Law of International Business and Dispute Settlement in the 21st Century: Liber Amicorum Karl-Heinz Böckstiegel, Carl Heymanns Verlag, Köln, Berlin, Bonn, München, 2001, S. 629

Prütting, Hanns
Informationsbeschaffung durch neue Urkundenvorlagepflichten, in: Kiss, Daisy / Varga, István (Hrsg.), Magister artis boni et aequi: studia in honorem János Németh, ELTE Eötvös Kiadó, Budapest 2003, S. 701

Pryles, Michael
Interlocutory Orders and Convention Awards: the Case of Resort Condominiums v. Bolwell, Arbitration International, Bd. 10, 1994, 385

Purcell, Heather A.
State International Arbitration Statutes: Why They Matter, Texas International Law Journal, Bd. 32, 1997, 525

Raeschke-Kessler, Hilmar / Berger, Klaus Peter
Recht und Praxis des Schiedsverfahrens, RWS-Verlag, Köln, 3. Aufl., 1999

Raeschke-Kessler, Hilmar
Die IBA-Rules über die Beweisaufnahme in internationalen Schiedsverfahren, in: Böckstiegel, Karl-Heinz (Hrsg.) Beweiserhebung in internationalen Schiedsverfahren, Carl Heymanns Verlag, Köln, Berlin, Bonn, München, 2001, S. 41

Rau, Alan Scott / Sherman, Edward F.
Tradition and Innovation in International Arbitration Procedure, Texas International Law Journal, Bd. 30, 1995, 89

Rawding, Nigel / Seeger, Karolos
Aegis v. European Re and the Confidentiality of Arbitration Awards, Arbitration International, Bd. 19, 2003, 483

Redeker, Konrad
Der Syndikusanwalt als Rechtsanwalt, NJW 2004, 889

Redeker, Martin / Kothe, Peter
Die Neuregelung zur Überprüfung verweigerter Aktenvorlage im Verwaltungsprozess, NVwZ 2002, 313

Redfern, Alan / Hunter, Martin
Law and Practice of International Commercial Arbitration, Sweet & Maxwell, London, 4. Aufl., 2004

Reid, Gregory
Confidentiality – An Algorithm, Stockholm Arbitration Report 2000, 53

Reimann, Mathias
Beyond Fishing – Weitreichende Neuerungen im amerikanischen Discovery-Verfahren, IPRax 1994, 152

Reiner, Andreas
ICC Schiedsgerichtsbarkeit: Ein Handbuch für die Praxis, Manz, Wien,1989

Reitz, John C.
Grundlegende Unterschiede zwischen dem deutschen und dem U.S.-amerikanischen Zivilprozessrecht: Vorzüge, die sich ausschließen?, ZZP, Bd. 104, 1991, 381

Rempp, Ansgar C. / Lienemeyer, Max
Auswirkungen der Änderungen der US-amerikanischen „Rules of Civil Procedure" unter Berücksichtigung des deutsch amerikanischen Rechtsverkehrs, ZVglRWiss, Bd. 94, 1995, 383

Reufels, Martin J.
Pre-trial discovery-Maßnahmen in Deutschland: Neuauflage des deutsch-amerikanischen Justizkonflikts?, RIW 1999, 667

Reymond, Claude
Civil Law and Common Law Procedures: Which is the More Inquisitorial? A Civil Lawyer's Response, Arbitration International, Bd. 5, 1989, 357

Riechenberg, Kurt
The Recognition of Foreign Privileges in United States Discovery Proceedings, Northwestern Journal of International Law and Business, Bd. 9, 1988, 80

Rippert, Stephan K.
Das Beweisverfahren im amerikanischen Recht, RIW 1993, 626

Risse, Jörg
Prozessgegner muss Karten offenlegen, FAZ v. 13.2.2002, S. 24

Rivkin, David W. / Legum, Barton
Attempts to Use Section 1782 to Obtain US Discovery in Aid of Foreign Arbitrations, Arbitration International, Bd. 14, 1998, 213

Rogers, Andrew
Improving Procedures for Discovery and Documentary Evidence, in: van den Berg, Albert Jan (Hrsg.) ICCA Congress Series Nr. 7 (Vienna, 1994): Planning Efficient Arbitration Proceedings; The Law Applicable in International Arbitration, Kluwer Law International, The Hague, London, Boston, 1996, S. 131

Rogers, Andrew / Miller, Duncan
Non-Confidential Arbitration Proceedings, Arbitration International, Bd. 12, 1996, 319

Roggenbuck, Susanne
US-amerikanische Discovery im deutschen Zivilprozess?, IPRax 1997, 76

Rosenberg, Leo / Schwab, Karl Heinz / Gottwald, Peter
Zivilprozessrecht, C.H. Beck München, 16. Aufl., 2004

Rovine, Arthur
Efficient Organization of International Arbitrations, World Arbitration and Mediation Report, Bd. 8, 1997, 63

Roxin, Claus
Das Zeugnisverweigerungsrecht des Syndikusanwalts, NJW 1992, 1129

Rubino-Sammartano, Mauro
Rules of Evidence in International Arbitration: A Need for Discipline and Harmonization, Journal of International Arbitration, Bd. 3, Nr. 2, 1986, 87

Rubinstein, Javier H. / Guerrina, Britton B.
The Attorney-Client Privilege and International Arbitration, Journal of International Arbitration, Bd. 18, 2001, 587

Sachs, Klaus
Use of Documents and Document Discovery: „Fishing Expeditions“ versus Transparency and Burden of Proof, SchiedsVZ 2003, 193

Sandrock, Otto
„Gewöhnliche“ Fehler in Schiedssprüchen: Wann können sie zur Aufhebung des Schiedsspruchs führen?, BB 2001, 2173

Sarles, Jeffrey W.
U.S. Courts Divided over Enforceability of Arbitral Subpoenas to Nonparties, Mealey's International Arbitration Report, Bd. 16, Nr. 1, 2001, 56

Saß, Stephan
Die Beschaffung von Informationen und Beweisen – Eine Untersuchung zum Anwendungsbereich der §§ 809,810 GB im Spannungsfeld zwischen Besichtigungs- und Geheimhaltungsinteresse, Gardez! Verlag, St. Augustin, 2002

Schack, Haimo
Der prozessuale Durchgriff im internationalen Konzern, in: Jickeli, Joachim / Kreutz, Peter / Reuter, Dieter (Hrsg.), Gedächtnisschrift für Jürgen Sonnenschein, De Gruyter Recht, Berlin, 2003, S. 705

Schack, Haimo
Einführung in das US-amerikanische Zivilprozessrecht, C. H. Beck, München, 3. Aufl., 2003

Schäfer, Erik
Die Schlichtungs- und Schiedsgerichtsordnungen der World Intellectual Property Organization, BB 1996, Beilage 5, 10

Schäfer, Jan K.
Einführung in die internationale Schiedsgerichtsbarkeit, Jura 2004, 153

Schäffler, Frank
Zulässigkeit und Zweckmäßigkeit der Anwendung angloamerikanischer Beweismethoden in deutschen und internationalen Schiedsverfahren, quadis, Frankfurt am Main und Sellier, München, 2003

Schellhammer, Kurt
Zivilprozessreform und erste Instanz, MDR 2001, 1081

Schiffer, Karl Jan
Wirtschaftsschiedsgerichtsbarkeit, Carl Heymanns Verlag, Köln, Berlin, Bonn, München, 1999

Schilken, Eberhard
Ansprüche auf Auskunft und Vorlegung von Sachen im materiellen Recht und im Verfahrensrecht, JURA 1988, 525

von Schlabrendorff, Fabian
Praxisbezogene Anmerkungen [zur ICC im Porträt], SchiedsVZ 2003, 34

von Schlabrendorff, Fabian / Sheppard, Audley
Conflict of Legal Privileges in International Arbitration: An Attempt to Find a Holistic Solution, in: Aksen, Gerald / Böckstiegel, Karl-Heinz / Mustill, Michael J. / Patocchi, Paolo Michele / Whitesell, Anne Marie (Hrsg.), Global Reflections on International Law, Commerce and Dispute Resolution, Liber Amicorum in honour of Robert Briner, ICC Publishing, Paris, 2005, 743

Schlosser, Peter
Internationale Rechtshilfe und rechtsstaatlicher Schutz von Beweispersonen, ZZP, Bd. 94, 1981, 369

Schlosser, Peter
Der Justizkonflikt zwischen den USA und Europa, Walter de Gruyter, Berlin, New York, 1985

Schlosser, Peter
Das Recht der internationalen privaten Schiedsgerichtsbarkeit, Mohr (Paul Siebeck), Tübingen, 2. Aufl., 1989

Schlosser, Peter
Coordinated Transnational Interaction in Civil Litigation and Arbitration, Michigan Journal of International Law, Bd. 12, 1990, 150

Schlosser, Peter
Die lange deutsche Reise in die prozessuale Moderne, JZ 1991, 599

Schlosser, Peter
Das Bundesverfassungsgericht und der Zugang zu den Informationsquellen im Zivilprozess, NJW 1992, 3275

Schlosser, Peter
Wirtschaftsprüfervorbehalt und prozessuales Vertraulichkeitsinteresse der nicht primär beweis- und substantiierungsbelasteten Prozesspartei, in: Hübner, Ulrich / Ebke, Werner (Hrsg.), Festschrift für Bernhard Großfeld zum 65. Geburtstag, Verlag Recht und Wirtschaft, Heidelberg, 1999, S. 997

Schlosser, Peter
Rechtsvergleichende Schlaglichter auf die BGH-Rechtsprechung zu Zentralfragen der rechtsstaatlichen Integrität der Schiedsgerichtsbarkeit, in: Schmidt, Karsten (Hrsg.), 50 Jahre Bundesgerichtshof: Festgabe aus der Wissenschaft, Band III, Zivilprozess, Insolvenz, Öffentliches Recht, C.H. Beck München, 2000, S. 399

Schlosser, Peter
Das neue deutsche Recht der Schiedsgerichtsbarkeit, in: Gottwald, Peter (Hrsg.), Revision des EuGVÜ – Neues Schiedsverfahrensrecht, Gieseking Verlag, Bielefeld, 2000, S. 163

Schlosser, Peter
Jurisdiction and International Judicial and Administrative Cooperation, Nijhoff, The Hague [u.a.], 2001

Schlosser, Peter
EU-Zivilprozessrecht: EuGVVO, EuEheVO, AVAG, HZÜ, EuZVO, HBÜ, EuBVO, C.H. Beck, München, 2. Aufl., 2003

Schlosser, Peter
Befugnisse und Pflichten des Schiedsgerichtsobmanns, SchiedsVZ 2003, 1

Schlosser, Peter
Anmerkung zu BGH – Faxkarte, JZ 2003, 423, 427

Schlosser, Peter
Französische Anregungen zur Urkundenvorlagepflicht nach § 142 ZPO, in: Coester, Michael / Martiny, Dieter / Karl August Prinz von Sachsen Gessaphe (Hrsg.), Festschrift für Hans Jürgen Sonnenberger zum 70. Geburtstag, C. H. Beck, München, 2004, S. 135

Schmidt, Klaus / Schwab, Norbert / Wildschütz, Martin
Die Auswirkungen der Reform des Zivilprozesses auf das arbeitsgerichtliche Verfahren, NZA 2001, 1161

Schneider, Egon
Die Zumutbarkeit der Urkundenvorlage durch Dritte, MDR 2004, 1

Schneider, Michael
Commentary: The Conduct of Arbitral Proceedings under the Rules of Arbitration Institutions; The WIPO Arbitration Rules in a Comparative Perspective, in: WIPO (Hrsg.), Conference on Rules for Institutional Arbitration and Mediation, Geneva, January 20, 1995, WIPO Publ. Nr. 741 (E), 1995, S. 79

Schönke, Adolf / Schröder, Horst / Lenckner, Theodor
Strafgesetzbuch: Kommentar, C. H. Beck, München, 27. Aufl., 2006
(zitiert: Schönke/Schröder-*Bearbeiter*)

Schöpflin, Martin
Die Beweiserhebung von Amts wegen im Zivilprozess, Peter Lang Verlag, Frankfurt aM [u.a.], 1992

Schreiber, Klaus
Die Urkunde im Zivilprozess, Duncker & Humblot, Berlin, 1982

Schulze, Götz
Dialogische Beweisaufnahmen im internationalen Rechtshilfeverkehr: Beweisaufnahmen im Ausland durch und im Beisein des Prozessgerichts, IPRax 2001, 527

Schütze, Rolf A. / Tschernig, Dieter / Wais, Walter
Handbuch des Schiedsverfahrens, Walter de Gruyter, Berlin, New York, 2. Aufl., 1990

Schütze, Rolf A.
Schiedsgericht und Schiedsverfahren, C.H. Beck, München, 3. Aufl., 1999

Schütze, Rolf A.
Qui elegit arbitrum tertium elegit processum: Der Einfluss der Besetzung eines internationalen Schiedsgerichts auf Verfahren und Rechtsfindung, in: Hübner, Ulrich / Ebke, Werner (Hrsg.), Festschrift für Bernhard Großfeld zum 65. Geburtstag, Verlag Recht und Wirtschaft, Heidelberg, 1999, S. 1067

Schütze, Rolf A.
Beweisaufnahme nach Civil Law, in: Böckstiegel, Karl-Heinz (Hrsg.), Beweiserhebung in internationalen Schiedsverfahren, Carl Heymanns Verlag, Köln, Berlin, Bonn, München, 2001, S. 31

Schütze, Rolf A.
Praxisbezogene Anmerkungen [zur DIS im Porträt], SchiedsVZ 2003, 178

Schütze, Rolf A.
Zum Stand des deutsch-amerikanischen Justizkonflikts, RIW 2004, 162

Schwab, Karl Heinz / Walter, Gerhard
Schiedsgerichtsbarkeit, C.H. Beck, München, 7. Aufl., 2005

Schwartz, Eric A.
International Court of Arbitration of the International Chamber of Commerce, in: van den Berg, Albert Jan (Hrsg.), ICCA Congress Series Nr. 7 (Vienna, 1994): Planning Efficient Arbitration Proceedings; The Law Applicable in International Arbitration, Kluwer Law International, The Hague, London, Boston, 1996, S. 206

Schwartz, Eric A.
Commentary, ICC International Court of Arbitration Bulletin, Special Supplement: The New 1998 ICC Rules of Arbitration, November 1997, 70

Schwartz, Eric A. / Johnson, Rolf B.
Court-Assisted Discovery in Aid of International Commercial Arbitrations, Journal of International Arbitration, Bd. 15, Nr. 3, 1998, 53

Shore, Laurence
Three Evidentiary Problems in International Arbitration: Producing the Adverse Document, Listening to the Document that Does not Speak for Itself, and Seeing the Witness through her Written Statement, SchiedsVZ 2004, 76

Shore, Laurence
The U.S. Supreme Court Broadens Evidence-Gathering Assistance To Foreign Tribunals, DAJV-Newsletter 2004, 117

Sinclair, Kent
Sinclair on Federal Civil Practice, Practicing Law Institute, New York, NY, 3. Aufl., Loseblattsammlung, Stand: 2003

Sindler, Michelle / Wüstemann, Tina
Privilege Across Borders in Arbitration: Multi-jurisdictional Nightmare or a Storm in a Teacup?, ASA Bulletin, Bd. 23, Nr. 4, 2005, 610

Smit, Hans
Expert Report of Professor Hans Smit (in Esso/BHP v. Plowman), Arbitration International, Bd. 11, 1995, 297

Smit, Hans
Confidentiality in Arbitration, Arbitration International, Bd. 11, 1995, 337

Smit, Hans
Roles of the Arbitral Tribunal in Civil Law and Common Law Systems with Respect to Presentation of Evidence, in: van den Berg, Albert Jan (Hrsg.) ICCA Congress Series Nr. 7 (Vienna, 1994): Planning Efficient Arbitration Proceedings; The Law Applicable in International Arbitration, Kluwer Law International, The Hague, London, Boston, 1996, S. 161

Smit, Hans
American Judicial Assistance to International Arbitral Tribunals, American Review of International Arbitration, Bd. 8, 1997, 153

Smit, Hans
Breach of Confidentiality as a Ground for Avoidance of the Arbitration Agreement, American Review of International Arbitration, Bd. 11, 2000, 567

Smit, Hans (Hrsg.)
WIPO Arbitration Rules: Commentary and Analysis, Juris Publishing, Yonkers, NY, 2000

Smith, Gordon / Moh, Meef
Confidentiality of Arbitrations – Singapore's Position Following the Recent Case of Myanma Yaung Chi Oo Co Ltd v. Win Win Nu, Vindobona Journal 2004, 37

Stadler, Astrid
Der Schutz von Unternehmensgeheimnissen im Zivilprozess, NJW 1989, 1202

Stadler, Astrid
Der Schutz des Unternehmensgeheimnisses im deutschen und US-amerikanischen Zivilprozess und im Rechtshilfeverfahren, Mohr (Paul Siebeck), Tübingen, 1989

Stadler, Astrid
Die Europäisierung des Zivilprozessrechts, in: Schmidt, Karsten (Hrsg.), 50 Jahre Bundesgerichtshof: Festgabe aus der Wissenschaft, Band III, Zivilprozess, Insolvenz, Öffentliches Recht, C.H. Beck München, 2000, S. 645

Stadler, Astrid
Grenzüberschreitende Beweisaufnahmen in der Europäischen Union – die Zukunft der Rechtshilfe in Beweissachen, in: Schütze, Rolf A. (Hrsg.), Festschrift für Reinhold Geimer zum 65. Geburtstag, C.H. Beck, München, 2002, S. 1281

Stadler, Astrid
Inquisitionsmaxime und Sachverhaltsaufklärung; erweiterte Urkundenvorlagepflichten von Parteien und Dritten nach der Zivilprozessrechtsreform, in: Nakamura, Hideo / Mpees, Kostas E. (Hrsg.), Festschrift für Kostas E. Beys dem Rechtsdenker in attischer Dialektik zum 70. Geburtstag, Bd. II, Sakkulas, Athen, 2003, S. 1625

Staub, Hermann
Handelsgesetzbuch Großkommentar, Bd. 1, Einleitung, §§ 1-104, Walter de Gruyter, Berlin, New York, 4. Aufl., 1995 (zitiert Staub-*Bearbeiter*)

von Staudinger, Julius
Kommentar zum Bürgerlichen Gesetzbuch, Buch 2, §§ 779-811, Sellier de Gruyter, Berlin, Neubearbeitung 2002 (zitiert: Staudinger-*Bearbeiter*)

Stein, Friedrich / Jonas, Martin
Kommentar zur Zivilprozessordnung, Mohr (Paul Siebeck), Tübingen,
Bd. 3, §§ 253 - 299a, 21. Aufl., 1997
Bd. 4/2, §§ 348 - 510b, 21. Aufl., 1999
Bd. 9, §§ 916 - 1068, EGZPO, 22. Aufl., 2002
(zitiert: Stein/Jonas-*Bearbeiter*)

Steuer, Stephan
Justizreform – von außen betrachtet, WM 2000, 1889

Stiefel, Ernst C.
„Discovery"-Probleme und Erfahrungen im Deutsch-Amerikanischen Rechtshilfeverkehr, RIW/AWD 1979, 509

Stürner, Rolf
Die Aufklärungspflicht der Parteien des Zivilprozesses, Mohr (Paul Siebeck), Tübingen, 1976

Stürner, Rolf
Anmerkung zu BGH JZ 1976, 318, 320

Stürner, Rolf
Die gewerbliche Geheimsphäre im Zivilprozess, JZ 1985, 453

Stürner, Rolf
Parteipflichten bei der Sachverhaltsaufklärung im Zivilprozess, ZZP, Bd. 98, 1985, 237

Stürner, Rolf
US-amerikanisches und europäisches Verfahrensverständnis, in: Lutter, Marcus / Oppenhoff, Walter / Sandrock, Otto / Winkhaus, Hanns (Hrsg.) Festschrift für Ernst C. Stiefel zum 80. Geburtstag, C.H. Beck, München, 1987, S. 763

Stürner, Rolf
Anmerkung zu BGH ZZP, Bd. 104, 1991, 203, 208

Stürner, Rolf
Rechtshilfe nach dem Haager Beweisübereinkommen für Common Law-Länder, JZ 1991, 521

Stürner, Rolf / Stadler, Astrid
Eigenarten der Prozessrechtsvergleichung, in: Gilles, Peter (Hrsg.), Transnationales Prozessrecht: Deutsche Landesberichte zur Weltkonferenz für Prozessrecht in Taormina, Sizilien, Nomos, Baden-Baden, 1995, S. 263

Stürner, Rolf
Transnational Civil Procedure: Discovery and Sanction Against Non-Compliance, Uniform Law Review/ Revue de Droit Uniforme 2001, 871

Teplitzky, Otto
Wettbewerbsrechtliche Ansprüche und Verfahren, Carl Heymanns Verlag, Köln, Berlin, Bonn, München, 8. Aufl., 2002

Teplitzky, Otto
Neue Entwicklungen beim wettbewerbs- und markenrechtlichen Auskunftsanspruch, in: Keller, Erhard / Plassmann, Clemens / von Falck, Andreas (Hrsg.), Festschrift für Winfried Tilmann zum 65. Geburtstag, Carl Heymanns Verlag, Köln, Berlin, Bonn, München, 2003, S. 913

Teplitzky, Otto
Die jüngste Rechtsprechung des BGH zum wettbewerbsrechtlichen Anspruchs- und Verfahrensrecht X, GRUR 2003, 272

Teply, Larry L. / Whitten, Ralph U.
Civil Procedure, Foundation Press, New York, NY, 2. Aufl., 2000

Teply, Larry L. / Whitten, Ralph U.
2002 Supplement to Civil Procedure, Foundation Press, New York, NY, 2002

Teply, Larry L. / Whitten, Ralph U. / McLaughlin, Denis F.
Cases, Text and Problems on Civil Procedure, William S. Hein & Co., Inc., Buffalo, NY, 2. Aufl., 2002

Thomas, Heinz /Putzo, Hans
Zivilprozessordnung, C.H. Beck, München, 27. Aufl., 2005
(zitiert: Thomas/Putzo-*Bearbeiter*)

Tief, Julia
Discovery und Informationspflichten der Parteien in der internationalen Schiedsgerichtsbarkeit, Peter Lang Verlag, Frankfurt aM [u.a.], 2000

Tilmann, Winfried / Schreibauer, Marcus
Die neueste BGH-Rechtsprechung zum Besichtigungsanspruch nach § 809 BGB, GRUR 2002, 1015

Tilmann, Winfried / Schreibauer, Marcus
Beweissicherung vor und im Patentverletzungsprozess, in: Ahrens, Hans-Jürgen / Bornkamm, Joachim / Gloy, Wolfgang / Stark, Joachim / von Ungern-Sternberg, Joachim (Hrsg.), Festschrift für Willi Erdmann, Carl Heymanns Verlag, Köln, Berlin, Bonn, München, 2002, S. 901

Trakman, Leon E.
Confidentiality in International Commercial Arbitration, Arbitration International, Bd. 18, 2002, 1

Triebel, Volker / Zons, Jörn
Discovery of Documents in internationalen Schiedsverfahren – Theorie und Praxis, BB 2002, IDR Beilage Nr. 7, 26

Trittmann, Rolf
Anwendungsprobleme des Haager Beweisübereinkommens im Rechtshilfeverkehr zwischen der Bundesrepublik und den Vereinigten Staaten von Amerika, Peter Lang Verlag, Frankfurt aM [u.a.], 1989

Trittmann, Rolf
When Should Arbitrators Issue Interim or Partial Awards and or Procedural Orders?, Journal of International Arbitration, Bd. 20, 2003, 255

Trittmann, Rolf / Leitzen, Mario
Haager Beweisübereinkommen und pre-trial discovery: Die zivilprozessuale Sachverhaltsermittlung unter Berücksichtigung der jeweiligen Zivilprozessrechtsreformen im Verhältnis zwischen den USA und Deutschland, IPRax 2003, 7

Uhlenbruck, Wilhelm
Gerichtliche Anordnung der Vorlage von Urkunden gegenüber dem Insolvenzverwalter, NZI 2002, 589

Ulrich, Hanns / Körner, Eberhard (Hrsg.)
Der internationale Softwarevertrag, Verlag Recht und Wirtschaft, Heidelberg, 1995

Varga, István
Die Anknüpfung von „legal profession privileges" in internationalen Schiedsverfahren, in: Kosmehl, Guido / Pabst, Steffen (Hrsg.) Liber Amicorum Thomas Rauscher zum 50. Geburtstag, Ille & Riemer, Leipzig, 2005, 169

Varga, István
Beweiserhebung in transatlantischen Schiedsverfahren, Nomos, Baden-Baden, 2006

Veeder, Van Vechten
Evidential Rules in International Commercial Arbitration: From the Tower of London to the New 1999 IBA Rules, The Journal of the Chartered Institute of Arbitrators, Bd. 65, 1999, 291

Vollkommer, Gregor
Zivilprozessrecht 2002: Zentrale Änderungen der ZPO durch das ZPO-Reformgesetz und andere Gesetze zum 1.1./1.7.2002, Mitteilungen der deutschen Patentanwälte 2002, 125

Wagner, Gerhard
Datenschutz im Zivilprozess, ZZP, Bd. 108, 1995, 193

Wagner, Gerhard
Prozessverträge, Mohr (Paul Siebeck), Tübingen, 1998

Wagner, Gerhard
Europäisches Beweisrecht: Prozessrechtsharmonisierung durch Schiedsgerichte, ZEuP 2001, 441

Wagner, Gerhard
Das Zweite Schadensersatzrechtsänderungsgesetz, NJW 2002, 2049

Waldner, Wolfram
Der Anspruch auf rechtliches Gehör, Dr. Otto Schmidt, Köln, 2. Aufl., 2000

Walker, Wolf-Dietrich
Zur Problematik beweisrechtlicher Geheimverfahren an einem Beispiel aus dem Arbeitsgerichtsprozess, in: Zivilprozess und Praxis, Festschrift für Egon Schneider, Verlag für die Rechts- und Anwaltspraxis, Herne/Berlin, 1997, S. 147

Walter, Gerhard / Baumgartner, Samuel
Improving the Prospects of the Transnational Rules of Civil Procedure Project: Some Thoughts on Purpose and Means of Implementation, ZZP Int., Bd. 5, 2000, 477

Ward, Roger K.
The Flexibility of Evidentiary Rules in International Trade Dispute Arbitration, Journal of International Arbitration, Bd. 13, Nr. 3, 1996, 5

Wasmann, Dirk / Roßkopf, Gabriele
Die Herausgabe von Unterlagen und der Geheimnisschutz im Spruchverfahren, ZIP 2003, 1776

Watkins, John L.
Open Questions Regarding Non-Party Discovery in Commercial Arbitration, Mealey's International Arbitration Report, Bd. 18, Nr. 7, 2003, 29

Webster, Thomas H.
Obtaining Documents from Adverse Parties in International Arbitration, Arbitration International, Bd. 17, 2001, 41

Webster, Thomas H.
Obtaining Documents from Third Parties in International Arbitration, Arbitration International, Bd. 17, 2001, 143

Webster, Thomas H.
Party Control in International Arbitration, Arbitration International, Bd. 19, 2003, 119

Weigand, Frank-Bernd
Discovery in der internationalen Schiedsgerichtsbarkeit, RIW 1992, 361

Weigand, Frank-Bernd (Hrsg.)
Practitioner's Handbook on International Arbitration (Country Reports Germany and United States), C.H. Beck, München, 2002

Wetter, Gillis
The Conduct of Arbitration, Journal of International Arbitration, Bd. 2, Nr. 2, 1985, 7

Widmaier, Uli
Jury und Medien – Zu einem elementaren verfassungsrechtlichen Problem in den USA, NJW 2004, 407

Wilke, Mark
Der Urkundenbeweis in transnationalen deutsch-amerikanischen Prozessen und im Schiedsverfahren, IDR 2004, 88

Willenken, Louis H.
The Often Overlooked Use of Discovery in Aid of Arbitration and the Spread of the New York Rule to Federal Common Law, Business Lawyer, Bd. 35, 1979, 173

Williamson, Hazel
When 'Could' Becomes 'Should': Exercising your Powers as Arbitrators, Arbitration, Bd. 64, 1998, 275

Wilske, Stephan
„Internationalisation of Law" in Arbitration – A Way to Escape Procedural Restrictions of National Law?, in: Vogt, Nedim Peter (Hrsg.), Reflections on the International Practice of Law, Liber Amicorum for the 35th Anniversary of Bär & Karrer, Helbing & Lichtenhahn, Basel, 2004, 257

Winte, Hans-Heinrich
Zivilprozessrechtsreform: Die wichtigsten Änderungen für das erstinstanzliche Verfahren und das Gerichtsverfassungsgesetz, BRAK-Mitt. 2001, 246

Wirth, Markus
Ihr Zeuge, Herr Rechtsanwalt!, SchiedsVZ 2003, 9

Wirth, Markus / Hoffmann-Nowotny, Urs
Rechtshilfe deutscher Gerichte zugunsten ausländischer Schiedsgerichte bei der Beweisaufnahme – ein Erfahrungsbericht, SchiedsVZ 2005, 66

Wortman, Jeffrey A.
In Search of Discovery: The Split Between the Circuits Surrounding a Threshold Discoverability Requirement to Provide Assistance Under 28 U.S.C. § 1782, Texas International Law Journal, Bd. 30, 1995, 583

Wright, Charles Alan / Kane, Mary Kay
Law of Federal Courts, Thomson/West, St. Paul, Minn., 6. Aufl., 2002

Yoshida, Motoko
Die Informationsbeschaffung im Zivilprozess: Ein Vergleich zwischen dem deutschen, US-amerikanischen und japanischen Recht, Peter Lang Verlag, Frankfurt aM [u.a.], 2001

Zekoll, Joachim / Bolt, Jan
Die Pflicht zur Vorlage von Urkunden im Zivilprozess – Amerikanische Verhältnisse in Deutschland?, NJW 2002, 3129

Zimmermann, Walter
Zivilprozessordnung, C.F. Müller Verlag, Heidelberg, 6. Aufl., 2002

Zöller, Richard
Zivilprozessordnung, Dr. Otto Schmidt, Köln, 25. Aufl., 2005
(zitiert: Zöller-*Bearbeiter*)

Schriftenreihe der August Maria Berges Stiftung für Arbitrales Recht

Herausgegeben von Dr. Hubertus W. Labes

Band 1 August Maria Berges – Ausgewählte Schriften zum Schiedsrecht. Herausgegeben von der August Maria Berges Stiftung für Arbitrales Recht. 1998.

Band 2 Iris Koch: Außergerichtliche Streitbeilegung im japanischen Wirtschaftsverkehr unter besonderer Berücksichtigung der Schiedsgerichtsbarkeit. 2000.

Band 3 Hans-Claudius Scheef: Der einstweilige Rechtsschutz und die Stellung der Schiedsrichter bei dem Abschluß von Schiedsvergleichen nach dem deutschen und englischen Schiedsverfahrensrecht. Eine rechtsvergleichende Untersuchung. 2000.

Band 4 Dominik Lentz: Die internationale Wirtschaftsschiedsgerichtsbarkeit in der Russischen Föderation. Darstellung und Analyse anhand der Praxis des internationalen Handelsschiedsgerichts bei der Handels- und Industriekammer der Russischen Föderation. 2000.

Band 5 Torsten Lörcher: Neue Verfahren der internationalen Streiterledigung in Wirtschaftssachen. Verfahren vor dem Internationalen Seegerichtshof, WTO-Panelverfahren, ICSID-und WIPO-Schiedsverfahren. 2001.

Band 6 Julia Tief: Discovery und Informationspflichten der Parteien in der Internationalen Schiedsgerichtsbarkeit. Ein deutsch-amerikanischer Vergleich. 2000.

Band 7 Richard Happ: Schiedsverfahren zwischen Staaten und Investoren nach Artikel 26 Energiechartavertrag. Eine Studie zum Wandel der Streitbeilegung im Investitionsschutzrecht unter den Bedingungen einer globalen Weltwirtschaft. 2000.

Band 8 Jörn Schämann: Schiedsgerichte unter staatlicher Kontrolle. Das englische Recht und das UNCITRAL-Modellgesetz. 2001.

Band 9 Jana Dominique Jaeger: Die Umsetzung des UNCITRAL-Modellgesetzes über die internationale Handelsschiedsgerichtsbarkeit im Zuge der nationalen Reformen. 2001.

Band 10 Michael Kronenburg: Vollstreckung ausländischer Schiedssprüche in den USA. Die Rechtsprechung US-amerikanischer Gerichte. 2001.

Band 11 Jan-Michael Ahrens: Die subjektive Reichweite internationaler Schiedsvereinbarungen und ihre Erstreckung in der Unternehmensgruppe. 2001.

Band 12 Klaus Peter Berger: Arbitration Interactive. A Case Study for Students and Practitioners. 2002.

Band 13 Daniel Paul Simms: Das Recht der Schiedsgerichtsbarkeit in Irland. 2002.

Band 14 Johann von Pachelbel-Gehag: Das reformierte deutsche und schwedische Schiedsverfahrensrecht. Eine vergleichende Betrachtung unter Berücksichtigung des UNCITRAL-Modellgesetzes über die internationale Handelsschiedsgerichtsbarkeit. 2002.

Band 15 Volker Nienaber: Die Anerkennung und Vollstreckung im Sitzstaat aufgehobener Schiedssprüche. 2002.

Band 16 German Institution of Arbitration (ed.): Financial Capacity of the Parties. A Condition for the Validity of Arbitration Agreements? Based on a Conference organized by the German Institution of Arbitration (DIS) on November 29th 2002 in Berlin. 2004.

Band 17 Frank Martens. Wirkungen der Schiedsvereinbarung und des Schiedsverfahrens auf Dritte. 2005.

Band 18 Claudia Krapfl: Die Dokumentenvorlage im internationalen Schiedsverfahren. Ein deutsch-US-amerikanischer Vergleich. 2007.

www.peterlang.de

Kolibri 360 GmbH
Ferdinand-Jühlke-Straße 7
99095 Erfurt, Deutschland
produktsicherheit@kolibri360.de